华章经典·金融投资

趋势跟踪

·原书第5版·

TREND FOLLOWING

How to Make a Fortune in Bull,
Bear, and Black Swan Markets, 5th Edition

[美] 迈克尔·W. 卡沃尔 著　邓佳佶 译
MICHAEL W. COVEL

图书在版编目（CIP）数据

趋势跟踪：原书第 5 版 /（美）迈克尔·W. 卡沃尔（Michael W. Covel）著；邓佳佶译 . -- 北京：机械工业出版社，2021.1（2025.3 重印）

（华章经典·金融投资）

书名原文：Trend Following: How to Make a Fortune in Bull, Bear, and Black Swan Markets, 5th Edition

ISBN 978-7-111-67245-6

Ⅰ. ①趋⋯　Ⅱ. ①迈⋯ ②邓⋯　Ⅲ. ①股票投资 – 基本知识　Ⅳ. ① F830.91

中国版本图书馆 CIP 数据核字（2021）第 016388 号

北京市版权局著作权合同登记　图字：01-2018-1084 号。

Michael W. Covel. Trend Following: How to Make a Fortune in Bull, Bear, and Black Swan Markets, 5th Edition.

ISBN 978-1-119-37187-8

Copyright © 2017 by Michael W. Covel.

This translation published under license. Authorized translation from the English language edition, Published by John Wiley & Sons. Simplified Chinese translation copyright © 2020 by China Machine Press.

No part of this book may be reproduced or transmitted in any form or by any means, electronic or mechanical, including photocopying, recording or any information storage and retrieval system, without permission, in writing, from the publisher. Copies of this book sold without a Wiley sticker on the cover are unauthorized and illegal.

All rights reserved.

本书中文简体字版由 John Wiley & Sons 公司授权机械工业出版社在全球独家出版发行。

未经出版者书面许可，不得以任何方式抄袭、复制或节录本书中的任何部分。

本书封底贴有 John Wiley & Sons 公司防伪标签，无标签者不得销售。

趋势跟踪（原书第 5 版）

出版发行：机械工业出版社（北京市西城区百万庄大街 22 号　邮政编码：100037）

责任编辑：顾　煦　　　　　　　　　　　　责任校对：马荣敏

印　　刷：北京联兴盛业印刷股份有限公司　版　　次：2025 年 3 月第 1 版第 7 次印刷

开　　本：185mm×260mm　1/16　　　　　印　　张：42.5

书　　号：ISBN 978-7-111-67245-6　　　　定　　价：159.00 元

客服电话：(010) 88361066　68326294

版权所有·侵权必究

封底无防伪标均为盗版

"来,上摩托车。放松。"
——越南歌曲《谢谢你》

善意与无知正无情地围绕着他。

——格雷厄姆·格林(Graham Greene)
《文静的美国人》(The Quiet American)

昨日一旦逝去,便不必在意。

——滚石乐队,Ruby Tuesday

| 目 录 |

赞誉

译者序

推荐序

前言

第一部分　趋势跟踪方法

第1章　趋势跟踪 / 2

投机是什么 / 3

盈利还是亏损 / 9

投资还是投机 / 11

基本面分析还是技术分析 / 13

感性决策还是系统决策 / 18

趋势跟踪：无处不在却又视而不见 / 20

变化即市场 / 23

直到趋势尽头 / 27

驾驭风浪 / 33

第2章　伟大的趋势跟踪者 / 38

大卫·哈丁 / 41

比尔·邓恩 / 45

　　　　约翰·W. 亨利 / 59
　　　　艾德·斯科塔 / 73
　　　　凯斯·坎贝尔 / 83
　　　　杰瑞·帕克 / 87
　　　　塞勒姆·亚伯拉罕 / 89
　　　　理查德·丹尼斯 / 91
　　　　理查德·唐奇安 / 99
　　　　杰西·利弗莫尔与狄克森·瓦茨 / 104

第 3 章　趋势跟踪的绩效证据 / 109
　　　　绝对收益 / 110
　　　　波动率与风险 / 112
　　　　回撤 / 118
　　　　相关性 / 124
　　　　零和博弈 / 127
　　　　乔治·索罗斯 / 129
　　　　伯克希尔-哈撒韦 / 133

第 4 章　大事件、混乱与恐惧 / 137
　　　　事件 1：2008 年金融危机 / 141
　　　　事件 2：互联网泡沫 / 153
　　　　事件 3：长期资本管理公司的崩溃 / 167
　　　　事件 4：亚洲金融危机 / 180
　　　　事件 5：巴林银行 / 184
　　　　事件 6：德国金属公司 / 188
　　　　事件 7：黑色星期一 / 191

第 5 章　跳出思维的界限 / 202
　　　　棒球 / 203
　　　　比利·比恩 / 207
　　　　比尔·詹姆斯 / 208
　　　　用数据说话 / 211

第 6 章　趋势跟踪与行为金融 / 216
　　　　前景理论 / 218

情商更重要 / 224
神经语言程序学 / 226
斯科塔的交易部落 / 227
保持好奇心 / 229
追求卓越 / 231

第 7 章　趋势跟踪的决策过程 / 236
奥卡姆剃刀原理 / 238
快速决策 / 239
创新者的窘境 / 243
过程、结果与大胆 / 244

第 8 章　趋势跟踪：用科学的方法 / 248
批判性思考 / 250
线性与非线性 / 251
复利的威力 / 257

第 9 章　交易圣杯 / 260
买入持有的幻梦 / 263
沃伦·巴菲特的圣杯 / 265
失败者才摊平亏损 / 267
不要犯傻 / 274

第 10 章　交易系统 / 286
风险、回报和不确定性 / 287
趋势跟踪系统的 5 个问题 / 293
建立你自己的交易系统 / 307
常见问题 / 308

第 11 章　交易游戏 / 319
投资者会接受趋势跟踪吗 / 320
不该怪罪趋势跟踪 / 323
降低杠杆也会降低收益 / 325
财富青睐勇气 / 327

第二部分 趋势跟踪访谈录

第 12 章 艾德·斯科塔 / 331

第 13 章 马丁·卢埃克 / 345

第 14 章 让-菲利普·布绍 / 366

第 15 章 伊万·柯克 / 377

第 16 章 亚历克斯·格雷瑟曼 / 396

第 17 章 坎贝尔·哈维 / 418

第 18 章 拉斯·哈吉·佩德森 / 436

第三部分 趋势跟踪研究

第 19 章 趋势跟踪：数个世纪以来的实证 / 457

趋势跟踪的故事：历史研究 / 459

数个世纪以来的收益特征 / 461

数个世纪以来的风险特征 / 470

数个世纪以来的组合收益 / 471

第 20 章 两个世纪以来的趋势跟踪策略

期货趋势跟踪：1960 年以来 / 478

扩展时间序列：案例分析 / 481

两个世纪以来的趋势 / 485

第 21 章 趋势跟踪：质量而非数量 / 493

各类趋势跟踪模型简介 / 494

趋势跟踪模型的分散化 / 495

趋势跟踪：宽立资本的方法 / 497

宽立趋势模型与其他模型的比较 / 499

第 22 章 交易策略评估 / 502

其他科学领域的检验 / 503

重新评估候选策略 / 505
多重检验：两种观点 / 507
伪发现和未发现 / 510
调整夏普比率 / 511
以标普智汇（标准普尔 Capital IQ）为例 / 513
样本内和样本外 / 514
交易策略和金融产品 / 515

第 23 章　揭开面纱：趋势交易的"黑箱" / 517

策略部分 / 519
业绩展示和图表 / 522
不同类型的市场表现 / 524
多头和空头的交易表现 / 526
参数的稳定性 / 528
CTA 可以用作标准普尔 500 的分散或者对冲吗 / 530

第 24 章　风险管理 / 534

风险 / 535
风险管理 / 535
最佳下注 / 536
直觉和系统 / 536
模拟 / 538
金字塔加仓与鞍加仓 / 538
优化：使用模拟 / 539
优化：使用微积分 / 540
优化：使用凯利公式 / 541
运气、收益比和最佳下注比例之间的图形关系 / 542
非平衡分布和高收益 / 542
几乎必死的策略 / 543
分散化 / 544
撤资点 / 545
衡量投资组合的波动性：夏普比率、风险价值、湖泊比率和压力
　　测试 / 545
压力测试 / 547
投资组合选择 / 547

头寸分配 / 548

心理因素 / 549

第 25 章　GRAB 策略低价买入期货研究 / 550

如何按照 GRAB 以低价买入期货 / 551

趋势跟踪并非易事 / 551

弄清楚专家是怎么做的 / 553

专家的量化模型 / 553

可怕的发现 / 554

解谜：为什么 GRAB 系统会失败 / 555

它通常与市场不同步 / 555

更糟糕的是，它错过了大行情 / 556

也许获利意味着"不舒服" / 557

GRAB 交易系统详细信息 / 557

跌破支撑位买入，突破阻力位卖出 / 558

回测中的意外情况 / 559

参数值之间的差异决定了 GRAB 系统的特性 / 559

GRAB 交易系统代码 / 561

第 26 章　为什么宏观策略投资仍然有意义 / 563

期货管理 / 564

期货管理和 CTA 的定义 / 566

机构在哪里可以做期货管理或 CTA 投资 / 567

偏度和峰度 / 567

数据 / 568

基本统计特征 / 569

股票和债券投资组合加入对冲基金或期货管理头寸 / 570

对冲基金和期货管理组合 / 571

股票、债券、对冲基金和期货管理组合 / 572

第 27 章　套息和趋势：各类情形下的实证 / 590

套息和趋势：定义、数据和实证研究 / 593

套息和趋势：利率期货 / 596

套息和趋势：不同资产类别 / 597

套息和趋势：不同利率水平 / 601

第 28 章　大谎言 / 604

结束语 / 624

后记 / 631

致谢 / 637

作者简介 / 640

注释⊖

参考文献⊜

⊖⊜ 参见 www.hzbook.com。

赞誉

从我的角度来看,你有两种选择——你可以做我所做的事情,花30年以上的时间将信息碎片整理在一起,慢慢寻找赚钱的策略;或者,你可以花几天时间阅读迈克尔·卡沃尔的这本书,跳过30年的学习曲线。

——拉里·海特(Larry Hite),《金融怪杰》[一]一书中的顶级交易员

迈克尔·卡沃尔的这本《趋势跟踪》非读不可。

——艾德·斯科塔(Ed Seykota),《金融怪杰》一书中的顶级交易员

迈克尔·卡沃尔的这本书,我很喜欢。

——鲍勃·斯皮尔(Bob Spear),Mechanica创始人

《趋势跟踪》这本书从资产管理的角度探讨了趋势跟踪背后的哲学和思考,很不错。从某种意义上讲,趋势跟踪者才是金融"怪杰"。

——范·撒普博士(Van K. Tharp),《金融怪杰》一书中的顶级交易员

《趋势跟踪》讲述了从事趋势跟踪的基金经理是如何在资产管理领域获得成功的,他们是如何管理风险及以何种心态应对投资的。通过本书,你可以了解到,为什么交易者会把趋势跟踪作为他们管理整个投资组合的策略。

——汤姆·巴索(Tom Basso),《新金融怪杰》一书中的顶级交易员

[一] 本书中文版已由机械工业出版社出版。

我很高兴看到迈克尔·卡沃尔的这本《趋势跟踪》修订再版，在我读过的数百本书中，这是我最喜欢的一本交易类书籍。这一版的篇幅是之前的两倍，他在这本书中阐述了传奇的趋势跟踪者是如何利用趋势的。在这本书中所谈到的交易者，他们通过正确把握趋势，在多样化的市场中管理风险，赚到了数百万美元。任何想要认真从事交易的人，都应该研究这本书。

——史蒂夫·伯恩斯（Steve Burns），NewTraderU.com 创始人

《趋势跟踪》这本书，绝对是有理想的交易者的必读书。

——大卫·德鲁兹（David S. Druz），战术投资管理公司创始人

对于认真从事另类投资的人来说，这本书是必不可少的。

——乔恩·桑德特（Jon Sundt），Altergris 创始人

迈克尔·卡沃尔相当出色地将各种有效的对冲基金策略介绍给读者。这是相当难得的，对于聪明的投资者来说，这本书就像黄金一样珍贵。

——克里斯蒂安·巴哈（Christian Baha），超级基金创始人

卡沃尔创作了一部非常罕见的作品。这本关于趋势跟踪的书，不仅文献丰富，研究力透纸背，而且相当流畅，易于阅读。在这本书里，各个层次的交易者都能发现真正有价值的内容。

——约翰·莫丁（John Mauldin），Mauldin Economics 创始人

卡沃尔的《趋势跟踪》是一部出色的作品，所有投资者都能从中学到如何用更严格的投资方法来控制风险并获取最大的利润，从而更好地交易。

——麦嘉华（Marc Faber），马克法伯有限公司董事兼总经理
《股市荣枯及厄运报告》主编

译者序

在金融市场中，趋势，或者说动量效应，已被当成一种典型化事实（stylized fact）。大量实证研究表明，趋势几乎存在于全球所有市场（Asness, Moskowitz and Pedersen, 2013）；就连有效市场理论的创立者法玛都承认，这种动量效应的确是相当普遍的。

因此，自然而然的问题便是：趋势是如何产生的？它是如何在长期内都有效的？我们如何从趋势中获利？

这本书的出发点，正是解答这一系列的问题。

动量策略的有效性之所以难以被解释，其关键在于它不仅"有效"，而且"长期有效""广泛有效"。通常而言，如果一个因子、一种策略有效，那就表明市场在这方面存在错误定价。一个完全公开的、在长期内一直有效的、在各个市场都有效的策略，按照市场的逻辑，应该会吸引足够多的人按此方法交易，因而会导致这一策略迅速失效。这就出现了矛盾：尽管这一现象广为人知，但动量效应仍然存在于各种市场，且常胜不断。

在这本书中，作者给出了行为金融学上的解释：前景理论、外推预期。对损失的厌恶与对高收益的青睐，使得人们更容易产生"追涨杀跌"的情绪。如果市场中有大量参与者根据这种情绪指引进行交易，那么自然就会在行情上涨时进一步推高价格，在下跌时进一步压低价格，从而形成趋势。而且，就算参与者不受情绪因素的影响，但如果采用外推式预测，认为过去一段时间价格上涨了，未来一段时间就更可能上涨，也同样会形成趋势。总而言之，从行为金融学的角度来讲，趋势源于人性在交易时暴露的弱点。虽然参与者知道动量有效，却无法避免按照情绪化、非理性化的方式进行交易，从而使得动量效应能够在长期内存在。

那么，我们应该如何从趋势中获利呢？作者着重强调了两个关键点：

1. 量化交易（或称系统化交易）

所谓量化交易，指的是根据不依赖于人的主观判断的系统进行交易。我们可以使用程序来进行交易，从而避免人性的弱点可能在投资中导致的灾难性后果。

但量化交易也并非易事，并不意味着把工作交给程序完成就可以了。在"趋势跟踪研究"部分，就有诸多研究谈到在回测中存在的各种问题：如何评估策略的回测结果，如何进行风险管理，如何避免过拟合，等等。这些都是交易者需要在交易中反复研究、揣摩的。

在书中，作者尤其强调了不要在量化交易中混入主观交易的成分。从某种意义上讲，一旦允许主观交易介入，就不能避免在出现极端行情时受到情绪的干扰。那么遇见大的回撤或突发事件时应该怎么办呢？在作者看来，最关键的就是要设置好止损策略。

2. 止损策略

建立止损策略是风险管理的核心。在动量策略中，止损的好坏能对收益大小产生决定性影响。从实证的角度来看，其原因在于动量策略的收益通常具有正偏度、负峰度的特性（Koulajian and Czkwianianc, 2011）。换句话说，动量策略有更高的概率取得极端为正的收益；从某种意义上讲，我们可以说动量策略是一种"以小博大"的策略。按照这种策略，在没有趋势或者震荡的行情下，应该及时止损，而不是耗在其中。这就是动量策略中止损的核心逻辑。

按照同样的逻辑，动量策略不应该设置止盈，因为这种策略能够抓住一些极端为正的行情，从而弥补多次小的损失。一旦设定了止盈，那么就无法享受厚尾收益，自然盈利能力也就大幅减弱了。

当然，如果你使用的并非趋势策略，那么你的风险控制的倾向就需要有所调整：策略本身的逻辑需要和风控的逻辑结合起来，止损和止盈并非独立于交易策略存在的。你应该全盘考虑，至少根据回测数据或历史业绩，判断收益具有何种统计特征，从而决定止盈、止损策略。

另外，这本书涵盖了关于趋势交易的诸多内容，尤其是描述了发生重大金融事件时市场的真实反应，这对交易者是大有裨益的。只有深入理解极端事件中交易者的心理，洞察参与者的反应，我们才能够在应对突发事件时不至于被市场"吓倒"，也不至于在趋势即将消失时依然"贪婪"。

当然，尽管这本书涉猎甚广，但仍有诸多尚未触及的有关趋势交易的内容。例如，本书中探讨的趋势交易，可以归于传统动量策略的领域，但实际上，现在还有诸多有关动量的进一步研究，如残差动量、宏观动量、动量与周期，等等。另外，动量信号本身也还有很多值得挖掘的特征和信息。例如，趋势信号在高值时更容易出现饱和，这是一种很有趣的现象。对此，有一种解释是：当价格趋势相当明显时，基本面交易者也会介入，这会使得趋势所带来的收益降低（Greenwood and Shleifer，2014）。再比如，短期趋势（如3天的趋势）自从20世纪90年代以来已出现显著的衰减（Duke et al., 2013），其原因是什么呢？如果是因为技术进步导致超短趋势失效，那么随着金融技术的进一步发展，是否会有更多类似的趋势消失呢？这些问题都是本书并未深入探讨的。

本书也存在一些不足之处。为了使初学者便于理解，这本书将量化投资的过程过分简化，失之偏颇。量化研究或者量化投资，并非纯粹统计方面的学问，更是一种逻辑和常识方面的学问。如果过分关注统计数据、历史业绩，就容易陷入数据过拟合或者使用未来信息的误区。

从某种意义上讲，"趋势策略"本身就是幸存者策略，到底其收益有多少可以归因于"幸存者偏差"，这一点仍然很难讲清楚。在本书中，作者对"趋势策略到底为何有效"这一问题的回答，可以用一句话来概括：

"趋势的有效性来源于人性，这些人性已被行为金融学完全证实。"

这当然是一个深刻的回答，对于初学者来说也足够了。但这显然并非一个"终极回答"——所谓终极，是指如果你是一名想要创造属于自己的策略的交易者,那就还要更深入地追问:动量策略赚取的到底是什么收益?是 alpha 还是 beta?

例如,在极端事件(如金融危机)中,趋势策略确实获得了不错的收益。正如作者所言,在极端事件中,大型机构、个人投资者都疯狂平仓止损,但使用趋势策略的交易者则提前做空,不用担心因客户挤兑而被迫平仓。按这种说法,趋势策略在极端事件中的部分收益也可以算作"极端流动性风险溢价",这一部分收益实际上来源于客户本身的信任,它对巴菲特在伯克希尔-哈撒韦所实践的价值投资也同样有效,并非趋势策略所独有。

我们还可以继续追问:趋势动量放之四海而皆准吗?诚然,在绝大多数市场中,动量策略有相当不错的表现,但不巧的是,在中国股市中,动量策略的回测效果并不好;考虑到中国市场难以做空,而动量策略的大部分收益都来自空头收益,其劣势就更加明显了。对于中国的权益投资者来说,必然需要考虑特定的市场特征:涨跌幅限制、难做空、T+0 策略容量不大、交易成本高等问题。而且有趣的是,和在中国股市的效果相似,日本金融市场的动量效应也很弱。这到底是一种巧合,还是和所谓的"群体性"有关系呢?

这些问题都没有特定的答案,但绝对是值得我们思考的。市场的特征、参与者的特性,与动量策略的设计、执行和业绩都有着千丝万缕的关系,这是在构建策略时需要考虑在内的。从某种程度上讲,中国股市因涨跌幅限制而产生的"打板策略",在过去有着超高的回报,同时伴随着超高的风险,这也可以称为中国股市独有的一种"趋势策略"。

另外,实际的量化投资在回测过程中,也有诸多值得注意的细节,但这是本书并未涉及的,读者对此应该报以更加谨慎的态度进行求证。一些很细微的条件改变,可能会极大地影响回测结果,这都是我们需要考虑的。

总而言之,我们需要更深刻地理解动量策略为什么能够有这么好的效果,其背后的原因恐怕比动量策略本身的统计学特征要复杂得多。我们需要在交易中意识到这些问题,并从中探索可能存在的特征和模式,而不是照搬动量策略。

如果你是一位初学者,这本书能让你对动量策略、诸多金融事件、诸多理论有所了解;如果你已有交易经验,这本书也能给你提供一个契机,让你从他人视角——从作者的视角、从其他顶级交易者的视角来看待交易。在这本书的第二部分，作者采访了业内的很多知名人士，从他们的对话中，你可以窥见那些交易者是如何思考的。

在翻译这本书的过程中，我经常能遇见一些引起共鸣的地方，当然同样也会遇见和作者观点冲突的地方，这种碰撞让我成长，也让我产生一些灵感。类似地，在市场中你也会听到各种观点，能从各种投资者的方法中汲取经验，但这些在本质上都不能称为我们个人的"交易策略"。我们必须提出自己的想法或假设，它们会被市场证实或者证伪，然后我们再不断反复这个过程，从而淬炼出真正能够被我们所理解的常识、被我们所掌握的原则。

市场的一切都在变化。对于有效的动量策略，仍然应该抱以敬畏之心，时时保持警惕，而非把它当成一种"信仰"。投资需要反人性的思考，需要投资者形成自己的逻辑，而这本书最大的意义，并非给予你正确的答案，而是给予你更多思考的素材。

邓佳佶

2019.12 于上海

| 推荐序 |

这是一个真实的故事。在2008年金融危机爆发后不久,我被拉去一家豪华的长岛乡村俱乐部,参加非常无聊的社交活动(那儿的高尔夫球场并不是我所喜欢的)。在俱乐部里,我被介绍给一位"交易员"——他们就是这么称呼他的,说他是俱乐部里最有钱的。显然他们觉得"嘿,这两个人都是做金融的!他们应该聊一聊"。

于是,我们开始闲聊。这位"交易员"很明显对聊天并没什么兴趣。我们俩都要去代泊服务处,这种地方不允许你自己停车,于是便有了一段令人难忘的时光。

这位交易员知道我是谁。我的关于金融危机的书是去年出版的,此外,我在金融媒体上经常露面也有一阵子了。他知道我的名字,说实话,他不应该这么漫不经心。我只是出于礼节,问他在做哪方面交易。他深深地叹了一口气,然后对我说:"我什么都做,我是趋势交易者,你不会理解的。"

哦,真的吗?

"那真是太巧了,"我说,"我的一位朋友写过一本关于趋势跟踪的书。"

到目前为止,我已经耗尽了这位交易员对我的最后一丝耐心。我都能感觉到他心里对我翻了个白眼。

"这么说吧,"他说道,"你有朋友写这方面的书确实了不起,但是关于趋势交易,只有一本真正有意义的书,其他的都是胡扯。你的好朋友浪费纸张写了些没用的东西。关于这一主题只有一本重要的著作,叫作《趋势跟踪》。其他的书都是浪费你的时间。"

我努力地控制自己不要笑。

我装作一本正经地、随意地说道:"哦哦,就是这本书。我的朋友迈克尔·卡沃尔写的就是这本,叫《趋势跟踪》。"

他的态度立马变了,突然间变身为悔意十足的小学妹:"哇!你竟然认识迈克尔·卡沃尔?我特别喜爱那本书,那本《趋势跟踪》!我本来交易做得很失败,濒临破产。但我读了那本书,它改变了我的一生。我整个职业生涯都是它给的!"

哈哈!话风完全变了。现在轮到我说话了:

"我一直和卡沃尔说,他要做一些改进,把那本书变得更丰富多彩,比如增加经济数据预测、评估公司管理和分析地缘政治的部分。这样才能既新鲜又有趣。"

这位交易员似乎震惊得下巴都要掉了。

他花了几秒钟才意识到:第一,我完全是在开玩笑;第二,我知道这些东西与趋势跟踪无关,而且,我好好回击了一下他之前的傲慢无礼。

这位交易员笑了,他认可我了。我们突然间成了某种意义上的朋友:我们聊危机期间(AIG 破产、雷曼兄弟倒闭、熊市)是如何做空的,股市从低点(强劲)反弹,黄金走高(有下跌的危险),美元趋势,等等。他的车已经取出来了,但我们还在不停地说话;我的车也来了,但我们还没停。这位冷冰冰的交易员变得很爱说话了。

所有这些都有助于解释:为什么这本书(现在已是第 5 版)会成为有史以来最受欢迎的交易书籍之一。

到底是什么特征,让趋势跟踪如此与众不同?我有我自己的看法。我认为人类心理上内在的、与生俱来的缺陷是投资者最大的缺陷。就像我们无法理解风险、数据和统计一样,我们痴迷于正确的事物,并且我们潜意识里不断骗自己去相信一些客观上不正确的事情。

我之所以喜欢"趋势跟踪",有 10 个理由:

1. 这是一种客观的、基于价格的方法论。

2. 新闻标题、专家、分析师及其观点都没有意义。

3. 它内置了风险管理。

4. 与来自"基本面"的具体观点并不相关。

5. 它是有条理、有系统的。

6. 同一策略适用于所有资产类别。

7. 它不靠任何预测。

8. 它在本质上是长期有效的。

9. 经济数据（如就业率、GDP、美联储政策等）无关紧要。

10. 它需要非常严格地按规则执行。

读者可能会从其他方面发现自己与趋势跟踪有更多的共鸣。这取决于你的个人特质。但不变的是要理解其基本的交易哲学，具备严格的规则，按照系统执行，这对于任何趋势交易者来说都是一样的。

当然我也会有一些抱怨。趋势跟踪会让你在鸡尾酒会或烧烤聚会时无话可说。比起争论 FOMC 是否会提高或降低利率，趋势跟踪没有什么刺激感。它可能会很无聊。而且在很长一段时间内，趋势可能都是中性的，你什么也不用做。

任何人都能从卡沃尔这里学到他所探讨的方法论。将方法付诸实践，需要按照系统执行，具备严格的规则。这正是众多交易者的致命弱点。你将会意识到，趋势交易者必须乐于解决一些极难解决的问题。事实就是这样，如果这很容易，那么每个人都会变得很富有了。

这并不容易。任何遭受重大损失的人都知道自己会做出什么反应。身体和情感上的影响是不可能被忽略的。你可能失眠，可能连续数天或数周出现轻度头痛，有些人还会感到恶心。最大的问题来自自信心所遭受的打击。资本损失会导致交易者质疑自己，怀疑自己所使用的方法。他们想知道这次市场是否真的有所不同。可能市场结构发生了变化，美联储在做什么前所未有的操作，或者出现了新的高频交易，或者也许是发行了新的 ETF，总之，他们会认为这次有所不同。"也许我可以稍微调整一下方法……"这是最著名的遗言。

真正精通本书所述技术的人，他们能赚到很多收益。但这并不适合每个人，如果你不能或不愿意承受损失，不愿意接受回撤，或者会在乏味和无所事事中感到无聊，没有坚定的纪律性去遵循策略，那么我想说的是："换种方式吧。趋势跟踪并不适合所有人。"

那些想学习交易技巧、有个性、愿意遵循规则并付出努力的人，请读下去吧！你一定不会后悔的。

巴里·里特霍兹（Barry Ritholtz）

里特霍兹财富管理公司董事长兼首席投资官

《彭博视野》和《华盛顿邮报》专栏作家

彭博商业大师播客主持人

前 言

危险之旅征集船员。低工资，酷寒，长时间完全处于黑暗之中，难保安全返回。如若胜利，将有荣耀。¹

想要体验一次新的金融投资之旅吗？它能让你体验到新的投资理念，在金钱方面给你带来影响。我不能保证这条道路铺满黄金，但我可以保证这一粒红色药丸会让你看到截然不同的真相。

2016年末，《华尔街日报》称，内华达州公职人员退休系统的投资负责人史蒂夫·埃德蒙森（Steve Edmundson）独自工作，没有同事，他很少开会，就随便吃些便饭。他的日常交易策略是：尽可能少操作，通常什么都不做。内华达州公职人员退休系统的350亿美元股票和债券全部是跟踪指数的低成本基金。他可能每年只调整一次投资组合。²

这当然算不上天翻地覆的改变，但是，这种什么都不做，只跟着指数被动投资的做法并不是他一个人的专利。第六大共同基金管理公司 Dimensional Fund Advisors

> 基本上，每当我远离人群时，我就能赚很多钱。远离群体路径是找到新路径的方法。
> ——吉姆·罗杰斯（Jim Rogers）

> 问：你会先用铅笔描一遍吗？
>
> 答：不，直接画就是了。
>
> 问：但是你不会犯错吗？
>
> 答：不存在犯错。错误也是一种机会。你必须放开，顺其自然。
>
> ——拉尔夫·斯特德曼（Ralph Steadman）与安东尼·波登（Anthony Bourdain）的谈话

（DFA）每月可以吸引近20亿美元的申购资金，而此时其他基金公司的投资者正纷纷撤资。DFA的基本信念是，传统交易员所做的主动管理实际上是徒劳的，甚至是荒唐的。而DFA的创始人正是指数基金的开拓者。[3]

在我们现在所处的时代，几乎每个人的资金都绑定了一只指数基金，当然在2017年这并不是什么先驱式的改变。但是我们目前面临的更大的问题（而且是大多数人还不知道的问题）是，按照某种学术理论的观点来说，任何人都可以对指数充满信心。

有效市场理论（EMT）指出，资产价格完全反映了市场上的所有信息。这意味着普通投资者（或顶级投资者）的风险调整后的收益不可能持续击败市场，因为市场价格只会对新信息或折现率的变化做出反应。路易·巴舍利耶（Louis Bachelier）在1900年发表的博士论文中首次谈到EMT，后来芝加哥大学教授尤金·法玛（Eugene Fama）进一步发展了该理论。该理论认为，股票始终以公允价值进行交易，因此投资者无法以低价购买或以高价出售股票。[4]

让我们换个角度来审视这个理论。

在这个听起来很不错的理论中，有一个被人们视而不见的大漏洞。EMT使2008年10月那次史诗级的股市崩溃并没有引起学术界太多的关注。对于那些了解理论来源，撰写同行评议或攻读博士学位的人来说，现代金融的许多基础都与EMT紧密地结合在一起。法玛的研究结果"改变了市场实践"，全球范围内的投资者都对指数基金敞开怀抱，而法玛也因此获得了2013年诺贝尔经济学奖。

这些都是公认的现状。

但是，并非所有人都相信这种流行的理论。

著名数学家伯努瓦·曼德勃罗（Benoit Mandelbrot）是最早对EMT提出批评的人之一。在他眼里，EMT的支持者对2008年这样的大事件只字不提，用毯子遮住，就像小孩收拾弄脏的屋子时说这是"上帝干的"一样。法国物理学家让-菲利普·布绍（Jean-Philippe Bouchaud）是这样解释EMT如何"有效"的："有效市场假说不仅在逻辑上是诱人的，它也能让个人投资者感到安心，相信他们可以购买股票而不会因此被更精明的投资者击败。"[5]

曼德勃罗还说："古典经济学建立在非常强大的假设之上，这些假设成了公理，包括经济人的理性、无形的手和市场效率等。一位经济学家曾经对我说过一些令我感到困惑的话：'这些概念本身就已经无比强大，超过了所有经验上的发现。'正如罗伯特·尼尔森（Robert Nelson）在他的《作为宗教的经济学》（*Economics as Religion*）一书中所指出的那样，'市场已经被神化了'。实际上，市场效率不高，人们往往过于短视，缺乏长期视角。从长期来看，错误会因社会压力和羊群效应而被放大，最终导致集体的非理性、恐慌和崩溃。自由市场是狂野的市场。"[6]

大卫·哈丁（David Harding），一个你可能还不认识的交易者，是这样直击EMT要害的："想象一下，我们所知道的经济是不是都建立在一个神话之上？想象一下，这个神话是否成了控制全球经济体量庞大的包括股票市场、债券市场和极为复杂的金融衍生品（信用违约互换、期货、期权）市场在内的主流金融体系的基石？试想一下，这一神话是不是2008年全球经济崩溃的主要原因？延续至今的这个神话是否会让我们在未来面临另一场灾难性崩溃的威胁？我们无须想象，这就是事实。这个神话就是有效市场理论（EMT）。"[7]

哈丁没得过诺贝尔奖，但他有14亿美元净资产。[8] 他是一个彻头彻尾的金融异端。如果你因为他反对主流学术观点而称他为金融界的"朋克摇滚乐手"，他也不会觉得被冒犯；如果是在过去几个世纪，他肯定会因为看不起金融界的"大祭司"而被烧死。他对EMT提出质疑，而这一理论却被学者、银行、养老基金和捐赠基金近乎疯狂地接受。[9]

有趣的是，凭借对两个极端的敏锐嗅觉，诺贝尔奖委员会将2013年的诺贝尔经济学奖授予了两位理论体系截然不同的经济学家。更注重行为经济的罗伯特·席勒（Robert Shiller）与法玛共同获得了诺贝尔奖。而席勒注意到了EMT的矛盾之处："我认为他在认知上可能是不和谐的。研究表明市场的效率并不高。

> 有效市场理论涉及两个问题：市场能否被击败，以及市场价格是否正确？首先，有证据表明我们可以击败市场。其次，辩论价格到底是正确还是错误，完全是徒劳的。市场上只有市场价格，这是金融中最真实、最客观的数据。不要把市场当成道德故事来讲。
>
> ——迈克尔·卡沃尔

> 涉及金钱问题时，所有人都信奉同一种宗教。
>
> ——伏尔泰

那么，如果你身处芝加哥学派的大本营芝加哥大学，你会怎么想呢？这就像一名天主教神父发现了神不存在或其他什么你无法应对的事实。因此，你必须设法解释这个现象。"[10]

哈丁走得更远，他用常人的方式解释了EMT的疯狂："有效市场理论把经济学当成一门物理科学（就像牛顿物理学那样），但实际上它是一门人文科学或社会科学。人类容易出现不可预测的行为、过度反应或毫无反应、躁狂或恐慌。而充斥着这些行为的市场并不具有超人类的智慧，有时这就表现为波动。"[11]

也就是说：人不是理性的。市场会先吹起泡沫，然后泡沫破灭——你可以看到数百年来发生了什么：

- 荷兰郁金香狂热（1634～1637年）
- 南海泡沫（1716～1720年）
- 密西西比泡沫（1716～1720年）
- 英国铁路狂潮（19世纪40年代）
- 1857年恐慌
- 20世纪20年代佛罗里达房地产泡沫
- 1929年股市崩盘
- 1973～1974年股市崩盘
- 1987年股市崩盘——黑色星期一
- 1989年至今的日本经济泡沫与崩溃
- 互联网泡沫（1999～2002年）
- 美国熊市（2007～2009年）
- 闪崩事件（2010年）

- 中国股市大幅震荡（2015～2016年）
- 英国脱欧公投（2016年）

……

这些显然不能用理性来解释。在这些事件中，人类的行为推动了繁荣与萧条，只有用学术界的新理论才能很好地进行描述，如前景理论、认知失调、羊群效应、损失厌恶、启发式判断和决策等——这数百种固有的偏见深深根植于人类的"原始大脑"之中。

毫无疑问，在这里我们无法解决市场到底有效还是无效的争论。从学术的角度来看，这种你死我活的争论也许永远无法得到令人满意的解答；鉴于人类的自负、贪婪、恐惧，以及金钱上的束缚甚至会影响大脑判断，这也不足为奇。而且，请不要指望这项工作能够得出最新和最出色的宏观经济泡沫预测。这些东西完全是胡扯，也与赚钱无关，即使你现在还不认可这一事实。

面对这种混乱、复杂和人类的脆弱性，我所好奇的东西其实很简单。回答一个问题："为什么大卫·哈丁认为他是对的？而且更重要的是，在不通过任何指数投资、没有任何市场基本面的专业知识，以及不能预测方向的情况下，他究竟是如何通过交易苹果、特斯拉、黄金、美元、原油、纳斯达克指数、天然气、生猪、棕榈油、小麦和咖啡赚到钱的？"

这是一个值得关心的问题，而问题的答案就是：跟着趋势去冒险。

趋势跟踪

这本书是我近20年危险之旅的总结，也是我对这种

> 教育培养的是门徒、模仿者和循规蹈矩者，而不是思想先驱和创造性天才。学校并非进步和创新的托儿所，而是传统和固化思维的避难所。
> ——路德维希·冯·米塞斯（Ludwig von Mises）

> 你必须假设最坏的情况：没有模型可以告诉你怎么做。我的经验法则是，设想比你见过的最糟糕的状况恶劣两倍的情况。
> ——克里夫·阿斯内斯
> （Cliff Asness）

被称为趋势跟踪的交易方式的真切认知。时至今日，它仍能填补市面上的空白。市面上充斥着有关价值投资、指数投资和基本面分析的书籍，但并没有提供足够的资料解释大卫·哈丁是如何跟随趋势赚到十多亿美元的。

让我们把"趋势跟踪"这个词分拆成两部分。第一部分是趋势，每个交易者都需要可以赚钱的趋势。按这种想法，无论你采用哪种技术，如果买入后没有趋势，那么你将无法以更高的价格卖出。第二部分则是跟踪。我们使用这个词是因为趋势跟踪者总是先等待趋势出现转变，然后再跟踪它。[12]

好的趋势跟踪方法都会限制多头或空头仓位的损失，但不会限制其收益上限。趋势一旦确立，其走势就会延续，然后总会到达某个极限点位，在此点位附近会出现反向趋势信号。在这个点位，任何按原始趋势方向建立的头寸都应反向开仓（或至少平仓）以限制损失。利润则不应受到限制，因为趋势一旦确立，它就会持续向前发展，只要没有任何趋势逆转的信号，按照趋势跟踪原则就会继续保持原有的头寸。[13]

> 人见利而不见害，鱼见食而不见钩。
> ——中国谚语

一个能从概念上解释清楚"趋势跟踪为什么有效"的工具是贝叶斯统计。这种方法以托马斯·贝叶斯（Thomas Bayes，1701—1761）的名字命名，按照这种方法，对世界真实状态的最好的描述方式，是随着新的无偏信息出现而不断修正的概率，就像价格趋势一样不断修正和扩展。新数据与以前的数据相关联——它们存在于同一条时间链上。随机掷骰子则不具有这样的性质。

因此，趋势跟踪旨在捕获市场向上或向下的大部分连贯的趋势，从中获取超额收益。这么做是为了在所有主要资产类别（股票、债券、金属、货币和数百种其他商品）中获取潜在收益。无论趋势跟踪的基础多么简单，它都是一种既被熟知，又被普通投资者和专业投资者误解的交易方式。例如，学术界和业界的投资者提出过许多看似独特的策略，但从更高层次上看，它们都与趋势跟踪相关。[14]

一直到现在，这种经典的智慧都未能得到学术界的理解。学术界已经出现了很多权威的声音，他们认可动量存在（趋势跟踪的利润来源），但是他们混淆视听地把它描述成两种形式：时间序列动量（即趋势跟踪）和横截面动量（即相对强度）。我看不到这两者之间有什么联系，但由于各种原因，业界和学术界的专家们都搅和进来了。我确实知道有一种策略已经提供了数十年的真实业绩——它就是趋势跟踪。

在1994年，缕析这些混沌知识的渴望，点燃了我的热情，促使我开始了最初的研究。我的计划是尽可能客观、广泛地收集研究数据：

- 逐月的趋势交易业绩记录；
- 针对这一主题，对包括顶级交易员和诺贝尔奖获得者在内的受访者做数百次采访；
- 公开对过去50年里的数十位趋势跟踪者的采访——在Google上找不到这方面的详细信息；
- 趋势跟踪者获胜的市场图表；
- 金融危机中的历史市场图表。

如果我能只用数据、表格和图形展示极端情况下趋势跟踪的表现，当然最好不过了——毕竟这是最原始的、最无懈可击的数据。

但是，如果没有叙述性的解释，则很少有读者会喜欢这类数据挖掘的结果。罗伯特·席勒说过："人类思维过程的大部分内容都基于叙事，人类的思想可以将叙述

> 如果你不能用简单的方式将事情解释清楚，那就说明你对它的理解还不够。
>
> ——佚名

> 意识到愉悦的情绪能带来多大的收获，你就可以避免离间者的宣传，他们把怨恨当作成就的动力。
> ——埃里克·霍弗
> （Eric Hoffer）

> 信贷泡沫使大多数金融资产的价格远离其基本价值。央行会操纵市场，用的是不对称的方式来应对市场波动，格林斯潘在股市中设了下限，却没有设定上限。这使得事件发生后的处理成本高到难以接受的地步。[16]

的事实存储起来，故事有开头，有结尾，这能带来情感上的共鸣。你也许能记住数字，但是你需要一个故事。例如，金融市场出现的大量数字（股息、价格等）对我们而言毫无意义。我们需要一个故事，或者一个理论，但故事优先。"[15]

从根本上讲，我研究和撰写《趋势跟踪》的方法，与《从优秀到卓越》那本书中所描述的方法类似：先提出问题，从开放式搜索中收集数据以寻找答案，然后对所有问题进行讨论——从中找到"故事"，对此做出解释，从而形成理论。

当然，《从优秀到卓越》主要针对的是知名企业，而到目前为止，趋势跟踪策略仍是建立在一些不知名的交易者的非公开讨论上的，主流媒体对此除了偶有误导性文章外很少报道——在这20年来，这一点基本没有改变。我在《趋势跟踪》第1版和最新版中想要做的，就是揭开这一获得巨大成功的策略的面纱——趋势跟踪者是如何交易的，以及每个人可以从中学到什么来获取利润。

在整本书的写作过程中，我避免使用华尔街的银行、经纪人和典型的多头对冲基金所定义的知识。我并非从摩根大通或高盛开始。我的做法是从各种来源思考问题，然后客观地、持之以恒地、非常缓慢地给出最终直观的答案。

如果说有什么促使我按这种方式工作的话，那就是孩子般的好奇心了——小孩子会拆开玩具，找到发动机，研究其本质。例如，我最早的一份好奇心是关于"谁从一家著名的英国银行倒闭中获利"的，这是看到《时代》杂志的封面文章后想到的问题。我从研究中发现，这家银行的倒闭与一位如今身价数十亿美元、非常成功的趋势跟踪者之间有着千丝万缕的关系。这位趋势跟踪者的交易记录令我非常好奇:"他是如何发现趋势并跟随的?"

我还想知道,当一只价值20亿美元的对冲基金倒闭并几乎使全球经济陷入危机时,到底谁赢了。当存在如此明显的风险时,为什么华尔街最大的银行,那些所谓的负责退休基金的聪明人,还向这只基金投资了1000亿美元?此外,当我把2008年10月华尔街的亏损与同一时间趋势交易者的收益走势放在一起进行对比时,我很难理解为什么市场参与者很少意识到趋势策略。我还有一些其他的问题:

> 提问:一些研究人员认为,按照基于50天或200天移动平均线产生的买入或卖出信号进行交易,能比买入持有产生更具吸引力的风险和回报组合。你对此有何看法?
>
> 尤金·法玛:这只是一个没有经验依据的古老的故事罢了。[17]

- 在零和博弈中,趋势跟踪是如何获胜的?
- 为什么趋势跟踪是最赚钱的交易方式?
- 趋势跟踪成功背后的哲学是什么?
- 永恒的原则是什么?
- 趋势跟踪是如何看待人类行为的?
- 为什么趋势可以持久?

许多趋势跟踪者仍然选择隐居而且非常低调。有一位击败市场超过40年的交易员,他在佛罗里达沿海小镇的一间安静的办公室里工作。在华尔街看来,这种方法无异于亵渎。它与华尔街所定义的"成功"背道而驰,与其所固有的所有习俗、礼节、陷阱和神话作对。我希望我的观点能在有数据支撑的情况下,纠正大家对成功的误解:要想成功,不需要成为一个烦躁而紧张的工作狂,不需要在喝红牛饮料时给12位显示器贴上24/7的标签。

查尔斯·福克纳(Charles Faulkner)是帮助我解答这些难题的人之一。他观察到精英交易者几乎"正

> 我注意到，每个告诉我市场有效的人都是穷人。
> ——拉里·海特

在环游世界，通过与其他市场参与者不同的视角看待世界。"他的观点直击核心：

- 不管你怎么想，市场本身才是最重要的。
- 重要的东西是可以被测量的，你要做的是完善你的测量方式。
- 你可以知道事情会发生，而无须知道什么时候会发生。
- 成功的交易靠的是概率，因此要做出相应的计划。
- 交易系统在各方面都会给你带来优势。
- 每个人都容易出错，你也不例外，因此你的系统必须考虑到这一点。
- 交易意味着输赢，这是和成功如影随形的。

为了向你解释清楚这一版是如何来的，我需要把时间拉回到很早以前。1996年10月，我建立了一个只有四个页面的简单网站，从那时起我的职业生涯就开始了。拥有乔治·梅森大学的政治学学位，与华尔街或任何基金没有任何关联，零学术声望或博士学位，这样的身份似乎很适合创建第一个趋势跟踪网站。

而我就这么做了。

那个原始网站turtletrader.com的内容都是相当基础的，但它获得了数百万的访问量——当时我还不知道它在众多的初学者和专业交易者中已经颇有地位。

> 趋势跟踪的本质超过一切，对我来说，避免趋势、分散化投资，反而风险更大。
> ——大卫·哈丁

建立这一网站6年后，我认为是时候出本书了，当然也许是因为一本书让我选择了那个时机。当时南加州大学的财务主任拉里·哈里斯（Larry Harris）给我发了封电子邮件，他想让我为他的新书撰写评论，因为我对他那本《零和游戏中的赢家和输家》的兴趣比其他任何人都大。

我毫不犹豫地答应一定会给他写书评。因为我也在写书，所以我让他把他的出版商介绍给我。尽管当时我的书还只是个概念，但他欣然帮我联系了。

经过两年的写写停停，我的《趋势跟踪》终于完成了。2004年4月，当第1版上市时，我不知道它会卖10册还是10 000册。实际情况是，这本书立刻引起了轰动，在亚马逊所有书籍中名列前100名。实际上，我的第一家出版商以为第1版会以失败告终，因此你只能从线上购买——最初并没有在实体书店发售。

这本书销量超过10万册，并翻译成德文、韩文、日文、中文、阿拉伯文、法文、葡萄牙文、俄文、泰文和土耳其文。它的成功让我又出版了四本书，并有机会在2007～2009年导演了一部纪录片。

我从未想过，13年前写的一本晦涩难懂的交易图书能让我有机会与五位诺贝尔奖获得者对话，能让我与交易界的传奇人物布恩·皮肯斯（Boone Pickens）、大卫·哈丁（David Harding）和艾德·斯科塔（Ed Seykota）等数百名交易者面对面学习。我也接触到了世界顶级行为经济学家和心理学家丹尼尔·卡尼曼（Daniel Kahneman）、罗伯特·西奥迪尼（Robert Cialdini）和史蒂芬·平克（Steven Pinker）。自2012年以来，我的播客开播，现在已有500万名听众。我的播客还邀请了各种嘉宾，从蒂姆·费里斯（Tim Ferriss）到因侏罗纪公园成名的古生物学家杰克·霍纳（Jack Horner），所有这些从哲学上讲都与趋势跟踪的思想有关（至少我是这么认为的）。

> 大多数初创企业的重大突破都没有引起人们的关注。
> ——比尔·格利（Bill Gurley）[18]

然而，这还远远不只是一对一的谈话。机缘巧合之下，趋势跟踪让我有机会在芝加哥、纽约、北京、香港、吉隆坡、澳门、上海、新加坡、东京、巴黎、维也纳、圣保罗等地，同现场观众交流。在奥地利维也纳的前皇家宫殿霍夫堡宫中，我在1500名以德语为母语的人士面前进行了一场演讲。

这一切还在继续。我的听众从华夏基金管理有限公司到新加坡主权财富基金GIC，同样也包括1000多位普通投资者——无论是新投资者还是专业人士，他们都想了解更多关于趋势跟踪的知识，而这让我有机会进入他们的领域。

我还记得，2004年秋天我在美盛集团（Legg Mason）位于巴尔的摩的总部首次发表关于"趋势跟踪"的公开演讲，他们的首席策略分析师邀请我一起共进午餐。之后，我乘电梯被护送至一扇看似不起眼的门前。进入房间后，我发现里面挤满了听演讲的年轻银行家。当时美盛集团的首席策略分析师迈克尔·莫布森（Michael Mauboussin）让我随便找个座位坐下。随即我便认出发言者竟然是比尔·米勒（Bill Miller），他是美盛价值基金的基金经理。当时，米勒已连续14年击败标准普尔500指数，自然轻松地成为华尔街最成功、最著名的玩家之一。

接着，米勒向观众介绍我。直到那一刻，我还不知道我接下来要做什么。在接下来的一个小时里，站在房间两侧的米勒和莫布森，轮流向我提出了有关趋势跟踪、风险管理和海龟交易的问题。

在演讲后，我向米勒表达了感谢，谢谢他给了我阐述自己观点的机会，同时我也想知道他是如何知道《趋势跟踪》这本书的。他说："我在亚马逊上浏览过这一

> 如果你跟着人潮追赶，那么几乎可以肯定，你的方向错了。人潮会淹没你。你要做的，是专注，是要搞懂他们在意的是什么。
>
> ——赛斯·高汀
> （Seth Godin）

类的书籍。我发现了你的这本书，就买来读。我很喜欢它，我对美盛集团的所有人讲，他们都应该读读这本书。"

那时我意识到，趋势跟踪可能已有了一些"趋势"，至少在很小众的圈子里有些名气了。抛开这本书的销量不谈，我意识到，如果《趋势跟踪》能够引起并非趋势跟踪者的米勒的共鸣，那我可能真的已经改变了什么。

让我们把目光聚焦到现在。在我看来，现在全球的投资者都还没有对趋势跟踪形成正确的认识。大约有80万亿美元的可投资资产完全按EMT理论采用了买入持有的策略，或者投资被动指数基金。只有0.25%的资产采用了趋势跟踪策略。几乎所有人的储蓄和养老基金都被摇摆不定的经济所左右，人们根本没有为下一次冲击做好准备。

这就是为什么我要再次将《趋势跟踪》全新改版。我不是简单地纠正一些错别字，而是通过大幅改版，增加了无数细节——呈现在你面前的就是全新改造过的版本。在这一版中，《趋势跟踪》分成了三个部分：

1. 趋势跟踪方法：旧版《趋势跟踪》的原始章节及其原则，我将这一部分进行了更新和扩展。

2. 趋势跟踪访谈录（新增）：记录了我和专业人士进行的7次访谈，这些内容能让你接触到必要的细节，充分理解趋势跟踪。

3. 趋势跟踪研究（新增）：在访谈录之后，我还专门增加了针对趋势跟踪的研究，这对普通投资者、专业人士和学者都能有所裨益。

这是最丰富、最详尽的版本。在本书中，随处都能看见更改和增添的内容。我将这三个部分合成一本书，

> 你有必要从别人的错误里学习。你不可能什么都自己做一遍，你活不了那么久。
> ——海曼·李高佛
> （Hyman G. Rickover）

> 河流蜿蜒曲折，只因为它无法思考要去向何方。
> ——理查德·肯尼
> （Richard Kenney）

精心编排了书中的内容；你可以从任何地方开始阅读，既可以浅尝辄止，也可以深入探索。在不同的部分，我所用的语气也不同，某些地方是低沉的，而某些地方是高亢的。以前一些不完善的章节和内容，在这一版中都被重新加工成了更成熟的版本，同时也保留了原始的精华。最后，有些人可能会抱怨这本书信息量太大、内容太多、什么都写。对于这种批评，我反而会觉得很满意。"什么都写"，这个"罪名"我欣然接受。

现在，我想澄清的是，如果你想要寻找什么终极秘密或者轻松赚钱的法子的话，那么请别看这本书。这本书并不讲这些。如果你想进行一些奇怪的预测，成为横冲直撞的交易者，或是了解华尔街银行内幕什么的，或是想抱怨世道不公、请求政府财政救助，没人能帮你走向破产。当然更糟糕的情况是，你对 EMT 的信仰无比坚定，坚决排斥压倒性证据，你或许可以把我和哈丁他们都绑到火刑架上。如果你符合以上任何一种情况，我担心我所讲的立场"不正确"的观点很有可能会让你患上心肌梗死。要是这样，我建议你现在就把这本书合上。

如果你不是上面所说的这些情况，而是想在投资方面与众不同，想了解在不靠任何基本面预测的情况下是如何获得超额收益的，那就放心地看这本书吧。此外，如果你需要真实的数据作为证据，我希望我所做的数据挖掘能为你提供必要的信心，能打破你对已经熟悉的方法的迷恋，让你能在牛市、熊市和黑天鹅事件中大赚一笔。

迈克尔·卡沃尔

| 第一部分 |

TREND FOLLOWING

趋势跟踪方法

| 第 1 章 |

趋势跟踪

一切物体总保持静止状态或匀速直线运动状态,除非作用在它上面的力迫使它改变这种状态。

——牛顿第一定律

投机就是应对未来无法预知的随机性。从时间的维度来考察,任何行为都是一种投机。

——路德维希·冯·米塞斯[1]

投机是什么

投机者接受现有价格（将其视为决策所依据的事实）的能力正是市场的基石。这听起来有些迂腐甚至和投机无关，但的确如此：如果没有价格引导，人类将回到用棍棒在山洞里厮打的时代。奥地利经济学家路德维希·冯·米塞斯透彻地讲述了"价格发现"的价值所在：

> 价格的本质就在于，它是由单独的个体或者一群个体按他们各自的利益所做出的行为决定的。由此形成的关于换手率和价格的市场秩序排除了各种可能因素的影响，比如权威领袖的行动，或因暴力和威胁所导致的行为。我们说政府的商业行为不能决定价格，这是在理性的范围之内进行思考所得到的结果。相信政府能够决定价格，比相信鹅能下鸡蛋还不可靠。[3]

从长期来看，政府无法决定价格；但从短期来看，政府可能会直接使用一些工具来操控市场，例如QE、ZIRP、NIRP或类似的其他工具。

但我们需要注意的是，投机只关乎那些与市场价格有关的决定。学会如何运用价格将投机做到极致，不仅是一个有价值的探索，也契合可以被追溯到华尔街最初形成时的"适者生存"的概念。

在《华尔街年轻的美利坚》（Young America on Wall Street，1857）中，有一段关于一位当时富豪的法国诗：

> 星期一，我开始在土地上经营；
> 星期二，算来算去欠了几百万；
> 星期三，我的棕色宫殿开工了；

> （价格发现的）目的是为了赚钱，而不是为了形成正确的判断。
>
> ——内德·戴维斯
> （Ned Davis）

> 我知道的那些最成功的交易员都对交易充满激情。他们具备了进行成功交易的首要条件：不断训练自己的交易直觉。交易是他们最关心的事。
>
> ——查尔斯·福克纳
> （Charles Faulkner）[2]

> 检查员由谁来检查？看守者由谁来看守？
>
> ——佚名

星期四，我开辟了一项新业务；

星期五，我搞定了一个宏伟的工程；

星期六，我搞砸了，一无所有。[4]

市场的变化如此迅速，这本身并没有什么问题。它永远是正常的，它本来就是这样上上下下的。在市场里，运气扮演着重要的角色，但技能也同样重要。《股票交易理论》(Theory of Stock Exchange Theory, 1874) 一书写道：

一个人偶然投机侥幸成功，他塞满了自己的腰包，甚至在拿到属于他的奖励后退出这个炫目的竞技场，这样的情况实际发生的概率百中无一。任何一个熟悉股票投机的人，都会知道：对于一个天赋平平的人来说，这样的赌博不值一试。但是，在市场上会有一些行情，能让你投入的1万英镑甚至5万英镑在半个小时内输光，当然，也可能让你翻倍。在所有因素之中，最重要的就是投机者的性情。当一个投机者在市场上大量卖出的时候，微跌的熊市就会迅速变得恐慌起来。而当他用这样的眼光来看待市场时，这次交易对于他来说就是如何利用他所具有的威信和所掌控的资金来恐吓市场。这样做的人必定有一些牢不可破的防线，以至于没有什么可以击溃他的内心。要想成功地执行他的操作，他就得像丛林中四处觅食的孟加拉虎一样，不能对别人的情绪或者别人口袋里的钱过分关注。他需要有目标，正如外科医生在给病人截肢前就已经确定了目标一样。投机者的唯一目标就是盈利，要有破釜沉舟的决心，而不管要克服的困难究竟是什么。这就像把手术刀插入身体，它必然要切断围绕骨骼的动脉、肌肉和肌腱，这就是手术刀一定会造成的后果。沿着这条路径前行的人，他不仅要视其他人的利益如无物，甚至要有条不紊地精确计算出那些隐藏在人群中的人性的弱点，他将一直如此以达到目的；很显然，这样的人必然会成为与众不同的个例，而且这种行为方式绝不会引起太多人的模仿。如果一个新手进入有太多专业投机者的残酷的市场，他将花费至少数月时间来整理信息，密切关注那些专业人士的手法，而不久之后，他就会承认他几乎没有用武之地而主动离开。这位偶然闯入的新手和那些专业的投机者形成鲜明的对比，因为他的操作手法和思考方式与那些人迥然不同。以投机为业的人必须彻底了解一切有必要探索的细节，直到他完全洞察并把它变成投机策略的一部分；他将成为一个被磨砺过的人，能够乘风远航。然而，那位新手则多半有着优柔寡断的性格和同样优柔寡断的思维，当他沿着自己设定的路线前行时，他很容易担惊受怕，他的心灵单纯得仅对市场的威力抱有难以捉摸的幻想，就像一只游荡于其中的兔子。这样的人在股票市场里成千上万，他们总是容易坐立不安，最初可能因碰见了小牛市而买入，然后遇见小熊市就赶紧像菜场里被驱赶的苍蝇一样争先恐后地消失了。他们和苍蝇的唯一区别就是，苍蝇至少还得到了点什么，而这些投机者则无一例外都亏了钱。[5]

> 很多人太轻而易举就放弃了。你要保持开拓进取的精神，你需要接受成功前的挫败。成功就是一场漫长的街头巷战。
> ——米尔顿·伯尔（Milton Berle）

《如何赢，如何输》（How to Win and How to Lose，1883）这本书提到了第一个采用趋势跟踪的市场玩家："伦敦证券交易所有史以来最精明的交易者是大卫·李嘉图（David Ricardo，1772—1823），他积累了巨额财富。在给朋友的建议中，他总结了成功的真正秘诀，可以说是一字千金：'专注于减少损失——永远不要让自己对损失无动于衷。至于你的利润，让它们自己照顾自己。'"[6]

这句箴言极为玄妙，它近乎永恒的真理。如果你把李嘉图的话用134年后的现代计算机科学语言来阐述，那就是最优停时、赢定输移或者A/B测试。1883年之后也有许多关于投机可能造成损失的说法："投机被认为比其他行为更具风险，因为尽管没有酿成灾祸，但是

> 一项关于人类行为的研究表明，有90%的人可以被归到以下四类基本人格类型之中：乐观、消极、信任、嫉妒。嫉妒是最常见的人格类型，占30%。
>
> ——马德里卡洛斯三世大学（Universidad Carlos III de Madrid）

它的结果更突然、更令人吃惊。统计结果表明，人们经商失败的比例为95%。而投机失败的比例则没有这么高：交易更容易被快速验证，无论是好的结果还是坏的结果，都不用等5年或者10年才能知道到底是不是会亏钱。[7]

《投资的艺术》（The Art of Investing，1888）一书写道："那么，从理论上讲，投机是一件多么简单的事！你只需要在某个低点买入，再在高点卖出，或者在高点卖空后又在低点买回，看上去只需要如此简单的操作！这看起来就像你可以直接去华尔街从街上捡钱一样。"[8]

高强度的学习和练习才是投机的坚实基础。《投机的黄金准则》（Gold Bricks of Speculation，1904）一书写道：

投机符合人的本性，从法律和道德的角度来看，人有权利去投机，他们可以合理地、明智地投机并且自己承担风险。合理的投机是那种不会严重或者永久影响沉溺于其中的投资者的资源和地位的投机。明智的投机则是在进行了彻底的调查和研究之后才进行的投机。

市场中的专业投机者绝不会把压低或者抬高价格作为目的。他会随时准备在价格上升中赚钱，也同样可以在价格下跌中赚钱。无论哪种情况，他都会在他开始采取任何操作之前，尽力去确认这个市场可能的趋势。从来没有一个或者一群投机者会在市场上涨的过程中专门去打压价格。[9]

在《投资与投机》（Investments and Speculation，

1911）一书中，很容易看出作者认为自由市场和小政府主义是最优的：

> 无论你怎么称呼投机，它总和我们同在。道德保守的人可能对它嗤之以鼻；肤浅的思想家可能把它与最常见的赌博形式混为一谈；而社会学家可能会期待某一天嫉妒、野心和贪婪统统成为过去，人类可以在没有这些丑恶特质之后和平相处，但他们的慷慨陈词和高声呐喊并未能使他们更好地对待投机，正如人类无法设计一个装置控制潮汐一样。投机之于商业正如血液之于人体，它是商业所必需的。失去激励，商业焉能存在？而激励的基础就是投机。人们愿意承担风险以获得财富。他们愿意把他们的资产押在某些机会上，这就对他们的判断力提出了要求。
>
> 从那些不惜一切代价寻找新大陆以期拥有更多财富的先驱者，到现代那些控制贸易、筹备巨额信托的资本家，在这一长串名单上的都是投机者，在他们的雄心壮志背后正是投机的驱动。发明家承担着最大的投机风险，他用尽时间和精力来实现他的创意，以使他的发明能够投入使用；而一旦失败，那么他的一切努力也就付之东流，而他也将变得一无所有。一个又一个例证都可以说明投机是如何以最小的代价增进了每个个体的最大福利的。没有投机的商业不可能进步。这种活跃的力量隐藏在每种具体的投机活动和进展之后。而"获得"的欲望则推动了每一项风险事业的开始。因此，我们才能一眼就看出投机多么必要。事实上，最高级形式的投机已经改变了历史的航线，并且经常改变世界的格

> 自由市场惩罚任何不负责任的行为，而政府主义则会奖赏。
>
> ——哈里·布朗
> （Harry Browne）

> 绝对数字不重要，重要的是随时间推移的趋势。
>
> ——赛斯·高汀
> （Seth Godin）

局。聪明的投机不是犯罪,也不是赌博,它只是把人类的聪慧与未来的不确定性联系起来。因此,生活本身就是一种投机,那些牧师、道德保守者甚或激进的倡导者也都希望能够避免意外和病痛而安度一生。投机和赌博迥然不同,就像白天不同于黑夜一样。投机靠的是最大限度地训练敏锐地捕捉机会的能力,而赌博则是完全凭运气。各种经验都确证,无论在何种情况下,一旦法律的铁链将投机禁锢住,物质上的进步也就近乎停滞了。[10]

最后,在《股票市场心理学》(*Psychology of the Stock Market*, 1912)一书中,行为学派的观点受到了关注:

投机的心理因素应该从两个同样重要的方面来考虑:一个是公众的心理是如何影响价格走势的,或者说,市场的特点是如何被心理因素影响的?另一个是,每个交易者的心理是如何影响他的获胜概率的?从何种意义上来讲,交易者可以克服那些由他自身的希望、恐惧、胆怯或固执所构成的障碍?[11]

对于明晓事理的人来说,有关投机的智慧实际上是有益的、清晰的、真实的。而如今在知识分子中,投机却通常都被当成贬义词。虽然我喜欢奥利弗·斯通(Oliver Stone)置身事外的行事风格,但他在电影《华尔街:金钱永不眠》(2010)中却描绘了完全不同的投机,里面的主角戈登·格科亵渎道,"一切的罪恶都源于投机"。[12]

> 心理操纵是一种向目标个体或群体成员播下自我怀疑的种子,旨在使目标群体质疑他们自己的记忆、感知和理智的操纵形式。
> ——维基百科

站在投机对立面的并不只是斯通一个人。新时代的大师狄巴克·乔普拉也大肆宣传"华尔街肯定会倒下,因为它屈服于贪婪、腐败以及毫无价值的纯粹的投机"。

乔普拉的言论有些泛泛而谈。如果乔普拉是在大谈对银行的救助,那我和他的观点很容易达成一致;但如果他说的是诚实、纯粹的投机,这些则并非毫无价值。政客们也喜欢批判投机者的运动,这种仪式由来已久。美国左翼政治家伯尼·桑德斯(Bernie Sanders)一定会说:"我可不喜欢投机者。"在电视剧《亿万》中,波比·阿克塞尔罗德(Bobby Axelrod)反驳桑德斯说:"我做错了什么?是赚钱还是成功?至于那些规则和规定,有哪条不是随心所欲地制定的?都是政治家为了目的不择手段的行径罢了。"阿克塞尔罗德当然是一个虚构的、利用内幕信息的日内交易者,但他的说辞体现出许多人千百年来对投机行为仇恨的思想。

盈利还是亏损

人们常把在交易中盈利和市场操纵画等号,这是一种很典型的想法。然而,有很多市场上的投资者,他们凭着极其正直的精神,年复一年做交易,在市场上获得了应得的回报。你只要了解他们的信念和自我认知的方式,就能理解是什么让他们保持了正直的态度。但在你了解他们之前,先花点时间来想想你自己:你的投资方法是什么?

例如,在20世纪90年代末,或者2007年的夏天,

> 盈利时的快乐和亏损时的痛苦总是如影随形。关键在于要考虑不涉及快乐和痛苦时如何交易。如果这类情感的影响过大,那么它会让你无法成为一个真正的交易者。
>
> ——艾德·斯科塔[13]

又或者2016年的秋天，那时候投资者对于自己的理财产品感到很放心，突然不知道怎么回事，一下子市场暴跌，好时代骤然结束，投资者全都损失了一大笔钱。这时，对那些分析师、专家、经纪人和给出过建议的理财经理，投资者多半会感到愤怒。

这些投资者无法实现投资目标，曾经制定的退休计划也遥遥无期了。他们会谨慎地持有他们的投资仓位，期待行情好转，但现状是401（K）账户已近乎瘫痪。他们仍然相信应该购买指数基金，并长期持有——毕竟这是他们已经被灌输了几十年的理念。但当最终绝望的一幕上演时，他们放弃了，他们理性地意识到过去的盈利好像只是碰对了运气。

也有一些人在2008年10月的金融危机中损失得更多，但无论输赢，他们都享受到了这种一次交易就能暴富的信念所带来的惊喜和刺激。投资大师，或者股票内幕信息，都不过是他们的娱乐方式罢了。他们热衷于夸耀自己的投资能力——毕竟，这样可以获得存在感。当然，他们也对于所遭受的损失感到沮丧甚至愤怒，但他们一旦赚了钱、就感觉自己就在云端。因为他们的目标就是赚快钱，一旦他们尝到了甜头，他们就会继续做下去。毕竟，在多年以前他们肯定也曾因为小道消息赚到过一笔可观的收益。

但绝不能这样继续碰运气。

有一种比碰运气更好的投资方式，那就是把你的投资行为变得尽可能客观、理性化。你需要有足够的信心依靠自己做决定，而不是听从别人的建议。你应该耐心等待真正的机会到来。

> 你可能认为教育的成本太高，但无知的代价更高。
>
> ——德里克·博克
> （Derek Bok）

股票大涨时，就算连连涨停，你也不会盲目买进，对于你来说，你知道机会是在你发现市场突变时出现的。另一方面，当你意识到做了错误的决策时，你会立即离场，毫不犹豫。你把损失当作学习的成本，不断向前，第二天继续战斗。沉浸于过去毫无帮助。你要把交易当成一项事业，记录每天买进卖出的日志，以及当同样的情况再次发生时，你准备如何平衡你的投资。如果你不制定交易策略，不理性的情绪就永远无法消除。

以上我们讲了两类人：一类是市场上那些潜在的失败交易者，而另一类则是成功的交易者。在你不知道一笔交易意味着什么之前，不要急着去交易。另外，对于钱，你也不要感到害羞。你应该渴望赚到钱，渴望变成富翁——尽管随之而来的还有批评家的谴责、其他交易者的嫉恨，等等。投机并不是一件神圣的事，它就是一种生活。投机就是市场的纯粹的驱动力，没有它，市场将不复存在。[14]

投资还是投机

大部分人都把自己看作是投资者，他们会去寻找价值洼地。但如果你注意到市场上那些长期赢家通常都声称自己是做交易的，你不想知道为什么吗？道理很简单，那就是他们不是在投资——他们是在交易。

无论是股票市场还是房地产市场，投资者如果把钱或者资产投进去，他们就会假定自己的投资的价值会随着时间一直保持增长："我会长期持有，这绝不会错！"当价格上涨，他们的心理暗示会继续强化，投资也继续

> 在过去的21年（迄今已经40多年了）里，我们管理资金，没有什么事情发生改变。政府的监管和干预政策过去存在，未来也将作为社会所必需的原则而延续下去。今天政府的干预或法令，正是明天的机遇。政府的行为模型与寡头垄断类似。最富权威性和高效性的寡头垄断组织当属OPEC（石油输出国组织），但即使是OPEC也无法在现实世界中准确无误地定价。自由市场总是会形成属于这个市场本身的价格发现机制。
>
> ——凯斯·坎贝尔
> （Keith Campbell）[15]

增加。但这些投资者对于价格下跌却毫无准备。他们只会继续持有，期待下降的价格走势发生逆转。投资者在牛市里大获全胜，紧接着又在熊市里把钱赔出去——正如循环的钟摆一样。

出现这种情况，是因为投资者对未来发生损失时如何处置毫无准备。他们总是宁愿被"套牢"，尽管这样可能带来更持久的损失。而如果主流的想法都认定投资是"好的""安全的"，而交易是"坏的""有风险的"，那么人们自然会和"投机式的交易"划清界限。他们在投资时听信公募基金的大话，接受政府系统的指引，接着就是蒙头大睡，不再问津。

而作为一名交易者，他需要有既定的计划或策略，运作他的资本以获取收益。交易者并不在乎他是买入还是卖出，只要最后能赚到钱就好。他们不是在投资什么，而是在交易——而这是非常关键的区别。

汤姆·巴索坚信一个人之所以能被称为交易者，并不在于他是不是频繁交易。有些人误以为只有在市场上频繁买入和卖出的人才算是交易者；而事实上，成为一名交易者的关键在于他对交易本身持有的态度，而非是否在市场上成交了一单。例如，一名卓越的交易者需要有超乎常人的耐心。非洲雄狮会日夜守候，等待有利的时机袭击那些突然出现的猎物；而好的交易策略也能够等待数周甚至数月，直到真正的交易机会到来，交易者才开始行动。

另外，在理论上，一名交易者做空的频率应该和做多的频率持平，才能保证无论市场上涨还是下跌都能赚到钱。但实际上，绝大部分人并不能做到这一点。当市场下跌时，这种反直觉的念头会令他们不断挣扎；这时

> 靠水晶球做预测来谋生的人，注定要吃到碎成渣的玻璃。
>
> ——瑞·达利欧
> （Ray Dalio）

候最好的情况是消除困惑，但困惑却常常难以消除。人性总是希望暴涨。

基本面分析还是技术分析

市面上有两种基本的交易理论。第一种是基本面分析，它关注外部因子如何影响供给与需求。基本面分析会使用一些诸如美联储政策、全天新闻事件、天气状况、监管政策、P/E比率、资产负债表之类的数据，并据此做出买卖的决定。根据这些特定的基本面数据，你可以在基本面变化引起市场价格发生改变之前，先预判价格的变化趋势。当然，这一切还基于一个假设，那就是通过你的判断就能赚到钱。

华尔街的大部分分析只是基本面分析。银行家、学者、经纪人，还有那些分析师，他们都热衷于预测价格会怎样上涨或下跌。这些来自华尔街的玩家大部分都在过去数十年内有过暴富的神话。大量想法简单的玩家则买入那些吹得天花乱坠的产品，继续推高股市的泡沫而根本没有考虑未来如何退出。看看金融危机之前，前总统布什是怎么说的吧：

提问：

我是一名来自弗吉尼亚的财务顾问，我想问一问，在你看来，市场在2008年的走势会如何变化，政策会有何不同？

布什：

我并不想正面回答你的问题。如果我是一名投资

> 无论在一段时间内的收益表现多么不好，大部分投资者都认为未来一定会回归正常。他们只会问市场是不是发生了变化，而趋势交易者则能预先觉察到变化的先兆。
>
> ——约翰·W. 亨利
> （John W. Henry）[16]

> 除了像得分表、比赛结果和股市行情列表这些可能的例外，根本就不存在客观的新闻报道。"客观的报道"本身就是华而不实，且自相矛盾的。
>
> ——亨特·S. 汤普森
> （Hunter S. Thompson）

者，我会关注经济基本面的变化。早在我刚刚担任总统的时候，就有人问我有关股票市场的问题；那时我指指点点，总觉得自己是金融天才，但后来我发现这只是一厢情愿的想法。我们国家的经济基本面持续走强，其中一个方面是出口在整个 GDP 增长中的比重不断上升。当我们开放商品和劳务市场的力度越来越大时，我们公平交易，和各个地方的人一起竞争。如今出口已经变成了经济不可分割的一部分，至少从第三季度的经济增长来看是这样。但就我个人而言，很抱歉，我无法回答你的问题。我认为作为一名总统，我对于道琼斯指数上涨还是下跌的判断对你来说没什么用。

布什对于基本面的看法正是市场上绝大部分交易者的看法。这里有一段来自雅虎财经报道的摘录，其中的说法屡见不鲜："市场停止继续下探，股市继 4 日连续下跌后出现反转。4 日前指数微涨，和常见的周一午后反弹基本类似，但接下来的几天市场缺乏持续上行动能，最终出现连续下跌行情。下跌势能来自美元的疲软态势，在股票市场尚好时，美元汇率率先下跌。另外，来自委内瑞拉的官方声明指出，油价持续走高和 OPEC 削减石油产量密切相关。究竟是基本面影响了市场，还是卖空势力借此做空股市，现在看来并不那么重要了。"

大量吸引眼球的新闻和假新闻不断地在每分钟、每小时、每年甚至更长的时间里无聊地重复着。成千上万的投资者收看的是美国消费者新闻与商业频道（CNBC）的吉姆·克拉默（Jim Cramer）的节目《我为钱狂》

> 我们的一条哲学理念是，变化是永恒的，也是莫测的，市场经历了一段震荡之后可能又重新出现趋势行情。未来的趋势最开始只有一个征兆，而我们会意识到，如果说这个征兆看起来还是震荡期的延续的话，它同时也将成为未来一段强有力的趋势的起点。
>
> ——约翰·W. 亨利[17]

（Mad Money），这个节目数十年来反复推荐类似的投资。但基于市场基本面分析的预测就像掷骰子的赌博游戏，因为你永远都不会知道所有的基本面信息，而这些信息会形成一个日益庞大的信息库，并最终塑造出一个让你无法看清真相的世界。

政客们并没有帮助人们认识到新闻对投资决策并不起关键作用，他们只是致力于消除虚假新闻可能引致的危害。例如，加利福尼亚州议员吉米·戈麦斯在介绍2017年第155号议会法案时说"要确保下一代在线阅读者有能力识别虚假新闻。这一法案将直接由指导委员会来制定并实施课程标准和框架，以将公民线上的理性判断纳入其中——包括英语语言艺术、数学、历史、社会科学和自然科学等课程。"

（此处，读者可自行思考奥威尔的箴言。）

交易者艾德·斯科塔用一个简单的故事一针见血地指出基本面分析方法存在的不和谐："一天晚上，当我和一位基本面分析者一起吃饭时，我不小心把刀从桌子上碰掉了。他看着锋利的刀在空中旋转，直到刀扎到他的鞋。'你为什么不把脚挪开呢？'我问。他回答说：'我在等着它反弹呢。'"[18]

市场上的所有人都知道，投资者在等待市场反弹，但市场却常常不如人意。在金融网站 Motley Fool 上有这样一个故事，用倒叙的方式讲述了基本面分析有多么愚蠢："故事要从巧克力布丁说起。当大卫和汤姆还年轻的时候，两兄弟从负责超市的父亲那里学习股票和金融知识。他们的父亲（一位律师和经济学家）告诉他们：'看见那些布丁了吗？我们公司就是生产这个的。每次

> 我们的问题就在于，政府通常畏缩不前，不会把钱投在该投的地方并调整政策。如果某个时刻我们宣称世界已经不再如前，准备放弃现有的政策，那么政府只会采取更加不明智的政策来制造麻烦，以使我们放弃变革。
>
> ——杰瑞·帕克
> (Jerry Parker)[20]

> 市场参与者用美元投票。这最终决定了股票上涨还是下跌。参与者形成的共识，可以通过价格分析来揭示。
>
> ——马克·亚伯拉罕
> （Mark Abraham）

有人来买，我们就可以多赚一点。所以让人多买点就可以了！'这堂课就结束了。"[19]

大卫和汤姆的布丁故事有点意思，但有些误导性。他们只告诉你买布丁，但是没告诉你什么时候卖出，也没告诉你买卖的数量。而市场上的行情会因为很多原因发生变化。如果你只想着买而不考虑卖，那我只能告诉你，这样做是要出大问题的。

第二种理论是技术分析，它的模式和基本面分析大相径庭。这种方法基于以下观念，即市场价格反映了所有影响供需的已知因素。技术分析不再评估基本面因子，而是关注市场价格本身。但你很快就能看到，对于技术分析的理解纷繁复杂，令人困惑不已。本质上，我们可以把技术分析分成两种类型。第一种是基于图形和指标来预测市场涨跌。这种方式很容易受到如下的批评：

> 我经常听见人们信誓旦旦地说他们通过技术分析赚钱，但真是这样吗？他们当然可以。市场参与者可以用各种策略赚钱，甚至包括用茶叶和太阳黑子的变化来预测。但问题在于：这样做比直接买市场指数基金赚得更多吗？学术界的金融专家们大都相信随机漫步之类的理论，而把技术分析斥之为无法辨别真伪的伪科学；因为基于技术分析的预测要么没有什么价值，要么因为交易成本过高而根本不可行。[21]

> 如果走进客户接待室，我们几乎不会讨论为什么趋势跟踪是有用的——因为事实已经证明了这一点。
>
> ——安东尼·托德
> （Anthony Todd）

这就是大多数人对技术分析的看法，他们觉得已经很了解了，技术分析无非就是占星术、星座、月相图一类的东西，或是艾略特波浪理论之类的分析。大投行的权益研究部常常会问："技术分析是否有效，这在过去三十多年里争论已久。用过去的价格真的可以预测未来的行情吗？"[22]

这根本就是个错误的问题。不要用过去预测未来。让我们看看最近一次汇丰银行的分析预警："头肩顶的颈线形成阻力，指数目前已从2015年的高点回落，这是看跌的艾略特波浪不规则平整形态。如果收盘低于17 992点，市场将强烈看跌。如果收盘高于18 449点，下行压力将有所缓解。"[23]

这种"算命式的分析"，我只能祝他们好运。

第二种技术分析不会做预测或者断言，它只基于市场价格运动做出相应的反应，就像趋势跟踪者马丁·埃斯特兰德（Martin Estlander）写的那样："我们识别市场的趋势，但并不是预测它。我们的模型在每个时刻对市场做出反应。"[24]

麦嘉华（Mebane Faber）把"做出反应"的概念拓展为下列三条准则，这些准则对于构建一个简单的跟踪模型是必要的，同时也足够理性以避免因为受主观情绪影响而进行交易：

1. 简单、纯粹机械化的逻辑；
2. 每个资产类别都用同样的模型和参数；
3. 只依赖价格。[25]

不像那种预测市场方向的做法，趋势跟踪关注针对市场变动做出反应，而不管变动何时出现。这样做确保我们把注意力集中在目前的价格上，而非情绪化地把涨跌、周期以及基本面预期等因素结合在一起进行分析。

价格分析并不是让交易者在最低点买入，然后在最高点卖出。事实上，你并不需要每天都做交易。趋势跟

> 自然法则并非强者生存，亦非智者生存，而是适者生存。
>
> ——查尔斯·达尔文
> （Charles Darwin）

踪者要耐心等待正确的时机，而非强求机会。这样看来，趋势跟踪并没有明确的收益目标。有些交易者想要策略精确地做到"我每天一定能赚400美元"，而趋势跟踪者则会反问，"如果市场没有走高怎么办呢？"趋势跟踪之所以有效，是因为交易者不会过度考虑收益。你要做的是趋势跟踪，而非趋势预测。[26]

感性决策还是系统决策

我们已经讲了市场上有投资者和交易者，同时交易者可以分为基本面分析和技术分析两大派别。更进一步地说，基于技术分析的交易可能是预测性的或者反应性的。但还有一个更关键的区别没有提到，那就是交易者可以分为感性决策型和系统决策型。

> 投资应该更像等待一幅画风干或者一片草长起来的过程。如果你想寻求刺激，那还不如拿800美元去拉斯维加斯呢。
>
> ——保罗·萨缪尔森
> （Paul Samuelson）

约翰·W.亨利对这两种决策类型做过清晰的区分："我相信，一个投资策略，只有它的执行者在市场走势不利时还能坚持按照这个策略的原则执行，才可能大获成功。我不像那些感性决策型的交易者，他们的决策可能受制于行为引致的偏见，而我采用的则是严格遵循规则的投资体系。"[27]

亨利提到决策可能受制于行为引致的偏见，指的是那些根据基本面情况、当前市场环境或者其他各类因素来做出买卖决定的人而言。这种在各种数据中循环分析的做法，永无止境。换句话说，他们实际上是根据自己的判断力在做交易，所以"感性决策"就是他们的交易方法。

交易者凭感性做出的决策往往很容易改变，或者让他总是当事后诸葛亮。这些和交易相关的决策也会被个人偏见所左右。我曾看过一些感性决策的交易者数十年来的交易记录，感觉他们的交易就是百分之百凭想象。很多人会把交易决策的能力想象成一个战斗机飞行员在驾驶舱内所拥有的那种直觉，或是当成一种天赋。但实际上并非如此。

一个交易者最初选择采用何种交易系统，这必然依赖于他们的判断力。你必须先选择一套交易系统、确定好资产组合，确定风险承受能力（当然有人会说这些方面也可以系统化）。在已经确定了这些系统底层配置之后，你就可以让判断变得系统化，实现自动决策。

这种系统化的交易机制是建立在客观规则的基础上的。交易者把这套规则放进电脑程序，便得到了买还是卖的市场信号。这样的交易系统消除了情绪干扰，使你不得不沿着设定的规则行事。如果不按规则交易，而是随心所欲地破坏规则，那么你绝对会破产。

亨利讲过感性决策型交易的缺点："感性决策型交易者的决策可能受制于对行为的偏见，而我们要做的则是按照一套投资规则来执行。通过量化投资决策，投资者可以保持对市场一贯的判断而不发生偏差。"[28]

可能你会觉得按照规则执行而无法随机应变地交易过于死板。你可能会想："这就跟做 CPA（注册会计师）一样枯燥。"如果你要做的就是跟着这套模型行动，那么交易的乐趣又在哪里呢？但赚钱本就和"乐趣"无关，它只是输赢的问题。坎贝尔公司历史悠久，是一家很成功的采用趋势跟踪策略的公司，该公司的一位分析员就提到他们对系统交易坚信不疑："我们的优势之一就在于我们能跟着模型走，而不是主观臆断。这条原则刻进了坎贝尔公司的骨子里。"[29]

系统交易涉及金融市场的统计学模型。假设这个模型在过去是有效的，你在开发、研究和测试环节也确认模型无误，那你接下来持有的假设就是它在未来也会运行良好，因而实际的交易执行也就会像模型所预示的那样。这听上去都是机械式的操作，实际上，任何好的投资者的运作方式也无非就是如此。想想为什么你要投资巴菲特？原因不就是过去 30 年巴菲特都赚到了钱，而你假定在未来他还会赚钱。这和我们做趋势跟踪是一回事。[31]

交易者托德·赫尔布特（Todd Hurlbut）和特德·帕克希尔（Ted Parkhill）

> 趋势一直是你的朋友，除非它最后改变方向。
> ——艾德·斯科塔[30]

更进一步地指出了感性决策的困境所在："我们做的是系统化交易。另外，我们看过很多反面案例，最开始资产管理者有点踌躇不定，把今天的行情当成是市场风格的转化，于是做点小修补，直到最后彻底改变了他的投资策略，做出了和抛硬币没什么两样的决策。"[32]

趋势跟踪：无处不在却又视而不见

趋势跟踪，或者各种基于价格的交易策略，并不是新概念。有诸多证据表明这一理念可以上溯到数个世纪以前大卫·李嘉图的时代（在第三部分"趋势跟踪研究"的第19、20章有详细说明）。

对冲基金AQR的创始人克里夫·阿斯内斯（Cliff Asness）这样阐述道："从历史来看，趋势跟踪最开始是期货交易者所用的策略，在最近10～20年的时间里被对冲基金所采用。绝大部分期货基金所用的交易策略，归根结底就是被称为趋势跟踪或者动量策略的方法。"[33]

就连那些最开始不是专门做趋势跟踪的交易员，最后也殊途同归，发现趋势跟踪才是交易的不二法门。在《对冲基金奇才》（*Hedge Fund Market Wizards*）一书中，杰克·施瓦格（Jack Schwager）问一位美国数学家埃德·索普（Ed Thorpe，同时也是对冲基金管理者、21点纸牌高手、可穿戴设备之父），是否相信"趋势是市场所固有的属性？"索普是这样回答的："在10年前，我并不相信。但最近几年，当我花了大量时间研究交易策略之后，我的结论是，趋势总是存在的，但是它有着非常大的风险，很难驾驭。"[34]

索普谈到了他也用过趋势跟踪策略。就是这样，基于价格的趋势策略总是被不同时代的人发现。塞勒姆·亚伯拉罕（Salem Abraham），一名使用趋势跟踪策略的老手，他对市场的研究始于这样一个简单的问题："市场上谁在赚钱"。他发现答案是"趋势跟踪者"之后，便开始了他的探索之路。35

当然，不是所有人都在探索趋势跟踪。在20世纪90年代末互联网兴起，一直到2009年3月以后美联储加息引发了标准普尔上涨，甚至到了2017年，许多没有策略的投资者也都赚到了钱。因此，趋势跟踪就像满屏闪光的雷达显示器上出现的一个小点，看起来无足轻重。

趋势跟踪与高频交易并无瓜葛，同样与短线交易、尖端科技或者华尔街爱搞的精巧诡计也毫无联系，而人们却总爱陷入狂热和不寻常的幻觉之中，因此趋势跟踪的吸引力一直甚微。除非有一天泡沫破灭，市场中的参与者被套牢、亏损，他们才可能意识到趋势跟踪的重要性。在此之前，趋势跟踪听起来并不"性感"。

如果你注意到在一次市场泡沫的前、中、后期趋势跟踪者赚到了多少钱，你就会知道，他们比那些看似精明的参与者赚的要多得多。

然而，即使如此多的阐释被公之于众，那些疑心重重的投资者仍然觉得，趋势跟踪的成功只是推销之辞。他们会说"市场起了变化，趋势跟踪不再奏效"。但从哲学上讲，就算市场不会总是尽如人意，趋势跟踪的有效性从来没有变过，也永远不会改变。

让我们从变化的角度来看市场，会发现市场几百年来一直如此。换句话说，只有市场的变化是永恒的。这

给趋势下定义正如给爱情下定义一样：当我们看见了，我们就知道"这就是了"；但我们绝大部分时候都不知道"趋势是什么"。冯（Fung）和谢（Hsieh）在市场趋势方面的研究成果就像记录亘古不变的爱情的诗歌，他们提出了一个有效的模型来衡量趋势的价值到底在哪里。他们发现，在市场极端动荡的环境下，趋势跟踪者反而能够表现得更好，尤其是在股票看似最糟糕的时候。36

> 变化不仅是生活所必需的——而且，它就是生活本身。
>
> ——阿尔文·托夫勒
> （Alvin Toffler）

种观点所隐含的理念正是趋势跟踪的基础。例如，在早些年的外汇市场上，德国马克的成交量是数一数二的，但接着欧元取代了马克。这显然是典型的剧变。但如果你足够灵活，提前制定好了应对策略，那么变化并不会"杀死"你：你以前交易马克，现在只不过是改成交易欧元罢了。这就是趋势跟踪者的思考方式。

变化本身是无法避免的。接受这一观念，你才真正迈出了理解趋势的第一步。一位趋势跟踪者精辟地论述道：

> 难道有什么是永远不改变的吗？除了"变化"不曾变过以外，一切都在变。当艰难的行情持续了一阵子之后，大部分投资者自然会认为，市场有什么地方搞错了，在未来一定会被修复。当然，投资者经历了过去那段时间的下跌，他们会郁闷，但他们不能因此就说整个市场在什么地方错了。每到这种时候，人们就爱问这样的问题："市场难道已经发生变化了吗？"我的回答永远都是告诉他们真相："是的"。不仅市场变了，在未来它还会继续变化，正如在历史上的每一秒钟一样。趋势跟踪的前提就是"变化"，它正是以变化为基础的。[37]

市场中的价格自然会上涨、下跌和震荡。身处其中，你要么跟随，要么反向交易；要么被市场驱动，要么坚持自我。没有人能够预测趋势何时开始，何时结束，除非它已经变成了事实。但是，如果你设计的交易策略能够适应市场，你就能利用变化赚到钱：

> 如果你有一套可靠的哲学理念，那么你就可以从事情的变化中获取利益。至少，你可以在市场中幸存。即使在最坏的情况下，你也可以在市场中幸存很长一段时

间。但如果你没有投资哲学作为基础，你绝不会成功，市场的变幻莫测将毁了你。因为知道我没办法预测任何事，我只能跟随趋势，在趋势的变化中获得成功。无论市场的趋势看上去多么荒诞不经，无论趋势的开端、发展还是结束有多么不可理喻，我们都跟随市场来行动。[38]

亨利所说的"有效的投资哲学"，就是指那种能被清晰定性、定量，可以用数字来衡量的交易策略。趋势跟踪者不会随意决定"买"还是"卖"，他们知道他们应该做什么——因为根据这种投资哲学，他们知道应对每一种具体情形的方案。

英仕曼集团（Man Group）是资金量最大的采用趋势跟踪策略的机构之一，他们这样描述他们的利润来源：

> ……趋势是永恒的市场现象，它来源于风险溢价的变动——投资者对他们所承担的风险要求相应的回报。风险溢价随时而迁；当新的市场信息出现，经济环境有所不同，或者诸如影响投资者情绪的不可见因素发生变化时，风险溢价就会大幅波动。当风险溢价上升或者下降时，对应的资产价格也会被重新评估。因为投资者对风险溢价有不同的预期，而预期的逐渐调整就导致了市场几个月甚至长达几年的变动。只要未来仍然存在不确定性，就会有趋势；只要有趋势，趋势跟踪者就能捕捉到。

> 任何领域的杰出者都善于捕捉关键时刻和关键机会。他们会在关键时刻主动出击。
>
> ——查尔斯·福克纳[39]

变化即市场

帕特里克·韦尔顿（Patrick Welton）说他找不到任

> 什么是代价最昂贵的话？——"这次和上次不同了"。
>
> ——约翰·坦伯顿
> （Sir John Templeton）

何趋势跟踪出现退化的证据。他构建了 120 种趋势跟踪策略，有些是基于反转的策略，有些是基于区间突破的策略，有些是基于波动率和分级轮动的策略。这些策略平均的回测区间是两周到 1 年不等，他得到的结论是，所有策略的业绩特征几乎一致。

韦尔顿还专门纠正了关于趋势跟踪的收益来源已经消失的误解。他指出，从最根本的原则出发，趋势跟踪的收益一定来自市场价格的变动。人们会对事件做出反应，而这需要时间并伴随不可预测性。最终，所导致的价格波动的方向和幅度也自然是无法预知的，而这正是趋势跟踪能够起作用的关键。[40]

对于趋势跟踪的诸多质疑，一位基金顾问在很早以前就回击道：

> （20 世纪 80 年代）在一次由德国期货期权交易所赞助的活动中，几位顾问和联营操盘手正对一群德国的机构投资者做演示，演示者中就有两位来自坎贝尔和亨利的趋势跟踪者。在问答环节，某位听众问："趋势跟踪不是已经死了吗？"此时，这位顾问让演示者再展示一下坎贝尔和亨利的历史业绩。接着，他指着以前的下跌走势，说道："这是趋势跟踪不行了的第一个预兆，这是第二个，接下来还有……但如今，这些交易者都赚了大钱，净值又创新高。只要他们一赔钱，就会有人跳出来说趋势跟踪不行了，仅此而已。"坎贝尔和亨利都为他们的投资人创造了数亿美元的收入，如果你因为出现损失就认定趋势跟踪已死，那显然是不正确的。[42]

> 他们就像冲浪者，研究波浪的运动而不是问波浪为什么这样。他们只是单纯地在波浪出现时尽可能长时间地驾驭它，并且在浪潮改变前调转方向。
>
> ——莫顿·巴拉茨
> （Morton S. Baratz）[41]

正如日出日落乃世间常态，趋势跟踪在盈利和亏损之间反复也不足为奇。尽管奉行趋势跟踪的交易者赚了大钱，你也总能找到趋势跟踪已死的证据——正如每隔几年那些爱炒作的出版社或者有效市场理论的信奉者所做的那样。

华尔街极少接纳趋势跟踪者，对此一位趋势跟踪者反问道："一个人如果能在市场上做到高买低卖，持续二十多年都赚钱，如果不是基于市场固有的趋势，还能是什么原因呢？相反，我看见那些华尔街聪明的参与者们却低买高卖，至多获得短暂的成功，而最终走向破产。这种现象年复一年，只因他们总认为市场会顺着个人的判断走。"[43]

趋势跟踪者保罗·穆尔范尼（Paul Mulvaney）说得十分准确："从2005年开始，我们的趋势跟踪策略就再也没有变过。因此从某种意义上讲，关于长期的趋势跟踪，我们印证了那句古老的箴言，太阳底下并无任何新鲜事。"他继续说道，"最近几年我们的研究集中在交易执行的算法上——但和趋势跟踪的哲学比起来，算法无足轻重。"

表1-1是穆尔范尼交易哲学的历史业绩。

马克·斯皮茨纳格（Mark Spitznagel），一位关注尾部风险和收益的交易者，他和纳西姆·塔勒布（Nassim Taleb）关系密切。他把穆尔范尼的收益说成是"极端不对称的收益"——他也是这么描述自己的交易的。无论是斯皮茨纳格还是穆尔范尼，他们最终的交易目标都是：可以在某次战役中输，但必须在整场战争中赢。

> 市场从一种状态变为另一种状态，不可能是沿着一条直线运动的。在趋势中，市场必然有背离趋势的震荡和波动。我们花了大量时间去处理这些扰人心神而又无法避免的波动。但实际上不必如此；根据趋势本身，我们就可以创造出简单却有效的交易系统，收获长期的高收益（尽管有些波动）。你要相信市场之神的馈赠。
>
> ——保罗·穆尔范尼

> 老实说，我不是在说你撒谎。但你需要讲清楚整个情况。你要将所有信息都清楚地呈现出来，头脑清晰的人才可以做出判断。
>
> ——理查德·费曼
> （Richard Feynman）

表1-1 月度收益率

(%)

年份	1月	2月	3月	4月	5月	6月	7月	8月	9月	10月	11月	12月	年度
2016	5.94	10.75	-13.52	-2.84	-8.35	27.33	-1.01	-13.30	18.22	-11.05	13.52	-2.10	16.72
2015	6.93	-0.50	3.84	-7.98	4.13	-6.07	4.77	-9.23	6.15	-1.67	13.05	9.05	-0.77
2014	-1.46	1.36	4.65	2.67	-4.47	2.37	2.25	9.33	17.69	7.29	11.58	-1.24	67.36
2013	10.46	7.39	9.29	9.73	0.13	-3.15	-4.03	-10.90	2.61	-15.07	-0.97	0.76	43.12
2012	-3.75	0.78	5.21	-1.08	-0.90	-18.12	11.38	-6.26	-8.58	-14.14	12.05	-1.64	-33.72
2011	2.07	9.78	-4.62	6.07	-11.82	-7.41	11.15	1.59	-4.20	22.29	-5.36	25.30	-5.26
2010	-3.84	-7.15	-5.15	2.02	-8.77	0.53	-12.03	14.59	16.46	-7.86	10.70	-3.19	34.90
2009	1.60	-0.03	-3.36	-5.51	-1.30	-6.81	-0.53	10.85	1.32	45.49	6.97	5.30	-5.90
2008	21.65	28.86	-7.96	-5.58	5.35	8.51	-18.78	-6.73	11.58	13.72	-8.59	8.47	108.87
2007	0.56	-5.18	-8.82	2.59	4.70	4.85	-16.89	-19.40	3.92	-0.13	0.56	1.60	-23.14
2006	11.09	-2.70	13.05	11.46	-4.27	-6.10	-5.20	1.95	1.00	-5.64	15.27	8.35	21.94
2005	-4.28	0.54	2.30	-9.28	-4.08	5.32	6.62	2.78	13.57	0.76	9.63	-4.94	32.34
2004	4.19	8.45	2.37	-11.50	-6.99	-0.73	-0.41	-6.21	7.76	15.32	-0.27	5.35	-0.10
2003	13.20	7.22	-12.83	1.45	7.64	-7.61	-6.33	0.07	6.66	-7.73	-5.08	7.80	29.28
2002	—	—	-7.52	1.55	6.75	7.38	5.95	5.44	5.13	—	—	—	19.37
2001	-9.62	18.76	13.46	-15.25	-0.66	5.39	-1.26	—	—	1.96	9.05	8.90	6.69
2000	-5.02	2.52	-8.40	-0.27	6.97	1.55	-1.25	12.68	-4.36	-4.80	7.01	4.84	24.51
1999					-0.29	-0.14	-2.22	2.13	-4.81				1.09

这么说吧，你可以通过穆尔范尼的业绩记录，反向破译市场，你可以从中一步步理解市场是如何波动的，而他最终的业绩又是如何一步步向上走的。这张表格是把你带进趋势跟踪世界的引子，此时你需要具备一种基于趋势而非基准的思维模式。但是，趋势跟踪的含义比一份业绩记录可要丰富得多——趋势跟踪策略已经在数不胜数的交易者中得到广泛使用，其时间跨越了一个多世纪。而要想理解为什么市场会呈现出趋势而不是毫无规律，就需要理解投资者的行为偏差、市场摩擦、对冲的需要、来自央行和政府永无止境的干预。[44]

直到趋势尽头

在充满不确定性的市场环境下，只基于可靠、简明的价格信息做出的决策会特别有效。而那些浩如烟海的基本面信息，比如P/E比率、财务报告以及经济研究的资料，只会让交易变得更复杂罢了。就算你确定了每种可能的基本面因子的影响，你也不可能知道什么时候应该买、应该买多少，或者什么时候应该卖、应该卖多少。价格才是唯一的衡量标准。

就算把价格当成交易的核心指标，交易者也往往只专注于一种市场——比如仅仅局限在本国的股票市场而非整个国际市场。他们最大限度地寻找舒适区，这样就可以每天追随熟悉的市场变动。他们从来没有想过还可以交易外汇、期货、咖啡和黄金。同时了解特斯拉和大豆，在两种截然不同的市场上用相同的策略买卖，这听上去有些难以理解。但想想看，棉花、原油、思科、通用电气、美元、澳元、小麦、苹果、谷歌以及伯克希尔－哈撒韦，它们的共同之处就是价格波动。

市场价格，即成交价格，是确切、客观的数据，清晰地反映了市场上各种意见的合力。明白了这一点，就算你对某个市场一无所知，你也能比较和研究价格，衡量价格的变动。你完全可以看明白历史价格和各式图表，甚至不用知道它是来自哪个市场的数据，你也可以从交易中获利。这不是在哈佛或者沃顿

> 沃伦·巴菲特说过，从短期来看股票市场是投票器，但从长期来看是一台称重机。探索称重机的事留给巴菲特，我们专注于研究投票器。
>
> ——大卫·哈丁

商学院教授的内容，这是那些赚了数百万美元的趋势跟踪交易者的基石。

进一步来讲，不要尝试去猜测"趋势可以持续多久"。你永远不知道市场最高点或者最低点可以到什么地步。彼得·博里什（Peter Borish），曾经是著名交易员保罗·都铎·琼斯（Paul Tudor Jones）的副手，他曾说："是价格形成了新闻，而非新闻影响了价格。市场终将去它要去的地方。"[45]

将价格作为最重要的交易信号，这对华尔街的精英来说太过简单而难以接受。这种困惑和曲解也常见诸主流媒体，因为他们总是关注错了地方——像CNBC的节目主播比尔·格里菲特就会说："对公司的投资就像一种信仰。如果你不相信数字，连财报上的数字都不相信，你还能相信什么呢？"

格里菲特完全搞错了。你相不相信财务报表完全不重要——上面的数字都是可以被修改、加工或者伪造的。只有交易数据是无法造假的，那才是唯一可以信赖的数据，你可以每天都看得见。但这个简单的道理却常常被人忽视，诸多误解和困惑依然存在。财经记者艾伦·斯隆也没有理解这个道理："如果那些华尔街最聪明的人都不相信这些数据，那么谁还肯相信呢？"

斯隆所提到的数字是指资产负债表中的数字和P/E比率。当然不能相信这些数字，因为总有人能改变它们。况且就算你知道资产负债表上的真实数值，它也不能帮助你确定买入或者卖出的正确时点。

一位资深的趋势跟踪者道出了最宝贵的经验：

政策上的不确定是投资决策不能采用感性判断的一个原因。比如说，你如何衡量央行行长和财政部长的讲话对市场的冲击？尽管我们知道这和价格有着千丝万缕的联系，但暧昧的政策话语并不能给我们带来收益……解读汉弗莱-霍金斯法案关于茶叶的证词，或者日本政治权威的想法，并不会让投资变得系统化。因政治言论而摇摆的投资是失败者的游戏，我们的模型要让市场价格来开口。价格可能有波动，但是他们不会掩盖市场行为本身。我们的工作就是系统性地从价格中找到趋势并做出反应，而不要让新闻影响我们对市场的判断。46

威廉·埃克哈特（William Eckhardt）是一位趋势跟踪者，同时也是理查德·丹尼斯（Richard Dennis）的合作伙伴，他将价格描述成是"生死攸关"的："我们最关键的方法就是，只看过去和现在的价格。价格才是交易者赖以为生的可变因素，它才是最应该被研究的……纯粹的价格系统就像在北极点附近，与之稍有偏差就会南辕北辙。" 47

艾德·斯科塔在白糖交易中的故事，可以让你理解趋势跟踪者是如何运用这套投资哲学的。那时艾德买了上千张白糖期货合约。每天市场都是涨停，价格越来越高。斯科塔在价格上升的时候继续买入，他的经纪人也注意到了他的行为。一天收盘之后，经纪人看到斯科塔还有很多白糖期货的持仓，就主动打电话给斯科塔："我猜你还要买5000张白糖期货合约。"斯科塔回答说："不，我要卖掉。"

艾德·斯科塔是交易方面的天才，他已经获得了超凡的成功。我第一次见艾德的时候，他刚从MIT毕业，开发了第一个用于测试和交易的量化系统……艾德搞出了一套相当出色的模型。例如，有一次，他做空白银，那时市场价格持续下跌，每天跌0.5个点。其他人都觉得要涨回去了，因为白银价格已经很便宜了，但艾德依旧做空。艾德说，"市场的趋势是跌的，在趋势改变之前，我会一直做空。"从他的趋势跟踪，我领悟到了耐心。

——迈克尔·马库斯
（Michael Marcus）48

> 少一些对人的好奇，多一些对知识的好奇。
>
> ——玛丽·居里（Marie Curie）

> 我所知道的最睿智的趋势跟踪者说过，每过5年就会有一些颇负盛名的交易者爆雷，众人便开始宣称趋势跟踪已死。然而5年过去后，又有一些颇负盛名的交易者爆雷，又出现一波趋势跟踪已死的言论，就这样周而复始……这到底是趋势跟踪的问题，还是交易者本身的问题？
>
> ——佚名

在市场连续多天涨停之后，斯科塔说："我会一直买，直到市场的最高点。"每个人都想以低价买入，然后就等着价格降下来。"买便宜货"是多数人的想法——尽管根本就没有便宜货。趋势跟踪者做的事情正好相反：他们高价买，更高价卖。

著名对冲基金经理朱利安·罗伯逊（Julian Robertson）和路易斯·培根（Louis Bacon），一直都强调价格对于交易决策的重要性。

在互联网危机之后，朱利安·罗伯逊关闭了他长期运作的对冲基金。他是一名依靠基本面分析的国际宏观交易者，他曾和另一位国际宏观交易者路易斯·培根关系密切。培根十分神秘，市面上几乎不可能看到他的业绩数据，除非你是他的客户。尽管培根从来没有推销过自己是趋势跟踪者，但无疑他是将精力集中在价格变化上的：

"如果股票价格从100美元跌到90美元，一名投资者可能通过基本面分析判断这是一个不错的买入机会。但从培根的角度，他必定会认为有什么地方出了问题，他会赶紧离场。"作为对比，朱利安·罗伯逊即便是在关闭了自己的对冲基金之后，还固执地持有大量美国航空公司和长期资本管理公司的股份。在最近一封致投资者的信中，培根还评论道，"有期货背景的交易者对市场趋势更敏感，而那些做价值投资的权益类交易者则对市场反应迟钝，而主要把精力花在了评估公司的内在价值上。"[49]

每一个成功的交易者都是一位趋势跟踪者，尽管他们可能没有使用过或公开承认过。

趋势跟踪者知道，寻找市场趋势的起点是徒劳无功的。趋势开始时通常迹象平平，看不出来有什么方向——市场波浪起伏，有上有下，一切都会发生。而办法就是你需要尽早下笔小的赌注，看看趋势是否成立，然后等到合适时机再下大赌注。

格雷厄姆资本管理有限公司的执行官也是一位趋势跟踪者，他澄清道，"趋势跟踪策略之所以能够成功，基于两条浅显但重要的假设。第一，市场上总会出现价格趋势；第二，交易系统能够从这些趋势中获利。趋势跟踪者最基本的交易策略就是止损和盈利增长"。[50]

查尔斯·福克纳补充道：

交易的首要规则就是"及时止损，让盈利继续增长"。但这是最难做到的事情。很少有人会想为什么要执行这样的规则；而这背后正对应着有效市场理论失效，这也正是市场上心理因素有效的地方。想想看，当我们失去或者错过了什么，我们总是期待未来可以抓住它——我们祈祷走失的猫会回家，我们会找到丢失的车钥匙。但我们也知道，如果在街上掉了一枚硬币，那就再也找不回来了。因此，经验教给我们的是，亏损容易，获利很难。"两鸟在林不如一鸟在手"。但这正是我想说的：想要赚钱，就要做最困难的事，交易归根结底是反人性的。这时候你就需要准则，你需要做好心理上的准备和数个月的系统测试，从中获得信心，以对抗本能的驱动。

> 趋势跟踪类似于持有期权的多头，因为止损限制了下跌，而持续的趋势创造了上涨的空间。这也是交易中"止损和盈利增长"的含义。当然，如果趋势无法形成，止损可能带来一笔大额的损失。但所有看涨类的策略都是如此。对趋势跟踪者而言，这份期权的价格就是判断失误到达止损线时所须付出的资金。同样，就算趋势成立，但如果没有及时套现，趋势反转也有可能会导致利润回吐或者收益反转，这也是你需要付出的代价。
>
> ——格雷厄姆资产管理公司总裁[51]

> 我最喜欢的一幕是，美国的巴顿将军花了数周时间，研读对手埃尔温·隆美尔的著作，之后在突尼斯坦克会战中取得了历史性的胜利。巴顿在指挥台上观察战场，当他感觉到胜利在望时，他对着敌人大喊，"隆美尔，你这个大坏蛋！幸好我提早读了你的书！"
>
> ——保罗·都铎·琼斯

> 只会在牛市赚钱的人最终不能适应市场，他们的收益会回归均值。
>
> ——迈克尔·卡沃尔

"及时止损，让盈利增长"是趋势跟踪者的信条，这是因为残酷的事实证明，如果亏得连本金都不剩，你就连赌桌都上不了。趋势跟踪者克里斯托弗·克鲁登（Christopher Cruden）就略带戏谑地讲过："我当然更愿意根据我自己对市场的判断来做预测，或者基于我个人的投资哲学……但问题就在于我讲不清楚判断何时会奏效，也无法言明到底哪种情况先发生。基于此，我们最好还是用系统性方法来投资。"[52]

一个"让盈利增长"的反例就是，在趋势结束之前提前兑现利润。例如，一个经纪人告诉我，他的策略就是获利30%后离场。上涨30%，然后离场，听上去合情合理。但是，以收益率作为目标的策略从根本上讲是很有问题的，它背离了复利原则，也自然背离了"让盈利增长"的原则。如果你不能预测趋势的起点和终点，那就不要太早离场，要把赢的钱都放在赌桌上——只要赚到一笔大的，你可以输很多次小的。

假设你的本金是5万美元。市场上涨，你账户的资产增加到8万美元。你可以快速兑现，拿走3万美元的盈利。你可能会错误地想，如果你不赶紧拿走3万美元的盈利，它可能随时会消失。

趋势跟踪者知道，账户里的5万美元可能会变成8万美元，然后跌回5.5万美元，再反弹至9万美元，然后一路高走至20万美元。那些在8万美元就赶紧离场的人是无法搭上20万美元的快车的。"让盈利增长"难在心理上。但你要明白，只懂得守护现有盈利，就永远不可能赚到大钱。想要钓到大鱼，你就必须做出这一真实而无法回避的选择。

你的账户净值可能会随着交易起起落落。损失只是交易游戏的一部分，与策略无关。如果你不想遭受任何损失，只想每个月都平白无故地拿到一笔收益，那你只能把钱投入麦道夫的庞氏骗局，你也知道最终会发生什么。你如果不想遭受任何损失，就不可能真正赚到钱——这就像你不可能只吸气不呼气一样。[53]

换个角度想一想：如果没有损失，你自然就不用承担风险。而不用承担风险，也自然不会赢得高额收益。损失不是问题，问题在于你需要尽早止损。没有计划，无视损失，让损失继续扩大直到无法承受，这才是问题的根源。

从理论上讲，真正大的损失很少出现在趋势跟踪策略之中，因为一旦市场反转，趋势跟踪者就会及时止损。最基本的原理在于，任何价位都可能是趋势的开始，只要大赚一笔就可以抵过一连串小打小闹的损失。[54]

> 我开始意识到，要想赚大钱，就必承受极大的波动。
>
> ——杰西·利弗莫尔

驾驭风浪

我很幸运能认识交易者艾德·斯科塔。从2001年第一次在维尔京群岛与他会面，到2012年和拉里·海特一起参与他的小组，再到2016年他公开露面，我通过和他的交谈学到不少东西。他曾经给我讲过一个新入行的交易员在百慕大向他请教交易的"秘诀"的故事。"告诉我一些速成的交易方法吧，让我能够快速领悟你的交易秘诀。"这位新手说道。

斯科塔把他带到海边。他们站在那里，看海浪拍打

> 许多人宁愿死也不愿意思考，事实上，他们就是这么做的。
>
> ——伯特兰·罗素
> （Bertrand Russel）

着海岸线。那位新手问："你带我来这里做什么？"

斯科塔告诉他："你走到海浪冲击海岸线的地方去吧。现在你要做的就是：当海浪退去的时候，你就跟着海浪往前跑；当海浪冲向海岸线时，你就跟着跑回来。你能看明白你是如何跟准海浪节奏的吗？你跟着海浪往前，也跟着海浪往后。你是在跟着它们的节奏跑。"

趋势跟踪的哲学根基不仅仅和趋势本身有关，更和世间万物相连，从商业世界到人际关系概莫能外。一位资深的趋势追踪者告诉我：当你有正确的心智模式和无拘无束的激情时，趋势跟踪将会最有效。

让我们先来看看什么是正确的思维模式。正如斯坦福的心理学家卡罗尔·德韦克（Carol Dweck）所讲的那样："在固定心智模式下，人们会相信他们基本的能力，例如智力和天赋，是一些与生俱来的固定特质。他们花时间来记录智力和天赋是什么，而非不断地进行开发。他们相信成功可以单凭天赋而无须努力——在这点上他们大错特错。而在发展心智模式方面，人们会相信他们的能力是可以废寝忘食地发展出来的——大脑和天赋仅仅是心智的起点。这种观念可以塑造出乐于学习的品质，以及巨大成就所必需的适应力。几乎所有伟大的人都开启了后一种心智模式。"[55]

其次，关于激情，心理学家布雷特·斯廷巴格（Brett Steenbarger）说："发掘你的激情所在，找到那份能够刺激、愉悦、挑战你的工作。弄明白到底是什么带给你意义和激励，然后融入其中。如果你的激情碰巧就是和市场打交道，你会发现在成为一名专业人士的道路上，坚韧比你的专业技能更能让你精进。如果你的激情不在市场方面，那就找个投资目标和你匹配且长期业绩记录良好的人，把钱投到他管理的基金里就好了；然后去找到那个能在每个清晨唤醒你，令你渴望每天都能面对的事业，投身其中。"[56]

如果把"趋势跟踪"这个词换掉，正确的心智模式和无拘无束的激情也适用于生活的其他方面。对此的洞见可以从布兰达·尤兰（Brenda Ueland）在1938年发表的一本关于创造力写作的书中读到：

"每当我在书中提到'写作'时，我是泛指你所喜欢或者想做的事情。你或者想写诗，或者想做服装设计，或者热爱杂技，或者想发明一套复式记账法……但需要确定的是，你是因热爱和想象力而做，而非为了让人敬仰。"[57]

成功的趋势跟踪者并不是做给别人看或是有什么其他冰冷的目的。他们只是喜欢玩这场游戏，他们想要赢，同时享受每时每刻的乐趣。就像那些高水平的表演者、专业的运动员和世界级的音乐家，他们明白保持这种心态对于成功至关重要。拉里·海特和我说过，优秀的趋势跟踪者会问这样的问题：

你需要问自己的第一个问题是："我是谁？"我不是在开玩笑（也不是让你拿身份证出来！）关于这个问题，你需要搞清楚的是："我什么时候感到舒心？"是做一个套利者？还是短线交易者？这对于你理解自己以及你想做什么至关重要。

接下来你要问自己一个更深入的问题："我要做什么？"你到底想要做什么？你已经做成了什么？对你来

> 很多人不理解交易是什么。如果把交易具象化成活牛的期货交易，那就容易理解多了。
>
> ——坎贝尔公司[58]

说是困难还是简单？你是凭借什么做到的？市场并不关心你是谁，也不关心你是什么肤色，更不关心你是高还是矮——市场不关心你是否要继续留在市场，它不在意和你有关的任何事。

你要问的最后一个问题是："这样做会带来什么？"你必须问自己："如果我这样做，并且行之有效，那么我会被引向何方？我会得到什么？"

以上我所说的都是听上去很简单的常识。不过，想想曾经威名赫赫的长期资本管理公司，那里全是顶尖的聪明人，包括诺贝尔奖得主，却最终失败，在市场上犯了傻。他们做着交易，却没有问自己这些最基本的问题。

从海特的三个问题出发，让我们再深入下去，看看要想在趋势跟踪中取得卓越成绩还需要什么。

> 如果你被情绪左右，那么你一定要摆脱它，从中跳出来看清楚它到底是什么。你要学会将情绪量化，而我认为这正是人类的优势所在。
>
> ——约翰·W. 亨利 [59]

总结

- 真理一旦被发现，就会变得通俗易懂；但关键在于要先发现它们。（伽利略·伽利雷）

- 价格变化并非完全随机的，而是在跟随某个长期趋势。（亨德里克·霍撒克，早期的有效市场假说批评者之一）

- 所有获利的交易系统都是基于趋势的交易系统。收益来自价差，而价差就意味着趋势。（艾德·斯科塔）

> 趋势就是趋势。格特鲁德·斯坦如果是一名交易员的话，她一定会说："一旦你有计划，你的结果会大不相同"。
>
> ——理查德·丹尼斯 [60]

- 是价格，而非交易者，预见了未来。

- 如果你没有亏过钱，你就没有承担风险；如果没有承担风险，你就不可能赢得什么。

- 价格忽高忽低，总是震荡——没有什么技术和科学的突飞猛进或者人类认知的变迁可以改变这一事实。

- 如果有人告诉你到达某个点最好的办法就是不怕失败，不撞南墙不回头，那么你大可按照他的方法去做，然后注定撞到墙上。[61]

| 第 2 章 |

伟大的趋势跟踪者

我们之中的大多数人都没有足够的自制力专注于某个单一目标，能够持续 5 年、10 年，甚至 20 年，不惜放弃一切，也要完成；但这正是成为奥运会冠军、世界级外科医生或者基洛夫剧院芭蕾舞团的演员所必需的。当然，这些努力也可能付之东流。你犯的某个错误可能让你前功尽弃。古谚云，有志者事竟成。你可以做成任何事，只要你有志向，但是你不可能做所有的事。在 17 岁的时候，为了实现你的目标，你就不能沉浸在青春期的情爱之中。这也就是培根所说的"有妻小者难成大事"，因为如果你把妻小和家庭放在首位，你就不可能成为人生的马拉松选手，甚至不可能跑完 5000 米。赚到你人生第一个 1000 万美元，写出一本伟大的小说，或者骑着摩托环游世界，都需要全身心投入。

——吉姆·罗杰斯[1]

如果你想要理解趋势跟踪，最有效的办法既不是学习策略的规则，也不是学习行为经济学理论，而是去复盘投资实践中的每一个细节。很多人不愿意承认的是，如果能够得到来自大师的指点和启迪，就算只是著作中的指导，也能茅塞顿开。他们可能会报名参加烹饪课或者语言班，却在打理资产时宁愿听信媒体、网红的话，也不愿从资深的交易者身上汲取智慧。他们更愿意像傻瓜一样操作，而不是模仿那些真正的顶尖交易者的行为。但是，在趋势跟踪领域，模仿成功者的行为至关重要。

在过去将近20年的研究中，我注意到，当你高度重视趋势跟踪一直以来的市场表现时，你会面临选择：或者把这些数据当作既定事实，客观地评估自己的投资方式，并认识到变化无处不在；或者假装事实不存在，继续按照指数定投的方式投资，直到损失难以挽回。

托马斯·弗里德曼（Thomas Friedman）是一位著名作家，他指出，开阔的思维令人受益匪浅。想要变得与众不同，首先需要成为一位通才：

> 在过去，最伟大的战略家能够做到既见树木又见森林；他们是通才，能够从生态学的视角去观察一切。他们把世界当成一张相互关联的网络，互相影响，彼此约束。如今，去哪找这样的通才呢？……主流的大学和智库正日益趋于狭窄的专业化：在一个细分领域做得足够深入的人比跨领域广泛学习的人对这些机构来说更有价值。然而，如果缺乏对整体的认知，缺乏对成功和失败的整体认知，你就不可能制定出战略。没有战略，注定只能随波逐流。²

> 人人都是数学恐惧症患者。
>
> ——大卫·哈丁

> 技术交易并非什么魔法。它很少告诉你什么时候是应该买入的低点，什么时候是应该卖出的高点。但交易就像经商一样，你赖以获利的交易系统应该经得住时间的考验，而不仅仅是成功一次就行了。成功的关键在于保持较高的预期收益，但不切实际地幻想一夜暴富只能是浪费时间。计算机不会告诉你如何在市场上赚钱，它们只能验证你的想法。
>
> ——卡格尼趋势公司

我在本书中提到的那些趋势跟踪者，他们正是能够像通才一样看见整个网络的人。他们能排除干扰的信息，知道重要的究竟是什么。正如查尔斯·福克纳所强调的那样，你必须要了解你自己：

拥有操控交易系统的能力，就意味着你需要把自己和交易分割开。一开始是语言上的分割。说"我是做与交易有关的东西"或者"我做交易相关的工作"，和"我是交易员"或者"我有一些债券和股票"听起来很不一样。我见过的交易奇才，都如威廉·布莱克（William Blake）所言，"一定要制定自己的系统，否则就会受制于人"。他们有他们自己的一套观念——无论是在交易中还是在生活中，他们都有一套自己的语言体系。他们不愿意别人来定义自己，这看起来会有些鲁莽、难以相处、太过自我，但他们遵从更伟大的真理：我就是我，我知道为何而活。

大卫·哈丁是一位趋势跟踪者，在本书的第一版中我未曾提及他。他引领了新一代的趋势跟踪者，影响了包括勒达·布拉加（Leda Braga）、克里夫·阿斯内斯、马丁·卢埃克（Martin Lueck）、安东尼·托德、斯万特·伯格斯特伦（Svante Bergstrom）、杰拉德·范·弗利特（Gerard van Vliet）、伊万·柯克（Ewan Kirk）、马丁·埃斯特兰德、赫尔马舍夫斯基（Zbigniew Hermaszewski）、娜塔莎·里夫·格雷（Natasha Reeve-Gray）、让-菲利普·布绍（Jean-Philippe Bouchaud）在内的一批杰出交易者。

在介绍完哈丁之后，我会介绍传奇般的趋势跟踪者比尔·邓恩（Bill Dunn）、约翰·W.亨利（John W. Henry）、艾德·斯科塔（Ed Seykota）、凯斯·坎贝尔（Keith Campbell）、

> 在我做商品期货的时候，还没有人对分散化投资感兴趣。有人做可可的商品期货，有人做棉花的，有人做小麦的——他们都是分开做。我差不多是第一个关注所有商品期货的人。在我之前，从来没有人对所有板块有完整的了解，也没有人做分散化投资来减小损失、跟踪趋势。
>
> ——理查德·唐奇安
> （Richard Donchian）

杰瑞·帕克（Jerry Parker）、塞勒姆·亚伯拉罕（Salem Abraham）、理查德·丹尼斯（Richard Dennis）、理查德·唐奇安（Richard Donchian）、杰西·利弗莫尔与狄克森·瓦茨。他们给了我永不过时的洞见、激励和教诲，他们告诉我们如何从毫无经验的新人成长为一名专家，他们坦言自己的失败经历。从这些天才身上，我学到了很多。毫无疑问，一百年后又会有新的天才诞生；名人榜会变，但趋势跟踪的真谛永存。

大卫·哈丁

大卫·哈丁在趋势跟踪领域，如同摇滚明星一般备受追捧。如今，他的趋势跟踪基金管理了超过300亿美元的资金，每年他差不多能拿到10亿甚至20亿美元。有很长一段时间，他做到了每年高达20%的净收益。当然，这个数字随着资金规模扩大目前略微下调了一点。

哈丁出生于伦敦，在牛津郡长大，从小就对投资感兴趣，这可能受到了身为园艺学家但热衷于投资的父亲的影响（他的母亲是一名法国教师）。哈丁年轻的时候就对科学有着与生俱来的兴趣，而且很快他的天赋就派上了用场。在职业生涯早期，他在Sabre资产管理公司谋得一个职位，负责设计交易系统。不久之后他就在那里遇见了迈克尔·亚当（Michael Adam）和马丁·卢埃克。他真正的事业生涯始于他和亚当、卢埃克一起创办AHL资产管理公司。几年之后，英仕曼集团买下了AHL的股权，把它打造成了一家专注于趋势跟踪交易的资产管理公司，负责管理数十亿美元的资金。[3]哈丁在这笔股权交易中拿到了很大一笔钱，同时也意识到英仕曼集团正是基于他开发的交易系统才大获成功的。他并不止步于财富自由，而是创办了元盛（Winton）资本管理公司，把这家公司做成了巨无霸。哈丁所有的成功事迹背后，都有某种确切的内在哲学。在我们展开讨论之前，可以先看看他的业绩表现（见表2-1）。

我和哈丁有过多次交谈。在我的印象里，他总是脚踏实地。他在事业上非常勤奋，同时也有极强的好胜心，他总是想赢。哈丁并非那种含着金汤匙出生的人，他的一切来自他的努力。据安德斯·埃里克森（Anders Ericsson）的研究，他对交易有极深的洞察：

表 2-1 元盛基金的月度收益率

年份	1月	2月	3月	4月	5月	6月	7月	8月	9月	10月	11月	12月	全年(%)
2016	3.51	1.76	-2.92	-1.49	-1.64	5.21	0.73	-1.72	-0.30	-2.64	-1.23		-1.06
2015	2.89	-0.01	2.04	-3.24	0.11	-3.15	3.90	-4.27	3.47	-1.42	3.44	-1.58	1.72
2014	-2.04	2.29	-0.57	1.81	1.92	0.18	-2.09	3.98	-0.39	3.55	5.28	0.64	15.23
2013	2.27	-0.35	2.06	3.05	-1.85	-2.18	-1.18	-2.92	3.09	2.77	2.70	0.52	7.98
2012	0.66	-0.80	-0.66	0.02	0.06	-3.39	4.32	-1.15	-2.25	-2.55	1.18	1.51	-3.24
2011	0.11	1.62	0.20	3.06	-2.22	-2.55	4.64	1.55	0.20	-2.35	0.94	1.54	6.68
2010	-2.51	2.29	4.64	1.58	-0.85	1.46	-2.83	4.92	0.84	2.62	-2.23	3.89	14.27
2009	0.92	-0.32	-1.78	3.08	-2.08	-1.31	-1.55	0.31	2.73	-1.54	5.01	-2.53	-5.38
2008	3.92	8.21	-0.92	0.97	1.95	5.22	-4.66	-3.09	-0.38	3.65	4.48	1.93	20.25
2007	4.03	-6.39	-4.13	6.13	5.04	1.83	-1.38	-0.96	6.83	2.38	2.45	0.12	16.13
2006	3.93	-2.74	3.88	5.68	-3.21	-1.34	-0.62	4.58	-1.43	1.43	3.10	2.03	15.83
2005	-5.16	5.72	4.70	-4.03	6.49	2.85	-2.15	7.66	-6.50	-3.02	7.05	-4.59	7.65
2004	2.65	11.93	-0.50	-8.27	-0.16	-3.12	0.88	2.64	4.78	3.37	6.28	-0.58	20.31
2003	5.30	11.95	-11.14	2.07	10.18	-5.85	-1.15	0.69	0.71	5.46	-2.68	10.00	25.52
2002	-10.81	-6.14	11.44	-4.66	-3.80	7.32	4.79	5.48	7.42	-7.76	-1.09	13.46	12.86
2001	4.58	0.57	7.48	-5.23	-3.32	-2.95	0.72	0.02	4.48	12.45	-7.56	-4.02	5.56
2000	3.66	1.75	-3.13	1.53	-0.50	-1.28	-4.33	2.82	-7.54	2.50	7.10	16.04	9.72
1999	1.51	3.55	-4.24	10.09	-8.58	5.31	-1.93	-3.64	-0.16	-6.13	13.12	9.20	13.24
1998	1.50	3.27	8.02	-1.48	8.53	2.32	1.35	11.06	4.52	-5.65	1.18	9.19	53.26
1997										-12.97	9.96	8.34	3.68

我早年曾在一家公司任职，那时候同事都用很老套的方法做交易：我们大约有10个人，每天有一半的时间都在手工画一些交易图表。那里的工作相当枯燥，我大概做了2年的时间。因为需要不断手工更新图表，这就迫使我比平常更专注于那种分钟级别的数据；渐渐地，我几乎确信市场并不像那些理论所说的那么有效。[4] 我开始确信，市场不仅无效，而且绝对是有趋势的……我们开始用趋势跟踪系统进行交易，关键是这很管用。通过模拟回测，一旦你有什么想法或者什么假设，你都可以进行测试。在那些年里，我们做的最关键的事，就是进行交易实验。我们的实验并不是用显微镜或者望远镜，而是用电脑；我们也不是为了观察恒星，而是观察数据和模拟的特征……用统计学和概率论的思维方式来处理问题是反直觉的。它需要严格的准则和训练，它需要打破确定性。人们在某一类事情上，比如判断对方是否在撒谎，做得比较好，这是因为我们就是社会动物，我们依赖直觉判断。但当我们的直觉出错的时候，我们仍然会固执于已有的直觉判断而不愿纠正。而一位交易者对于风险的理解，可能会犯的最大的直觉错误是什么呢？那就是渴望寻找虚无缥缈的确定性。我们想要得到一个绝对的"要么真，要么假"的回答。人们总是认为事情非黑即白，当需要考虑灰色地带时他们便感到不适。[5]

意识到不确定性的灰色地带的存在，对你来说可能是一剂猛药，你可能在内心深处仍然难以被说服。这很正常，很少有人会深入思考到这一层。你可能还想追求

> 我唯一能够确定的就是：市场必有趋势——据我观察，趋势存在于任何市场、任何时间。
>
> ——迈克尔·普拉特
> （Michael Platt）

精确性，但如果像哈丁这样的顶级交易者都不这么做，那么，明智的做法自然就是改变想法再试一试。我想和你分享我从哈丁那里学到的最棒的一课，这是从他的著作《元盛手册》(*The Winton Papers*)中学到的。所有需要和市场打交道的人，哪怕只投资一美元，也应该好好学学他的决策哲学：

> 人类共有的心理偏差和模仿效应，最终会形成特定的行为模式，这种模式和理智决策、信息高效、系统性思考并不相符。而这种行为模式反映到市场中就是趋势。在趋势中，价格会基于市场信息持续地朝着一个方向或另一个方向运动。人们普遍相信某种投资理论，例如指数定投，这只会在更大的范围内扩大市场的羊群效应。[6]

尽管哈丁的此番言论发表于2008年金融危机之前，但是他的洞见直指接踵而至的市场动荡。如果你想学习如何交易，或者如何从糟糕的收益表现中解脱出来，哈丁指出了一条明路。对于那些批评者，他还说："许多人认为，趋势跟踪根本不可行，即使可行，不久也会失效。但他们错了。我们几乎不会根据个人意见进行交易。我们只根据数字规律和统计分布，而非美联储的政策。"

总结

- 经济学家、学者、模型分析师、各种天才和权威的大师们需要意识到的是，一个能够适用于所有金融市场的优雅理论固然令人神往，但这毕竟是不可能的。（哈丁）

- ……趋势跟踪的本质超过一切，对我来说，避免趋势、分散化投资，反而风险更大。（哈丁）

- 随着时间的推移，我经历了许多神奇的趋势现象，而我对于这种不被其他人欢迎的投资方式的偏爱也日益加深。统计学家会把这称之为贝叶斯原理。（哈丁）

▶ 人类倾向于依照不可预测的行为模式做事,要么过度反应,要么毫不行动;要么狂躁不已,要么恐惧战栗。(哈丁)

比尔·邓恩

2002年,大多数投资者都在互联网泡沫破灭的过程中损失惨重,而比尔·邓恩掌管的公司不仅安然无恙,还获得了50%的收益。在2008年10月,当整个华尔街都被金融危机烤焦了的时候,他一个月赚了21%的收益。到了2017年,这家公司已经有了超过40年的业绩记录,他们的业绩表现清晰、持久,通过趋势跟踪获得了大幅增长。

比尔·邓恩是邓恩资本(Dunn Capital)管理公司的创始人兼董事会主席。这家公司从创立时起,它的业绩就一直高于市场平均水平。邓恩从来没有特定的收益目标,也没有针对过高的年化收益做额外的风险管理。比如说,如果投资组合在上半年赚了50%的收益,他们并不会在下半年就收手。相反,从1984年开始,他们的交易记录就显示有10次超过25%的收益回撤。但无论波动性如何,作为自成一派的长期趋势跟踪者,邓恩从来没有偏离过他的核心交易法则:

我们的风控体系在1974年就是领先于时代的,一直到现在(2017年)也都是顶级的。[7]

如果你理解了最本质的商业原则,你就更能理解邓

> 无论何时开始,都不算晚。
>
> ——弗朗西斯·高顿爵士
> (Sir Francis Galton)[8]

> 新入行的交易者，对于市场的直觉就是典型的新手思维。而专家是那些可以超越这些典型反应的人。
> ——查尔斯·福克纳[10]

> 正如其他自由主义者一样，比尔·邓恩最开始对自由意志和自由市场的观点来自安·兰德，他在1963年阅读了兰德关于伦理学的散文集。
> ——《美国理性杂志》[11]

恩为什么一直恪守40年前制定的核心规则："本质上，如果你现在发现了某个真理，那么10年后，20年后，30年后，甚至50年后，它依然是真理。你如果能够找到这些真正对的事，你就迈出了一大步。"[9]

邓恩找到的真理就是，要想在市场上赚钱，就必须承担不确定性。他的客户必须对公司的决策绝对信任，因为他没有耐心去回答为什么亏损之类的问题。这种"彻底托付"的方法成功了40多年，让邓恩自己和他的客户都变得富有了。

邓恩的风控体系（资金管理体系）是以客观决策为基础的。他坚信"过分谨慎的代价太高"。他在某个点位买入，那么当市场下跌到某个特定点位时，他就必须离场。对于邓恩来说，如果没有事先预设卖出条件，注定会导致灾难性的后果。

邓恩资本的风险管理体系能够在整体上平衡投资组合的波动性，这一点也是被很多投资者所忽略的。一个市场波动性越大，普通的投资者就越会避而远之；相反，如果一个市场波动性越小，他们的交易就越频繁。但对于邓恩来说，既然承担风险是获得收益所必需的，那么仓位的控制就应该维持在可接受的最大风险的范围内。

邓恩的风险管理体系确保了他能按照原则行事：

在风控程序方面，我们的专长是如何在投资组合中分配风险，例如日元交易应该承担多少风险，标准普尔的交易应该承担多少风险，而在所有的22个投资标的中最佳的风险分配方式又是怎样的。承担多少风险是由买入和卖出的信号决定的,而这又决定了如果一旦市场对我们不利,我们会为这笔交易承担多大百分比的损失。12

出色的业绩数据

关于邓恩的业绩,图 2-1 中的数据就是最好的证明。在图表中,我们比较了如果你在 1974 年投资 1000 美元到邓恩的公司,同时又用 1000 美元买入标准普尔 500,它们的收益会有多大差异。看过这些数据之后,你可以选择像邓恩一样用趋势跟踪来赚钱,也可以假装什么都没发生过。

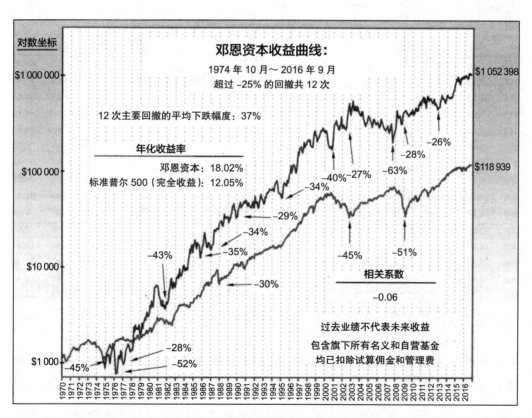

图 2-1　邓恩资本管理公司收益曲线

我们接下来再看两张图表,他们分别反映了邓恩在不同时期的交易历史,但基本的方法是一样的。第一张图(图 2-2)是从 1994 年 12 月到 1996 年日元兑美元汇率的数据，在这段时间的交易中，邓恩赚到了相当可观的一笔收益。

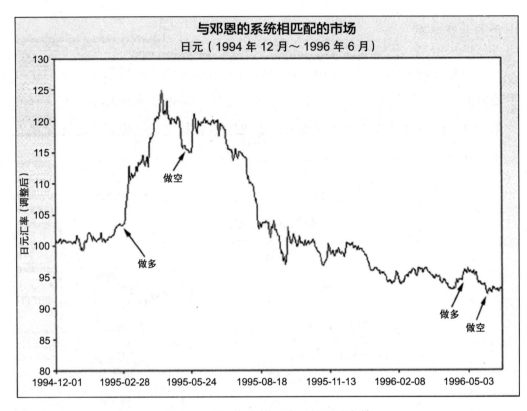

图 2-2　邓恩资本管理公司的日元交易

1995 年对邓恩来说是丰收年，他赚了很多钱。在 2003 年的一次演讲中，比尔·邓恩公开了他的思考过程，这次无价的分享令听众受益匪浅：

你可以看到，这就是日元在那 18 个月中的走势，它上下波动，预示着会有一些重要的趋势，也就是说，我们可以利用这个机会赚钱。加权移动平均线（WMA）是一个反转指标，你既可以用它来做多，也可以用它来做空，或者用它来追踪和识别主要趋势。在图上的第一个多头信号出现之前，我们一直在做空；而当上涨充分证明趋势已经形成时，我们停止做空，并抓住了后面那一波大幅上涨，事后看，这确实是一个明智的决定。[13]

表 2-2　邓恩资本管理公司基于 WMA 系统的月度持仓收益（1984～2016 年）(%)

年份	1月	2月	3月	4月	5月	6月	7月	8月	9月	10月	11月	12月	全年
2016	4.16	2.52	-4.04	-3.38	0.16	12.42	0.38	-3.54	1.46	-12.18	-3.72	2.17	**-5.39**
2015	8.52	-3.87	9.30	-10.78	4.65	-10.72	16.60	-2.41	4.97	-3.85	6.10	-4.24	**10.92**
2014	-4.35	-1.76	-1.91	2.23	-2.33	4.04	-1.12	9.83	7.04	0.22	13.43	7.22	**35.65**
2013	-0.23	16.79	3.22	10.59	-6.67	-1.66	-0.45	-4.81	-4.56	5.81	10.00	4.40	**34.16**
2012	-3.10	-4.96	-2.96	2.77	7.69	-13.23	4.53	-4.17	-4.37	-6.59	3.23	2.64	**-18.62**
2011	3.69	6.17	-12.06	11.78	-10.05	-12.59	19.93	10.40	-2.64	-9.00	5.26	1.25	**6.36**
2010	-6.61	3.97	9.83	4.22	-7.26	5.02	-4.39	16.96	-1.44	8.22	-8.73	10.95	**30.75**
2009	0.89	3.07	-3.05	-4.65	-1.08	-4.98	1.84	3.16	4.54	-4.14	11.00	-5.84	**-0.58**
2008	19.94	29.55	-10.13	-6.55	1.67	3.56	-10.18	-9.26	1.02	21.09	7.77	2.59	**51.45**
2007	6.21	-8.30	-3.36	8.22	11.77	7.39	-17.75	-22.63	16.90	3.00	7.78	6.55	**7.60**
2006	-3.63	-1.37	12.42	9.38	-7.78	-1.63	-5.69	-8.76	-5.22	5.93	4.33	7.86	**3.08**
2005	-4.09	-6.72	-4.04	-15.01	13.03	12.23	-1.89	-5.46	3.51	-0.94	6.00	-3.88	**-16.41**
2004	-2.86	8.38	-2.90	-18.35	-6.84	-9.86	-5.16	9.29	1.58	7.93	5.32	-0.69	**-16.68**
2003	6.94	13.83	-22.44	1.57	9.45	-8.07	-4.75	16.70	-7.63	-4.23	-4.45	-4.47	**-13.41**
2002	3.03	-8.07	2.39	-5.71	5.41	24.24	14.82	10.50	9.10	-12.27	-12.70	21.34	**54.06**
2001	7.72	0.55	6.26	-8.96	-0.91	-8.31	0.09	6.47	1.13	20.74	-23.52	6.73	**1.10**
2000	6.85	-2.94	-17.34	-12.36	-7.59	-3.95	0.56	3.29	-9.70	9.12	28.04	29.39	**13.08**
1999	-13.18	3.91	4.22	4.09	7.63	9.61	0.52	5.77	3.60	-7.01	1.35	-5.44	**13.34**
1998	4.25	-5.30	3.99	-11.05	-4.76	-0.38	-1.37	27.51	16.18	3.79	-13.72	0.32	**13.72**
1997	17.83	-0.15	2.21	-6.47	-5.88	10.38	16.84	-10.21	6.45	-0.64	9.82	1.55	**44.60**
1996	15.78	-13.33	9.55	9.17	-1.18	0.60	-12.40	-5.20	12.55	20.28	26.94	-7.09	**58.21**
1995	0.49	13.71	24.41	3.80	-2.60	-3.59	0.63	18.46	-6.52	10.82	11.16	4.44	**98.69**
1994	-1.71	-5.34	14.90	6.97	5.21	3.29	-13.38	-17.67	-4.68	-1.02	074	-4.22	**-19.33**
1993	2.90	13.99	-3.28	12.37	3.76	0.58	7.41	8.42	-5.02	1.59	1.03	6.10	**60.28**
1992	-14.53	-0.90	4.04	-15.10	-0.36	13.04	11.43	9.18	-8.23	5.42	-4.30	-8.15	**-21.78**
1991	-7.05	-4.51	10.30	-4.49	-4.99	-0.46	-2.54	9.93	9.23	-14.93	1.20	31.22	**16.91**
1990	23.45	5.35	6.11	6.80	-1123	3.99	1.37	2.07	3.76	-0.40	5.44	-1.19	**51.55**
1989	21.10	-4.23	9.30	6.09	2002	3.21	8.15	-13.02	-1.56	-16.65.	7.34	-5.42	**30.51**
1988	0.73	4.34	-6.55	-2.47	3.88	-0.56	-1.83	-2.65	1.98	1.92	-0.72	-16.70	**-18.72**
1987	8.81	-1.75	7.18	31.63	-2.69	-4.61	5.97	-2.98	5.50	-5.59	17.76	1.96	**72.15**
1986	-1.50	24.55	11.93	-5.59	-5.98	-13.98	-4.20	12.45	0.64	-2.79	-6.18	-0.11	**3.56**
1985	6.23	10.03	-7.25	-13.09	21.66	-6.79	-8.36	-13.48	-30.68	6.69	13.61	10.02	**-21.68**
1984											-10.95	18.01	**5.09**

1995 年 3 月，日元兑美元汇率达到行情的高点，而邓恩带领他的公司正顺着趋势前行。他们基于投资系统进行决策："我们紧接着就遇到了一个大回撤，WMA 交易系统发出了卖空信号；我们的模型也涵盖了短期的波动率，而如果当时做空，面临的波动比做多的波动要大得多。"[14]

比尔·邓恩继续总结道："当时波动率非常高，而此时的上涨对我们来说还不充分，也不足以提供做多信号，因此我们开始做空，在接下来将近一年的时间里确实价格持续下滑；这之中当然也有做多的信号，但这些信号最终被判定为错误信号，而我们则坚持做空。当然，这一交易系统与当时的日元外汇市场十分契合，但并非在所有市场上都有如此惊艳的表现。"[15]

比尔·邓恩在叙述时的语气和传递出的信心无法完全用文字再现。你可以从我们的网站上收听他当时的录音。

迅速反应

比尔·邓恩在一次大赚的交易中曾经说过："最近能源价格的波动令人激动，而市场则可能褒奖那些反应迅速的人。"[16]

邓恩所说的"迅速反应"究竟是指什么呢？他的意思是，要随时准备做出交易决策。当一个可能上涨的机会出现时，你需要做好准备，随时一跃而起，借助交易系统迅速反应。他们正是信赖事先制订的交易计划和风控体系，才能够对日元的走势做出迅速反应。

第二张图（图2-3）是关于英镑汇率的。不像日元，英镑的汇率走势是典型的震荡行情，对于像邓恩这样的趋势跟踪者并不那么友好。从图上你能看到，他们是怎样入场然后离场的，紧接着又再次进入，随即再次卖出。记住，趋势跟踪者并不预测市场的方向和趋势的长短，他们只对市场走势做出反应——因此输赢乃是趋势跟踪者的常事。邓恩将英镑交易产生的亏损控制在很小的范围之内，因为英镑本就只是他们投资组合的一部

> 开始是一件事最重要的部分。
>
> ——柏拉图

分。其他的投资者一有损失就感到不快,但邓恩不会如此;他们在日元上的收益足以弥补在英镑上的损失,对邓恩来说,从长期来看,大的盈利足以弥补小的损失。

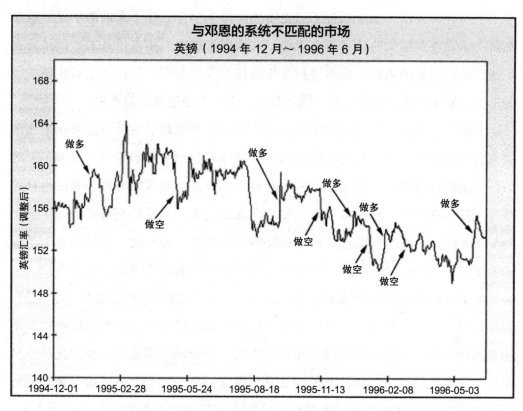

图 2-3　邓恩资产管理公司在英镑上的交易

如果你告诉邓恩,他的投资方法让你感到不快,他只会回答说:

因为我们不是在预测市场,我们是在骑着一匹烈马飞奔。[17]

邓恩在英镑交易上的失利正印证了他说的这句话:"我们是在骑着一匹烈马飞奔。"从事后诸葛亮的角度出发,你多半会问,既然在英镑交易上会亏损,为什么还要做这一系列交易?答案是,不只是邓恩,任何人都没有办法预测英镑是否会是下一个绝好的本垒打。真正关键的问题是:"难道因为你无法预测游戏会如何进展,你就避而远之吗?"

邓恩的早年生涯

比尔·邓恩在堪萨斯城和南加州长大。他高中毕业后，在美国海军服了3年兵役。在接下来的几年里，他在堪萨斯大学就读，1960年获得了工程物理学学士学位，又在西北大学获得了理论物理学博士学位。接下来的两年里，他在加州大学和波莫纳学院从事研究工作，并拿到了教职。接着他又去了国防部在华盛顿特区附近的机构，从事后勤操作系统的开发和测试工作。他喜欢研发类的工作，但更想在理论研究之外做点实事。市场才是他真正的天地。

大概35岁时，邓恩终于投身市场的怀抱——那时他还在弗吉尼亚州的法尔法克斯郊区工作。当他看到一篇新闻报道吹捧商品期货交易系统"太棒了"之后，他决定自己开发一套系统，来看看是否真是这么回事。他最开始使用日频数据，目标是寻找一个相对低点到相对高点的大趋势。他的交易系统每年会交易3～5次，如果趋势发生反转，系统的策略也会自动转变。邓恩为每个投资标的设定了2%～6%的止损比例，并以此决定每个标的头寸的大小。[18]

对于长期趋势跟踪者来说，在长达一年的时间内很少变动仓位并非罕见，因为他们聚焦于"长期"趋势。如果你想每天都疯狂交易，或者体验在拉斯维加斯的刺激感，那你不应该按照邓恩的方式进行交易。邓恩使用程序化的交易系统，在所参与的市场中持有长期头寸，通常每年只调仓2～5次。最开始构建的交易系统是反转系统，他据此决定做多还是做空。邓恩曾经自豪地表示，他持有过长达一年半的时间都在盈利的仓位。[19]

那时比尔·邓恩需要更多的资金来执行他的交易计划。在Ralph Klopenstein的支持下，他成立了公司。Ralph给了邓恩20万美元去管理。那时还是国防部系统工程师的邓恩，开始意识到只有募集更多的资金，他的交易系统才能真正发挥功效。[20]

邓恩的经历令人备受启迪：当你不再为取悦他人而努力，而是聚焦于自己的兴趣时，你才能发现你的激情所在。而当你找到了你真正该做的事情时，你的贵人便会纷至沓来，帮助你实现梦想。比尔·邓恩的经历就是最好的例子。

资本管理公司的时光

几年之前,马蒂·贝尔金为我安排了一次参观佛罗里达州斯图尔特的机会,那次,我有幸在邓恩资本管理公司度过了一天。贝尔金曾在我16岁的时候当过我的棒球教练,如今他是邓恩资本管理公司的董事长,邓恩本人则担任荣誉主席。

比尔·邓恩的办公室在一条很安静的街上,位于佛罗里达州斯图尔特中心的一条河道旁,是距离棕榈滩西部30英里⊖的一个安静的退休社区。公司并没有富丽堂皇的大门,你进去之后,想四处瞧瞧,也只能看看有什么人罢了。它更像一家小型会计师事务所,而非掌管大量资金的资产管理公司。邓恩资本管理公司是一个绝佳的例子,它说明:公司的位置、气派的办公室以及忙碌的氛围不见得能在交易上带来长期的成功。

邓恩的公司并没有成百上千的员工,他们不需要那么多人来管理基金。而且,在这些为数不多的员工里,有很多都不是交易员。运营这样一家公司,最主要的不是交易,而是处理会计和合规方面的问题。在邓恩资本管理公司,没有人紧盯屏幕,随时准备交易。因为在系统发出买入或卖出信号时,交易会自动执行。

邓恩资本管理公司的设施如此简单的另一个原因是,他们有的只是一些精心选择过的客户。事实上,比尔·邓恩经常说:"如果有人想要给我投钱,他们知道该去哪里找我。"投资邓恩的公司有一个好处,那就是基金经理人和投资者的目标一致,都是为了从交易中赚到钱。

加油站老板:哦,我想知道我能赢得什么?

安东:所有的一切。

加油站老板:怎么说?

安东:你会赢得所有的一切。猜吧。

加油站老板:好吧,那么就正面。

安东:你猜对了。[21]

⊖ 1英里 = 1609.344m。

> 自信必然来自成功，但也来自通往成功的路上对失败的反省。
>
> ——丹尼斯·西克简
> （Denise Shekerjian）[22]

邓恩资本管理公司与众不同的一点在于，他们用收益再投资。他们赚了钱之后，把钱再投到基金之中；因此，公司的资产不仅来自客户的投资，还有在过去交易中获得的收益。

邓恩资本管理公司把重心放在收益率和激励提成上，也就是说，只有当客户的资金赚到钱的时候，公司才赚钱。邓恩不收管理费，因此他们也就没有激励来一直募集新的资本。唯一的激励就是从市场赚钱。如果你是一个真正想赚钱的人，你一定会使用复利和再投资的办法，而邓恩就是这样做的。

在我和比尔·邓恩以及其他雇员的短暂接触中，我深深地被他们实事求是而非夸夸其谈的处事态度所折服。我见到比尔·邓恩的时候，他穿着一双卡其色的夏威夷风格的衬衫，简单整洁。每当他望向窗外的河道，那就是他陷入沉思的时刻。

没有固定的收益目标

邓恩资本管理公司不会制定"我们每年赚15%"之类的目标。市场不可能保证给交易者提供稳定的15%的年化收益；假使真能做到稳定的15%年化收益，这也不会是最好的投资方法。假设你最初有1000美元，在接下来的三年内，你会选择哪一种收益率呢？是+15%、+15%、+15%，还是不固定的−5%、+50%、+20%？在第三年结束的时候，第一种情况下你的1000美元变成了1520美元，而第二种则是1710美元。第二种收益代表了比尔·邓恩的投资风格。

你不可能事先确定一年的收益如何。任何的收益率目标都不会有效。比尔·邓恩解释说：

> 我们只有两套系统。第一套系统是我在 1974 年就开始使用的。另一套则是我们在 1989 年研发并投入使用的。这两套系统的基本规则（如何交易，买卖多少）在过去 30 年里都未曾改变。我们也看到了变化。但过去 30 年里，市场并没有发生天翻地覆的改变，需要我们必须改变交易策略。市场还是那样。我当然知道这种观点和很多人都不一样；我也知道在过去 5 年里，有许多同行调低了他们的模型风险，例如降低杠杆或者采用混合策略来降低波动率。他们的确调低了风险，但也调低了收益。[23]

邓恩指出了最关键的问题：减少风险必然会减少收益，而这是为那些对市场提心吊胆的客户准备的。最终的结果就是降低了绝对收益。如果你还把波动率当作敌人，而不是收益的来源，你就永远不可能真正获取超额收益。

邓恩资本管理公司在风险控制，或者说资金管理、仓位控制方面相当擅长。在 2002 年 6 月，邓恩当月收益率为 24.26%，接着又在 7 月获得了 14.84% 的收益。截至 7 月底，他当年的收益率就达到了 37%，而同期纳斯达克则暴跌。到 2002 年底，邓恩当年的收益率超过了 50%。2008 年，同样的事情再次发生，邓恩的资产大幅增值，而全世界都因金融危机哀鸿遍野。

邓恩到底是如何做到的呢？

▶ 及时止损。

> 资金管理是真正的生存之道。
> ——比尔·邓恩[24]

- 从不改变核心策略：邓恩的成功并非来自个人的判断，而是基于量化交易系统产生的交易信号。在那些从美国广播电台获得股票交易小道消息的人看来，邓恩的交易方式与众不同，因为他不随波逐流。

- 长期持有：对于持仓时间长达 3.75 年以上的仓位，邓恩资本管理公司的所有仓位的收益都是正的。可以从中学到的一点是，用系统捕捉长期趋势。

- 利用复利：邓恩始终如一地坚持复利投资。他把收益再投到基金之中，从而创造新的收益。

- 恢复期：邓恩资本管理公司也亏损过。在 1976 年亏损 27.1%，在 1981 年亏损 32%。然而在接下来几年里分别获得了 500% 和 300% 的收益。你必须承受下跌，明白转机就存在于绝境之中。

- 学会做空：邓恩资本管理公司既做多，也做空。很多交易者并不考虑做空，但如果你按照趋势的方向不偏不倚地交易，那么做多和做空都可以帮你赚到钱。

邓恩资本管理公司也有大跌的时候，但他们的应对方式是保持清醒和冷静："很多人都经历过亏损，他们希望能赚到钱，希望能早点赚到钱……但有时赚钱的行情并不会很快出现，甚至根本就不会出现。很多交易者都因此爆仓。"[25]

千万不要觉得你可以不用承受下跌带来的痛苦。就算让邓恩资本管理公司来打理你的钱，当你的账户大幅缩水时，你也会感觉自己需要吃点治胃溃疡的药来缓解痛苦。

从邓恩资本管理公司的历史业绩中可以学到很多，从他们的文章中也同样可以汲取智慧[26]：

1. 资本管理公司坚定不移地采用趋势跟踪的策略，在动荡的国际货币体系和政治生态中仍能获利。

2. 唯一可以确定的是，目前全球经济存在诸多不平衡和结构性问题亟待解决。资本市场可能会很快回到正轨，开启繁荣之旅。当然，现实也可能并非如此乐观。无论如何，接下来的几个月，我们都将看到波澜壮阔的大趋势。

3. 但有一点需要明确的是，无论发生什么，这些观点都不会影响邓恩资本管理公司久经考验的交易方法，我们还将继续依靠这些方法管理风险、获取收益。

邓恩以及他的公司最令我喜爱的一点在于，尽管他们有自己的政治立场，但他们明白，在市场交易中，政治观点百无一用。他们在政治和经济方面的观点并不会影响买卖时点的决策。这也让很多客户看不懂邓恩资本管理公司的交易方法：

> 变化不仅是人生的必需品——变化即人生。
>
> ——阿尔文·托夫勒

▶ 客户通常不能洞察趋势跟踪的本质。他们会在恐慌时离场，而错过之后的一波大涨。

▶ 客户可能会想让交易者改变交易策略。尽管他们不会直接对基金管理者这样说，但是他们的确想在把钱投进来之前，制定一份个性化的投资策略。此时，管理者会面临选择：要么拿客户的钱，靠赚管理费为业（这也能赚不少），要么还是按照之前的方法靠交易赚钱。从长期看，最优的选择是不被客户影响，按照最初设计的交易系统进行交易。

比尔·邓恩认为，客户和交易者是可以形成最佳匹配的："从事这行的人要对市场保持乐观，但我同时也相信市场具有周期性。在我们过去 18 年（到现在实际上已经 40 年了）的经验中，我们经历了多次漫长的危机，我们当时就问自己：市场真的有周期吗？ 1981 年底，我们在过去一年的时间里亏损了42%，那时我和我的客户都在想，我们到底还能不能等到市场行情变好的那一天。我们继续按照研究了无数遍的规则来交易，但当时我们最大的客户临阵脱逃了，他撤走的资金占我们整个基金的70%。结果呢？第二个月我们赚了18%，再接下来的36个月都是大涨。那一波我们赚了430%！"[27]

不要太过自我

邓恩资本管理公司发布的招聘广告吸引了我，上面写道："……候选人不能有其他竞业协议的限制，同时愿意接受本公司的保密协议和竞业条款。我们需要长期的团队伙伴，不需要独立交易者。工资待遇：65 000美元以上，提供有竞争力的底薪（视工作经验而定），奖金提成加丰厚的福利。"[28]

注意，邓恩资本管理公司特别提到"不要独立交易者"。看到这段话的人应该能够意识到，要么他给邓恩打工，要么他按照邓恩的方式自己成为"比尔·邓恩"，但这两者不能兼得。趋势跟踪者需要对自己负责，而邓恩说得很清楚，他为他的公司负责。

我注意到一个有趣的现象，许多趋势跟踪者都很诚实。如果你仔细听他们是怎么讲的，再去看他们是怎么做的，你会发现他们真的就是照他们说的行事。邓恩资本管理公司就是如此。

> 预期会在趋势中被验证。
>
> ——约翰·W. 亨利[29]

总结

▶ 邓恩资本管理公司的业绩表现清晰、持久，他们通过趋势跟踪获得了成功。

- 最初,邓恩资本管理公司把风险阈值设定在每个月只有1%的可能出现20%以上的损失。2013年1月,邓恩资本管理公司开始采用自适应的风控体系。这样一来,邓恩资本管理公司的VaR(风险价值)不再是静态指标。公司的风险阈值会根据市场情况调整,通常VaR在8%~22%。邓恩会根据市场的趋势特征每天调整投资组合的风险度量。目前平均每月的VaR值在15%左右,对应的年波动率在23%左右。

约翰·W. 亨利

这本书出第一版的时候,约翰·W. 亨利就退休了,专注于他的爱好去了——他买下了有名的棒球队波士顿红袜队和利物浦足球俱乐部。目前他的净资产有22亿美元,你要知道他的那些爱好也是相当烧钱的。那亨利是从哪里赚来的钱?当然是趋势跟踪。如果能汲取亨利在交易上取之不竭的智慧,任何想做交易的人也能够赚到大钱。

有趣的是,如果你观察邓恩和亨利的早期经历,你会发现他们在趋势跟踪方面惊人地相似。他们都不是华尔街的人,都凭自己的努力取得了惊人的业绩。他们都在20世纪70年代开发交易系统,都挣了上百万美元。他们业绩数据的高相关性也表明,他们都在乎最终的绝对收益,并且经常预判到相同的趋势并进行交易。

亨利捕捉到了这个时代的一些大趋势。从已有的资料可以看到,亨利在1995年巴林银行破产中赚了一大笔。显然,这是一场零和博弈,巴林银行破产了,而亨利笑到最后。在2002年,整个纳斯达克市场呈螺旋式下跌,而亨利的收益超过40%。他和邓恩一样,都不采用"日内交易"或者"积极调仓"的办法,而是在交易系统告诉他"是时候交易了",他才真正进入市场,快速地赚钱。你可能会问,亨利有过亏损吗?他当然也有,亏损偶尔也会出现,但这之

> 在趋势交易中，并不存在圣杯。没有什么方法能完美地抓住黄金从 100 美元/盎司到 800 美元/盎司的全部涨幅。
>
> ——约翰·W. 亨利 [30]

后他又总能判断正确，就像在 2008 年所有人都亏损时，他赚得盆满钵满。

同时，亨利作为波士顿红袜队的老板，他还把趋势跟踪的基本方法，比如用于决策的启发式算法、数学、统计、系统搭建等技术运用到了棒球运动中。

预测只是徒劳

亨利认为能够预测未来只是一种幻觉：

> 我无法预测未来的价格，我也不相信只有我是这样的。实际上，没有人能够长久地预测任何事，对投资者来说更是如此。只有价格，才预示着未来。无论是希望也好，还是信念也罢，投资者总认为他们可以预测未来，或者总有人能做到。他们中许多人期待的是你能预测出下一个经济周期何时到来。而我们要做的，就是利用投资者相信他们可以预测未来，我们就是靠这个赚钱的。真相就是这么简单。

趋势跟踪的基础就是价格，而要解释清楚所有的价格现象的含义并非易事。年复一年，亨利对那些愿意认真聆听的听众，不吝于反复解释他是如何进行交易的。正是因为其他人都认为自己能够预测市场，而那些人往往以失败告终，他才能赚到钱。亨利会告诉你，他只是遵循零和博弈的原则：赢家赚的是输家的钱。

亨利的农场生活

亨利出生在伊利诺伊州昆西一个富裕的农场家

> 我们如何通过趋势跟踪赚到钱呢？趋势的出现是因为市场对于未来的价格有着逐渐统一的预期，最终形成真实的市场价格。而投资者也是人，他们都会犯错，他们不可能百分之百看到市场的全貌，观察到的也不一定都对。因此，价格调整需要时间；价格会波动，最终在变动的市场环境和新发生的事件中形成新的共识。有时共识很容易达成，但在有些事件中却需要一定时间才能形成市场判断。而需要经过一段时间才能形成市场判断的事件，就是我们的利润来源。
>
> ——约翰·W. 亨利

庭。在20世纪50年代，对亨利这样在西部农场长大的男孩来说，棒球几乎就是童年的一切。九岁的时候，亨利看了他人生中的第一场联盟赛，他便着了迷。到了夏天，亨利会听着比赛转播入睡。他谈到自己时，说自己无非对数字有些天赋罢了。就像很多年轻的球迷一样，他可以用心算把命中率算得一清二楚。

亨利在社区大学读过书，上过夜校，但没有取得大学学位。但这并非因为他本身对读书缺乏兴趣。当他在加州大学洛杉矶分校读商科的时候，师从哈维·布罗迪（Harvey Brody），他们合作发明了一种21点的取胜策略。后来他父亲去世，他便接管了家庭农场，同时自己学习风险对冲的方法。他开始做玉米、小麦、大豆等大宗商品交易。不久，他就开始帮客户做交易。1981年，亨利就在加利福尼亚州纽波特海滩成立了他的公司。[31]

亨利最开始管理的账户只有16 000美元，而现在他是波士顿红袜队的拥有者。你一定会问，"他是怎么做到的？"关于这个问题，亨利公司的前总裁曾这样解密他们的成功：

我们这些年做出的改变其实相当少，我们甚至还在用20年前开发的模型。显然，我们在多个不同的市场上做交易。我们在过去的20多年里，也增加了一些新项目，但和同类公司相比，我们几乎没有对交易模型做过重大的调整。我们相信，市场总是会变化、重塑，投资者关注的重点也随之改变。在20世纪80年代，所有人都关心货币供给的数据……那时大家都拿着电话，等着公布数据。到了20世纪90年代，所有人关心的又都变成了失业率数据。但大家对市场的反应却是相当稳定的。不确定性会产生趋势，而我们想做的就是利用趋势。就算信息能够更好或者更快地传播，但人们处理信息的能力并不会提升。人们对信息做出的反应正是我们想要挖掘的，而这就藏在价格数据里，并最终形成趋势。其中的规律相当稳定，因此我们并不需要对模型做大的调整。[32]

他反复提到了趋势跟踪最重要的信条：从长期看，只有"变"不变。因为

"变"不变，不确定性就是一直存在的。而只要存在不确定性，趋势就会显现。利用趋势，就可以从中赚钱。其他的尖端技术或者读取新闻的方法并不能帮你利用趋势进行交易。

当我和他交谈的时候，他所说的话就仿佛出自那些100年前的交易先驱者之口：

- "我们坚持自己的方法。"
- "行事需要准则，但大部分人都没有。"
- "大道至简。"
- "最好的交易日，就是不用交易的时候。"
- "交易越少，赚得越多。"
- "最好的几笔交易，发生在我们什么都不用做的时候。"
- "难得糊涂。在市场上，太过聪明只会亏钱。"

他的这些话，并非随口一说，他确实是这么认为的。他想让人们理解他们公司是为什么获得成功的。几年前，他曾用过一个很巧妙的类比来形容情绪性的上涨和下跌：

把一年的交易看作是一次山地之行……在山峦重叠的瑞士，坐过火车的人肯定能回想起，在高低不平的地带，上坡和下坡时内心是多么焦虑与期待。下坡时，你会充满焦虑，因为不知道还要俯冲多远；上坡时，你又提心吊胆，因为你看不到山顶在哪。33

> 我们管理风险。我们和风险同处一室，在风险中赢得奖赏。
> ——约翰·W.亨利 34

> 生活处处是概率。
> ——沃尔特·白芝浩
> （Walter Bagehot）35

世界观

像亨利这样的趋势跟踪者，如果没有一整套看待世界的方法论，他们不可能建立起自己的交易体系。在交易之前，他们会通过教育、研究和各种经历，了解市场是如何运作的。最终，他们发现在市场中趋势无处不在，而在本质上，利用趋势进行交易和200年前并无区别。

亨利用了很多年时间研究从18世纪到19世纪的价格数据，他想证实他的研究结论。当他最终开悟时，他已经形成了自己的交易哲学体系：

- 识别长期趋势：交易系统应忽视短期波动，捕捉市场的主要趋势，从而获得更多的超额收益。趋势可以持续几个月，甚至几年。

- 高度规则化的投资过程：设计出来的交易系统应该把相机决策的余地降到最低。

- 风险控制：交易者严格遵循程序化的风控体系，包括风险敞口、止损准备、保证金规则等，这样才能在趋势较弱或者急剧震荡的时期保住本金。

- 全球性的多元化投资组合：如果我们参与70多个市场的交易，而不是集中在一个国家或地区，就可以比那些缺少多元化的基金更容易抓住机会。

很多人斥责趋势跟踪是技术分析之类的预测。但趋势跟踪者并非能预见未来的大师，亨利对此回应道："有些人把我们当成做技术分析的，但我们只是判断趋

> 投机几乎是最令人着迷的游戏。它并非为那些思维上懒惰或者愚蠢的人准备的，也不是为无法控制情绪的人准备的，更不是为企图一夜暴富的人准备的。这些人都将输得很惨。
>
> ——杰西·利弗莫尔

势并进而跟踪它。这就像如果你想追求时尚，你就必须跟随潮流一样，不然你就落伍了。但就技术分析而言，趋势跟踪者相信市场比任何一个参与者都聪明。事实上，我们做趋势跟踪，并非要预测市场的涨跌和趋势的结束。"36

亨利以时尚潮流做比喻，将服饰流行的趋势和市场的趋势进行类比。想要变得时尚，你就必须紧跟潮流；同样，趋势跟踪者也必须跟随趋势。那些时尚达人会在流行趋势出现之前就有所察觉，成功的趋势跟踪者也同样会在公众还未察觉时就利用趋势。

趋势跟踪者会同意 H. L. 亨肯的说法："我们只存在于当下。除此之外，都是镜花水月。"他们明白，了解市场此时此刻正在发生的事情，就是交易的全部。只有此时此刻的市场，才是可以真正测量的。

亨利利用一次咖啡交易的经历阐述了这一点。当时所有的基本面分析都是看跌的：国际咖啡组织不可能在定价上达成一致，咖啡供过于求，智利的霜冻时节也已经过去……但他的系统给出的交易信号是买入咖啡的多头。于是他就买了，先投了 2% 的资金进去。他买对了。三个月的时间里，咖啡价格从 1.32 美元一路涨到 2.75 美元，他挣了超过 70% 的收益。"最好的交易往往是你当时最不看好的交易。市场比你知道得多。"37

自见者不明，自矜者不长

亨利深知，趋势跟踪最复杂、最困难的，并不是必须精通什么，而是必须撇开自己对市场已有的成见。

> 我们并不预测未来，我们只知道，未来 5 年必将和过去 5 年有所不同。市场不会重复同样的旋律。我们在未来 3 年的业绩，也绝不会和过去的 3 年相同。永远如此。
>
> ——约翰·W. 亨利 39

在谈到"为什么长线交易是最好的"时，他写道：

"我们常说'避免波动'，其潜在的假定就是波动是坏事。但是，要想真正避免波动，我们要做的是置身于长期的趋势之中。如果一遇到下跌你就想平仓，这只会造成大量的损失。长期的趋势系统不是避免波动，而是静候波动变成过去。这样做就不至于在长期趋势才走到一半时，你就被迫先出局了。"38

在谈到股票时，他写道："就目前来看，股票市场在过去200年中的发展比其他任何市场都好。未来25年，也可能仍然如此。这正如在2000年股票大涨的时候，所有人都相信股价会直冲云霄。现在，人们又开始相信支持股票上涨的数据，认定必会有一番新景象和新经济。但等待他们的，只会是不可避免的漫漫熊市。"40

亨利说过很多避免预测的话，但他也做过一个预测。他预测说，股票价格不可能永远上涨，最终必会迎来反转。他也指出，趋势跟踪者必须随时准备，迅速行动（他在2008年金融危机中就是这么做的）。

从研究入手

亨利影响了诸多交易者。其中一位交易者在一份市场资料中发表过如下观点：

- 从根本上来说，交易系统设定的时间框架应该是长期的，大部分盈利的交易，都长达六周，甚至好几个月之久。
- 在没有产生交易信号之前，交易系统不应该对涨跌有任何偏向。
- 市场长达数月没有趋势是正常的，要等到价格达到某个位置时，才买入或者卖出。
- 系统本身需要预设交易风险阈值。如果一个新运行的交易系统效果不好，那么风险控制的参数将会在止损线之前就强行平仓。这样做的话，一笔糟糕的交易可以在不到一天的时间内就及时终止。

这位交易者在亨利公司时，曾经参加了公司的研讨会。参加会议的人不多，所以会议更像非正式的交谈，其中讲到了很多有深度的话题：

> 我们非常强烈地意识到，在过去20年里趋势一直存在。所以我们好奇的是，只有过去这段时间恰巧是趋势起作用的时间吗？能够碰上这几十年间的大趋势，只是我们运气不错？我们回顾19世纪，观察利率、汇率和大宗商品价格，想要看清是否当时也有大趋势存在，只是当时的人并未察觉。结果和我们预想的一样，我们发现无论在利率、汇率还是大宗商品价格上都存在许多趋势。我们再次确信，趋势是随时可能出现的，它不可预测，但这正符合我们在各个领域的多元化投资哲学；更重要的是，不要因为处于特殊时期，就随便改变你的交易系统。

他继续补充道：

> 我们花了许多时间泡在图书馆里找更多的资料。复印机都运行得发烫了，因为我们找的不仅仅是美国的，还有世界各地的大宗商品价格。我们也找到了当时海外的利率数据。很多资料都是残缺的，但将资料都汇总到一起之后，我们足够确信过去的价格变化与今天并没有什么不同。[42]

这让我想起了《绿野仙踪》里的一幕：小狗多多拉开窗帘，想看看谁才是真正的巫师。结果它发现，并没有什么隐身魔法——正如亨利一样，他发现并没有什么

> 美联储会议每年也不多，而我们想利用这些信息，推断出利率变动的方向，帮助我们做好每日的风控。但是，如果基本面的影响因素并不经常出现，如何用它来做每日的风险控制、应对24小时都变动的市场呢？同样，在农作物的商品期货市场，与谷物有关的报告是很有限的，而且就算能找到谷物消费需求的信息，也会具有极大的滞后性。在这种情况下，最简单的逻辑——比如追踪价格，反而更好用。
>
> ——马克·S.热普齐斯基
> （Mark S. Rzepczynski）[41]

秘密的公式和策略。趋势交易没有捷径，有的只是在图书馆里的废寝忘食，利用一台复印机获取的历史数据进行分析。

数年之后，我自己也开始做价格方面的研究。我的目标不是用价格构建交易系统，而是想证明，这么多年以来，市场在本质上并没有多大变化。要做这样的历史研究，最好的办法就是到美国国家农业图书馆查找数据，那里收藏了100多年来的报刊。不要被"农业"这个词误导了，在那里你可以看到各式各样堆积如山的书，甚至有很多19世纪的资料。和亨利他们的结论一样，市场确实几乎没有变过。

亨利问答录

我有幸收听了亨利在美国期货业协会的晚宴上的演讲。那时，巴林银行刚破产没多久。在问答环节，亨利展现出了成功的趋势跟踪者所具备的品质。他不想浪费时间讨论基本面因素，而是直指"变化"的本质：

主持人：先问一个技术分析者总会提到的问题："你认为市场已经改变了吗？"

亨利：当人们亏了钱，尤其是持续亏钱的时候，他们就会关心这个问题。从我入行开始，这14年里，他们一直都在担心"是不是在趋势跟踪上投入的资金太多了？"你现在可能觉得这个问题很幼稚，但当时很多人都这么想。我的感觉是，市场一直在变化。但如果你有一个真正合理的交易哲学作为基础，你或多或少就能够

> 我们不可能总是利用特殊时期来赚钱。在一个充满不确定性的世界里，如果你仔细研究就会发现，最有效的投资哲学正是趋势跟踪。趋势跟踪也可能出现高买低卖，但从整体来看，趋势跟踪是最根本的方法。如果一个人长期买高卖低还能赚钱，除了他抓住了市场的基本趋势，还能有什么原因呢？而另一方面，我也看到很多十分聪明的人低买高卖，他们获得了短暂的成功，最终却走向破产——因为他们自诩可以根据个人的逻辑来理解价格的涨跌。
>
> ——约翰·W. 亨利[43]

利用市场的变化。只要你以这样的准则作为基础，市场的改变就不会真正伤害你。是的，市场经常改变。市场就是这样，但这是件好事。

一位女性听众：约翰你好，你刚才提到了你的交易原则。那么你是如何制定，又如何遵守它的呢？

亨利：是这样的，你只有先相信你的策略，你才能够遵守它。相信，自然就会遵守。如果你自己都不信，如果你没有事先做足准备，当困难来临时，你就无法坚持你的策略。自然，它就不会有效了。这不是你要如何遵守的问题，而是你对于你所做的事，到底有多大的信心的问题。

一位男性听众：我很想知道，你的系统是不是像个"黑匣子"一样？

亨利：我们不会用"黑匣子"的策略。我知道很多人会把趋势跟踪看成黑匣子，但实际上我们有确定无疑的交易哲学，那就是：趋势跟踪能够获得某种内在收益。比如，CTA策略已经存在很久了，比尔·邓恩、米尔本（Millburn）等人都用了20年甚至30年以上。我不觉得这只是运气。

勒达·布拉加，一位功成名就的女性趋势跟踪者，她正是受到了亨利的启发："实际上我们用的是一个'白匣子'，里面装着趋势跟踪的思想。这并非什么秘密。想象一下，如果你管理一支养老基金，客户会在很久以后退休时赎回，那么你必然要反复确认你做的投资是可持续的。对冲基金里有很多聪明人，但聪明人也会退休。而我们做的，是通过算法、公式和

> 万物生生不息。
> ——赫拉克利特（Heraclitus）

代码来梳理投资的过程，也就是让这些资产能够自动打理。就算明天我消失不见了，这些钱也会安然无恙。"[44]

需要补充的是，以上的文字还不足以充分反映当时听众的反应。我记得当时满屋子都是亨利的粉丝，我发现："房间中的每个人都被亨利本人的气质深深地吸引住了——就像见到一位摇滚明星一样，相比之下，他到底是怎么赚钱的大家反而都不关心了。"

别总想着"改变"

多年以来，亨利一直都在到处做公开演讲。有一次，在瑞士日内瓦，他的演讲内容足够办个趋势跟踪培训班了："我们从1981年开始做交易。我们先做了很多研究，从实践的角度分析驱动市场的根本原理，最终开始启用第一代交易系统。我设计第一代交易系统的时候，条件比今天差很多。但这种量化的交易方法这些年来并未改变。尽管这18年来我们并未改变交易系统，但如今它依然运行得很成功。"[45]

"我们从未改变交易系统"，这句话并非只有比尔·邓恩说过，亨利和许多其他趋势跟踪者也这样讲。看一看亨利在一次趋势中获利的例子（见图2-4）：

"大约在1998年3月或者4月，我们持有南非兰特的空头（图中的价格显示的是美元对南非兰特升值）。可以看到，趋势的形成需要一些时间，但如果你足够有耐心，你就可以获得巨大的利润，尤其是如果你没有预设止盈阈值的话。"[46]

> 我清楚球场上正在发生什么。每时每刻都如此。我看准情况，做出反应。
>
> ——拉里·伯德

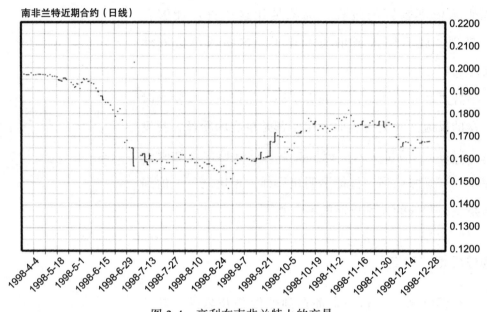

图 2-4 亨利在南非兰特上的交易

除此之外，亨利在日元上的交易也大获成功（见图 2-5）。正如亨利所总结的那样："你可以从这次巨大的波动中发现，当美元兑日元一个月内从 100 升到 80，我们立刻就赚了 11%。"[47]

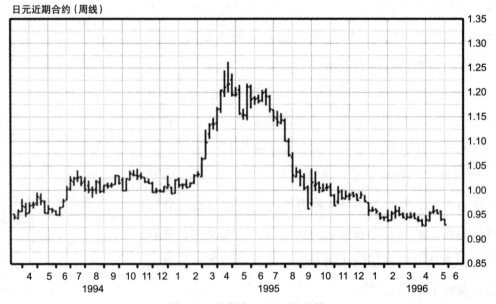

图 2-5 亨利在日元上的交易

令美联储失色

对美联储的声明反应过度，简直就是华尔街的常态。一些所谓的专家，把美联储的只言片语视若珍宝，虽然他们从中也读不出什么含义来。如果连意思都无法理解，那成天担心美联储要做什么，岂不是杞人忧天？据我所知，美联储从来不会给你提供任何诸如"今天买入谷歌，明天卖掉"之类的信息。

亨利的趋势交易系统从来不根据美联储的发言来判断："我知道的是，如果美联储今天加息了，它绝不可能明天又降息。他们不可能反复无常，肯定会一直加，一直加……而等到他们一降息，又会一直降；绝不可能加息，降息，加息，降息。资本流动和利率变化也都有趋势可言，只要你确实遵守你的交易规则，或者只在少数几个市场中交易，你不用电脑就可以把交易做好。"48

亨利也知道，人们会因为未来市场可能出现的可怕景象而感到焦虑。于是，他聚焦在他目前能控制的东西上——他的交易系统。亨利的这种应对方式从未改变，无论这场游戏的参与者中有美联储还是其他机构。

从交易中退休

2012年，亨利彻底退出了他的公司。其实，他管理的大部分资产都在2008年金融危机的前一年，就提前套现，存进了美林银行。但这些存在美林的数十亿美元资产后来从亨利公司又转到了其他（位于伦敦的）趋势跟踪公司的账户上。2008年，他管理的钱减少了太多，即便算上他2008年赚的收益，也不够弥补。

很多人会说，亨利承担了太高的波动性，但如果你

> 人生最大的阻碍就是我们很容易自我满足。假设有人夸我是个不错的人，夸我细心、有准则，我就会认可他说的。我们并不满足于中肯的评价，总是贪恋奉承话而不知羞愧。我们会认可"最棒的""最有智慧的"之类的夸赞，尽管也知道其中肯定有虚假的成分；我们沉溺于自身的优点，渴望被赞扬，尽管并不具备那些美好的德行。一个人，就算让别人受了折磨，他也认为自己仁慈至极……这样一来，我们并不想改变，因为我们相信自己已经足够卓越了。
>
> ——塞内卡

看看他的过往业绩，就能够看到虽然他赔得多，但赚得更多。比如说他的一只基金 Financials & Metals 有 36% 的年化波动率，在几年当中既有 40% 的收益又有 17% 的损失，你可以发现亨利的交易模型本就是高风险、高收益的。[49]

不足为奇，他退出趋势跟踪的举动引起了诸多不解。2016 年，就有读者给我发邮件说："我最近买了你的《趋势跟踪》（2009 年版）一书，如饥似渴地阅读。我读到了约翰·W. 亨利，但我查他的资料时却发现，他几年前就因为不可挽回的损失关闭了公司。在你的书中，你反复提到，有批评者说'趋势跟踪已死'，但他们一直都说错了。我的问题是，如果趋势跟踪真的如此可靠的话，为什么这般功成名就的趋势跟踪者会轰然倒下呢？我总体上同意你在书中所写的观点，但是我在想，如果那些精通趋势跟踪的人都损失惨重，那么像我这样完全不懂趋势跟踪的人，岂不是必输无疑？"

好问题。对于这样的困惑和疑虑，一位内部人士提供了关键的视角：

- "约翰·W. 亨利轰然倒下的说法，简直是无稽之谈。"他的客户不过是换了其他趋势跟踪公司罢了。他们的资产曾在 15 年之内从 20 亿美元增长到 1500 亿美元。

- 亨利公司并非因"不可挽回的损失"才关闭。他只是把精力放到别的地方罢了。

- 大的基金都是与"分配"有关。而无论他们是赚了还是亏了，都要给经纪公司交佣金。亨利关闭了公司，亨利过去的合作伙伴自然有所骚动。

- 竞争取代了那些对经纪行业的变化无常反应迟钝的老公司。几家位于伦敦的公司的基于趋势跟踪的资产管理规模出现了爆发式增长，如元盛、宽立（Aspect）、坎塔布（Cantab），等等。

- 其实，最后亨利进入了风险投资领域。棒球是他的爱好，但他买下红袜队，更是一次商业收购。他也买了芬威公园、广播公司、波士顿环球报业以及利物浦足球俱乐部。虽然提到亨利时一般不会把他称为风险投资家，但他确实在做风险投资。

▸ 亨利仍是一位趋势跟踪者，他用自己的钱与最初的两位伙伴一起交易。

作为投资者，你必须深入理解你读到的消息。你需要理解和投资相关的信息——趋势跟踪也是如此。如果你因为亨利或者别的什么人不再进行趋势跟踪，就由此判断"趋势跟踪已死"，那你的视角就太局限了。就算世界上只有亨利这么一个趋势跟踪者，他过去30多年的公开业绩也足以证明趋势跟踪有效。

> 无论是输还是赢，在市场中每个人都将如愿以偿。有些人其实是想要输的，因此最后也就得到了输的结果。
>
> ——艾德·斯科塔[50]

总结

▸ 约翰·W.亨利在1981年开始管理基金时，只有16 000美元——如今，他拥有波士顿红袜队。

▸ 亨利有四大投资哲学：识别长期趋势、高度规则化的投资过程、风险控制和全球性的多元化投资组合。

艾德·斯科塔

一旦你做交易，兜兜转转之后，你总会读到杰克·施瓦格的经典之作——《金融怪杰：华尔街的顶级交易员》(Market Wizards)。在这本书中，施瓦格采访的交易者里，就属艾德·斯科塔最令人印象深刻了。有人会觉得他说话太过于直截了当，但无论怎么说，大部分人都觉得他的思维方式是独一无二的。他最著名也最深奥的一句话就是："在市场中每个人都将如愿以偿。"这句话是就交易而言的，但我相信艾德·斯科塔一定会同意，在生活中也是如此。

> 算命先生不是活在当下的,他们是活在未来的。拖延症患者如此。基本面分析师也是如此。
>
> ——艾德·斯科塔[51]

尽管很多外行没有听说过斯科塔的大名,但他绝对是这一代交易者中最杰出的人物之一。我第一次遇见他是在沙滩边的一个小咖啡馆。我应邀而来,和他一起讨论互联网的未来前景。在这次见面中,他问我:你觉得理查德·丹尼斯在找交易员的时候,他想找什么样的人。我回答说,丹尼斯应该想找不走寻常路的交易者。他立刻又问我,这是你的想法还是别人告诉你的。我还是第一次听到这样直来直去的问法。

斯科塔的同事是这样描述"真实的斯科塔"的:

1995年2月,我在加拿大多伦多,参加一个为期一天的研讨会,当时斯科塔是研讨会的嘉宾之一。整场下来,听众问了他很多尖锐的问题:你喜欢黄金吗?你认为加元会升值吗?你是如何知道趋势到顶的?你如何判断未来走势向上的……这些问题他都一一作答:"我喜欢黄金——因为它的光泽、美观——可以用来做装饰。""我不知道加元会不会升值,也不知道趋势是到顶了还是继续向上。"他的回答简洁有力,直截了当。之后,我从研讨会的组织者那里听说,听众对他并不认可(他们都是花了很多钱来听交易奇才讲述秘诀的);他们都觉得斯科塔的话让人摸不着头脑。但问题其实出在提问者问的问题本身。不要问"你如何判断未来走势向上?"而是要问"什么迹象会告诉我走势向上?"不要问"你觉得黄金怎么样?"而是要问"我的黄金买卖对了吗?"斯科塔的回答就像提问者的一面镜子,让每个人都能看到自己对交易的态度。如果你连应该问什么都不知道,那就更不可能得到答案,这样倒不如不做交易,去做点你喜欢的事。[52]

你对他的演讲会怎么看呢?

斯科塔的业绩表现

从1990年到2000年,斯科塔管理的期货基金,在扣除管理费后,年均收益率都高达60%。[53]

但是,他和哈丁、亨利、邓恩这些人有很大的区别。在他的整个职业生涯中,他都是一个人说了算。他从来不需要花哨的办公室装潢,也不需要什么雇员。他从不把自己当成基金经理,对客户也相当挑剔。他不在意找他的人有没有钱,是不是想请他做交易。斯科塔总是一个人承担巨大的风险,当然最后也获得了巨额的收益。

斯科塔生于1946年。1969年,他在麻省理工学院(MIT)获得了理学学士学位。1972年,他开始做交易,一直至今——他打理自己的账户,同时,为少量客户做投资。他自学成才,受阿莫斯·贺斯泰德(Amos Hostetter)和理查德·唐奇安的影响颇深。

斯科塔最初是做经纪人。不久,他便构思并开发了第一个商用的期货交易系统。根据《金融怪杰》这本书的说法,他在12年的时间里,使一位客户账户内的资产从5000美元增长到了1500万美元。

基本上,斯科塔每天只需要用几分钟时间运行他写好的程序,就可以生成第二天的交易信号。他也在他的网站和交易社区指导其他志同道合的交易者。迈克尔·马库斯和大卫·德鲁兹(David Druz)都得到过他的指导和教诲。

> 赚钱就像积土成山的游戏。你一点一点往上堆。要随时警惕山顶可能倒塌。
>
> ——艾德·斯科塔[54]

交易有捷径吗

斯科塔喜欢揭穿市场上云里雾里的说辞,让听众关注本质:"成功最大的秘密,就是根本没有秘密;如果实在要说有,那就是关于'自我'的秘密。想要寻找交易捷径的人都走错了路。"[55]

他强调过程重于结果,这是很自谦的说法;但不要就因此觉得他是个脾气好的人,他绝不能忍受伪善和无知。他在交易中毫无畏惧,绝不能忍受平庸和愚蠢。有一次他提到了第一次做交易的经历,从中,我感受到了他的激情:"我记得自己做的第一笔交易,那是在奥尔良的波特兰。那时我大约五岁。我父亲给了我一枚金质奖章,是那种促销的小饰品。我用它和邻居家的小孩换了五个放大镜——那时我感觉自己好像入门了。到了13岁的时候,我父亲又教我怎么买股票。他告诉我应该在价格向上突破时买入,向下突破时卖出。这就是我交易经历的开始。"[56]

后来斯科塔对交易更有热情:"我读到了理查德·唐奇安写的一封信,里面谈到利用纯粹的量化交易可以打败市场。当时,我觉得这太不可思议了。因此我写了一个程序(那时用的还是打孔卡片),来看看是否如此。令我震惊的是,唐奇安的理论是对的。其实,到现在我都说不清楚自己真的要做什么。但不管怎么说,研究市场、在市场中实践自己的想法,这和其他事情相比,已经足够迷人了。于是,我便决定以交易为生了。"[57]

好像斯科塔的身体里就流着交易员的血液。23岁时,他便开始为客户打理账户,每个账户里的资金有1万~2.5万美元。[58] 但他发现了比收佣金更好的赚钱方式:他开始提取收益分成。如果他为客户赚了钱,他才拿分成;没赚到钱,他便分文不取——而市场上大部分经纪人、指数基金管理者、对冲基金都不是这样做的。

> 有判断力的人拥有什么?难道是看清未来的水晶球吗?
> ——勒达·布拉加

别只顾着赚钱

斯科塔的第一份交易方面的工作是在一家期货公司做交易员。这家公司位于新泽西州的普林斯顿，在这里他遇到了他的良师益友：阿莫斯·贺斯泰德。贺斯泰德做了很多赚钱的交易。当市场看起来很有赚头的时候，贺斯泰德就会投入 1/3 的仓位。如果这笔交易亏了 25%，他就离场。"别只顾着赚钱，"他打趣地说，"这样就不会掉进市场的陷阱里。"如果市场符合他的预判，他就再加 1/3 的仓位；如果价格继续向上，涨到他预期涨幅的一半时，那他就再买入最后 1/3 的仓位。贺斯泰德的策略相当成功，其他交易者竞相模仿他的量化操作方法。[59]

30 年来，这种逃离市场陷阱的策略影响了许多顶尖的交易者。像保罗·都铎·琼斯、布鲁斯·科夫纳、路易斯·培根、迈克尔·马库斯这些顶级趋势跟踪者，最初都曾加入过这家期货公司，学会了这种交易方法。在 20 世纪 90 年代中期，很多趋势跟踪者都自己开公司了。我凑巧有个机会，就去拜访了这家期货交易公司。

在拜访之中，我遇见了一位面带倦容的交易者。谈了几分钟后，我们便开始聊起了他的交易策略，他告诉我，他的策略是以基本面分析为基础的。在整个谈话的过程中，他都在不断地注视屏幕，生怕错过了市场消息。当我提到趋势跟踪时，他立刻告诉我"这不管用"。我很惊讶，在这家培养了很多天才型的趋势跟踪者的公司，也会有人认为趋势跟踪根本不可行。我意识到，即使是那些离趋势跟踪很近的人，也未必会重视它。

> 每个人都具备与生俱来的创新特质，但我们的社会磨平了其中的探索和质疑的精神。
>
> ——杰·福里斯特
> （Jay Forrester）

系统动力学

和贺斯泰德一样，MIT 的杰·福里斯特也影响了斯科塔的投资风格："杰·福里斯特是我的良师益友。他思路清晰，写的文章脉络分明。"[60]

福里斯特教过斯科塔系统动力学，这是一种研究关联系统的方法。有些科学家会把世界细分成很多小块，但系统动力学家则把世界当作一个整体。系统动力学的核心，就是理解在系统中对象是如何相互作用的。一个系统可以是一台蒸汽发动机、一个银行账户或者一支篮球队。系统中的对象通过"反馈作用"互相影响：一个变量的改变影响另一个变量，而另一个变量的改变又反作用于最开始的变量。就拿银行账户中的资金来说：钱放到银行里会产生利息，而利息又会使资金规模扩大，如此循环往复。而系统动力学要做的，就是理解系统的基本结构，搞清楚系统中会发生什么行为。许多系统及其涉及的问题，都可以通过电脑来建模。系统动力学采用量化模型，可以处理更高复杂度的问题，也比人脑有更快的运算能力。[61]

这种利用计算机来思考的方法，不仅是斯科塔的成功之道，也是所有趋势跟踪者的通用法宝。

斯科塔如是说

下面是斯科塔的妙语[63]：

要想避免两头受损，就不要胡乱交易。

经验：你肯定会有损失的时候。接受这个事实吧。

> 设想一个赌徒面临这样的场景：他可以赌某个频道接下来会出现什么信号。如果他每次下注都投入一定比例的赌注，他的资产会出现指数级增长（或缩水）。如果他下注的赔率和信号出现的概率是一致的，那他的资产的最大增长率就是信号传输速率。但如果赔率是不公正的，即不符合传输信号的概率，而是和某种特定概率分布一致，那么他资产的最大增长率可以比无频道信息情况下的信号传输速率还大。
>
> ——约翰·拉里·凯利 (J. L. Kelly, Jr)[62]

> 对于量化交易者来说，调整你的仓位大小，比调整入场和离场时间还要重要。
>
> ——大卫·德鲁兹[64]

风险管理的本质就是：风险不应比你所能承担的损失还大，但也不要太小；足够大的风险才能让你的盈利非比寻常。如果没有承担风险的能力，就不要入场。

经验：仓位管理和资金管控是至关重要的。

趋势跟踪就是一种观察和实时回应市场的操作。那些只会预测未来的交易者，从某种程度上讲，只是设想了如何在一种并不存在的场景中行动——而他们错过了此时此刻行动的机会。

经验：能把握的只有当下。要在当下的市场中行动，而不要空想在未来如何做。

市场在本质上一定处于波动之中，这一点毋庸置疑。根本的问题并不在于用何种方法避免波动，而在于无论你用何种方法都无法避免不确定性。

经验：你可以解读任何数据，但最终仍要面对市场的涨跌。你和不确定性同在，你要感受它。

我想到很久以前就有人总说市场和以前不同了，说趋势跟踪的方法也不再有效了。

经验：无论过去还是现在，总有质疑趋势跟踪的声音。他们就像老式复读机一样不断重复，总想看见趋势跟踪失败。

如果试图证明你对市场的判断是正确的，你就要付出高昂的代价。

经验：顺势而为。不要有主观成见，不要做基本面分析。你要想清楚：你是想判断正确还是想赚钱？只有失败者才想向别人证明他们的判断是正确的。

当财经杂志的封面都变得十分情绪化的时候，记得清仓。这些杂志的内容乏善可陈，但封面还值得一看。这并不是说财经作家们都不行，而是说在大趋势的末期，从杂志封面就能看出人们普遍的心理反应。[65]

经验：群体心理是真实存在的——这从价格上就可以看到。

斯科塔的学生

斯科塔的业绩记录可以说是好得不得了，他的一位学生 Easan Katir 还提醒我们注意一些更令人震撼的事实：

新闻记者和采访者在赞美斯科塔时，都喜欢冠以"最优秀的交易者之一"这类的称呼。但如果你看一下艾德·斯科塔的业绩记录，拿它和其他人的比较一下，你就会发现他就是迄今为止最优秀的交易者，没有之一。难道不是吗？除了他，谁还能做到这样？利弗莫尔也赚了很多钱，但是最后破产了。我知道许多基金经理，他们曾有过短暂辉煌，但最后都湮没无闻了。像巴菲特和索罗斯这样的金融大鳄，他们每年的投资收益还不及斯科塔的一半。有的人可能会拿夏普比率或者资产管理总量这样的指标来比较，好显得业绩还不错。但就收益率这个最关键的指标来看，根据我在资产管理行业20多年的经验来看，无人能望其项背。

杰森·罗素让我们能够有机会一睹斯科塔是如何思考的：

在和斯科塔共事期间，我学到了很多，其中最重要

> 成功人士和普通人相比，最大的区别并不在于力量，也不在于知识，而在于心中的愿景。
>
> ——文斯·隆巴迪
> （Vince Lombardi）

的一点是：把趋势跟踪的方法应用到生活中。在处理家庭、朋友甚至敌人的关系时，让自己像做交易时一样，不再去纠结"为什么"。这样面对生活，也会让你在交易方面更上一层楼。

罗素还谈到了"大道至简"：

> 至简胜于至繁。斯科塔花了很多时间让自己的思维简化。他倾听、感受，然后清晰表达。他在这方面是真正的专家。在我和斯科塔共事之前，我用了很多年的时间来学习、阅读，获得了各式各样的证书。这也有些用处，至少让我在技术方面更加娴熟；但当我和他一起工作之后，我对"化繁为简"有了强烈的认同。迈尔斯·戴维斯曾被问及当他听自己写的歌时，他在想什么。他的回答是："我在想还有没有可以删减的部分。"这和斯科塔不谋而合。

大卫·德鲁兹在我写的《简明交易手册》（The Little Book of Trading，2011）一书中，谈到了他和斯科塔共事的经历：

> 这是我人生中一段难忘的经历。他是我见过的最聪明的交易者，无人能及。他对市场如何运行、人们如何行为有着极深的洞见。但和他一起也是很"吓人"的事。和他一起工作十分费力，因为只有殚精竭虑，你才能跟上他。如果你性格上有弱点，他很快就能发现。但这对于我来很受用，因为好的交易者必须了解自己，知道自己的心理弱点。我和斯科塔在一起的时光是我一生中最美好的时光，他给了我无尽的信心——尽

> 向斯科塔请教，就像在水库边喝水，源源不断，取之不竭。
>
> ——小托马斯·维辛（Thomas Vician Jr.）

管在我交易上的长进并不多。艾德·斯科塔是有魔力的人。[66]

对此,斯科塔一定会说"我没有魔力,也不是魔术师。"将交易上的成功看作是某种魔力的结果,这是自然而然的事,但实际上趋势跟踪就是不断试错的过程。错误会带来小的亏损,但最终你能钓到大鱼。

吉姆·哈默也和我们讲了斯科塔的生活方面的事:

> 1997年初,我和斯科塔以及他的家人一起生活了两个多月。我很惊讶地发现,斯科塔在许多领域都有天赋,交易只是其中之一而已。他那时给我看了他很多年前录制的MV,制作得很好。他还给我听了他更早之前录的唱片。他在音乐方面也相当有天赋。我最喜欢的歌是"牛市",那是他用吉他伴奏的。我和他在一起的时候,他会做实验,比如寻找气体流动和伯努利定律之间的关系。他花了很多时间做学术研究,把他的论文发给各个领域的专家评议。在这方面,他堪称一位经验丰富的科学家。有一天,我们还去了州立法委员会进行"实地考察",讨论关于特许学校的法律法规,及其对内华达州学生的影响。没过多久,斯科塔就去竞选了当地学校的董事。他在教育方面有着丰富的知识和由衷的热爱。他绝不能仅仅被描述成一位"交易者"。他热爱知识,就像一位现代的文艺复兴大师。

> 对你自己所用的方法,你要有长远的眼光和足够的信心。
> ——坎贝尔公司[67]

> 测量可测量的。另外,让不可测量之物变得可测量。
> ——伽利略·伽利雷[68]

总结

▶ "无论是输还是赢,在市场中每个人都将如愿以偿。

有些人其实是想要输的，因此最后也就得到了输的结果。"（斯科塔）

▶ "要想避免两头受损，就不要胡乱交易。"（斯科塔）

▶ "你需要掌握基本方法，花时间向成功的交易者学习。在这之前，你应该只在超市里面做生意。"（斯科塔）

▶ "我从来不预测一个不存在的未来。"（斯科塔）

凯斯·坎贝尔

凯斯·坎贝尔创立的坎贝尔公司是客户资产量最大、成立时间最早的趋势跟踪公司之一。但他最初30年的历史却鲜为人知，在网上也几乎无法检索到任何信息。很多早期的趋势跟踪者都有过往的公开业绩记录，但坎贝尔到2017年才公布。

因为市面上量化策略在改变，投资的客户也在扩张，坎贝尔的交易策略也有些调整。虽然核心还是趋势跟踪的交易体系，但坎贝尔公司也提供了很多挖掘alpha的策略。他们公司的一些人曾出现在我的播客中，也谈到了现在公司发生的改变。

但让我们先看看最初坎贝尔是如何做的吧。20世纪60年代，凯斯·坎贝尔在加州找了一份工作，因为他在那儿可以滑雪、冲浪。当他的室友从公寓搬走的时候，他贴了一个转租广告，认识了他的新室友，一位名叫切特·康拉德的商品期货经纪人。坎贝尔回忆道："（康拉德）拉我做他的客户。他总是抱怨他没有足够资金来做交易。"坎贝尔就从12个投资者那里筹到了6万美元，拉了3名投资顾问一起成立了第一只期货基金，这3名投资顾问分别负责基本面分析、K线分析、点图分析。因为基金管理不善，他重新设立了坎贝尔基金，并在1972年1月1日接管了原先的基金。几年之后，坎贝尔和康拉德就各奔东西了。康拉德重回内华达州的塔霍湖，在一次白糖交易中把借来的1万美元一举变成了300万美元。坎贝尔则继续运营他的基金，如今仍然保持着对公司的领导权（他已经从日常运营工作中退了下来）。[69]

把坎贝尔公司仅仅当作是"商品期货基金"是不太公平的，因为他们不只做商品期货的交易，如今，他们涉猎的领域横跨商品期货、固定收益证券、外汇和现金权益。他们也对风控体系进行了迭代升级，升级后的风控体系可以指定风险头寸或者动态调整。坎贝尔公司的CEO威尔·安德鲁斯（Will Andrews）说："多元化投资和在趋势跟踪方面的经验是我们引以为豪的。这是我们未来的核心竞争力，但同时我们也意识到，基于目前不断增长的客户数量，进一步增加策略类型和盈利增长点是很有必要的。"

我现在仍然很喜欢早期坎贝尔公司的智慧，这才是他们思想的瑰宝。一位坎贝尔公司的高管就曾经说过："'黑匣子式'的交易方式让我很不舒服，因为这种方式用的都是一些根本没法理解的算法。我们做的每一件事，都要达到用一页纸就能写清楚的地步。"[70]

"用一页纸就能写清楚"的想法，对那些把交易想得太复杂的人是大有裨益的。我并不是说管理一家上百亿的基金是很简单的事，我想讲的是，趋势跟踪作为一种策略，一定是一页纸就能讲清楚的——只是有时候需要大一点的纸。坎贝尔公司最宝贵的经验，和其他所有伟大的趋势跟踪者的一样，那就是：在最艰难的时候仍然坚守自己的交易原则。

迈克·哈里斯（Mike Harris）是坎贝尔公司的总裁，他想让我也了解一下如今的坎贝尔公司，"我们也注意到，投资者的关注点也有一个趋势。在前些年

> 数学很重要，但仅仅解决了问题的一部分。更重要的事情是思考整个投资过程，生成交易信号只是整个过程中的一环。而如何建仓、风险管理、策略执行、资金控制、杠杆比例等，虽然不会直接生成交易信号，但也相当重要。
>
> ——坎贝尔公司[71]

他们喜欢趋势跟踪以外的方法，现如今又重新对趋势跟踪和'危机中的超额收益'很感兴趣。我们动态的趋势跟踪策略就是为了和投资者的关注点相契合。我们能够结合我们在趋势跟踪方面的专业能力以及动态的风险管理框架，设计出在市场出现危机时实现目标收益的策略。许多投资者告诉我们，他们想在危机来临前做趋势跟踪以避免损失，因此我们建立了满足他们需求的投资体系。"

业绩比较：坎贝尔公司 VS 基准收益

虽然我并不提倡与基准收益做对比，但在表 2-3 中，我还是列出了不同的资产组合的最大跌幅。

表 2-3　不同资产组合的累积最大跌幅（1988 年 1 月～ 2016 年 12 月）

标准普尔	51%	10/07 ~ 02/09
富达麦哲伦基金	73%	03/00 ~ 02/09
坎贝尔期货管理	29%	07/93 ~ 01/95
彭博巴克莱美国综指	5%	01/94 ~ 06/94

怀疑趋势跟踪的人，似乎觉得只有趋势跟踪才会面临亏损。但这个表格显示，所有指数和基金都会出现大跌，而在大跌时趋势跟踪反而表现得更好。因此，最关键的是直面损失，在它出现时处理它。否则，你就只能眼睁睁看着纳斯达克指数在 2000 ~ 2002 年间，从顶点暴跌 77%，而你却束手无策。

坎贝尔的策略仍时不时地受到来自华尔街的质疑，尤其是那些信奉有效市场理论的保守派，他们抓着趋势跟踪的高风险不放。坎贝尔对此回应道："通常人们会认为期货市场的波动性极大，投资期货比投资股票要危险得多。但事实是，总体上期货的价格波动比股票要小得多。只是因为期货中可以加高杠杆，才让人感觉期货波动性很大，但这并非市场本身的波动。真正的风险，取决于所用的杠杆比例。"[72]

> 坎贝尔公司只做技术分析,绝不看市场价格之外的经济指标。[73]

控制杠杆比例,是在交易策略之外至关重要的一环——它事关风险管理。这也正是交易者能够日复一日、年复一年地在市场上生存,进行交易的关键。

关联性和持续性

大部分趋势跟踪者的收益比基准收益(对比标准普尔 500)高出好几倍。坎贝尔公司的收益率(见表 2-4)和市场指数没有太大的关联。

表 2-4 坎贝尔公司的业绩表现和标准普尔 500 的相关性分析(1988 年 1 月~ 2016 年 12 月)

收益均为正	132 个月 /348 个月
收益一正一负	160 个月 /348 个月
收益均为负	56 个月 /348 个月

资料来源:Campbell & Company

> 趋势跟踪并不是要假装算出交易标的的真实价值,也不是确定它应该值多少钱——我们只为了从中获得持续的收益。
> ——坎贝尔公司[74]

除了关联性不大以外,坎贝尔公司的月度和年度收益,都持续超过了标准普尔 500(见表 2-5):

定性地讲,你可能对坎贝尔公司究竟干什么还不是太了解。但定量地讲,你一定能够看出他们的业绩数据绝不可能只是一次偶然或是全凭运气。

表 2-5 坎贝尔公司旗下期货基金业绩的持续性(1988 年 1 月~ 2016 年 12 月)

1988 年 1 月~ 2016 年 12 月(估计)	区间总数	正收益区间数	非正收益区间数	正收益区间占比
月度	348	199	149	57.18
年度	29	23	6	79.31
12 个月连续滚动	337	271	66	80.42
24 个月连续滚动	325	283	42	87.08
36 个月连续滚动	313	292	21	93.29
48 个月连续滚动	301	289	12	96.01
60 个月连续滚动	289	286	3	98.96

资料来源:Campbell & Company

总结

- ▸ "45年的经验告诉我一件事,那就是:市场从未停止进化,而我们必须一同进化。"(威尔·安德鲁斯)

- ▸ "世界日新月异,未知的太多,而未知令人害怕。但我们看到的不是未知,而是机会,看到的是市场重新定价的机会。资产突然下跌也会带来机会。市场上的价格会缓慢变动,最终形成趋势。我们要抓住趋势,不管是上涨的还是下跌的。"(迈克·哈里斯)

> 技术交易者并不需要具备针对某个市场的专门技能。他们不需要成为气象学或者地缘政治学的专家,也不需要了解全球性事件带来的经济变化会如何影响某个特定市场。
>
> ——杰瑞·帕克[75]

杰瑞·帕克

1994年,我第一次拜访杰瑞·帕克。他在弗吉尼亚的马纳金-萨波特的办公室,位于列治文的郊区地带,那里简直可以说是一片荒山野岭。我这么说,是因为几个月前我才去过位于曼哈顿下城的所罗门兄弟的办公室,那是我第一次看到他们的巨型交易大厅,就像整个华尔街的中心一样。而当我看到帕克毫不起眼的办公室时,我再次被震惊了。你完全不敢相信,这里就是管理规模超过10亿美元的切萨皮克资本管理公司CEO的办公室。

帕克在弗吉尼亚的林奇堡长大,毕业于弗吉尼亚大学。他最开始在里士满做会计,之后申请加入了理查德·丹尼斯的训练营,成了丹尼斯的第一个学生。帕克注重实效,坚持不懈,终于在1988年用自己的钱创办了一家资本管理公司——切萨皮克资本管理公司。他为客户选择低风险低收益的交易，他用"海龟跟踪"的方法做趋势跟踪，并做了一些深度改进。也就是说，他改良了一种比较激进的交易策略，以适用于那些不想承担太多风险的投资人。

尽管他只承担较低的风险，但在 1993 年还是获得了 61.82% 的惊人收益。也正是这样的业绩，使得他的公司名声大振。总体上看，帕克目前的年化收益在 12%～14%。他常用的是保守的投资策略，这和邓恩注重绝对收益的投资体系有所不同。帕克的做法虽然稍有不同，但也同样获得了成功。我一想起他，眼前总会浮现出他那直爽、谦逊的样子。

应对质疑

帕克很少公开演讲。在互联网泡沫最鼎盛的时候，帕克做了一次演讲。他谈到了趋势跟踪哲学的方方面面。尽管听众对趋势跟踪都疑心重重，他还是向少数愿意接受趋势跟踪的听众，给出了简明、直接、切实可行的建议。

▸ 买入并长期持有的危险："买入并长期持有并不好。为什么要持有？成为成功交易者的关键是，有使用杠杆的能力……但大部分交易者在运用杠杆这方面都太保守了。"[76]

▸ 企图预测市场的愚蠢想法："我不知道市场将如何，我也不关心。切萨皮克在做交易时认为，市场自己知道它要到哪里去。"[77]

▸ 帕克的趋势跟踪系统："为客户赚钱时，不要用学院派分析、大型研究或者对市场的直觉预判（比如在利率调低之前就买入大量股票）。你不可能在事情发生之前知道要发生什么，例如，利率降低可能会带来一个大趋势，但也可能要更晚才会出现。我们的策略就是，在市场发出信号时，不偏不倚地交易。"[78]

▸ 趋势反转或者日内交易："很多交易者和客户，他们不喜欢趋势跟踪。趋势跟踪不靠直觉，是反人性的，周期也太长，而且不够刺激。"[79]

▸ 给亏损者的箴言:"他们总是说'市场搞错了,以后会涨回来的。'但市场从来不会错。"[80]

你需要问自己,是想要做正确的判断,还是想要赚钱。这是两条不同的路。

智力重要吗

趋势交易的成功基于遵循原则,而非艰深的研究。帕克直截了当地谈到了他对智力的看法:"我们的系统并不基于个人的智力。我们之所以能够在市场上获得不错的收益,是因为谁都猜不到未来会发生什么。"[81]

最好的趋势跟踪者都承认智力不是关键。他们也同样清楚,靠最近一天的新闻并不能决定何时买卖以及买卖多少。帕克还说:"我们自身的态度和观点,都不应该干扰交易。"[83]

> 我参加了丹尼斯的"海龟交易法则"课程。他传授给我们的知识和经验都是商品期货市场的技术分析方法。其中最重要的一条经验就是,他的系统让我赚了很多钱。正因如此,我才决定使用技术分析的方法。
>
> ——杰瑞·帕克[82]

塞勒姆·亚伯拉罕

塞勒姆·亚伯拉罕和其他趋势跟踪者不同。他的事迹证明了地理位置对成功毫无作用。在美国,要找到一家像亚伯拉罕这样,在地理和文化上都远离华尔街的金融公司并不容易。他的祖父曾在这里与当地政客、农场主交涉;如今,这里已经变成了最特别的金融公司——亚伯拉罕交易公司的所在地了。[84]

当亚伯拉罕还在诺特丹大学读书时,他就展现出了在交易方面的天赋和兴趣。正如斯科塔的学生格雷格·史密斯一样,亚伯拉罕对"谁是最成功的交易者"

进行了研究,并从中窥见了趋势跟踪的秘密。亚伯拉罕毕业后回到了位于得克萨斯州的家庭农场,他和他的祖父讨论了自己未来想做交易的想法,他的祖父谨慎地同意了他的想法,并帮助他进行交易。根据亚伯拉罕的说法"先试六个月",如果失败了就不做了("就把报价机从窗户扔出去")。[85]

亚伯拉罕并未失败。很快,他就以与华尔街迥异的方式,开了一家交易公司。这家公司的文化令人诧异:"没有一个人是从常青藤大学毕业的。大多数雇员都曾是在当地的饲养场或者天然气钻井和管道公司的员工。他们是到公司之后才接受交易和套利方面的复杂培训的。一位亚伯拉罕公司的员工吉奥夫·多克雷说,'我们以前早上6点要铲粪肥',他曾经在小镇附近的一家饲养场工作。金融市场很复杂,但不像在饲养场对付牲畜那样没完没了。"[86]

亚伯拉罕做交易的主要方法:"亚伯拉罕公司进行交易的隐含前提是,商品价格会周期性地出现大的变化。价格变化形成趋势,可以在早期就被观察和记录到。有理由相信,在自由市场中,价格会持续地出现趋势。在趋势中,亚伯拉罕公司利用价格变化获利。"[87]

当问及他和杰瑞·帕克有没有亲戚关系时,亚伯拉罕讲了他和帕克的关系:"我的确认识切萨皮克资本管理公司的杰瑞·帕克,他是我爸爸的姐姐的丈夫的兄弟的女儿的丈夫。我不知道这算不算亲戚。我第一次知道期货行业,就是有一次他到得克萨斯拜访岳父母的时候大家一起聊到了期货。"

> 世界上唯一的邪恶,就是把自己的偏好强加于人。我总是要求别人有某些我喜欢的品质。我能一下子就辨别出有这种品质的人,我也只尊敬有这种品质的人。我以此来选择朋友。我现在知道这是什么了:十足的自负。
>
> ——安·兰德[88]

这个故事告诉我们：留意任何可能性，因为你不知道机会将在哪里出现。那时，亚伯拉罕很年轻就取得了成功，帕克评价道："有时候，人们看到这么年轻的小伙子就赚了这么多钱，一般都会觉得有些不公平。而我倒觉得他很有勇气。"[89]

从亚伯拉罕身上，我们能学到的最关键的一点是，如果你想成为趋势跟踪者，那就走出去，多见见这个行业的玩家。亚伯拉罕和帕克都是现实主义者。他们都在交易上下了苦功夫，也都成了顶尖高手，更重要的是他们能保持生活的平衡。不背信，保持正直，他们最终都践行了他们的交易哲学。

总结

- "成为成功交易者的关键是，有使用杠杆的能力。但大部分交易者在运用杠杆这方面都太保守了。"（帕克）

- "很多交易者和客户，他们不喜欢趋势跟踪。趋势跟踪不靠直觉，是反人性的，周期也太长，还不够刺激。"（帕克）

- "市场从来不会错。"（帕克）

- 如果想了解更多关于杰瑞·帕克和塞勒姆·亚伯拉罕的情况，可以阅读我的第二本书《海龟交易者》（*Turtle Trader*）。

理查德·丹尼斯

理查德·丹尼斯现在已经退休了。他的退休，经常被一些媒体解读成"趋势跟踪已死"的标志。丹尼斯的一生的确大起大落，但趋势跟踪却从未停止。

丹尼斯出生在芝加哥，他在那里长大，住得离交易所也很近。10多岁时，他用送比萨攒下来的钱，开始做交易。因为他那时还太小，不能开户，他就把交易信号交给他父亲，让他父亲来实际操作。17岁那年，他终于得到了一份在交易所大厅跑腿的工作，正式开始了交易生涯。[90]

> 交易比我想的还要好传授得多。从某种角度来说，交易让人感觉渺小，卑微之感由心而生。
>
> ——理查德·丹尼斯[91]

> 如果你说技术分析的基础不牢靠，有些故弄玄虚，我会同意你的观点。但问题是，你无法通过基本面分析获得收益，你只能通过买卖获得收益。那么，既然你可以处理价格本身的信息并能分析得更好，为什么还要抓住基本面的表象不放呢？
>
> ——理查德·丹尼斯[93]

> 世界上没有什么和交易是一样的。如果你做交易，每天都会看到新的数据。这对你来说可能是好事，也可能是坏事。因此，交易很难，却也值得一做。
>
> ——理查德·丹尼斯[94]

海龟交易

丹尼斯在交易中赚了数亿美元，成了名副其实的富豪。但是真正令他声名远扬的，是他培养新交易者的实验。

1983年，他跟合伙人威廉·埃克哈特打赌，丹尼斯相信交易法则是可以被传授的，而埃克哈特则相信交易是"祖师爷赏饭"的行当。他们因此决定做个实验，看看到底能不能让新手也成为成功的交易员。20多名学生被分进两个不同的训练营。因为不久前丹尼斯刚在新加坡参观了一处海龟饲养基地，他就把他的训练营成员也命名为"海龟"。

实验是如何开始的呢？丹尼斯发布了"招募交易员"的广告，立刻就有1000名左右的准交易者慕名而至。他挑选其中的20多名新手，进行了为期两周的培训，接着给他们资金进行交易。他的"海龟"中有2名职业赌徒、1名龙与地下城的设计师、1名会计、1名杂技师。杰瑞·帕克曾经是一名会计，现在至少掌管着10亿美元以上的资金，他也是训练营的一员。[92]

丹尼斯承担起了传授趋势跟踪的职责。在丹尼斯之外，其他的趋势跟踪者，如斯科塔、邓恩、亨利等人，也都是很多交易者的导师。值得一提的是，并非所有的"海龟"最后都成了胜利者。在离开了丹尼斯的指导之后，很多人就失败了（比如柯蒂斯·费思，他后来还在监狱里服过刑）。他们自己运作的时候，失去了丹尼斯的庇护，就无法再复制过去的成功。杰瑞·帕克是其中的一个特例，他绝对是一位成功的交易者。

我并非要批评丹尼斯传授给学生的交易系统有什么不对。与其说是交易系统的问题，倒不如说是其中的一些学生不能坚持使用他的交易系统。与之形成鲜明对比的是，在20世纪80年代，当这些海龟的事业蒸蒸日上时，比尔·邓恩还默默无闻。但慢慢地，邓恩凭借惊人的绝对收益率超过了所有"海龟"。我一直在思考，邓恩是如何靠个人的努力，领导他的公司，超过了那些原本领先的交易者的呢？多年以来，这些交易者打心眼里不愿承认他们是趋势跟踪者，但邓恩对此却毫不遮掩。可能虽然《金融怪杰》这本书写到了他们的噱头和秘密，但并未给他们带来什么长期的帮助。

话虽如此，但关于海龟交易的故事在2017年仍然广为流传，足见丹尼斯当初挑选学生的标准多么有洞察力。

挑选过程

戴尔·德鲁特利是丹尼斯公司的前高管，他当时负责管理海龟训练营。他说他们当时在找"有特异想法的聪明人"。最终，他们挑出了几位21点玩家，1名演员，1名安保人员，1名龙与地下城的设计师。他们测试这些候选人的方法之一，是让他们回答一些"是""否"问题。

下列问题会发给候选人，他们的回答最终会决定他们是被选中还是被淘汰。

1. 你偏好做多还是做空？选一种让你觉得舒服的交易方式。
2. 交易一开始，你就应该精确地知道如果出现盈

> 所有公司的财务报表都只能告诉你过去和现在。它们不能告诉你未来。
>
> ——尼古拉斯·达瓦斯
> （Nicolas Darvas）

利，应该在什么价位平仓。

3. 你应该在所有市场上都交易同等数量的合约。

4. 如果一个人可以承担10万美元的风险，他理应在每次交易都承担2.5万美元的风险。

5. 交易一开始，你就应该精确地知道如果出现损失，应该在什么价位平仓。

6. 你不能为了追逐利润而破产。

7. 在开始交易前，获得你所关注的基本面信息对交易会有帮助。

8. 如果上涨趋势开始了，跳涨是做多的好时机。

9. 如果你想用止损委托的方式下单，那就等到回撤结束后再以更高一点的价格买入。

10. 在三种下单方式（市价委托、止损委托、限价委托）中，市价委托的滑点最小。

11. 新闻越是看涨，就有越多的人做多，那么在这次上涨之后，上涨的趋势就越不可能维持。

12. 大部分交易者总是做错。

13. 交易时资金量太大是好的业绩表现的阻碍。

14. 大的交易者可以驱动市场按他们设想的方向运动。

15. 休假对于投资者保持正确的判断很重要。

16. 交易本身基本上不存在问题。

17. 理想状况下，平均盈利应该是平均亏损的3～4倍。

18. 如果盈利变成了亏损，交易者应该能看得开。

19. 大部分交易都应该是赚钱的才行。

20. 交易者应该乐于接受损失。

21. 如果观察到市场价格比4周和13周前都高，这个信息是很有价值的。

22. 对钱的渴望，是做好交易的很有用的驱动力。

23. 直觉对于交易决策可以起到很好的指导作用。

24. 运气是交易长期保持成功的重要成分。

25. 如果你现在持有的是多头，"止盈"对于获得收益很重要。

26. 钱才能生钱。

27. 在交易时跟着直觉走，是很有用的。

28. 每个市场上都有很多交易者，你不应该和市场作对。

29. 投机者最终都将破产。

30. 社会心理学能够比经济学更好地解释市场。

31. 对交易者来说，接受某笔交易带来的损失很难。

32. 在一次大的盈利之后，接下来的趋势很可能带来损失。

33. 趋势不可能太持久。

34. 所有和商品期货有关的信息，对于交易决策多少都会有点帮助。

35. 最好是在一两个市场中成为专家，而不是在十个以上的市场中进行交易。

36. 在赚得顺风顺水时，风险也会急剧增加。

37. 股票交易和商品期货交易相似。

38. 交易时，如果能知道自己领先或者落后了多少是挺好的。

39. 某个月份亏损，意味着一定有什么地方搞错了。

40. 某个星期亏损，意味着一定有什么地方搞错了。

41. 交易中赚到的大钱，大多来自在大跌之后的低点买入。

42. 向下摊低成本，一般来说，是好的买入方式。

43. 一段长期趋势过后，市场会在另一段趋势开始之前先稳定一段时间。

44. 当期货交易不赚钱时，知道接下来要做什么很重要。

45. 交易时，关注市场上的每笔询价没什么益处。

46. 一次性全仓买入或者卖出是好的交易方式。

47. 比起总在一两个品种上投资，在多个商品期货上分散持仓更好。

48. 如果单日的收益或者损失会对你的资产净值产生重大影响，那你一定过度交易了。

49. 比起盈利，交易者从损失中学到的更多。

50. 抛开交易费和佣金不算，下单的执行"成本"应该最小化。

> 对此时此刻说"yes"。无论生活如何，都接受它。对生活说"yes"，然后看看生活会怎样站在你这边，而不是针对你。
>
> ——艾克哈特·托勒
> （Eckhart Tolle）

51. 做好的交易比做差的交易要容易。

52. 很重要的一点是，要知道交易上的成功会对之后的人生产生什么影响。

53. 上升趋势在所有人都看跌的时候结束。

54. 看涨的新闻越多，市场就越不可能下行。

55. 对于场外交易者来说，长期交易应该也只会持续三四周甚至更短。

56. 跟随别人对市场的看法，是一种好的交易策略。

57. 成交量和开盘涨跌对于交易者来说和价格信号同样重要。

58. 日线级别趋势的强弱，对平掉长期仓位（平仓能带来大额收益）是很重要的指标。

59. 场外交易者应该在不同的市场套利。

60. 在上升趋势开始时，越多人做多，那么上升的趋势就越不可能持续。

61. 场外交易者不应该在同一个商品期货上，持有交割日不同的头寸。

62. 买跌卖涨是好的交易策略。

63. 确保大部分时候都获利，这对交易来说很重要。

他们不只问了"是""否"的问题。丹尼斯也设置了问答题：

1. 在大学入学标准化考试中，你的成绩是多少？

2. 写出你最喜欢的一本书或者一部电影，并说明理由。

3. 写出你最喜欢的一位历史人物，并说明理由。

4. 你想在这份工作中获得成功的原因是什么？

5. 写出一件你冒险做的事，并说明这么做的理由。

> 人们通常认为意外事件会自我修正：最开始朝某个方向偏离，导致后来又朝相反的方向偏离，最终达到均衡状态。事实上，偏离不会被修正，它只是被后来的过程稀释了而已。
>
> ——阿莫斯·特沃斯基
> （Amos Tversky）

6. 阐述你曾经在压力之下做出的一个决定，并说明这么决定的理由。

7. 希望、恐惧和贪婪都是交易者的敌人。阐述你被其中某个因素影响所做的一个决定，并说说你现在的看法。

8. 你认为哪些品质是对交易有帮助的个人品质？

9. 你认为哪些品质是对交易有害的个人品质？

10. 交易时，你想做"好的"还是"幸运的"交易？为什么？

11. 你还有什么想补充的吗？

这些问题听上去可能很简单，但丹尼斯并不在意别人这么想："我不想别人觉得我脑子有问题，或者觉得我必定会失败。他们怎么想，并不会对我有什么实质性影响，因为我知道我想要做什么、怎么做。"[95]

丹尼斯把对成功的激情看得很重：你必须要唤醒内心深处的驱动力，渴求实现梦想。你必须为之努力。他也提到了提前设定目标收益率有问题（这是在海龟训练营中讲授的经验）："你持仓一定有你的理由，因此你应该继续持有，直到那个理由不再成立。不要仅仅为了兑现收益而过早离场。"[96] 丹尼斯说得很清楚：如果你不知道趋势什么时候结束，而你又知道它可能涨得很高，那就不要离场。

尽管丹尼斯的好多学生都走上了资产管理的成功之路，丹尼斯在管理客户资金的时候做得并不好。他最近一次管理资金，（扣除费用后）获得了26.9%的年化收益率，这还是包括了两年超过100%的收益才得到的结果。

> 没有哪个交易者可以完全控制波动，但你可以提高成功的概率。
>
> ——理查德·丹尼斯的一位学生

> 无论你怎么做，你都应该把它严格地量化。你应该用科学的方法确定什么是有效的，然后再量化它。我经常会觉得某个投资策略看起来能获得不错的利润，但如果做一下回测，我就会发现，这种策略根本无效。
>
> ——保罗·拉巴
> （Paul Rabar）[97]

> 我不认为交易策略会像很多交易者想的那么不堪一击，只要你认真了解它。如果你做的事情是对的，即使别人都反对，它也仍然是对的。我常说，我完全可以把交易规则发表在报纸上，因为没有人会按照上面说的做。关键是要持之以恒，遵照原则行事。
>
> ——理查德·丹尼斯[98]

> 我也使用了唐奇安的想法进行量化交易。他是那个时候唯一会做模拟回测的人。他毫不吝啬地分享了他的观点；帮助别人尝试系统交易令他感到快乐。他鼓舞了许多人，催生了新一代交易者，给了他们勇气和指引。
>
> ——艾德·斯科塔[99]

在2000年股票市场下跌之后，他就不再为客户交易了。他的客户在即将触底反弹之前撤资了。你不相信会触底反弹？看看邓恩资本和其他趋势跟踪者，你就知道在2000年秋天发生了什么。如果这些急不可耐的客户能和丹尼斯并肩作战，他们将获得很大一笔财富作为奖励。

交易者可以从中学到的至关重要的一课就是，拿自己的钱交易和为客户交易是完全不同的。约翰·W.亨利对我坦言，如果赔了客户的钱，会很难处理。而那些专注于扩张自有基金规模的交易者，相比之下他们就有更大的优势。基金管理人不得不面对来自客户的压力和期望，这是无法避免的事。

总结

- "交易比我想的还要好传授得多。从某种角度来说，交易让人感觉渺小，卑微之感由心而生。"（丹尼斯）

- "你持仓一定有你的理由，因此你应该继续持有，直到那个理由不再成立。不要仅仅为了兑现收益而过早离场。你要有一套交易策略，知道它是如何运作的，然后据此在市场中交易。"（丹尼斯）

- "你无法通过基本面分析获得收益，你只能通过买卖获得收益。"（丹尼斯）

- 丹尼斯和他学生的事迹，可以在我写的《海龟交易者》(*Turtle Trader*)中读到。

理查德·唐奇安

理查德·唐奇安被尊称为"趋势跟踪之父"。他最初建立的技术交易系统，后来成了其他趋势跟踪者的交易体系的基础。从1949年成立基金管理公司一直到去世，他都不断地和其他趋势跟踪者分享他的研究成果，给予他们指导。

1905年，唐奇安出生于康涅狄格州的哈特福德。他1928年从耶鲁大学毕业，获得经济学学士学位。他对交易十分着迷，尽管在1929年的大萧条中他倍受损失，但他还是重返华尔街，继续交易。

到了1930年，唐奇安筹集了一些资金做股票交易，他看好一家叫奥本汽车的公司。威廉·鲍尔温在文章中提到，那时唐奇安认为这家公司就像"后来的苹果电脑。"他在这笔交易中赚了几千美元，成了名副其实的"技术分析人士"——他从图表中观察价格，制定买卖策略，而不考虑公司的内在价值。[100]

从1933年到1935年，唐奇安为海姆菲尔·诺伊斯公司撰写技术分析评论。后来，在第二次世界大战中，他在美国空军负责统计；战争结束后，又重回华尔街，为希尔森·哈米尔公司撰写分析评论。他开始详细分析期货价格，在分类账册上记录每日的价格数据。他的学生芭芭拉·狄克森（Barbara Dixon）注意到他计算移动平均线，手工绘制图表，在没有精确的数据库、软件和任何计算工具的情况下生成交易信号。他的夹克口袋里，总有一支铅笔和一个卷笔刀。[102]

> 我们从1968年用打孔机的时候，就开始建立数据库了，收集的商品期货行情数据一直回溯到1959年7月。我们按照唐奇安的想法选定5周和20周作为时间区间，进行每周回测。我认为每周回测是所有人都可以用的好方法。唐奇安实现了每周回测，这帮助我们识别出有效趋势并迅速行动。唐奇安是那种手算就可以打败电脑的人。
>
> ——丹尼斯·D. 邓恩[101]

狄克森的描述让我们很清楚地了解到，唐奇安的工作多么超前，远胜过那些现代学院派金融理论家所做的工作。哈佛大学的约翰·林特纳（John Lintner）曾提出把期货加进股票和债券投资组合中，并对此做了量化分析。但在这之前，邓恩早就已经在实践中运用了分散投资和风险控制的思想，而后来威廉·夏普（William Sharpe）和哈里·马科维茨（Harry Markowitz）还以此获得了1990年诺贝尔经济学奖。[103]

坚持不懈

理查德·唐奇安并非一夜成名。他42岁的时候还只管理着20万美元的资金。但到了60多岁的时候，机缘巧合，他迎来了厚积薄发的时刻。10年时间，他在希尔森公司管理2700万美元的资产，每年能从佣金和手续费中赚100万美元。另外，自己的基金每年也能赚100万美元。[104]

> 大约是1979年或者1980年，在一次MAR会议上，我遇见了19位做CTA的公募基金经理，我认出其中的16位都是和唐奇安有来往的。他们要么是曾与他共事，要么是和他有投资关系。在我看来，这是他早年影响力的证明。唐奇安总是会因为他的朋友取得了杰出成绩而感到自豪。在很长一段时间里，唐奇安的声音都是非主流的，但如今呢，他的思想已经成了这个领域的权威思想。他也一定会因此而感到自豪的。
>
> ——布拉特·艾拉姆
> （Brett Elam）[105]

唐奇安从不预测价格的变动方向，他只是跟随。他对成功的阐释简单易懂，就像道氏理论所说的那样，"在趋势中坚持"。他补充道："很多人会说'黄金要开始跌了，因为它涨得太快'之类的话，这也正是85%的投资者都会亏钱的原因。基本面分析者可能会觉得铜要涨价，但我只要看到趋势向下，就坚持看空。"[106]

唐奇安的经典交易法则从第一次公开出版到现在，已经超过了75年，但其中的至理永不过时：

通用法则

1. 如果市场上有广泛认可的观点，要迅速行动。就算观点是正确的，通常市场也会延迟反应。

2. 在交易不活跃的时期，仔细观察，随时准备，当成交量放大时就跟随趋势而动。

3. 懂得止损，让收益增长，别的就不用管了。

4. 在方向不确定的时候，保证金可以少放些。趋势的变动会频繁出现，让市场精彩无比；而你要做的是关注趋势变动，这样可以防止两头都受损失。

5. 不要一看到两三天的趋势就冲进市场。再等等，等出现日内反转。

6. 用好止损单对交易很有益处。止损单可以用于保证盈利、限制损失，或者出现特定波形时加减仓。止损单应该和图表分析一起使用，这对交易大有益处。

7. 如果市场上的上行和下行势能基本相当，那么应该在上行趋势上投重仓，这是基于收益率的判断——从50跌到25只亏损50%，但从25涨到50就能盈利100%。

8. 开仓时，用限价委托是可行的。平仓时，则用市价委托。

9. 买入主力期货合约，卖掉弱势合约，具体交易结合其他规则而定。

10. 跟随一个强的趋势，要比跟随弱的趋势更值得一搏。

11. 研究公司的股本结构、某个事件的影响程度，以及该事件到底是好事还是坏事，这和研究财务报告一样重要。

> 打破幻觉要比找到真理更能让你变得睿智。
>
> ——路德维希·伯恩（Ludwig Borne）

唐奇安法则

1. 价格朝某个方向运动一段时间后，就会横盘整理，然后再次朝同样的方向运动，运动的幅度和上一次的幅度大致相当。通常，在第二次运动快要结束时，价格就更可能朝着相反的方向运动了。

2. 趋势反转或者趋势逆行可能会在下列情况中出现：

a. 到达某个点位，而这一点位在过去出现过长时间的剧烈震荡；

b. 到达一段时间的高点或者低点。

3. 在趋势线靠拢时，随时关注买入或卖出的机会，尤其是在成交量中等偏下的时候。你要确保所选择的趋势线不会太频繁地交叉和靠拢。

4. 随时关注主要或次要趋势线缓慢上行或颠簸上行。在趋势线突破时，准备买入或卖出。

5. 次要趋势线突破主要趋势线是最重要的仓位改变信号。在这个点位上，你要考虑好开仓还是平仓。

6. 三线合一可能意味着到弱反弹或势能分散，这要视情况而定，但通常随后都会出现趋势突破。

7. 注意成交量的变化，尤其是在趋势已经持续了很长一段时间之后。

8. 不要在缺口回补之前关注缺口，除非你真能分清跳空缺口、普通缺口和衰竭缺口。

9. 在趋势中，你应该在出现日内反转后的第二个交易日开盘时进行开仓和加仓操作，不管反转的幅度如何，你都应该这么做，尤其是在反转时成交量缩小的情况下。

唐奇安的学生

芭芭拉·狄克森是一名功成名就的女性趋势交易者。她1969年从瓦萨学院毕业，但因为她是女性，学的又是历史专业，因此没有人愿意雇她当股票经纪人。但尽管如此，她最终还是在希尔森公司找到了一份工作，给唐奇安做秘书。狄克森在唐奇安身边工作的这三年，得到了唐奇安的亲自指导，其价值难以估量。1973年，在唐奇安搬到康涅狄格州时，她就自己出去开公司了。不久，她就管理了40多个客户的账户，每个账户的资金从2万美元到100万美元不等。

狄克森注意到了唐奇安在交易方面化繁为简的天才思维:"我不是数学家。我相信简单的方法反而蕴藏着极致的优雅。没有谁能用复杂的数学公式解答'市场到底是上涨、下跌还是震荡?'但是要想定义清楚这三种情况,没有什么方法能比价格图表更简单了。从20世纪70年代开始,我就用这种方法思考。"107

唐奇安还向别人讲授快速和简单决策的重要性。在这方面,他再次领先于同时代的其他交易者。狄克森从唐奇安那里学到了:一个好的交易系统,应该让你在没有趋势时,还能在市场上活得好好的,而不至于血本无归。她解释说,交易系统存在的目的,就是能在趋势确立的时候,告诉你进场。"不要在一连串损失之后就抛弃你的交易体系……这很重要,因为没有交易体系,就没有收益。"108

狄克森从来不做价格的变动预测,也从来不期待每次交易都能赚钱。她知道,预测趋势到顶还是到底是不可能的。趋势会不断出现,而从长期来看,你能以此赚钱。失败一次并不重要,你要做的只是承认失败,然后继续交易。109

现在很多交易者还盯着新闻不放,听那些突然暴富的新贵们讲解投资经验;而我呢,还是更喜欢回头去读唐奇安的话,可谓字字珠玑,常读常新——这比CNBC的节目好多了。我最喜欢唐奇安在一次发言中面对许多仍然在交易中苦苦挣扎的人所表现出的智慧:"你交易的是股票还是大豆期货,这一点都不重要。交易就是交易,是赚钱的游戏而已。交易者的职责很简单:不

> 有人能准确知道什么时候会出现趋势吗?没有。有人能准确知道如何做一笔肯定赚钱的交易吗?没有。实际上,大量的交易都是基于某个时间序列所服从的概率分布的。如果你看看保险或者其他任何的商业活动,你就会得出这样的结论:任何一个小领域都能赚大钱。
>
> ——某论坛

要亏钱。不亏钱才是最重要的,而不是'我要做好研究'。研究也可以好好做,但是你要先仔细考虑清楚:研究本身并不能为你赚钱,但最终你的目标恐怕还是围绕着'钱',而不是在'如何阅读资产负债表'上拿个A吧。"

理查德·唐奇安这般直言不讳的说话方式,可能也是为什么常青藤大学的金融课程都不愿意提到他的原因吧。

总结

> 没有人能否认,凹凸不平的结构无处不在。
> ——本华·曼德博

- 唐奇安在1929年股灾中损失惨重。
- 唐奇安在第二次世界大战中曾为五角大楼工作。他和美国前国防部长罗伯特·麦克纳马拉有过紧密合作。
- 唐奇安直到65岁才成立他的趋势跟踪基金。他到九十多岁还在做交易,而且自己亲自实践了很多趋势跟踪的方法。另外,在那个女性在华尔街不被尊重的年代,他就培训女性做交易员了。
- "没有谁能够用复杂的数学公式解答'市场到底会上涨、下跌还是震荡'"。(唐奇安)

杰西·利弗莫尔与狄克森·瓦茨

如果说理查德·唐奇安在趋势跟踪领域很有影响,那么杰西·利弗莫尔的名字则可以说是如雷贯耳了。利弗莫尔于1877年出生在马萨诸塞州的南爱克顿。15岁的时候，他去了波士顿，开始在潘恩·韦伯公司的波士顿营业部工作。他研究价格变动，并利用价格波动进行交易。20多岁时，他搬到了纽约，专门做投机交易。在此后40多年的交易生涯中，他开发了一套利用价格变动进行投机的方法。他最有名的投资准则就是："不要听信小道消息"。

利弗莫尔的非正式传记《股票作手回忆录》(*Reminiscences of a Stock Operator*)出版于1923年，由新闻记者埃德温·拉斐尔撰写，不过很多读者都猜测实际上是利弗莫尔本人所作。《股票作手回忆录》已经成了华尔街的经典作品。书中有许多名言警句，深深影响着此后的交易者[110]：

1. 要花很长时间，人才能从过去的所有错误中吸取教训。人们常说凡事都有两面。但股市只有一面，它没有牛市和熊市之分，永远只有对的一面。

2. 在我的交易生涯中，我感觉到自己前进了一大步的时刻，就是我理解了帕特里奇先生说的那句："你要知道，这是牛市！"的时刻。他是想说，赚大钱并不是靠个股的涨跌，而是靠整体的变动，靠整个市场的趋势。

3. 一个人可能看起来头脑清醒、思维活跃，但当市场走势不明的时候，他还是会变得没有耐心，疑虑重重。这也是为什么，那么多华尔街的聪明人，他们并不是没有主见，而且智商高，但最后还是亏了钱。不是市场打败了他们，是他们自己打败了自己，因为他们总觉得自己够聪明，不坚持下去。顽固的人认准一件事就会一直做下去。这样的人，不光有深信不疑的勇气，也有能够坚持下去的耐心。

4. 普通人不在意别人告诉他市场是熊市还是牛市。他希望有人告诉他哪只股票该买，哪只股票该卖。他就是想不劳而获。他不想付出，甚至不想思考。可能对他来说，从地上捡钱他都嫌太麻烦。

5. 人们会把一半的财富放到股市里，但是他们考虑起来的时候，还没有挑一辆中等价位的汽车来得仔细。

想想发生在20世纪90年代末的互联网泡沫时期的交易，想想2008年金融危机时的交易，再想想如今美联储的行为导致的市场变动，最后想想利弗莫

> 我们喜欢波动，喜欢市场出现大的震荡，因为只有在这种环境下我们才能赚到钱。如果市场一动不动，就像之前小麦期货市场的行情一样，那我们也就无利可图了。
>
> ——迪奈什·德赛（Denesh Desai）[111]

尔谈到的100年前的金融市场，你就会发现一切从未变过。

利弗莫尔写过一本《股票大作手操盘术》(*How to Trade in Stocks: The Livermore Formula for Combining Time, Element and Price*)，出版于1940年。

利弗莫尔绝不是一位完美的交易者（他自己也这样说），也绝不是什么模范交易者。他的交易风格非常激进，波动率极高。他破产过好几次，损失过好几百万美元。但他个人的交易风格并没有让他的智慧有丝毫褪色。

利弗莫尔受到了早期的一位趋势交易者狄克森·瓦茨的影响。瓦茨在1878～1880年曾担任纽约棉花交易所的总裁，如今，他言语中的智慧仍然丝毫不减：

> 所有的交易都多少有点投机的成分。"投机"这种说法，也不仅仅局限于预期具有不确定性的生意上。不了解投机的人认为投机就是全凭运气，毫无规则，无章法可循，这就大错特错了。
>
> 让我们先来看看，投机有哪些必需的品质：
>
> 1. 自信：独立思考，不随波逐流。个人的信念是成功的基础。
>
> 2. 判断力：平衡不同的事物，在不同因素中做出调整，这都有赖于出色的判断力。判断力也是成为优秀的投机者所必需的。
>
> 3. 勇气：要有执行决策的自信。投机时要记住米拉

> 世间的种种高深莫测都源于简单的规则，规则无穷无尽地重复就形成了奇迹。
>
> ——本华·曼德博

波的那句格言："勇敢，还是要勇敢，永远要勇敢。"

4. 谨慎：评估危险的能力和对危险的预警能力是很重要的。要在谨慎和勇敢之间保持平衡，谨慎思考，大胆执行。勇敢和谨慎之外，还需要加上敏捷。心一想到，手就迅速做到。敏捷思考，敏捷行动。

5. 韧性：能修正自己的观点。爱默生说，"观察之后还反复观察的人，总是了不起的。"

这些能力都是成功的投机者所必备的，而且必须要在各项能力之间保持平衡。过分缺乏或者突出其中某项特质，最终都会影响整体的发挥。很少有人能够拥有上述全部的品质，并且能够自我调节。投机就像生活，只有少数人能成功，而绝大多数人都失败了。[112]

与瓦茨相比，杰西·利弗莫尔的话没有多少学者气，更加情绪化，但却总能振聋发聩："华尔街从来没变过。人的口袋在变，受骗的人在变，股票在变，但是华尔街从来没变过。因为人性从不改变。"

总结

- 大卫·李嘉图（1772—1823）对瓦茨、利弗莫尔、唐奇安的影响都很大。按理说，他是最早的趋势跟踪者。

- 把目光放在看不见的风险上。

- "趋势跟踪的交易哲学基于对不断变化的环境的适应。它的逻辑是：从过去汲取经验，用于今天的决策。它的目标并非消除投资中的风险，而是管理风

> 没有一个国家或者银行，能够不限制印钞的权力却从不滥用的。
>
> ——大卫·李嘉图

险，不让风险杀死你。"（迈克尔·梅利西诺）

- "我回过头复盘，总结出的教训是：如果你有显著的不对称的收益，你就应该问自己'它能涨到多少？它会向什么方向变动？'你的收益并不是对称的。虽然你只有20%的可能性，你也还是应该买，因为上涨的空间还相当大。"[113]（比尔·柯尔利）

- "如果你不小心弹错了一个音符，那得靠下一个音符才能决定它的好坏。"（迈尔斯·戴维斯）

| 第 3 章 |

趋势跟踪的绩效证据

即使真理只有少数人认可，真理也是真理。

——圣雄甘地

我们的问题是沟通上的失败。有的人你就是没办法和他沟通，这才出现了上周发生的那一幕。而那一幕就是那些人想看到的。

——电影《铁窗喋血》

> 在没有数据之前就大谈理论，是最根本的错误。
>
> ——柯南·道尔[1]

任何人都可以说，他们有一套多么成功的策略或交易系统，但是唯一客观的衡量指标是原始业绩数据。要想证明一个论断，必须要有证明它的事实。我们在这一章里提到的数据，都是来自大量的第三方研究机构的报告和国内外政府权威机构的披露文件，这些数据不会糊弄人。如果你足够小心谨慎，你仍可能质疑道："不对，这些数据也可能造假！"但如此多的相互之间并无瓜葛的交易者横跨数十个国家在几十年里集体造假说不通，这些数据可不是麦道夫为了骗人杜撰的消息。当我回顾这些趋势跟踪的历史表现数据，并对其分门别类地研究之后（当然，其中用到的研究方法则是另外一部著作的内容），我从中提炼出了六个关键词：

1. 绝对收益
2. 波动性
3. 回撤
4. 相关性
5. 零和
6. 伯克希尔–哈撒韦

绝对收益

> 交易不是免费的午餐。没有风险，何来收益？
>
> ——佚名

使用追求绝对收益的交易策略，意味着你想尽可能地多赚钱。对此，亚历山大·伊尼肯（Alexander Ineichen）说得简洁明了：对追求绝对收益的经理人来说，本质上不存在收益的基准——不存在限制资产创造超凡收益的基准。[2]

最纯粹的趋势跟踪，不会去追随或者模仿任何特定的指数。如果趋势跟踪者有什么共同的印记，那就是追求绝对收益。他们就是从那些意想不到的地方赚到钱，而这正是基于基准收益的策略会限制的。

但是，并非所有的趋势跟踪者都追求绝对收益，至少很多人没把它当作主要目标。不是所有人都愿意下重注。杰瑞·帕克也是天才的趋势跟踪者，他就是一个例外——为了迎合某些特定的客户群体（部分客户偏爱低风险低收益的组合），而愿意追求较低的收益率。

但约翰·W.亨利常说："总体上的目标就是追求绝对收益。看重相对收益的基金管理人，例如那些传统的权益类或者固定收益类基金经理人，他们评判业绩好坏的方式就是和某些特定的基准收益进行比较。我们没有这样的基准收益，我们的目标是在任何市场环境下都能赚到钱，这也就注定了我们是关注绝对收益的基金管理者。"[3]

如果你的目标是某个基准收益，那么最终你必将和大多数的投资者一样。像标准普尔指数这样的基准收益只能让你觉得"安心"，甚至是在你明知道这份安心是一副假象的时候。趋势跟踪，从另一个角度来讲，正是理解绝对收益的交易艺术，你不再盲目跟从某个基准，而这正是应对不确定性的最佳路径。

在完全有效市场的假设下，指数跟踪和基准收益的概念是很有用的；因为在这个假想世界里，只需跟着指数投资，而任何主动获取绝对收益的操作都是徒劳。但如果我们回过头来想想，如何才能创造绝对收益？——你需要充裕的活动范围和足够的自由来执行你的交易策略，确保资金的安全和收益。基准收益促使传统的基金经理有相似的投资组合，用相似的基准来衡量他们的业绩；而绝对收益的投资理念，它的核心和基准收益完全相反。[4]

如果你把交易策略的优劣建立在与基准进行比较的基础之上，那么，无论你是多么天才的交易者，都不可能创造出什么奇迹，因为你所有的交易决策都是围绕着"平均水平"做出的。这个时候，交易技巧还有什么用处呢？

这也正是80%的公募基金都无法战胜市场的原因。

波动率与风险

> 能够独立思考的人，和那些无法独立思考的人截然不同。
> ——路德维希·冯·米塞斯[6]

目前，市面上有一些机构会逐月追踪交易者的数据表现。其中一家机构每个月都会发布这样一份排名：

使用量化评分系统评价所有的商品期货交易策略（CTA）……按如下4个维度评分：①资产，②业绩表现，③风险，④风险调整后收益。每一个维度都会给出1~5星的评级：最高评级为5颗星，最低为1颗星。具体的统计结果根据以下4个维度所占的分位数得出：

1. 业绩表现：收益率
2. 风险：收益标准差
3. 风险调整后收益：夏普比率
4. 资产：资产规模大小[5]

邓恩资本在"风险"这一维度只得了1颗星，也就是说，在这套评价体系下，邓恩管理的资产有很大的风险。但是，这样的评价并没有对邓恩资本的真实风险给出精准判断。他们只是用了收益的标准差来衡量风险，但是收益的标准差并不必然意味着风险。高波动性并不一定对应高风险。

用标准差作为风险的衡量标准无疑会导致对业绩理解的歪曲。邓恩已经交易超过40年了，对这样有偏差的评价经历得太多了。

> 波动性就是价格无法预测的那部分趋势。[7]

除了评价邓恩以外，在这家机构的排名中还能找到交易者维克多·尼德霍夫（Victor Niederhoffer）的名字——他后来所遭遇的风险危机足以说明这样的排名体系是多么不可靠。1997年，当尼德霍夫在市场上节节失利时，该机构对他的风险评级仍然是4颗星。因为尼德霍夫历史业绩的缘故，该排名体系认为他的投资远比邓恩安全。但显然，如果有谁对这份排名深信不疑，那么他必然会铩羽而归。把标准差当作风险，这对趋势跟踪者来说是不公平的；我想做的，就是让人们不再认为趋势跟踪就意味着风险，也不再认为高标准差就一定是坏事。

下面的两张表是10年以来不同趋势跟踪者的投资收益统计数据（见表3-1a和表3-1b），就是上述观点的最佳注解：

只要你看看趋势跟踪者的绝对收益（见表3-1a），你就会发现：只考虑收益率的波动性就断言策略必然是"坏的"，这并非交易者应该持有的逻辑。绝对收益才是交易者应该考虑的，它比你的恐惧和一时波动要重要得多——因为它才意味着财富的增长。

表 3-1a　绝对收益：年化收益报告（1993年1月～2003年6月）

基金公司	年化收益	复合收益
1. 埃克哈特交易公司（高杠杆）	31.14%	1 622.80%
2. 邓恩资本管理公司（全球货币资产）	27.55%	1 186.82%
3. DCP 管理公司（全球多元投资1号）	23.47%	815.33%
4. 埃克哈特交易公司（标准）	22.46%	739.10%
5. KMJ 管理公司（货币）	21.95%	703.59%
6. 海滩资本管理有限公司（审慎型）	21.54%	675.29%
7. 马克·沃尔什资本（标准）	20.67%	618.88%
8. 撒克逊投资公司（多元化）	19.25%	534.83%
9. 英仕曼 AHL 多元化基金	7.66%	451.77%
10. 约翰·W. 亨利公司（全球多元化）	17.14%	426.40%
11. 约翰·W. 亨利公司（金融与金属投资）	17.07%	423.08%
12. 德瑞斯公司（多元化）	16.47%	395.71%
13. 亚伯拉罕交易公司（多元化）	15.91%	371.08%
14. 邓恩资本（系统交易）	14.43%	311.66%
15. 拉巴尔市场研究公司（多元化）	14.09%	299.15%
16. 约翰·W. 亨利公司（全球外汇）	13.89%	291.82%
17. 海曼贝克公司（全球投资组合）	12.98%	260.18%
18. 坎贝尔公司（金融、金属与能源投资）	12.73%	251.92%
19. 切萨皮克资本公司（多元化）	12.70%	250.92%
20. 米尔本资本（多元化）	11.84%	223.88%
21. 坎贝尔公司（全球多元化）	11.64%	217.75%
22. Tamiso 公司（货币）	11.42%	211.29%
23. JPD 资产管理公司（全球多元化）	11.14%	203.03%

表 3-1b 跟踪收益和夏普比率（2016 年 12 月）

CTA	波动率	收益率					夏普比率					ODR①
	60个月	12个月	24个月	36个月	48个月	60个月	12个月	24个月	36个月	48个月	60个月	
AQR 期货管理基金 1 号	10%	−8%	−7%	2%	12%	15%	−0.80	−0.27	0.13	0.34	0.35	1.47
宽立多元化管理基金	13%	−9%	−2%	29%	24%	10%	−0.86	0.00	0.64	0.45	0.21	1.02
坎贝尔期货管理基金	12%	−10%	−13%	5%	18%	23%	−0.87	−0.47	0.18	0.40	0.40	1.09
邓恩资本 WMA 基金	23%	−5%	5%	42%	91%	55%	−0.18	0.21	0.62	0.81	0.50	1.34
邓恩资本 WMAI 基金	11%	−1%	4%	23%	41%	31%	−0.08	0.24	0.65	0.82	0.56	1.32
格雷厄姆多元化管理基金	10%	−8%	−7%	10%	22%	16%	−1.01	−0.39	0.36	0.53	0.36	1.13
ISAM 系统性管理基金	17%	−12%	1%	64%	47%	21%	−0.78	0.13	0.93	0.61	0.30	1.64
猞猁百慕大资产管理基金	15%	−3%	−12%	12%	25%	16%	−0.15	−0.34	0.32	0.45	0.28	0.87
英仕曼多元化管理基金	12%	−8%	−10%	18%	15%	14%	−0.66	−0.32	0.49	0.33	0.27	0.99
Transtrend 美元增强基金	12%	8%	5%	23%	23%	22%	0.60	0.23	0.57	0.47	0.38	1.14
元盛多元化管理基金	9%	−3%	−2%	11%	22%	17%	−0.38	−0.09	0.42	0.55	0.39	1.15
巴克莱 CTA 指数	5%	−1%	−2%	5%	4%	2%	−0.20	−0.24	0.37	0.22	0.10	1.15

资料来源：BarclayHedge

① ODR 指标根据盈利月份数量/亏损月份数量计算得出。高 ODR 值意味着基金能在市场环境较好时释放上涨潜力，在市场对策略不利时缩小损失。

然而，（以标准差衡量的）波动率仍然令许多市场参与者谈虎色变。即使是刚入学的大学生也能从历史交易中发现，波动总是存在，没有什么好怕的；但即便事实如此，波动仍然使许多人感到畏惧。许多参与者一看到波动就想赶紧平仓——虽然他们实际上已经跑不掉了。而市场上另一些交易者承担了大的波动，波动就成了他们交易的一个部分。对于趋势跟踪来说，波动正是获利的前提。没有波动，就没有利润。

许多媒体常常也会对波动和风险的概念区分不清楚，例如《商业周刊》发表的一份报告就写道："趋势跟踪者尽力让他们最近惨淡的业绩合理化。约翰·W.亨利公司的总裁就是这样敷衍其词的：'如果不谈最近的业绩这么浅层的问题，而是深入地看看市场，你就能发现全球市场在发生大的变化；波动就是新趋势到来之前的预兆。'他的说法也可能是对的，但是期货交易者就是从波动中挣钱的。业绩表现并非'浅层'问题，对于一个在外汇市场中蒙受损失的人来说，这就是核心问题。"[8]

只是单看某一段时间的业绩，而忽视了更长时期的历史收益，无异于盲人摸象，只能看一隅，而无法谋全局。就像这位《商业周刊》的记者，假设他能看到在接下来的一年里，比尔·邓恩创造了 60.25% 的年化收益，帕克更是创造了 61.82% 的收益，他不知道会做何感想，又要如何报道。当然，《商业周刊》上并未出现什么后续报道或文章更正——这也见怪不怪了。

> 几年前就有声音说，趋势跟踪已经边缘化了。但实际上趋势跟踪并未被边缘化——它在这一年里为许多人挣到了钱。
>
> ——马克·S.热普齐斯基[9]

波动率

尼古拉·米登是对冲基金的研究员，他曾对比了每月收益率的标准差（所有收益率的波动）和下行标准差（只测量收益下行时的波动），他发现趋势跟踪者经历高波动性的时刻，通常是在上行（收益率为正）的时候，而非下行（收益率为负）的时候。

趋势跟踪的业绩评价也被夏普比率这样的指标扭曲了。夏普比率用标准差而非半标准差计算，因此它并不考虑波动性是出现在上行还是下行的时候。这里的区别就在于，下行波动率只测量低于平均收益率的波动性。如果下行标准差比标准差更小，那么正向收益对收益率的贡献显然要更大；如果下行标准差更大，那么负向收益的贡献就更大。米登发现趋势跟踪的波动率通常都集中在上行的部分（例如月标准差为 12.51，半标准差为 5.79）。[10]

为了更好地理解上行波动率，我们可以设想一个场景：假设市场在持续上涨，你用 100 美元买入，随后价格涨到了 150 美元，接着，价格又跌到了 125 美元。这算是坏事吗？当然不算，因为从 100 涨到 150 又跌回了 125，可能接着市场又冲到了 175 美元的高位。这就是实践中的上行波动率，它当然不是坏事。以 "风险 – 方差组合定价理论" 获诺贝尔奖的马科维茨，也专门讲到下行波动率才是更好的风险衡量的标准。他甚至说，"要不是建立了基于下行波动率的资产定价理论，可能就得不到诺贝尔奖了"。

简言之，趋势跟踪无法避免大的上行波动率，但是下行波动率反而很小，因为它总是能够及时识别趋势变化，尽早退出。趋势跟踪者能够发现市场真正的走向，最小化投资组合的成本，从而获取收益。因此，有时趋势跟踪者会被当成 "波动" 的多头；但趋势跟踪者并非在波动性上做交易，虽然他们常常得益于此。[11]

> 最重要的一条交易常识是：交易是零和博弈。所谓零和博弈，就是赢家赢了多少，就必有输家输了多少。[12]
>
> ——拉里·哈里斯
> （Larry Harris）

那么，问题就在于，如何尽可能减少真正的波动（要知道你绝不可能控制市场），在管理风险的同时控制好仓位。你需要适应市场这匹难以驯服的野马。伟大的交易者的账户净值也不会是一条笔直的增长曲线，因此当你看到上涨下跌与挣钱的机遇结伴而行时，你要知道你手里的牌并不差。

约翰·W. 亨利把风险和波动性区分得很清楚：

"……风险和波动性截然不同。有很多人觉得这两者差不多,但实际上就他们的不同点我至少可以讲上一小时。如果我们在一次交易中用了 20% 的仓位,真正的风险是我们可能亏掉这部分钱。如果你只是浮盈变少了,那这看上去是风险,但实际上更像是波动性。"

亨利在全球投资时并不会避开高波动性。他最不想看到的,就是在他真正盈利之前,波动性迫使他平仓退出,错过了一次大趋势。迪内希·德塞从 20 世纪 80 年代就开始做趋势跟踪,他最喜欢说的就是他"喜欢波动性"。在变化无常的市场中跟对市场的方向,就是他能如此富有的原因。

虽然有诸多关于波动率的争论,但是趋势跟踪不可否认地保持着对冲基金领域最持久的优秀业绩,用历史数据证明了其良好的风险分散能力。持有空头头寸对趋势跟踪来说异常重要。作为一种夏普比率相对较低的策略,趋势跟踪策略需要投资者深入理解,使仓位大小和特定的风险承受度保持一致。[13]

但是,其他的批评者或对此表示怀疑的人,他们总认为高波动率就一定是坏事情。例如,一位掌管着大约 15 亿美元资产的基金经理就站在趋势跟踪的对立面,他拒绝相信趋势跟踪的方法论:"我对趋势跟踪持怀疑态度的最大原因,就是它过度依赖技术分析。趋势跟踪者可能会盈利,但是他们几乎不会关注经济基本面的数据,只是随趋势而动。这种粗暴的交易逻辑最终能获得的,只是低于平均水平的风险收益率。"另外一位基金经理人也说:"如果我可以雇大联盟的球星,为什么还要把钱交给一位 AA 级棒球玩家来玩?"[14]

> 有些人其实是想要输的,因此最后也就得到了输的结果。
>
> ——艾德·斯科塔[15]

看看那些著名的趋势跟踪者的年化收益，难道有谁能把他们只当成 AA 级玩家？我想，反而是这些人躲不过 2008 年 10 月的大跌吧。当然了，那些在这次金融危机中轰然倒下的银行和基金，曾经也被看作大联盟的明星。忘掉"波动是魔鬼"这种陈词滥调吧，你会发现从波动率中获利才是大简之道。

趋势跟踪者杰森·罗素是这样描述波动性的：

波动最重要的时刻，莫过于你能切身感受到它的时刻。当你的账户缩水甚至破产时，所有的图表、比率和那些高级的数学方法都毫无用武之地——而这都来自你的组合资产的波动。我把这称为"波动极限"。认识你的"波动极限"相当重要，因为这才是你会失去所有信心、彻底失败的时刻。而大部分交易者、基金管理人、数学家，他们只是用一系列公式和比率测量波动性。但是，就算你可以算得足够精准，你也并没有真的理解波动是什么。总结起来，那就是：你要认清波动率存在的事实，否则它会让你认清失败。

大卫·哈丁也曾被问及："你成立基金以来很多投资者给你投过钱，但尤以最近为甚。为什么最近会变好了呢？"

哈丁回答道："我们并非一帆风顺。在初期，我们因为互联网泡沫而备受冲击；接着，人们又被那种具有稳定收益和平滑净值曲线的基金吸引了。但是现在，事情正在变得越来越好，人们逐渐意识到，我们才是这场比赛中真正的千里马。"

回撤

谈到趋势跟踪，那就不得不提回撤。回撤期指的是在一段投资中亏损的那段时间。根据定义，回撤比例指在一段时间内从资产净值的峰值到最低点之间减少的百分比。回撤出现在资产开始下跌一直到创新高的这一段时间里——从时间上看，这也就意味着回撤期包括了从波峰到波谷的这段时间，同时还有从谷底达到新峰值的这段时间（恢复期）。[16]

举个例子，如果你现在的净值是 10 万美元，后来跌到 5 万美元，对应的回撤比例就是 50%。这个时候，也可以说你的资产净值下跌了 50%。此时的回撤对应的就是你账户中资产的减少。无论你是买入还是持有，都可能会面临回撤。但趋势跟踪策略最大的不同之处在于，它内置了交易退出的策略。许多投资者和管理机构已把回撤当作贬义词，那些公募基金是在想方设法粉饰他们真实的回撤。

有这样一种来自邓恩资本的说法：

> 投资者应该意识到波动性是交易所固有的属性。波动性存在于任何交易系统之中，使用任何策略进行交易的投资者，都会和我们一样承受波动。在过去 40 多年的交易中，我们的历史收益率出现过 8 次超过 25% 的严重跌幅。在第 8 次的时候，我们的亏损几乎有 40%，这一次下跌从 1999 年 9 月一直持续到 2000 年 9 月。但这次亏损的钱在 2000 年结束前的 3 个月全都赚回来了。在公司历史上出现过的最大回撤曾长达 4 个月，一直到 1976 年 2 月才结束，亏损超过 52%。（当然后来邓恩在 2007 年还出现了高达 57% 的回撤，一直到 2016 年 7 月才再创净值新高。）客户应该对未来出现类似或者更坏的情形有心理准备。如果没有能力应对这样大的损失，那么也就不会有机会重新赚回收益。[18]

如果你不理解邓恩的投资哲学，就算看了他们 40 年来的耀眼战绩，你恐怕也不敢把钱投资给他们。在图 3-1 中我将向你展示邓恩资本过去的历史回撤数据；在第 2 章中我曾向你展示过这张图，但第 2 章中我们主要关注的是收益而非回撤。

> 如果你把所有趋势跟踪的模型放到一起，你可能会发现在同一个市场上，这些模型既可能带来收益，也可能带来损失。但无论是在带来收益还是在带来损失的时候，模型给出的都是同样的图表和同样的机会。
>
> ——马克·古德曼
> （Marc Goodman）[17]

> 在邓恩资本管理公司的文件中，有一份是对过去出现过的严重损失的总结。在这份总结里，邓恩资本管理公司讲述了过去发生的 7 次幅度超过 25% 的损失。每一位投资者都能从中得到的经验是："如果投资者无法正视损失，那么他们不可能成为合格的投资者。"[19]

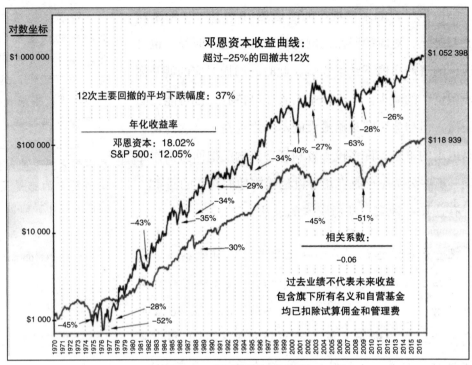

图 3-1 邓恩资本历史回撤

资料来源：邓恩资产管理公司

> 就算你发现你的方法不对劲，你显然也不愿意在今年就把自己的方法推倒重来。你会想明年它可能就管用了，而这样的想法就是你留在原地的原因。
>
> ———日蚀资本
> （Eclipse Capital）

请把图 3-1 中的波峰和波谷之间都想象成装满水的样子。现在请你把一张纸放在图上，然后慢慢滑动这张纸，直到整张图完整展现出来为止。在这个过程中，想象你有一大笔钱投资在这只基金上。在移动这张纸的时候，你的感觉如何？你可以接受多久的资金下潜？你可以在"水下"憋多久？从什么时候开始，你会拿出计算器，算算要是当初把钱放在银行里能少亏多少？你是不是会在心里思忖，亏的钱都够度一次假、买一辆汽车、买一座房子，甚至解决一个小国的饥荒了？

对于眼光长远的投资者来说，上面这条回撤曲线（见图 3-1）是完全可以接受的，因为从长期来看，绝对收益是可观的。但对很多人来说，接受损失并不容易。当我们讨论回撤的时候，就不可避免地要讨论回撤的恢复期，也就是要花多长时间才能重新回到大跌之前的净值。从历史数据来看，趋势跟踪者很快就能把钱赚回来。

话虽如此，但"先赔钱再赚回来"这个问题不容小觑：倘若你最开始有 100 美元，然后下跌到了 50 美元，此时你已经出现了 50% 的回撤。那你要赚多少才能挽回亏损呢？要 100%（见表 3-2）。没错，当回撤 50% 的时候，你需要赚 100% 才能回到不亏本的临界点。注意，在你的下跌幅度增加的时候（见表 3-2），回到临界点所需要的收益率攀升得更高。趋势跟踪者的脑子里必然有这张表格中的数字。

表 3-2 回撤恢复表

回撤幅度	回撤修复对应的收益率
5%	5.3%
10%	11.1%
15%	17.6%
20%	25.0%
25%	33.3%
30%	42.9%
40%	66.7%
50%	100%
60%	150%
70%	233%
80%	400%
90%	900%
100%	已破产

大卫·哈丁说：

在期货行业，衡量历史业绩和策略风险程度的关键指标就是回撤比例，也就是净值从最高点跌落了多少。在商品期货委员会的强制性报告规定之下，期货从业者

25% 甚至 50% 伟大的趋势跟踪者都是在同样的地方赚钱。他们和普通人的区别在于，他们更懂得组合管理和风险管理。[20]

除非你能做到面对 50% 的下跌还面不改色，否则你就不应该投身股市。

——沃伦·巴菲特

注：从 1980 年至今，伯克希尔－哈撒韦经历了 4 次重大回撤，回撤幅度分别为：−51%，−49%，−37%，−37%。合伙人查理·芒格（Charlie Munger）的资产则在 1973 年下跌 31.9%，1974 年下跌 31.5%。

> 我们的策略从来没有因为一次大回撤而做过什么改变。我们从1974年开始交易，只做过一些微小的调整，而基本的理念从来没有变过。大多数交易参数和买入卖出信号都保持原样。
>
> ——比尔·邓恩 [22]

> 面对回撤时，你仍然要按照之前的方式交易，保持耐心。交易者都想第二天就把头一天的损失赚回来，这是正常的心理。但是交易者应该明白，损失来得很快，收益来得很慢；别总想着可以很快就弥补回来，市场通常不是这样的。
>
> ——大卫·德鲁兹 [23]

不得不披露他们总想隐瞒的"最大回撤值"。回撤作为历史业绩的一种描述方法，有相当关键的意义：那就是它至少确确实实反映了一些实况，又不像波动率指标那样抽象。它代表的就是基金经理曾亏过多少，或者换种说法，代表了投资者把钱交给基金经理可能遇到的损失有多少。基金经理有义务披露最大历史回撤，这一记录应该永远跟随他们的职业生涯。[21]

如果你理解了绝对收益的一整套逻辑，那么也就不会太担心出现回撤了。

需要注意的是，你不可能避免在极端风险事件中出现的下跌。在错误的时间感到恐惧是很糟糕的。一位交易者就讲了这样一个例子："我有一次给一位客户开了账户。当时他的账户净值跌了10%～12%，我向对方解释了这次回撤以及我们对于损失的预期。但就在这时，账户净值突然又下跌了20%，他再也坐不住了。他最终销了账户，他之所以这么做，就是因为无法承受损失所带来的痛苦。但后来我模拟了他账户的持仓，令我惋惜的是，要是当时他不退出就好了。"

他还补充道："最终的结果是，他清仓之后两天该资产就涨回去了。如果他当初继续持有的话，就能比平仓的点位多赚121.1%，比他最初投入的资金也能多71.6%（这可是在2008年金融危机的时候）。我一直记得富达麦哲伦基金的基金经理彼得·林奇（Peter Lynch）的一段话，他谈到在他成功的交易背后，仍然有50%的投资者在他的基金上赔了钱。他讲述了其中的原因——大部分投资者都会在错误的时间撤资。他们投资太过意气用事,见到回撤就避而远之,没有把回撤当成交易过程中必然会出现的正常现象。"

有趣的是,还有另外一种对回撤的看法,这是少数人的看法。当你在看趋势跟踪的业绩数据时,比如看的是比尔·邓恩的交易记录,你一定会注意到他们的交易在很多时候都比其他公司好得多。

有些客户在观察了公司的业绩图表之后,就故意在基金下跌的时候买入。因为如果邓恩的基金下跌了30%,并且你从历史数据中知道他们能从下跌中快速恢复,那当然就要在基金"打折"的时候抓紧买入。这种做法也被称为净值曲线交易。汤姆·巴索就说过:

> 我从来没有遇见过哪个交易者在基金净值下跌的时候不趁机赶紧买入的,那些系统交易者尤其如此。但是,投资者通常不会在这个时候买入,但实际上这么做才是最符合逻辑的……那为什么投资者不愿意在回撤的时候投资呢?我认为问题的关键就藏在投资者面对下跌时的心理变化之中。人们很容易把最近三个月的负收益映射到以后,他们会想"以现在的情况,我再亏多久就会亏掉50%甚至全部的钱?"他们只看见了不好的一面,认为坏事在未来将一成不变,却没有看到这是赚得收益的机会。[24]

趋势跟踪者不仅告诉他们的客户要在回撤期间买入,而且他们以身作则,自己就会在此期间买入自己的基金。我知道很多趋势跟踪基金的员工,都很乐意在基金下跌的时候买入,因为这时候买基金最合算。

任何交易方式都会有回撤。其他一些华尔街大名鼎鼎的投资者在2008年也度过了一段艰难时光,但幸运的是他们却并没有像趋势跟踪者那样招致骂名:

相关系数:是一种统计指标,用于衡量两个或者多个随机变量互相关联的程度。相关系数的大小表示了当其中一个变量改变时,另外一个变量相应改变的程度大小。[25]

坎贝尔公司作为一家管理着数十亿美元资产的趋势跟踪公司,从1972年至今的年化收益率高达17.65%,这证明趋势跟踪的业绩在长期是可持续的。[26]

如果一位投资者从 1977 年开始，就把他 10% 的资产投资到米尔本分散投资组合中，那么他一直持有到 2003 年 8 月就会发现，他的资产比原来增值了 73 个基点（约 6.2% 额外增长），同时减小了 0.26%（减小比例为 8.2%）的风险（以标准差衡量）。

——米尔本资本
（Millburn Corporation）

▶ 沃伦·巴菲特（伯克希尔－哈撒韦）：–43%

▶ 肯·希伯纳（CMG Focus Fund）：–56%

▶ 哈里·兰格（富达麦哲伦基金）：–59%

▶ 比尔·米勒（美盛价值基金）：–50%

▶ 肯·格里芬（城堡投资集团）：–44%

▶ 卡尔·伊坎（伊坎证券）：–81%

▶ T. 布恩·皮肯斯：亏损 20 亿美元

▶ 柯克·克科里安：在福特单只股票上亏损 6.93 亿美元

无论你用什么方式进行交易，最重要的是你从下跌中恢复过来重新赚到钱的速度有多快。

相关性

对相关性的比较分析能够更好地证明趋势跟踪的合理性，同时也说明了趋势跟踪所用到的策略是相似的。相关性分析不仅在配置投资组合时很重要，而且对分析和比较不同趋势跟踪者的历史业绩也非常关键。

在一篇名为《深入理解不相关性》的研究文章中，相关性被定义为"测量两个随机变量之间线性关系强弱的统计量"，也就是一个变量随另一变量变化的趋势。相关系数是一个从 –1 到 +1 的数值，–1 代表完全负相关（如一笔投资每日上涨 5%，另一笔每日下跌 5%），+1 则代表完全正相关（在任何阶段都有相同的上涨和下跌幅度）。相关性离 +1 越远，那就意味着这两笔投资的差异性就越大。再简单一点,相关性也可以描述成:一笔投资的涨跌能带动另一笔投资涨跌的幅度。[27]

让我们一起看个例子吧。我选取了一些趋势跟踪者的月度收益率,并且计算了它们之间的相关系数。从相关系数我们可以看出,趋势跟踪者可以说是在相同的市场、相同的时间用相同的方法进行交易的。

当你看相关系数表(见表3-3a)时,不妨问自己这样一个问题:"为什么两个趋势跟踪者,并非在同一处办公,他们相隔遥远,却都出现了连续的亏损?"你可以再追问:"为什么他们在相同的月份赚了钱,又同样亏损两个月,然后又连续上涨三个月?"其内在关联就在于,他们只是顺势而为,只把握市场提供给他们的交易机会。市场为每个交易者提供的机会都是相同的。他们只是看到了同一个市场,为同样的目标而行动罢了。表3-3b也表明趋势跟踪者使用了相同的交易技术。

> 年轻时,我以为金钱是生命里最重要的东西。等到老了才知道,原来真是这样。
>
> ——奥斯卡·王尔德
> (Oscar Wilde)

表 3-3a　趋势跟踪者相关系数

	亚伯拉罕资本	坎贝尔公司	切萨皮克资本	邓恩资本	斯科塔	约翰·W.亨利	英仕曼资本	马克·沃尔什	拉巴投资
亚伯拉罕资本	1.00	0.56	0.81	0.33	0.57	0.55	0.56	0.75	0.75
坎贝尔公司	0.56	1.00	0.59	0.62	0.60	0.56	0.51	0.57	0.55
切萨皮克资本	0.81	0.59	1.00	0.41	0.53	0.55	0.60	0.72	0.75
邓恩资本	0.33	0.62	0.41	1.00	0.57	0.62	0.61	0.51	0.45
斯科塔	0.57	0.60	0.53	0.57	1.00	0.57	0.58	0.74	0.71
约翰·W.亨利	0.55	0.56	0.55	0.62	0.57	1.00	0.53	0.55	0.50
英仕曼资本	0.56	0.51	0.60	0.61	0.58	0.53	1.00	0.57	0.59
马克·沃尔什	0.75	0.57	0.72	0.51	0.74	0.55	0.57	1.00	0.68
拉巴投资	0.75	0.55	0.75	0.45	0.71	0.50	0.59	0.68	1.00

AbrDiv: Abraham Trading; CamFin: Campbell & Company; CheDiv: Chesapeake Capital Corporation; DUNWor: DUNN Capital Management,Inc,; EckSta: Eckhardt Trading Co.; JohFin: John W. Henry & Company, Inc.; ManAHl: Man Inv. Products, Ltd.; MarSta: Mark J. Walsh & Company; RabDiv: Rabar Market Research.

表 3-3b 趋势跟踪者相关系数：更多统计数据

	AQR	宽立资本	坎贝尔公司	邓恩资本（WMA）	格雷厄姆资本	ISAM	猞猁资本	英仕曼资本	Transtrend	元盛资本
AQR		77%	80%	78%	70%	76%	79%	63%	73%	67%
宽立资本	77%		76%	75%	70%	85%	75%	71%	77%	80%
坎贝尔公司	80%	76%		72%	72%	75%	77%	70%	74%	67%
邓恩资本（WMA）	78%	75%	72%		69%	73%	75%	59%	72%	72%
格雷厄姆资本	70%	70%	72%	69%		72%	79%	64%	66%	80%
ISAM	76%	85%	75%	73%	72%		73%	77%	75%	67%
猞猁资本	79%	75%	77%	75%	79%	73%		64%	83%	79%
英仕曼资本	63%	71%	70%	59%	64%	77%	64%		66%	66%
Transtrend	73%	77%	74%	72%	66%	75%	83%	66%		75%
元盛资本	67%	80%	67%	72%	80%	67%	79%	66%	75%	
收益均值	67%	69%	67%	68%	65%	68%	69%	60%	67%	66%
巴克莱 CTA 指数	83%	78%	82%	70%	76%	82%	88%	67%	86%	73%
标准普尔 500	−21%	−1%	2%	−8%	15%	−19%	14%	6%	−1%	16%

资料来源：BarclayHedge

注：收益均值不含巴克莱 CTA 指数和标准普尔 500。

有趣的是，相关性可能成为交易者之间的敏感话题。"海龟们"很感谢理查德·丹尼斯的教导，但是他们更渴望设计出属于自己的交易系统，其中一位交易者就说到"交易系统有95%都来自丹尼斯，只有剩下的5%是我自己的创造……我并不愿意机械地跟随某种系统……但到目前为止，我的系统架构就是基于丹尼斯的那一套，并且，从理论上说，我做的每一笔交易都基于我从丹尼斯那里学到的知识。"[28]

相关性的数据表明，大部分丹尼斯的学生采用的都是相同的交易模式；但即便如此，他们有些人还是希望能够体现出和别人的不同，而不只是业绩上的相似性："在我的脑海里，已经没有海龟交易的模式了。我们都已经衍生出了一套新的交易方法，和我们从前学到的截然不同。我们都是独自研究和演化的，这些差异性会越来越大。"[29]

但是，从相关性数据上看到的情况是，他们的交易关联性很大。表 3-4 展示的数据可以帮你做出进一步的判断：

表 3-4　海龟交易者的相关系数

	切萨皮克资本	埃克哈特	霍克斯比尔资本	JPD	拉巴投资
切萨皮克资本	1.00	0.53	0.62	0.75	0.75
埃克哈特	0.53	1.00	0.70	0.70	0.71
霍克斯比尔资本	0.62	0.70	1.00	0.73	0.76
JPD	0.75	0.70	0.73	1.00	0.87
拉巴投资	0.75	0.71	0.76	0.87	1.00

注：相关系数衡量的是两名投资者的业绩表现的相似程度。如果相关系数大于 0.66，表明两者的业绩表现显著正相关；如相关系数小于 -0.66，则表明两者的业绩表现显著负相关。

当然，相关性并非故事的全部。尽管相关性表明交易者们使用相似的方式进行交易，但是他们的收益会因为各自所采用的杠杆和投资组合的差异而变得不同。一些交易者在使用杠杆上会更激进，而另一些则会更谨慎。趋势跟踪者杰瑞·帕克就曾说过："杠杆越高，收益越大，但回撤也更大。这是一把双刃剑。"[30]

> 如果他们能让你问出错误的问题，那他们就没有必要为答案担忧了。
> ——托马斯·品钦
> （Thomas Pynchon）

零和博弈

零和博弈可以说是市场中最重要的一个概念。拉里·哈里斯是南加州大学马歇尔商学院的金融系主任，他一语道破零和博弈的关键："如果收益和损失是相对于市场平均水平而言的，那么交易就是一场零和博弈。在零和博弈中，有人亏损，才能有人获利。"[31]

哈里斯写过一本介绍零和博弈的书：《零和博弈里的赢家输家：收益的来源、价格有效性和市场流动性》。他在书中探讨了到底是什么决定了一个交易者在市场中成为赢家还是输家。他对交易者进行分类，分别评估了他们的交易类型，以此区分不同类型的交易所带来的收益或损失。他说："赢家之所以能赢，在某种意义上来说，就是因为输家心甘情愿地输了。而交易者心甘情愿地输钱，只能是因为他们从交易中获得了外在收益。最关键的收益就是他们从所持有的高风险证券中，获得了代表着延期消费的预期收益。对冲交易和赌博就可以说是提供了这样的外在收益。要知道，市场上的每个人都是利己的：他们获得了外在收益，因此赔了钱；而赚了钱的交易者则提供了市场流动性，使得市场价格更有效。"[32]

很多人无法接受零和博弈中"有输家才有赢家"的观点。面对并非每个人都能获胜的现实，他们无法坦然接受。尽管他们想赢，但他们也不想对别人的损失有内疚感。这种想法很糟糕，但却存在于很多交易者的思维之中，他们自然也就赔了钱。

哈里斯一语道破了赢家和输家的区别：

在任何交易中，输和赢的概率几乎都是均等的。但从长期来看，总是存在赢家，那些赢家的利润就来自于他们能够持续地发挥优势，持续地赚钱，他们的胜率一直比输家高一点点，最终就成了赢家……

要在长期交易中赚到钱，你就必须知道自己的优势，必须清楚优势何时存在，你应该如何利用好它。如果你不知道自己的优势，你就不能从交易中获利。如果你知道自己没有优势，但又出于其他原因不得不交易的话，那你就需要调整你的交易方式，将损失降到最低，不要把钱输给那些有优势的人。认识自己的优势，是让交易变得能赚钱的必要条件。[33]

诺贝尔经济学奖得主保罗·萨缪尔森是大宗商品公司的创始人之一，趋势跟踪正是从那里孵化出来的。他曾经说："有愿意以更高价买入的交易者，就必有赌价格下跌的交易者。这样交易才会匹配起来。在股票市场中，所有交易者（无论买入还是卖出的）都会在市场上涨时赚钱，都会在市场下跌时赔钱。但是在期货市场上，一个交易者赚到的钱只能来自另一个交易者的亏损。"

丹尼斯·加特曼在此基础上进一步阐释说："在期货投机交易中，有多少多头，就对应有多少空头。股票市场上的空头和多头不一定能够一一匹配，但是在期货市场上必然如此。期货市场上的钱不会凭空创造、消失，它只会通过一笔交易从一个人的口袋里转移到另一个人的口袋里。因此，任何时候，只要有多头赌价格会上升，就必然有交易者站在另外一方，赌价格必将下降。"

如果你愿意直面交易的真相，这些洞察会帮助你避开危险。但你在下一节将会看到，尽管如此，仍然有很多人选择视而不见，忽视零和博弈的思想，他们因为自身的偏见而拒绝接受。

乔治·索罗斯

大名鼎鼎的乔治·索罗斯在投机交易上的成功是众人皆知的。1992 年，他被称为是"击败英镑"的金融大鳄，他用 100 亿美元狙击英镑，获得了至少 10 亿美元的利润。[34]

然而就算是功成名就的大鳄也可能在一些观点上有所疏忽。数年前，索罗斯出现在美国广播电视的一档节目《晚间连线》上，他和主持人泰德·库博尔谈到了零和博弈：

泰德·库博尔：正如你所说，市场就是一个会产生实质性后果的游戏场。当你下注并且赚得盆满钵满，这对你是好事，但和你对赌的人必定输得很惨。在这种游戏里总是有输家的，对吧？

乔治·索罗斯：不，不，这并不是一场零和博弈。认清这一点很重要。

泰德·库博尔：对投资者来说也许不是零和的，但就拿你狙击英镑的事例来说，那对英国经济绝非好

> 我时常对自己说，"放轻松一点。刚才球已经打得很好了；自如地挥动球拍就好，别担心会打出什么球。"我经常这样告诉自己，在总决赛的时候也是如此。这种心态有点像"难道还有什么可失去的吗"。在过去六次球赛能有这样的状态让我感觉很好，我希望一直这样。
>
> ——罗杰·费德勒
> （Roger Federer）

事吧？

乔治·索罗斯：不，恰恰相反，这对英国经济来说是有利的。我们只能说，这对英国财政部是不利的，因为它毕竟在市场上站在了对手方，赔了钱……但这并不是说，你赚的钱，一定就是来自别人的损失。

泰德·库博尔：让我们再说得简单一点，假设你可以通过击溃马来西亚货币来获得利润，你会因此退缩吗？

乔治·索罗斯：不能因此说这就是我的行为造成的后果。我的工作并非计算行为的后果是什么。我是在赚钱——这是市场的本质，是市场成其为市场的根本。我只是市场中的一个参与者。

> 客观性和思辨所需要的并非"开放思维"，而是"积极思维"——能够验证想法，并且采用批判性验证的思维方式。
>
> ——艾恩·兰德
> （Ayn Rand）[36]

索罗斯对于零和博弈的观点让人们得以窥见他本人的想法。在一个论坛上，就曾有人这样分析索罗斯的观点："从表面上看，库博尔的问题让索罗斯原形毕露，将他描绘成了一副破坏生命和经济也毫不手软的模样，但这只是简化的逻辑，投资领域的逻辑并不应该被这样简化。"[35]

索罗斯是市场上的参与者，这并不是建立在他是毁灭者的基础之上的。你可能不同意索罗斯的政治观念，但是你不能质疑他作为市场参与者的道德。你也会把401（K）账户的钱投入市场，赚取收益——索罗斯也是这样。另外一些人，例如劳伦斯·帕克斯，则正确地认识到了索罗斯玩的就是零和博弈，但他却颇有偏见地认为零和就是不公平的，是对劳动者的剥削：

既然货币市场和衍生品市场是零和博弈，那么，有人赢1美元，就意味着有人输1美元。难道他们没有意识到谁是真正的输家吗？或者说，到底是哪些输家还在日复一日地玩着这个游戏？答案就是：那些输家就是我们自己。我们既不富裕，也不愚蠢，我们只是除了亏钱别无选择罢了。当法币无法抵御金融大鳄的狙击时，是工人、商人和老人，甚至这个国家的所有人最终蒙受损失。当货币贬值时，人们的储蓄、为未来准备的钱财，都失去了原先的购买力。利率还在上涨。人们没有做错什么，却因此失去了财富和工作。已经有媒体报道，印度尼西亚人在辛苦工作了一辈子之后，却以树皮和草羹为生。这并非什么秘密，但当我们看到剥削以这种血腥的方式攫取利润时，仍然感到十分震惊。例如，著名的金融大鳄索罗斯在他最近的《全球资本主义危机》一书中直言："英格兰银行是我的交易对手，我相当于从英国纳税人的口袋里取钱。"在我看来，这种财富转移是不可避免的。[37]

帕克斯说他别无选择，注定是输家。他会输，工人会输，所有人都会输。但在零和博弈里，怎么会所有人都输呢？他自己好像就把钱投在了好几个他批评的基金里。这样看来，他其实知道，零和博弈必有赢家和输家，这就是一个财富转移的游戏。赢家从输家那里赚钱——生活本来就是不公平的。如果不想在零和博弈中当一个输家，那就应该学学赢家是如何玩的。

想要知道索罗斯为什么不愿意承认零和博弈，只能靠我们自己揣测。要知道，索罗斯也并不总是零和博弈的赢家，他也有输的时候。在 1998 年长期资本管理公司惨败的游戏里，他亏损了 20 亿美元。他也在 2000 年科技股泡沫中遇到了很大的麻烦："随着科技股表现不佳以及欧元走弱，索罗斯管理的 5 家基金公司亏损了 20%，从 1998 年 8 月巅峰时的 220 亿美元一路跌至 144 亿美元，跌了近 1/3。"[38]

这些输赢的经历可能让索罗斯有所感悟："可能我并不了解市场。可能音乐已经停了，只是人们还在跳舞罢了。我也感到焦虑，所以减少仓位，变得保守了。我愿意接受更低的收益，因为我要降低风险。"[39]

账不能算在零和博弈的头上

联邦法院大法官密尔顿·波拉克（Milton Pollack）在对美林银行集体诉讼

判决一案中，就清楚地说明了零和博弈这一概念。他警告那些抱怨的人，他们玩的游戏谁也救不了：

> 本案原告想要把互联网泡沫的责任都推到美林银行身上，希望法院认为：联邦政府在证券投资方面的法律，暗示、辅助、鼓励了他们进行缺乏理智的狂热的投机行为，让他们都相信了暴富神话并蒙受损失，而真正暴富的只是一小撮人。但这一小撮人今天并不会出庭，他们赚了原告们损失的钱，逍遥法外，也绝不会把钱还给原告。倘若原告在这次泡沫中赚了钱而不是赔了钱，他们今天也不会出现在法庭上，也不会还给那些受害者一分钱。[40]

从这位 96 岁高龄法官直言不讳的话中，我们应该知道，任何交易者都应该为自己的行为负责，而不是寻找外部不可能的救助。波拉克认为，原告想通过法律的途径，绕开市场的零和博弈。

而残酷的现实是，只有你自己能为你在交易中做的决定负责。如果你亏了钱，你只能责备你自己。你可以做出让自己亏损或盈利的决定，这都是你自己的选择。大卫·德鲁兹作为一名趋势跟踪者，他对波拉克法官的判决从实践的角度，做了更进一步的阐述：

> 每一个进入市场的人都希望自己能赢，但显然市场上有赢必有输。如果你赚了钱，就有人赔钱。因此我们一直强调的就是，你需要知道你是从谁那里赚到了钱。你要知道，当你正在买入的时候，正在卖出的交易者也认为他做了正确的决策。

> 这归根结底是由于所处的角度不同。有的人看到的是波涛汹涌的洪水，有的人看到的是清澈的沐浴之泉。
> ——格雷戈里·米尔曼[41]

市场是残酷的。不要想在市场上讨人喜欢。你要交朋友？那就自己养一条狗吧，市场上没有朋友。市场不会来了解你，永远不会。如果你赢了，就必然有人输了。如果你不喜欢这种"适者生存"的游戏，那就退出这场零和博弈吧。

伯克希尔－哈撒韦

在伯克希尔－哈撒韦庆祝过去 50 年的投资收益之际，趋势跟踪者伯纳德·杜瑞（Bernard Drury）和他的杜瑞资本正在思考这样一个问题：尽管伯克希尔－哈撒韦的投资组合（BRKA）收益颇丰，但还有没有什么办法，能够通过加入额外的投资组合，在 BRKA 的基础上提升收益。最理想的情况，就是找到一个和 BRKA 一样有着高收益，但同时又和 BRKA 相关性较低的资产。

1983 年，约翰·林特纳（John Lintner）博士发表了经典论文《期货管理对股票和债券组合的潜在作用》（*The Potential Role of Managed Commodity-Financial Futures Accounts（and/or Funds）in Portfolios of Stocks and Bonds*）。他指出，同时进行股票投资和期货管理能够获得更高的风险调整后收益。

虽然杜瑞资本没有伯克希尔一样悠久的历史，但是也运营 19 年了。至少在这些年里，杜瑞的投资组合确实可以用于提升伯克希尔的资产收益率。他们的业绩表现都记录在表 3-5 的表格中，可以看出，他们各方面的业绩是很接近的。

> 如果市场是靠一帮数学博士就能战胜的，那早就有许多数学家趋之若鹜了。
>
> ——比尔·德里斯
> （Bill Dries）[42]

> 如果你有一套投资哲学，有很好的策略，那么随着每日进行交易，你就会变得越来越轻松。如果你没有这些作为前提，那么一旦投资出错，后果不堪设想。
>
> ——迈克尔·卡沃尔

表 3-5 杜瑞资本与伯克希尔-哈撒韦（1997 年 5 月～2015 年 2 月）

	杜瑞资本	伯克希尔-哈撒韦	杜瑞资本 50%/伯克希尔-哈撒韦 50%
收益率	11.3%	10.4%	10.9%
标准差	20.0%	20.6%	14.4%
最大回撤	32.5%	44.5%	23.9%
收益率/最大回撤	0.35	0.23	0.50
收益率/标准差	0.57	0.50	0.83

资料来源：Drury Capital

> 面对 ITT 集团的衰败，就算是亲手缔造这个商业帝国的哈罗德·杰宁在世也无力回天了……凡利亚（Valeant）就像当年的 ITT，凡利亚的造假问题就像阴沟一样臭不可闻。
> ——查理·芒格

这两个投资组合的相关性为 0.01。这说明尽管在业绩方面他们很相近，但是他们获得的收益却不同。最终，如果我们按照现代组合理论的计算方法，持有杜瑞资本能够在伯克希尔投资组合的基础之上提升其业绩表现（同理，在杜瑞投资组合的基础上持有伯克希尔的资产也能提升其业绩表现）。

从下图中的有效前沿（Efficient Frontier）可以看出，以大约 50/50 的配比持有两项资产时能在低标准差的情况下，获得最高的收益率：

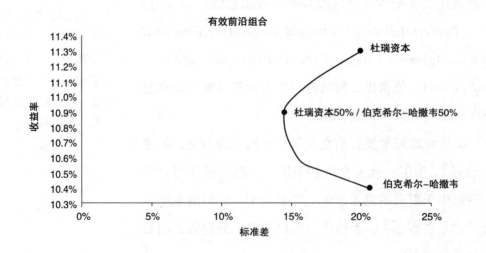

按照 50/50 配比持有的投资组合能够使得风险调整后的收益比任何单一组合都要高。对于伯克希尔的持有者来说，这样的风险分散减少了近 1/3 的资产波动性，并且使最大回撤减少了近一半（见表 3-6）。最关键的一点是，这样的投资组合能使伯克希尔资产的最大回撤时长减小 43 个月。这也就意味着，投资者不用再经历长达 61 个月的回撤期（2007 年 12 月～2013 年 1 月），采用 50/50 的资产配比能够将这一时间缩短到 18 个月（同理，对于持有杜瑞投资组合的人来说也能把最大回撤期从 55 个月缩短至 18 个月）。

哥伦比亚大学教授本杰明·格雷厄姆（Benjamin Graham）曾召集一批学术界和华尔街的专家，进行价值投资方面的先驱性研究。大名鼎鼎的沃伦·巴菲特就是他在 20 世纪 40 年代的学生。数年后，马科维茨凭借他的组合定价理论获得了诺贝尔经济学奖，他研究的正是将不相关的资产放在一起对风险调整收益率的影响。马科维茨有句名言为众人所熟知，那就是"分散投资是金融领域唯一的免费午餐"。因此，把巴菲特的伯克希尔和杜瑞的投资组合混到一起能够降低波动率、提升收益率，也没有什么值得奇怪的。

> 关于未来，我们不知道任何事实，只有观点。任何声称知道未来会发生什么的人，都过分高估了自己的远见。任何人都是如此，这无关傲慢、狂妄或不诚实。
>
> ——霍华德·马克斯（Howard Marks）

表 3-6　最大回撤（2007 年 12 月～2013 年 1 月）

	杜瑞资本	伯克希尔 – 哈撒韦	杜瑞资本 50%/伯克希尔 – 哈撒韦 50%
最大回撤	32.5%	44.5%	23.9%
从峰值跌至谷底的时长	32	14	10
从谷底恢复至峰值的时长	23	47	8
总回撤时长	55	61	18

资料来源：Yahoo! Finance and Drury Capital

最后我想说的是，历史业绩数据为我们指明了方向，而我们前行的唯一方法就是分析。如果没有数据支持，那么就没有什么解释是可信的。趋势跟踪的历史数据很好地展现了人类的行为——它也证实了那些时常被怀疑的理念。那么，现在唯一的问题就是：趋势跟踪的业绩数据，又是从何而来的呢？

总结

- 如果你追求绝对收益，那么你就有了财务自由的机会——到某天，你可以不用再工作、上班。

- "当人们问'你认为未来会发生什么？'的时候，我们的回答经常是'我不知道'。我的确不能告诉你明年是好还是坏。"（伊万·柯克）

- 追求绝对收益，就意味着你会尽力赚得最多。

- 在零和博弈中，赢家的所有收益恰好等于输家的所有损失。

- "就算知道市场是零和博弈，很多人也并不在意。这不是因为他们蠢，也不是因为他们神经错乱，他们只是想用市场达成截然不同的目的——对冲。"（乔治·克雷普特）

- 美国战争学院用 VUCA 来形容后冷战时代的特征：不稳定（Volatile）、不确定（Uncertain）、复杂（Complex）、模糊（Ambiguous）。

- "如果一个基金管理人不能在 45 分钟内解释他们的优势在哪里，那就不值得投资。"[43]（马克·热普齐斯基）

| 第4章 |

大事件、混乱与恐惧

> 一遇到价格波动,华尔街上哭得最响的就要数那些有效市场假说的信奉者。
>
> ——詹姆斯·奥肖内西(James O'Shaughnessy)

> 小概率事件一旦出现,那就一定是难以预料的。
>
> ——纳西姆·塔勒布[1]

还记得派尔在安迪·格里菲斯脱口秀上的表演吗？我现在都还能想起派尔的那句经典台词：

惊喜，惊喜，还是惊喜。

我们要想理解趋势跟踪带来的真实影响，就必须看看近50年来的特大事件：泡沫、资产破灭等，看看趋势跟踪者在这些时间内的业绩数据，看看他们是如何在零和博弈中赢得惊喜的。

很多国家的政府和华尔街都因政府垮台、中央银行失误、企业清算、银行爆雷、基金破产等事件臭名昭著，而资产就在这些事件中从输家转移到了赢家。这场游戏周而复始，就像钟表一样；而主流媒体则竞相报道那些在"惊喜"中失败的人，却根本没有报道赢家在哪里。受新闻媒体的引导，公众也就只关心输家是谁，而忘了问：谁才是赢家？他们是如何赢的？

> 邓恩资本做投资的过程，就是运用对冲来消除市场风险的过程。
>
> ——邓恩资本

有时，人们也会接近问题的本质："每一次出现这样的衍生品灾难时，我都会想：如果巴林银行是输家，那谁又会是赢家呢？如果奥兰治县是输家，那么谁又会是赢家呢？如果宝洁是输家，那谁又会是赢家呢？"[2]

但是谁也没能找到赢家是谁，就连那些金融领域最有名的学术专家，在这方面的工作也大都浅尝辄止。芝加哥大学的克里斯托弗·L.卡普就曾感叹道："这是一场零和博弈。有输家，自然就有赢家，但是你没办法辨别出赢家到底是谁。"[3]

> 要我看，宝洁公司就是自食恶果，才做了赌徒和被告。而现在他们居然还在抱怨。
>
> ——利奥·梅拉梅德
> （Leo Melamed）

当重大的市场事件发生时，一开始，聪明的人都能想到，输家赔的钱一定去了某个地方，但是，慢慢地大家就不再思考这个问题了。人们不喜欢从内部打破自己的思维方式:"恐惧仍然存在于那些养老基金受托人之中——在尼克·李森(Nick Leeson)搞垮了巴林银行之后仍然如此。巴林银行犯下的错误,可能是最常被提到的衍生品灾难了。但是,当李森在期货市场上下注,买入日经指数期货输得血本无归时,就对应地有人从做空日经指数期货中赚了大钱。"⁴

有些人就在李森做多时选择做空,赚了大钱。但是主流观点和华尔街都没有正确地看待这一现象。迈克尔·莫布森指出,标准的金融理论无法解释那些人在大型事件中是如何赚到钱的:"在投资方面最大的挑战之一,就是如何利用(或者避免)黑天鹅事件的冲击。但不幸的是,标准金融理论对此并无阐述。"⁵

这些不可预知的大事件,正是趋势跟踪巨额利润的来源。一位从业者是这样解释趋势跟踪者能在不确定事件中取得成功的原因的:

> 市场按照某种趋势运行,就必然是市场中的参与者对经济形势达成了某种共识,这种共识驱动了市场的运动。在这种共识之下,如果突然有重大事件发生,如1998年8月的俄罗斯债务危机、2001年的"9·11"事件,或者是2002年的安然丑闻、2008年的金融危机,都会加速现有趋势的发展……事件并不会无缘无故地发生,它必然基于已有的趋势……这就是趋势跟踪者很少犯错的原因。就算预判出现错误,趋势跟踪策略中的止损条件也会限制损失头寸。当市场共识逐渐被事件驱动的时候,例如主权国债台高筑,事件本身就会强化已经存在的危机,并且驱动趋势进一步发展。因为趋势跟踪

> 大多数时候,在市场上都是趋势形成了事件,而非事件造就了趋势。事件通常只是人们面对趋势时所形成的反应,在艾德·斯科塔那里被称作一声"啊哈"。而在这个时点上,趋势跟踪者已经建好了仓位。
>
> ——杰森·罗素⁶

通常被看作某个事件的"看涨期权",因此当事件真正发生时,收益自然很高。[7]

如果说得更直白一点,那就是:"任何看似不可能的事件最终都有可能发生。因此,任何对小概率事件心存侥幸的人都会输得很惨,这只是时间问题。最终的复合收益会因为厚尾分布的损失而变得不稳定。"[8] 然而,重大事件也让很多人把目光错误地放在了一些无法回答的问题上,做了很多无意义的分析。例如,Thomas Ho 和 Sang Lee 所著的《牛津金融模型入门》(*The Oxford Guide to Financial Modeling*)[9] 中就有很多这样的内容:

1. 从社会角度来说,这一事件告诉了我们什么?
2. 上述金融方面的损失,来自衍生品的"黑暗面"吗?
3. 我们应该改变我们现行的金融运行方式吗?
4. 社会是否应该接受这样的金融损失,把它当成商业世界中"适者生存"的一部分?
5. 是否应该制定法律以避免此类事件再次发生?

把市场的输赢当作政府应该解决的道德问题,这是很多人都持有的观点。亏损者因自身策略导致失败,而这样的视角能够消除他们的内疚感。然而市场并非政治家和社会学家可以改造的场所。任何法律都无法改变人性。正如艾森豪威尔所说:"寻找替罪羊是所有狩猎探险中最容易的一种。"

近到2016年英国脱欧公投、2014~2016年石油

1995年2月25日凌晨4:30,迈克·基里安在波特兰的家中被吵醒。基里安负责巴林银行远东客户的经纪业务,这是他在过去7年内一手创建的。吵醒他的,是巴林银行中国香港办公室的弗雷德·霍肯伯格。

"你在忙吗?"

基里安还处在半睡半醒的状态:"不,我还在睡觉。"

"你听说了什么传言吗?"

基里安有些困惑,他答道:"还没有"。

"我听说我们公司都完蛋了。"

"你是什么意思?"基里安问道。

"我听说了一个很可怕的传闻。尼克·李森好像把我们公司搞垮了。"[10]

危机，远到 2008 年金融危机、2000～2002 年互联网泡沫、1998 年长期资本管理公司破产，甚至 1997 年亚洲金融危机、1995 年巴林银行倒闭、1993 年德国金属公司轰然倒下，种种历史事件，都让我们想到同一个问题：到底谁获利了？他是如何获利的？

事件 1：2008 年金融危机

2008 年 10 月的股票市场下跌，让世界为之一震。数百万交易者蒙受损失，金额达数万亿美元。道琼斯、标准普尔、纳斯达克三大指数全线下挫，一直持续到 2009 年。所有人都感受到了这次冲击：失业蔓延、公司倒闭，处处弥漫着恐慌情绪。在那段时间里，似乎没有人挣到钱，所有人都在亏损。整个市场都弥漫着恐慌的情绪。

但是，真是这样吗？其实，并非如此。在 2008 年 10 月，就有赢家赚到了钱，一个月的收益从 5% 到 40% 不等。趋势跟踪者就是其中的赢家。在讨论趋势跟踪者做了什么才赚到钱之前，先让我们来说一下趋势跟踪者们没做什么：

1. 趋势跟踪者也知道 2008 年 10 月会发生金融危机；
2. 趋势跟踪者并不只是通过做空股票赚钱；

趋势跟踪者从许多市场赚到了钱。从原油市场到债券市场，再到货币市场，包括股票市场、期货市场，只要是有涨有跌的市场，趋势跟踪者就能赚到钱。在价格

> 趋势跟踪听起来很简单，得不到人们的严肃对待。简单的观念通常需要很久才能被接受。但想想数学里面正负数或者零的概念，这些概念对我们来说很简单，但是对前人来说很难理解。
>
> ——斯蒂格·奥斯特加德

波动幅度变得异常大的时候，趋势跟踪者都能做得比较好，因为他们的交易基于计算机的程序计算，不掺杂人类的情绪。

"我们不会是一个趋势中第一个买进的，也不会是第一个卖出的，但是我们能够抓住80%的趋势"一位大型基金的从业者这样说道。举例来说，从2008年1月到2008年10月，一位趋势跟踪者的收益如下：

- 1月：-2.2%
- 2月：14.17%
- 3月：1.59%
- 4月：-1.23%
- 5月：6.52%
- 6月：9.88%
- 7月：-10.26%
- 8月：-8.36%
- 9月：2.59%
- 10月：17.52%

市场上当然不是只有这位趋势跟踪者赚了大钱。让我们来看看其他趋势跟踪者在这段时间的业绩表现：

- 约翰·W.亨利运营的一只基金在2008年10月的收益高达72.4%。
- TransTrend是一家总部位于荷兰的趋势跟踪公司，掌管超过10亿美元的资产，它的净值从2008年1月至11月增长了71.75%。
- 克拉克资本管理公司旗下价值7220万美元的基金在2008年10月的涨幅为82.2%。其中一笔成功的交易是，克拉克在140美元附近做空原油期货，等到退出时，原油期货价格在80美元左右。这一笔交易就令克拉克资本赚得盆满钵满。

- 趋势跟踪者伯纳德·杜瑞从2007年11月就开始做空标准普尔500指数期货。在金融危机中，标准普尔500指数下跌约36%，与此同时杜瑞资本旗下最大的基金上涨了56.9%[11]。

- 保罗·穆尔范尼是另一位趋势跟踪者，在2008年10月短短的一个月之中，旗下的基金上涨了45.49%。

另外一位趋势跟踪者这样介绍他在2008年的业绩："2008年10月提供了一个绝好的时机，我有机会从波动中赚钱，也能从反转的市场行情中赚钱。在10月和接下来的几个月里，我的交易系统不仅从动量趋势中赚到了钱，而且当趋势结束的时候，我也能及时做出减仓、平仓的反应，缩小风险敞口。"

这些趋势跟踪者是如何做到的呢？"2008年2月，美元对其他货币贬值的趋势持续升温。黄金市场和能源市场作为避险市场，也明显升温。许多趋势跟踪系统……既从看空美元中赚到了钱（见图4-1），也从黄金和能源市场的多头头寸中赚到了钱。"

当混乱的市场趋势逐渐清晰时，趋势跟踪者是这样看的："在那个时候，好几个股票指数都发出了走弱的信号。到了7月，黄金从1000美元的高位开始震荡，大约跌了200美元（见图4-2）。而当黄金市场的收益率降低时，我们便减少了黄金的头寸，转而专注美元、能源和股票的趋势，获得了不错的收益。"

> 如果你算一算那些期货基金每年的平均收益，你会发现他们的收益率要么是负的，要么就是负的更多。
>
> ——查理·芒格
>
> 注：伯克希尔-哈撒韦在2007～2009年下跌51%。

> 从另一层面上讲，趋势跟踪和其他方法是完全不同的。这是在唯心或唯物的因果之上的层面，在这一层面上，它让参与者能够把市场表现当作整体来观察，并依此设计出一套智能的系统，提前对市场行为做出反应。这一层面上的趋势跟踪，就是我们交易者应该学会的运作方式。
>
> ——斯蒂格·奥斯特加德

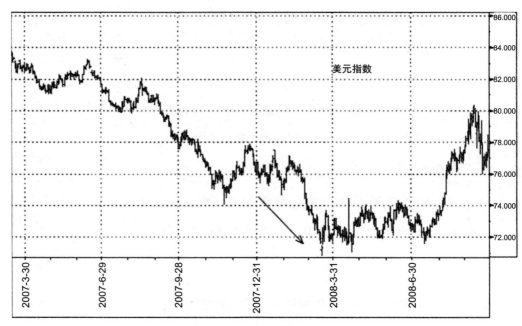

图 4-1　做空美元

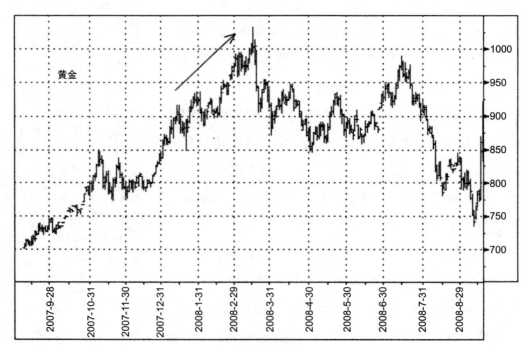

图 4-2　做多黄金

他们清晰地阐述了 2008 年 10 月的金融危机是怎么发生的：

从七八月份开始，美元、能源和小麦的趋势就基本结束了。尽管在那两个月里我们出现了短期的回撤，但是在这个关口，交易系统提醒我们必须要重新调整仓位。有些投机交易者可能仍然认为，能源和其他商品期货的下跌正是他们加仓的好时机，但是我们却断定市场的趋势只能持续至此。于是，我们大量卖出原有仓位，尤其是在美元指数上的仓位。同时，我们的系统判断国债市场正在出现新的趋势（见图4-3），肉类和工业金属类商品期货的新趋势也在出现。

从图4-3的走势可以看出，面对极端的波动性时，趋势跟踪者应保持足够的耐心：

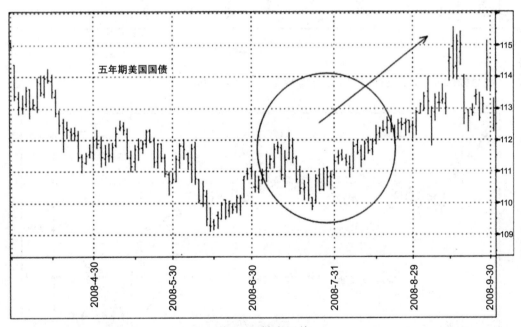

图4-3　做多国债

临近2008年10月的时候，我的分析师就向我提出了一份调仓建议："目前有一些仓位我们并未买入，有一些仓位在7月和8月赚了大钱。快到10月了，现在我们准备利用市场变化的契机进一步调整仓位。我们在10月下跌前就已经做了一些调整，减少了黄金和原油期货上的亏损，避免了黄金期货上可能出现的18.3%的亏损，以及原油期货上32%的亏损（见图4-4）。"

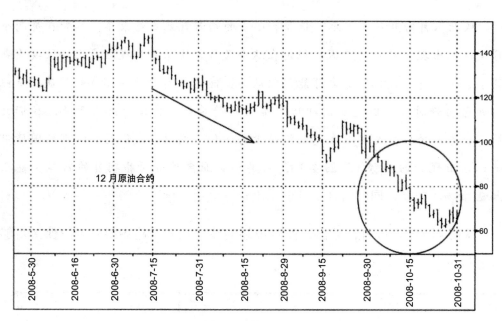

图 4-4　做空原油

趋势跟踪同样也抓住了日经指数的大趋势（见图 4-5）：

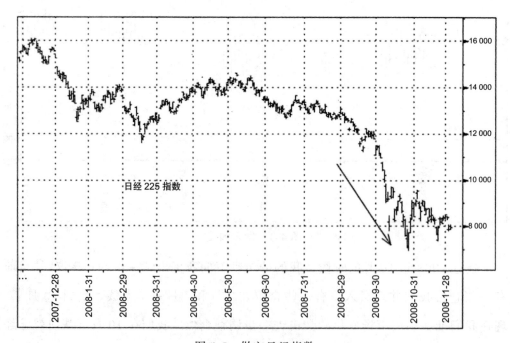

图 4-5　做空日经指数

但要注意的是，这并不是预测，也就是说，当趋势改变的时候，对市场的判断也要随之改变:"当我们在2008年上半年做空美元之后,到了10月,我们已经建了很多美元空头仓位,并且从7月和8月的美元趋势反转中狠狠地赚了一波。此时,像英镑之类的货币开始出现相对美元贬值的行情(见图4-6)。"

趋势跟踪者清楚,他们10月份的大笔收益是源于对不同市场的把握,同时结合了分散化投资、灵活性投资和风险管理等方法控制了损失,才最终获得的结果。一些趋势跟踪者的收益是从股票指数和美元外汇上赚取的,而另一些人则从长期国债头寸上赚到了钱,当然也有人在黄金和能源期货上降低了头寸,从而避免了大笔损失。

还有一位趋势跟踪者,尽管他管理的资产并不像上面那些赫赫有名的交易者那样多,但也赚了不少钱,他和我深入分享了他在2008年的业绩。我们一起回顾了他的交易,在别人亏得喘不过气时,他正大把大把地赚钱。

> 对于很多人来说,我的交易方法可能有点特别:当我看到一段上涨趋势正在运行时,只要它在一段调整之后再创新高,我就会选择买入。卖空时我也采用类似的方法。为什么我这么做?因为我随时都紧跟着趋势。
> ——杰西·利弗莫尔

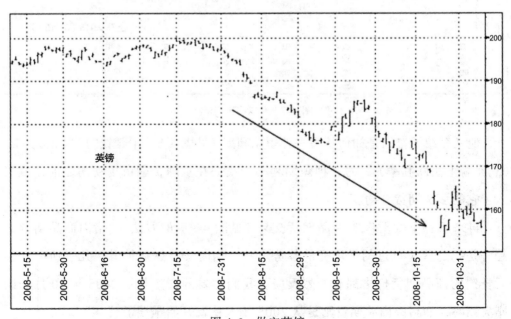

图4-6 做空英镑

首先他让我看的是欧元利率的交易（见图4-7）："在全球金融危机的中期，我们得到了许多短期利率的交易信号。欧元隔夜拆借利率（Euribor）就是一种典型的短期利率，它的期货合约在欧洲期货交易所（EUREX）挂牌交易。我们在10月7日买入，一直持有多头到2018年12月。世界各国的中央银行都开始下调利率，以此对冲股票市场的冲击。低利率也就意味着高的Euribor期货价格。基本面的好坏并不影响我们对此的判断。"

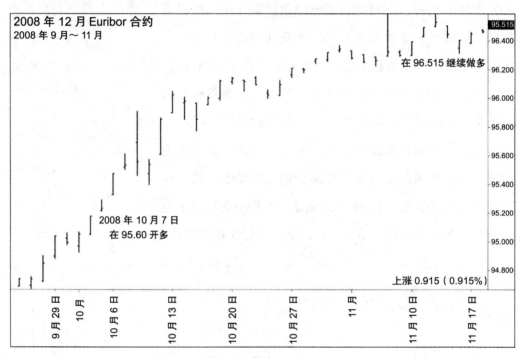

图4-7 做多Euribor

他又介绍了自己是如何从另一种短期利率（见图4-8）中赚钱的："EuroSwiss（欧洲瑞士法郎利率）是另一种短期利率，我们在全球金融市场动荡之前，就买入了它的多头期货合约。"

再来听一下他对肉类商品期货交易（见图4-9）的看法："猪肉商品期货的趋势是我这些年见过的最漂亮的趋势之一。当时美元跌后回升，几乎所有和美元挂钩的商品期货价格都有剧烈反应。我们主要的资产是从2008年10月开始赚大钱的，而猪肉商品期货则是从2008年入秋就开始赚钱了。"

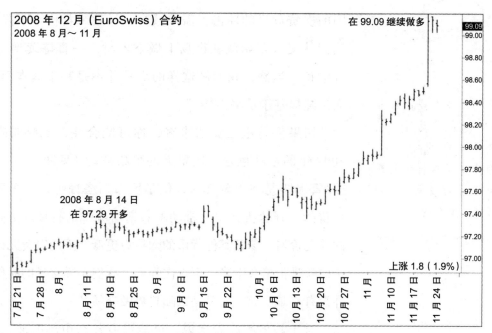

图 4-8　做多 EuroSwiss

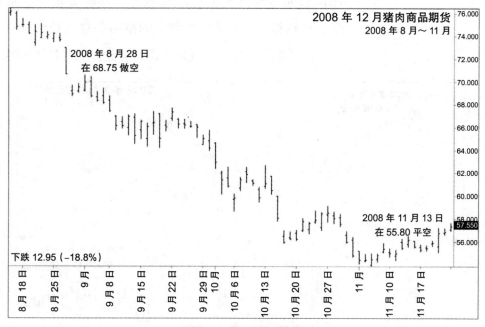

图 4-9　做空猪肉期货

显然，人们喜欢把目标放在股票上，但实际上很多金融产品都能带来巨大的收益（见图 4-10）："2008 年秋季也是木材的大熊市。木材价格因为受席卷美

> 许多专业的投机者，包括广为流行的道氏理论的拥护者，都接受了这样一种理论背后的假设：顺应潮流是有利的。
>
> ——阿尔弗雷德·考尔斯

国的次贷危机的冲击，需求减少，导致木材价格下降。我们从夏天开始就在市场上做空木材，一直持续到 11 月中旬。当然，我们做这样的交易并不是基于基本面，而是纯粹基于价格走势。"

如果你是星巴克的常客，你可能会注意到咖啡在 2008 年的下跌也是一次重大的价格波动（见图 4-11）："尽管咖啡是在伦敦交易，但是罗布斯塔咖啡是以美元计价的。强势美元也会推动罗布斯塔咖啡的行情。更高的美元价格意味着其他货币的购买力更低，因此以美元计价的咖啡价格会下降。再一次强调，我们实际交易的时候并没有看基本面，而只是跟随趋势做交易。"

对于趋势跟踪者来说，可能没有什么市场的波动，能比美元市场带来的后果更大了。到底是做多还是做空，在这里并不重要——我们的策略在意的是收益而不是方向（见图 4-12）："具体来说，美元上涨的趋势由两个

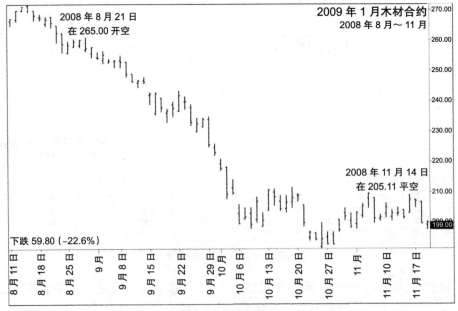

图 4-10　做空木材

部分组成。我们看到美元指数比其他时候波动更大，这主要是因为当时股票市场的动荡。尽管我们在市场上的收益只和美元指数相关，但股票市场也会对货币市场有所影响。美元指数合约上涨会给很多市场提供机会，因为那些市场都是以美元为锚的。"

图 4-11　做空咖啡

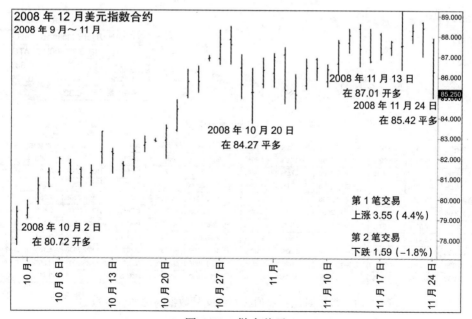

图 4-12　做多美元

我们认为预测应该是一种基于对今天已形成的趋势的度量，再通过类似于惯性定律的准则，判断出这一趋势将有多大概率会持续下去、会持续多久。这就是趋势跟踪，它并不需要我们披上一件神秘的外袍，从水晶球里端详未来。

——威廉·邓尼根
（William Dunnigan）

如果用趋势跟踪的方法进行交易，那么你只能得到市场给予的馈赠。因此，将你的目标锁定在赚钱这件事上，不要去管市场到底会是何种趋势，也不要对任何一个市场有所偏爱和排斥。

日收益率分析

在2008年的金融市场大跌中，趋势跟踪显现出了和被动型指数跟踪的区别。图4-13展现了趋势跟踪者塞勒姆·亚伯拉罕的日收益数据，从中你可以看到他和标准普尔指数的区别有多大。那些把趋势跟踪在2008年的成功只归因于"运气好"的人，真的应该好好看看这张图。其他趋势跟踪者的交易数据也与此类似。

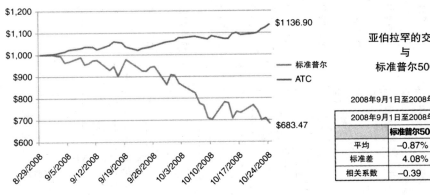

图 4-13　数据对比：亚伯拉罕的交易数据与标准普尔数据

注：净值曲线图中，上方线代表ATC，下方线代表标准普尔。

像亚伯拉罕和穆尔范尼这样的交易者获得超额收益，可以说是有理有据的，但要让那些信奉有效市场假说的人接受他们的业绩，仍然很不容易。不妨来看看一位最终选择相信趋势跟踪价值的读者是如何说的：

我在一家公司担任首席运营官，在这个夏天我和趋势跟踪者穆尔范尼讨论过好几次。因为我考虑请穆尔范尼来帮我们做投资，完成一记漂亮的本垒打；而董事会认为我的想法太冒险。我在的这家公司在2008年的9月和10月亏损了3000万美元。而我给他们看了穆尔范尼的投资业绩：1999年投资的1500万美元到如今变成了7100万美元，对应3000万美元到现在应该是1.42亿美元。我向董事会做了一次汇报之后，回到办公室，紧接着就被告知……下周我就会被解聘，因为我太冒险了。我在这家公司的职业生涯中做过的唯一一次投资，就是买了亚伯拉罕的基金，获得了12%的收益。这是这家公司在这段时期唯一赚钱的投资。这难道就是他们说的过于冒险吗？

从逻辑上，很难说趋势跟踪者的风险很大，尤其和那些在2008年金融危机时高杠杆、只做多头却最终纷纷爆仓的玩法相比，趋势跟踪的风险并不大。但是华尔街并不讲逻辑。

事件2：互联网泡沫

在2000～2002年，股票市场的波动相当剧烈。在那3年，除了纳斯达克市场暴跌以外，另外一些事件，

> 保守的资本市场理论基于线性假设，投资者都拥有理性预期：他们能够根据市场信息立刻做出调整，他们对整个经济运行的规则了如指掌，并依此行动。在这种观点下，市场是高度有效的，但实际上市场并非如此完美。无效广泛存在于经济之中，甚至市场自身的结构就是无效的……我们相信市场无效可以被趋势监测和风险管理捕捉，从中获取收益。
>
> ——约翰·W.亨利[12]

例如"9·11"事件和安然事件，也让趋势跟踪者在经历曲折之后，最终赚到了钱。将趋势跟踪者的业绩表现和主要指数的数据对比起来看，结果很值得玩味（见表4-1）：

表4-1　2002年趋势跟踪者主要指数的收益表现

比尔·邓恩	+54.23%
塞勒姆·亚伯拉罕	+21.37%
约翰·W.亨利	+45.06%
杰瑞·帕克	+11.10%
大卫·德鲁兹	+33.17%
威廉·埃克哈特	+14.05%
范穆尔尼	+19.37%
标准普尔指数	−23.27%
纳斯达克指数	−31.53%
道琼斯指数	−16.76%

我们从图4-14到图4-21中可以看到，趋势跟踪者到底抓住了怎样的趋势，从而最终赢得利润的。

图4-14　标准普尔500指数期货近期合约日线走势图（2002年1月～2002年12月）

资料来源：Barchart.com

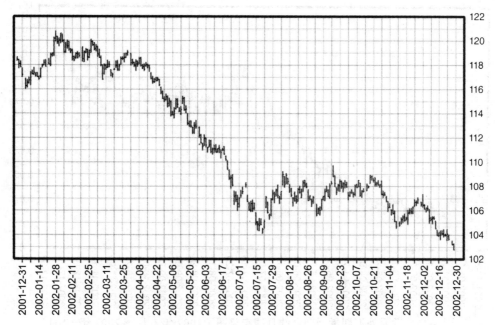

图 4-15　美元指数近期合约日线走势图（2002 年 1 月～2002 年 12 月）

资料来源：Barchart.com

图 4-16　日元期货近期合约日线走势图（2002 年 1 月～2002 年 12 月）

资料来源：Barchart.com

图 4-17 欧元外汇期货近期合约日线走势图(2002 年 1 月～2002 年 12 月)

资料来源:Barchart.com

图 4-18 30 年期美国国债期货近期合约日线走势图(2002 年 1 月～2002 年 12 月)

资料来源:Barchart.com

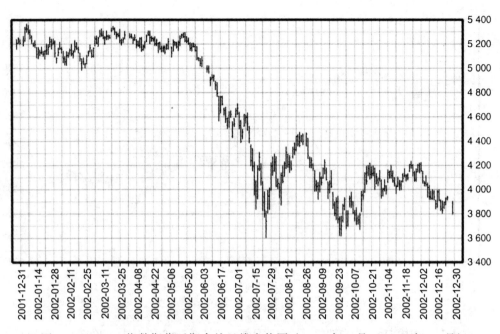

图 4-19　FTSE 指数期货近期合约日线走势图（2002 年 1 月～2002 年 12 月）
资料来源：Barchart.com

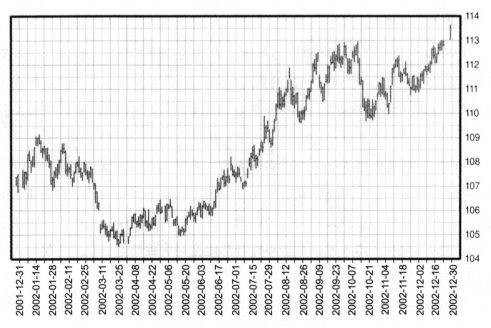

图 4-20　欧债期货近期合约走势图（2002 年 1 月～2002 年 12 月）
资料来源：Barchart.com

图 4-21 德国 DAX 指数期货近期合约日线走势图（2002 年 1 月～2002 年 12 月）

资料来源：Barchart.com

下跌与反弹

在 2000 年的大部分时间里，趋势跟踪者的确业绩不佳，这也没什么好辩解的。在 2000 年有几个月，他们的资产净值下跌得尤其厉害。一些新闻媒体和对趋势跟踪持怀疑态度的人，开始鼓吹"趋势跟踪已经完蛋了""趋势跟踪已死"。

当时，一位《巴伦周刊》的记者联系我，想让我谈谈对趋势跟踪的看法。媒体在这个时候凑过来采访，我已经见怪不怪了。她大概知道了亨利和邓恩的业绩，想向我确认趋势跟踪的确已经日薄西山了。我对她讲，这样的下跌在过去也出现过，但从长期来看，趋势跟踪者都能挣到大钱。但她似乎把我的话当成了耳旁风，写出了这样的报道：

"在这次危机中，并不是只有约翰·W.亨利亏了很多钱。但亨利的投资和其他人比起来，糟糕得简直令人难以相信……他们的金融 & 金属板块基金在 1999 年重挫 18.7%……亨利被他的对手称为金融界的大卫·金曼（大卫·金曼曾在大联盟的16个赛季里，打出了442次本垒打，但也被三振出局超过1800次）。我们不知道亨利是否会改弦更张，从此改变他的交易策略——那是多年前他在挪威度假时想出来的策略。"[14]

不知道这位《巴伦周刊》的记者在写这篇报道时，有没有读过亨利在此前一个月的演讲。亨利在演讲中就已经暗示了未来的曙光："很遗憾，市场并非我们所能掌握的。我们刚刚经历的这段时间，对投资者、经纪人、普通合伙人以及交易顾问来说，都是非常痛苦的。持续下跌会影响所有人，影响我们的情绪、心理以及生理。在这种时候，大家很容易就会觉得事情没有好转的可能了。但是经验告诉我们，趋势逆转前的黎明，正是最暗淡的时刻。"[15]

趋势果然逆转了。2001年1月10日，还是这位记者，她向我发了一封邮件，说她正在写一篇跟踪报道，希望我写个评论。我很惊讶，她竟然愿意做这样的跟踪报道，因为她的报道打了她自己的脸：邓恩在2000年11月的收益率达到了28%，12月达到了29%。亨利11月的收益率是13%，12月是23%。她的跟踪报道是这样写的：

华尔街规模最大的CTA的业绩在第4季度出现了戏剧性反转，将全年的业绩扭亏为盈。"趋势跟踪出现反弹，并没有什么可吃惊的"，TurtleTrader.com的创办者迈克尔·卡沃尔如是说。卡沃尔长期跟踪趋势跟踪者的投资收益……例如上个月提到的亨利公司，在商品期货上，去年前9个月下跌了13.7%，而在第4季度强势

> 市场收敛的特征：可知的世界、稳定的世界、均值回归、波动是短期的、基于套利行为。
>
> 市场不收敛的特征：不确定的世界、不稳定的世界、均值发散、波动是长期的、基于趋势跟踪。
>
> ——马克·热普齐斯基[13]

> 不要被平静的表象所麻痹。你不能等到被台风袭击了才调转航向。想要避免被风暴击中，你需要提前确定各种因素的影响，在风平浪静时就调转航向……毕竟你看到的只是表面上的风平浪静。
>
> ——托马斯·弗里德曼
> 《世界是平的》

尽管邓恩资本经历了2000年前9个月40%的下跌,但最终,2000年全年以17.3%的收益收关。邓恩资本在第4季度取得了75.5%的收益,为投资者获得了5.9亿美元的利润。从公司成立算起,26年来公司的年复合收益率达到了24.3%。[17]

反弹,上涨了39.2%,最终全年收益率为20.3%。[16]

亨利是如何能够在2000年前9个月亏损达13.7%的情况下,在第4季度短短的3个月内获得了39.2%的收益率呢?他抓住了什么样的趋势?发现了什么样的机会?这些问题的答案都藏在以下关键词中:安然事件、加州、天然气。

安然、加州和天然气

如果你观察2000年最后几个月到整个2001年的天然气市场,你一定能够看到明显的趋势。对于趋势跟踪来说,天然气市场价格的剧烈波动,正是大量利润的来源。

整个事件的输家要数安然公司和加州。安然造假事件可以说是贪婪与恐惧的典型案例,最终发展到了无法挽回的地步。员工对安然的管理层恶意操纵市场视而不见,加州政府在能源市场中也毫无作为,最终每个主体都要为自己的愚蠢买单。无论他们愿不愿意承认,在这场零和博弈中,他们全都有责任。

安然的轰然倒塌令很多人损失惨重。那些投资者被数字迷惑,以为自己走上了一条财富自由之路。从负责养老金账户的基金管理者到大学基金会,再到个人投资者……无一不为自己买到了安然公司的股票而感到兴奋,就好像这只股票会永远上涨一样。买入安然股票的人,都以为自己找到了金矿。他们对安然刮目相看,撇下一闪而过的疑虑,沉浸在股票上涨的狂欢之中。

但是,这里有一个很严肃的问题:他们并没有将

问:为什么华尔街没有发现安然财务造假?

答:因为华尔街靠的是那些股票分析师。虽然他们做公司分析,但是不管发现了什么,就算公司倒闭了,他们也积极向客户推荐股票。

——达沃·巴里
(Dave Barry)

卖出策略作为退出机制，以应对安然股票价格走势可能出现的反转。现在，安然股票价格暴跌的走势图（见图4-22）相当出名。让我们来看看最关键的数据——安然的股价。在顶点时，安然股价为90美元，后来一路跌到0.5美元。在从90美元跌到0.5美元的过程中，那些人为什么依然持有呢？就算安然撒了一个弥天大谎，但那些持有安然股票看着它一路跌至0.5美元的人也显然应该为自己的愚蠢负责。从这张图上，任何关注安然股价的人都能看出趋势早就改变了，而且安然的价值必定很快变为零。

在2000～2001年的加州能源危机中，不只是在安然股票的交易上有大量的赢家和输家，在天然气市场也有许多交易者亏损。安然是加州天然气的主要供应商。而加州呢，因为政府自身管理不力，随随便便就和能源公司签下了长期合约，答应买入安然的天然气发电。

> 有人说，耐心是一种美德。而对我来说，耐心就是我行为准则的一部分。你必须有一套准则，才能认清市场的变化。有利的时期都是跟在艰难的时期后面的。能够在长期的交易中立于不败之地的（我已经见过太多的案例了），无一不是靠着准则行事的。
>
> ——约翰·W. 亨利 [18]

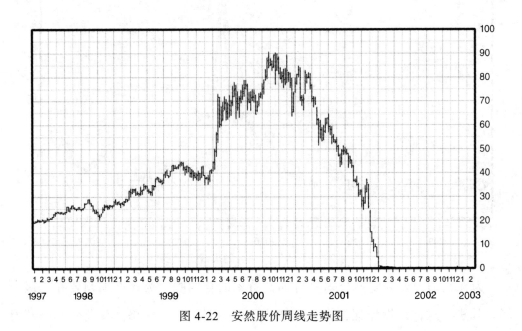

图4-22　安然股价周线走势图

作为没有经验的玩家，加州签下了差劲的协议，几乎忘了天然气也是一个重要的市场。既然是市场，那就意味着它像任何市场一样，也会因为某些原因而波动起伏。而最后，天然气的价格趋势变动得异常猛烈，不幸的是，安然和加州政府都没有能够应对价格变化的方案。

加州政府也感觉受到了不公正对待，因此抱怨连连。加州参议员黛安·费斯坦恩坚持认为，他们在这次事件中并无过错："我正在写一份报告，要求举行另一场听证会，探究安然在加州能源危机中所扮演的角色，分析它是如何操纵市场和抬高价格的。安然既能够处理那些不受监管的复杂的金融衍生品，同时又控制大量的天然气份额，这就证明安然有操纵市场的嫌疑。这很可能是导致天然气和电力价格上涨，进而导致加州能源危机的根源。"

据估算，在安然事件后的两年内，加州政府投入了 450 亿美元来处理电价高企的问题，这也使得经济增速放缓。只要你看看天然气期货价格走势（见图 4-23）和安然股票价格走势（见图 4-22），你就一定会发现费斯坦恩对市场的理解是有问题的：

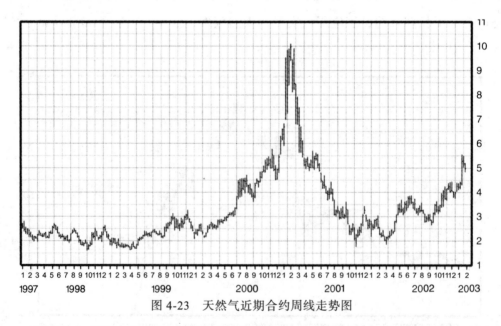

图 4-23　天然气近期合约周线走势图

为什么加州要和安然公司签订如此苛刻的合约呢？为什么加州要在二级市场之外进行这样的操作呢？为什么加州不能应对天然气价格的变化？加州政府

应该为自己愚蠢的决定买单。

任何人在任何时候都可以在交易所交易天然气合约。任何人都可以对冲天然气的风险头寸。每个人都可以做投机或者套期保值，这并不是什么新事物。趋势交易者也会在天然气上进行交易，跟随市场涨跌赚钱，就像表4-2所展现的那样：

表 4-2 趋势跟踪者的业绩表现

邓恩资本：WMA 基金	
2000 年 10 月：	+9.12%
2000 年 11 月：	+28.04%
2000 年 12 月：	+29.39%
2001 年 1 月：	+7.72%
约翰·W. 亨利：金融 & 金属板块基金	
2000 年 10 月：	+9.39%
2000 年 11 月：	+13.33%
2000 年 12 月：	+23.02%
2001 年 1 月：	+3.34%
格雷厄姆资产管理公司：K4 基金	
2000 年 10 月：	+1.44%
2000 年 11 月：	+7.41%
2000 年 12 月：	+9.37%
2001 年 1 月：	+2.37%
英仕曼集团	
2000 年 10 月：	+4.54%
2000 年 11 月：	+10.30%
2000 年 12 月：	+10.76%
2001 年 1 月：	+1.49%
坎贝尔公司：金融 & 金属板块基金	
2000 年 10 月：	+3.19%
2000 年 11 月：	+5.98%
2000 年 12 月：	+2.38%
2001 年 1 月：	-1.09%
切萨皮克资本	
2000 年 10 月：	-0.62%
2000 年 11 月：	+7.42%
2000 年 12 月：	+8.80%
2001 年 1 月：	-0.43%
亚伯拉罕交易公司	
2000 年 10 月：	+9.51%
2000 年 11 月：	+8.58%
2000 年 12 月：	-0.18%
2001 年 1 月：	+2.28%

2002年最热门的基金要数邓恩资本，那一年其收益率高达50%。这家位于佛罗里达州斯图尔特的公司，能从日经指数的交易中赚钱，能从德国DAX、英国FTSE指数交易中赚钱，还能从国债和欧元利率期货中赚钱。[19]

你唯一需要担心的，就是那些你根本想不到的事。

——霍华德·马克斯
（Howard Marks）

一名安然公司的雇员对公司的造假丑闻十分痛恨："我很多同事的养老金账户都损失惨重。但这么大的损失，除了怪我们自己，怪不得任何人。这是失职，而失职就不应该得到奖赏。最终的结果是可悲的，但这就是事实。"[20]

从共同基金到政府管理的养老基金，都没有设定交易退出机制，无一例外。他们买了股票，就想着股票会一直涨下去，而从来没有想过何时应抽身离开。"一直持有"是他们的心魔。安然事件不仅是一个企业的灾难，也是一个管理数十亿退休基金的管理人如何不称职的案例。安然事件中，基金管理人的损失触目惊心：

- 日本银行损失 8.054 亿美元；
- 阿贝国民银行损失 9500 万英镑；
- 约翰汉考克金融服务机构损失 1.02 亿美元；
- 英国石油养老基金作为安然的债权方，损失 5500 万美元。

大卫·布莱迪（David Brady）是一家基金公司的经理，在安然事件中蒙受了巨大的损失："我到底做了些什么？如果说我从这件事上学到了什么，那就是我们什么也没学到……安然造假是明摆着的事。只要之前看过财务数据，就该发现资产负债表早就有问题了。"

布莱迪认为导致亏损的原因是安然财务报表造假，而非自己的交易出了问题。另外还有一些公共养老金账户也把赌注押在了安然的股票上，幻想着它能一直往上涨：

- 堪萨斯州的公共养老金系统大约在安然股票上投资了 120 万美元，持有 8.2 万股。大卫·布兰特（David Brant）是堪萨斯州证券交易委员会委员，他曾这样评价安然："它有着极好的收入增长前景，很多分析师都强烈推荐。"
- 福特沃斯城的退休基金在安然事件中亏损约 100 万美元。
- 得克萨斯州的教师养老金系统从 1994 年开始买入安然的股票。在安然股票上，这只养老金亏损了大约 2330 万美元，另外持有的安然债券还有大约

1240万美元的损失。来自阿马里洛的吉姆·西姆斯担任养老金管理委员会委员已经6年了，他说："我们都是凡人——只要我们投资，就会有赢也有输……如果接触到的都是虚假信息，那么我们也没办法保护自己。能采取的一切预防措施，我们当时都采取了。"

但他们并没有采取什么预防措施。没有应急装置。没有止损策略。安然公司轰然破产，说到底和其他破产的公司没有什么两样，只是那些输家（见表4-3）都将自己的行为合理化了，把安然的破产当成头一例。但是，资本游戏并没有改变，无非变了变公司的名字而已。

表4-3　安然公司大股东持股比例

安联领航增长	4.1%
富达麦哲伦	0.2%
AIM 价值投资	1.0%
普特南投资	1.7%
摩根士丹利分红增长	0.9%
骏利基金	2.9%
骏利精选20	2.8%
骏利天富	3.6%
骏利增长	2.7%
RYUTX 基金	8.0%
富达天然气精选	5.7%
德绍全球股权	5.6%
美林精选20	5.8%
AIM 全球科技	5.3%
骏利2号	4.7%
骏利	4.6%
福克斯投资	4.2%
美林增长	4.1%

在安然事件中，很有趣的是安然股票的价格和天然气价格之间的关联性。天然气的价格下跌，安然的股价就跟着下跌。安然在其中扮演的角色，就像天然气的金融衍生品一样。那些买入安然股票的共同基金和养老基

我想说的是，很多投资者认为我们的业绩不够好，因为他们把我们的业绩和其他对冲基金相比，发现我们的波动率更高，但绝对收益更低。但是，我们有更低的相关性、更高的透明度、更好的流动性和更有效的管理制度，这些他们却都没有注意到。

——坎贝尔公司[21]

那些密密麻麻的公司研究报告保护不了投资者，也挡不住巨额亏损。杰纳斯作为一名基金管理人，就曾自吹自擂他们的研究能力多么厉害；他们持有了1600万股安然股票。2001年4月30日，这家基金的最新持仓报告显示他们持有了5%以上的安然股份。到9月30日，杰纳斯依然持有5%以上的股份。另外一家喜欢夸耀自己选股能力的是富达基金。到2001年9月30日，富达基金持有安然超过1.54亿股。看看他们的研究是多么有价值吧！

——拉里·斯威德罗[22]

金，实际上就等于在做天然气的投机交易。这些机构受限制只能交易股票，但安然就相当于一个中间代理，通过它，机构就可以不用买卖天然气，间接地做天然气交易。他们不只是为了买安然的股票，还为了买入天然气。

"9·11"事件

2001年9月11日，最不可预料的事情发生了。谁能提前预料到这场灾难，然后躲进防空洞呢？但是，在我们讨论"9·11"事件之前，先想一想艾德·斯科塔说过的话："意外就是人们意料之外的事。如果你已经在趋势之中，那意外就只对别人而言是意外。"[23]

没有人能够预测到恐怖袭击会令华尔街休市4天。尽管日复一日跟踪市场很难，但趋势跟踪者就能做到这一点。他们一如既往地应对市场变化——在意外发生之前，就做好了行动的准备。

趋势跟踪者在这次袭击之前就已提前做空股票，做多债券，因为市场早就提前发出了信号。例如，朝阳资本（Sunrise Capital Partners）就在袭击之前，幸运地做了准备。坎贝尔公司也是如此，他们发现货币市场其实早就已经形成趋势了："美元在袭击之前就开始走弱，因此坎贝尔在那个时候就做空了。"坎贝尔公司在"9·11"事件之前，就已根据市场趋势做多债券，做空全球股票指数期货合约。[24]

安然事件、加州石油危机、"9·11"事件都是零和博弈的典型例子，趋势跟踪者能在其中成为赢家足以说明问题。而另一个故事——长期资本管理公司在1998

> 我们所见的不是事物本身，而是我们自身。
>
> ——安娜丝·尼恩
> （Anaïs Nin）

年夏天的故事——更是一个绝佳的研究案例。

事件 3：长期资本管理公司的崩溃

长期资本管理公司（LTCM）是一家对冲基金，在 1998 年崩盘。尽管这个故事已经被重复过无数遍，然而要记住，交易是零和博弈，探究谁是赢家才是故事真正重要的那一面。这是极为经典的一幕：LTCM 崩盘时，趋势跟踪者又一次在这场零和博弈中成为赢家。

美国公共广播公司（PBS）有一档节目，叫《一万亿美元的赌注》，讲的就是长期资本管理公司的成败。1973 年，三位经济学家——费希尔·布莱克（Fischer Black）、迈伦·斯科尔斯（Myron Scholes）和罗伯特·默顿（Robert C. Merton）公布了一个现代金融理论中里程碑式的发现：确定期权价格的绝妙公式。这一圣杯——布莱克-斯科尔斯期权定价公式，是如此简明、罕见，在为斯科尔斯和默顿赢得诺贝尔奖的同时，也引起了约翰·梅里韦瑟（所罗门公司传奇的债券交易员）的注意。

长期资本管理公司的说法是，"必将使用复杂的数学模型，为投资者创造难以想象的财富"。因此，它吸引了一批华尔街的投资精英，在初期也获得了令人咋舌的收益。但最终，他们的理论和现实背离，公司也螺旋式地陷入崩溃之中。[25]

没有人想到事情会这样："他们被看作一家独特的企业。他们有最聪明的大脑。有美联储前主席，还有约翰·梅里韦瑟……因此，他们被投资者，特别是投资机构和银行视为通往财富之门。"[26]

> 长期资本管理公司导致的最糟糕的后果是，它的冲击令美联储都对自己开出的药方没有信心了。如果美联储都害怕长期资本管理公司倒闭，又怎么能说服俄罗斯和日本允许大型机构倒闭呢？[27]

要想了解长期资本公司的崩溃，你需要先了解现代金融的理论基础——默顿·米勒（Merton Miller）和他的同事尤金·F.法玛提出的有效市场理论："这一理论的前提假设是股票价格总是正确的，因此，没有人能够提前预测市场未来的走向，也就是说，市场的走势是'随机的'。如果价格是正确的，那么让价格保持在这个位置的人，就是理性的，并且掌握了充分的信息。"[28]

换句话说，米勒和法玛认为人是绝对理性的，在投资任何金融产品时，都只按它对应的价值支付对价，不会多一分或少一分。迈伦·斯科尔斯就是有效市场理论的忠实支持者，他确信市场不会犯错。他的同伴罗伯特·默顿则进一步提出了连续时间下的金融理论，将复杂的金融世界变成了一套简单、整洁的逻辑。[29]

在默顿的眼中，金融市场就像爪哇咖啡一样顺滑，价格就像其中流动的奶油。在他的假设中……IBM 的股票价格不会从 80 美元直接跌到 60 美元，而是会一点一点地从 79¾ 跌到 79½，再跌到 79¼ 美元。[30]

长期资本管理公司采用这套理论的原因，可能与他们简单有序的学术生活有关。长期资本管理公司的创始人相信，市场服从完美的正态分布，没有特例，没有厚尾分布，没有不可预料的事件。然而，问题从他们接受这些假设的时候就开始出现了。

默顿、斯科尔斯和梅里韦瑟让华尔街相信，市场服从完美的、有规律的、连续的正态分布，那也就没有什么风险值得担忧了。此后，长期资本管理公司就开始使用极高的杠杆，赚取"免费的午餐"了。

大约有 55 家大银行都给长期资本管理公司提供

> 瑞银集团（UBS）上周表示，对长期资本管理公司的股权投资，将出现 9.5 亿瑞士法郎（合 6.86 亿美元）的损失。这与前瑞士联合银行（Union Bank of Switzerland）在与瑞银合并成 UBS 之前，和对冲基金达成的一项期权交易有关。[31]

过融资服务，包括美国信孚银行、贝尔斯登公司、大通曼哈顿银行、高盛、J. P. 摩根、雷曼兄弟、美林银行、摩根士丹利、迪恩威特。长期资本管理公司最终筹集的资产达1000亿美元，在市场上的风险头寸超过1万亿美元。最开始，这么高的杠杆没有什么大问题——或者说，他们觉得没有大问题。默顿甚至曾对米勒这样说过："你可以把长期资本管理公司当成一个巨大的吸尘器，他能吸走全世界的资金。"

但是，他们的策略太复杂，杠杆太高，同时完全没有任何有效的风险管理措施。经济合作与发展组织曾提到一次交易，足以说明长期资本管理公司交易策略的特点。那次是长期资本管理公司在法国债券和德国债券上下注，赌这两种债券的利差会收敛。当法国国债和德国国债之间的利差达到60个基点时，长期资本管理公司决定再加一倍仓位。赌利差收敛的并不是只有这一次，在西班牙债券和意大利债券上也做过类似交易。[32]

所有这些复杂策略的结果就是，没有人知道长期资本管理公司究竟承担了多大风险，包括他们自己。运营它的天才采取的是封闭式、不公开的运营模式，因此投资者和监管者都不知道到底他们交易了什么、何时交易、交易多少。不能按日公布净值，也违背了华尔街的透明性原则。杰瑞·帕克就专门讲过长期资本管理公司和自己公司的不同：

> 我们都是100%透明的……CTA策略通常都是直接、明了的，而不是只有极少数人才能明白的高深理论。我们做的是基于系统决策的趋势跟踪，客户也很容易明白……那些不愿意给客户看他们持仓的人，肯定会碰上麻烦的……但问题就在于，人们把太多的钱都投给了长期资本这样的基金公司。我们只有10%的风险敞口，也就是说，客户知道他们可能一个月赚10%，也可能赔10%，但仅限于10%。长期资本最大的错误就在于，他们把钱全都押在了从不亏钱的天才身上。而一旦地狱之门打开，他们便万劫不复了。[33]

长期资本管理公司还面临一个比缺乏透明度更严重的问题，那就是无视市

> 上个月（1998年8月），在市场整体压抑的情况下，我们最大的投资组合——金融&金属板块基金获得了17.7%的收益。我们总的资金规模有24亿美元，金融&金属投资组合差不多占一半多一点的份额。我们的收益并不是直接来自美股市场下跌——我之前就说过，我们不做标准普尔500指数的交易——而是来自投资者在困境中的行为。根据经验，面对糟糕的市场行情，就会出现避险情绪升温，全球债券走强，股市普遍下跌，汇率也会出现变动。当然，趋势运行的幅度让我有点震惊，但在8月下旬被验证的这一波趋势实际上已经持续好一阵子了。
>
> ——约翰·W. 亨利 [34]

场的雷霆："我不确定这到底是一个随机事件，还是他们以及债权人的疏忽。如果你站在旷野中央，闪电击中了你，这勉强还能算是随机事件。但如果你的交易是在雷电交加的旷野中进行，那你就应该预料到，而且肯定能预料到，你承担的风险有多大。" [35]

布莱克-斯科尔斯期权定价公式并不能对人们行为的随机性建模——一个小小的疏忽就能使长期资本管理公司被闪电击中，最终，酿成了1998年8月和9月的悲剧。当闪电击中他们时，趋势跟踪者则正在同样的市场中玩着零和博弈——只不过是站在了他们的另外一边。在事后看来，芝加哥的教授们也清楚地看到了问题所在，例如诺贝尔奖得主默顿·米勒就曾说过："不仅是期权定价公式，他们使用的所有模型都基于市场的常态，而当市场行为变得疯狂时，没有什么模型可以适用。" [36]

要是长期资本管理公司能记得爱因斯坦的那句名言"优雅的理论只是定制的时装"的话，他们可能就会意识到将完美的公式套用到现实世界是有问题的。长期资本管理公司以及他们运用的美妙公式，都不适合现实世界。尤金·法玛是指导斯科尔斯毕业论文的导师，他对这位学生的期权定价公式一直持保守态度："如果价格变化严格服从正态分布，那么偏离均值5个标准差的样本，平均来说每7000年才有一次。但实际上，这样的情况每隔3～4年就会发生一次。" [37]

长期资本管理公司在1998年8月亏损了44%，金额高达19亿美元。在1998年9月致100位投资者的信中，梅里韦瑟写道："如你所闻，俄罗斯金融市场暴跌，在8月份引发了全球市场剧烈波动。我们8月份下跌了44%，今年下跌了52%。从基金的历史波动来看，如此巨大的损失对我们或者对你来说，一定都是很震惊的。"[39]

梅里韦瑟写这封信时，长期资本管理公司只有短短4年的历史。但就是这样年轻的公司，它的巨额损失令借了1000亿美元给它的客户和银行都震惊万分；而他们损失的钱最终被趋势跟踪者收入囊中。数年之后，斯科尔斯似乎仍然不认为零和博弈中的失败是由他个人的原因造成的："1998年8月，俄罗斯债券违约后，好像过去这么多年的很多关系都不存在了。"[40]

最终，美联储和与它有密切资金往来的大银行共同出面，救助长期资本管理公司。如果没有当年的紧急财政救助，那么，2008年的政府救市都没有先例可循。对长期资本管理公司的救助，避免了市场力量的正常扩散。而这一切为接下来的10年埋下了伏笔，最终以2008年的金融危机收场。2008年政府救市，正如当年救助长期资本管理公司一样，让世界经济又回到正常的轨道，运行至今——直至下一次危机爆发。

对于大多数投资者来说，1998年8月简直就是地狱。但对邓恩来说，却不是这样，那一年，他管理的90亿美元资产收益颇丰。邓恩资本在那一年获得了25.4%的收益，其中有23.7%都是在8月份赚的。[38]

谁亏损了

CNN列出了在长期资本管理公司上亏损的输家：

- Everest资本，一家注册在百慕大群岛的对冲基金，亏损13亿美元。耶鲁大学和布朗大学的捐赠基金就投资于该公司。

- 乔治·索罗斯的量子基金亏损20亿美元。

- 高风险机遇基金，由3位海外投资顾问管理，资金规模 4.5 亿美元，宣告破产。

- 朱利安·罗伯逊管理的老虎基金，在 1998 年 8 月和 9 月亏损 33 亿美元。
- 列支敦士登全球信托亏损 3000 万美元。
- 意大利银行亏损 1 亿美元。
- 瑞士信贷亏损 5500 万美元。
- 瑞士联合银行亏损 6.9 亿美元
- 花旗集团前董事长桑迪·维尔（Sandy Weil）亏损 1000 万美元。
- 德累斯顿银行亏损 1.45 亿美元。

谁获利了

从长期资本管理公司的崩溃中，我们可以学到什么呢？极具戏剧性的是，我们可以从赢家而不是输家那里学到很多。坎贝尔公司就坦诚地谈到了他们的观点：

如果你回顾 1998 年的前几个月，你会发现整个行业的收益率都差不多。而到了 7 月，整个市场就变得很悲观了。等到市场悲观到极致时，俄罗斯债务就出了问题，长期资本管理公司随即爆发危机。仿佛突然之间，市场在 8 月上涨了 10%，到 9 月和 10 月也上涨了 4%～5%；许多 CTA 策略都莫名其妙地亏损了 18%～20%。放在 3 个月前，你会觉得整个市场都没有方向，而三个月后突然就变成这样。对冲基金崩溃了，股票市场也是一片狼藉，但期货却独领风骚，登上了华尔街日报的头条。这就是交易时我们要理解的人性与心理。[41]

> "有两种人会亏损：一种是什么都不知道的，另一种是什么都知道的。"长期资本管理公司独占两名诺贝尔奖得主，显然属于后者。[42]

> 美联储的干预实际上是误导性的，而且也毫无必要，因为长期资本管理公司的崩溃不会是全面崩溃。美联储担心长期资本管理公司的失败会波及整个市场，其实没有必要。短期来看，美联储出手救助，反而使长期资本管理公司的管理者和股东获得了不少好处。[43]

从 1998 年 8 月和 9 月的数据来看，趋势跟踪者的业绩表现差不多相当于在不停地刷长期资本管理公司的信用卡。长期资本管理公司损失了 19 亿美元的资产，而与此同时，比尔·邓恩、约翰·W.亨利、杰瑞·帕克、凯斯·坎贝尔、英仕曼获利超过 10 亿美元（见表 4-4）。

表 4-4　趋势跟踪者的盈利，1998 年 8 月～9 月

邓恩资本管理公司：WMA 基金		
1998 年 7 月	−1.37%,	575 000 000
1998 年 8 月	+27.51%,	732 000 000
1998 年 9 月	+16.8%,	862 000 000
邓恩资本管理公司：TOPS 基金		
1998 年 7 月	−1.08%,	133 000 000
1998 年 8 月	+9.48%,	150 000 000
1998 年 9 月	+12.90%,	172 000 000
约翰·W.亨利：金融 & 金属板块基金		
1998 年 7 月	−0.92%,	959 000 000
1998 年 8 月	+17.50%,	1 095 000 000
1998 年 9 月	+15.26%,	1 240 000 000
坎贝尔公司：金融 & 金属板块基金		
1998 年 7 月	−3.68%,	917 000 000
1998 年 8 月	+9.23%,	1 007 000 000
1998 年 9 月	+2.97%,	1 043 000 000
切萨皮克资本		
1998 年 7 月	+3.03%,	1 111 000 000
1998 年 8 月	+7.27%,	1 197 000 000
1998 年 9 月	−0.59%,	1 179 000 000
英仕曼集团		
1998 年 7 月	+1.06%,	1 636 000 000
1998 年 8 月	+14.51%,	1 960 000 000
1998 年 9 月	+3.57%,	2 081 000 000

注：以上为各基金每月的回报率及管理规模。

让我们再看一看邓恩资本管理公司 WMA 基金的收益数据。他们的基金在 1998 年 8 月到 9 月就赚了近 3 亿美元。下面几张就是他们采用趋势跟踪策略，最终获利时所对应的市场走势图（见图 4-24～图 4-31）：

> 长期资本管理公司的一位高管曾这样讲述他们的失败。他是这样为他们的交易辩解的："某个秋天，当我开车回家时，我注意到树叶都飘落在树的周围……这背后有某种统计学规律决定了落叶的分布，我能精确地计算出这个分布是什么。但有一天，当我再次回家时，我发现落叶都叠成了一个个小堆。难道是落叶背后的统计学规律出了错？当然不是，而是人把落叶扫成堆了。"换句话说，俄罗斯债券违约，不是按常理会发生的事，但是这样一个只发生了一次、完全不符合统计规律的事件……就是这样发生了：市场并不像宇宙空间，市场的规律是会变的；中央银行就可以决定政府债券是否违约。
>
> ——马尔科姆·格拉德威尔
> (Malcolm Gladwell) [44]

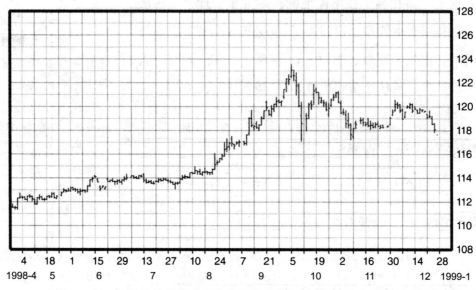

图 4-24　10 年期国债期货近期合约日线走势图（1998 年 5 月～12 月）

资料来源：Barchart.com

图 4-25　30 年期国债期货近期合约日线走势图（1998 年 5 月～12 月）

资料来源：Barchart.com

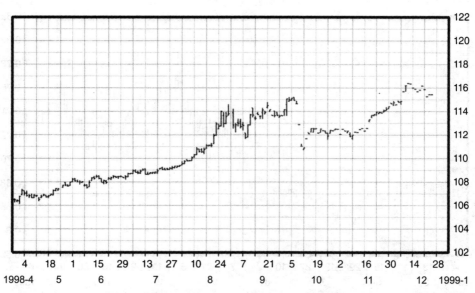

图 4-26　德国债券期货近期合约日线走势图（1998 年 5 月～12 月）

资料来源：Barchart.com

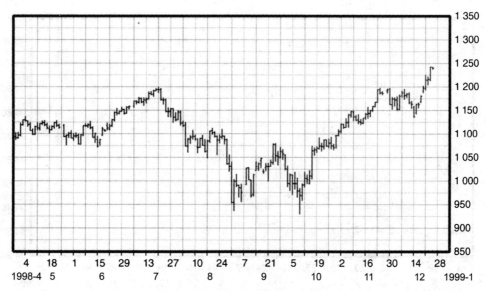

图 4-27　标准普尔 500 指数期货近期合约日线走势图（1998 年 5 月～12 月）

资料来源：Barchart.com

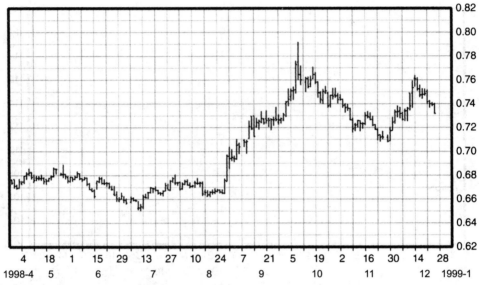

图 4-28　瑞士法郎期货近期合约日线走势图（1998 年 5 月～12 月）

资料来源：Barchart.com

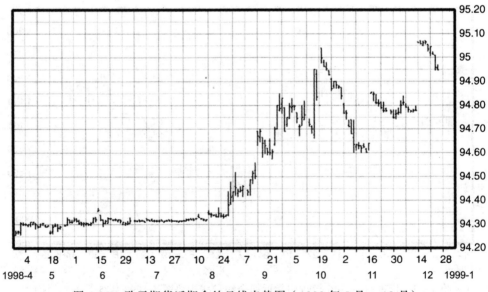

图 4-29　欧元期货近期合约日线走势图（1998 年 5 月～12 月）

资料来源：Barchart.com

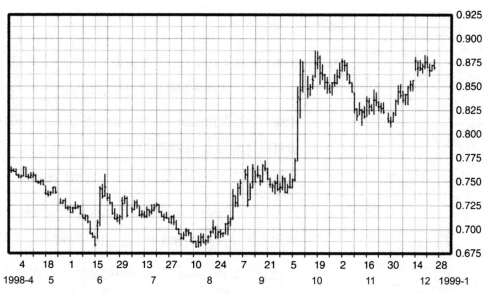

图 4-30　日元期货近期合约日线走势图（1998 年 5 月～12 月）

资料来源：Barchart.com

图 4-31　美元指数近期合约日线走势图（1998 年 5 月～12 月）

资料来源：Barchart.com

> 他们不是找不到答案。他们是找不到问题。
>
> ——吉尔伯特·切斯特顿[45]

长期资本管理公司的失败现在常常被作为商学院的经典案例，但没有人会像杰瑞·帕克一样，传授在这次事件中的成功经验：

- 透明性——总体来看，趋势跟踪者都按照一定的原则进行交易。他们并非跟风买进新的金融衍生品。趋势跟踪者只在自由市场上进行交易，因为自由市场意味着可以自由买卖。趋势跟踪者所做的交易，并非宝洁公司和奥兰治政府在衍生品上所做的糟糕的赌博。
- 可理解性——趋势跟踪策略可以被任何人理解。不要使用那种只有数学博士才能懂的策略。
- 不靠名人效应——有人不仅希望赚钱，而且还希望找一位金融界的名人当他的基金经理。他们希望策略不仅可以赚钱，而且一听就让人激动，是最先进的策略。但趋势跟踪者并不是为了成名而做交易，他们只是为了赚钱。

我经常会想，如果当初长期资本管理公司被允许破产，而没有得到政府的救助，那么，趋势跟踪者可能会从中赚到多少钱呢？我也问过邓恩资本，他们认为政府为长期资本管理公司兜底是否正确。他们的回答用一个词概括：不正确。邓恩更详细地阐述了他的观点：

我认为，长期资本管理公司的崩溃是由以下原因造成的：

1. 他们的交易策略建立在存在理论价格和均值回归的基础之上。因此在实践中，他们通常盯住一个市场（或者说多个市场中的利差），并确定对应的理论值为多少，判断市场价格是否和他们估计的理论值一样。如果市场价格在理论值以下，他们就买入；反之，则卖出。（我不知道他们的退出策略是什么。）

2. 上述方法最主要的问题在于，如果市场价格的变化方向和你的持仓相反，那你持仓的亏损就会变大；而且根据上述交易策略，此时你还会继续加仓，因为继续加仓在理论上更加有利可图。除非市场很快改变方向，朝着均值回归，否则你的亏损将会越来越多。而理论上潜在收益也会越来越多，但你无法等到兑现的那一天。

3. 想要解决这个问题，要么执行严格的开仓和平仓策略，确保自己能在市场上活下来；要么有近乎无限的资本，可以承受市场任何极端变动，能一直等到它回归均值；或者，同时做到以上两点。

4. 使事情变得更加不可控的一点在于，长期资本管理公司在流动性极低的金融产品上押注太高。对于容量很小的市场来说，长期资本管理公司已经是市场上的主要玩家了。

5. 最终，他们押注太高，无以为继，不得不在均值回归以前强行平仓，也就逃不掉崩溃的局面。

任何不能或是不愿意从过去汲取教训的人，都很可能遭遇1998年8月～9月那样的灭顶之灾。在长期资本管理公司的崩溃事件中，有一点值得警惕的，是布莱克-斯科尔斯认为世界服从正态分布的想法。这个想法在投资界仍然被认可。菲利普·安德森（Philip Anderson）是诺贝尔物理学奖的获得者，他指出正态分布思维的潜在危险："现实世界的很多事情，是被'尾部'分布而非均值左右的：被预料之外的信息所决定，而非均值；被特大的灾难所影响，而非渐进式变化；被极度富有的人所掌控，而不是中产阶级。我们需要打破使用均值的思维方式。"[46]

打破均值的思维方式，第一步就是用本垒打（如趋势跟踪者）的方式做交易，而不是频繁地做十拿九稳的交易（如长期资本管理公司）。

关于长期资本管理公司

▶ 迈伦·斯科尔斯在长期资本管理公司倒闭之后，重新成立了一家新基金，即PGAM（Platinum Grove Asset Management）。斯科尔斯担任这家基金的主席，而这家基金在2007～2008年亏损了6亿美元。

- 长期资本管理公司曾在这场危机中让高盛协助他们筹集资金："长期资本管理公司将向高盛报告所有衍生品持仓，作为尽职调查的一部分，'于是，高盛的交易员利用长期资本管理公司的内部数据，为他们全世界的客户进行交易。乔恩·科尔津（Jon Corzine）领导下的高盛，进行着与LTCM类似的利差交易，自身也亏损了数十亿美元。因为有长期资本管理公司的内部数据，高盛了结交易头寸就无异于一颗定向导弹，而不是像机枪那样不分青红皂白地开火。最终高盛没有为长期资本管理公司筹集到资金，但高盛根据他们的内部信息搞定了自己的交易。高盛救不了长期资本管理公司，但至少救了自己一命。'"[47]

事件4：亚洲金融危机

1997年的亚洲金融危机是趋势跟踪者获得胜利的另一次重大事件。今天，如果你开车到泰国的曼谷，或者马来西亚的吉隆坡转一转，你仍然可以看见那些只建到一半的摩天大厦蠢立在那里，就像当年金融危机的见证人。在这场金融危机中，最大的亏损者就是臭名昭著的交易员维克多·尼德霍夫。他一向偏执、谎话连篇，但交易却非常成功——正因如此，他破产也是在眨眼之间。

尼德霍夫玩得很大，无论是在投机、象棋还是壁球上，均是如此。他曾挑战国际象棋大师，还赢得了全国壁球冠军的荣誉。他经常下数亿美元的赌注，而且无往

> 我们挣了很多我们能挣到的钱。交易时你要考虑波动，如果波动不会让你破产，那么从长期来看，你最好适应它。
>
> ——邓恩资本[49]

不利——直到 1997 年 10 月 27 日。那天，他大约亏损了 5000 万到 1 亿美元，他管理的三只对冲基金：尼德霍夫国际间市场私募、尼德霍夫合作私募、尼德霍夫全球系统公司，全都血本无归。[48]

1997 年 10 月 29 日，投资者们收到了尼德霍夫的传真：

致：
尼德霍夫国际间市场私募合伙人
尼德霍夫合作私募合伙人
尼德霍夫全球系统公司股东

各位客户：

的确，1997 年 10 月 27 日（周一），纽约股票市场出现急剧下跌，接下来的两天，市场继续暴跌。这次下跌给我们的基金造成了重大损失，尤其是标准普尔 500 指数的仓位。在之前的信件中，我也曾提及，在东亚市场尤其是泰国，我们的基金也遭受了巨大损失。

这些不利因素最终导致在周一交易结束后基金已经无法满足保证金的最低要求。现在还不清楚基金账户到底亏损了多少。我们从周一晚上就开始和券商经纪人一起，试图有序地履行基金的法定义务。目前的情况是，基金的所有权益头寸都已经荡然无存了。

很不幸，如果能够延后几天时间再平仓，被强制清算的局面就可以避免了。但无论如何，我们都不可能回到"如果这样就好了"的情形。我们承担了风险。我们在过去很长的时间里有过辉煌的成功，但这一次，我们没能成功。我很遗憾地通知大家，我们遭受了重大的损失。[51]

周三，尼德霍夫便告诉投资者：由于连续三天的股市下跌以及今年的泰国金融危机，这三只对冲基金在周一就已经被清盘了。[50]

> 有很多方法都可能输，但只有很少的方法能赢。胜利的最好方法，就是洞察一切造成灾难的规律，然后集中精力避免它。
>
> ——维克多·尼德霍夫

> 我觉得经济有特定的运行趋势，而对它的察觉需要建立在知识和对事件理解的基础上。我正在寻找当重大趋势出现时可以参与的交易机会，即使有些趋势是无法预测的。
>
> ——比尔·邓恩[53]

尼德霍夫似乎不愿意承认，他本人应该为他在交易中的损失承担责任。他亏损了。而亏损源于他的交易策略。没有人逼他这么做，那么"不可预料的"就不该作为他的借口。有趣的是，尼德霍夫的交易业绩一直以低风险著称。他几乎每个月都是赚钱的。和趋势跟踪者相比，他简直就像赌场上长期以来的金牌模范。他的收益率和趋势跟踪者几乎相当，而风险极低，几乎不存在回撤。如果投资者能把钱交给尼德霍夫打理，谁还会把钱交给趋势跟踪者呢？这就是在尼德霍夫铩羽之前所发生的故事。

尼德霍夫无视风险，最终很快导致了他的公司破产。表4-5是他在1997年的业绩数据。当我们回过头看尼德霍夫破产时的数据，注意到斯达克报告（The Stark Report）在当时对他的业绩评价如下：

- 收益：4星
- 风险：4星
- 风险调整后收益：4星
- 权益类资产：5星[54]

表4-5 尼德霍夫的业绩数据[52]

日期	月度净值指数	收益率	季收益率	年收益率	总资产（百万美元）
1997年1月	11 755	4.42%			
1997年2月	11 633	-1.04%			
1997年3月	10 905	-6.26%	-3.13%		130.0
1997年4月	11 639	6.73%			
1997年5月	11 140	-4.28%			
1997年6月	10 296	-7.58%	-5.58%		115.0
1997年7月	11 163	8.42%			
1997年8月	5 561	-50.18%			
1997年9月	7 100	27.67%	-31.04%		88.0
1997年10月	1	-99.99%			
1997年11月	1	0.00%			
1997年12月	1	0.00%	-99.99%	-99.99%	0

这一评分意味着尼德霍夫的投资基本上是无风险的。然而，他的投资如同长期资本管理公司一样，建立在世界服从正态分布的假设之上。用标准差来衡量他的风险，得到的是对他的风险的不正确判断。其实早在尼德霍夫破产之前，一些观察者就非常清楚他的问题所在。法兰克·J.弗兰亚克（Frank J. Franiak）在他破产前六个月就说道："他出事只是迟早的问题。"[55]

但尼德霍夫的信徒关心的，只是滚滚而来的利润——就算他的策略存在很大缺陷，危机四伏。他的客户泰莫西·P.霍尼（瓦兹工业公司主席，从1982年起就是尼德霍夫的客户）曾说："不管他用了什么魔法，反正他就是能做到。"[56]

直到他们的账户中一分钱都没有了之后，他们才意识到，尼德霍夫的魔法并不是总能奏效。

尼德霍夫与趋势跟踪

在尼德霍夫破产5年后，他开始抨击趋势跟踪："虽然很多趋势跟踪者都取得了成功，从智力和远见来看，他们无疑也是我们当中的佼佼者，但当趋势跟踪者受到追捧和赞扬时，我们需要思考的最基本的问题是：他们把趋势当成'朋友'是可行的吗？他们业绩的好坏究竟是可解释的还是纯碰运气的？"他还说："首先，我要说，我不相信趋势跟踪。我们不是技术分析协会的成员，不是国际技术分析联合协会会员，更不是海龟交易者名人堂成员。事实上，我们是这些组织的敌人。"[58]

尼德霍夫继续说道："'把趋势当朋友'是不可信

> 维克托·尼德霍夫把市场当作一个赌场，交易者就像是赌徒，交易者的行为能从赌徒的行为模式中窥见一二。按照他的这套理论，他规律性地押注，从而赚到小钱。但他的方法有一个很大的缺陷。如果市场中有浪潮涌动，他就会因为没有适当的错误保护措施而被伤得很重。
>
> ——乔治·索罗斯[57]

> 从统计数据来看，我大约交易了200万张合约——每张合约平均赚70美元。我的平均收益距离随机（游动）接近700倍标准差。如果市场是随机的，那么这种情况出现的概率差不多就是将汽车零件随机组合起来就能开到麦当劳的概率。
>
> ——维克多·尼德霍夫[61]

的，因为这条原则并非可检验的假设。趋势跟踪者总是用圆滑、主观或者带有神秘色彩的方法来解释市场、进行交易。"[59] 尽管市场才是检验策略是否有效的标准，但尼德霍夫不以为然：

> 我时常会做梦，梦见我买了IBM、Priceline公司、泰京银行（Krung Thai Bank）的股票。梦的内容都大致相似：我梦见我的股票贬值了。我被要求追缴保证金。股票随之跳水。Delta对冲正在卖空更多股票以平衡组合头寸。而我裸空的期权要涨到天上去了。无数的投资者都在盲目地追随着新闻头条，他们不惜亏损也要平掉自己的仓位，并以税后-1%的收益率涌入货币市场基金。"快停下来！"我这样尖叫着，"这些股票根本没有危险！你们看不见吗？新闻头条在误导你们！除非你保持平衡，否则你会失去一切！你的财富！你的家庭！"[60]

至今，许多交易者都认为尼德霍夫是绝顶聪明的玩家，而我也从他的一些交易中看到了他的智慧，也衷心地希望有机会邀请他一起聊聊。但是，市场并不会宽恕任何人。无视风险，必将被反噬。

事件5：巴林银行

> 尼德霍夫天生叛逆，他无视恐惧，从短期对赌中赚钱。当他的朋友乔治·索罗斯靠趋势跟踪赚得盆满钵满时，他谴责说："那不过是种错觉。"[62]

1995年的头几个月，可以称得上投机交易史上的多事之秋。在这段时间所发生的事情，足以作为哈佛大学金融学博士的研究课题了。但20年过去了，很多人都忘记了这段时期发生的重大事件，甚至在商学院的课程中也很少提及。

当年到底发生了什么？这要从巴林银行的一位流氓交易员——尼克·李森说起。当年，他认为日经225指数（相当于日本的道琼斯指数）会涨，于是就在这上面投机，最终搞垮了巴林银行。巴林银行——英国女王的银行，也是英格兰最古老、最优秀的银行，因此倒闭，亏损达22亿美元。

那么，到底谁从巴林银行倒闭中赚了大钱呢？从来没有人问这个问题，《华尔街日报》不问，《投资交易日报》也不问。难道这个世界只对亏损感兴趣，对22亿美元的去向一丁点也不好奇吗？实际上，正是趋势跟踪者从李森的错误中赚到了钱。

大多数交易者都没有为未来3个月，甚至6个月、12个月制订计划，以应对市场中各种不可预料的事情。预先为突发事件制定计划，是趋势跟踪的必要部分。市场随时可能出现大的盈利点，你要学会应对市场的变化，而不是预测它。

不幸的是，许多交易者只知道根据对市场走向的感觉做决定。当他们认定了一个方向之后，就再也听不见别的意见。他们会寻找其他的证据证实他们的分析，就算他们因此亏了很多钱，就像尼克·李森一样。在1995年初的神户地震发生之前，日经指数在19 000点至19 500点之间，李森那时大约在大阪证券交易所持有3000张期货合约。而在1月17日地震发生之后，日经指数已经暴跌，他还在不停买入。[64]

> 虽然纳西姆·塔勒布敬佩和羡慕尼德霍夫，但他并不想成为尼德霍夫——以前不想，现在不想，未来也不想。因为当他看到尼德霍夫，注意到他的书、网球场、涂鸦墙——当他思考尼德霍夫是如何在这些年里创造了如此多的财富时，他不能不得出这样的结论：一切可能只是因为幸运而已。
>
> ——马尔科姆·格拉德威尔[63]

谁获利了？

通过日经225指数从1994年9月到1995年的走势

图(见图 4-32),我们可以看到巴林银行一直在亏损。而巴林银行亏的钱,都流入了那些有条不紊的趋势跟踪者的口袋。

图 4-32　日经 225 指数期货近期合约日线走势图(1994 年 9 月～1995 年)
资料来源:Barchart.com

在巴林银行倒闭时,约翰·W.亨利的业绩(见表 4-6)说明了一切:

表 4-6　约翰·W.亨利的业绩数据

基金名称	01-95	02-95	03-95
金融和金属板块	648 美元	733 美元	827 美元
	-3.8%	15.7%	15.3%
全球分散投资	107 美元	120 美元	128 美元
	-6.9%	13.5%	8.5%
亨利经典	54 美元	64 美元	73 美元
	2.1%	17.9%	16.6%
全球金融主题	7 美元	9 美元	14 美元
	-4.1%	25.6%	44.4%

迪恩威特(现已被摩根士丹利收购)当时是亨利的经纪商,它的管理者曾说:"我们在亨利的基金上投资了 2.5 亿美元以上的资金……我很高兴看到 1995 年以来亨利的基金有如此辉煌的业绩:截至 4 月 18 日,已经上涨超过了 50%。" [65]

其他的趋势跟踪者，也在 1995 年 2 月和 3 月赚到了大笔收益（见表 4-7）。他们不仅从日经指数上赚了钱，而且从日元的波动上赚到的可能更多。

表 4-7　1995 年趋势跟踪者的业绩数据

公司名称	01-95	02-95	03-95
切萨皮克资本管理公司	549 美元	515 美元	836 美元
	-3.2%	-4.4%	8.6%
拉巴投资	148 美元	189 美元	223 美元
	-9.4%	14.0%	15.2%
坎贝尔公司（金融和金属板块基金）	255 美元	253 美元	277 美元
	-4.53%	5.85%	9.58%
马克·沃尔什	20 美元	22 美元	29 美元
	-16.4%	17.0%	32.3%
亚伯拉罕	78 美元	93 美元	97 美元
	-7.9%	1.2%	6.6%
邓恩资本（WMA）	178 美元	202 美元	250 美元
	0.5%	13.7%	24.4%
邓恩资本（TOPS）	63 美元	69 美元	81 美元
	-7.6%	9.9%	22.7%
米尔本资本	183 美元	192 美元	233 美元
	-6.5%	8.7%	19.4%

不同的趋势跟踪者，在交易择时和杠杆方面肯定有一些差异，但可以清楚地看到，最重要的是趋势，大趋势就等于高收益。亨利从巴林银行事件中赚了不少钱，他在 1998 年谈到关于利用事件赚钱的一些观点：

……通货膨胀还不是印象最深刻的例子。最近的亚洲局势是更好的例子，足以说明黑天鹅事件是如何导致趋势、产生交易机会，甚至重新塑造世界格局的。不管你是否相信，亚洲的银行业过度扩张就是整件事的起因，而现在亚洲经济已经出现调整，而且还将继续保

> 在我看来，运气是我们生命中最重要的东西。从你出生到你和谁结婚、找什么工作、去什么学校——每件事都会对我们的生活产生重要影响。人们总是否认运气的决定性作用。我们喜欢解释。比如在一场篮球赛中，就会出现无数的随机事件。如果有人进了三分球，人们肯定认为他相当厉害。但大多数时候，这是随机的。当然，不会有人说："啊！这就是随机事件！"因为这不够精彩，人们会想出来一个解释。但这就是运气。我们的运气不会一直好，但是的确有很多我们不愿承认的运气。
>
> ——詹姆斯·西蒙斯（James Simons）[66]

持这种趋势。在这种情况下，认识到趋势会继续发展下去，能够帮助我们利用其他市场参与者的失误来赚钱。毕竟嘛，我们玩的是一场零和博弈。[67]

亨利和李森参与的就是一场由来已久的零和博弈，类似的情形在历史中已经上演了许多遍。他们都押上了身家性命，但却有一个巨大的区别：亨利是有策略的。而李森有没有策略，没有人知道，而且只要他还能挣到钱，他远在英国的公司高管也根本不关心。等到他们关心时，巴林银行已经无力回天了。

事件6：德国金属公司

德国金属公司（MG）现在有了新的名字和身份，做起了特种化工、工程流程方面的业务。但在此之前，它是凭借119年来在金属、贸易、建筑方面的成功而立足的，直到那笔15亿美元（以当时德国马克计价为23亿马克）的交易损失让它彻底扬名了。[68]

这又是一个零和博弈的教训。可能有些人会认为，这么久以前的事在今天已经没有什么价值，但并非如此，你要记得随时保持贪婪和恐惧。

事情要从MG持有的原油多头说起。在1993年的大部分时间里，MG都在纽约商品期货交易所持有原油期货头寸。那阵子MG大约损失13亿美元到21亿美元，而对应的赢家则是趋势跟踪者。1993年，原油期货价格持续走低（见图4-33），从5月一直持续到12月。

在接下来的12个月里，趋势变得越来越明显：交易者制定策略，利用MG必须平掉到期的多头合约进行操作。在每个交易月的月末，MG想要买入空头来平掉多头合约时，其他交易者都在空头上和MG对着干，这使得交易市场上供给过剩并超过了多头合约的数量，相应的价格也就必须下跌才能使市场达到均衡点，一方面MG必须卖掉多头合约；另一方面其他交易者则在增加空头的持仓，两方面叠加，最终就使得在合约快到期时，原油价格承受巨大的下行压力。[69]

图 4-33　原油期货近期合约日线走势图（1993 年 2 月～1994 年 2 月）

资料来源：Barchart.com

在交易中，有买方就有卖方。难点在于，我们不知道谁在买，谁又在卖。大家都知道 MG 的损失，但赢家是谁却一直没有确切的答案。对于 MG 的损失，市面上有各式各样的解释。MBA 学生高谈阔论"为什么 MG 失败"，而一些财经文章则把矛头对准能源期货。但真正的解释其实很简单：MG 没有交易策略，于是它亏了。

趋势跟踪者在 MG 的亏损中扮演了很重要的角色，让我们看看他们的业绩数据（见表 4-8），你会发现整件事情就一目了然了：

表 4-8　趋势交易者业绩表现（1993 年 1 月～1994 年 1 月） （%）

	6-93	7-93	8-93	9-93	10-93	11-93	12-93	1-94
亚伯拉罕	-1.2	6.6	-5.3	1.2	-6.6	3.5	12.5	-1.45
切萨皮克	1.0	9.5	5.8	-2.7	-0.1	1.1	5.8	-3.33
JPD	-6.9	10.2	-2.1	-4.1	-2.0	2.7	8.6	-3.9
拉巴投资	-1.3	14.8	-3.9	-4.1	-6.0	5.6	10.1	-10.5
撒克逊投资	-2.7	20.5	-14.3	-2.1	-1.1	6.6	17.1	-10.8

表 4-8 的关键时点就在 1993 年 7 月、12 月和 1994 年 1 月。在这几个月里，趋势跟踪策略的收益都惊人地相似，这显然并非巧合：趋势跟踪者都在 7 月和

从事后来看，MG当时被拖入了一个陷阱：它自己成了期货市场中的主要参与者。1993年秋天，其他交易者的持仓就跟着MG的仓位滚动着走。只要MG的仓位在市场中占的比例够大，它就成了市场上的一个大沙袋，每个月都被其他交易者吊着打。MG的市场处境，让很多公司都赚了钱。70

12月赚了钱，又都在1月赔了钱。

学界、媒体和很多机构都认为，有专业的交易者做空能源期货，让MG承受了巨大的下行压力。但并没有人指出，甚至根本没有人注意到，那些专业的交易者究竟是谁。但其实，只要看看业绩数据，就会明白发生了什么。这些数据来自我从美国商品期货交易委员会那里下载的文件，并非机密。

趋势跟踪者每天都会根据当日自己的可用资金额决定交易的合约数和股份数。比如说，当他们7月开仓获得了巨大利润后，他们愿意继续承担风险再赚一笔。到了8月，在已经赚了一笔之后，他们依然愿意承担风险，就算有一定损失也依旧如此。他们不是急着把利润兑现，而是一直押在赌桌上。他们会让市场告诉他们，什么时候收手（1994年1月）。

1993年秋天，趋势跟踪者继续在原油期货上做空。MG还在挣扎，继续做多，但实际已经变成了对手的囊中之物。趋势跟踪者不只在做空，他们更具攻击性地进行交易，把做空带来的收益也用来继续做空，引发市场的持续下跌。而在这场零和博弈中，MG并没有及时止损。如果他们在7月价格下跌时就主动清仓，MG事件就只是交易史上平淡无奇的一页；但MG一直在继续这场游戏，因为它想要等趋势反转，一把赚回损失。它想要市场重新来过，不用亏一分钱，这就是交易员难以克服的心理魔障。但是，MG显然缺乏对对手的认知，它完全不懂趋势跟踪的规则。没有一位趋势跟踪者，会在趋势出现时离场。价格趋势是向下的，那么此时退出就违背了趋势跟踪最基本的原则：让盈利增长。

故事逐渐接近尾声，原油期货在 11 月和 12 月迎来了最后的暴跌。MG 管理层不得不平掉了仓位，最终引爆了年末的原油下跌。所有趋势最终必有结束之时。趋势跟踪者最后也在 1994 年 1 月离场。如果你对比一下他们从 1993 年入场以来的超高收益（见表 4-9），趋势跟踪者在 1994 年 1 月的损失简直不值一提。

> 根据纽约商品期货交易所的说法，MG 持有的期货合约价值相当于 5500 万桶汽油和燃油。[71]

表 4-9 趋势跟踪收益率（1993 年）

名称	收益率（%）
亚伯拉罕资本	+34.29
切萨皮克资本	+61.82
英仕曼集团	+24.49
拉巴投资	+49.55
邓恩资本（WMA）	+60.25
约翰·W. 亨利	+46.85
马克·沃尔什	+74.93
埃克哈特	+57.95

> "你会做加法吗？"皇后问，"1+1+1+1+1+1+1+1+1+1，是多少？"
> "我不知道，"爱丽丝回答道，"我数不清。"
> ——刘易斯·卡罗尔
> （Lewis Carroll）[72]

在近 50 多年来发生的重大金融事件中，趋势跟踪策略都表现得十分出色。但是，仍然有许多人对此颇为怀疑。他们认为趋势跟踪也有弱点——它的阿喀琉斯之踵就是 1987 年的股市大跌。

事件 7：黑色星期一

我现在还能时常听到有人问："1987 年黑色星期一那次，趋势跟踪表现又怎样呢？""在那次偏离 20 倍标准差的事件中，趋势跟踪表现又如何呢？"他们用一种"已经预料到了答案"的语气质问我，在他们看来，趋势跟踪在那天必死无疑。但我不得不让他们看看"残酷"的现实。以下是 1987 年秋天趋势跟踪者的历史业绩（见表 4-10 和表 4-11）：

> 标准普尔指数在 1987 年大跌中跌了 29.6%，一直到 1989 年 5 月才回到大跌前的点位。EAFE 指数、Jaguar 和量子基金的收益率表现均和大盘指数高度相关。但在那段时间，我管理的金融 & 金属板块基金净值增长近 260%。
> ——约翰·W. 亨利[73]

表 4-10　1987年10月～11月的股票大跌

名称	收益率（%）
标准普尔500指数	−28
约翰·W.亨利经典	+58.2
约翰·W.亨利金融&金属板块	+69.7

表 4-11　趋势交易者收益率（1987年）

名称	收益率（%）
切萨皮克资本	+38.78
JPD	+96.80
拉巴投资	+78.20
约翰·W.亨利（金融和金属板块）	+251.00
坎贝尔公司（金融和金属板块）	+64.38
米尔本资本	+32.68
邓恩资本（WMA）	+72.15
马克·沃尔什	+143.00
英仕曼集团	+42.54

> 要想成功，就只能有一个目标。
> ——文斯·隆巴迪

我找到了1987年《经济学人》发表的一些文章，里面提到了那时才27岁的哈丁和31岁的拉里·海特。摘录如下：

- 对金融市场进行技术分析的前提是，市场有趋势，并且趋势基于之前的价格表现，而且市场很少（如果有的话）是随机漫步的。
- 图表分析者想从股票或商品期货的可辨的价格运动中识别一种趋势，以确认价格是否从先前的交易区间向上或向下突破。
- 拉里·海特把电脑当成铁砧。想法可以反复推敲出来，要是达不到要求，就可以丢弃了。
- 大卫·哈丁的交易系统不仅能得到买入和卖出的信号，还能够判断投资的持有时间。他的投资只有50%是赚钱的，但赚钱的幅度比亏钱的幅度平均大了3倍。

> 对我们来说，狂热是件好事情，我们可以义无反顾地投入。但不幸的是，这对大多数人来说都是不好的。对大多数人不好的事，反而对我们来说是好事。
> ——托比·克拉贝尔
> （Toby Crabel）

- 1987年有批评声称，哈丁和海特的趋势跟踪就是昙花一现。[75]

我在2016年和拉里·海特见过一次面，我问他是如何看待自己在1987年被当成"昙花一现"的。他的习惯一直都没有变过，他在1987年是怎么说的，在2017年还怎么说。这足以证明一切。

趋势跟踪者能够持续取得如此好的成绩，和他们没有季度收益限制是密不可分的。华尔街和金融界主流对"成功"的衡量标准，都建立在逐日收益的基础上。但趋势跟踪不这样做。比如说，当你回头看2008年趋势跟踪者的收益，你会发现如果没有2008年10月的本垒打，他们肯定不会表现得这样好。他们的交易历史将完全被改写。

用季度收益数据来衡量业绩，意味着你必须要预测市场，达到盈利目标。但季度收益并不是一个真实的业绩指标，它只是让投资人放心，让投资人错误地相信他们可以获得持续而稳定的盈利。对持续稳定盈利的追求，让投资人追求金融交易的"圣杯"或者"圣手"，以此来保证他们总能赢。

想想你参加一次足球赛，赛程分四场，而你要在每一场都进球。这样踢球，你会更关注每场都进球，而不是最终赢得比赛。一位伟大的趋势跟踪者曾说："我可能在某场得了28分，也可能每场都进了些球，但最重要的是，最终我要赢。"如果一个趋势跟踪者在第一场得了28分，其他场一个球都没进，那又有什么关系呢？

趋势跟踪者都是本垒打的好手，无论市场什么时候出

> 当你排除了一切可能性，剩下来的那个，无论多么不可能，都必定是真相。
> ——柯南·道尔[74]

> 出现损失就归咎于衍生品，这无异于出了车祸却怪汽车。
> ——克里斯托弗·卡普[76]

现机会，他们都能抓住。关注绝对收益的趋势跟踪者没有固定的盈利目标。在他们眼里，市场是提供滚动收益的。我曾经问过比尔·邓恩，他是如何看待华尔街把季度收益率当作衡量标准的。我想知道他们是如何让客户接受他们的投资方式的。他回答道："客户必须先明白追求短期收益是个陷阱，他们才会接受我们的方式。"

对于交易这场严肃的游戏，邓恩说得确实没错。

朱利安·罗伯逊在退休后，也公开批评这种业绩评价制度，将它比作是必要而无用的棒球裁判："一名优秀的投资者正如一名不需要裁判的棒球手。如果没有裁判，你多半可以等到一次好球；如果像在对冲基金这种地方，你要为别人的钱着想，那就必须有一位裁判员——季度收益率。"

日出资本合伙人 Jason Gerlach 还提供了其他数据来抨击"基于日历的收益率评价"。从标准普尔指数和趋势跟踪指数的比较足以看出，当出现事件冲击时，趋势跟踪的表现和大盘是多么不同：

> 在股市中，赚大钱是靠在大趋势里站对了方向。这也就是说，要与市场合而为一。和趋势对着干，无异于自杀；趋势更可能持续，而不是逆转。
>
> ——马丁·茨威格
> （Martin Zweig）

时间	事件	标准普尔 500 指数收益（%）	巴克莱 CTA 指数收益（%）
1987 Q4	黑色星期一	−22.53	+13.77
2002 Q3	世通丑闻	−17.28	+6.77
2001 Q3	"9·11"事件	−14.68	+2.62
2011 Q3	欧债危机	−13.87	+1.65
1990 Q3	伊拉克入侵科威特	−13.75	+5.82
2002 Q2	互联网泡沫崩溃	−13.40	+8.20
2001 Q1	互联网科技熊市	−11.86	+3.75
1998 Q3	俄罗斯债务违约/LTCM崩溃事件	−9.95	+8.95
2008 Q1	次贷危机	−9.45	+6.91
2008 Q3	次贷危机/美联储救市	−8.37	−3.02
2000 Q4	互联网泡沫崩溃	−7.83	+9.86
2015 Q3	美联储政策不确定	−6.40	−0.27
1999 Q3	Y2K（计算机漏洞）危机	−6.25	−0.79
1994 Q1	美联储加息	−3.79	−2.76
2007 Q4	次贷危机	−3.33	+4.07
2003 Q1	第二次海湾战争	−3.15	+0.72
1990 Q1	经济衰退/油价飙升	−2.99	+5.43

资料来源：Sunrise Capital

Kieron Nutbrown虽然没有研究过趋势跟踪，但他总结了一份从中世纪至今的金融危机和市场恐慌的大事件年表：

1255年：意大利1255～1262年信贷过度扩张，导致银行倒闭

1294年：爱德华一世在与法国的战争中战败

1298年：法国的腓力四世（Philip IV）夺取了锡耶纳的格兰塔瓦拉

1307年：菲利普四世解散圣殿骑士团

1311年：爱德华二世对佛罗伦萨花思蝶家族违约

1326年：佛罗伦萨的斯卡利、锡耶纳的阿斯蒂破产

1342年：爱德华三世在百年战争中对佛罗伦萨银行违约

1345年：巴尔迪家族和佩鲁齐家族破产，14世纪40年代大崩溃

1380年：佛罗伦萨梳毛工人起义，14世纪80年代初大萧条

1401年：意大利银行家在1401年被逐出阿拉贡，在1403年被逐出英格兰，在1410年被逐出法国

1433年：在与米兰和卢卡发生战争后，佛罗伦萨又发生了财政危机

1464年：科西莫·德·美第奇逝世，佛罗伦萨的破产浪潮

1470年：爱德华四世在玫瑰战争期间对美第奇家族违约

1478年：美第奇银行布鲁日分行因坏账而清算

1494年：法国查理八世占领佛罗伦萨，美第奇家

> 人在意识到自己不知道世界如何运作时，会觉得可怕；但更可怕的是，这个世界是由那些自认为知道它如何运作的人操控的。
>
> ——阿莫斯·特沃斯基

族被推翻

1525 年：西班牙和神圣罗马帝国军队围困热那亚

1557 年：西班牙的腓力二世接管查尔斯五世的债务，进行债务重组

1566 年：荷兰反抗运动开始（西班牙贸易中断）

1575 年：腓力二世违约（1575～1579 年的金融危机影响了热那亚债权人）

1596 年：腓力二世违约（1596 年的金融危机严重影响了热那亚商人）

1607 年：西班牙国家破产（热那亚银行破产）

1619 年：劣币危机，即三十年战争爆发时的货币危机

1627 年：西班牙破产（热那亚银行和富格尔家族破产）

1637 年：荷兰郁金香狂热结束，荷兰东印度股份公司成立，运河开凿

1648 年：法国国家破产，意大利银行家破产

1652 年：第一次英荷战争爆发（英国攻击荷兰船只）

1666 年：第二次英荷战争（荷兰香料船队被破坏）

1672 年：法国/英国入侵荷兰的灾难年

1696 年：九年抗法战争期间英国政府债务危机

1705 年：西班牙对法国战争期间，出现英国危机

1720 年：英格兰的南海泡沫和法国的密西西比泡沫崩溃

1761 年：英国在与法国的七年战争中出现政府债务危机

1769 年：东印度公司股票大跌（孟加拉泡沫崩溃）

1772 年：伦敦和美国殖民地的信用危机

1783 年：独立战争后英美经济萧条

1792 年：汉密尔顿退还款项后，美国第一银行的繁荣与萧条

1797 年：土地投机泡沫破裂，银行因担心法国入侵而迁到英格兰

1802 年：英法之间的亚眠和平之后出现萧条

1807 年：杰斐逊的《禁运法》（限制与英国的贸易）

1812 年：美国和英国之间爆发 1812 年战争

1819 年：土地泡沫破裂，银行倒闭潮，美国第二银行收紧银根

1825 年：伦敦的新兴市场（拉丁美洲）泡沫破灭

1837 年：运河、棉花和土地泡沫破裂，银行危机

1847 年：伦敦铁路繁荣开始崩溃（在《银行宪章法》颁布后）

1857 年：全球市场恐慌，铁路泡沫，俄亥俄州人寿保险公司的失败

1866 年：伦敦盖尼公司破产，银行危机

1869 年：纽约黑色星期五，古尔德和菲斯克的黄金投机活动崩盘

1873 年：铁路泡沫，杰伊·库克失败，银本位危机

1877 年：铁路大罢工（在 1873 年发生恐慌后的通缩和减薪）

1884 年：纽约市国民银行收紧银根，纽约银行倒闭

1893 年：铁路泡沫破裂，银行倒闭，黄金储备不足，谢尔曼白银法案

1896 年：挤兑白银储备，商品价格下降，伊利诺伊州国民银行倒闭

1901 年：北太平洋铁路股份暴跌

1907 年：银行家恐慌（联合铜业公司暴跌，尼克博克信托公司破产）

1910 年：《谢尔曼反托拉斯法》实施（标准石油公司破产）

1913 年：第一次世界大战爆发前夜，欧洲黄金储备枯竭

1921 年：大萧条（1920～1921 年）；战争复员，收紧银根，严重通货紧缩

1929 年：华尔街崩盘／黑色星期二（20 世纪 20 年

> 智力分为三类：第一类是能认识事物本身；第二类是能通过别人的理解认识事物；第三类是既不能认识事物本身，也不能靠别人的理解认识。第一类智力最为优异，第二类次之，第三类则无甚用处。
>
> ——尼科洛·马基雅维利（Niccolo Machiavelli）

代繁荣开始崩溃）

1932 年：大萧条低谷，银行普遍倒闭

1938 年：新政出台后，货币和财政紧缩（罗斯福衰退）

1942 年：第二次世界大战美国参战

1948 年：美联储收紧货币，导致 1949 年的衰退

1953 年：美联储为应对 1952 年朝鲜战争后的通货膨胀，采取货币紧缩政策

1957 年：艾森豪威尔衰退（紧缩货币以应对通货膨胀）

1962 年：肯尼迪政府危机，古巴导弹危机

1969 年：尼克松经济衰退（采取货币和财政紧缩政策，应对通胀和赤字）

1974 年：石油危机（OPEC 禁运，通货膨胀和失业率上升，出现滞胀）

1979 年：能源危机（伊朗革命），保罗·沃尔克执掌美联储期间实行货币紧缩政策

1982 年：因能源危机美联储继续紧缩，墨西哥、巴西、阿根廷债务违约

1984 年：伊利诺伊州大陆银行倒闭

1987 年：黑色星期一（全球市场崩溃，投机热潮崩溃）

1990 年：海湾战争，1990～1992 年衰退

1994 年：龙舌兰酒危机（墨西哥比索贬值），美联储加息

1998 年：亚洲金融风暴（始于 1997 年），俄罗斯债券违约，长期资本管理公司崩盘

2001 年：互联网泡沫破灭，"9·11"事件，安然丑闻

2008 年：房地产泡沫破裂，全球金融危机，雷曼、

> 本质上我们并不存在获利了结；我们只是止损，因为获利了结就意味着干扰阻碍每个仓位都拥有的无限上涨潜力的发挥。我们的止损策略来自精准的模型判断，能够分析在任何位置上、任何市场条件下，止损对应的各种可能性和后果。这让我们能够按每种可能性分析得到期望损失，最终构建出最优的清仓策略。
>
> ——保罗·穆尔范尼

一切准备就绪。

AIG 等破产

2011 年：美国债务上限危机和信用评级下调，欧元区主权债务危机

2015 年：美联储零利率政策结束（量化宽松政策于 2014 年结束）

2016 年：英国脱欧公投

历史不会停滞，这张大事件年表还将连绵不绝地写下去。历史不会重复，但总是押着相同的韵脚。而金融的韵脚，正如 2004 年 2 月《经济学人》的评论所总结的那样：

> 全世界的银行下注的筹码都在扩张，这是因为银行的收益率在下降，只能通过不断扩张来赚取更多利润。目前的情况和长期资本管理公司崩盘时的情况别无二致……银行正走向"悬崖的边缘"。通过过去的金融危机我们可以看出，他们使用的风险管理模型低估了极端事件所带来的冲击，因为一旦极端事件发生，人人都会争先恐后地抛售资产……根据相关合规要求，当银行的持仓下跌，银行必须追加资金或者平掉仓位。这样一来，市场不可避免地会出现恐慌，而银行也必然选择平仓。当所有资金都在拼命出逃的时候，价格就会进一步下跌，然后要求投资者平掉更多仓位。这样的事情已经发生了很多次，造成了不少灾难性的后果……分析起来，这其中有诸多导火索：美元暴跌、油价猛涨，或者大的新兴经济体陷入困境。上述情形一旦发生，带来的连锁反应就可能是毁灭性的。[77]

2008 年金融危机，仿佛就是按照这个剧本演的。而

> 期权定价的想法如此简明而正确，它曾被严肃地对待，后来却被无知地滥用，成了人类思考的一根拐杖。
>
> ——伊曼纽尔·德曼（Emanuel Derman）[78]

且我们完全可以确信，这样的事情还会再次发生——尽管没有人能够准确预测出下一次金融海啸发生的时间。

长期资本管理公司的前法律顾问意识到危机还会不断上演："如果我们现在回顾长期资本管理公司破产事件，不难发现2008年的恐慌就是在重蹈1998年的覆辙。时过境迁，1998年和2008年的情况自然不同，但表现出的特征却是一样的。最糟糕的是，下一次的恐慌，还将重蹈1998年和2008年的覆辙。我们从中吸取不到教训。精英们只会每次都大搞救助计划而已——除非下次危机大到连救助都无能为力。"[80] 纳西姆·塔勒布在2016年11月更精辟地阐述道："从2009年开始，市场就像注射了局部麻醉剂一样。"

有一天，就像僵尸电影中的魔幻场景那样，可能会有某些人像亨特·S.汤普森那样，坐在那里低语："在这个猪的国度，任何猪都能在风口上飞——除了我们。我们不行，我们没办法跟猪一样。我们不一定赢，但至少不会彻底输掉。我们徒然留着残破的自我形象，也好过加入被恐慌驱动的羊群。"

学会享受趋势吧。你无法阻止它。

> 长期资本管理公司要是只有一位诺贝尔奖得主，或许还能幸免于难，但它有两位，因此注定会崩溃。
> ——弗雷德里克·汤森
> （Frederic Townsend）[79]

> 和第一个走路但却走错路的人相比，我更愿意做第二个走但走对路的人。对市场的反应比预测更重要。
> ——拉里·滕塔雷利
> （Larry Tentarelli）

总结

▶ 趋势跟踪者基本上在突发事件中都做出了对的判断。

▶ "这是多么惊人的进步啊！"

▶ 衡量风险价值（Value-at Risk）的模型只关注了波动，而没有衡量风险。

▶ "我所听过的对负面事件的描述，最糟糕的莫过于'百年一遇的大洪水'。不是吗？在座各位听过了多少次'百年一遇的大洪水'？从统计上讲，我们大概只能经历一次，但到现在我们差不多经历了七次。"(亨特·泰勒)

▶ "从哥伦布登上北美洲这片土地算起，1857年金融风暴的严重性超过了任何一次危机。越早意识到这一点，对美利坚人民越好。"(《华尔街年轻的美利坚》)

▶ "成功的股票交易法则，都是建立在以下命题的基础上：人们会在未来继续犯过去犯过的错误。"(托马斯·伍德洛克)

▶ "我考虑的是，如果有什么能突然咬到我们，那多半不是我们按照传统的思维方式能考虑到的事情。市场需要花一段时间去消化它。"[81](彼得·齐尔)

▶ "正常人绝对不可能加了100倍杠杆，然后在市场震荡时赔得精光，又反过来责怪这起偏离25倍标准差的事件。你要获得物理学博士学位才能说服自己做这样的蠢事。"(摩根·豪泽尔)

▶ "我们这个时代的诅咒是虚假的数学。对于那些研究数理逻辑方面的知识分子来说，它就像是虚假新闻一样：它滥用了统计和经济学模型来放大一个人政治上的偏见。经济学模型也有用处，例如用在民意调查上。它们能够为政策制定者和市场提供参考信息。但没有人能够以此看破未来的迷雾。"(沃尔夫冈·穆乔)

> 无论是好的决策还是坏的，公司每天都要做出决策。而宝洁恰好做了一次坏的交易决策。但如果只是帮宝适尿布的生产线出了问题，你也就不可能在听证会上听说了，不是么？[82]
>
> 当心灵处于不确定的状态时，最微小的驱动力也会决定它的方向。
>
> ——特伦斯（Terence）

| 第 5 章 |

跳出思维的界限

如何才能打出本垒打呢？我需要尽可能地挥棒，尽可能击中球心……你握棒握得越紧，你挥动的力度也就越大，球也就可能被击得越远。我会用力挥棒，用尽全力的那种。我有时能打个好球，但也有打不好的时候。但我喜欢这种尽全力的感觉。

——贝比·鲁斯（Babe Ruth）

奇怪的是，不同领域（无论是赌马、赌博还是投资领域）的先驱者全都强调这一点。我们把这称为贝比·鲁斯效应：尽管鲁斯也错过了很多好球，但他仍然是最好的棒球选手之一。

——迈克尔·J. 莫布森（Michael J. Mauboussin）[1]

体育分析，从本书第一版出版时就已经变得纷繁复杂了。在最近十年内，职业体育经历了一轮重塑，各种运动团体都争先恐后地改变他们的策略，以适应统计分析的新趋势。这并不是说他们改变了重大的比赛规则，也不是说他们在场地和设备方面有什么实质性的变化。这轮改变归根结底是一次非传统的变革，称为"棒球计量学"。[3]

如今，越来越多的专业运动团体都配备了分析部门或专职的分析师。运用数据驱动的方式来做体育方面的决策，这种思路流行开来，也影响了球迷，因为他们比过去接收到了更多的分析内容。现在已经有专门的网站分析和研究体育数据，例如FiveThirtyEight.com。数据分析能够在机构和运动选手之间建立更有效的"捕捉器"，将会影响高中、大学以及职业体育的方方面面。[4]

从我的角度来看，体育分析的演变，恰好能从侧面为交易者理解趋势跟踪提供一些启示。"棒球计量学"可以更好地让大家注意到数字的研究，而不是基本面的研究。

> 莱尼的头脑并没有问题——虽然只有那些疯子才会信心十足地认为，球能够达到每小时100英里的速度。"莱尼的棒球比赛按照他的计划完美地进行……他可以忘记任何失败，能从每次成功中汲取力量。他从来没有失败的概念。"
>
> ——《魔球：逆境制胜的智慧》[2]

棒球

棒球如今是我最大的爱好。我的棒球生涯从参加大学一年级的校联盟球队开始，我看过的棒球比赛不计其数。我儿时的一位朋友甚至还在20世纪90年代进了休斯敦太空人队40人名单。我们一起打了10年的棒球，从小学到高中，再到大学的暑假。我一直到今天都

> 挫败不致命，挫而不改才致命。
>
> ——约翰·伍登（John Wooden）

非常羡慕那些棒球明星的成绩，比如大卫·奥尔蒂斯在2016年最后一个赛季的比赛中（那时他40岁）打出了38次本垒打，48次双杀，127次打点，击球率0.315。简直所向披靡。

我喜欢棒球，也喜欢从数字的角度来看它。我知道在内在的某种层面上，棒球和趋势跟踪有共同之处。但是很多人几年前才终于注意到这两者的共同之处——那是因为约翰·W.亨利几年前买下了波士顿红袜队。

亨利在迈克尔·刘易斯的《魔球：逆境中制胜的智慧》一书中是这样将棒球和趋势跟踪联系在一起的："这两个领域（股票市场和棒球）都和信念、偏见有关。从某种意义上讲，你可以用数据来代替信念和偏见，这样的话，你就能更有优势。很多人认为在股票市场上，他们比其他人聪明，市场就像一个没有智商且反应迟钝的人。同样也有很多人认为在棒球中，他们比其他人聪明，他们只需要按照他们设想的状况玩就可以了。事实上，市场上的数据会比任何人自己的感觉或信念都蕴含着更多的信息。在棒球比赛中也是如此。"[5]

我们在之前就从业绩数据中看到，像艾德·斯科塔、比尔·邓恩、约翰·W.亨利这样的趋势跟踪者能够挥出关键的一棒。他们能在交易中打出本垒打。如果让他们来训练一只棒球队，他们定能成为巴尔的摩金莺队的前经理——韦弗伯爵那样的人物。韦弗曾经设计了一套防御体系，最大化本垒打成功的机会。他不打球，但是他能够挑出谁能上垒，谁能打出本垒打。[6]

艾德·斯科塔用了一个巧妙的比喻来解释他对绝对收益的看法："轮到你击球时，你不需要'对冲'你的

> 棒球界的专业人士普遍都有一种自满的倾向——就算那些聪明人也不例外——他们对数学上正确而严格的检验方法视若无睹，而这种现象并非个例。我很想知道，为何那些高管和俱乐部经理们，他们有一半的人都不想采用任何概率论上的方法……他们甚至从来就没想过去了解这些方法。
>
> ——恩肖·库克
> （Earnshaw Cook）

击球风险，你只需用力击球，而股票和债券的打法就是这样。"⁹ 如果你想要击球，就要用尽全力；如果没有打中球，那也没有关系。还有下一个球等着你。

贝比·鲁斯是纽约扬基队的英雄人物，也是棒球界的传奇，他靠着所创造的本垒打传奇而赫赫有名。但是，很少被提到的是，他也常常被三振出局。实际上，他的击球率也只有0.342，大部分时间也是返回休息区候场。鲁斯知道本垒打带来的收益会比三振出局带来的损失高。他这样总结自己的棒球哲学："每一次三振出局，都让我离本垒打更进一步。"

一位已经靠趋势跟踪赚了数百万美元的交易者——理查德·德里豪斯还补充道："典型的说法（常见诸金融媒体）是不要想着打本垒打，你应该靠多打安打一点点赚钱。我完全不同意。我认为大部分钱都是靠本垒打赚来的。但是，你需要有交易准则来防止你被踢出局。我的准则就是止损。我会试着降低我的损失，让盈利奔跑。"¹⁰

但是，大力击球经常会被视作鲁莽的做法。一位亨利的竞争者就曾说，约翰·W.亨利就是金融界的戴夫·金曼（Dave Kingman）。金曼是前棒球选手，以他的本垒打闻名，也以他的三振出局闻名。亨利觉得这样的评价是不公平的："我做交易有20年了，每次行情一有变化，就会有人说我应该改变我的方法了。但每次我们经历了一段收益不太好的时光后，接下来我们的收益都相当好。"¹¹ 亨利超过几十年的业绩表现，更像金融界的戴夫·金曼。让我们来看看贝比·鲁斯和戴夫·金曼的击球统计（见表5-1）：

> 生活是变动的，它无法保持不变。
>
> ——约翰·W.亨利⁸

在吉姆·迪玛里亚跟随传奇交易员理查德·丹尼斯之前，他就已经在棒球的统计学中领悟了重要的交易原则：得分最多的选手靠的是本垒打，而不是靠持续安打。"这个道理在交易中也同样适用。持续赢利是我们应该争取的，但这并非最优解。交易是一场需要等待的游戏。你在市场中，等待着，然后一下子赚一大笔。利润往往是一茬一茬的。交易的秘诀是，在本垒打之间正常发挥，在没有本垒打的时候损失不要太大就好。"[12]

"什么样的人能赚大钱？"这个问题的答案就是"像约翰·W.亨利这样的人"。亨利这类数理怪才，习惯于在不确定的环境下，运用统计来做决策和分析。

——迈克尔·刘易斯[13]

表 5-1　贝比·鲁斯与戴夫·金曼的对比

	贝比·鲁斯	戴夫·金曼
击球	8399	6677
击中	2873	1575
上垒	2174	901
本垒打	714	442
击球率	0.342	0.236
长打率	0.690	0.478

看看他们的长打率，你会发现金曼完全不能被看成是伟大的本垒打选手。而亨利的业绩，则是一贯优秀——他有出色的"长打率"。（当然，很多人异想天开的是：只有本垒打，没有三振出局。）

为了更好地说明这一点，让我们来看一个更通俗的例子：蓝领工人乔和企业家的故事。乔每两周领一次工资，十分规律。从胜率这个角度来说，乔相当厉害：他每个小时的工作都得到了相应的回报，100%的胜率。他有稳定的工作和稳定的生活。但是他的安全感其实是一种错觉，他的薪水会受到当地的经济、行业，甚至是工厂经营者的影响。他的收入不会太高，能满足他的生活所需，但也仅仅如此而已。

相比而言，想想一位企业家或者趋势跟踪者的情况。他们的收入相当不规律。他付出了汗水和辛苦，但可能数月，有时甚至数年都没有任何回报。总之，他的胜率说起来是很惨的。他做出的10个交易的构想，可能有7个都泡汤了，无法付诸实践。剩下3个中的2个都在1年内失败了——还耗费了大量的时间、金钱和努力。但是，我们不必替这位企业家或者趋势跟踪者的损失难过。他对他的工作充满热情，他掌握着自己的命运,而他在最后那个想法和交易中能把几百万美元都赚回来。

比利·比恩

著名的体育经纪人利·斯坦伯格是这样评价比利·比恩(Billy Beane)的:"球队在赛事中获胜是由管理者、前台、教练共同决定的。在决策时,比如选人、指导、培养、教练这些阶段,一般的做法都是跟着感觉走,或者是遵循惯例。但比利·比恩出现了,他做了奥克兰运动家棒球队的经理。"[15]

比恩他们没有高级的体育馆,也没什么钱。实际上,他这支球队的薪资总额都赶不上纽约扬基队的零头。但是,他的球队后来成了最顶尖的球队之一,打进了好多次季后赛。

比利·比恩的棒球哲学,将那些过去棒球界的陈词滥调,比如天赋、性格、团队默契等因素,都扫进了故纸堆。在"棒球计量学"背后有一位天才的机械工程师,叫伊恩肖·库克(Earnshaw Cook)。他在20世纪60年代初用整理出来的棒球数据,推翻了过去对棒球的认知。但是,当时他把数据呈给球队的管理者,那些管理者并不待见他。后来库克写了一本书,叫《棒球百分比》,这本书就是建立在颠扑不破的统计学基础上的。[16]

如果你进一步了解比恩的棒球方法,你就会发现,他把精算的分析方法用于计算球员能进大联盟的概率上。并且,在选拔球员时,他只相信统计上的事实。比

> 当约翰·W.亨利买下波士顿红袜队时,他懂得将优秀的管理和科学结合才是运营一只大联盟棒球队的最佳方式。亨利作为一名趋势跟踪者,这么多年来已经把市场玩透了。
>
> ——迈克尔·刘易斯[14]

> 当我提笔时,我想的是我要能证明X是件蠢事,把它写下来,那么大家也就不会去做X了。但我想错了。
>
> ——比尔·詹姆斯
> （Bill James）

如说，如果你的球队出现了很多失误，但是能打出很多本垒打，那同样也能在棒球赛中获胜。比恩希望的是，他的团队里有能打出本垒打的人，而不是只会打安打的球员。[19]

比尔·詹姆斯

伊恩肖·库克将统计方法引入棒球，而比尔·詹姆斯（Bill James）则将其发挥到了神乎其技的地步。詹姆斯把"棒球计量学"定义为"研究有关棒球的客观知识的科学"，意味着他想要棒球计量学回答的是"客观事实"——比如"红袜队的哪位球员在进攻方面贡献最大？"或是"肯·格里菲在明年会有多少次本垒打？"这样的问题。至于那些主观的问题，虽然重要，但不在棒球计量学的研究范围之内，例如"你最喜欢的棒球运动员是谁"或者"这是一次很棒的比赛吗？"[20] 我们的认知会被情绪偏差所误导，而棒球计量学正是要挑战我们的认知。[21]

詹姆斯在他1981年写的《棒球概述》一书中，将传统的体育写作和棒球计量学进行对比，说明了棒球计量学的独特性：

1. 体育写作基于能收集到的证据，通过筛选、组织，最后强行得到一个最开始就已经明确的结论。棒球计量学则是从原始数据中挖掘未知的信息和新的证据。[22]

2. 体育写作中的分析只符合当前的情况；棒球计量学则是设计方法，不仅适用于目前的情况，也适用于同类的其他情况。体育报道说某个球员比另外一个球员优

在欧洲有一些投资经理，他们掌管着数百亿的资产，20多年来都等着我失败。对于依靠数据和量化公式就可以在市场中获得成功的做法，他们有着天然的抵触。然而如今，他们和20多年前笃定我会失败一样，笃定我必定能从数据分析中获得成功。我当然还算不上是传奇，无论是在华尔街还是在其他地方。比尔·詹姆斯倒是一个传奇，既然他已站队，我想现在棒球界对他的天然抵触要愈演愈烈了。

——约翰·W. 亨利[17]

亨利清楚的是，他用在交易上的统计方法，同样也能够用来改造一支棒球队。"这两者相当类似，'量化'用在了赚钱的地方。"[18]

秀，是因为他多了 20 个本垒打，10 次双杀，40 次保送球，而这些比另外一个球员的 60 次长打、31 次盗垒等更重要。然后多半会再讨论一下他的防守，要是这些都不能得出明确结论，那就把优秀归因于团队领导力吧。如果现在又要讨论另一个球员 C，那又可以写一篇新文章了。而棒球计量学看重的是公式、统计原理、基于关系的理论，这不仅适用于某个球员，而且适用于任何球员。[23]

3. 体育写作的分析通常先选定了立场和角度，而棒球计量学则是从事件本身出发。在体育写作的分析中，出现得最多的要数漫无目的、不顾逻辑的瞎扯——赛扬奖之于迈克·诺里斯、MVP 之于里奇·亨德森、名人堂之于吉尔·霍奇斯，谈到其他球员，也都能扯上一番他们如今成就的缘由，最后再喊喊"让我们全力以赴吧"之类的口号。他们的分析基本上是相互对立的，最成功的体育作家就是能最有效地推销自己立场的人……而棒球计量学从本质上讲是反情绪化、反直觉的。体育作家想当巧舌如簧的律师，而棒球计量学家则是想当公正无比的法官。[24]

而主流观点接纳趋势跟踪和棒球之间的联系，则是约翰·W.亨利聘请比尔·詹姆斯当管理者的时候的事了。詹姆斯本是棒球界的局外人，他靠以数字为基础的独特理念，将亨利的红袜队经营得蒸蒸日上。但詹姆斯离经叛道的观点，让很多以前的棒球界专业人士很难接受。例如，他对扬基队前助理教练唐·齐默尔毫不客气地评价道："像唐·齐默尔这样的和尼安德特人差不多的笨蛋，我看他不仅喜欢在赛场上被别人痛击，而且他简直就是被雇来干这个的。"[25]

> 市场的本质是趋势。生活的本质也是趋势。
>
> ——约翰·W.亨利[26]

> 我感觉在过去这些年里有所增益，因为我搞清楚了几件事：趋势是生活本身的一部分，而我无法完全理解任何趋势。因此，任何投资决策都应该基于那些可以测量的值，而不是基于预测或者感受。
>
> ——约翰·W.亨利[27]

> 近25年来，棒球场上一直有一场很大的争论。争论的基本问题是：如何评价一位球员？大部分时候，球队经理人都是按照过时的方法来评判——用他们的眼睛、秒表、雷达枪，按照19世纪的那套挑选规则来评价球员。他们的脑海中想的是："他能跑多快？他能掷多远？他平均击中多少球？他看起来像大联盟明星吗？"而另一边，则是以比尔·詹姆斯和皮特·帕尔默为代表的统计分析派，他们只有屈指可数的几个人（"极客"，棒球界的局外人，以及极少的球迷）支持他们。
>
> ——托马斯·博斯韦尔（Thomas Boswell），《华盛顿邮报》[30]

棒球界的人对比尔·詹姆斯也没有什么好感。"他就是个满脸胡须、又矮又胖的家伙。他脑子里空空如也。"这便是名人堂的明星经理人斯帕基·安德森对詹姆斯的评价，虽然詹姆斯既不矮也不胖。[28]

抛开詹姆斯的个人特质不谈，实际上约翰·W.亨利很清楚，棒球队的玩法一定要改变。亨利认定，棒球界太强调各种和运动能力有关的棒球术语，而对球员表现关注不够。奥克兰运动家队后来用棒球计量学取得的成功，足以证明亨利的观点。"马林斯队挑的是田径运动员，而运动家队才是在挑棒球选手。"[29]

亨利和詹姆斯认为，造成这种现象的部分原因，是棒球界老一代的人对运动天赋的重视，胜过了对真正能得分的能力——击球、爆发力、行动纪律的重视。你是愿意选一看就是体育健将的人，还是选数据上最好的人呢？对亨利来说，无论是在趋势跟踪上还是在棒球运动中，他都只追求"得分"这种能力："这两个领域（股票市场和棒球）都和个人的信念、偏见有关。从某种意义上讲，你可以用数据来代替信念和偏见，这样的话，你就能更有优势。很多人认为在股票市场上，他们比其他人聪明，市场就像一个没有智商、反应迟钝的人。同样也有很多人认为在棒球中，他们比其他人聪明，他们只需要按照他们设想的状况玩就可以了。事实上，市场上的数据会比任何人自己的感觉或信念都蕴含着更多的信息。在棒球比赛中也是如此。"[31]

用数据说话

在 2003 年美国联盟冠军系列赛中,第 7 轮第 8 场是波士顿红袜队对抗纽约扬基队,红袜队派了佩德罗·马丁内斯上场,这件事至今在红袜队中仍颇有争议。当时,佩德罗投完球,遭到扬基队三次夹杀,最终扬基队赢得了比赛。红袜队教练格雷迪·利特因为这次惨败而备受谴责,很快就引咎辞职了。很多人觉得他只是被当作了替罪羊,因为换作其他人也会这么决策的。毕竟,佩德罗当时是红袜队的王牌,他当然要用他的王牌。

在当时的情况下,佩德罗 10 次投球中 9 次就能赢第 8 场。毕竟,一般的投手在一场内失掉 3 分的概率是很低的,况且佩德罗还是投球明星。然而,最终的数字说明,让他上场绝对是一个错误的决定。在 105 次投掷之后,他的对手安打率升至 37% 左右;7 场比赛下来,投掷了 123 次。

格雷迪·利特被解雇的原因可以从数字中看出:

> 格雷迪不是一个懂统计的人,他头脑比较简单。他是靠感觉走的老派经理人,根据不完全的信息做决定。很多棒球队已经在用计量和统计的方式进行决策,而格雷迪还在用老办法——差距在 2003 年美国联盟冠军系列赛中就体现出来了,第 7 轮第 8 场格雷迪还让佩德罗继续投球,而很多人都判断佩德罗在投完 100 次后就会被换下场。在他投完 105 次之后,击出安打的比率高达 36.4%——就连扬基队的托尼·克拉克都能杀掉他的球。[33]

> 各个领域都是这样:既得利益者需要维持现状,也就不要求你学什么新东西。
>
> ——罗伯特·奈尔
> (Rob Neyer)[32]

> 在出版《魔球：逆境中制胜的智慧》这本书的过程中，我也学到了一些东西。我学到的就是：如果你看的时间足够长，你就会发现对理性的争论从未停止。
>
> ——迈克尔·路易斯[34]

一位对数字敏感的骨灰级棒球迷——斯蒂芬·杰伊·古尔德（Stephen Jay Gould）从侧面解释了为什么格雷迪会让佩德罗继续投球：

大家都知道运气这种东西，但问题是，运气根本就不存在。斯坦福的心理学家阿莫斯·特沃斯基研究了费城76人队超过一个赛季的投篮数据。他有如下发现：

第一，投中一球之后，再次投中的概率并不会因上一次投中而上升；

第二，连续投中是随机事件，它并不比任何的随机事件或者是掷硬币更容易预测。

当然，波士顿凯尔特人队前锋拉里·伯德的连续命中率肯定比一般球员高——但这并非因为他运气十足，或者有什么魔力。伯德能连续命中多次，是因为他的平均命中率更高，随机地来看，他的连续命中也更高了。如果伯德的命中率为60%，那么每投13次球，他就有可能出现1次5球连续投中（65%的概率）。如果其他一个命中率只有30%的人来投，那大约要投上412次，出现1次5球连中的概率也才只有30%。换句话说，连续命中不需要什么理由，也不必描述成"勇往直前""百折不挠"这样的"英雄神话"。你知道一个人的平时表现，就可以推断出他连续命中的概率。[35]

斯蒂芬·古尔德的朋友——埃德·珀塞尔（Ed Purcell），是诺贝尔物理学奖的获得者，他进行了一些棒球连胜方面的研究。他的结论是，棒球中进球的频率是和"掷硬币"一样的随机过程。连胜或者连败多少场是随机排列的，与运气无关。[36]

如果格雷迪·利特一开始就注重数据和统计，红袜队就不用等到2004年才最终赢得世界杯冠军了（2007年和2013年他们又两度获得了冠军）。事实上，2016年世界杯是芝加哥小熊队与克利夫兰印第安人队争夺冠军——而这两个队分别由西奥·爱泼斯坦（Theo Epstein）和特里·弗朗科纳（Terry Francona）管理，正是两个人帮助约翰·W.亨利赢得了2004年和2007年世界杯。10年前有一种反对数据和统计的说法是，它会让棒球变得无聊，但事实却是，2016年的季后赛却令人兴奋不已。之所以会这样，正是因为这些团队的运作方式改变了。另外，芝加哥小熊队赢得了世界冠军，这是他们108年来首次夺冠——这样的数据难道不激动人心么！[38]

这种改变不仅出现在棒球运动中。自从比利·比恩发明了使用统计进行预测的方法以来，美国职棒大联盟的每个团队都在一定程度上模仿了这种方法。另外，美国职业橄榄球联盟（NFL）也聘请分析主管，而NBA则引入了有关球员表现分析的先进技术。[39]

看看NBA勇士队史蒂芬·库里（Stephen Curry）的三分球，你就能理解运动界的改变了。"真正有趣的是，有时在风险投资和建立初创企业时，我们会发现世界上很多被普遍认可的方式可能是错的，"一家硅谷风险投资公司的长期合伙人乔·拉科布（Joe Lacob）这样说道，"过去的职业篮球赛，也从来没有人以三分球为重心来建团队。"[40]

在金融领域，拉科布自担任合伙人伊始，就非常重视数字，他们对数据的研究颇有洞见。而在篮球领域，勇士队对数据的研究则放在了三分球上。NBA球员在23英尺㊀

当格雷迪·利特让佩德罗继续在第7轮第8场比赛中对阵扬基队时，他就应该知道为什么红袜队会在第二个赛季后解雇他。赛后，利特解释了他为什么这么做（不管他说什么，他的行为让扬基队最终获胜）："在训练中，佩德罗一直都很投入。当他告诉我他完全能够继续战斗，我就知道他就是我想要的那个人。这与我们过去两年所做的没什么不同。"但实际上，统计数据展现的事实恰恰相反。佩德罗在他的29场常规赛开赛中仅5次进入前8名，他此前100次投掷也并没有取得很好的成绩。实际上，在2003年期间，佩德罗投掷了105次，而对手的击球率上升至了0.139。这些有力的证据表明他的能力持续变弱。大多数人都清楚，让佩德罗上场情况会更糟——红袜队的电脑系统也清楚。[37]

㊀ 1英尺＝0.304 8米。

> 杰克·兰伯特作为替补后卫，是没法上场的……原定派上场的是他们后卫主力，是他们防守的灵魂人物……但因一系列原因，那个人去了米克·贾格尔的球队；他成了石头队在巡回赛中的后卫，而兰伯特成了爱国者队中路后卫的首发。如果没有发生这件事，兰伯特可能永远没有机会上场——而现在，他已经是名人堂球员了。赛场上有时会出现一些突发情况，在这些情况下，一旦一些球员获得了机会，他们就会成为像汤姆·布兰迪斯一样的明星——任何人都无法阻止他们——楼·格里格就是这样的人。[44]
>
> ——比尔·贝里希克

处的投篮命中率与在 24 英尺处的投篮命中率大致相同。但是由于这二者之间存在三分线，所以这两种投篮的价值完全不同。在 23 英尺处的投篮命中的平均得分仅为 0.76 分，而在 24 英尺处的投篮命中的平均得分为 1.09。勇士队看到了这个机会：通过在投篮前向后移动几英寸，篮球运动员可以将自己的回报率提高 43%。[41]

这种分析方式已经在各种数据分析中得到广泛运用，它们强调的是"过程"分析。在击球、安打、全垒打、三分球命中等方面，都已经做得很好了。而新一代的数据分析，还希望能够理解这些结果是如何产生的，甚至可以分析运动员大脑皮层活动的微观层面。[42]

但是，每一步发展都需要和传统做斗争。纽约大都会队经理特里·科林斯（Terry Collins）在 2016 年初说：

> 我不知道今天还有多少像我这样的"老人"可以参与到运动赛。它已成为年轻人的游戏，你想参与其中，就得搞懂其中的所有技术。我不擅长数据，也不喜欢这种玩法。我不喜欢每天坐在那里，看着各种数字来预测谁能成为出色的球员。各式各样的数据，什么 OPS、GPS、LCS、DSD，你靠这些能说出哪个球员好吗？这简直就是笑话。以上是我的想法，我没觉得自己哪里错了。[43]

不看数据，过分自我，最终会害了自己。

总结

- 根据概率来思考，从中发掘优势，是棒球运动和趋势跟踪者的共同法则。

▶ 我很敬佩那些身在体制之内，还依然能勇于对抗传统的人。外人很容易说出自己的想法，因为这不用承担什么后果。但如果你身在体制内，你要想说出'我认为传统的做法是错的，我不这样做'就难多了，因为你需要承担新方法失败的风险。在我看来，正是这样的人让世界变得更好；相比起来，那些站在岸上冷嘲热讽的人，他们则是让这个世界变得平庸的帮凶。（比尔·詹姆斯）

▶ 统计数据是棒球的命脉。还没有其他任何一项运动，能让球迷如此孜孜不倦地研究数据。棒球的吸引力就在于，球迷能以令人信服的数字来支撑自己的观点、想法，而且随便一个学过除法的棒球男孩都可以计算击球率。（伦纳德·科佩特）

▶ 对统计充满热情是有识之士的共性。（保罗·费舍尔）

▶ 认知心理学告诉我们，未经训练的人类思维容易受到许多谬论和错觉的影响，因为它依赖于记忆生动的轶事而不是系统的统计数据。（史蒂芬·平克）

▶ 我只关心一周内从 0 到 1 的进展。畅谈未来很容易，但这毫无用处。（杰米斯·温斯顿）

棒球计量学可以说是数学界和运动界的一次"世纪联姻"。[45]

真理存在于思想之中，而非眼睛之中。
——阿尔伯特·爱因斯坦[46]

| 第6章 |

趋势跟踪与行为金融

> 人性从未改变。因此,股票市场也不会改变。战争、灾难、科技会变化,但市场本身不会改变。人性不变,而市场是由人性驱动的——它不靠理性、不靠经济、也不靠逻辑。是我们的情绪驱动市场,正如它驱动这个星球上的大多数事情一样。
>
> ——杰西·利弗莫尔(1940)

> 由于交易的技术性,我们对于法国股票市场或者德国债券市场上的那些金融专家并不感兴趣。我们的交易不需要庞大的基础架构,也不需要哈佛的MBA或是高盛的专家支持……我不希望切萨皮克资本的成功建立在个别天才的基础上。它应该是交易系统的成功。基本面分析并不是坏事,但它对交易百无一用。真正的基本面总是未知的,而我们的系统不需要人为的判断。
>
> ——杰瑞·帕克[1]

就趋势跟踪而言，对人们行为的理解和观察，与对价格走势、行情变动、仓位控制的理解和观察是同等重要的。理解人类行为，以及人类行为如何与市场关联的学科，通常被称作行为经济学或行为金融学。这门学科诞生于古典的金融学理论（有效市场理论）与现实相背离的背景下。古典理论基于这样的假设：人是理性的，他们有相同的价值取向和信息，他们做的决策都是理性决策。

但与理性假设相反的是，趋势跟踪策略在价格趋势持续的基础上才有效。如果价格一开始并没有对好或坏的消息做出反应，那么趋势就会持续下去，直到基本面的信息在价格中反映出来为止。当投资者出现羊群效应时，趋势可能持续得更久。羊群效应会让价格过度反应而偏离基本面。当然，所有的趋势最终都会结束，因为对内在价值的偏离不可能永远持续下去。[3]

换句话说，人们是相当不理性的，他们觉得自己在做理性决策，但却几乎从未这样做过。这并非我的一己之见。我曾有幸采访到行为金融学和行为经济学方面最顶尖的学者，包括诺贝尔奖获得者丹尼尔·卡尼曼（Daniel Kahnema）和弗农·史密斯（Vernon Smith）等人，这正是从他们那里了解到的看法。

他们在学术界的贡献数不胜数：证实偏见、沉没成本、可得性偏差、注意偏见、频率错觉、锚定、对比效应、聚类错觉、样本规模不敏感性、概率忽视、逸事谬误、晕轮效应、组内偏见、知识诅咒、透明度错觉、后见之明……这个列表可以列出数百个名词。

我相信你一定能注意到，这些顶尖学者的发现和趋势跟踪的思想如此相似：他们的成果可以说就是趋势

> 找到简单有效的方法，比找到愿意践行它的人要简单得多。
>
> ——杰森·罗素[2]

> 有一句印度的箴言是这样说的："世界是我们的倒影。"当你看到世界时，你会对你周遭的环境感到厌倦吗？如果是，那就从改变你自己开始。你自己是什么样，你看到的世界就变成什么样。成为你想成为的人，你就可以在生活中吸引到你想要的。爱自己，是收获生活中的快乐和富足的最快的方式。
>
> ——查尔斯·波利奎因（Charles Poliquin）

> 历史不会重复，反正人们会忘记历史的。无论市场出现过多少次泡沫，投资者和他们的理财顾问，都会把当前这一次当成是全新的一次，甚至说这简直是"新纪元"。而另外一些包括我在内的人，已经看透了人性：他们永远也记不住历史的教训。[4]

> 要成为一名好的交易员，你需要擦亮眼睛，看清楚真正的趋势和反转在哪里，而不要在后悔和祈祷中浪费时间与精力。
>
> ——亚历山大·埃尔德
> （Alexander Elder）

跟踪策略的学术化。目前，我还没有看到有人能用一套方法论彻底解决有效市场理论的缺陷，在获得学院派认可的同时，还能有收益回测的证明——几十年来都没有。

前景理论

投资泡沫已然是人类金融史的一部分。在17世纪的荷兰，投机者把郁金香球茎的价格炒到了相当荒唐的程度：一些球茎的价格甚至比房子的价格还高。随之而来的就是不可避免的崩溃。从那以后，无论是大萧条还是互联网泡沫，再到最近的2008年金融危机，投资者从来都控制不住投机的狂热。他们重复地犯着相同的错误。

丹尼尔·卡尼曼是第一位获得诺贝尔经济学奖殊荣的心理学家，他的贡献在于发现了市场狂热的原因之一是投资者对于市场掌控的幻觉，这也被称为"前景理论"。他研究了投资者的心理，观察他们是如何衡量输赢的概率以及如何计算风险的。他的研究证实：人们习惯于根据错误的认知做出判断，这比他们自己以为的要多得多。

卡尼曼和他的合作伙伴阿莫斯·特沃斯基发现，大部分人都会基于小样本信息做出泛化的预测。例如，假设你买的基金连续三年跑赢大盘，你就会确信这只基金接下来还要涨。人们找到少数的证据作为佐证后，就会不由自主地将结论泛化。他们不关心这些证据在多大程度上描述了现实，只要有这些证据就够了。[5]

卡尼曼和特沃斯基进一步发现，一般人非常厌恶损失，而为了避免损失，他们会做出诸多非理性的决策。这有助于解释为什么有的投资者会太早卖出获利的仓位，但不愿意在亏损时及早平仓。人性倾向于相信赢家不会一直赢下去，而亏损也总有反弹的一天。[6]

趋势跟踪者在设计策略时就清楚，如果不及时止损，不在损失还小的时候退出，损失最终会变成交易的毒瘤。你面对损失时越挣扎，越无法接受它，未来它就会变得越难处理——如果到那时你还没破产的话。问题是，接受损失就意味着强迫人们承认自己的决策是错的，而人是绝不愿意承认自己的决策是错误的。

> 知人者智，自知者明；胜人者有力，自胜者强。
>
> ——老子[7]

投资者最大的敌人就是他们自己。为什么会这样呢？让我们先从沉没成本讲起。所谓沉没成本，就是指已经发生且无法收回的那部分成本。沉没成本是追不回来的。理解了沉没成本，你就能理解到底"损失"是什么。

沉没成本不应该影响我们此时此刻的决定，但人们却很难忘掉它。例如，股票下跌时，一位看多的投资者可能会买得更多，因为他最初的判断就是"我要买！我是对的！"这位投资者可以自豪地说："我在更便宜的点位买到了股票！"但是，如果股票价格并未上涨，那么他的决策就是错误的，只会造成更多的损失而已。

"让损失最小"是趋势跟踪者践行的法则。但是，市场上有太多交易者在必须处理沉没成本时，他们的心态都是矛盾的。尽管他的理智告诉他损失的钱是拿不回来的，他应该重新开始，但他的情绪会让他继续活在过去，担心他已经沉没的损失。

卡尼曼做过一次实验，他用 10 美元的电影票展示了我们在面对沉没成本时的非理性。卡尼曼挑选了两组学生。他让第一组学生想象到达电影院时发现自己的电影票丢了，学生需要决定"是否要付 10 美元再买一张电影票"。对第二组学生，他告知他们正在去电影院的路上，但是预先没有买票，当他们到达电影院时，发现自己丢了 10 美元，他们需要决定"是否要付 10 美元买一张电影票"。在这两种情况下，学生面临的问题在本质上都是一样的：你是否愿意花 10 美元看一场电影？在第二组中有 88% 的人（丢失 10 美元的那组）认为他们会选择买票；然而，在第一组中，绝大部分丢了票的人把注意力集中在沉没成本上，他们会以另外的视角来看这个问题：我愿意花 20 美元看一场电影吗？只有 46% 的人认为他们愿意。[8]

在市场上，你可以发现许多行为和趋势跟踪恰恰相反，这些行为必然会导致亏损。这些行为包括：

> 大多数人都是被外界的因素所驱动的，例如不菲的薪水、光鲜的职位、所带来的社会地位等。相比起来，那些真正有领导力的人，他们是被内心对成就感的渴望所驱动的。
>
> ——丹尼尔·戈尔曼
> （Daniel Goleman）[9]

▶ **缺乏规则**：成功的交易需要知识的积累和敏锐的洞察力。许多人宁愿从旁人那里道听途说，也不愿意花时间接受交易方面的训练。他们常说的就是福克斯·穆尔德（Fox Mulder）在《X 档案》中所说的那句台词："我选择相信！"

▶ **缺乏耐心**：很多人有"赌一把"的欲望，这可能是由于肾上腺素的刺激或者是赌徒心理作祟。好的交易需要耐心和客观的决策，而不是沉溺于交易的快感。

▶ **缺乏客观性**：不能控制情绪，会让投资者在市场上输得很惨。他们好像要和看好的股票"联姻"一样，但他们却没有婚前协议。

- 贪婪：有的交易者试图抄底、摸底，希望能够找准时机赚到快钱。他们被快速获利的欲望蒙蔽了双眼，看不到真正获利所需要的努力。

- 拒绝接受现实：人们不愿意相信的是，价格趋势才是真相。他们按照基本面因子进行交易，最终不可避免地赔了钱。

- 行为冲动：赌徒经常会因为看到报纸上的消息而冲进市场。但是，当新闻刊登出来时，市场行情早已有所反映了。如果你认为单凭比别人行动得更快就可以打败其他人，那等待你的只会是无尽的失败。

- 无法聚焦当下：你不能花太多时间去思考诸如"如果赚了钱，未来要如何花"这样的问题。如果你是为了花钱而赚钱，你就无法达成真正的目标。

- 在类似的情形下犯错：即使市场在 1995 年或者 2005 年发生过类似的情形，也并不意味着今天类似的情形会对应同样的结果。

如果你想通过预测市场来掌控未来，那你必将处于持续的、不确定的状态之中。科学家研究了长期的不确定性对人类的影响，他们的结论是：我们在面对威胁的时候和其他动物无异——会陷入"战斗或逃跑"的选择模式。很多人不喜欢这种宿命论的断言。

人和动物所处的环境不同，动物面临的威胁往往很快就会消除，但我们的生活却总是充满压力，有些压力

> NLP 是神经语言程序学的缩写。这个名字听起来很高科技、很抽象，但实际上它是很形象的。神经就是指神经科学。我们的神经系统包括 5 种获取感知的能力：视觉、听觉、触觉、味觉和嗅觉。语言就是指我们运用文字和短语来表达自我的能力，包括用我们的肢体语言进行表达的能力。程序，则是指我们的思考、感官、行动都像电脑程序那样。我们改变这些程序，正如修改或者升级软件，我们能因此改善在思考、感知、行为以及生活方面的表现。
>
> ——查尔斯·福克纳[11]

甚至会一直存在。根据神经系统科学家罗伯特·萨波斯基（Robert Sapolsky）的研究，人类和其他动物不同的是，人类会自己制造心理压力。"对这个星球上99%的动物来说，压力情绪维持预警状态只有3分钟左右，在这之后要么威胁已经消除，要么动物已经死了。而我们人呢，竟然能够承受30年住房抵押贷款的沉重压力！抵押贷款虽然不构成对生命的威胁，但是它的持续时间远超3分钟。50年后，世界上最大的公共健康问题将是抑郁症。"[10]

如果交易者对损失毫无防备，那么遇到损失就一定会很沮丧。他们会责备各种外部的事件，而绝口不提对自己的行为负责。他们关注一切，却唯独不关注自身。他们不理解自身行为的情绪化动机，只追求那些花哨的分析而拒绝真正的思考。这样的交易注定是徒劳无功的。

> 胖子、酒鬼和蠢货，是没有办法安度一生的。
> ——迪恩·沃尔默（Dean Wormer）[13]

另外有一些人，他们想要很多钱，但是承认这一点却让他们感到有负罪感。他们就算已经有了很多钱，但仍然想得到更多，因而心里的负罪感就更多。如果你是这样的人，那么让我们停下来先想一想，交易的动机到底是什么。如果你做交易不是为了赚钱，那就不要做交易，去做点其他的没这么大压力的事。钱本身没有好坏之分。钱就是一种工具——无所谓多，无所谓少。

艾恩·兰德是这样评价金钱的，他的态度可以说是公正而理性的：

你认为钱是万恶之源吗？那你想过钱的源头又是什么吗？钱不过是交易的工具，先有了商品生产，然后才有了钱。钱是人们进行等价交换所需要的一种媒介。钱不是行乞者的工具，钱的产生并不是为了交换眼泪，钱也不是强盗的工具，钱的产生并非为了满足抢劫的需要。钱的产生是为了人们的生产。你认为这是罪恶的吗？[12]

按照经济学原理，人类对待金钱的行为应该遵从理性的原则。人们应该不会为名表的品牌溢价支付过多的钱，但他们却总是这样做。他们应该在财富和金融资产方面做出最大化的选择，但他们却不是这样。

如果人们在金钱方面是理性的，为什么还有人要透支信用卡，并为此支付25%的利息，而不用储蓄还清债务呢？为什么有人还要花时间去研究新出的汽车和厨房设计，却不愿花时间在投资上，宁愿听信理财顾问的话来处置自己的退休金呢？"认知失调"可能在这样的非理性决策中起了很大的作用，很多问题其实都来源于深层次的原因，如无意识的信念等。举例来说，一个交易者在孩童时代如果受到了圣经的影响，相信"有钱人不可能上天堂，就像骆驼不可能穿过针眼一样"，那么这样的潜意识就会影响他们的信念。这种想法会深深扎根于思想之中……但如果有道德的人都认同"钱是坏的"，那么还有谁会去挣钱呢？[15]

而像大卫·哈丁这样的趋势跟踪者，他对风险的思考是深入骨髓的。在剑桥大学读书的时候，他就组建了一个专业分享会，帮助别人从数学的角度理解风险。而如何从数学的角度去理解和评估事情发生的概率，这样的问题一直以来都存在。例如：

> 自我认知的关键：
> 1. 知道自己想要什么。知道自己是谁，而不是你认为你应该是谁。自我意识会给予你滋养灵魂和信念的真正能量。
> 2. 知道你要付出什么。你需要明白任何选择都有得有失。人们经常以为，如果他们足够聪明，就不需要经历任何挫折。但任何一条你所选择的路，都必定有你不想经历的部分。
> 3. 愿意付出代价。人们总是试图寻找不用付代价的选择。但任何选择都有代价，我们需要决定我们愿意付出的代价是多少。[14]

> 如果一个人总是热衷于满足身体的快感，他就很容易感到失落。因为他的终极目标就是享乐，这样的目标必定是短暂而容易实现的，否则获得满足的麻烦就会大于满足本身了。因此，他们的行为模式就会倾向于急躁、暴烈、经不得风浪。让这样的人保持坚持不懈的精神，还不如让他们去死算了。
>
> ——阿历克西·德·托克维尔 [16]

- 俄罗斯前间谍亚历山大·利特维年科（Alexander Litvinenko）因辐射身亡后，在他在伦敦曾到过的各个地方都发现了钋-210。从统计学上讲，以后去那些地方的人因辐射身亡的概率有多少？
- 一名看似健康的女性被判定有患乳腺癌的风险，建议进行乳房切除术。她应该这样做吗？
- 一个人必须穿过一条主路才能到达商店。他应该直接走过马路，还是改走过街天桥？
- 对我来说，今天投资某只股票是不是明智的决策？推迟到以后再投资，是否会大大提升未来的收益？
- 一个29岁的男人在认识了他的女友3年后，决定与她结婚。他在之后遇到一个更合适的伴侣的机会是多少？

正如上面这些例子所展示的，在诸多情形（甚至一些极端情形）下，我们都需要考虑概率和风险。但在运用统计学时一定要小心，不要被证实偏见所误导。

情商更重要

人们倾向于相信，如果他们能够遵循某种模式行动，日复一日地做同样的事，他们就能获得成功。他们把毫不相干的事情联系在一起，尝试找到它们之间的因果关系。但是他们却从来没有回过头去看看他们所经历过的一切。而真正成功的行为模式，应该是充满自信地做出决策、直面不确定性。自信越少，就越容易感到气馁、受挫；而只有从市场上学到的越多，你才能获得越多的自信；越自信，你就越能成为一位不错的交易者。

心理学家丹尼尔·戈尔曼在他的畅销书《情商》中将"情绪"纳入人类智力的范畴。戈尔曼根据他对人脑和人类行为的研究，说明了高智商的人为什么往往成就不大，反而是中等智商的人做得更好。戈尔曼发现，获得成功有几个必备要素，包括自我认知、自律、直觉、同理心以及融入生活的能力——这些重要特质却没有被大部分交易者重视。[17]

良好的自我认知意味着知道自己想从生活中获得什么。这意味着你知道你的目标和价值，并且能够以此指导生活。例如，你可以从事一份高薪的工作，但如果它和你的价值观或者长期目标不一致，你会拒绝它而不会感觉有什么遗憾。如果你的雇员违背了企业的价值观，你会马上去处理，而不会视而不见，假装这种事不会再次发生。[18]

但是，戈尔曼的意思并不是我们应该压抑焦虑、恐惧、愤怒或者悲伤的情绪。我们应该直面情绪，理解它们究竟是什么。和动物一样，我们的原始冲动会决定我们的情绪。我们没有办法逃避它，但我们可以靠着对自我的感知调节它，最终达到管理情绪的目的。自我调节就像内在的沟通，高情商能让我们释放那些负面的情绪。如果你能够进行这样的内在沟通，你可能仍会像其他人一样感受到负面的情绪和压力，但是你能够控制它，并让负面的情绪也变得有用。[19]

趋势跟踪者能够延迟满足，控制冲动，从市场下挫和混乱中脱身。这种品质不仅能让他们成为成功的交易

> 你看，斯塔德勒博士，人类根本不愿意思考，他们在麻烦中陷得越深，就越不愿思考，但是出于某种本能，他们觉得应该再想一想，这令他们很惭愧。所以他们会祈祷和跟随任何一个给他们理由不去思考的人。
>
> ——艾恩·兰德[20]

> 过于熟悉的事物（熟悉的思想、说辞、方法或物件）是一种陷阱。创造力需要新事物，需要不同的阐述，需要打破习惯和陈词滥调。
>
> ——丹尼斯·西克筒 [21]

> 当所有人的意见都变得一致时，相反的意见反而会变得有利。其原因在于，一旦群体选择了一个方向，他们就会产生短期的自我预期。但一旦有异见出现，所有人又会立刻改变他们的想法。
>
> ——古斯塔夫·勒庞 [24]

者，也能成为优秀的领导者。戈尔曼发现，优秀的领导者都有很高的情商、不错的智商以及相关的专业技能。虽然领导者也需要各种各样的技能作为门槛，但情商才是成为领导者的先决条件。如果一个人有优秀的专业背景、敏锐的分析能力和创造力，但是没有高情商，他仍然无法成为一位优秀的领导者。[22]

我们不是生活在真空之中，但现代人常常会感觉和世界疏远，这并不利于情绪控制。当然，我并不是说，你必须要和一群同事出去旅游度假，而是说你需要平衡工作和生活，不要整天坐在电脑屏幕前。成天对着电脑屏幕，难道会有什么好处吗？

神经语言程序学⊖

理查德·唐奇安和理查德·丹尼斯之所以能成为趋势跟踪的好老师，答案可以从神经语言程序学中找到。著名的NLP专家查尔斯·福克纳（Charles Faulkner）是这样阐述如何增加"心理优势"的："NLP尝试用正面的情绪替换掉负面的情绪。假设你经历了一次不愉快的交易，此时此刻，你深呼吸，然后'啊哈'一声，把不愉快的情绪释放出去，你会感觉怎么样？你会发现自己好多了。你还可以深呼吸15次，让自己放松下来。当你举棋不定的时候，'whoosh'一声，不再犹豫，你会发现你的焦虑变少了。重复这样的动作，你会变得轻松无比。"[23]

我第一次遇见查尔斯·福克纳是在2001年的一次

⊖ 即 Neuro-Linguistic Programming，NLP。

交易研讨会上。福克纳在解释问题这方面有着与生俱来的天赋。他鼓励交易者应该有自己的主见，学会相信自我："我有能力变得自信。我知道市场将会出现什么变动。如果我不知道，我就不做交易。"[27]

福克纳举过一个颇有洞见的"瑞士滑雪"的例子。他注意到，一直到20世纪50年代，大部分人都认为滑雪是天赋技能，能不能滑雪，关键看你有没有这方面的天赋。直到后来，欧洲著名滑雪运动员的表演被记录成像，根据这些影像，人们发现他们所用的技巧都是相通的。所有人都可以通过学习成为滑雪好手，原来技巧的精髓是可以被传授的。技巧的本质可以被提炼成一种模式，而模式或者说"基本原则"存在于任何领域。[28]

斯科塔的交易部落

艾德·斯科塔指导了数以百计的交易员如何交易，逐渐发展出了一个"交易部落"，他们会一起克服交易的挑战："'交易部落'是交易者的组织，旨在汇聚追求卓越成长的交易者，让部落成员互相帮助。"[29]

斯科塔的交易部落研究的是心理和情绪方面的问题，这些问题对于交易的成功至关重要。福克纳讲过一个关于斯科塔的交易直觉的故事："我想起斯科塔和一组人分享的经历。他说在他交易的时候，如果其他人都对市场没信心，他反而会入场。我问他到底是如何判断的，他说他只需要把走势图挂在墙上，如果看起来市场要涨，他就买……当然这样做需要对市场行为有深刻的

> 如果你走进大学教室，你会听见教授正在告诉学生，人绝对和智慧无缘。人的意识僵化而不变通，人从事实和法则中什么也学不到。另外，人无法理解客观真相。
>
> ——艾恩·兰德[25]

> 我研究的是人类卓越的模式。
>
> ——查尔斯·福克纳[26]

> 理智是人类生存斗争中的主要资源。
>
> ——路德维希·冯·米塞斯[30]

> 感觉良好的事，往往经常出错。
>
> ——威廉·埃克哈特[31]

洞察力。"[32]

斯科塔不会装作知道所有问题的答案,他很擅长换个角度回答问题,让他的学生可以注意到他们自身。他语言精准,善于引起别人的注意。他的一个学生从"呼吸训练"的视角理解他的教学:"思想像一个过滤器,它只让部分信息进入……当你设计系统或者制定止损方案时,思想会一直活跃。我的目标是了解潜意识的部分。斯科塔教给我们的就像呼吸技巧,让我们在使用思想过滤器的同时保持放松。我们会同时用结构化和非结构化的方式来专注于某些问题,例如'我在交易中为什么总是这样做?'"[33]

以下是我和斯科塔交谈的一些心得体会:

▶ 交易部落的一大作用是,帮你找准阻碍你遵循交易系统进行决策的情绪障碍,然后消除它。

▶ 当你注意到所有的事情,并且开始为你自己的行为负责时,难免会注意到很多噪声。此时,你需要明确你的目标,清除噪声。当你清楚事情是如何发生的,你能看清楚它是如何演变的,那么你就会发现,最终的结果就是由你的行为引起的,你也就不会逃避责任,说是外界的噪声造成了当前的情况。

▶ 分析的目的是发现和解决问题。交易部落就是要从那些看似正常的地方寻找问题并解决它。很多人只是把交易部落当作分析的工具——除非他们突然有了解决问题的渴望。

▶ 目标和结果同样重要。对你的行为负责,不要在目

"我的生活已然停止,唯留我继续老去。"凯恩·莱文这样说道。她有沃顿商学院的MBA学位,曾在通用磨坊、德勤咨询等巨头工作过。而在她失业的两年中,莱文在制陶厂拿着8美元/小时的工资。另外,她还为一家华尔街交易公司打零工,拿18美元/小时的薪水;1988年她刚从哈佛大学毕业时的工资比这高多了。"我现在甚至养不起一条狗。"[34]

标和结果有差距时将责任推给偶然事件。

- 交易系统就是要处理你的情绪难以应对的事情。
- 无论是你的情绪还是市场的情绪，都要面对它，然后跟随它。不要试图扭转市场的情绪，也不要强行扭转自己的情绪。跟着它们走就是，你会发现别样的乐趣。

像斯科塔这样成功的交易者，仍然需要花费大量的时间来研究"感觉"。这似乎有些反直觉，但斯科塔本人是这样解释的："西方的主流观点认为，我们应该把感性和理性分开。但随着科技的不断进步，我们发现这种区分是不可行的，也是不可取的。"[35]

许多伟大的趋势跟踪者都在过去50年间关注了前沿的科技进步。在我看来，他们也应该获得"前景理论"的诺贝尔经济学奖——因为他们的业绩就是这一理论最好的证明。

保持好奇心

你还记得小时候的好奇吗？在那种简单、纯粹的求知欲里，藏着开放的视角和对知识的热爱。当小朋友第一次弄懂他的玩具的原理时，他们就睁大了眼睛，好像发现了什么奇迹。

许多交易者把情绪化的自我放在一边，专注于探索知识方面的智力，他们把这作为通向顶尖交易员的必经之路。威廉·埃克哈特是一位早期的趋势跟踪者，他认为这类交易者的努力用错了方向："我从来不觉得成

> 21世纪的文盲不再是不会读写的人，而是那些不会学习、不会反复学习、不会终身学习的人。
>
> ——阿尔文·托夫勒

> 人类从来不愿思考，因为思考令他们不安。别人告诉他要做什么，他就重复——大部分人都是如此——而一旦他们有什么相反的观点，他们反而会沮丧。这种特质显然并非自我意识，而是顺从意识……要知道，其他动物为了领地和食物搏斗，而人类则是为了信念搏斗……信念指导我们的行为，它对于我们至关重要。但是，我们依照的诸多信念将会让我们灭亡，我们却依旧执迷不悟，这其中难道有任何自我意识的成分？我们只是顽固地、自毁式地顺从外界的声音。人类的主见不过是一种错觉。
>
> ——迈克尔·克莱顿（Michael Crichton）[37]

功的交易和智商有多大的关系。一些杰出的交易者确实聪明,但也有一些交易员并非如此。相反,有很多智商超群的人却是糟糕的交易者。做交易,中等智商就足够了。而在智商之外,情绪方面的能力才是更重要的。"36

要想成为一名杰出的交易者,情商和智商同样重要。很多人想表现得聪明、什么都懂,其实是他们不敢好奇、害怕失败。他们会觉得,如果多问问题,别人就会觉得自己无知;但实际上,不问问题,他们会遇到更多麻烦(比如血本无归)。当然,也有人不是怕问问题,而是害怕听到答案:因为问题的答案可能需要整合你之前从未了解的信息,甚至会证明你原来是错的。以开放的心态保持好奇心,反而能让你退一步,把事情看得更清楚。

> 受过教育是一回事,成为受过教育的人是另一回事。
> ——李光耀,
> 新加坡前总统 38

但是,大部分人究其一生,只是花时间吸收别人给的信息,接受别人的教诲,而别人对他们的评价,也只是基于他们"吸收信息的快慢"而已。但如果需要做出决策,这些人就需要等着别人来指挥才行。好奇心在整个过程中完全被切除了,他们等着权威人士提供安全感和舒适感——即使这只是一个不可靠的假象。

例如,埃斯·格林伯格就在《总裁备忘录》一书中对他的职员说:"我们优先从内部晋升优秀员工。如果有人拿着MBA文凭来找工作,我们当然不反对,但是我们真正想找的是那种聪明、暂时不得志但是有强烈渴望的人。我们公司招到了很多这样的人,而我们的竞争对手却只会从MBA里面挑人。"39

> 在教育孩子时,好的象棋老师会让孩子体会失败的痛苦,他们刚刚接触这个游戏,一定会输得很惨。从如何面对失败开始,这些孩子就能够学会如何去赢。40

让我们想想2008年华尔街的裁员风暴。那些看上去光鲜亮丽的交易员，哪个不是从常青藤名校毕业，顶着高盛的光环？而在那时，他们只有靠政府救市才能渡过危机。他们是按照社会的规则一步一步走过来的：上最好的大学，从入学第一年就准备最好的简历，去最好的投行。他们凭努力获得报酬，但接着2008年金融危机发生了……我相信，其中很多人会回到学校，重新读一个MBA或者PhD，他们相信按照社会规则做得更优秀，那么一切就都会变好。

> 交易也是如此。任何拥有中等智力的人都可以学，这不是什么高科技。
> ——威廉·埃克哈特

正如查尔斯·福克纳所说，不按别人眼中"正确的路"走，就意味着你不用取悦别人："一个人并不需要取悦别人，或者按照别人的方式生活。我相信很多真正认真的学生，知道自己的知识有限，对'正确的答案'兴趣不大。反而是那些懂得不多的人，总是想着如何'正确'。这些人总是想着如何才能正确，往往却趾高气扬，容不下别人，反而无法取悦别人。"

西格蒙德·弗洛伊德（Sigmund Freud）有一句有关好奇心的说法："孩子闪闪发光的智力与普通成年人的软弱心态对比起来，着实令人沮丧。"那么，如何保持心智的成长，接受新鲜的知识呢？说起来也简单，那就是保持孩子般的好奇心和热情。摆脱过分自我，保持不断成长，你会发现你最后会变得更加强大。

> 不要靠直觉。要靠你自己。[41]

追求卓越

你需要有对成功的渴望。如果你不想赢，根本没有勇气去赢，那么，就算你有赢的机会，你也抓不住。投身于趋势跟踪，和投身于任何一项事业一样，在追求卓越的路上，你会不断尝试各种方法。如果没有这种心态，那么你一旦输了，估计就会跑到酒吧里买醉，从此一蹶不振。

举例来说，如果你想要成为一名专业的棒球运动员，你就应该持续投入。你不能轻言放弃。想要进大联盟，你就要花数年的时间进行训练。你要做到这件事的理由只有一个：它就是你的追求。所有人都想进大联盟，赚大钱，但是大部分人都做不到，他们的努力最终都付之东流。

查尔斯·福克纳从另一个角度看这个问题："在我看来，大部分人的选择无非是在他们擅长的和他们热爱但不擅长的之间纠结。他们不知道自己应该选什么。但很少有人注意到，我们其实可以为了梦想改变自我，培养出所需要的技能。这两者是可以兼顾的。"

无论你做什么，只要你追求成功，那么它背后的基本原理、你所需要的心理准备就是相同的。你要能被成功的渴望叫醒，日复一日地专注。你不能早上醒来对自己说："我今天努力一点点试试，看看效果怎么样。如果不适合就算了，反正我也可以说'我试过了'，这样也可以向妻子或者女朋友有个交代了。"你也不能因为看到报刊上有分析师说"这里有一份快速致富的秘方！"就立刻跳到别的领域。

这些做法不能获得真正的成功，只会迎来失败。阿莫斯·贺斯泰德是期货方面的趋势跟踪鼻祖，他列过一个清单，写的是"趋势跟踪不能做的几件事"：

一位顶尖的 CEO 在哈佛 MBA 开班仪式上发表了一段演讲。他做完演讲后，学生问了他一些问题。其中的一个问题是："你对我们接下来做什么有何建议？"这位 CEO 是这样回答的："用你还没有交的学费赶紧做点别的事。"

我们以为我们总是理智的，权衡了各种利弊，做出了选择。这不过是自欺欺人罢了。通常，"我决心投入 X"只不过是"我喜欢 X"罢了……我们购买喜欢的汽车，选择我们认为有吸引力的工作和房屋，然后用各种理由为我们的选择辩护。[42]

- 不要因价格波动抛掉仓位。
- 不要妄想市场的趋势会告诉你它何时结束。要随时提防。
- 不要总想着把交易搞得头头是道。发现有什么不对劲,就够了。
- 不要总想着在高位抛售。这并不明智。看准确实没有趋势了,再卖也不迟。
- 不要想着市场上卖到150美元的东西,跌到130美元买入,就是捡了便宜。
- 不要逆市而行。
- 不要总盯着行情突破口。要注意风险警示。
- 不要在会输的交易中只做到平均水平。
- 不要一跌就买,一涨就卖。要以最小的损失脱身,并争取抓住最大的盈利。

> 专注当下,不要考虑那些似有非有的可怕事件。
> ——瑞安·霍利迪
> (Ryan Holiday)

贺斯泰德还指出了"人性固有的危险":

- 害怕失去盈利,过早平仓。
- 希望趋势转变。
- 对自己的判断缺乏自信。
- 总是自以为是。
- 不相信已经是牛市或者熊市。
- 无法紧跟事实行动。
- 只相信自己愿意相信的。

> 情感和感觉是生物调节机制的重要表现形式。没有这种调节机制的引导,人类的理性——无论是从群体还是个体进化的角度而言——可能一直都不会进步。而且,即使在进化中形成了理性,这种理性的有效性在很大程度上也取决于持续的感受能力。[43]

想想看，要是2008年1月，那些把一辈子积蓄都投入指数基金、共同基金的人，如果能按照这样简单的规则来行事该有多么不一样。贺斯泰德就是在告诉你，如何在2008年10月金融危机之前避免这次危机带来的损失。有趣的是，这家期货交易公司的另一位创始人，就是诺贝尔奖得主保罗·萨缪尔森。1965年，萨缪尔森给出了一版对"有效市场假说"的解释，把它描述成"那是一个除了惊喜之外一切都已被合理定价的世界。"[44]

"除了惊喜之外"？

萨缪尔森对有效市场假说的定义堪称教科书式的定义。不知道维基解密有没有相关的秘密文档，解释一下为什么那些被动型指数基金的支持者在提到理性和有效市场时，绝口不提萨缪尔森所讲到的"惊喜"。萨缪尔森自己不傻，他靠着商品期货公司的趋势跟踪系统，在20世纪70年代到90年代发了大财。萨缪尔森把他的财富归功于趋势跟踪，他说："贺斯泰德是我所认识的最杰出的投资者。"[45]

> 如果你在教导孩子或大猩猩时，强行使用一套死板的规则，那么，你的做法是和"习得训练"背道而驰的，你没有激发好奇心，没有营造放松嬉戏的环境……"习得"无法被控制，从原理上，"习得"本就是不能被控制的。习得只会以一种因人而异的、不可预测的方式出现，只会按它自身的规律在特定的时间出现。而一旦被触发之后，习得就不会停止——除非它被强制暂停。
> ——罗杰·福茨
> （Roger Fouts）

总结

- 改善。
- 开始容易，但坚持是一门艺术。
- 毅力：与磨难相伴。
- 如果我们想要改变世界运行的机制以达到我们想要的目标，我们就必须要理解这一机制是什么。对大

多数人来说，这样做一点也不好玩，甚至可以说是太痛苦了。[46]（萨姆·卡彭特）

▸ 令人震惊的是，那些在华盛顿从事政治工作的人，他们基本上讲不清楚自己是做什么的。在这种地方，人们只关心进来的是什么人，而不关心产出是什么。如果让他们讲他们做过什么，他们会从 7 年级的经历开始，花 15 分钟给你讲他们长达 15 页的简历。（彼得·泰尔）

▸ 赢者乐于承担责任，输家总在抱怨。

▸ "你要告诉所有人。你听好了，海切尔。你一定要告诉他们！绿豆饼（Soylent Green）是用人做的！我们一定要阻止这件事！"

▸ "谁是约翰·高尔特？"

| 第 7 章 |

趋势跟踪的决策过程

"你可以告诉我,应该走哪条路吗?"这只猫回答道:"那要看你想去哪。"

——刘易斯·卡罗尔[1]

人类的大脑能够利用从环境中获得的信息做出合理的决策——我们把这种行为称之为启发性思考。

——格尔德·吉仁泽(Gerd Gigerenzer)[2]

趋势跟踪者做交易决策的方式，和绝大部分交易者不一样。相比之下，世界上的大部分交易者是在处理海量的、复杂而又矛盾的市场信息（比如说每日财经新闻），都希望能够靠这些信息猜中今天是涨还是跌。

尽管那些交易者知道决策应该基于知识和数据，但他们还是会在完全没有线索的情况下，把一时冲动当成不错的决策。他们最终要么是什么决策也做不了，要么是由其他人来替他们做决策。于是，他们就会陷入"决策困境"的恶性循环。

特伦斯·奥迪恩（Terrence Odean）是一位加州大学伯克利分校的教授，他用了一个轮盘赌的例子来说明这件事。在他看来，即使你知道过去1000次轮盘转动的结果，你清楚轮盘由什么材质构成，也清楚地知道你想要的各种数据，但你仍然不知道那件最重要的事：轮盘下一次会停在什么地方。[4]

艾德·斯科塔进一步阐释了奥迪恩的想法："就算基本面分析能够帮助你了解这些都是怎么一回事，它也不能告诉你什么时候买、买多少。同样，当基本面出现变化时，市场的变动已经结束了。就拿最近活牛期货市场大涨的行情来说吧，基本面因素包括中国大量采购、疯牛病、阿特金斯饮食法……可是，知道这些有什么用呢？"[5]

趋势跟踪者之所以能做得更好，是因为他们掌控了那些能掌控的部分。他们知道如何把风险控制在一定水平，知道如何控制波动，也知道如何控制交易成本。他们同样知道，还有很多事情他们无从知道。但是，他们在面对不确定性时，会像棒球运动员一样毫不犹豫

> 一次仓促草率的思考可能相当成功，而一次深思熟虑的决定可能反而比较糟糕。这是因为无论你考虑得多么周全，总是会有失败的可能性出现。但随着日积月累，那种深度思考下的决策将会带给你好得多的结果。
>
> ——罗伯特·鲁宾（Robert Rubin）[3]

> 人会在生活中做决策。他们也会因此意识到环境的复杂和混沌——无论是在战争中、交易中还是在商界——在这种环境下，通常是直觉打败了理性。但如果我们近距离观察他们是如何做决策的，就会发现直觉并不是一种天赋，而是一种技能。[6]

地挥杆，当机立断。这种决策能力正是趋势跟踪的核心：绝不恐惧，重磅出击。这些决策能力看似简单，但如果你真想采用趋势跟踪策略，就必须先了解它的思考框架。

如果我们用看待棒球的眼光看待趋势跟踪，那么，我们的问题就变成了："你是否愿意挥棒？"当球到了你的手中，该你击球，那么你就该出手直击。在充满不确定的世界里，如果你想等数据再明确些时再击球，那么球就已经飞过去了，而你也失去了击球的时机，直接出局。

奥卡姆剃刀原理

> 万物会选择最短的道路。
> ——亚里士多德

想在复杂的市场中做出睿智的选择，这并不是什么新的挑战。早在 14 世纪，生活在中世纪的哲学家就在思考，如何在有限的时间内做出简单的决定。在科学领域，尤其是当急需新理论来解释新发现的数据时，科学家们就会提出各种假说，然后进行研究和证伪。在剔除掉无数不适用的假说之后，剩下了几个适用的假说，但它们的假设不同，却导向同样的结论。如何在这些相似的理论之间进行选择呢？科学家（以及趋势跟踪者）就会使用奥卡姆剃刀原理。

> 启发式（Heuristic）：一种学会探索、不断试错、让人发现新事物的传授方式。
> ——牛津词典

奥卡姆剃刀原理是方济各会经院哲学家威廉·奥卡姆提出的。这一原理指出：如无必要，勿增实体（Pluralitas non est ponenda sine neccesitate）。奥卡姆剃刀原理是所有科学模型和决策的基础。对这一原理最通俗的解释是，如果有两个或者两个以上的理论可以选择，那就挑最简单的。[7] 奥卡姆剃刀原理并不能保证最简单的就是正确的，但它还是会优先选择简单的。

快速决策

在认知科学、经济学以及交易领域，很多人认为最好的决策者应该能在有限时间内处理最多的信息。但实际上并非如此。启发式思考探究的是如何让决策过程变得简化，产生更多有创造性、有价值的决定。格尔德·吉仁泽写过一本《让你更聪明的启发式思考》，讲的就是如何使用简化的决策工具处理复杂问题。他说："快速而简明的启发式思考能让你用更少的时间、知识、精力，在真实环境中做出更恰当的选择。"[8]

举例来说，快速而简明的启发式思考应该是基于单一逻辑进行决策的。这很像趋势跟踪者在市场交易中所做的决策："趋势跟踪者通常用到的就是单一信息的决策。因此，他们可以在一旦满足他们的交易逻辑的情况下，就停止搜寻信息，立刻做出决定。"[10]

当然，无论你的决策是关于生活的还是关于交易的，决策的过程都没有必要太复杂。当你在做交易决策时，影响你买卖的因素只有一个——价格。最伟大的交易者和其他各个领域的成功人士的一个共性就是，他们能够快速做出反应，在短时间内调转方向。[11]

当你需要做决策时，相信第一直觉往往是正确的选择。如果你反复思忖其他的替代性选择、尝试用别的办法，最终，你要么做出了错误决策，要么又回到了最开始的选择上去，徒然浪费了宝贵的时间。

吉仁泽曾说："快速而简明的启发式思考，可以指

> 我们可以想象，或许有一套法则可以决定宇宙的一切，而某些超自然生物可以通过此法则观察宇宙的当前状态而不会干扰宇宙的运行。但是，这样的宇宙模型对我们来说意义不大。因为按照奥卡姆剃刀原理，我们最好应该砍掉理论中所有我们无法观察到的部分。
>
> ——史蒂芬·霍金（Stephen Hawking）[9]

> 我越来越对知识和创新印象深刻，这方面的成就不是靠朝着某个既定目标努力就可以获得的。它靠的是对所做之事的专注。理解这一点很重要。这是一个不断完善和前进的过程。
>
> ——柯克·T. 瓦尼多，纽约现代艺术博物馆

> 心智、胆识、态度和忍受不确定性的能力，是在长期能够获胜的关键。
>
> ——迈克尔·卡沃尔

> 不确定性让人不舒服，但想事事确定却是荒谬的。
>
> ——谚语

> 从猿到人，从树上到地面，可能是人类犯的第一个错误。我们的思想适合解决与我们生存有关的问题，而不是对投资决策进行优化。我们做决定时都会犯错。
>
> ——詹姆斯·蒙蒂尔
> （James Montier）

导你在变幻无常的环境下（如股票市场）应对挑战。当环境快速变化需要做出大量相互关联的决策时，启发式思考可以帮助你根据环境的特性做出选择，而不用花大量时间来收集、处理信息。当你花大量时间收集信息时，你的竞争对手就已经抢先一步了。"[12]

让我们想想看，在棒球比赛里球员是怎么接球的。棒球的运动轨迹如此复杂，运动员似乎要解出对应的微分方程才能准确预测。但实际上，棒球运动员用的是简单的启发式思考。当球急速飞过来时，运动员找准球的方位就开始奔跑。他们保持注视的角度不变，调整奔跑的速度。球员可以不管球的运动轨迹、飞行速度、距离，他们只需要聚焦一件事——注视的角度。[13]

退役的棒球运动员蒂姆·麦卡佛（Tim McCarver）并不是一位决策专家，但是他也得出了相同的结论：

> 在每次传球前，接球手会给投球手做手势，告诉他最佳的投掷点。假设现在对手很强，能做到三球两击，能打掉一垒和三垒，我们应该怎么办？是投高速球，还是低速擦边球，或者是变速球？马上我方球员就要上场了。这个时候就要迅速打手势。最快选定的就是正确的。对于大多数球员来说，要训练的就是如何在5秒钟以内做出决策。[14]

麦卡佛讲的就是如何在不完全信息的情况下的决策方法。"快"是他整个方法的核心。无论是棒球运动员麦卡佛，还是棒球球队拥有者约翰·W.亨利，他们的启发式决策都是快速、简明、流畅的。亨利是第一个把启发式思考用在交易上的人。

在纽约商品期货交易所的一次演讲中，亨利公司的总裁就谈到了快速而简明的决策：

> 我是趋势跟踪者。我在决策时用到的就是价格和波动率的信息。之所以这样决策，是因为我知道无法预测未来……（进一步说）我不可能成为每个细分市场的专家。我能做的就是在价格方面成为专家，能在观察到重要信息后行动得更快……而我能行动得更快的原因，就是我只看价格信息，而价格信息已经反映了市场预期的加总……我们要做的，就是从价格中发现交易信号，越快越好，这样我们就可以控制风险、利用交易机会……实际上，我们用的就是快速而简洁的启发式决策——我们只看价格信息。我们把这个决策过程看作一个非线性模型，当然有的人也把它称之为"突破交易系统"。[15]

简明的启发式决策应用在交易领域，核心就是关注价格信息。但趋势跟踪做到的不止这一点：

> 从嘈杂的随机波动中找到价格趋势是一项挑战，它类似于其他领域（例如天文学、音频、弹道、图像处理和宏观经济学）从噪声中获取信息的过程。例如，从嘈杂的跟踪弹道导弹的雷达信息中，工程师可以滤去噪声，确定导弹的方向；同样，通过有误差的经济数据（例如，对GDP的估算数据和来源不一的失业率统计可能是有偏差的），宏观经济学家和中央银行可以评估经济是否陷入衰退还是过热。金融市场中的趋势跟踪者也面临着类似的挑战，他们过滤掉嘈杂的价格数据，从而评估价格的走势。在音频领域，雷·杜比（Ray Dolby）

> 大多数人认为，优秀的国际象棋棋手制定战略时会思考接下来的10～15步。但事实并非如此：国际象棋选手只需要看他们需要判断的未来信息即可。信息不确定、情况模棱两可的情况下，过度超前反而是浪费时间。下棋就是要控制眼前的局势。[16]

发明了杜比系统，可以减少录音中的噪声、增强听众听到的信号；同样，趋势跟踪者也能够使用量化方法增强价格趋势的信号，减少噪声。[17]

使用趋势跟踪并不意味着要用多复杂的分析。交易者需要做的决策越少，交易的效果反而越好。这似乎违反直觉。但实际上，在复杂的世界中，我们必须根据有限的信息在有限的时间内做出决定，因此我们也就没有时间去考虑所有的可能性。[18]

2016年，有一项研究，叫"时序动量特征对收益的持续影响：基于近100年股票市场的实证研究"，涵盖了1927～2014年的数据。这项研究证明，时序的动量特征（也可以称之为趋势性）正是最重要的投资收益率因子之一，它满足有效因子的五大标准：持久性、广泛性、稳健性、可投资性和直观性。[21]

趋势跟踪本质上很简单。但是很少有人相信——甚至包括很多在市场上颇有名望的交易员——有什么简单的原则能让人一直赚钱。趋势跟踪者之所以能够表现出色，其原因在于：专注、训练有素。他们严格执行自己制定的策略——这才是他们实力的真正来源。[19]

不是所有人都认可快速、简明的启发性思考。我就听闻有些人说："（趋势跟踪的启发性思考）不可能是真的，要么全是错的，要么就是根本不可复制的。"他们当中，有些人是财务顾问，喜欢把事情搞复杂，显然不会喜欢启发性思考。但也有一些真正理解市场的人，他们认可简明的逻辑："这不足为奇。我知道交易就是这么回事。股市就是关于谣言、认知和心理的市场。"[20]

但是，真正做到只依赖价格做启发式决策，其实并不容易。这是因为交易者会不由自主地"改善"他的交易系统。他们会对已有的系统感到不耐烦、厌倦。他们这样做几乎全凭意气用事，而没有考虑实际能不能带来收益，但他们还是会这样做。

举个例子，假设你现在发现了一个买入谷歌股票的信号。按照交易原则，你就应该立刻买进。你应该相信你的原则,不要把事情复杂化。当然,这并不是说你在做交易决策时,就一定这么简单,但你应该保证,你的决策流程用一张纸就能写得下。

创新者的窘境

《创新者的窘境》一书的作者是克莱顿·克里斯坦森,他对趋势跟踪相当了解。在克里斯坦森看来,趋势跟踪的核心无非就是两点:概率和行动。他在书里写道:

"有的人读我这本《创新者的窘境》,不是为了理解而来,而是希望我告诉他们答案。他们会说'告诉我该怎么做',而不是'让我弄懂这是怎么回事,我好自己做决定'……华尔街的分析师是不依靠理论的投资者。他们唯一做的事,就是对数字做出反应。但他们依照的数据是过去的数据,而不可能是未来的。这也就是为什么市场总是出现羊群效应。华尔街的精英和交易顾问好像已经把'数据驱动'当成了一种专业品质。这正是很多公司面对突发状况无法及时采取行动的根源。"[22]

其实,克里斯坦森的意思就是,你不可能在收集到所有事实后才做决策。在变化发生之前,你无法预知变化,而等到发生时又为时已晚。就拿雅虎股票的走势来说,你或许心里想的是,"我应该在这个点买入,然后在那个点卖出。"但你不可能预测雅虎的未来走势。你只能在趋势变得很明显之前就采取行动。你必须要赶在那些专家说"机会来临"之前就准备、计划、行动;要知道,那些专家就是克里斯坦森所说"羊群效应"中的

> 一次追两只野兔的人,他什么也追不到。

> 许多交易者在寻找复杂的理论解释市场间的相互作用,但大部分时候实际上是简单的规律在起作用。
> ——查尔斯·福克纳[23]

> 一切都应尽可能简单,但也不要太简单。
> ——阿尔伯特·爱因斯坦

羊群。

我们再看看另一个关于棒球的故事,有些类似于前面蒂姆·麦卡佛的例子。在以前的棒球比赛中,击球是由投手和接手决定的。现在呢,投手和接手仍然没变,但变成了由教练来决定击球。为什么这样做?这是为了让投手能够专心投球。当大联盟球员接到了"击曲线球"的信号后,他不会在那里质疑教练的决定。他会告诉自己,"这就是我们的策略。我的教练在边上拿着电脑分析过。他研究了很多情况。他知道我应该击曲线球。我唯一应该关注的,就是怎么正确地打出这个球,把它打到预定的地点。"这样一来,这位投手只要专注于执行,他就能发挥到极致。

同样的道理,如果你是一名趋势跟踪者,你早晨发现市场的变化触发了交易信号,你就应该采取行动。假设按照规则你应该在 20 美元处买入,那么到了这个点位,你就应该买入。不要怀疑,不要反复。虽然你可能觉得,这样做交易有些枯燥,你没有掌控感。但是,如果你想追求刺激、冒险或者娱乐性,你就应该去拉斯维加斯的赌场而不是来股票市场。如果你想赢,那就应该准确地执行既定的策略。系统告诉你在 20 美元买入,你就买入,正如教练让你投曲线球你就投一样。快乐、刺激和好玩不是你应该追求的。执行,然后获胜,这才是你应该追求的。

过程、结果与大胆

决策过程始终只是一个过程——这也就是说,你无

> 希腊哲学家阿尔基罗库斯告诉我们,狐狸千伎百俩而有尽,刺猬虽一技而无穷。狐狸狡猾、机敏,一如那些对复杂市场了解颇多的金融机构。而刺猬只知道在遇见危险时卷曲成球,形成坚不可摧的盔甲,一如在这个市场中的趋势跟踪者:他们只知道一件事,那就是基于简单的法则做长期投资。
>
> ——约翰·C. 博格

法根据想要的结果来决定过程。迈克尔·莫布森提出过一个令人信服的论点:

> 在大多数情况下,投资者只关注结果,而没有考虑过程。当然,关注结果是可以理解的。最后的结果肯定也是至关重要的;相比于评估过程,评估结果也会更加客观。但是,投资者往往容易犯一个错误,误以为好的结果自然对应好的过程,坏的结果也自然是因为坏的过程。但不管是投资、球队管理还是赌博,长期来看,表现最好的人都强调过程胜于结果。[24]

沃顿商学院决策领域的两位教授:爱德华·鲁索(Edward Russo)和保罗·舒梅克(Paul Schoemaker)基于上述想法,设计了一个简单的矩阵工具(见图7-1)来绘制流程与结果:

> 当大脑找不到对应的场景时,就会自己构建出一个场景。
> ——加里·斯奈德(Gary Snyder)

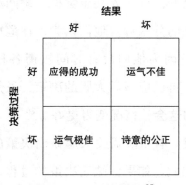

图 7-1　过程与结果[25]

图 7-1 所展示的矩阵工具,其实早已被趋势交易系统所运用。举个例子,假设你用于决策的过程是正确的,如果碰巧结果也是好的,那么你就把它看作是应得的结果;相反地,如果你的决策过程是正确的,但结果却并不好,那么你就应该把它看作是一次暂时失败,但

对过程则仍然应该评判为好的。

拉里·海特从另一个角度解释："我们会下四种赌注：好的赌注、坏的赌注、赢了的赌注以及输了的赌注。不好但却赢了的赌注是所有赌注里面最危险的，因为这种成功会鼓励你在未来下更多不好的赌注，但赔率并不占优势。另一方面，无论你的赌注下得多么正确，你也会输掉一些好的赌注，但只要你持续地下好的赌注，最终大数定律会让你收获颇丰。"

这是我很喜欢的一位趋势跟踪者的睿智的建议。但如今，相比依靠过程的决策，凭一时胆量的决策地位在不断上升。从对冒险家和消防员的钦佩，到马尔科姆·格拉德威尔（Malcolm Gladwell）和加里·克莱因（Gary Klein）著作的流行，再到最近两次美国总统大选的结果，凭一时胆量的浪漫式决策与决策过程相比其地位正在不断上升。许多人甚至觉得，瞬间激发的胆量正是男人和男孩的分水岭。他们认为，在危机时刻需要勇敢地做决定，因为他们没有时间权衡各种结果的可能性。他们认为自己应该做大胆的决策，虽然他们并没有任何证据证明这会让情况变得更好。[26]

生活中或许有很多需要大胆做出决策的时候，但在市场中并非如此。如果你缺乏决策的过程，而只关注能否获利，最终，你的结果不会好。绝对是这样。

> 莫问前路，不断行动。
> ——乔治·卡林

> 只活在当下。
> ——马可·奥勒留
> （Marcus Aurelius）

总结

- 跟着趋势交易，就是很不错的启发式决策。（艾德·斯科塔）

- 奥卡姆剃刀原理：如果有两种解决方案，就选简单的那个。

- 真正有胆识的决策者会有计划地执行。他们不回头看。如果有什么变化，他们调整便是。

- 一位以前做得不错的企业家如果突然犯了严重的错误，他将遭受相应的损失；如果一位以前不太在行的企业家做出了正确判断，他将会获得相应的收益。市场并不关心你过去如何、规模有多大。因此，并不是资本在'攫取'利润；只有明智的决策才能'攫取'利润。（默里·罗斯巴德）

- 关注过程，而不是收益。（汤姆·阿萨克）

| 第 8 章 |

趋势跟踪：用科学的方法

一位记者采访卡尔·萨根（Carl Sagan）的妻子："萨根没有信仰吗？"

她回答说："他不愿相信，他只希望了解。"

克拉丽丝，听我的。第一件事，就是阅读马可·奥勒留的著作。学会对任何的细微之事都问："它到底是什么？它的本质如何？"

——汉尼拔[1]

伟大的趋势跟踪者将交易视为科学，他们对交易的研究也基于科学的方法。他们像物理学家一样看待世界。以下对物理学的定义同样也适用于交易："这是一门自然科学，或关于自然物体的科学。该科学分支研究物质的定律和性质以及对其产生影响的作用力，而且，它也研究物体的基本特性发生改变的原因。它也是一门自然哲学。"[2]

卓越的物理学家或者趋势跟踪者，都需要扎实的数学基础。这两个学科都基于相互作用建模，都以数学作为通用语言。物理学和趋势跟踪，都可以通过不断试验、测试模型，来使模型的效果最佳。

交易必然意味着要处理各式各样的数据——就像物理实验一样，但两者之间的联系比这还要更密切。物理学研究的是我们所处宇宙的运行规律，其中用到不少模型来解释复杂的现象，例如气体中的分子运动或银河系行星的运动状态。这样的模型也可以类似地运用到充满复杂行为的金融市场中。[4]

当我们使用"交易科学"这个词时，我们并不是指工程师或是科学家在象牙塔中研究出来的复杂模型。复杂的模型是极其脆弱的。相比之下，保持简单性、搞懂那些显而易见的事实反而是极难的。大名鼎鼎的理查德·费曼（Richard Feynman，物理学家，曼哈顿计划科学家，诺贝尔奖得主）在20世纪60年代的经典演讲中很好地总结了科学研究所真正需要的思维方式：

一般而言，我们按以下过程寻找物理定律。首先，我们瞎猜一个（观众笑声），大家别笑，我们真是这么做的。接着，我们计算猜测的结果，看看我们猜得对不

> 如果你无法测量，也就不可能管理它。可测量之物才有改进的可能。
> ——艾德·斯科塔[3]

> 从一次又一次的错误中，你会发现全部真相。
> ——西格蒙德·弗洛伊德

> 很多交易者希望他们的每一笔交易都能做对。他们虽然不愿承认，但确实就是这么想的。他们只是徒劳地在根本不存在确定性的地方制造确定性。
> ——马克·道格拉斯
> （Mark Douglas）

对。如果我们猜对了,就看看它意味着什么,然后将推论的结果与自然,或者说实验、经验相比较。我们比较一下,看看它是不是都对了。如果和实验不符,那就错了。这很简单,但它是科学的关键。你的猜测有多美,你有多聪明,进行猜测的人叫什么名字,这些统统都不重要。如果和实验不符,那就错了。科学就是这么一回事。

他继续说:

> 关于不明飞行器的报道,更可能是来自地球生命的非理性想象,而非地外生命的理性航行。当然我只能说是"更可能"。这也只是个猜测。我们尽量猜测最有可能的解释,并且牢记:如果它是错的,我们就必须转向其他可能性。[5]

批判性思考

趋势跟踪者和物理学家一样,他们用开放的思维进行观察。他们观察、检验,设计 A/B 测试来找到答案。他们进行批判性思考,提出正确的问题:

- 深入研究真正的问题,而不是浮于表面的简单提问。
- 搞清楚你问这个问题的原因,并对自己完全坦诚。
- 在问问题之前,先想想如何解释已有的信息,换句话说,要针对那些存在矛盾的地方进行提问。

> 不得不提的是,以概率作为研究对象的科学如今已成为人类知识中最重要的一部分。人类最重要的问题,在大多数情况下只是概率问题。
>
> ——拉普拉斯[6]

▶ 直面有关人性的本质问题。

▶ 对于任何可能出现的回答，都欣然接受。

▶ 对世界有主观判断，对数据客观接受。

▶ 寻找那些没有被注意到而遗漏的重要细节，针对这些点提出问题。[7]

查尔斯·福克纳是这样阐述批判性思考的核心的："最具批判性的问题，是能够质疑我们的假设的问题：我们的假设是什么，是事实？真理？还是可能性？接下来，我们再提从统计角度出发的问题。"

你必须下定决心，探究真相是什么。你不能因为问题的答案对你不利就不发问，也不能为了强化原本的认知就发问。你更不能问毫无意义的问题，或者接受毫无意义的答案。你是为"问题"而发问，即使它可能没有答案。这对于很多人来说并非易事。

大多数人都无法进行批判性思考。他们不清楚自己想要的究竟是什么，因此只能问一些肤浅和无意义的问题。他们常问的是"这道题考试会考吗？"这只能说明他们毫无思考的渴望。他们想的是大脑空白、静静坐着就好。而想要进行批判性思考，你必须要积极思考，从一个问题引申出更多问题。你需要克服传统的应试教育对好奇心的损害。你需要让沉睡的思维苏醒过来。[8]

线性与非线性

混沌理论指出，世界是非线性的。世界并非线性

> 伽蓝众，汝等勿信风说，勿信传说，勿信臆说，勿信与藏经之教相合之说，勿信基于寻思者，勿信基于理趣者，勿信熟虑于因相者。虽说是与审虑，忍许之见相合亦勿予信。说者虽堪能亦勿予信。虽说此沙门是吾之师，亦勿予信之。
>
> ——《迦罗摩经》

> 概率论是现代社会的基础。没有概率论，当前自然科学和社会科学方面的研究就无从着手。要想研究今天的政治、明天的天气、下周的卫星轨迹，都得靠概率论。[9]

地变化，花时间寻找完美预测必然是徒劳的。不管我们如何做底层预测，未来都不可知。马努斯·J.多纳休（Manus J. Donahue III）在《混沌理论与分形几何概论》（*An Introduction to Chaos Theory and Fractal Geometry*）中，为我们描绘了混沌的非线性世界：

> 数个世纪以来，数学一直局限在线性的领域。数学家和物理学家都忽略了动力学系统的随机性和不可预测性。过去可以理解的唯一系统就是线性系统，也就是"遵循可预测模式的系统"。线性方程、线性函数、线性代数、线性规划和线性优化，这些领域已经被人类理解和掌握了。但问题是，我们人类生活在和线性相差甚远的世界中。实际上，我们的世界一定是非线性的，成比例的、线性的变化是很少的。难道我们有什么办法，能用简单、线性的逻辑，去探索和理解非线性系统吗？这是十九世纪以来，科学家和数学家纷纷探索的课题。随之而来的，是一门新的科学：混沌理论。[10]

> 我想说，非正态分布给我们创造了套利空间。我们就是通过它盈利的。
>
> ——理查德·丹尼斯

虽然对大部分人来说，非线性还是一个新概念，但对趋势跟踪者来说并不陌生。我们在前面所提到的"黑天鹅事件"，如2008年的金融危机、2016年的英国脱欧公投，这些事件都是典型的非线性事件。趋势跟踪能够在这些事件中大获全胜，其原因就在于它能"预料"到不可预料的事。非线性或者缺乏因果关系，并不意味着无法提前行动。那么，趋势跟踪者是如何在没有人能预测到之前，就做好准备的呢？最关键的一点，就是统计学思维。

格尔德·吉仁泽这样描述统计学思维的力量：

20世纪初，现代科幻小说之父赫伯特·乔治·威尔斯（Herbert George Wells）在其政治学著作中说："如果我们想在现代技术社会中培养有知识的公民，我们需要教给他们3件事：阅读、写作和统计思维。"现在是21世纪初，我们离这3件事有多远呢？社会从小教大多数公民读和写，但偏偏没有教统计思维。[12]

我很喜欢一个统计思维的案例，是一个关于男孩和女孩的出生率案例。有两家医院，第一家医院每天有120个婴儿出生，而另一家医院每天只有12个婴儿出生。一般来说，每天出生的男孩与女孩的比例大约为50/50。但是在某一天，其中一家医院一天出生的女孩数量是男孩的2倍。请问：这种情况在哪家医院更有可能发生？对有统计思维的人来说，答案是显而易见的：在小型医院中更容易发生。但研究表明：这个答案对于未经训练的人来说，并不那么明显。其背后的统计学原理是，偏离总体均值的概率随样本的增加而降低。[13]

上述性别统计的案例，实际上和趋势跟踪息息相关。假设有两个交易员，他们的胜率都是40%，单次获利都是单次亏损的3倍。其中一位交易员有1000次历史交易，而另一位只有10次历史交易。那么请问：在接下来的10笔交易中，谁的交易胜率降到10%的概率更大呢？当然是只有10次历史交易的那位。有更多历史交易的人，其胜率偏离均值的可能性较小；而历史交易很少的人，其胜率偏离均值的可能性更大。

因此，假如你的朋友通过一些小道消息赚了钱，他把这件事告诉了你。你会觉得他很厉害，但如果你具备

> 每个人都有权发表自己的观点，却无权决定和自己有关的事实。
>
> ——丹尼尔·帕特里克·莫伊尼汉（Daniel Patrick Moynihan）[11]

> 我并非天赋异禀。我只是充满好奇。
>
> ——阿尔伯特·爱因斯坦

> 标准差衡量随机变量（在交易中则是指投资回报）的不确定性。它衡量收益率围绕均值波动的程度。投资收益的波动性越高，标准差就越大。
>
> ——美国国家标准与技术研究院（National Institute of Standards and Technology）[14]

> 数学和科学其实是两个不同的领域、不同的学科。好的数学，本质上一定是非常直观的。但实验科学并非如此。对实验科学来说，直觉很重要，猜测很重要，想到正确的实验方法也很重要。它需要的能力更多一些，但对每种能力的要求并不是很高。因此，我们用到的数学虽然可能会很复杂，但这并不是重点。我们不会使用非常难的数学，只有某些统计方法可能很复杂。确实，我们用到的统计并不简单。我们需要的是掌握足够数学知识的人，这样他才能有效地使用这些工具，但更重要的是，他能对事物的运作方式充满好奇，具有足够的想象力和毅力来解决问题。
>
> ——吉姆·西蒙斯[16]

统计思维，就不会这么想了。因为你知道，这类事的样本很少。他因小道消息赚钱，也很容易因此亏损。赚一次钱其实什么也说明不了，因为样本量太少了。

正是靠这种思维模式上的区别，趋势跟踪者才能做到以单打独斗超过华尔街的巨头。为什么华尔街的金融精英，能够眼睁睁看着趋势跟踪者攻占本应属于他们的领地，而毫不作为呢？其原因就在于，他们只关心相对于指数的收益，他们的客户想让他们控制风险（同时也抑制了收益），然而趋势跟踪者则追求绝对收益，他们根本不关心这个月相对于指数涨了多少。

华尔街的主流衡量方法是基于有效市场理论的。他们关注均值，而且更关注对均值的偏离度，这才是他们衡量输赢的指标。他们只关注满足客户的非理性需求。趋势跟踪者用的则是一套完全不同的商业逻辑。

华尔街对波动的理解走到了歧路，他们认为波动的定义就是标准差。华尔街典型的收益目标，就是保持收益的连续性，而不是绝对收益。他们最偏好的就是正态分布。

正态分布是金融的基础，无论是随机漫步、资产组合定价、风险价值，还是布莱克-斯科尔斯期权定价公式，都建立在正态分布的基础之上。例如，风险价值（VaR）模型就试图量化资产组合在给定概率下可能遭受多少损失。尽管有多种形式的VaR模型，但它的标准版本就是用标准差来度量风险的。给定正态分布，标准偏差和风险就很容易计算；但如果价格变化并非服从正态分布，那么标准差就会误导我们对风险的判断。[15]

用标准差度量风险的一个问题是，如果有两个交易者的收益的标准差相似，但收益服从的概率分布不一致，那就很难判断风险孰高孰低。一个交易者的收益分布可能像正态分布或钟形曲线，但另一个可能在峰度和偏度上的统计特征和正态分布不一致。换句话说，他们收益的模式并不来自同一个正态分布。

趋势跟踪策略永远不会出现服从正态分布的收益情况。它不会出现连续一个季度都达到基准收益的稳定表现。趋势跟踪者在零和博弈中打出的本垒打，是在巴林银行倒闭、长期资本管理公司崩溃和2008年市场崩盘等事件中获利丰厚——他们利用的是非正态分布的黑天鹅事件。

成功的趋势跟踪者杰瑞·帕克说："以我对市场的理解，趋势到顶后市场会出现交易的非正态分布。我们的优势，正是如何应对这些异常交易。我不确定其中的内在逻辑，但只要你在市场顶部做趋势跟踪，你就能注意到这种分布——世界是非正态的。"[18]

像帕克一样，让·雅克·谢尼尔（Jean-Jacques Chenier）也知道市场远没有那么有效和线性。因为在市场上，并不是每个人都是为了获利而来。有些人可能是套期保值者，他们利用市场来避险，自然就扮演了输家的角色："日本银行会干预市场以使日元贬值……一家日本的商业银行使得海外的日元资产回流，以平衡其本会计年度的资产负债表。这些活动创造了流动性，而这部分无效流动性就是获利的机会。"[19]

为了更好地理解帕克所说的话，我们就要先理解偏度和峰度的概念。偏度度量了概率分布的尾部收益是高于还是低于标准正态分布。例如，收益序列 –30%、

> 我的天赋和名气在很大程度上要归功于我的幸运。我早上走进办公室的时候，不会问："我今天够聪明吗？"我会想，"我今天够幸运吗？"
>
> ——吉姆·西蒙斯[17]

> 人们不会在家庭装修杂志上读到《供水系统的新常态》之类的文章。但是在投资领域，道琼斯指数每变动几千点，就会有许多报道称大变革即将发生——至少那些金融作家是这么写的。[20]
>
> 在投资组合理论中，降低风险的投资公式依赖于许多苛刻但毫无根据的假设：首先，他们认为价格变化在统计上是相互独立的；其次，他们假设价格变化符合标准正态分布。金融数据难道完全符合这两条假设？当然不是。
>
> ——本华·曼德博[21]

5%、10%和15%的平均值为0。在这一序列中，只有一个值小于0，另外三个均大于0；但是负值的绝对值比正值要大得多，这称为负偏度。负偏度的情况，对应的是均值左侧的值（小于均值的部分）比均值右侧的值（大于均值的部分）更远离均值。当均值右侧的值较少但离均值更远时，偏度为正。[22]

趋势跟踪的收益曲线通常偏度为正。而峰度，则衡量的是异常值相对于标准正态分布而言出现得更频繁（高峰度）还是不频繁（低峰度）。峰度高，对应的是异常值出现得更多，称为厚尾，表明极低和极高的收益率所占的百分比高于标准正态分布。[23]

偏度可正可负，它影响的是概率分布的对称性。正偏度意味着与均值相同距离的正收益比负收益出现的可能性更大。偏度衡量了异常值更可能出现在哪边，相应地，异常值或极端值会影响偏度。1987年的市场崩溃通常被认为是极端的异常情况。另外，正的异常值会拉长概率分布的右尾。趋势跟踪能够止损，并保留获利头寸，因此趋势跟踪的异常值为正，从而收益率为正的可能性更高。而负偏度则意味着偏离均值同样的长度，重大负面事件发生的可能性更高。[24]

> 偏度是对对称性的度量，或者，更准确地说，是对缺乏对称性的度量。若数据在中心点两侧分布相同，则它是对称的。
>
> ——美国国家标准与技术研究院[25]

这些统计概念并不像金融业的那些毫无用处的、花里胡哨的模型那样好玩。因此，很多人相信别人给的模型能代替他们思考，而很少有人愿意去思考统计学的用途。如果你学不会基本功，那么你就永远看不到伟大的趋势跟踪者眼中的大趋势——他们静候下一只黑天鹅的到来。

复利的威力

吉姆·罗杰斯写过一本《罗杰斯环球投资旅行》，这是我最早读到的一本投资著作。他的文字让我增长了见识，让我感受到了投资的激情。2008 年初——在我读完这本书 14 年后，我为了制作我的第一部纪录片，在他新加坡的家中采访了他（我后来也和他保持联络，2014 年和 2016 年我都见到了他）。为了这次采访，我已经连续熬了 48 个小时，终于等到了他在采访中和我聊起他的投资秘诀。

罗杰斯不是传统的技术型趋势跟踪者，但他通过趋势跟踪也赚了不少钱。他把复利排在最重要的位置："大多数投资者犯的最大错误，就是他们总以为必须要做到某件事……投资的秘诀是不要亏钱……损失才会彻底击败你。损失破坏的是复利，而投资的魔力正在于复利。"[27]

借助复利的威力，尽管你不能在一夜之间致富，但至少有机会在一生中赚到大钱。举个例子，假设你每年能够赚 50% 的收益，那么初始的 20 000 美元到 7 年之后就会变成 616 000 美元以上。50% 可能太夸张？确实。但就算你只有 25% 的收益率，结果也不低。如果你成为趋势跟踪者，每年赚 25%，并以这一比例连续增长 20 年或 20 年以上，而不是每年挣多少就花多少，你会变得富裕无比。一笔 20 000 美元的投资在不同收益率表现下的增长如表 8-1 所示：

> 峰度衡量数据相对于正态分布是更陡峭还是更平坦。也就是说，峰度高的数据倾向于在均值附近有明显峰值，斜率更陡峭，尾部也更厚。峰度较低的数据往往在平均值附近具有平坦的顶部，而不是尖锐的峰值。均匀分布是低峰度的极端情况。
>
> ——美国国家标准与技术研究院[26]

> 长期以来，我们都认为数据大都服从正态分布，因此用均值来衡量是有意义的。但是，我们周围的世界并非服从正态分布……想要看清它的本质其实很难。我们已经习惯了我们的假设，以致我们无法真正发现或者证伪什么。我们没有质疑假设，而只是花时间研究细节，好像只关心壁毯上撕下的一撮毛线的颜色。科学难就难在这个地方。[28]

告别看似优美、固定、均衡的思维模式吧。均衡等于死亡。万物不会一直保持均衡，而会以很小的增量变化。最终的变化必是灾难性的。我们必须学会适应，因为我们无法预测。[29]

表 8-1　复利效应　　（单位：美元）

	30%	40%	50%
第 1 年	26 897	29 642	32 641
第 2 年	36 174	43 933	53 274
第 3 年	48 650	65 115	86 949
第 4 年	65 429	96 509	141 909
第 5 年	87 995	143 039	231 609
第 6 年	118 344	212 002	378 008
第 7 年	159 160	314 214	616 944

让我们来看看复利在趋势跟踪上的威力吧。1997年10月，大卫·哈丁创立了他的元盛期货基金，该基金在10年内为投资者带来了21%的年化收益。对比另外一个例子：如果你在1947年买下了文森特·凡·高（Vincent van Gogh）的《鸢尾花》（Irises），你将支付80 000美元。而这幅名画在1987年易手时，则是以5390万美元的天价卖出。这样的价值增长似乎相当巨大了，但从数学上讲，其年化收益率仅为17.7%，低于哈丁基金的年化收益率。

人们关注线性，即时满足；在充满噪声的世界中，复利对他们而言并不直观。但是，如果有证据表明，趋势跟踪能在非线性的世界中大放异彩，那么有志之士就会欣然接受；而对那些虽然被大多数人所接受的观念，他们也不会再趋之若鹜了。

总结

▸ 我对找不到伊拉克大规模杀伤性武器的报道很感兴趣。我们知道，世界上存在着已知的已知事物，也就是说有些事情我们知道自己知道，而我们也知道世上存在着被人所知的不明事物,这就是说有些事情我们知道自己不知道。同时,世上还存在着我们不知道的不明事物,也就是说我们不知道自己不知道。如果纵观整个国家和其他国家的历史,应对最后这类事情才是最困难的。[30](唐纳德·拉姆斯菲尔德)

▸ 如果你无法基于数字进行思考,就不要做交易。

▸ 正态分布的尾部藏着机遇。

▸ 很可能发生的事件并不总是确定的,极端不可能发生的事件也并非不可能的(黑天鹅事件就是如此)。

▸ 如果你在1929年8月去问一群投资者'华尔街可能会发生什么',你会听到各种各样的看法。你可能发现一两个预测市场崩溃的异类,但绝大多数人都没料到接下来会发生什么。[31](比尔·邦纳)

| 第 9 章 |

交易圣杯

杰西·利弗莫尔将华尔街描绘成是"一个巨大的妓院",经纪人是"皮条客",股票是"妓女",投资的客户则排队把钱扔进来。

——《经济学人》(*The Economist*)[1]

真相要讲,讲完要逃。

——谚语

阿尔·卡彭（Al Capone）曾说："市场噪声太多。那些做股票的人都在乱来。"

现在，市场依然如此。

乱做交易的人比比皆是。或者可以说，他们很无知，犯了错。我想，他们可能受到了市场上噪声的干扰，无法做出正确判断。

华尔街上的噪声中，最多的是和"交易圣杯"有关的噪声——预言、奥秘或者对市场的神圣诠释，它们许诺信者以知识和财富。他们通常给投资人一个"黑匣子"——给对方一个封闭的系统，系统的输入和输出是已知的，但内部分析是绝密的，仅有金融界的"大祭司"才能破解它。

华尔街所用的黑匣子和真实市场相差十万八千里。这也没什么好奇怪的。要知道，在互联网时代，只要你有几台计算机、一个申请了专利的公式、一个聪明人才能读懂的代码、一连串预测，"嘭"的一声，你就能成为社交媒体上的新一代金融巨星，为广大散户提供预测。

纳特·西尔弗（Nate Silver）在政治领域就是这么混的。他做了两件事：

▶ 在 2008 年美国总统大选中，他成功预测了 49/50 个州的选举结果。

▶ 在 2012 年美国总统大选中，他成功预测了 50/50 个州的选举结果。

因此，西尔弗一夜成名，成了聪明绝顶的数学专家。他从棒球统计专家变成了政治统计专家。他预测

> 现在不参与股市才是最危险的。我们认为道指会涨到它的合理价位，大概在 36 000 点左右……现在不存在泡沫。离泡沫还远着呢。股票现在是被低估的。
>
> ——詹姆斯·格拉斯曼（James Glassman）[2]

> 在投资方面，我看重择时的另一个原因是，我对自己了解得足够多。我知道自己不可能在 1973 年和 1974 年这两年里，看着投资组合下跌 48% 却什么也不做，继续一路持有，还痴想着有一天能涨回来。因此我需要择时。
>
> ——汤姆·巴索

> 只要有证据能证明目前的信念是正确的，我们就会强化它；而面对违背我们信念的证据时，我们会迅速将其合理化。[3]

> 《道指36 000》这个标题就相当吓人，如果你把这本书放在茶几上，准能吸引别人来看看互联网泡沫中的"恐怖故事"。他们把100 000美元次级抵押贷款投资于思科的股票，以80美元的价格买入，期待它涨到500美元（这本书就是这么预测的），但等着他们的是股价跌至17美元。这本书中的思考足以令人发笑。
>
> ——《道指36 000》的亚马逊评论[4]

> 过去不是未来的好指南。
>
> ——杰瑞·帕克

大选的数学模型击败了政治记者和评论员——因此，他很快就有了"政治界的魔球"的说法。紧接着，他在Twitter（推特）上的关注者超过了100万，他写的书也成了畅销书，他的网站FiveThirtyEight.com也变得随处可见——上面甚至提供投资建议，他能告诉你"担心股市吗？你无论做什么都可以，就是不要卖。"

然而，任何一个关注2016年总统大选的人都知道，西尔弗的预测破产了。2016年，西尔弗每日公布的候选人概率像着了火的猫一样乱窜——想想他为了保住自己的宗师地位，不得不在选举期内每天提供预测，这也并不奇怪。

西尔弗是这样"承认"他的错误的："我在预测特朗普的时候没有用统计模型，而是自己很武断地就判定了。"也就是说，他想用"我的模型没有问题，只是我自己的偏见导致了失误"的说辞把话圆回来。更糟糕的是，按照西尔弗的这套说法，不管发生什么事，他都可以说自己是对的。而西尔弗的粉丝则无视他2016年的预测，也不在乎他给出了错误的数字：

"看看他过去的预测。特朗普只是一个孤例。"

"一次预测不足以说明问题。"

"他大多数时候都预测对了。"

"他预测的准确率还是很高的。"

这些说法不值一驳。它们体现出西尔弗连最基本的方法都是错的：他的分析把意料之外、非同寻常、惊世骇俗的事情排除在外。他无法预测或解释这些情况。关于特朗普当选，他说的是："这是我一生中最令人震惊的政治事件。"没有人能够预测异常值。如果有谁像西尔弗一样告诉你他能做到——这种人你要小心。斯佩诺斯·马克瑞戴克斯（Spyros Makridakis）在1979年写过一篇论文《预测的准确性：一项实证研究》，他在论文中谈道：简单模型比复杂模型更有效，移动平均线比高深的计量经济学更有效。但如果西尔弗只是用移动平均线来预测选举，他还能变得家喻户晓吗？

日光之下，并无新事。有效市场理论在金融界流行已久，同样也无法解决突发事件的问题（例如黑天鹅事件）。西尔弗的预测，只是发生在另外一个领域，但实际上问题是类似的。2016年夏天，黑天鹅之父纳西姆·塔勒布就公开抨击西尔弗："@ FiveThirtyEight 向我们展示的是一个教科书式的案例：如何在完全不懂概率的情况下，还能靠概率赚得盆满钵满。"

到底谁是对的？纳西姆·塔勒布还是纳特·西尔弗？

别选错了。你的判断确实会影响你。

> 只有潮水退去时，你才知道谁在裸泳。
> ——沃伦·巴菲特

> 从一次又一次的错误中，你会发现全部真相。
> ——西格蒙德·弗洛伊德

买入持有的幻梦

在经历了2000年互联网泡沫破灭和2008年10月金融危机之后，按理说，人们应该把"指数式定投"这种曾被视为可靠的策略永远扔进垃圾桶了。但并不是这样。投资者仍然在用这种办法，在遵循"长期买入持有""坚持到底"和"逢低买入"之类的原则。这些对市场的看法与纳特·西尔弗预测大选的错误毫无二致。

> 我买了SNAP，即使我非常乐观我也知道，它短期内不会盈利。我买它只是因为我是它的粉丝。
> ——25岁的克里斯·罗（Chris Roh），炒股1个月，《纽约邮报》2017年3月13日

> 杰瑞·帕克提供了另一种见解：
>
> 趋势跟踪也有表现不太好的时候，但它比其他方法都要好。我们可能觉得，趋势跟踪比20世纪70年代或80年代的投资方法要差。但是那又怎样呢？我们有其他选择吗？我们要在市场突破时买进吗？我们要用买入持有的策略吗？在我看来，后一种方法就是"买入持有的幻梦"。赔钱时，难道我们应该加仓吗？我们难道要跟其他所有人做一样的事情吗？最终，人们只会在市场出现趋势时才了解趋势。[5]

让我们来看看1973～1974年的纳斯达克崩盘。纳斯达克在1972年12月涨至最高点，随后大跌近60%，于1974年9月触底。直到1980年4月，纳斯达克才彻底从1973～1974年的熊市恢复过来。从1972年12月到1980年3月，"买入持有策略"对投资者来说没有任何用处。在此期间，投资者把钱存在储蓄账户，还能赚3%的利息呢。2000～2002年，纳斯达克跌幅达77%，历史再次重演。

在市场持续下跌的情况下，纯粹的"买入持有策略"将使投资者回本的希望变得渺茫（如果尚存一丝希望的话）。奉行买入持有的投资者被市场误导，最终难免厄运。他们相信，只要拥有极大的耐心，就能在长期取得不错的回报。他们希望挽回大部分（甚至是全部）损失。他们认为，股票是长期投资的最佳场所，如果他们付出5年、10年或20年的耐心，他们就财富自由了。投资者最需要知道的是：他们可能努力了5年、10年甚至20年，到头来却没有任何回报，甚至会亏损。[6]

> SNAP正在利用粉丝的自豪感（针对千禧一代），这在股票市场中并不常见。
>
> ——丹·沙特（Dan Schatt），一位老股民，《纽约邮报》2017年3月13日

更糟糕的是，买入持有迎合了投资者的"报复"心理。赔了钱的投资者，都想把钱赚回来。他们心想："我在 XYZ 股票上赔的钱，无论如何都要在 XYZ 上赚回来。"他们无法理解沉没成本，也不肯面对"买入持有"的毁灭性后果。无论发生什么情况，他们都会继续，无论他们亏了多少次。这也算是一种"斯德哥尔摩综合征"，他们被糟糕的投资所折磨。

乔纳森·霍尼格（Jonathan Hoenig）这样解释投资者亏钱的原因："我是一名交易者；我的兴趣不是拥有股票，而是赚钱。尽管我确实进行股票交易（包括其他投资），但我并不盲目相信股票一定会上涨。如果我们能从历史中吸取什么教训的话，那就是我们不能简单地将投资放在那里什么也不管，就期望一切会变好。你不能赚钱了就说自己是交易者，亏钱了就安慰自己是投资者。这就是你亏钱的原因。"

如果你有一套交易系统，情况就会变得不一样：交易系统会给你的投资系上"安全带"。下次当你从 CNN 听说有专家猜测马航波音 777 可能进了黑洞时，你就不会慌着做出不理智的投资决策了。

> 在专家黔驴技穷之前，你会先输光你的钱。
> ——尼尔·温特劳布（Neal T. Weintraub）

> 艾略特波浪理论毫无意义，因为它根本不是理论，只是对价格图表中一系列波峰和波谷的无聊观察。只要你调整时间范围，那么你想要多少波峰和波谷，就能有多少。[7]

沃伦·巴菲特的圣杯

沃伦·巴菲特常常被人们当作买入持有策略的最忠实的拥护者，他一生践行价值投资的策略。他拿到了交易界真正的圣杯，我也的的确确佩服他的巨大成功。但是，你能和他一样通过保险公司和秘密的税收优惠来使财产增值吗？你做不到。巴菲特凌驾于规则之上，巴菲

> 沃伦·巴菲特建议人们投资股票时，并未警告投资者注意潜在风险。我担心人们会盲目遵循他的建议，直到他们在底部卖出时才意识到风险的存在，到那时悔之晚矣。
>
> ——朱利安·鲁宾斯坦
> （Julian Rubinstein）
> 2017年3月5日

特只有一个。不幸的是，许多人误以为巴菲特就是靠简单买入持有来做投资的："你看，巴菲特持有可口可乐40年了！"呃，他那600亿美元净资产的来头，可比你看到的复杂得多。

巴菲特曾旗帜鲜明地反对金融衍生品："'现在股市上赚钱的机会少了，我们的钱比看到的机会多。'他紧接着补充说：'在当前环境下，6%～7%的收益率是合理的。目前公司账上有超过370亿美元的现金可供投资，但我们肯定不会用这笔钱做衍生品交易。''衍生品市场就是最大的骗局'，副董事长查理·芒格忍不住插话，'说衍生品市场是污水管，是对污水的侮辱。'"[8]

十六天后，巴菲特改了主意："伯克希尔-哈撒韦今天宣布以私募方式向合格的机构投资者出售4亿美元的新型证券，名为'SQUARZ'。巴菲特说，'负息票面利率虽然没有先例，但在当前的利率环境下，也是可能的。因此，我请高盛设计了这样一只新型证券，也就是今天发布的这只。'"[10]

如果一开始巴菲特是直言不讳地说出了他的想法，那又是什么让他在两周后就改变看法，发行了一只如此复杂难懂的证券，而且在新闻稿中也毫无解释？更令人困惑的是，一年后巴菲特又自相矛盾地抨击衍生品是弗兰肯斯坦一般的怪物："衍生品工具这种大规模杀伤性金融武器暗藏杀机，最终的后果将是致命的……无论是对于机构还是经济体，它都是颗定时炸弹。"[11]

> 在我看来，太阳微系统公司的短期前景最好。
>
> ——詹姆斯·克莱默
> （James Cramer）
> 2009年9月7日[9]

2008年，巴菲特再次交易衍生品，并促成了政府救市。直到2017年，他的公司仍持有大量衍生品头寸。市面上有数十本书籍向公众推销巴菲特的亿万富翁之路，讲述巴菲特关于价值投资或买入持有的传奇故事。但当巴菲特自己做衍生品交易的时候，市场上没人发表异见。只有基金经理迈克尔·斯坦哈特（Michael Steinhardt）是个例外，他说："（巴菲特）是这些年来最伟大的公关人物。他成功地掩饰了他的交易，使几乎每个人都知道他是个长期投资者……他能做到这种地步真是令人称奇。"[12]

沃伦·巴菲特无疑是投资者的偶像，值得高度赞扬；但是，采用趋势跟踪策略的趋势跟踪者中有很多成功人士，而巴菲特却只有一个。让我们停下来想想：他难道不是唯一的幸存者吗？

几年前，我和一位趋势跟踪者聊天。他拥有30多年的业绩记录，平均每年创造20%的收益。我们聊到了沃伦·巴菲特。尽管他也对巴菲特非常敬重，但他感到困惑的是：为什么有些人认为他能成功只是"运气好"，而巴菲特就是"投资大师"。几十年来，这位交易者进行了数千笔交易，其他的趋势跟踪者也差不多交易了数千笔。如果几千笔交易都是运气好，按照那些人的说法，巴菲特的成功又何尝不是靠运气呢？巴菲特可是靠着仅有的几次杠杆交易就拥有了天文数字般的财富：可口可乐、吉列、美国运通、高盛和富国银行。

失败者才摊平亏损

在《金融怪杰：华尔街的顶级交易员》这本书中，

> 假设你正在参加一次汽车拍卖，希望购买一辆漂亮的红色克尔维特。在拍卖克尔维特之前，拍卖的是1955年的梅赛德斯鸥翼双门跑车，售价75万美元。紧随其后的就是克尔维特，起拍价为3.5万美元。现在你会出多少价？现在，想象一下你面前的汽车是鸥翼奔驰的"成套"汽车复制品，售价为7.5万美元。你又愿意出多少？研究表明，无关的其他数据会影响你愿意支付的价格。先前的价格越高，我们愿意支付的价格也越高。
>
> ——乔恩·松特
> （Jon C. Sundt）

有一张著名宏观交易员保罗·都铎·琼斯的照片，摄于20世纪80年代末。从照片上看，他正放松地坐在办公室里。背后的墙上写着一行黑体字："失败者才摊平亏损。"

但等到互联网泡沫来临时，詹姆斯·K.格拉斯曼（James K. Glassman）却听不进琼斯的智慧之言，他鼓吹说："如果你的投资组合中有安然公司的股票，并且在90美元时你没卖，跌到10美元的价格也没卖，这没什么可懊悔的。联合资本管理公司还持有大量安然公司的股票呢。正如他们的合伙人阿尔弗雷德·哈里森（Alfred Harrison）所说：'安然一看就知道是相当不错的成长型股票。即使下跌，我们也持续买进。'"[13]

格拉斯曼和哈里森犯了致命的错误：他们所谓的平均成本，实际上是在不断摊平亏损。交易者应该为自己摊平亏损的行为感到羞愧。当你的某个仓位出现亏损时，你应该意识到肯定出了什么问题。新手不愿意相信市场下跌的时间越长持续下跌的可能性就越大（你可以自行搜索2010年以来"时间序列动量"的相关论文）。不断下跌的市场绝不是买便宜货的好地方。你不可能无限期地等到市场反弹的那一天，况且市场还有可能跌到零。

在零和博弈中，如果趋势向下，那么，这绝不是买入的机会，而是卖出的机会。更糟糕的是，作为活跃的基金经理，格拉斯曼竟然采用"摊平亏损"的策略。他居然认为："典型的散户在一年前能预料到安然的灾难吗？不可能。如果你一开始就能预料到，你就不可能买

> 人们说市场被高估存在泡沫时，无论怎么说，他们谈论的只是少数股票。大多数股票的定价仍然是合理的。2000年整体市场不可能出现大的回调。
>
> ——拉里·瓦赫特尔（Larry Wachtel）
> 保诚证券
> 1999年12月23日[14]

安然的股票了。"15

实际上，散户也有办法可以发现安然的问题：价格从 90 美元跌到 0.5 美元，足以说明崩盘近在咫尺。杰西·利弗莫尔在 80 年前就告诉大家如何避免亏损：

> 我警告过大家，决不要摊平亏损；但很多人还是照做不误。很多人买股票，比如说 50 美元买入 100 股，等两三天后，如果他们发现能以 47 美元的价格再次买入，他们就会抓住机会，买入另外 100 股以摊平亏损，这样平均下来的成本就只有 48.5 美元。照这种买法，那么，如果价格到了 44 美元的时候他们又该怎么办？到那时，第一笔 100 股亏损 600 美元，第二笔 100 股亏损 300 美元。如果他们还要照这种买法继续摊平亏损，他就要在 44 美元时再买 200 股，在 41 美元时买 400 股，在 38 美元时买 800 股，在 35 美元时买 1600 股，在 32 美元时买 3200 股，在 29 美元时买 6400 股，依此类推。有多少投资者可以承受这样的压力？就算你嫌我啰唆，我也要让你明白绝不能这样做。

很多人都平摊过亏损，包括一些伟大的交易者。朱利安·罗伯逊曾掌管过有史以来规模最大、利润最高的对冲基金之一，但他的辉煌已经成为过去。2000 年 3 月 30 日，CNN 摘录了朱利安·罗伯逊给老虎基金投资者的一封信，他将问题归咎于资金短缺：

> 正如你在许多场合中听到的那样，老虎基金多年来成功的关键，就在于坚定地买入最好的股票，卖空最差的股票。在理性市场中，这一策略运作良好。但是，在

> 1 月将是今年以来的最低点，在（2000 年）年末之前，纳斯达克和道琼斯指数都将创下新高。
>
> ——迈伦·坎德尔·阿坎德
> （Myron Kandel Anchor）
> CNN 财经频道，
> 2000 年 4 月 4 日 16

> 如果你事事求稳妥，就去买台烤面包机吧。
>
> ——克林特·伊斯特伍德
> （Clint Eastwood）

非理性的市场中，收益和价格因素并没有什么帮助，人们也不关心逻辑。价值投资正在消亡，投资者纷纷撤资，这是对金融业的侵蚀，也给我们所有人带来了压力。这种情况暂时还没有好转的迹象。[17]

老虎基金的螺旋式下跌始于1998年秋天，当时他们在美元兑日元的交易上损失了数十亿美元。一位老虎基金的前员工直言不讳地说道："当你重仓之后，你就必须赌对才行；如果你赌错了，你就不可能脱身。朱利安年轻时没有这么做过交易，这是没有分析风险回报的做法。"[18]

老虎基金的问题出在他的投资策略上。朱利安曾经说："我们的任务是找到世界上200家最佳公司并对其进行投资，找到世界上200家最差公司并做空。如果最好的200家的表现还比不上最差的200家，那么我们也不用做交易了。"

朱利安擅长筛选信息。一位同事说："他可以在从未见过的财务报表中查看一长串数字，然后说'那是错误的'，而他的判断总是对的。"尽管这种才能令人惊叹，但能够挑出资产负债表毛病的能力，不见得能转化为利润。朱利安·罗伯逊所做的摊平亏损，和互联网泡沫、2008年金融危机之间有什么关联吗？

它们都和投资泡沫有关。

2008年的金融危机与荷兰郁金香球茎泡沫没什么不同。1720年，当南海泡沫达到顶峰时，连最伟大的天才——艾萨克·牛顿爵士也陷入了歇斯底里的状态，最终损失了2万英镑。历史不断重复。

尽管泡沫是短暂的，但带来的后果确是长期的、灾

> 我相信，外面的人实际上不会在他们不了解的事情上投入金钱，实际上他们是在利用新闻和外面的信息来做出明智的投资决策的。
>
> ——玛丽亚·巴蒂罗莫
> （Maria Bartiromo），
> CNBC，2001年3月[19]

难性的，它将导致严重衰退和政府干预（如 QE、ZIRP、NIRP、美联储购买普通股，等等）。情况甚至会变得更糟。过去 500 年来，泡沫破灭使一些国家陷入长达十年或更长时间的衰退。我们能从中学到什么呢？人性一直如此，也许永远如此。[20]

今天，理智的投资者不能只是将投资权交给理财顾问，或者隔一个季度才看一次退休金账单。你不能想反正退休金放在那里，未来你就能拿到不少钱。让我们来看看日经 225 指数的表现（见图 9-1），你就会明白上面的想法有多幼稚。日经 225 指数在 1989 年达到近 40 000 点。现在，25 年过去了，它仍然在 20 000 内徘徊。你认为日本人应该相信买入持有的策略吗？如果美股从历史高位跳水、利率从零降至负数，你能相信股票将永远上涨，而不会再下跌 50% 吗？

> 你必须问自己："如果那样该怎么办呢？"如果股票上涨了怎么办？如果不涨又该怎么办？你应该像一个接球手，戴好你的头盔。
> ——乔纳森·霍尼格

回溯过去，表 9-1 展示了 1968 年热门科技股的表现：

图 9-1　1985～2003 年日经 225 近期合线月线走势图

对冲基金经理比尔·阿克曼以每股约11美元的价格出售了2720万股凡利亚。阿克曼的潘兴广场资本管理公司在2015年时，曾以平均每股196美元的价格收购凡利亚。

——CNBC
2017年3月13日

尤其值得我们注意的是，道琼斯指数从10 000点开始，"仅需"再涨26 000点，就可证明那两个小丑的预言：市场到36 000点才会出现泡沫。我还真有点想念他们，至少他们的表演还挺滑稽的。现在市场要是再多涨500点，他们估计就会跳出来，重复他们的"36 000点理论"了。

——艾伦·埃布尔森
（Alan Abelson）
《巴伦周刊》
2003年12月15日[22]

表 9-1 1968 年的科技股

科技公司	1968年最高点	1970年最低点	下跌幅度（%）	最高点的PE值
仙童摄影器材公司	102.00	18.00	-82	443
力科公司	72.00	13.00	-82	42
控制数据公司	163.00	28.00	-83	54
莫霍克数据公司	111.00	18.00	-84	285
电子数据公司	162.00	24.00	-85	352
光学扫描公司	146.00	16.00	-89	200
Itek制药公司	172.00	17.00	-90	71
大学计算公司	186.00	13.00	-93	118

繁荣与萧条是一对孪生兄弟：它们都因贪婪与恐惧而生。不幸的是，媒体太过急于制造恐慌，投资者最终只能盲目地把亏损当成既成事实。

由于投资组合亏损过多以及社保账户不安全，过去你畅想的退休生活或许要被食用垃圾食品、特价蔬菜所取代，甚至你到去世都不能退休。那么，牛市消失，二战后的这一代会破产吗？——如果你努力工作，存点钱，更务实一些，你仍然可以过上退休的生活。股票9%的收益可能不及过去20%那么高，但也不算差了。[21]

不懂数学的人，才会说"9%的复合收益率和20%相比不算差"。让我们来算笔账：假设过去的25年中，有两笔初始额度均为1000美元的投资，第一笔投资在25年中的年化收益率是9%，第二笔是20%，则

▶ 年化收益率为9%的1000美元在25年后的净值约为8600美元

▶ 年化收益率为20%的1000美元在25年后的净值约为95 000美元

这里有两个例子，讲了在不存在复利的情况下，采用买入持有策略的投资者应该怎么办：

- AARP 的政策总监约翰·罗瑟（John Rother）说："如果你发现自己该退休了，却没有足够的退休金，你该怎么办呢？你只能继续上班。"

- 在夏威夷为非营利组织工作的盖尔·霍维（Gail Hovey）说："我一生都在努力工作，争当一名负责任的公民，没想到这件事让我感到了威胁。"

没有人愿意看到盖尔无家可归。但是，也没有人希望通过政府救济让一组没有犯错误的人为另一组犯错误的人买单。想想 2008 年的救助计划，如果有下一次崩溃，绝对还会有下一轮救助计划。但是，这样强行扭曲的"公平"并不是真正的公平。任何政治机构都不应靠法律来"保障"结果。复利对于交易来说是好事，但如果政府强力干预则是愚蠢的。

当潮水退去，我们就清楚了谁在裸泳——就算是拿着高薪、经营退休金资产的专业人士也不例外。他们也采用了买入持有的策略，毫无止损计划。"国内的大投资机构都对世通公司（WorldCom）进行了大量投资。他们是美国最大的投资机构之一。"纽约州审计官员如是说。[23]

纽约州的退休基金，与密歇根州、佛罗里达州和加利福尼亚州的退休基金所采用的策略相同——他们买入持有，全都没有止损计划：

- 密歇根州的报告显示，他们在世通公司上的损失约为 1.16 亿美元；

> 在资本市场中，研究者和从业者最割裂的地方，要数对"趋势跟踪"的态度。绝大多数的学术研究都谴责它在理论上是破产的，没有任何实用价值。为什么许多研究人员会反对趋势跟踪？这不难理解：趋势跟踪的有效性会使得数十年来的金融理论模型受到质疑——这些理论声称，市场是有效的，投资者是理性的。[24]

- 佛罗里达州的报告显示，他们在世通公司上的损失约为9000万美元；
- 加利福尼亚公共雇员退休系统报告称，他们在世通公司上的损失约为5.65亿美元。

肯塔基州退休基金的基金经理罗伯特·莱格特（Robert Leggett）当初持有世通公司840万美元股票，暴跌后价值仅为约49.2万美元。他说："直到你真正出售它时，你才是亏损的。"

这根本就不符合逻辑。

我们不仅可以从今天的交易中学习，也可以从过去的交易中学习；可以向成功者学习，也可以向失败者学习。向失败者学习也是很明智的学习策略：这些错误的思维，是我们应该时刻提防的。艾德·斯科塔说过："衡量你的目标好坏的方式，就是看你所获得的结果。"[25]

不要犯傻

CNBC主持人乔·科宁（Joe Kernen）第一次采访趋势跟踪者大卫·哈丁，便引起了轰动。在接受采访时，哈丁的元盛资本为客户管理着210亿美元的资产（如今超过300亿美元）。

科宁了解到哈丁是做量化的趋势跟踪者，在交易中采用科学的研究方法。他很想知道哈丁是不是用计算机做交易，并希望哈丁讲讲他的交易策略。[26]

远在伦敦的哈丁回应说，他的公司"顺其自然"。他说自己顺应趋势，在上升的市场中做多赚钱，而在下

> 基本面分析制造了"应该是怎样的"和"实际是怎样的"之间的鸿沟。就算基本面分析是对的，这一鸿沟也使得基本面分析毫无用武之地，最多被当成十分长期的预测。
>
> ——马克·道格拉斯

跌的市场中做空赚钱。他说，过去15年里，几乎每年都能找到趋势赚钱。[27]

科宁继续说，他想问问哈丁和其他趋势跟踪者，是不是他们的投机行为导致了石油和黄金价格上涨，因为它们的"波动幅度远远超出了基本面分析所预测的范围"。[28]

哈丁认为，科宁的想法也不是全错，但要阐释清楚这个话题需要很多时间。科宁屏住呼吸，突然大笑，插话道："嗯，的确是的。"[29]

哈丁说，自己公司受到政府设定的投机头寸的限制，因此与大的投资银行相比，他的交易规模其实很小。哈丁进一步澄清，自己并非靠"胆大"来做交易。他补充说："当然，我们在市场上做交易，不是为了和别人和睦共处。"他也无须为自己的一套科学方法道歉，他认为这是一种"严格的交易策略"。[30]

科宁顿了顿，把话题转向了长期资本管理公司（LTCM）的失败。他略带戏谑地提到，哈丁的公司正是在LTCM垮掉的同一年（1998年）成立的："我刚才听你提到科学，并且听说你没有在任何一年里亏损过，这让我想起了LTCM。"科宁有些讽刺地谈起了LTCM的诺贝尔奖得主，谈起了他们的"算法"以及他们从未有过失败的记录，除了最终那次崩溃。[31]

哈丁很快澄清说，他的业绩可以追溯20年（准确地说是23年），在这么多年里，公司2009年的业绩其实表现不佳。他指出，他的第一家公司AHL（他已经卖掉了）现在是全球最大的期货管理基金。他还直言不讳地提起LTCM，并说他的公司的必读书目就有《天才的

一旦人放弃虚伪、矛盾、证实偏见、认知失调以及对政府的信仰，他就能拥有真正的力量战胜一切。我们都应该有这样的力量。

——迈克尔·卡沃尔

失败》(关于 LTCM 崩溃事件的一本书)。[32]

科宁打趣道:"这本书你肯定得看。"他继续问哈丁,是否可以推荐几只最佳股票。这个问题对于每个自认为可以预测未来的交易者都是合理的,可对于只相信趋势的交易者来说却是荒谬的。哈丁回答说,他无法预测市场:"我不能给你最好的选择。"他说,他的成功来自交易系统和正确下注。[33]

科宁仍然不愿意对趋势跟踪表露出任何积极的看法,他自鸣得意地问哈丁"是否知道趋势跟踪何时会终结"。哈丁不知该如何回答,只能告诉他"成功的趋势跟踪并非昙花一现,到现在已至少有 40 年的历史了"。为了进一步解释,哈丁还将最近的趋势跟踪与上一个时代(20 世纪 70 年代)的情况进行了比较。[34]

科宁接着说,自己想起以前曾听到过这样的话:"让房地产再一次繁荣吧,因为我在房地产上投入了所有的钱。"他说,你们做商品期货的也有类似的想法吧。显然,这是缺乏客观性的新闻报道。在节目的最后,他希望哈丁在以后还能再上一次节目,"希望那时你还是成功的趋势跟踪者"。[35]

让我们来看一看批判性思维的定义:

批判性思维是一个在智力上自律的过程,它将从观察、经验、反思、推理或交流中收集或生成的信息加以积极和熟练的概念化、应用、分析、综合与评估,以此作为信念和行动指南。在其典型形式中,它基于以下超越主题划分的普遍的智力价值:清晰、准确、精确性、一致性、相关性、可靠的证据、充分的理由、深度、广度和公正性。[36]

让我们以"批判性思维"为指导,再来看看科宁的采访:

1. 乔·科宁主持的这档节目是 CNBC 历史最久的节目。在这样的节目中,科宁却说自己不了解趋势追踪,对其他相关的说法(如期货管理或 CTA)也毫不知情,这可信吗?如果让他像在法庭上一样必须说实话,他还会说自己对趋势跟踪所知甚少吗?

2. 当科宁声称,趋势跟踪者使价格的"波动幅度远远超出了基本面分析所预测的范围"，这是否意味着，他有办法预测所有市场的正常价格水平？

3. 当科宁把 LTCM 和哈丁的基金相提并论时，他难道真的不知道哈丁不相信有效市场理论？他在采访前，有看过哈丁或任何趋势跟踪者的月度收益记录吗？

4. 为什么要让趋势跟踪者"推荐几只股票"？

5. 当科恩对哈丁说"希望那时你还是成功的趋势跟踪者"时，是否意味着他认为哈丁很快就会遭遇滑铁卢，就像 LTCM 当年崩溃一样，等到重回 CNBC 接受采访时已经是另一个身份了？他对沃伦·巴菲特说过同样的话吗？

6. 当你发现自己被新闻媒体操纵时，请记住："观众是羊群。节目是牧羊人。"

有了这样的思考之后，我们再来看看一些不同的想法：

> "哈丁把它自己的方法描述成处理数据的一个黑匣子，这样看起来他就和 LTCM 没什么区别了。"

> "科宁一定能把哈丁问倒。科宁和格林·贝克（Glenn Beck）、斯蒂芬·科拜尔（Stephen Colbert）一样，他们的采访一直都很带劲。"

> "哈丁的意思就是：'我们是地球上最聪明的那群人，趋势是有用的。我们还运用了大量数据。'"

一位做基本面分析的读者写信给我说：

科宁问的问题是否有道理，其实无关紧要。他一直都没有与哈丁争论，而是给了哈丁一个很好的机会，让他来说明公司是如何实施趋势跟踪的。科宁是以"成年人的方

> 谁想预见未来，他就必须参考过去。人类的事情未曾变过，因为它们是被由同样热情所激发的人创造的，无论曾经还是将来。其结果就是，有些相同的问题存在于各个时代。
>
> ——尼科洛·马基雅维利

式沟通"。我想任何趋势跟踪者,都应该在科宁抛出问题之后思考如何解释趋势跟踪,而不是用嘲讽的方式回答说"我们不预测"——这番回答可以敷衍任何问题。

这些对哈丁的批评其实是站不住脚的。因为科宁对哈丁的访谈涉及一些深层次的偏见。让我们先来看看科宁的简历:他在学术上也并非毫无成就,他拥有科罗拉多大学的分子、细胞和发育生物学学士学位,以及麻省理工学院的硕士学位;他曾在包括美林在内的多家投资银行工作。而哈丁呢,则在趋势跟踪方面颇有研究。我不是哈丁的辩护律师,只是和他近距离接触过。他的研究,加上他公开的职业生涯和过往业绩,使他成为过去20年来为趋势交易发声的人中最有学识的一位。

让我们回到采访。科宁在采访前预先设定了一个流程。他的质问是将哈丁边缘化,借此让趋势跟踪边缘化。想象一下,如果采访是按下面的方式开场的,情况还会一样吗:

我们CNBC的观众应该都是相信有效市场理论和基本面分析的,你可以从我们的节目时时刻刻获得有价值的信息。今天,我们邀请了一位靠着趋势跟踪赚了数十亿美元的天才,他不需要做基本面分析,也不需要每天收看CNBC,甚至不相信有效市场理论。你想知道他如何赚钱吗?想知道他不看CNBC也能赚钱的秘诀吗?那就让我们欢迎大卫·哈丁!

我敢打赌,CNBC的人在采访前,甚至连哈丁提交给证监会的公开文件都没看过。比如这里有一份关于哈

> 令人震惊的是,那些在华盛顿从事政治的人,他们基本上讲不清楚自己是做什么的。在这种地方,人们只关心进来的是什么人,而不关心产出是什么。如果让他们讲他们做过什么,他们会从7年级的经历开始,花15分钟给你讲他们长达15页的简历。
>
> ——彼得·泰尔

> 小事不认真对待的人,在大事上也不值得信任。
>
> ——阿尔伯特·爱因斯坦

丁公司的公开文件：

元盛资本的投资技术包括使用管理人员开发的计算机化、技术化的趋势跟踪交易系统，涉及的投资组合覆盖全球主要商品交易所和远期市场的100多种合约。该系统追踪来自世界各地市场的每日价格走势，并通过特定的算法，最终得出在一定风险范围内的使每日利润最大化的投资组合头寸。如果预计价格会上涨，则会建立多头头寸；如果预计价格下跌，将会建立空头头寸。

元盛资本采用的交易方法是复杂的、保密的、受专利保护的。元盛将继续测试、改进其交易方法，保留修改任何方法或策略的权利，包括所使用的技术交易因子、商品期货合约和/或资金管理原则。

技术分析是指基于市场固有数据（例如价格和成交量）的分析。这与基础分析不同，基础分析是基于市场外部因素进行分析，例如供求关系。元盛资本所使用的交易系统中不含任何基本面因子。

简单来说，趋势跟踪系统是一种尝试利用市场中可观察的趋势进行跟踪的系统。市场的趋势倾向于扩大原本向上或向下的幅度，这些幅度在很大程度上是市场参与者的行为偏见造成的。

趋势跟踪系统无法预测趋势。实际上，在特定的市场或市场群体中，趋势跟踪系统可能在一段时间内都不会盈利，甚至某些大型投资组合超过一年不盈利也是可能的。但是，如果把时间窗口拉长，放到几年的时间内来看，这种方法被证明是可以持续盈利的。

元盛交易系统的基本逻辑是，将未来价格走势的幅度、方向的概率与过去价格走势衍生的某些指标相关联。

> 幸福不是你延迟到未来之事；它是你为此刻所创造的美好。
>
> ——吉姆·罗恩
> （Jim Rohn）

> 从印度到英国，从英国到美国，全球范围内正发生着一场运动，针对的是政策决策精英和新闻工作者。这些人代表着家长式的权威，他们身上贴着常春藤、牛津-剑桥或类似精英机构的标签。正是这帮人告诉我们该做什么、该吃什么、该说什么、该想什么……以及该给谁投票。
>
> ——纳西姆·塔勒布

该系统可以判断每个市场在任何时候的趋势程度。尽管在某种程度上，所有趋势跟踪系统都是如此，但元盛交易系统的独特优势在于关联分析的质量。不可避免地，该系统会在某些市场行情中遭受较小的损失，但通过调高相应的权重，在未来这种趋势出现时就能够利用它。

该系统在开发中使用了1981～1991年间各种期货合约的价格数据（称为"样本数据"），随后对1991～1997年的数据进行了测试，以评估其潜力。此后，根据最新的市场数据，系统进行了多次更新。此过程旨在避免过拟合的风险，即防止从历史数据中拟合到无效特征。

哈丁非常清楚，他们的交易是围绕着一个非主观的体系建立的：

交易的选择不受元盛负责人的干预，因此也不受个人判断的影响。作为一种程序化交易系统，元盛交易模型内置了市场数据分析和直接交易所需的所有专家知识，从而消除了将交易程序基于人为操作的风险。同样重要的是，程序化交易系统可以进行长时间的模拟测试，模型的各种性能也是可以测量的。

该系统的输出会严格遵守投资组合的交易形式，并且该系统故意不考虑任何外在或基本面的因子。忽略具有明显价值的信息（例如与政治、经济发展有关的信息）可能被认为是不明智的，但是，严格遵循该系统所带来的优势却远远超过了其缺点。元盛系统持仓时间比传统做法相对更长，并以此获取可观的利润。如果不遵循这样的方式，则很容易基于个人所关注的日常事件所带来的机会做出交易决策，反而没有充分利用趋势带来的机会，这就和系统的初衷违背了。[37]

CNBC曾经邀请我去他们的办公室。他们承担了我从华盛顿特区到新泽西州的旅行费用。这的确是一个不错的机会，让我有机会走到幕后去看看他们的王国是如何运作的。我去之前还不知道他们邀请我做什么，只知道这次是和制片人苏珊·克拉克瓦尔（Susan Krakower）会面，她曾制作了吉姆·克莱默脱口秀。我到达那里时，他们正在寻找新的内容。这次会议是在克拉克瓦尔的无窗小办公室中进行的，她还带了两名女助手。吉姆·克莱默的海报挂在她身后。这个场景就像杰里和乔治在《宋飞传》里去NBC碰面一样。

克拉克瓦尔坐在一张大桌子前，她的两名助手在两侧，形成一个三角形。她们先提了一些闲聊的问题，但似乎她们对我的著作、研究和思想一无所知。她们没有读过我的书，只有一张我从未见过的大头照（类似于演员带到好莱坞去的那种名片）。

她让我设计一档节目，放在CNBC广播时间播出，长约10个小时。关于新节目，她们的想法很直白：趋势跟踪，没了。我表示对此无能为力，但我的坦率可能被她们当成了一种羞辱。对话持续了大约30分钟之后，呃，就再没有进一步的沟通了。

那天走出CNBC的演播室时，我想起了《楚门的世界》：那是一个结构化、按台本走的电视节目。除了一个人（在CNBC，这个人是吉姆·克莱默）不知道这是假象外，观众每天都在CNBC观看这部《楚门的世界》，日复一日，年复一年。

> 造成世界上很多麻烦的最大原因是：愚蠢的人言之凿凿，聪明的人反而疑惑不解。
>
> ——伯特兰·罗素
> （Bertrand Russell）

每天都有CNBC的分析师发表一些无法证实的观点。直到今天，仍然有许多观众会认为："他看起来很聪明。他在摩根大通工作，使用了很多我不了解的财务术语，他肯定知道一些我不了解的东西。"

他不知道明天会发生什么。

那么多的评论员说，无论泡沫如何，你都可以买入股票——这根本就是无稽之谈——这只能证明：华尔街的观点给不了你答案，也永远不知道答案。

分析师的理由从来都不足信，但这并不妨碍有很多人会听。但是当他们最终发现建议是灾难性的，他们又会变得愤怒不堪。有一次，一位信誉不佳的分析师，就被不愿承担责任的投资者当成泄愤的对象：

> 我们日复一日做的事情，决定了我们是怎样的人。优秀不是一种行为，而是一种习惯。
>
> ——亚里士多德

- "每次经纪人提到他时，我都会感到恶心。"
- "在过去几年中，每次我打电话给他们，他们都会说，'我看好某某公司'或'我真的看好某某公司'。结果，我现在有数百只被套牢的股票。"
- "现在进行投资研究，我们需要三思而行，对从年收入2000万美元的分析师那里获得顶级的选股建议，要仔细鉴别其真实性。"
- "他本应先警告我们，这个泡沫注定破裂。他可是业内最伟大的先知啊。"
- "如果只怪他，确实也不公平；但在这种情况下，就是他造成了我们大量的损失。这是不容忽视的。"
- "电信股的增长是爆炸性的。新公司上市，旧公司也出现惊人的增长，而他从未警告过我们这是泡沫。"

我并非要为分析师辩护，我想指出的是：投资者如果将自己的资产寄希望于别人对市场的预测，他们铁定会失败。投资人不能因为所投资的股票暴跌或者某个行业崩溃，就怨天尤人。没有人强迫他们听任何建议。这是他们自己的选择。在2008年有多少投资者买了一路下跌的股票？包括房利美、房地美、美国国际集团、贝尔斯登及雷曼兄弟，或者最近下跌的德意志银行或凡利亚。投资者只能怪自己。凡利亚自2015年8月的高点以来下跌了95%，但在下跌过程中，世界上许多最著名的机构投资者——例如比尔·阿克曼的潘兴广场资本，他们都对此视而不见，仍然持有。

然而，很多人习惯于把错误归咎于他人，不愿为自己的决定负责。尽管在过去30年中，他们可能已经亏损了一半以上，但每当某经纪公司向他们发出如下的邀请时（该公司已于2008年破产），他们都会欣然前往：[38]

尊敬的＿＿＿＿＿＿＿先生/女士：诚挚地邀请你参加本次研讨会……研讨主题为：

- ＿＿＿＿＿＿＿年股市预测；
- 经济衰退何时结束？
- 现在我该怎么做？
- 造就牛市的要素是什么？
- 这次熊市和其他熊市的比较。

这家公司几十年来一直没有做出过有用的预测，但它却一直在预测。终于，在2008年，它濒临破产，但最后还是被政府主导的援助挽救了。如今，将近10年

> 任何人类研究，如果不能用数学方法证明，都不能称为真正的科学。
>
> ——达·芬奇

> 预测是金融界的糖果。它使讨厌不确定性的人的情绪得以缓解。
>
> ——艾德·斯科塔的学生

> 不要让被淘汰的恐惧阻碍自己。
> ——贝比·鲁斯

过去了,客户对此已记不住多少了,他们已经忘了以前将毕生积蓄交到错误的人手中所带来的灾难。

当然,整个过程总是充满了博弈和混乱。没有人知道下一次危机出现的确切时间,但可以打赌的是,现在肯定有黑天鹅事件正在准备"偷袭珍珠港"。另外,如果你在逐字逐句地推敲别人对趋势变化的预测,你的麻烦可就大了。[39]

人类的行为方式可以帮助我们解释:为什么投机泡沫甚至不需要互联网或社交媒体就能蓬勃发展。投资者只要看看资产价格的图表,他就会在没有电话、电子邮件等情况下仓促得出和别人类似的结论。简而言之,害怕错过机会就是一种间接的社会传染病。[42]

你可能会想:"难道我们不是都在进步,都在变得更好吗?"

确实,有一些人在进步,但绝不是所有人。

> 趋势一旦产生,就倾向于保持这一动力而不改变方向,这就让"低买高卖"变得更有意思。[40]

趋势跟踪者让-菲利普·布绍指出,大众的投资决策在大脑层面不存在什么进步:"在过去的两千年里,人类大脑的变化很小。这意味着,只要让人们交易,掌管投资倾向的神经机制就将和过去一样决定投资者催生泡沫的行为。"[43]

总结

- 事情总会发生。
- 有人会说"我没预见到趋势要来"。的确没有人预见得到。(杰瑞·帕克)

- 有些人就是非要做点什么，不能安心等待。

- 停止寻找"价值"。即使你找到价值，也无法靠价值本身知道何时买、何时卖、如何下注。

- 关于股票的建议只告诉你买什么，却没告诉你如何卖。

- 我参加了数百个小时的研讨会，那里的主讲人好像掌握了洞察市场走势的秘方一样，要么是他被骗了，要么是他想骗我们。（查理·赖特）

- 永远说实话，这样你就不用去记你曾经说过什么。（马克·吐温）

- 他们已经研究过了。如果只看管用的60%，那么，它时时刻刻都管用。（布莱恩·范塔纳，《王牌播音员》中的人物）

> 在安然丑闻尚未被证实之前，它的股票一直都被评为"绝不能错过"。丑闻发生后，分析师将其评级下调至"强烈推荐"。只有当安然彻底破产时，一些"大胆"的分析师才将其评级下调至最低一档——"推荐买入"。
>
> ——戴·巴里[41]

| 第 10 章 |

交易系统

如果你不冒风险,那么你承担的风险会更大。

——埃里卡·容(Erica Jong)

无论你用何种数学方法,最终测出来的波动率只和你的胆量有关。

——艾德·斯科塔[1]

趋势跟踪者为了对抗人类天性中的弱点，设计了一套流程来消除人的行为风险。丹尼尔·克罗斯比（Daniel Crosby）在他的《行为投资金律》（*Laws of Wealth*）一书中，将成功的来源归结于以下四点：

- 坚持
- 明晰
- 勇气
- 信念

趋势跟踪正是以这四点为基础，用一套简化的具体规则指导每日决策的。

不论是什么样的交易系统，通常都是由这样或那样的规则构成。但区别在于，大多数趋势跟踪系统都试图捕获高流动性市场中的趋势，因此这些系统较为相似。

与那些"交易圣杯"或无止境的基本面预测不同，趋势跟踪系统是量化的。例如，邓恩资本的交易系统"每月至多有1%的可能性出现超过20%的系统风险。"² 这就是"量化"的衡量方式，也是真正做交易的人会用的衡量方式。

> 有时雪茄真的就只是雪茄，不是什么心理暗示。
> ——西格蒙德·弗洛伊德

> 归根结底，你的工作是要买入会上涨的，卖出会下跌的。
> ——保罗·都铎·琼斯

风险、回报和不确定性

趋势跟踪就是在风险与回报之间不断平衡的。如果你想获得丰厚的回报，就要承担更大的风险；如果你想要平均水平的收益，只须承担平均水平的风险。查尔斯·桑福德（Charles Sanford）在多年前的就职演说中就曾谈道：

> 从很小的时候开始，我们就受到家庭、学校以及社会上几乎所有力量的影响，它们塑造我们，要我们规避风险。冒险是不被提倡的。出于谨慎起见，我们也把这样的观念传递给别人。在传统智慧中，风险是不对称的：它只有一个方面，即不利的一面。但今天，我想提供一些根据我自己的经验、观察得出的结果——谈不上什么大智慧，只是个人拙见。以我的经验，这种对待风险的传统观点其实是短视的，而且常常是错误的。我的第一个观察结果就是：成功人士往往知道，风险虽然是需要避免的东西，但只要应对得当，它往往会带来很高的效益。他们意识到，风险是可以利用的一种优势，而不是非要避免的陷阱。他们知道，承担风险与轻率冒险完全不同。这种对待风险的态度看似矛盾，实则不然。我今天给你们举几个具体的观点说明一下。第一个观点是：待在安全区反而是危险的。可能你们在座的很多人都没有意识到，人生最大的风险就是拒绝冒险。[4]

何塞·费尔南德斯是一位大联盟最佳棒球投手。2016年，他24岁，在一次划船事故中不幸身亡。他几乎每年可以保证赚到数亿美元，但由于一次糟糕的风险选择而离我们远去。

我们无法逃避现实。现实中必然会有失败。因此，我们需要调整心态，让自己接受生活是一场充满概率的赌局。如果生活充满各种可能性，我们就必须把应对风险、计算概率放在首位。

> 现在说还为时过早。但我认为比较清楚的一点是，股票已经变得和商品期货很像，上涨和下跌都是在有限幅度内的。当然，这么多年来，我们还知道，当它下跌时，下跌的速度比上涨要快得多。
>
> ——莱昂·库珀曼
> （Leon Cooperman）[3]

> 最佳的风险程度，是面对市场下跌，你能处理好自我情绪的同时，还能够获得最大收益的程度。资金管理就像一个恒温池——一个能让你的交易保持在合适区间内的风险管理系统。你能承受多高的水温？
>
> ——吉本斯·伯克
> （Gibbons Burke）[5]

把钱都投到房地产上并不是最佳选择。你买的房子可能会被烧毁,房地产市场也有可能崩盘。你也不应该把所有的钱都投到自己的初创公司。因为一旦创业失败,你不仅自己失业,同一个篮子里的鸡蛋也都没了。至于按照买入持有的方法一直买入指数型基金——这也很危险。因为你完全不知道接下来会发生什么。

想要在风险中抓住机会,就要认清市场会奖励什么:从长远来看,市场不会奖励愚蠢和无知的行为。市场奖励那些用智慧、勇气和决心,寻找到别人的不足和被忽略的机会的行为。

每一个机会最终都涉及风险评估。任何投资的目标都是让资本运转起来,实现长期增长。在此过程中,正确的决定将造就成功,而错误的决定则会导致破产。让我们先来看看商业界是怎么做的吧。下面是一份好的商业计划书应该能够回答清楚的问题:

- 在该细分市场中存在什么机会?
- 对特定市场需求的解决方案是什么?
- 机会有多大?
- 盈利模式是怎样的?
- 如何进入市场,卖出产品?
- 竞争对手是谁?
- 如何优化和改进?
- 如何运作、管理业务?
- 存在哪些风险?

> 我们每年会有大约3000个投资机会。我们会相当谨慎地将这一范围缩小到几百家公司。大约每年会有200家得到顶级风投的投资,其中有15家左右最终会获得不错的收益,占公司所有经济回报的95%。
>
> ——马克·安德森
> (Marc Andreessen)

> 事实证明，你不需要用数百种证券来实现分散化投资。有效的分散投资大多会包含20或30种精选过的证券。许多研究表明，10～30只股票就能够满足分散化投资的需求。
>
> ——马克·S. 热普齐斯基[6]

▶ 为什么会取得成功？

这些问题不仅对商界重要，对交易也同样重要。如果你想做交易，就必须先清楚地回答风险评估、关系评估等问题。

明智的人知道生活中承担的风险与要实现的收益成正比。如果你想浓墨重彩地活，就必须采取大胆的行动；如果你目标渺小，则很容易实现，但你因此感到不满足的风险也比较高。最可悲的人是那种有强烈的欲望但惧怕风险的人，他们害怕冒险，时刻都心怀恐惧；比起那些努力过但最终失败的人，或者一开始就从未渴望过的人，这类人是最可悲的。

如果你研究过风险，就会发现风险其实有两种：盲目的风险和精心计算的风险。盲目的风险是因懒惰、非理性的希望、对不劳而获的渴求而起的；它是一场漫无目的的冒险、一次情绪化的决策或者一个傻瓜才会玩的游戏。一个期待盲目风险的人，就像一个喝醉的人，没有任何聪明和理智可言。

而精心计算的风险则完全不同，它会为你带来财富。精心计算的风险伴随着对未来的大胆规划。承担这种风险，你会计算各种可能性，有条不紊地工作，以超越本能的力量和自信向前迈进。这正是人类不同于动物的原因。从古至今，精心计算的风险都是伟大成就的核心。

然而在交易中，大多数人只关心如何买入，而不考虑如何卖出。他们会说："我有办法击败市场，因为我的交易系统在80%的时间内都是正确的，只在20%的时间内会出现错误。"但是，他们需要静下来想一想，

> 人们倾向于运用个人的判断或直觉来确定交易的数量。
>
> ——大卫·德鲁兹[7]

"80%正确到底意味着什么？"如果在80%的时间里他们赢的并不多，但在那20%输的时间里却损失惨重，那么即便你在80%的时间里都是正确的，你的损失也可能远远超过收益。因此，你必须要考虑输赢的多少。

就拿彩票来说，买乐透彩票的人可能会赢得数亿美元甚至更大的头奖。随着累积奖金的增加，买彩票的人也会增加。但是他们买彩票获奖的概率不会增加，中头奖的概率甚至还没有被雷电击中的概率大。

赢得"加利福尼亚超级乐透大奖"的概率是1800万分之一。按此概率计算，如果一个人每周买50张乐透彩票，他平均每5000年能赢得一次大奖。如果你每买一张乐透彩票都买一加仑（1美制加仑=3.79升）汽油，假设每加仑汽油能让汽车行驶25英里，那么在赢得大奖之前，你可以在地球和月球之间往返750次。如果你知道一场游戏的概率对你不利，就不要贸然玩这场游戏。

类似地，如果你的交易系统表明你只有3万分之一的获胜机会，或者和被雷电击中的概率大致相同，那么你就不能把资金都押在上面。你需要计算数学期望，看看是否有优势，否则你不可能在长期赚钱。以抛硬币为例：

假设这枚硬币是公平的，每一面出现的概率都是50%。如果抛出的是正面，你就赢得1美元，反之则损失1美元，那么在这场游戏中你能获得的收益的数学期望是：

$$0.5 \times 1 + 0.5 \times (-1) = 0$$

在任何游戏中，你都可以按照这种方式计算数学期望值：将可能的获利或损失乘以相应的概率，然后累

> 一个有纸、笔、橡皮擦并且坚持严格的行为准则的人，实质上就是一台通用图灵机。
>
> ——艾伦·图灵
> （Alan Turing）

加。在这个例子中,我们看到,你的期望收益为 0。这被称为"公平游戏",因为其中任何一位玩家都没有优势或劣势。假设现在你抛出正面可以赢得 1.5 美元,那么期望收益就变为:

$$0.5 \times 1.5 + 0.5 \times (-1) = +0.25$$

这表明,如果你玩 100 次这样的游戏,平均每次能获得 0.25 美元的期望收益。[8]

趋势跟踪策略正是能帮我们发现获得正期望收益的方法。你可能会问:"如果每个人都能计算出期望收益,我又凭什么在竞争中获胜呢?"

好问题。让我们想一想电影《美丽心灵》中的一个场景(这部电影是数学家约翰·纳什的传记影片)。纳什和他的数学家好友正在酒吧喝酒,这时一个性感的金发女郎和四个黑发姑娘走了进来。纳什和他的朋友们打量了一番这几位女生之后,都决定讨好这位金发女郎。但是,纳什认为,如果大家的选择相同,只会互相妨碍,更糟糕的是,还会冒犯其他未被选择的女性。唯一的办法是,每个人都忽略金发女郎,找黑发姑娘。这个场景改编自纳什均衡,这一理论是他对博弈论最重要的贡献。纳什证明:在任何竞争(战争、国际象棋,甚至酒吧约会)中,如果参与者是理性的,并且他们知道对手也是理性的,那就必然存在一种最佳策略。该理论为纳什赢得了诺贝尔经济学奖,改变了我们对游戏和现实世界中竞争的思考方式。[10]

最佳策略是存在的,问题是如何控制风险。艾德·斯科塔给出了风险的基本定义:"风险是损失的可能性。"也就是说,如果我们持有股票,并且股票的价

> 波动性、风险和利润密切相关。交易者关注波动,因为价格变化会影响收益。高波动对交易者来说是高风险的。但是,这样的时期也为他们提供了巨大的获利机会。[9]

格可能下跌，那么我们就有风险。股票不是风险，损失也不是风险，损失的可能性才是风险。只要你持有股票，你就有风险。要想不承担风险，唯一的方法就是退出。如果你想靠交易获利，风险就不可避免，而你最应该做的，就是管理风险。风险管理是确定和控制损失的可能性。风险管理通过买卖来增加和减少风险。通常，良好的风险管理结合了以下几个要素：

1. 梳理交易和风险管理的逻辑，直到它们可以用计算机代码表述为止。

2. 在回测过程中，需要考虑选股策略和分散化投资。

3. 进行回测和压力测试，判断交易参数的敏感性和最佳取值。

4. 各方就波动率和期望回报达成明确的协议。

5. 维护好投资人与管理人之间的关系。

6. 最重要的是，按照系统执行。

7. 记住第 6 条。

趋势跟踪系统的 5 个问题

只要回答清楚了以下 5 个问题，你就能掌握趋势跟踪的核心，并了解自己的优势所在：

1. 系统如何确定买卖什么？
2. 系统如何确定应该买卖多少？
3. 系统如何确定何时买入卖出？
4. 系统如何确定怎样止损？
5. 系统如何确定何时兑现浮盈？

这 5 个问题是趋势跟踪的精髓，当然，你的交易态

> 没有无风险的投资。真正的问题不是你是否愿意承担风险，而是你愿意承担哪些风险、多少风险。
>
> ——吉姆·利特尔（Jim Little）和索尔·瓦克斯曼（Sol Waksman）[11]

度也很重要。当你做交易时，不要忘记问自己："我想要什么？我为什么做交易？我的优势和劣势是什么？我有情绪化的问题吗？我是否能按照系统执行？我容易被说服吗？我对自己有信心吗？我对系统有信心吗？我能承受多少风险？"

当我与艾德·斯科塔和查尔斯·福克纳讨论时，他们都一致认为，任何人在做交易之前，首先要回答以下关于"个人"的问题：

> 如果你账户上有10万美元，并且你可以承担5%的风险，也就是承担5000美元的损失；如果你观察图表后发现，每张合约的价格波动是1000美元，那么你就可以交易5张合约；如果你愿意冒10%的风险，那么你就可以交易10张合约。
>
> ——克雷格·保利
> （Craig Pauley）[12]

- 我的天性是怎样的？我是否适合做交易？
- 我想赚多少钱？
- 我愿意为实现自己的目标付出什么努力？
- 我的投资/交易经验有哪些（如果有）？
- 我有哪些可以利用的资源？
- 我的优点和缺点是什么？

你必须先清楚地回答这些问题。因为当你真正交易时，你的肾上腺素会飙升，汗如雨下，在一片混乱之中你必须目不转睛。

你要买卖什么

你选择交易股票，还是货币、期货？你会选择哪些市场？有些人可能专注于针对特定市场做投资组合，例如货币或债券市场；但也有一些人希望构建更广泛的市场组合，例如AHL分散投资计划（这是世界上最大的趋势基金，现在由英仕曼集团管理）就在36个交易所、100多个核心市场中进行分散投资。他们交易股指、债券、货币、短期利率和商品期货（例如能源、金属、农业等，见表10-1）：

表 10-1　AHL 产品组合

货币	24.3%
债券	19.8%
能源	19.2%
股票	15.1%
利率	8.5%
金属	8.2%
农业	4.9%

> 在幂律分布的系统中，大型事件发生的频率比你预期的要频繁。
>
> ——加州大学圣塔芭芭拉分校物理系

AHL不依赖基本面的专业知识。趋势跟踪并不靠基本面专家给出的建议。交易者并不需要对买入的公司有深入的理解。他们的专长在于通过分析价格理解不同市场中"相同的部分"。

如果你观察过趋势跟踪的业绩表现，就会发现交易的损失通常会被盈利弥补。但没有谁知道哪个市场会出现可以弥补损失的大趋势——因此他们需要分散化。

AHL非常精准地定义了他们采用的分散化投资：

> 我学会的一点是，不必过分担心结果，而应专注于我所做的每一步，并尽力做到最好。
>
> ——史蒂夫·沃兹尼亚克（Steve Wozniak）

AHL投资理念的基础是：金融市场的持续异常或无效会以价格趋势的形式出现。趋势是金融市场中序列相关性的一种表现，即过去的变动会预示未来的价格行为。序列相关性可以用群体效应或者更微观的因素来解释，例如不同市场参与者之间信息水平的变化。尽管趋势的强度、持续时间和频率各不相同，但所有行业和市场的价格趋势普遍存在。趋势是全球各种市场上主动交易的焦点。

让我们来看看另一位趋势跟踪者对分散化投资的表述，你就可以理解在实践中具体该怎么做了：

> 代码胜于雄辩。
>
> ——林纳斯·托瓦兹
> (Linus Torvalds)

人们通常认为：投资组合中有7～10种不同的投资标的后，分散化就不再重要了。但我们发现事实并非如此。在2007年6月之前，我们在18个主要市场中进行交易，但大部分时间我们都只在其中7～8个市场中交易。换句话说，我们一般同时在7～8个市场交易，而18个市场都出现交易信号也是可能的。在仔细评估了我们的交易系统后，我们发现（当时的）大部分损失都来自一个或两个市场，而且这些市场基本同时出现了最大损失。如果十年期债券出现突破行情，那么五年期债券出现突破行情的可能性就相当大。在几个高度相关的市场中交易会放大损失，因为当这些市场一起下跌时，就会触发更严重的下跌行情。

这位交易者的投资组合覆盖40多个市场，目标是大多数时候都能在15个以上的市场同时交易。而且，他保留了自己的核心交易系统（进入和退出机制）。他的收益发生了翻天覆地的变化——而这些改变都来自投资组合的分散化。

趋势跟踪者保罗·穆尔范尼仅在2008年10月就赚了40%以上。他优异的业绩表现来自以下市场：

货币：8.91%

利率：2.78%

股票：14.59%

金属：9.83%

能源：3.43%

农作物：7.84%

牲畜：4.51%

是的，那是一个相当异常的月份。当然，穆尔范尼不可能在所有月份、所有市场都能有如此高的收益。但他在这个有史以来最糟糕的月份中的表现，足以引起人们对趋势跟踪的注意。作家兼电影明星本·斯泰因（Ben Stein）有句名言：如果你在 2008 年 10 月赚了钱，就说明你肯定做错了什么。

而 8 年后，在 2016 年 6 月 23 日，英国 51.9% 的人投票赞同退出欧盟——这一新闻肯定让人感到意外吧。而穆尔范尼再次获胜，在 6 月 24 日的收益为 +17%。他在脱欧公投当天的回报，是公司历史上最大的单日回报，这很好地说明了他站在"意外"那一边。趋势跟踪者罗伯特·罗特拉（Robert Rotella）补充道："对价格走势的定性研究表明，市场在英国脱欧公投的前几个月就形成了趋势。交易系统在这一时期的分析也支持这一结论。"

没有一个投资组合能够完美地捕捉下一次趋势。许多人出于不同的原因交易不同的标的，而趋势跟踪者出于追踪趋势的目的选择的市场大致相似。尽管资金量偏大的趋势跟踪者会避开猪肉或橙子等小的商品期货市场，甚至也有一些会交易货币或者债券的投资组合，不过，塞勒姆·亚伯拉罕曾经在活牛期货上获利颇丰。无论选择在哪个市场交易，都要保持开放的心态面对趋势。

托马斯·弗里德曼认为，有效的策略应该建立在对世界复杂性的理解之上："如果你看不到世界的全貌，看不到塑造了世界的内在关联，那么你就无法制定有效的策略。如果你要处理好'全球'这样一个波谲云诡的系统，并在其中繁荣发展，那么你就需要为自己制定具

> 对于定义优势的任何给定变量集，赢与输都是随机分布的。换句话说，根据你过去的表现，可能在接下来的 20 笔交易中，你有 12 笔会赢，8 笔会输。但你不知道赢和输的顺序，或者能赢多少、输多少。这样一来，交易就成了概率或数字游戏："对""错""赢""输"，每个词的含义都不再相同。最终，收益的期望将由各种概率决定。
>
> ——马克·道格拉斯

体的策略。"[13] 弗里德曼清楚地认识到：在如今这个全球相互间关系紧密的世界里，能真正影响世界的不是政治家，而是交易者。

应该买卖多少

很多人不愿意花精力做资金管理。所谓资金管理，也称风险管理、仓位调整，它是成功的趋势跟踪系统的重要组成部分。正如吉本斯·伯克所说：

> 资金管理就像"性"一样：每个人都以这种或那种的方式做过，但没有多少人喜欢谈论它，更没有人说谁比谁做得更好。当任何交易者决定买入或卖空时，他们还必须决定买入或卖出的数量——每个经纪公司的下单页都有这样一处空白，必须填订单的大小。在你填这个数字时，你在做的就是风险管理，其本质就是做出合理的买卖数量决策。这一决策关系着交易的风险。承担太大的风险，会增加你破产的概率；承担太小的风险，除去交易费用和你的努力，你又得不偿失。良好的资金管理就是要在两者之间找到最佳的平衡点。[14]

"我只有一笔钱。我应该用多少做交易呢？"如果你有10万美元，想买微软的股票，那么，你第一次应该用多少钱来交易呢？你应该一次性把10万美元都投进去吗？如果你判断错了怎么办？如果你大错特错，一次就输掉了10万美元，又该怎么办？

趋势跟踪系统在设定交易数量时，最初应该只投入一小部分资金。如果你的起始资金为10万美元，而你愿意承担2%的风险，那就投入2000美元。你心里可

> 回头看过去的30年，你会发现只有一个价值投资者，能够持续获得巨大的绝对收益——这个人就是沃伦·巴菲特。相比之下，有无数趋势跟踪者能够跨越牛市和熊市周期，跑赢大盘。趋势跟踪者成功的关键要素之一，就是在100多个金融和商品期货市场中做分散化投资。使用系统进行量化投资，是能够在如此众多的市场中成功的唯一方法……你的每一个决定……无论是开仓、头寸调整、止损……都必须完全自动化。
>
> ——克里斯蒂安·巴哈
> （Christian Baha）

能会想："我足足有10万美元，为什么我只冒2000美元的风险？这是怎么回事？我可是有10万美元！2000美元算什么呢。"但问题是，你无法预测趋势的发展方向，不知道市场是涨还是跌。

有一位交易者是这样评价风险的："有些交易者连超过1%的风险都不愿意冒，如果有谁愿意每笔交易承担超过5%的风险，就已经让我很意外了。请记住，你冒的风险太小，市场就不可能给你赚大钱的机会。"[15]

我们不妨将资金管理看成与健身类似的过程。假设你是一名男运动员，你体重185磅（约84kg），身高6英尺（约1.83m）。现在呢，你想有出色的体魄，如果你连续一个月，每天都举重6次，累计锻炼12个小时，你猜怎么样？你一定会受伤的。因此，你要做的是适量运动。也就是说，存在一个最佳的平衡点，能让你既不受伤又能达到最好的状态。资金管理也是如此。

艾德·斯科塔用"热度"的概念描述了什么是最佳的资金管理平衡点：

> 设好止损的交易可以看成是一种下注行为：下注越大，风险就越大。保守下注，收益表现也相对保守；而大胆下注，则可能导致惨败。大胆下注的交易者，会从投资组合的波动中感觉到"压力"——或者称之为"热度"。热度高的投资组合比热度低的投资组合风险更大。投资组合的热度似乎与个性偏好有关。大胆的交易员喜欢并且能承受更高的热度，而保守的交易员则会避免较高的热度。在投资组合管理中，我们可以在投资组合之间分配热度。比如，有5个标的，每一种风险为2%，

> 重要的并不是你判断的对错，重要的是：你对的时候能赚多少，错的时候不会亏多少。
> ——乔治·索罗斯

> 帕累托法则（Pareto principle，也被称为80/20法则、关键少数法则、二八法则）指出，20%的变因操纵着约80%的局面。
> ——维基百科

这样的多元化投资组合的总热度为 10%；如果另一个只有 2 个标的、每一种风险为 5% 的投资组合，总热度也是 10%。[16]

艾德·斯科塔的一名学生做了进一步的解释："交易必须有所控制，这样我们才不至于冒太多风险。赌注的大小约为 2%，这是比较好的。"斯科塔把风险调整后的资本作为"核心资本"，承受风险的能力叫作"容热度"。按照斯科塔的说法，热度可以根据交易者自身的承受能力决定——热度越高，风险越高，收益也越高，但是到了某个极限之后，热度变高，真正的收益反而变小。交易者必须选择一个适合自己的热度水平。[17]

现在让我们考虑资金规模的问题。如果你用 10 万美元而不是 20 万美元进行交易，你会有所改变吗？如果 10 万美元又变到了 7.5 万美元，你会如何调整呢？

汤姆·巴索提供了一些观察。他指出，很多交易者通常从小的交易开始，比如从 1 张合约开始；随着他们变得更加自信，他们可能会增加到 10 张合约；慢慢地，他们可以增加到 100 或 1000 张合约的水平。但巴索不建议这样做。他强调说，目标应该是固定杠杆，而不是固定交易量。他的做法是，根据资金总额调整交易合约数量。[18]

为什么那些交易者不随着资金量增大，按比例增加交易量呢？因为恐惧。当你计算出应该花 5 万美元交易一定数量的股票或合约时，你可能泰然处之；但如果变成了 50 万美元，你可能就会规避风险，因此，所选择的交易量往往会低于最佳的交易水平。要避免这种

> 人们限制风险的同时，也限制了获利的机会。投资者如今通常持有 6～8 只公募基金，每只公募基金可能投资数百只股票。他们希望通过这样做，能够避免投资组合受市场波动、崩溃的影响。但是在什么时候投资能不受波动影响呢？
>
> ——罗杰·洛文斯坦
> （Roger Lowenstein）

情况，你最好想象自己是在虚拟的世界，不考虑钱可以买什么，把钱看成你在玩的游戏的积分，例如大富翁 Monopoly® 或战国风云 Risk® 之类的游戏。

邓恩资本也用这种办法调整仓位："邓恩资本的一种方法是，根据资产数量调整交易头寸。如果投资组合遭受重大亏损，那么就会根据新的资产水平对头寸做出调整。但不幸的是，很少有交易者遵循这一简单策略。"[19]

举例来说，如果你以 10 万美元开始交易，然后亏损 2.5 万美元，只剩 7.5 万美元了，那么你现在就必须按照 7.5 万美元而不是 10 万美元做出交易决策。你拥有的不再是 10 万美元。针对资金管理，穆尔范尼还补充了关键的一点："趋势跟踪本身隐含了动态平衡的策略，这正是成功的趋势跟踪者能够大胆交易的原因。许多对冲基金把风险管理当成一个单独的部分，但在趋势跟踪中，它就是整个投资逻辑的内在组成部分。"

> 哪三个指标是最好的市场指标？它们是：
> 1. 价格
> 2. 价格
> 3. 价格

何时买入卖出

什么时候买入？什么时候卖出？这是每个交易者都难以回答的问题。但是，我们也不用把这个问题想得太复杂。过分纠结何时买入和卖出，反而把你的注意力放在了不可控的事情上。

举个例子，假设苹果股票的价格 6 个月以来一直在 100～120 美元之间。如果它突然跳升，突破至 130 美元的价格水平，对于趋势跟踪者来说，这就是触发趋势跟踪策略的迹象。他们会认为："虽然不确定苹果会不会继续走高，但它已经横盘一段时间了，现在呢，价格突然跃升至130美元。我不是那种买便宜货的人，我要追随趋势，而现在趋势还在上升。"

一位趋势交易员是这样概括的："我们的系统仅在出现明显趋势时才发出买卖信号。那么，根据定义，我们肯定不会在趋势一开始就进场，也不会在趋势到顶了才离场。"[20]如果你的目标是抓住从50美元开始到100美元的趋势，那么你在52美元还是60美元入场，其实都没有关系。即使到70美元你才进入市场，等涨到100美元时，你仍然能赚很多。现在，如果你在52美元入场（假设你预测到这是最低谷，虽然我不知道应该如何预测），那么你赚到的钱肯定比到70美元才入场要多。于是，有很多交易员想的是："哦，我在52美元时没有买入，到70美元时，我觉得不划算了，就不想买了。"

理查德·丹尼斯对这种想法嗤之以鼻："当你建立的头寸获利时，只要行情向上涨了一定的幅度，你就应该继续买入。我不喜欢等待回调。很多人都喜欢等回调——买强势回调的股票。但我认为这没有任何统计上的合理性。假设大豆的价格从8.00美元涨到9.00美元，这时你有两种选择：或者以9.00美元的价格买入，或者等它回撤至8.80美元再买入。我宁愿以9.00美元的价格买入，因为它可能永远不会回撤到8.80美元。统计数据表明，如果你不是等到回调后再行动，你可以赚得更多。"[21]

虽然交易者对丹尼斯的方法并不陌生，但是他们仍然不按此行事，而是把精力都放在了选择绝佳时点买入股票上——这纯粹是浪费精力。斯科塔就曾说过：

> 科学有一点很好，那就是无论你相信与否，它都是事实。
> ——尼尔·德·格拉斯·泰森
> （Neil de Grasse Tyson）

> 谋一隅需谋全局，这样才能保证所有细枝末节都朝着正确的方向发展。
> ——阿尔文·托夫勒

"进场之前人们深思熟虑，进场之后思考者寥寥。"[22]

在斯科塔看来，交易的进场价格并不重要。你不知道市场会走多高。你应该担心的是，在市场不利的情况下，如何保护自己，而不是纠结于如何找到最佳的入场点。毕竟，趋势可以持续较长时间："持仓2～4个月并不罕见，有一些持仓甚至超过了一年。从历史数据来看，只有要30%到40%的交易是获利的，这就够了。"[23]

伟大的棒球选手泰德·威廉斯（Ted Williams）说："打棒球——我已经说过一千次了——是最难的一项运动。如果乔·蒙塔纳（Joe Montana）或丹·马里诺（Dan Marino）每10次就中3次，那么他们将是过去专业级的四分卫。如果拉里·伯德（Larry Bird）或魔术师约翰逊（Magic Johnson）每10次中3球，教练就会把他们踢出篮球队。"[24]

只有40%的胜率，怎么能赚到钱呢？采用趋势跟踪策略的坎贝尔公司清楚地解释了这一问题："比如，在60%的交易中，你损失的是1%，但是在40%赚钱的交易中，你却获得了2%的收益。长此以往，在一年或更长的时间内，平均下来你就能净赚20%。"[25]

而实现这一点，依赖的是趋势跟踪进场和离场的判断。趋势跟踪进场和离场的判断是根据价格的技术指标（即突破线、移动平均线等）做出的。但是，很多交易者都相信其他各式各样、五花八门的指标做出的预测。他们会不停地争论哪个指标更好。他们会对我抱怨说，我没有告诉他们什么神秘指标。

但要注意的是，技术指标只是整个交易系统的一小

有志者，事竟成。

> 人类，他们崇尚激情，热爱行动，而不喜欢听这些令人生厌、沮丧的哲学废话。
>
> ——迈克尔·基顿
> （Michael Keaton），
> 《飞鸟侠》（*Birdman*）

部分。它们是交易工具箱中的一些工具，但不是工具箱本身。技术指标可能对整体交易贡献了10%。当一些交易者说"我尝试了指标X，发现它毫无价值"或"我尝试了指标Y，发现它有用"，这没有任何意义。这种说法是把一个指标当成了交易系统。就指标本身而言，它是没有意义的。按照这个逻辑，这是否意味着CNBC每周谈论的技术分析毫无意义？的确如此。

怎样止损

在进入市场之前，最应该考虑清楚的是"如何退出、何时退出"。在任何交易系统中，最重要的是守护好你的资金。预设好卖出策略，这样你才有机会保存资本，才能将其重新投到更多的市场机会中去。那么，趋势跟踪者应该在何时止损呢？越快越好！这正是趋势跟踪的基本原理。

及时止损，这一原理早在趋势跟踪之前就存在了。正如伯纳德·巴鲁克（Bernard Baruch）所言："如果投机者有一半的时间是正确的，那么他将达到一个很好的平均水平。即使一个人10次中有3次或4次是对的，如果他有意识地在错误的地方及时降低损失，那他就能赚一大笔钱。"

> 交易就是在买卖风险。作为技术交易者，我们就是这样看待市场交易的。
>
> ——马克·范·斯托克
> （Mark van Stolk）[26]

例如，你买入谷歌的股票，将止损线设为2%。这意味着你一旦亏损2%，就退出市场，毫不犹豫。回顾一下第2章提到的邓恩的英镑交易，图2-3显示了他不断进场和止损的过程。邓恩不停地收到系统的买入信号和退出信号。趋势先上升后下降，因此，他相应地进入然后离场。邓恩知道，他无法预测英镑的走势。他只按信号行事。收到入场信号，他就买入；收到离场信号，他就卖出。这就是邓恩所说的"驾驭市场这匹难以驯服的野马"。

交易者称震荡的走势为锯齿摆动。市场的起伏就像锯齿，你的交易会来回摆动，会因为缺乏持续的趋势而造成少量损失。斯科塔认为，避免在锯齿摆动中损失的唯一方法就是停止交易。如果你不想让交易来回摆动，那就不要交易。

在一家商品期货公司，一位老交易员讲了一个他做趋势跟踪时的精彩故事：

> 早在90年代初，日本商品期货公司（CC）就对一些日本的交易者进行内部"培训"。当然，他们的最终目标是冲着巨额资金去的。我很高兴他们曾邀请我与其中的几位交易者共进午餐。这几位交易者是新参加这次培训的，他们希望能够通过我对交易过程的了解帮助他们。于是，我对他们说，你们必须建立一种适合自己的方法或系统。在这个阶段，找到一位导师带领是最好的，你们如果有问题也可以随时来找我，我一直都在这里。紧接着，我和他们讨论了风险管理的重要性，我说我在处理资金时，每笔赌注仅冒1%的风险。当然我今天的风格会更激进，但那个时候只有1%。我告诉他们，损失是实现盈利的过程的一部分。我一直记得，当我这样讲时，其中那位最年轻的交易员就用一种非常困惑的眼神望着我，好像在问"难道你也会亏损？"在那一刻我就知道，这些交易界的雏鸟有很长的路要走，他们还会经历很多事情。

那位年轻的交易员如今在做什么呢？如果他不转变

> 最直接的赚钱方法，就是开发一套计算机模型来判断开仓和平仓的位置。这是与我的优势最相符的方法。
>
> ——迈克尔·克拉克
> （Michael J. Clarke）

> 理性让生物体维持生命和进化，并尽可能地推迟其灭绝。思考并做出行动，这不与自然相违背；相反，它正是人类本性最重要的特征。人类与非人类最大的区别就在于：能够有目的地与构成威胁的力量做斗争。
>
> ——路德维希·冯·米塞斯[27]

> 我在股市上没有自我。如果我判断错误，我会立刻承认，迅速平仓。这就相当于，我每次赌100美元，我都能在还剩98美元时把赌注拿回来，为什么不用这种办法呢？我从来不会在最低点买进，也不会在最高点卖出。只要我捕捉到了大部分趋势，我就满足了。
>
> ——尼古拉斯·达瓦斯（Nicolas Darvas），《时代杂志》，1959年5月25日

观念，现在肯定已经转行了。

何时兑现浮盈

你可能在财经杂志上经常看见这样的标题："用日本蜡烛图识别走势反转""寻找支撑线和压力线"或"适当兑现浮盈"。但等一下，你面临的真正问题是，在趋势逆转出现之前，你无法识别它；同时，也没有什么办法可以准确定义支撑线和压力线，100个人可能有100种不同的定义。因此，这样思考就是在做最不可能的事情——预测市场。汤姆·巴索也提到设定收益目标毫无意义："一位新交易者向一位老道的趋势跟踪者讨教，他问，'你这笔交易的收益目标是多少？'这位趋势跟踪者回答说，我跟着趋势走，一直走到月球。"

退出获利的头寸是一个挑战。因为在退出之前，你需要等到趋势已经出现反转才会决定离场。假设你现在已经赚到了100%。账面上，你的利润是100%。如果你卖出兑现，那么这些浮盈就成了实打实的收益。但此时此刻，如果你平掉仓位，你就犯了一个极大的错误：趋势还是向上的，但你却把利润锁定了。如果趋势还在向上，你又有多个头寸，并且有巨大的未平仓的浮盈——此时就还不是退出的时候。

提前设定盈利目标会限制你的收益。例如，你先设定成赚100美元，那么如果价格从25涨到了125美元，你就应该退出了。这种想法乍一看似乎是明智的。但是，如果你想追随趋势，那就要尽可能地跟着趋势走，这样才不至于眼睁睁地看着价格一路上涨至225美元。

提前设定盈利目标不仅会使你无法获得225美元

的超高收益，还会对投资组合起到破坏性作用。趋势跟踪者需要"本垒打"来弥补锯齿形损失。如果你只是为了让自己安心，而人为制定了利润目标，那么就极大地限制了跟随趋势获利的潜力。同样，这也限制了你弥补所遭受的那些损失的能力。如果你提前设定利润目标，那么你就不可能从第4章提到的那些黑天鹅事件中获得巨额收益。

趋势跟踪的利润来自趋势的中间部分（见图10-1）。

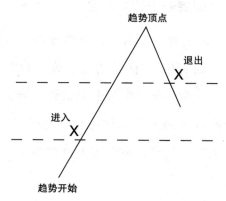

图10-1 趋势的进入/退出示例：捕捉趋势的中间部分

> 新手的问题是，他们交易的头寸设得过大，甚至高达5～10倍。他们在交易中承担5%～10%的风险，而实际上他们承担1%～2%的风险就够多了。
>
> ——布鲁斯·科夫纳
> （Bruce Kovner）

建立你自己的交易系统

当你设计趋势跟踪系统时，你需要将各种判断条件都量化，形成规则。例如：假设你不愿意接受过高的风险，你就可以制定相应的规则，设定可承受的风险水平；假设你只交易货币类资产，你就应该在一开始就做出限定。总之，你需要针对未来可能遇见的所有情形，都预先制定对策。如果市场上涨100%，你的规则能告诉你接下来做什么；如果市场损失10%，你的策略也能告诉你接下来做什么。

你必须事先制定明确的计划。这样一来，你也能更好地意识到有哪些不利的因素。拉里·海特对此是这样看的："当我们回头分析市场时，我们要问的第一件事不是我们可能赚多少，而是我们可能损失多少。我们打的是一场防御战。"[28]

常见问题

常见问题1：需要多少初始资金

曾经有人问艾德·斯科塔，需要准备多少资金才能开始？斯科塔回答说："优秀的资金管理和资金多少无关。如果有谁认为资金达到某个数量级才能交易，我会问他，那到底多少钱才能让你停止交易呢？"资金不存在太多还是太少的问题，你有多少就拿多少，数额的大小并非关键。

在开始交易时，最重要的两种能力是按规则行事和坚持不懈；至于初始资金的多少，并不重要。那些许诺一旦给他们多少钱，就能创造多少利润的说法，都是不切实际的。想想看，如果给他们无限的资金呢？这听起来是一种优势，但实际上，过多的资金也会造成负面影响。著名的曲棍球运动员贾罗米尔·贾格（Jaromir Jagr），就和趋势交易者威廉·埃克哈特（William Eckhardt）对初始资金量的看法截然相反。

贾格更像赌徒，他参与股市不是为赚钱，而是"玩弄"股票。根据已发布的信息，在互联网泡沫时，他遭受的损失大约是800万～2000万美元。他有一个相当漂亮的女友，还和一个斯洛伐克前小姐谈过恋爱，还有

> 信息：即概率的负倒数。
> ——克劳德·香农

过一个法律专业大二的女友。²⁹ 贾格可能是个出色的曲棍球运动员，但他的做法更像穷人的做法。埃克哈特则不是这样，他靠着和贾格相反的策略赚到了数百万美元作为第一桶金：

> 我知道有好些继承财富后开始做交易的千万富翁。在各种意义上，他们都会输得很惨，因为在输的时候他们居然不会因此而痛苦。这些人在交易时，会觉得自己反正输得起。那些只有有限资金但觉得自己输不起的人，交易反而做得好一些。我宁愿押注在一个只有几千美元的人身上，也不愿押注在自带几百万美元的人身上。³⁰

让我们看看那些白手起家的趋势跟踪者，看看他们如今的成就如何：

- 布鲁斯·科夫纳的身价超过 53 亿美元。³¹
- 约翰·W. 亨利的身价为 21 亿美元。³² 他用趋势跟踪赚来的钱，以 7 亿美元的价格收购了波士顿红袜队。
- 比尔·邓恩在 2008 年金融危机时赚了 8000 万美元。³³
- 迈克尔·马库斯将最初的 3 万美元变成了 8000 万美元。他还教过布鲁斯·科夫纳。另外，马库斯是艾德·斯科塔的学生。³⁴
- 大卫·哈丁的身价超过 13.87 亿美元。³⁵
- 肯尼斯·特罗平（Kenneth Tropin）在 2008 年赚了 1.2 亿美元。在他的职业生涯早期，他还做过亨利公司的管理层。³⁶

> 我很难回想起媒体有什么头条新闻准确地判断出了泡沫。如果他们判断是泡沫，反而不会出现泡沫。
>
> ——巴里·里特霍兹
> （Barry Ritholtz）

> 一个人兢兢业业、尽力而为，他会比别人更幸运。
>
> ——朱利安·爱德曼
> （Julian Edelman），
> 爱国者足球队

这些例子令人鼓舞,他们当中任何一位的财富都足以激励你学习趋势跟踪。

常见问题2:趋势跟踪适用于股票吗

关于趋势跟踪的一个巨大的谎言就是:它不适用于股票。这是绝对错误的观点。股票市场的趋势,与货币市场、商品期货的趋势没有什么不同。例如,杰瑞·帕克的趋势跟踪公司已将其系统改造应用于股票交易,不仅他这样做,许多趋势跟踪者也都在这样做(例如大卫·哈丁)。帕克还指出,他的系统适用于股票市场,尤其是对单个行业中的异动股票。[37]

理查德·唐奇安的学生布鲁斯·特里(Bruce Terry)也指出"趋势跟踪不适用于股票"是完全错误的论调:"早在20世纪50年代,趋势跟踪的技术模型就源于对股票的研究。其后,CTA将这种技术应用于期货。在70年代末期和80年代初,股市关注度低,期货市场火爆——CTA市场就是这样起步的。兜兜转转,现在人们又把这些模型拿来,重新应用于股票交易。"[38]

我想起我在这么多年的研究中,曾读到过一份1979年的《会计管理报告》(*Managed Account Reports*),它的开头有这么一句话:"利用趋势跟踪买卖股票和商品期货,是一门历史悠久的学问。"[39]

常见问题3:计算机和曲线拟合

拉里·海特曾说,系统不像人那样会早上一起床就气不顺,这就是他用程序做决策的原因:"如果你的男朋友或女朋友和你分手了,是一种感觉;如果你订婚

> 鲸在浮出水面时会被鱼叉击中,而乌龟则在伸出脖子时才能向前移动。投资者也如是:无论哪一种选择,他都将面临风险。
>
> ——查尔斯·贾菲
> (Charles A. Jaffe)

了，又会是另一种感觉。"[40]

海特宁愿雇一个真正聪明的人工作，也不要一群人对着超级计算机工作。同时，海特极力主张：程序化交易能够成功的关键是程序代码背后的思想。有人问他，既然他这么看重人设计代码的思想，为什么还要用计算机来做这件事呢？他是这样回答的："计算机在计算能力和可复制性方面更有效。我是科学方法的忠实拥护者。我希望使用同样的算法，你们得到的结果和我得到的是相同的。这对我来说意义重大。"[41]

但是，使用这种技术可能会使交易系统出现过拟合，而产生一些仅仅是看起来不错的结果。唐奇安的学生芭芭拉·狄克森指出："在设计系统时，不要过分贴合历史数据。市场是在趋势中发展的，但过去的结果并不意味着未来。如果你设计的交易规则完美地拟合了过去的历史数据，那么你将面临巨大的风险，因为在未来的不同情况下，你的交易系统将会失效。"[43]

一个理想的交易系统，不是过拟合的系统，而是能够适用于不同市场的不同情况的系统。好的系统所用的参数或规则应该在一定范围内都能起作用，这才是稳健的。如果系统的参数稍有更改，性能就发生巨大改变，你就要当心了。例如，如果某个系统在参数取 20 时运行正常，但在取 19 或 21 时就不可行，这样的系统就是有问题的。反过来，如果系统参数是 50，并且它可以在 40 或 60 时也能正常运行，系统就是更稳健和更可靠的。

长期以来，大卫·德鲁兹都强调交易系统的稳健性。那些快速套利追求短期利润的交易者，在他看来，

> 我视自己为知识的游牧民族。在游牧民族的世界中，我们逐水草而栖。
>
> ——托马斯·弗里德曼[42]

> 仔细想一想就会发现，无论你怎么挑飞行员，挑出来的很可能都只是平均水平的。一位飞行员这次降落很出色，他下一次降落很可能回到平均水平。如果他这次着陆不佳，那么下一次着陆也可能是平均水平。如果只看部分数据，你就只能看见整件事的一隅。在得出结论之前，你必须考虑如何选择你的数据。
>
> ——詹姆斯·西蒙斯

其交易只是市场的噪声。专注于短期利润的交易者通常会错过长期趋势,而往往利用长期趋势才能抓住最大的获利机会。因此,你需要等待,而这就需要你对自己的交易系统有绝对的信心。不过,千万不要以为交易系统的成功是靠最新的软硬件设备。如果你这么想,你会吃大亏的。

芭芭拉·狄克森就曾警告说:"如今,数据库、软件和硬件使系统开发者可以迅速测试成千上万的想法。但是,我要提醒这些人注意过拟合的风险。我希望他们注意,他们最主要的目标是开发一套可以赚钱的规则。他们有太多好用的工具,于是很容易就更改系统、开发新的指标,而不是制定规则、按规则行事,但是,这样做明智吗?"[41]

人们很容易盲目使用计算机程序。广告无处不在,到处都在宣扬一夜暴富。精美的图表软件会让你感觉自己无所不知,但这是一种幻觉。亨利谈到早期交易的成功时强调,重要的是思想而非技术:

在过去,个人只能用苹果电脑,也没什么适用的软件。这些机器相对于今天金融领域的电脑来说,简直是"弱智"……但我那时也设计了一个商品交易系统。后来,计算机和金融行业出现了天翻地覆的变化。但是,我的交易系统完全没有改变。到今天都没变过。[45]

> 首先解决问题,第二步才是写代码。
> ——约翰·约翰逊

亨利的一位员工也谈道:"最初,我们所有测试都使用铅笔和图表进行,后来才在 Lotus 上进行,直到今天我们的许多任务依然还在 Lotus 上进行。后来,随着一些可以建模的交易系统的出现,我们也能够在某些软件上进行系统建模。在大多数情况下，我们只是为了使用历史数据进行回测，证明遵循这种趋势是可行的。"[46]

汤姆·巴索说："你会发现，计算机程度越高，你能处理的市场就越多。如果你知道如何使用计算机，它会帮你更好地利用时间。"[47] 在理查德·唐奇安看来，成功的交易者用于交易的时间有一两分钟足矣：

> 如果你按照趋势跟踪的方法进行交易和止损，你就能节省很多时间。因为交易机会只会在某个特定情况下出现，你只需要在晚上花费一两分钟去确认是否存在交易机会，然后在早上打个电话下单就可以了。此外，要有一套明确的准则来进行平仓、止损……这可以让你避免犹豫不决。

唐奇安所说的"一两分钟"指的是交易的准备时间。但在你测试完系统并且结果还不错之后，你还有很多事要做。你必须定期将系统的结果与实际行情进行比较，以确保测试很好地反映了实时情况。另外，你最好保留交易日志，记录你是否做到了坚持执行系统指令。

一名在商品期货公司接受培训的交易者告诉我：

> 在交易生涯的早期，我发现自己渴望做到的是"正确"，而不是"赚钱"。我那时学到的就是，做出"正确"的预测与整体交易的成功没有多大关系。那些能够做出大量正确预测的人，他们会发现自己错过了最佳交易时机，因为他们在交易时通常相当谨慎。我的一位做交易的朋友，他每年胜率仅有15%，剩下50%输，

最明显的，才最不易理解。

——克莱门斯·冯·梅特涅

35%平。但在2005年，他赚了300%以上，他的初始资金有7位数。这是一个奖励风险的游戏，但大多数人没有意识到这一点，他们会为了确定性而走上相反的道路。大家都在互联网上看过一些交易系统的广告，号称能够实现90%以上的准确率。我敢打赌，这些系统基本都是基于过去收益来衡量的，而这和它们未来的表现几乎没有什么关系。不妨设想这样一种情况：你在一年内进行了100笔交易，获利的交易平均净赚100美元，因此你在正确的90次中净赚9000美元；但坏消息是，你在10笔亏损的交易中，每笔亏损1000美元，因此就算你有90%的准确率，算下来你全年还是亏损1000美元。当然，这只是一个假设的例子，但只要交易者给那些号称"能预测未来"的交易系统投钱，就会发生这样的事！

趋势跟踪者肯·特罗平（Ken Tropin）说：

交易系统要想成功，就必须要保证稳健性。稳健意味着我可以在各种市场中测试它。假设我在国债中使用了一套交易系统，现在我想在欧元市场中使用，我希望它仍然有效；而且，如果我更改其中的一些参数，它仍然有效；甚至我将其切换到玉米期货市场（与国债完全不同），它仍然有效；甚至对于那些和我设计时用到的数据不同的行情，它仍然是有效的。这样的模型才是有价值的，并且能够在未来用其进行交易。要知道，数据本身随时都在变化。成功的交易系统的关键是能针对不同的市场设计一套"宽松的西装"——我不需要模型太"紧身"，因为我希望即使我再胖两磅（1磅=0.454kg），这套模型还能合身。

麻省理工学院的安德鲁·罗（Andrew Lo）谈到这一话题时也回到了简单性原则上：

首要的原则是，无论策略多么复杂和微妙，我们都要能用简单和直观的方式讲清楚它。换句话说，无论策略多么精巧、深刻和晦涩，但关于策略的超额收益到底是从哪来的，我听到的从来都是相对简单的描述。

常见问题 4：需要做短线交易吗

当你以较高的频率进行交易时，每笔交易赚取的利润会减少，而交易成本却并未减少。这可不是一个制胜策略。但是，许多交易者认为短线交易风险较小。维克多·尼德霍夫和长期资本管理公司（LTCM）的灾难性例子足以证明，短线交易的风险并不低。你或许会说，短线交易者中就没有超凡之人吗？当然有。但请你先想一想，你在进行短线交易时可能与哪些人竞争。你会与詹姆斯·西蒙斯和托比·克拉贝尔这样的人竞争，他们有专业的高频交易团队，有数百名员工全天候工作。他们靠的就是高频交易，靠在零和博弈中赚你的钱。你想和他们抢日内交易？你恐怕没有机会。

许多人对日间交易的缺陷视而不见。例如，维亚康姆（Viacom）首席执行官亿万富翁萨姆纳·雷德斯通（Sumner Redstone）曾提到，他会持续观察维亚康姆的股价。尽管他是一位出色的企业家，并创建了这家伟大的媒体公司，但他对股价的痴迷毫无意义。雷德斯通可能会认为他的公司股价被低估了，但是盯着屏幕看并不会助他一臂之力。

常见问题 5：什么样的交易是错误的

利奥·梅拉梅德（Leo Melamed）是芝加哥商业交易所（CME）的名誉主席，公认的金融期货之父。他还被评为 20 世纪最重要的 10 位芝加哥人。然而如此成功的利奥，也曾因为没有追随趋势而吃了大亏：

亨特白银事件，是我做过的最差劲的一次交易。我

> 每当我偏离羊群时，几乎都能赚很多钱。远离羊群，才能明白下一步怎么走。
>
> ——吉姆·罗杰斯

> 电子计算机背后的理念是：计算机能执行人脑可以完成的任何操作。
>
> ——艾伦·图灵

和公司合伙人乔治·福塞特（George Fawcett）从1978年6月开始看涨白银，当时白银的成交价约为5.00美元/盎司⊖。我们对市场的判断是正确的，白银价格一路上涨。1979年9月，白银涨到了每盎司15美元的高价，我们的利润相当可观。乔治和我从未赚过这么多钱，简直是暴富。白银还能涨多少？现在是平仓的时候吗？我知道，巨额利润比巨额亏损更难应对。我有一个很好的朋友……他在贵金属市场有相当专业的知识；他也知道我做多白银，我就去问了问他的看法。他回答说："利奥，你在白银头寸上做得很好了，但是，我也真的无法预测白银会涨多少。我只能告诉你，现在的15美元，已经非常高了。根据历史价格，白银估计涨不上去了。"我从不怀疑，他能给我诚实而且最好的见解。于是，我将消息告诉了乔治，我们决定，如果本周末之前什么都没发生，我们就清算头寸并获利了结。我们就这么做了，平掉了仓位，时间是在1979年10月下旬。我当时拿到了迄今为止最高的收益，为什么我还说这是我最糟糕的交易呢？因为，在我们平仓后的30天内，亨特对白银实行了大收购，而白银价格一直涨到了1980年1月，价格达到50美元/盎司。我和乔治做白银已近两年，如果我们再多持有30天，就能赚得更多。我们俩都发誓，以后再也不要过早地兑现盈利了。[48]

我完全理解，为什么利奥会说白银交易是他最糟糕的交易。首先，他没有预先给定入场的标准。他从来没有给出自己和他的合伙人在1978年看涨白银的原因，

> 猞猁资本使用数学模型决定何时买入、卖出何种证券，其旗下的一只基金在周五因脱欧公投事件获得了5.1%的收益。另一家资产达70亿美元的巴黎资本管理公司，其旗下的Discus基金当天也上涨了4.2%，同期，Systematica Investments（由勒达·布拉加管理，规模达102亿美元）旗下的BlueTrend基金也上涨了1.35%。
>
> ——彭博

⊖ 1盎司＝0.028kg。

也没有解释为什么他会以如此低的价格（5美元）进入白银市场。当白银价格开始上涨时，他试图预测白银的价格走高，但这是不可能的。但同时，由于他没有明确定义如何退出，因此他不确定何时应该平仓。没有退出策略，梅拉梅德就陷入了传统的交易思维，认为价位太高不好。他试图用基本面信息来证明白银的价格不会继续上涨，然后设定了退出的利润目标。梅拉梅德制定的是利润目标而不是退出规则，最终错过了数百万美元的利润。他在职业生涯方面当然是相当出色的，但他的交易与趋势跟踪者相比还是有明显的差距。

> 模型告诉我们何时入场和离场。程序能够理解价格信息，告诉我们市场趋势。交易系统的目的就是冒少量的风险，尽可能长时间地获得盈利。
>
> ——肯·特罗平

罗伯·罗曼（Rob Romaine）认为，交易系统最重要的是可以利用准备期："按照规则执行的交易系统，其价值在于，你完全可以在无压力时设计策略。此后，当市场变得艰难，你只需要执行计划即可，而不必在最容易导致犯错的压力下，被迫做出艰难的决定。"

我还想强调的是，交易不应是过分依赖电脑屏幕的主观判断。想象一下，你此刻坐在20个满是数据和图表的电脑屏幕前，就像电视剧《亿万》中的波比·艾克斯罗德一样。你可以同时观看所有的屏幕，并对数千条实时数据做出快速反应。你能做到吗？显然不能，你最多只能为自己超快速的屏幕扫描、浏览速度大声疾呼而已。

总结

- 把金钱看成你的游戏积分。
- 伊万·柯克说："我们是否需要根据已发生的事情改

变模型？答案是否定的。我们不能失去信心。我们要始终立足于研究，提出新的想法。如果某个模型现在亏损，但仍在统计可接受的范围之内，你就不能仅仅因为一段时间表现不佳，就把模型全部换掉。"[49]

> 保罗·都铎·琼斯说："我在弗吉尼亚大学讲授本科课程时，我是这么跟学生讲的，'听了我的课，你就不用去商学院学了。在商学院你要上一百堂课，而我只需要告诉你两件事就好了。你不用再去商学院，只需要记住两件事：首先是，无论趋势是什么，你都要跟着趋势走；第二，永远不要逆趋势而行。'"[50]

> 拉里·滕塔雷利说："长期以来，我最赚钱的两个信号：突破线 >200 日 SMA 均线，价格创 52 周新高。就这两个。"

> 乔什·霍斯（Josh Hawes）和保罗·金（Paul King）写道："交易的四种赚钱模式：从价格趋势中赚钱、在价格不变时赚钱、套利、做市/小单交易/高频交易。"

> 赛斯·高汀（Seth Godin）说："如果有人只想知道朝什么方向走，请不要给他地球仪，这只会浪费他的时间。但如果他想了解事情是如何发生的，那就给他地球仪，而不是局部地图。因为他不是在找一个方向，而是想要看清全局。"

> 列夫·托尔斯泰说："最强大的两个战士是：耐心和时间。"

> 勇气的大小，决定了生活是缩水还是膨胀。
>
> ——安娜伊斯·宁
> （Anaïs Nin）

| 第 11 章 |

交易游戏

把生活当成一场游戏。

——瑞·达利欧

趋势来了又去。趋势跟踪者也换了一拨又一拨。但有些人比其他人坚持得更久。

——艾德·斯科塔[1]

拉里·海特谈到了他和一位朋友的对话，对方不了解他为什么要按照机械的规则来行事。他的朋友问："拉里，你怎么能以这种方式交易呢？这岂不是很无聊？"拉里回答说："我不是为了寻求刺激而交易，我是为了赢。"

许多海龟交易者称，他们不再承受过大回撤，不再赚取丰厚回报。最大的原因是，客户希望他们采用更为保守的方法。[4]

在《绝对收益》（Absolute Returns）一书中，作者亚历山大·伊尼肯强调：交易无非是一场游戏。在游戏中，有三种类型的玩家：

- 知道自己在游戏中是什么角色的；
- 不知道自己在游戏中是什么角色的；
- 不知道自己参与了游戏并成为其中一部分的。[2]

如果玩了半个小时的游戏，你还不知道自己的角色，那你就成了别人玩的游戏。

在这本书中，我向你介绍了许多交易员，他们不知道自己的角色，最后成了长期资本管理公司事件、巴林银行事件、2008年金融危机、英国脱欧公投等重大事件中的"猎物"。我还向你介绍了一些交易者、投资者，他们甚至都没有意识到自己身处游戏之中，他们追求的是金融界的圣杯，而圣杯却从来没有出现。我还向你介绍了趋势跟踪者，他们知道自己身处游戏之中，并且每次玩时都能在牌桌上占据优势。如果你意识到这是一场游戏，就应该清楚你应成为哪种类型的玩家了吧。

投资者会接受趋势跟踪吗

你可能会担心这本书出版之后，会出现众多的趋势跟踪者，他们会对市场产生影响，甚至改变趋势的频率、方向和强度（最终影响趋势跟踪的获利能力）。这份担心大可不必。不妨看看趋势跟踪者凯斯·坎贝尔的至理名言："我们追随趋势，而不产生趋势。在主趋势开始或结束时，我们可能会助长市场的波动，但这只是非常有限的暂时影响。"[3]

坎贝尔说得没错。回想一下在第 3 章中拉里·哈里斯说过的话：交易者会出于多种原因参与零和游戏。并非所有人都为了盈利而来。但是，趋势跟踪者是为了盈利而来。这一态度会引起其他人的恐慌、防御和嫉妒心理。说到底，除非人性出现如下所述的巨大变化，否则，趋势跟踪不会失效。

- 人们不再被动地买入持有：那些相信基本面分析的人（他们占了交易者的绝大多数）需要改变他们的投资方式。但是，他们会放弃买入持有策略，开始追随趋势吗？不会的。全球范围内可投资资产有 80 万亿美元，而采用趋势跟踪策略的只有 2000 亿美元。只有 0.25% 的资金做趋势跟踪，其他的不可能一下子就转变。

- 人们既做多头也做空头：由于恐惧、无知或缺乏了解，大多数人不会做空。他们只会做多交易。这一点何时曾改变？

- 人们不再偏信指数基金和共同基金：因为退休金计划，这很难做到，并且法律限制人们只能在某些证券上进行投资，禁止购买其他类型的证券。

- 人们开始做资金管理：大多数人都不去想买多少或

> 绩效高于平均水平与低于平均水平的时期会交替出现。一旦低于平均水平的情况出现，趋势跟踪的吸引力就会下降，对此有错误预期的投资者就会不满。他们理直气壮地开始抱怨：他们不理解为什么亏钱。
>
> ——Transtrend

> 摆脱变化的唯一方法就是融入其中，与之共进、共舞。
>
> ——阿伦·沃茨
> （Alan Watts）

卖多少。他们只关心何时买入，很少考虑何时卖出。他们就像只为硬币的某一面下注一样，一直如此。你可以亲自去拉斯维加斯的赌场看看，你会发现人性一直如此。

▶ 颠覆卡尼曼和特沃斯基的心理学理论：只要市场上是人在交易（不管他们怎么做交易），就会出现混沌现象。难道使用了程序和代码，游戏就会发生改变吗？显然不会。你要仔细想想"是谁在为系统编程？"其答案是：人为机器编写了执行算法。对任何趋势，市场都有过度反应的倾向。

▶ 金融不再靠佣金赚钱：杰森·茨威格（Jason Zweig）曾写道，"你可能认为基金经理的工作是战胜市场。但是，事实上，基金经理的工作就是——继续工作"。这种冲突直接消除了趋势跟踪被华尔街接受的可能性，"什么？趋势跟踪不产生大量佣金？'不，琼斯先生，你一定不会喜欢趋势跟踪的！让我告诉你一些股票新闻，比如最新的生物技术、虚拟色情技术……"人们喜欢幻想。

▶ 不再盲目信任：很多人对交易不了解，他们会选择相信穿着5000美元昂贵西装的家伙。他们只根据结果判断交易好坏，而从不关心到底是由于技术还是运气产生的这个结果。财富并不代表智慧——永远不要忘记这一点。

▶ 央行不再干预市场：你必须管理好自己的财富，尤其是在一个充满疯狂的银行家的世界中，他们疯狂地想要拿走你的积蓄。而恐慌就在眼前：下一个泡沫破灭之时，央行政策全然失效，市场上资产价格将不再具有上涨的动力。到那时，我们都将面临日本的困境——没有股市的财富效应，投资者的纸面财富一戳即破。但是，央行不可能不干预市场。夹具将升起。他们会将患者绑在手术台上，不做麻醉，就对金融经济实行大手术。永远不要低估事情会发展得多么疯狂。难道央行的干预会停止吗？

> 这些原则在全球市场中的广泛应用，包括瓷器、黄金、白银等市场，甚至是今天已不存在的市场、不靠交易赚钱的市场。只要我们把视野打开，就会意识到趋势跟踪是很好的理念。你难道还有什么其他方式，可以用来交易并控制风险吗？
>
> ——杰瑞·帕克[5]

▶ 人们不再问"市场为什么会这样"：市场会因为各种原因而变化。人们总想知道为什么。但趋势跟踪不需要知道原因。

坦白地说，大多数人都安于现状，即使这意味着一只"黑天鹅"会让他们失去所有积蓄，他们也能够从"反正所有人都亏损了"的自我安慰中找到痛苦的快乐。他们关于市场的知识都是错的。面对压力时，完全可以预想到他们的皮质醇激素会大量释放，最终做出错误的决策。数以百万的人，宁愿在 Netflix 上看电视剧、在 Facebook 上争吵、在 Instagram 上发帖、在推特上发文以及玩农场游戏，他们宁愿装作相信下一任总统会解决所有问题，也不愿学习如何正确地交易，抓住改变人生的机会。

> 市场可能会在最初因为基本面的原因形成趋势，但随之而来的价格变化远超基本面分析的预期。有时，今天的价格之所以上涨仅仅是因为昨天上涨了。
>
> ——迈克尔·普拉特

不该怪罪趋势跟踪

有人可能会指责：趋势跟踪者给市场带来了混乱。他们这么想也不足为奇。每当股票下跌、泡沫破灭或丑闻袭来时，在其中赚到钱的交易者就会自然而然地被责怪。比如，在互联网泡沫时期买了股票的人，等到泡沫破灭时就会怪这怪那。他们希望道琼斯指数一直上涨，而不接受下跌 50% 的情形。他们不为自己的损失负责，从来不把责任归咎于自己。当他们因损失而恐慌时，还有什么办法比把责任推给赢家更好呢？以下是一些把趋势跟踪者描述成"十恶不赦的恶魔"的说法。

> 未来会出现的冲击是：短时间内个体将承受剧烈变化，这将导致个体承受过大的压力，迷失方向。
> ——阿尔文·托夫勒

- 趋势跟踪者买卖期货、货币、商品、ETF 等：趋势跟踪者所进行的交易，绝大多数都是在受监管的交易所进行的。任何人都能在这里进行交易。既然如此，为什么单单把责任归到趋势跟踪者身上？

- 趋势跟踪者使用杠杆：伟大的交易者会使用他们能用的工具，杠杆就是其中之一。关键是，趋势跟踪者并不会像华尔街那样，一次又一次地过度使用杠杆。

- 趋势跟踪者引起了全球范围内的恐慌：趋势跟踪者并没有做到这一点，他们只是对意外事件做出反应。他们并没有做任何预测。

- 趋势跟踪者只做交易，不做投资：市场就是用来做交易而不是投资的。市场会奖励赢家而不是输家。你既可以做交易，也可以做投资，这是你的选择。如果你选错了，不要怪别人。

趋势跟踪者常常因为市场下跌而备受谴责："每当市场出现剧烈波动，人们就开始寻找罪魁祸首，这时新闻界就会将矛头对准'卖空交易者'。在低迷的市场中赚钱被当成'下流的行为'，这种行为应该为市场动荡负责。

> 许多战斗在开始之前胜负已定。
> ——乔治·巴顿将军
> （General George S. Patton）

但他们并不是操纵市场的坏人。他们只是经验丰富的交易者，他们使用了特定的技术，通过交易获得回报。"[6]

认为"在市场中赚钱是下流的"，这种观念本身才是下流的。市场有市场的规则。在市场里，你可以做多，也可以做空。真正的玩家应该遵守规则，寻找赚钱的机会，而不是寻找借口。你当然可以说，我不在乎市场的规则，我也不在乎赚不赚钱——决定权在你自己。

当然，杰瑞·帕克也谈道，趋势跟踪者应该更好地解释我们所用的技术方法："我们犯的一个错误是，将自己定义为期货管理者，这完全限制了我们的交易范围。想想看，我们的专长到底是期货管理，还是系统的趋势跟踪和交易模型开发？我们能够抓住瓷器的趋势，也能够抓住黄金、白银、股票期货的趋势，甚至可以满足任何客户的交易需求。总有一天，人们会发现，系统的趋势跟踪是限制风险的最佳方法之一，也是构造高期望收益投资组合的最佳方法之一。"[7]

在一个无法预测的世界中，趋势跟踪是管理风险、应对不确定性、产生超额收益的最佳工具。在过去40年中，成功的趋势跟踪者不胜枚举：大卫·哈丁、马丁·卢埃克、肯·特罗平、勒达·布拉加、伊万·柯克、比尔·邓恩、让-菲利普·布绍、杰瑞·帕克、凯斯·坎贝尔、乔治·克雷普特、拉里·海特等，这已经是无可争议的事实。

> 夏普比率乍一看是为了奖励回报并惩罚风险。但如果你仔细想想，就会发现并非如此。标准差只考虑了每次所获得的收益与收益均值（可能为正也可能为负）之间的距离。因此，过大的正向收益也会增加夏普比率衡量下的风险，即被当作不好的收益来对待。也就是说，对于动态的投资策略而言，较大的正回报会受到惩罚，因此从收益中剔除最高回报，反而会提高夏普比率。按照这种归谬法，夏普比率作为衡量收益质量的普遍指标，其实经不起推敲。
>
> ——大卫·哈丁

降低杠杆也会降低收益

理查德·丹尼斯的学生所受的训练就是要尽量赚大

钱，全力追求本垒打。在这方面，他们不存在任何限制。在丹尼斯的指导下，他们成了绝对收益交易者。但是，当他们需要自己出去为客户交易时，情况就发生了变化。许多客户要求他们使用更低的杠杆，这样一来，最终获得的回报也降低了。

像邓恩这样的交易者，他很清楚：要想获得巨额利润，客户和交易者就必须站在同一条战线上。邓恩坚决主张达成一致："我们当然也可以降低杠杆率，吸引更多的投资。很多基金也可以收取管理费，然后再按盈利分成。但是邓恩资本不这样做，我们不向任何客户收取管理费……我们只关注最终获得的收益。"[9]

某些人可能会感觉低波动性、低收益率更安全；但是要知道，能够改变你人生的投资，必定是高波动性、高收益率的。正如趋势跟踪者杰森·罗素所言，无论如何选择杠杆，关键是要投资者和基金经理保持一致："基金经理常说，他们想达成长期的投资目标，但是总会为了满足客户的短期目标而行动。客户不会花时间去了解接下来的趋势对他们而言意味着什么。基金经理，甚至整个行业和监管机构，都试图引导客户，但最终的责任归根结底还是在于客户自己。"

最后，值得一提的是，趋势跟踪在风格方面也会因波动目标（杠杆选择）、长短期（短期或长期趋势）和行业敞口（狭窄或广泛的分散化）而有所不同。交易员乔什·霍斯是这样总结的："存在不同层次的风险，即基金层面的风险、账户层面的风险、交易系统层面的风险和头寸层面的风险。"

> 每个人都想在你业绩创下新高、每年赚50%的时候进行投资。每个人都说，如果此时能够以10%或20%的折价买入就更好了。但真出现折价时，又没有人愿意买了。我想说的就是，现在我们基金的净值就处在低位，这就是你的机会，你可以现在买入——但很少有人这样想。他们总想在最低点买入，但似乎从未买到。
>
> ——理查德·丹尼斯[8]

> 今天是6月中旬的一天，有很多关于天气（下雨、下雪还是干燥）、谷物情况的话题。我不知道这些有什么用。我没有办法使用此类信息，我觉得其他人也和我一样。如果要下雨，这最多告诉我今天该如何穿着。我不觉得有什么额外的用处。[10]

财富青睐勇气

趋势跟踪不仅仅是使用模型。一位交易者就曾说过:"趋势跟踪,甚至说任何一种交易策略,并不适合每个人。很少有人在交易之前,先了解交易者的日常生活是什么样的,尤其对于趋势跟踪者更是知之甚少。因此,我强烈建议他们在做出人生的重大改变之前,先进行一番了解再说。"

做出人生的重大改变,最需要的是接受错误的勇气。很多人做不到这一点,他们就必须是对的。他们也想让别人知道自己是对的。他们甚至不想成功,不想赢,也不想要钱,他们只想绝对正确。而成功的人则相反,他们只是想赢。

但光凭勇气还不行。你还必须要在交易过程中保持耐心,而不是紧盯着季度收益。你必须要努力积累经验,丰富的经验才能让你更好地按照规则行事。你要有长期的目标。一个真正的策略,可能第 1 年的收益是亏 10%,第 2 年可能又亏了 15%。但是第 3 年,你可能就会获得 115% 的收益。如果你在第 2 年末就放弃了,那就永远不会有第 3 年的高额收益。这就是交易的真相。

拉里·海特是这样解释风险选择的:

生活无非是下一系列的赌注,而赌注无非是一系列问题及其答案。"在 21 点里,我再赌 1 手吗"与"我要不要避开那辆超速公共汽车所在的车道上"没有本质区别。任何赌注都有两个部分:可能出现的结果集合,以及真正出现的结果。每天,我们都会数百次甚至上千次下注,有大有小,有些经过了深思熟虑,有些则是不假

> 乐观意味着期待最好的情况,而有信心意味着知道如何应对最坏的情况。
>
> ——马克斯·冈瑟(Max Gunther)[11]

> 尽管这可能听起来很矛盾,但是所有精确的科学都是由近似概念主导的。
>
> ——伯特兰·罗素[12]

思索。不假思索的占绝大多数，基本上都是生活中那些琐碎的小赌注，相比之下，微不足道。例如，"我应该系鞋带吗？"这似乎没有太大的风险，也没有太大的回报。而其他一些问题，例如前面提到的"要不要避开那辆超速公共汽车所在的车道上"，就可能对我们的生活产生很大的影响。但是，如果当天早上决定不系鞋带，导致你绊倒在路中间，然后如果那时你正准备向那辆公共汽车挥手示意让它停下，那么事后看来，这件琐事突然间就变得至关重要。

一旦你决定进行趋势跟踪，你就要做出大的、有影响的决定：你要么自己抓住机会进行交易，要么把钱交给趋势跟踪领域的专家。这两种选择各有利弊，但是只有当你开始选择趋势跟踪，不再按照买入持有进行操作时，你才能知道最佳选择是什么。但无论如何，相信美联储，相信"黑天鹅不会再出现"，这是最无药可救的。

趋势跟踪的有效性并非基于复杂的理论，也不基于什么有漏洞的定理，这一点与有效市场理论不同。按照趋势跟踪的原则来审视，你会发现华尔街上很多典型策略的基础要么是错误的，要么是谎言。

提示：这是本书前 4 版的结尾。在第 5 版中，我新增了大量的采访和研究。

> 我们的精英教育体系培养出的年轻人，聪明、才华横溢、有进取心，但又胆怯、充满焦虑、迷失自我，几乎没有智力方面的好奇心和目标感。他们陷于精英的幻觉中，缓慢地朝着某个方向前进。他们非常擅长他们在做的事，却不知道他们为何要这样做。
>
> ——威廉·德雷谢维奇（William Deresiewicz）[13]

第二部分

TREND FOLLOWING

趋势跟踪访谈录

在己无居,形物自著;其动若水,其静若镜,其应若响。

——《庄子》

> 在趋势跟踪里，不存在什么魔法公式。但趋势跟踪的思想的确有魔力。领悟它吧。
>
> ——迈克尔·卡沃尔

研究趋势跟踪是我的乐趣所在。在研究趋势跟踪的过程中，我偶然发现了另一种乐趣——采访。在写第二本书《海龟交易者》以及拍摄相关电影的过程中，我学会了采访所需的必备技能。2012年，在我出版了另一本书《简明交易手册》之后，我开始运营一档播客节目。这档节目采访到的嘉宾可比查理·罗斯（Charlie Rose）的节目覆盖面要广得多。

我的播客节目收听次数超过了500万次，主题遍及各个领域：投资、经济、决策、健康、人类行为以及企业家精神。做客节目的嘉宾包括诺贝尔奖获得者：罗伯特·奥曼、安格斯·迪顿、丹尼尔·卡尼曼、哈里·马科维茨和弗农·史密斯。其他嘉宾还包括詹姆斯·阿尔图切、丹·艾瑞里、罗伯特·恰尔迪尼、凯瑟琳·艾森哈特、麦嘉华、蒂姆·费里斯、杰森·弗里德、格尔德·吉仁泽、莎莉·霍格斯黑德、瑞安·休伊德、杰克·霍纳、史蒂芬·科特勒、迈克尔·莫布森、塔克·马克斯、史蒂芬·平克、巴里·里霍尔茨、吉姆·罗杰斯、杰克·史威格、菲利普·特洛克和沃尔特·威廉姆斯等人。

并且，我敢说我对趋势跟踪者和专家的访谈——这也正是这本书的核心内容——绝对是首屈一指的。在这一版本中，我特地收录了一些精选的采访。如果你想了解趋势跟踪，就向这些天才们学习吧。这一部分收录了7位趋势跟踪大师级人物的访谈录，他们的智慧是你应该了解的。

- 第12章：艾德·斯科塔
- 第13章：马丁·卢埃克
- 第14章：让－菲利普·布绍
- 第15章：伊万·柯克
- 第16章：亚历克斯·格雷瑟曼
- 第17章：坎贝尔·哈维
- 第18章：拉斯·哈吉·佩德森

| 第 12 章 |

艾德·斯科塔

艾德·斯科塔设计了早期的趋势跟踪系统，那时还在用打孔机进行测试和验证。杰克·施瓦格在他极具影响力的畅销书《金融怪杰：华尔街的顶级交易员》中，专门用一章写艾德·斯科塔。施瓦格是这样评价艾德·斯科塔的："他的成就，足以让他成为这个时代最好的交易者之一。"[1]

迈克尔：

我知道你不仅从交易的角度看待趋势，而且把趋势看成了生活的一部分。

艾德：

我认为，如果你真想成为一名趋势跟踪者，就不能只局限于一个很小的领域。假设你有一个趋势跟踪系统，你可能会想："我做趋势跟踪，用这套系统来做分散化投资，我就可以摆脱自己情绪的干扰。情绪会对交易造成很多影响，因此我要么靠系统做分散化投资，要么投资于别人的基金，这样就可以克服我自己的情绪问题。"

但这样做，结果会怎样？当你的资产上下波动时，你的情绪问题依然会出现。拥有系统并不能真正解决你的情绪问题。你需要直面你的问题：投资组合会有涨跌，有时会让你烦恼。如果此时此刻，你的投资组合一直波动，你就需要面对它，最后你一定会想："当我的情绪随之起伏时，我是什么感觉？我能做些什么？当出乎意料的事情发生时，我能提出更好、更有用、更高效的应对方式吗？"你需要对此有所了解。

> 股市的变化从来都不是显而易见的。大多数时候，它都在欺骗大多数人。
>
> ——杰西·利弗莫尔

最好的趋势跟踪者是那些能和自身和谐共处的人，他们心里想的是："无论价格上涨也好下降也好，这就是我在对应的情况下该做的。这就是我的行为理念，我也确实是这样做的。"当然，面对同样的情况，你其实可以采取各种各样的做法。有些人在价格上升时卖出，而有些人在价格上升时买进；价格如果继续上升，有些人卖得更多，而有些人买得更多。在任何一种情况下，如果走极端，都将会适得其反，自我毁灭。你必须知道自己该怎么做，并且必须始终如一。你必须在个人生活中也能一以贯之。

如果你在生活中也一以贯之地执行你的理念，对你的趋势跟踪也能有所裨益。一旦你的整体理念、行为方式，和你想要尝试的趋势跟踪没有保持一致，它们就会造成内心的冲突。因此，我们在"交易部落"中，几乎没有谈论过具体的交易，或者市场正发生什么。我们研究的是对波动、损失、权威等的情绪反应，以及诸如此类的所有问题。

如果人们理顺了这些事情，他们与亲密对象或孩子的关系就会变得更好。他们也会对生活的各个方面更加满意。他们的交易也会越来越好。他们可能说不清楚为什么一切都会变好，但是他们的确变成了更能应对不确定性和波动的人——以前他们可能无法做到。你不能单单依靠一个交易系统，系统不能表达你自己的感受。有人说："我做交易会压抑自己的感受。"他们遇见问题，会上唇僵硬，要么强挤出一个微笑，要么咬紧牙关，总之，希望自己能做到最好。

我倾向于走另一条路，我会分析"这些感觉有没有

> 我是一个乐观主义者，因为我相信人类的高尚与光荣，相信杰出的天才层出不穷……但就群体而言，我还是持悲观的态度。
>
> ——史蒂夫·乔布斯

积极的一面？"我想找出另一面。找出情绪积极的一面，一旦你这样做，之前的感觉就会消失，你会进入另一种状态。我更喜欢这种处理模式。你会发现其实有很多不同的方法可以应对问题。

经过数十年的努力，到目前为止，我们研究了一系列有关如何具体执行的知识，以及如何重塑我们的情绪响应模式。在这方面我们可以说是非常擅长了，你完全可以照着我们的方法做。我已经将所有内容都放在了我的博客上：www.seykota.com。你可以去那里看，所有内容都是免费的。并且我们也记录了在不同群体中，使用我们方法的交易者的增长情况，从他们的使用情况来看，应该说这种技术是非常有效的。

迈克尔：

在我看来，人们一直试图寻找某种平静与满足。他们希望能够静静地坐在一个房间里，没有焦虑，没有担忧；如果还有这些情绪，那就还需要修行。当我读到阿伦·沃茨等禅宗学者的作品时，我发现其中有一些在冥想方面的观点与你的作品相似。你的某些作品和东方的思想也有共同之处。你注意过这一点吗？

艾德：

我相信，每种感受都有它积极的一面。举个例子，如果你在屋子里，闻到烟味，听到啪啪作响的声音，注意到屋子里的温度上升，那么你可能得出结论：房屋着火了。此时此刻，你会感觉到真正的焦虑，但这时也是采取行动、做出反应的好时机。

> 按照有效市场理论的说法，我所代表的一切以及我所做的一切，都是浪费时间。
>
> ——大卫·哈丁

我不太确定你的意思是不是想清空思绪，麻醉自己，进入"无我"的冥想状态。我说的不是这个意思。你要注意到自己当下的感受，采取适当的行动，并且分清楚缓解情绪和积极做出响应的区别。

我并不建议你始终追求那种平静的状态，因为有时候，你会更期待忙碌。你可能想要忙碌地进行交易，忙碌地采取一些纠正措施，进行风险控制。或者，你可能想采取一些行动，抓住一些机会。不管你想做什么，你都可以从中学会与自己的感觉融洽相处。当然，从某种程度上讲，你也可以选择追求平静，察觉自己的情绪、思想，从中获得休息。这也是好事。休息很重要，尤其是在你感到疲倦的时候。

我并不建议把我提到的与趋势跟踪相关的技术，用于任何心理治疗，或者把它当成药物、含酒精的饮料或镇静剂。这些技术和镇静剂不同，我觉得永远处于某种状态并不是那些禅修大师建议的修行方式，他们应该也希望你能够对当前出现的任何感觉做出反应，积极行动。

迈克尔：

在你这里我学到了不少东西。刚才我们谈到自我，那么，请问你有什么表达自我的好方法呢？你应该有一些更好的办法。

艾德：

嗯嗯，我也在努力表达自我。我们现在就在做这件事。我也正从和你的交谈中学习，努力做出回应。我可

时间序列的动量特征是对随机漫步假设的最直接的一种挑战。许多资产定价理论就是建立在随机漫步基础之上的，这一发现为这些理论和研究带来了新的证据和挑战。[2]

能过一会儿，会回头思考我刚说的话，我会觉得："哦，我刚才本可以说得更好。"但这就是生活。我会尽力而为，然后回过头去反思，下一次可能就会做得不一样。我会试着去学习，思考我刚才的回答，然后说："我可以换一个回答吗？"这就是我们在"交易部落"中所做的。我们试着去观察自己对情绪的反应，试着解决"我们在做什么？我们如何获得期望的结果，我们能否改变我们的响应方式并在下次获得不同的结果？"

迈克尔：

我想，学习的唯一方法就是借助拥有更多经验的人来拓展自己的经验。一旦拓展，你就会"被迫"学习一些让你感到"哇，为什么我不这样说？我可以用他的说法来说"的知识。但是，如果你不在更有经验的人面前犯错，你也不可能知道更好的方法。

艾德：

对，你可以建立一个生态，让人们能够互相帮助。"交易部落"就是这样做的，一些公司也这么做，并且做得还不错。在其他机构或组织里，人们也会强调个人发展的重要性，他们可能会纠正你，或给你提供建议，然后你会发自内心地说"谢谢你帮助我学到了更多的东西。"

当然，在很多情况下，别人纠正你的错误或给你建议时，你可能会不高兴：你可能会说一些自我保护的话，不管他们的建议，或告诉他们与你保持距离之类的话。

如果你的公司或者事业正处在快速发展期，其中的

> 知道何时探索与懂得何时放弃，这两者都有价值。
>
> ——迈克尔·卡沃尔

每个人都在尝试做得更好。你会发现整个团队都在成长，充满自由竞争，这样的话，你拥有的就是一家有竞争力的创业公司。在这种环境下，如果有人对其他人说"有一种方法可以做得更好"，他们会说："谢谢你告诉我。"接着他们就会开始按新方法来做。但如果你的公司是一家"只为求生"的公司，限制性和政治性都过强，并且制定了相关的严格规定，那么你在里面也就只能管好自己的事，不会和别人谈论他们应该做什么。

在第一种情况下，环境是有利于个人成长和专业学习的，而第二种则不然，第二种是界限清楚、防备很重的环境。一家公司，你一走进去，马上就能感受到它是哪一种。有些人愿意成长，他们会在环境中变得成熟。如果他们发现所进入的是一个"垄断"的地方，他们就会选择其他的路……

迈克尔：

你的《垄断》这本书，也谈论到了趋势跟踪策略。你提到，如果我们朝着你认为不可避免的"垄断"系统迈进时，趋势跟踪可以作为应对的手段。如果你愿意，我希望你和我们谈谈你过去的一些关于趋势跟踪的故事，因为你的职业生涯很有趣。

你有一些有趣的导师、有趣的学生，我了解到在你的早期职业生涯中，有几位交易者对你产生的影响尤其重大。你能与我们分享有关他们的智慧或回忆吗？尤其是阿莫斯·贺斯泰德和理查德·唐奇安。

（阿莫斯·贺斯泰德曾在商品期货公司任职，而理查德·唐奇安曾在海登斯通投资银行工作。这两位都是趋势跟踪领域卓有成就的早期开拓者。）

艾德：

我很高兴能在这里分享一些故事。我对唐奇安的了解要比对贺斯泰德的了解多。唐奇安当时设计了一种系统，用来做铜的交易，他将其称为"两周规则"。所谓两周规则，就是在价格触及两周高点时买入，并在触及两周低点时卖出。我问过他："你是怎么想到两周规则的？"他说："我不知道，你是第一个

> 恐惧只在思想允许的范围内。
> ——日本谚语

这么问的人。"他说,他就是突然想到的,而在我看来,自动化的趋势跟踪就是从他提出两周规则开始的。

你可以先看一下利弗莫尔的一些著作,他设计了另一个系统——关键点系统。唐奇安先设计的两周规则。当然这个规则现在已经失效了。但在那时,你可以在市场上发现这些特征。这个两周规则以前是用在铜的交易上;然后我们渐渐发现,这个时间区间需要更长才有效,于是逐渐将其延长至6周,甚至30、40、50周,或者更长。

唐奇安在他的办公室里使用这个系统,有几个人也一起用这个系统。他也不是完全按这个系统来操作的,但毕竟是他创造了这个系统嘛,很多人相信他,就虔诚地遵循这个系统,效果也不错。我那时刚入行,对他的规则做了一番研究。我搞懂了唐奇安的规则。大约就在那时,计算机出现了。尽管他们没有个人计算机,但有一些公司有大型计算机。我那时就必须在周末的时候去大的经纪公司——有点难以置信吧——我用它们的大型计算机进行计算。

经常是机房只有一个保安和我。我可以使用整个公司的算力做测试。

迈克尔:

你当时进经纪公司,应该也不容易吧?

艾德:

我觉得还好。我当时说"我想做这项研究",然后他们就同意了。那时他们也不觉得我会做什么坏事。我

> 普通的傻瓜,一直在做错事,而华尔街的傻瓜,则以为他要一直做交易。
> ——杰西·利弗莫尔

只是在那里做研究。那时,你甚至都不会想太多。不过,现在你肯定不能再去经纪公司这么做了。

(我用过)他们所有的光盘、历史数据和相关的资料。这些都放在一个大房间里。这些大型机和磁带驱动器什么的,都在一个大房间里。现在你手机的算力可能都比这个强。但在那个时候,这个算力已经很强了,所以我用它来做一些测试。你现在可以在一两秒钟内就完成一组测试,但那时要花费 30~45 分钟。那个时候我用的还是打孔卡。时代不一样了。

迈克尔:

在那个时候,我想应该没有太多的同行可以交流,激发灵感。虽然你那时了解唐奇安,但肯定不像今天这样,可以通过互联网直接沟通。

艾德:

我那时跟进了唐奇安所做的工作。他会发表公开信,每周都会发表一封;上面有他的交易规则,并且会提供一个示例账户,你可以照着交易。我当时的想法就是跟着他下单。我想,照着做应该是有效的。但我测试了他的规则,结果发现:"他的规则有内部冲突。我不能把所有的规则写到一个交易系统里,因为它们相互矛盾。"

我开始采用不冲突的规则集合来做。我做了些调整,心想"这样的话,我是可以做的",然后我尝试使用这些规则进行不同的实验。然后,我会与办公室的一些经纪人和交易员进行核对,我觉得:"我应该修改

> 投资更像等待一幅画风干或者一片草长起来的过程。如果你想追寻刺激……那还是去拉斯维加斯吧。
> ——保罗·萨缪尔森

一些地方。我可以使系统做出反应的时间再长一些,也就是在系统发出买入信号之前,市场必须涨得更多一些,时间参数要取得更大一些。"其他同事可能说"这样会使它风险更高,因为改变了止损条件",但最终我们证实,结果完全相反。

这些都是非常反直觉的。我先做了一些测试,你也知道,那个时候实际上没有任何标准。现在,我已经把这些内容放在了我的网站上,如果你想照着做并从中学习,你可以直接去网站上看。上面提供了一个模板,你可以在 Excel 表中进行操作。很多人都这样做过,并且得到的结果很不错。我相信你也能在那里找到正确的答案。

话说回来,在那些日子里,我没有找其他人帮忙。我只是很好奇:"到底如何做才能有效呢?"唐奇安设计了一个系统,我心里就会想:"好,我要模仿他的过程。我用计算机来测试,看是否能够得到与唐奇安相同的结果。并且,我据此建立一个多元化的投资组合。"我做到了。我们公司管理这个组合已经有一段时间了;我们拥有多元化的产品组合,并且都在服务中心的计算机上运行。我们每天输入数据,然后计算,根据结果下单。

但当时我所在的公司,并没有一直按照这种方法做,他们并不想让客户的交易次数仅由系统的指令决定,对于他们来说这需要抵制太多的诱惑。诚然,运作这样的系统能为客户赚钱,但问题是,它为经纪人赚的钱就少了。公司更喜欢用日内交易员,结果就是,他们会频繁交易,几个月下来,要么亏钱,要么做其他事去了。这就是经纪业务的运作方式。人们进入市场,尝试进行交易,但最终亏钱离开。

他们会想:"这种新方法带来的佣金只是过去的 1/10。这样建了仓位而不频繁交易、操作,会破坏我们的商业模式。"因此,来自各方面的压力迫使交易员更频繁地进行交易……就像你之前在信中曾提到的那样。当然,他们现在给这种做法起了一些更好听的名字,比如处置效应等。但说到底,他们就是不愿意客户持有不动,而是希望他们频繁交易。一旦上涨一点点,他们就想获利离场。跌了一点点,他们就想加仓,期待成倍地赚回来。

那时候，要是你想用我说的系统来交易，你会面临很大的压力；因此，我差不多算是发明了一种没人真正想用的东西。于是我离开了，自立门户。我自己去拉客户。我发现，与客户建立关系很重要。这样，他们就知道会发生什么，也知道正在发生什么。如果客户的需求和系统的交易不一致，或者他们在情感上不接受、不理解这个系统在数学之外的意义，那么你肯定会遇到麻烦。该系统是由数学以及按此行事的意愿构成的。你会对市场中的事情做出回应。如果你的系统能够通过你的回应，让你的看法不断改进，那么你的系统也就完全成型了。这样一来，你就可以设计一个行之有效的系统。

有人会想，交易只要在计算机上调试软件，"找到正确的参数集"，好像就可以了。当然，在理论上，你可以用这种方式来赚钱，但实际上并没有多少人靠这种方式赚钱。也许有一天人会变得完全理性，但现在你毕竟是具有人类情感的人，所以如果你不将人性纳入系统设计的考虑范围，在某个拐角处，你的系统可能就会突然崩溃。

迈克尔：

你刚才的最后几句话，可以说总结了你做交易的精髓。在我看来，你似乎在弄清楚某些"难题"方面相当有动力，是吗？要是我说错了，还请你指正。

艾德：

是的，我喜欢"拼图难题"（puzzle）。我收集了很多被称为"酒吧拼图"（bar room puzzles）的东西，就

> （电影票房收益）三五百万美元，可不是一个随机挑选的数字。如果我们发行规模不大，这笔钱就是我们可以从电影中收回的部分。在最坏的情况下，我们收支平衡，也许会损失一点钱，但损失不会很多，每个人都会获得报酬……对预算的思考是逆向进行的，因为如果电影发行规模有限，至少我们就可以收回我们的本钱，不至于血本无归。
>
> ——杰森·布鲁姆
> （Jason Blum），
> 电影制片人[3]

是那种金属的拼图。你要是想把金属零件拼在一起,就必须先弄清楚它们是如何拆解和组合的。我收集了很多这种拼图。早上我也会解国际象棋的棋局。我喜欢弄清楚一些问题。这是我一直以来喜欢做的事情。我也不知道为什么我会如此喜欢,但它已经成了我生活的一部分。

在我看来,市场中的难题,或者我在《垄断》一书里提到的那些难题,正促使我前进。我想了解它们是怎么回事。当然,如果能用它来赚钱,那就太好了。赚钱很好,但这并不是我最初的目的。我可能会想出其他赚钱的方法。但"困惑"才是最令我着迷的。我想的是:"我必须弄清楚这个问题。"

比如我会想:"唐奇安靠一个机械的系统就能赚钱,这怎么能做到呢?怎么能靠一个机械的系统,不用做任何事情,就能赚钱呢?这是怎么做到的?"所以,我就被它吸引了。

我不会花钱直接把它买下来,这对我来说是个考验。我会想:"这是怎么回事?它到底是如何运行的?我可以建立模型吗?我能理解吗?"当你理解它之后,你会发现向人们解释也很有趣,无论是将它放在网站上,还是写书出版。接着,你可以继续寻找新的难题。

迈克尔:

想想当年你在大型机房的时光,那时候你自己一个人在挣扎。你必须努力解决所有问题。你当时对于这些问题,只有纯粹的兴奋吗?是内在兴奋感驱使你不断前进直到解决难题的吗?

> 简而言之,我们受"控制幻觉"的干扰,认为未来比实际情况更可预测、更确定。更糟糕的是,我们居然相信可以通过自己的行动来影响偶然事件的发生。
>
> ——斯拜罗·马瑞达克斯(Spyros Makridakis)[4]

艾德：

这是一个好问题，是我听过的最好的问题之一。是什么促使某人成为研究者的呢？是什么促使他们前进？是乐趣、困惑，还是对未知的不安？我想，实际上，是比这更深层次的驱动力。总结成一句话："我就是做这个的。"就像音乐家，一旦弹奏起班卓琴，便沉浸于其中。对于音乐家来说，如果没有音乐，还不如去死。那些问题就是我所沉浸的，我必须做下去。

解决难题时，我就是这样的。我要做这个，这就是我要做的。我不认为这是因为存在某种原因而迫使我去做的事情。我就是我，这就是我要做的。

迈克尔：

有时我感觉自己的职业生涯就像你说的一样。我不一定知道为什么，我只是做了我想做的事；我不一定对要做的事很确定，但我就是去做了。

艾德：

你这样很好，说明你很擅长这件事。这也是我们的"交易部落"的成功之处，就是让人们找到自己的动力。你可以搞清楚"我是谁""我要做什么"，然后就去做。你可以做你自己，并通过做你自己来创造价值，而不必活成其他人的模样。这是一种很高级的状态。如果每个人都能达到这种状态，世界就会完全不同。我希望人们能像你一样，找到自己的动力。我了解你多年以来的职业生涯，也见证了你不断发展壮大，你越来越接近真实的自我。现在，可以说你已经相当成功了，并且正在做出巨大的贡献。祝贺你！

迈克尔：

可以说，从2001年我第一次遇见你开始，你对我的影响就一直非常大。我仍然记得你对我说过的一些话。对于某些人来说，那些话可能会令他们有一种被威胁的感觉，但我并没有觉得。我当时在想："嗯，他刚刚对我说的是什么意思？他为什么这么说？更深层的含义是什么？"

> 我们发现，整个群体会突然将注意力集中在某个对象身上，为追求它而发疯。数以百万计的人同时被一种幻觉打动，他们追逐，直到被另一个比这更有吸引力的愚蠢的新事物所迷惑。
>
> ——查尔斯·麦凯（Charles Mackay）[5]，《大癫狂：群体性狂热与泡沫经济》

在许多方面，比如当你谈到对"难题"的热爱时，我觉得你给我也出了一个难题。"迈克尔，你想的可能是……"我可能只考虑了很小的一个点，但你并不是针对这个点作答的，而是提供了全面的洞见。全面的见解可能才是你想要说的，你想探索在那个小点之外的更多的难题。

艾德：

嗯。我能看出你的思维相当活跃，你想做出某些成就。你还处在成长过程中。你从我和其他人这里获得想法。你周围已经有一群拥有惊人的能力、知识、智慧和资源的杰出人士了。

你接触的这群人，可以算得上是非常出色的一群人。我能看出，你喜欢做这件事情。你有自己的魅力。你吸引到了这样的优秀人士，你喜欢听他们说的话。你的播客中甚至生活中的人，都是拥有强烈洞见的人，都是能让你思考、促使你成长的人。你对这种人有某种亲和力，这正是你擅长的。

迈克尔：

对，如果他们愿意和我交流，我就会乐此不疲。这也是一种好的行事原则。如果真正聪明的人愿意与我交谈，我觉得我应该与他们交谈，因为，毕竟我没他们那么聪明。（笑声）

艾德：

（笑声）嗯，很不错。

> 布咸阳市门，悬千金其上，延诸侯游士宾客有能增损一字者予千金。
>
> ——《史记·吕不韦列传》

| 第 13 章 |

马丁·卢埃克

马丁·卢埃克于 1997 年 9 月和其他人合伙创立了宽立资本（Aspect Capital）。马丁·卢埃克负责的研究团队为宽立资本的所有投资项目进行基础研究。在创立宽立之前，马丁·卢埃克曾是 AHL 的创始人之一，他于 1987 年 2 月与迈克尔·亚当和大卫·哈丁共同创立了 AHL。后来，英仕曼集团于 1994 年收购了 AHL。马丁·卢埃克拥有牛津大学的物理学硕士学位。[1]

迈克尔：

我正在回忆过去参加过的会议，我在想我们是否面对面交流过。

马丁：

我记得我见过你……你的网站上有一张照片，当时你和拉里·海特、艾德·斯科塔在一起（在芝加哥舞台上）。

你和他们一起在舞台上……还有琴，不是夏威夷四弦琴……对，他（拉里）拿的是他的班卓琴。

迈克尔：

是的，弹的是"锯齿之歌"。你当时也在吗？

马丁：

对，我当时是观众。

迈克尔：

观众席里应该也有不少有趣的人。在舞台上的时

> 亏了钱的客户当然更愿意相信自己是被抢了，而不愿相信自己是傻子。[2]
> ——小弗雷德·施韦德，《客户的游艇在哪里》[○]

○ 本书中文版已由机械工业出版社出版。

候，你比较容易沉浸在自己的世界里，而没有意识到台下的观众（参加那次年会的趋势跟踪者们）也相当有意思。

马丁：

哈哈，确实。我们其实有种偷窥的感觉，因为你们几个人在台上玩得很开心，我们像偷窥狂一样在台下看。

迈克尔：

有时我会想，像拉里和艾德这样的人，你觉得他们是天生就有这样的能力，还是随着年龄的增长慢慢获得的？

马丁：

两者都有吧。当然，我不认识艾德，我跟拉里比较熟；拉里比我年龄大，一直都比我聪明。我已经有一段时间没见到他了，所以不知道他现在有没有变得更聪明，或者能有足够的智慧渡过难关。对于这些，我不是很清楚。

迈克尔：

嗯，我刚在拉里的办公室采访过他，这次采访令我无法忘怀……他的智慧非常深邃，其中的很多精妙之处我都无法清楚地复述。

马丁：

是的，我完全明白你的感受……迈克尔，我很高兴

> 任何（关于交易的）想法，都必定源于和市场行为有关的假设。
>
> ——安东尼·托德

你能和他交流。你的书就放在我的桌上,已经很多年了。我也很感谢你为这个行业所做的一切。

迈克尔:

谢谢,谢谢你的鼓励。

马丁:

其实令我惊讶的是,我们以前居然没有这样聊过。

迈克尔:

嗯,确实。我想和你分享一个小故事。我第一次见到你的老朋友哈丁——元盛资本的负责人时,是在他的办公室里。那是2005年。办公室里,只有我、他以及他的狗。他打开屏幕,向我展示美国各种著名CTA的资产曲线,然后再给我看他的资产曲线。他用一种略带揶揄的微笑看着我,好像对我说"你以某种方式想念我吗?"这也是我第一次在伦敦和人聊到CTA。

马丁:

嗯。

迈克尔:

你们的收益都呈指数式增长……和这个世界的玩法不一样。

马丁:

确实,这讲起来蛮有趣的。

迈克尔:

你是从什么时候开始用量化的方式进行交易,用系统的趋势跟踪方法在一篮子标的中进行分散化投资的呢？你又是在何时确信这种做法改变了你的生活，或者至少让你能够以此赚钱的呢？

马丁：

哇哦，其实，迈克尔·亚当、大卫·哈丁和我，都从未有过这样的想法，或者，可以称之为一种"奢求"，一种成为某类人的"奢求"。我们并不是在投资界逛了一圈，然后说"我想成为那个人"，或者"我想做那件事情"。至少对于迈克尔和我来说，肯定没这样想过，因为我和他的关系比和大卫更近一些。我们从13岁起就一起在寄宿学校，后来又一起去了牛津大学。从牛津大学毕业后，迈克尔为他父亲工作，他父亲在伦敦的一家小公司做商品经纪业务。我到野村证券工作，向欧洲投资者推销日本股票。我开始做这项工作时，手里只有物理学学位，我甚至不知道"股权"是什么。

迈克尔的父亲鼓励他做技术分析，我这才开始对技术分析着迷。迈克尔的父亲对他说："孩子，买一台计算机吧。"20世纪80年代，那时个人计算机才刚开始在英国普及，而迈克尔就买了一台惠普9816个人计算机。他父亲又给了他一本技术交易方面的书，对他说："看看能不能从中发现点什么。"

正如那句谚语所说："人见，人做。"
——朱利叶斯，《人猿星球》(1968)

就是这样，一切都是循序渐进的。渐渐地，我离开了野村证券，和迈克尔一起做。当时，时间序列分析还只是少数物理学家的方法。我们只是在其中发现了一些东西。我们试了那本书中可以进行编程的每个模型，将其简化为一些基本规则的集合。我们在一系列市场（就是伦敦商品交易所的各种市场）上进行尝试……当时有什么呢？可可、咖啡、糖、铝、铜、银，差不多就是这类东西。

金融衍生品那时还处于起步阶段。几年后，我们开始与大卫合作，将这些模型进一步扩展到更多样化的市场。

迈克尔：

大家想更深入地了解你们。大家想知道，（在早期）你们内心深处发生了什么。

马丁：

我们从来没有想过"啊，我们要成为某某那样的顶级交易者……"那时的顶级交易者有理查德·丹尼斯、约翰·W.亨利、拉里·海特。但是，我们那时还不知道他们，不了解美国交易界的情况。

迈克尔：

那是20世纪80年代中后期？

马丁：

应该是20世纪80年代初期。我从1984年开始与迈克尔合作。他是在1983年初开始为他父亲工作的。AHL最早的记录可追溯到1983年。遇到大卫，应该是在1985年或1986年，而且当时还有一些小插曲。大卫曾在Saber Asset Management工作，跟着一位名叫罗宾·爱德华兹（Robin Edwards）的人做图表研究。罗宾当时管理着一笔基金，用很系统的方法做交易，只是没有用计算机。而大卫则是在剑桥接受过学术训练的科学家，他很敏锐地意识到用计算机对罗宾的图表研究进行编程的潜力。

Saber试图从迈克尔父亲那里挖走我和迈克尔，但没成功。结果，我们反倒把大卫挖到迈克尔父亲这里。后来，在1987年初，发生了内部矛盾，于是我们三个人带着一个客户离开，正式成立了AHL。

迈克尔：

在你们成立 AHL 的时候，是已经有了些钱，感觉"有一点点生存空间了"，还是说仍然处于"我不确定会发生什么"的状态？

马丁：

我们当时什么也没有。迈克尔的父亲对自己创建的业务感情很深。他多年来苦心经营，后来又基于我们三个人开发的模型，从商品经纪公司发展成一家小型资产管理公司。当时，他采用传道式或贵族式的方法来管理资金和服务客户。我们的意见有分歧。我们说："嘿，你不能用客户的钱这么做，不能以父辈的眼光来看待，你必须完全透明。"然后我们就自立门户了。

但我们那时什么也没有。迈克尔的父亲还借给迈克尔2万英镑，我们用这笔钱买电脑设备、付租金，直到我们挣到了足够的管理费，我们才租了自己的办公室，还了他父亲的钱。算起来，我们当时过了很长时间之后才对自己的工作有信心。

> 购买者愿意付多少钱，它就值多少钱。
> ——普布里乌斯·西鲁斯
> （Publilius Syrus）

迈克尔：

我有两个问题：第一，你们怎么称呼自己的交易方式？第二，你们早期是怎么写代码的？毕竟那时候你们没办法购买 TradeStation 或 Mechanica 的软件。可以说，当时是硬核编程的年代。

马丁：

对于这两个问题，我一个一个回答。我们怎么称呼这种交易方式？我不知道。这就是趋势跟踪的办法，而且没过多久我们就意识到这个行业已经存在，因为我们通过迈克尔父亲的关系，认识了经纪界的朋友，那是20世纪80年代在伦敦的事，对方叫鲁道夫·沃尔夫（Rudolf Wolf）。

我们做期货管理，最开始是客户将开设的账户授权给我们，让我们（AHL）管理这笔钱。鲁道夫·沃尔夫以及一些早期的商品经纪人，告诉我们这个行业在做的其他事情。我们很快就知道了我们在做的其实就是趋势跟踪，我们也开始接触到更广阔的市场。

在建模和开发方面，我和你、迈克尔一样，都是真正的技术爱好者。当然，我现在不再从事一线的开发工作了，但在当年，这是我们喜欢做的事情。那时用的还是惠普9816s……操作系统是用Pascal编写的。我们学习Pascal，并基于Pascal建立模型。很快，我们就搭建了开发环境，可以在上面用更简单的方式编程，实现交易思路。

> 第一个原则是，切勿愚弄你自己。自己最容易被自己愚弄。
> ——理查德·费曼

交易策略不需要全部用Pascal编写，也不需要了解汇编之类的语言。实际上，它是一种内联模拟语言，是在AHL被并入英仕曼集团时发展起来的，这个项目花了一大笔钱。我们有写代码的人，开发人员只用解释型语言，因此它可以说是许多TradeStation类软件的先驱。在AHL和宽立资本之间的一段时间里，迈克尔·亚当还开发过一个版本。实际上，那也不算他的，那是他用于商业销售的类似的产品。软件开发与模型开发的联系其实非常紧密。

迈克尔：

我在思考"成就"这一概念。每个人都在以某种方式往前推进，我们都在努力，有时反而很难对此进行反思。这就像你说过的："哇，我们开始这样去做了，它有用，我们就一直坚持它。我们持续这样做，30年或40年后，'砰砰砰'，就会发现一些有趣的东西。"

但是对于局外人来说，他们现在回头看，看到今天非常成功的公司，比如宽立资本，他们并没有真正了解其中的进展、演变。

马丁：

生活就是这样。有些东西还不存在的时候，你没办法找到它。你只能事后才明白。拿我自己来说，的确像个傻瓜。我们三个人中，没有一个人在投资银行做过什么光鲜的工作，而在大学里，那些聪明的朋友都去做这样的工作了……曾经有一段时间，我们三位"科学家"一起研究模型、做模拟，研究背后的数据，用迈克尔父亲的钱，直到我们发现"天哪，这东西有用！"

我们投入得越多，就越感到兴奋、充满活力……所以这算是"书生的复仇"吧。我们做的也算是一家微型投资银行……因为在AHL成立之初，我们做了很多事情，不仅是模型开发和资产管理，还包括迈克尔所热衷的将软件商业化的事情。我花了一段时间来熟悉这套软件，为金融企业和其他企业提供咨询服务……用这套软件，你可以相当轻松地完成对投资银行的行为和盈利能力建模。

> 我一天天变老，但每天都在学习新东西。
>
> ——索伦，雅典政治家

我们为伦敦金边贸易公司提供过一项服务。我们模拟了会有多少人进行交易，他们的风险承受程度如何、投资范围如何……他们有的做前端交易（做市），有的做后端交易。我们对这些行为进行建模，然后得到结论："大致上，这种商业模式的盈利能力会是这样的。"那些高管们都惊呆了。他们算是大开眼界了，因为我们基本上把他们的整个业务都建模了。

我们到处宣传，向高盛，向所罗门，让它们不再依靠交易员，雇用交易员的成本很高，他们还可能宿醉，他们的工作完全可以由计算机完成。我们当然相信自己，但是其他人都认为我们疯了。但回过头看，这场变革现在还在进行。

迈克尔：

如今，宽立资本已实现100%系统化。我想，在某个时刻，可能是在这个行业的早期，你就做完了你的研究，并且看到了相应的结果。但是，你何时才有了那个"啊哈"的时刻，想到"我们真的应该把人类做决定的过程自动化"的呢？那一刻是什么时候呢？

马丁：

我一直关注两件事。第一件事是意识到你具有从可用信息中挖掘因果关系的能力。如果你能够很快做到这一点，消除噪声，那么你就可以成为更好的交易者。我可以分享一个AHL初期的故事。迈克尔和我想出了一个游戏，是利用一段代码对我们数据库中的一个市场进行随机抽样，并且可能会对数据进行翻转，或者乘以一个随机因子。你无法确定具体是哪个市场，但可以保持价格序列的完整性，这样可以为你提供大量时间序列数据。这个游戏要求你根据数据判断应该买入或者卖出，并进行相应的操作；接着，它会向前移动一天，你可以再次选择买或者卖；然后，再向前移动一天，依此类推。

实际上，通过这种快速决策的训练，我们可以培养出相当不错的主观交易者。如果你在24小时内不断接受各种外界信息，被不断涌现的新闻包围，陷入恐惧、贪婪以及混乱的氛围之中，你将成为一个糟糕的交易者。第一件事就是意识到我们应该摆脱情绪干扰，将信息简化为原始的行情数据，这样做是有好处的。

第二件事是风险管理的重要性。要知道，在任何模型开发的过程中，很多人最关注的是模型。你要做多吗？你要做空吗？你对市场有何看法？这样做当然很好，你需要开发模型，并能够阐明潜在的驱动因素；但是，很多人忽略了风险管理。

很多人把重点首先放在了模型系统化上，其次才是投资组合的构建和（或）风险管理。在宽立资本创立之初，我们就意识到，做正确的事绝对是至关重要的。你不仅需要系统化地解释价格数据并确立对趋势模型的信心，而且还需要将投资组合构建过程和风险管理过程系统化。

如果一个基金经理说他的交易是"95%的系统决策和5%的主观决策"，那么他就是100%的主观决策。当然，这不一定是坏事。我并不是说不存在主观决策的天才，但这意味着你没有依靠科学的过程。如果你只是打算在危机时刻才调高或者调低投资组合，或者当市场和预期的走势有些背离时你就离场，那你就不能太依赖模拟和研究过程的有效性；因为你无法在建模时把这些考虑进去，你不知道将来会发生什么。

尽管我们一开始就知道系统化决策是一件好事，但我更坚信它在整个投资过程中的重要性。

迈克尔：

你刚才谈到95%的系统决策和5%的主观决策。要知道，这是趋势交易CTA常见的营销说法，长期以来

> 50-50-90规则：每当你有50/50的机会纠正某件事时，你最终有90%的概率会出错。
>
> ——安迪·鲁尼

> 我想提醒你，我所关注的所有行为系统所具有的特殊特征。人和他人冲突，并适应他人。一个人的行为会影响其他人的行为。
>
> ——托马斯·谢林
> （Thomas C. Schelling）

一直如此。我们95%靠系统决策，同时还有5%的特殊裁量权，这正是秘密所在，也正是你要把钱交给我们的原因。

我一直认为这种说法没什么道理。现在呢，因为你提了另一种相反的说法，你说："等一下，我不认可95%的系统决策。"我想，你在后面谈到趋势跟踪的时候，也不能说"我们95%靠系统决策"。你要是这么说，投资者就会说："请解释一下（为什么你的说法前后矛盾）。"

马丁：

这其实取决于你与谁交谈，人们对系统黑匣子的认知还处于早期阶段，所有人都还活在对黑匣子的恐惧之中。这其实是两件事情。我认为5%的主观决策可以使一些投资者感觉到有一个思考过程，而不仅仅是由一台傲慢的机器取代了一切。但是，我还是会回到构建模型上，然后在建模的基础上讨论主观的部分……投资组合的整体风险目标，是他们根据对日、周、月或某个周期的感觉来酌情设定的。

迈克尔：

这确实是一个很尴尬的阶段，人们还没有达到100%接受系统化交易的程度。正如你所说，在推销时或多或少会有些原因，导致存在这样一个灰色地带。

马丁：

没错。系统化的理念，或者作为投资者进行研究的想法，这些都需要我们明智地对待，因为如果你是咨询师，要做尽职调查，你一定会把前因后果从头理清楚。如果我给一个聪明的毕业生提供无数的数据和算力，他可能给出的是莎士比亚那样繁复的作品，提出一个令人咋舌的模型。你和我都清楚，我们是不会把钱投到这样的模型上的。

100%基于曲线拟合、事后拟合、聚类模式、数据挖掘的模型，与100%基于严格的假设检验和统计测试的系统模型之间存在着相当大的差异，后者可以确保你在交易中，不至于骗了自己。

迈克尔：

我曾在亚洲的某个国家做过一个简短的演讲……那还是在一个相当不错的城市。我以为他们知道我要说什么，但他们竟写信给我，说："嘿，你能带一些特定的图表进行演示吗，并告诉我们哪些是处于趋势中的？"

我很惊讶他们居然还……只把交易限于某些特定的市场。他们对特定市场感到兴奋，没有考虑过多元化，甚至还没有意识到要多元化。他们刚刚在某些市场中获得了不错的收益，并且希望我告诉他们一些在这些市场中激动人心的事情。我相信你绝对不会像他们这样看待交易。你说的是："机会的目标是什么？当机会到来时，我们将尽力而为，但我们无法强迫它。"我依然认为，"趋势跟踪"到今天都不是一个被广泛理解的概念。

> 我们也许应该教小学生概率论和投资风险管理。
>
> ——罗闻全（Andrew Lo）

马丁：

你说得对，而且我也经常会遇见你说的这种情况。有时候是会议组织者要求你告诉他们当地市场有多大，有时候则是有人在酒会上问："你对此有何看法？"我甚至不知道我是在哪个国家，不知道股票指数涨不涨。我只知道我的投资组合中有某个标的，因为它是我们每天24小时监控的150多种资产之一。我们总会有买入的时候，但这取决于趋势如何发展。根据趋势的发展，我们会决定持有多头还是空头头寸，而这就是趋势跟踪之美。

许多基金经理会采用与我们不同的方法，但我是从一个很高的起点开始的。我们的假设是：所有资产出现趋势的机会都是均等的。我们在整个模型构建过程中都试图保留各种趋势出现的机会，并使其尽可能泛化和稳健。

我想说什么呢？我的意思是，如果你建立模型以捕获不同市场的不同特征，例如，你交易生猪的方式与交易国债的方式可能略有不同，那么你可以说服自己，对市场的不同特征进行建模，因为生猪交易者的世界显然不可能和债券交易者的世界完全一样。

但是，在我们看来，在这种意义上区分市场动态是不持久的。关于生猪市场和债券市场，你只能说它们都有可能出现趋势。例如，如果我们去看股票市场……如果拿一段特定数据集，虽然这样说有一点刻意，但如果我们单拿2002年至2007年的美国股票数据来看，完全可以得出结论：股票不会下跌，或者在很长时间内都不会下跌。

如果再看过去10年的债券，我会得出什么结论？债券不会下跌，对吗？当然不对。你或许会在模型中引入某些确定的偏差或者对场景的预期——这是我们试图避免的。我们试着避免那些模型内在的偏差。区域性的股票市场是否处于强烈上升的趋势（虽然我知道这是会议组织者想知道的），这对于我来说无所谓。它是否处于可怕的熊市趋势，这对于我来说也不是关键。我并不知道价格会上涨还是下跌，我也不看历史上不同市场的表现如何，我只是关注："用我的模型交易商品比交易证券更好，因此我在证券上的权重太大了。"

我们试着使模型对未来的方向完全不了解，而且很明智地进行资产配置，以便让它可以抓住随时出现的任何机会。

迈克尔：

在过去的几十年中，当你与其他金融人士交谈时，你觉得能够理解你在宽立资本所做的工作的人，占多大比例？

马丁：

说起来还算幸运，现在有越来越多的人理解我。但从我的角度来看，2008年就是那个出现变化的"啊哈"时刻——这么说可能有点太极端，也有点不准确，但差不多就是这样。在那之前，我们想要推广可能很难，而且那时候……我们也没有像20世纪80年代那样收取高昂的咨询费用。

2008年之后，一切都发生了变化，我们看起来受人尊敬，并且开始听到"我也想做成一家对冲基金"的想法。由于我们2009年出色的业绩表现，我们的电话源源不断。以前，养老基金及其顾问可不愿意打我们的电话，现在他们转变了："请再解释一下你们是如何运作的。"然后，他们真的很容易就接受了。

当然，这是没办法事先预料的。因为，颇为讽刺的是，在全球金融危机之后的一段时期内，我们的表现都不如人意，没有像我们预期和相信的那么好。现在，绝大多数人都能有比较好的收益，但这是直到最近才开始的。

迈克尔：

我曾在我的一本书中引述过本·斯泰因说的一句话，"如果你在2008年10月赚了钱，那说明你肯定做错了什么。"

> 我知道2+2=4，如有必要，我也很愿意证明这一点。但我必须说，如果有一种方法能让我可以将2+2变成5，那我将会有更大的乐趣。
>
> ——乔治·高登
> （George Gordon）

马丁：

他是这么说的？（笑声）

迈克尔：

我知道他为什么这么说。我从他对交易策略或者投资策略的理解就可以知道，他这么说很正常。你应该还有话想说，我不打断你，我只是很喜欢这句话，因此分享一下。

马丁：

行业中的任何人都不会想到，我们敬佩的人也猜不到，我们已经建完了整个模型。这并不是说我们破译了市场的什么秘密，而是我的模型就是这样，建完了，现在我该去海边度假了。因为：①市场永远不会抛下你；②总是会出现一些你从未想过的新事物。

在我看来，目前非常热门的是投资组合构建，而且还在不断翻新。其中包括投资组合构建的理论与实践。斯文森的多元化模型（Swensen model）不仅针对美国股票，也针对全球资产进行配置。现在就是这么发展的，已经多元化了。我的描述其实过于简化，并且我当然知道他对量化策略也没有兴趣；但是，在当时，这已被当作是一种非常有效的多元化方式了。在2008年会有人说："如果你在2008年10月赚了钱，那说明你肯定做错了什么。"他们的看法其实是定式思维的看法。

当然，这让我兴奋，让我保持年轻。它使我的研究团队保持年轻和活力，因为我始终认为应该探索一些新的世界观。

迈克尔：

我也采访过一些相当聪明、有成就的行为经济学家，我与他们交谈时，真正令我惊讶的是，他们的工作似乎和趋势跟踪者一样，和你、你的同事、行业中其他人一样。如果沿着量化趋势跟踪的路走，你也能从很多方面窥见丹尼尔·卡尼曼或是弗农·史密斯获得诺贝尔奖的贡献所在。

但是，当我与他们交谈时，似乎存在一些交流的脱节，这些行为经济学家并没有关注到量化趋势跟踪策略，他们的反应应该是："哇，这么多有趣的数据和证据，足以让我们沉浸其中。"但似乎仍然有一些隔阂，他们还没有拉起引擎盖，探头去看，然后说："真有趣！"

马丁：

迈克尔，我同意，而且我很高兴他们还没有意识到这一点，我乐于和他们"不同"。你刚才说到了行为经济学，这个领域的参与者模型我一直都有所关注。但是，如果在复杂系统中定义参与者，那么套期保值的是哪些人？投机者是哪些人？逆势交易者又是谁呢？你要定义清楚所有的参与者。你可能会想出一种自下而上的市场模型，我也说不清楚，但这不就是行为经济学家所研究的吗？

以我有限的经验来看，坦率地说，这样做其实徒劳无功。从数学上看，这可能是一个非常优雅的模型，但它几乎不可能赚钱。而我们做的事情，虽然有点粗糙，但是管用。我们的模型当然也很复杂，用到的数学也很高深，但基本的假设是"所有市场都会在某个时刻出现趋势"；我们能够使用这些模型，在有趋势时有效地捕捉趋势，在没有趋势时避免亏损。

这就是我们的做法。你可能会注意到，我定义了我们的工作方式，但并没有进一步解释"趋势为什么存在，它从哪里来，要到哪里去"。行为经济学家才关心

> 科学的一些最伟大、最具变革性的进展，最初都是用一种吸引人的方式谦逊地表达出来，而没有什么关于它们的夸夸其谈。
>
> ——丹尼尔·丹尼特
> （Daniel Dennett）

这个问题（当然，这也是非常令人着迷的领域），但这不是我们所关注的。

迈克尔：

行为经济学家抛弃了有效市场理论，认为人类并不总是理性的，泡沫也存在，在这方面他们做得确实很好。在我看来，这也是他们的基本假设。他们的研究要比这复杂得多，但是他们的基本假设和你是一致的，这也解释了为什么你能从市场上获得如此巨大的成功。

马丁：

是的，确实如此。行为经济学关注的是一些大理论，就像你说的，行为经济学会得出这样的结论："是的，这就是为什么人类这种'高等动物'会这样行事，并且很长一段时间都会这样。"

迈克尔：

现在的世界可以说是紧密联系的，万物互联。如果哪个国家没有期货市场，它也会建一个。它也想要。那么，请问，宽立资本如何抓住新的、潜在的交易机会呢？我想你对此应该会感到兴奋，因为你是这样的状态："嘿，我们甚至都不知道，接下来会是哪个国家的哪个市场，可能带来机会。"

趋势跟踪在许多方面都很棒，堪称交易界的印第安纳·琼斯。一旦建立了模型、交易系统，知道了哪些国家的市场是有流动性、可交易的，你就可以去交易了。

> 过去的事再也伤不到你分毫，只要你愿意让过去的事过去。
> ——阿兰·摩尔，
> 《V字仇杀队》

马丁：

是的。这其实是一个持续的过程，我们需要投入大量时间和金钱，而且必须要保持警惕。虽然进入世界上流动性前50名的市场相对容易，但是如果你完全不关心所有的新事物，那么你将错过很多大的机会。

作为一家交易公司，我们会定期查看新闻快讯，我们的经纪人会及时向我们提示新变化、新动向。我们会获取一些历史数据，也就是说，我们不会在交易所开盘的第一天就成为参与者；这是因为在确定交易算法的参数之前，我们必须先了解该市场的流动性特征。我们会从历史数据出发，判定可行性。在决定要不要在某个市场做配置时，流动性阈值很重要，因为有些市场的流动性不足以支撑仓位配置。

我们会对流动性设一个阈值。全球大概有6000个期货市场。根据流动性阈值，你可以直接砍掉80%的市场，剩下的就是对于我们来说可以参与的市场。市场也有发展周期。随着流动性的增加，我们将调整投资组合中的权重分配。当然，其他方面可能也要做一些限制。

同样，进入巴西期货市场的话，流动性高，但存在税收的问题。这使得交易极为困难，成本很高。因此，所有这些市场，我们追踪的也好，收集了数据的也好，建了模拟模型的也好，一旦它们的法规发生变化，我们随时可能撤退。我们乐于这么做。我们喜欢它能为投资组合带来额外的多元化。如果回到最开始的时候，只在50个市场上做交易（这差不多是我们在

> 大多数外行会犯的简单错误，专家也会犯，只不过是以一种稍微复杂的形式而已。
>
> ——阿莫斯·特沃斯基

20世纪80年代的情况），按照这样的投资组合，假设所有其他条件都相同，那么投资组合的多元化程度就会更低。我相信，随着时间的推移，从长期看，市场趋于单一化是一种趋势。但是，我们渴望获得新的多样化机会。

迈克尔：

你觉得自己充满激情的原因是什么？

马丁：

我其实只会一招。（笑声）我在整个职业生涯中一直就做这个。我不敢说自己是科学家或物理学家，但我对此是有研究的。我这样做是因为我很好奇，我喜欢精确，喜欢寻找答案，喜欢工程式的解决方案。我了解自己，知道自己……在主观交易方面做不好。我喜欢用复杂的数学技术和理论，从噪声中提取信号，而且我喜欢与一群真正聪明、有才华的人一起工作。所有这些会让你充满热情，不断学习，从而保持竞争力，继续向前，并且越做越好。

迈克尔：

即便这样做带来的经济效益更低，或是只能勉强谋生，但是，从我们交谈的情况来看，即便这样，你仍然会选择这条路，仍然会充满激情。

马丁：

当然。这对我来说充满乐趣。我最开始根本没有想

> 成功建立在失败之上。你要把失败当成垫脚石。关上过去的大门吧。你不要忘记犯下的错误，但不能一味地关注它。你不要让它占用你的任何精力、任何时间或任何空间。
>
> ——约翰尼·卡什
> （Johnny Cash）

过，我会成为一名出色的交易者。就像我说的，我之所以为迈克尔的父亲工作，是因为我对用计算机处理时序数据非常着迷。在我的职业生涯中，我一直都在做这类工作。很不错的收入，对于我真的不重要。当然，这是一个很好的正向反馈……实际上，市场将会很迅速地判断出，你有多精准和诚实。嗯……

迈克尔：

这就是你不断"得分"的方法。

马丁：

对，这就是我的方法。这意味着我不会陷入一个变化无常的世界，而是会有人说："哇哦，这就是你写的？真是太棒了！"世界会记录你的得分。

| 第14章 |

让－菲利普·布绍

让-菲利普·布绍是资本管理基金（CFM）的创始人和董事长，同时，他还是巴黎综合理工学院[1]的物理学教授。

迈克尔：

你能否详细讲一讲你的物理学背景，而且尽量放到古典经济学的框架中去聊一聊。古典经济学、经济主体的理性、所谓的理性假设、无形之手、市场效率……不过，出于某种原因，在这些理论中，经验的数据常常被忽视。但我和其他一些成功的交易者已经注意到了经验数据的用武之地。物理学是一种不同的视角，我相信它能让你从更广阔的角度来看待世界。

让-菲利普：

我很惊讶你用几句话就涵盖了这些信息，这些基本上都是我通常会提到的内容。的确，我是一名受过专业训练的物理学家。当然，物理学是通过实验来学习的。而且你会注意到，如果一个理论无法重现观察结果，那就不是好的理论。即使你的理论再完美，如果不切合实际，也就没什么用处。而你要做的，就是把这种东西扔进垃圾箱，然后重新开始。

早在20世纪90年代初期，物理学家就开始着手研究经济学和金融学。那时令我印象最深刻的就是，经济学和金融学理论的建立方式缺乏统计学基础……在想象世界可能或应该如何时，会非常不合逻辑。研究者在此基础上发展理论，而不关心真正发生了什么。

> 无论是科学还是宗教，均可通过充满怀疑的审视，从胡言乱语的深渊中淘出深刻的真谛。
>
> ——卡尔·萨根

我的猜测是：因为数据不是那么容易获得，因此在某种意义上，学术界就只能不靠数据来发展。这样解释，也解释得通。所以，人们就必须通过行动和思考来弥补数据的不足……实际上，这在物理学领域也可能发生，所以当数据变得触手可得时，我很幸运进入了这一领域。我们可以观察数据，当在数据中发现有效市场理论、高斯分布、布莱克–斯科尔斯模型的错误和弊端（对我来说，这些都是显而易见的……）时，使用这些工具还不足以理解世界。

迈克尔：

你刚才提到了布莱克–舒尔斯模型，要知道，现在很多人仍在使用它。即使像你这样的人都知道这样做会系统性地低估风险，但很多人还是在用它。

> 对任何练习都适用的真谛：如果你从未走出舒适区，你将永远不会进步。
>
> ——安德斯·艾利克森（Anders Ericsson）

让–菲利普：

是的，我知道。多年来我一直在抱怨，但问题出在学生那里。你必须教给学生一些东西。布莱克–斯科尔斯模型的教学是如此简单，在数学上如此精美，很多人完全无法不讲这个，而从更混乱的东西开始讲。当然，世界是混沌的，而混沌则是难以传授的……我们必须专注于对的事情。因此，你必须对数学以外的事情形成直觉。

这就是物理学的好处。因为它提供了许多类似的例子，你可以造一些东西，然后按一些按钮，看看会发生什么。但现在经济学和金融学也在逐渐往这方面发展，主要通过两种途径：一种是数据的可用性；另一种是在数据模拟的基础上进行实验的可能性，也就是说即使没有数据，也可以通过模拟进行实验。你可以根据某条规则设定交易的世界，或根据某些规则设定资金，实践你认为应该存在的任何经验法则或特征，然后通过模拟，观察发生了什么。

首先，当你这样做时，你就相当于扮演了一回上帝。这样做令人很吃惊，同时又很有趣。其次，你很快就会意识到某些规则不起作用。它们根本不代表所看到的现实，而另一些规则却似乎捕捉到了非常接近现实的东西。因此，我的感觉是，越来越多具有这种背景（实验背景）的人正在做这样的事……对模拟数据进行实验是有点奇怪的概念，即使在物理学中，人们也是花了一些时间才接受模拟是科学发展的合理途径的。

我不知道你是否认识马克·布坎南（Mark Buchanan），他是一位科学作家，几年前他曾写过一些我很爱看的内容……在2008年10月危机爆发后，他说："只要用对了，计算机模拟就可以成为一种'思想的望远镜'，它能使人类的分析能力和洞察力倍增，就像望远镜能使视觉能力倍增一样。通过模拟，我们可以探索人的思想无能为力甚至最好的数学分析也无法掌握的关系。"对于我来说，这就是在金融游戏中用到的物理学思维的本质。

迈克尔：

这个故事，大家听起来应该不会觉得是你为交易公司搞出来的一个物理学背景的营销故事。请问，你的公司是不是不雇用交易员？

> 我们在投票时很难保持理性，因为我们本就很难保持理性，一向如此。
> ——罗伯特·萨波斯基
> （Robert M. Sapolsky）

让-菲利普：

是的，我只招物理学家。大家也可以认为我是在推销，但从20世纪90年代中期以来，我们一直都是这样说的。CFM只由数据驱动。我们只靠数据，试图弄清我们所看见的，并根据我们所看见的构建模型。

（另一个原因是）我们算是交易公司里很特别的，没有做什么营销。过去20年，我们发表了大约100篇科学论文，而且全部发在学术期刊上。我们把科学当成对待问题的正确方式，这是我们的DNA。

迈克尔：

说到这里，我想聊聊我与你联系的主要原因，就是看到你的论文《两个世纪以来的趋势跟踪策略》（参见第20章），其实，我一开始没有太关注这篇文章。但突然之间，它就在互联网上火了……你能否针对这篇论文是怎么来的，讲一讲当时的情形，然后我们针对细节再做讨论。

让-菲利普：

这篇论文很特别，一直以来，它都在我的脑海中挥之不去。它现在火起来有两个原因。一个是你可以称之为"营销"，也就是我们正在募集……募集一只名为"机构系统性多元化"的基金，该基金的一部分会用于长期趋势追踪。因此，我们的确需要为它提供一些支持。

第二个是，在最近几年我们获得的数据比过去更多。就数据来说，我们可以追溯到19世纪初。这使我们可以对很多想法进行回测，尤其是做一些趋势跟踪的回测。令我们惊讶的是，如果我们的回测区间取更长的

> 说到投资，最好的投资可能就是我没有投的那个。
>
> ——马克·法伯
> （Marc Faber）

时间周期，策略的表现也会非常一致。

在我们来看，这是一个非常有趣的发现。尤其是，当年的诺贝尔奖得主是法玛、席勒和汉森。但是，关于有效市场理论的辩论还在继续。在过去10年中，我一直在大声疾呼。但讽刺的是，诺贝尔奖还是给了法玛，虽然他认为不存在泡沫、不存在崩溃。在他的构想中，一切都会非常完美，但市场并非如此：2008年因金融危机市场出现下跌。

总体而言，趋势是一种动力。有效市场理论很难解释这一点，因为这完全不在其框架之内。很难说有某种风险溢价是和趋势跟踪有关的。因此，这就必然意味着市场并不有效。

理论与现实之间有许多明显的差异，这里我想和大家交流一个非常真实而清晰的例子。只要你长期观察趋势，就能发现有关市场未来走势的信息。确实，这意味着并不是所有公共信息都被包含在当前价格之中。对于我来说，无论是从知识还是从商业角度来看，这都是一个非常有趣的发现。

迈克尔：

我脑海中突然想到一句话——这是你的论文中的一句话："从统计的角度来看，趋势的存在是金融市场最重要的异常现象之一。"这句话相当有分量。

让－菲利普：

在过去20年中，我们一直在研究金融市场，我们发现很难找到极为显著的统计影响。你可以在高频数据中发现一些，但高频数据又存在很多模糊的东西。首先，如果你想做高频交易，所付出的成本是巨大的。正如经济学家说的，目前尚不清楚这些具有强大统计特征的高频异常是否和经济学有关。

另外，非常缓慢的趋势（资金可以在这一过程中大量累积），在某种程度上当然是更意想不到的，但这是专业人士和学者都必须考虑的。

迈克尔：

这篇论文还提到了一些细节——当然这可能很明显——如果数据追溯到19

> 保持乐观是一件很棒的事。它能让你保持健康和活力。
>
> ——丹尼尔·卡尼曼

世纪初，趋势其实是早于趋势跟踪存在的。这是很有趣的一点。实际上，使用模型跟随趋势并贡献了交易量的交易者，占的比例很小。

让-菲利普：

是的。你可以这么理解。其实我要说的重点是，使用趋势跟踪进行交易的人，反过来可能是导致趋势出现的原因，而使用趋势跟踪来交易，已经有200年了。我对我们所发现的现象的解释是：有很多人，或者仅仅是一小撮人，他们扮演着趋势跟踪者的角色，反过来创造了趋势。

迈克尔：

你提到了法玛和他获得诺贝尔奖的经历。我最近有机会与另一位诺贝尔奖得主哈里·马科维茨交流，他现在89岁，依然十分健谈。我和他说："哈里，当你回溯20世纪50年代时，你有没有发现，你当时所提到的研究，正是目前很多学者说目前应该做而且正在做的事？你会不会觉得这蛮有意思的？"他对此的回答是："我认为这个话题你最好找行为经济学家去谈谈。"他的意思是，他不想谈这个，而且他也并未说过这就是应该做的。就像你说的，其他人却把他说的话解释成他提出了某个定理，这个定理变成了规则，最终成为有效市场理论的基础。

让-菲利普：

是的，从某种意义上来说，这是一个奇怪的领域。人的行为与人的观察之间，存在着明显的相互作用。

1987年提出的布莱克-斯科尔斯模型就是一个生动案例，它说明使用错误的模型是如何出错的。这也是这个领域吸引物理学家的原因，因为你必须多走一步，尝试了解它本身是如何运作的，你才能改变游戏规则。

实际上，我们提出过一个简单的模型，关于趋势会如何导致趋势进一步延续，以及趋势反转如何导致趋势出现反转的模型。我们尚不清楚，是否存在一个遵循均值回归而非趋势的世界，但似乎人类就是具有跟随趋势的倾向。你可以从很多非常有趣的心理实验中证实，比如当一个小孩看到三个点对准一条直线时，他会感到高兴……我们从过去的趋势推断未来，就像从老虎的位置推断它将会跳到我们身上一样，这是人类赖以存活至今的一种思考方式。

我的直觉是，背离趋势要比跟随趋势困难得多。同样，也有很多非常有趣的心理学甚至生物学实验，都证明了这件事……荷尔蒙在两种情况下会分泌和抑制：当我们顺应人群时激素会分泌，当我们不顺应人群时则会抑制。我们承受事情与预期不符的痛苦。

迈克尔：

古典经济学的框架没法理解"野性"市场。"野性"市场是你提出的概念。你能否谈谈你的这个想法，就是古典经济学思想没有能力解释野性市场的想法？当你使用"野性"这个词时，它意味着什么呢？

让-菲利普：

是的，你说的是我写的一篇论文，那是在金融危机爆发后不久，当时我也相当震撼，危机绝对是值得铭记

> 众所周知，人是群体性动物。他们在群体中疯狂，然而只能一个一个地慢慢恢复自己的理性。
>
> ——查尔斯·麦凯[2]，
> 《大癫狂：群体性狂热与泡沫经济》

的。当然,其他人也看到了危机的到来。但是,我对经济学家的做法并不满意,他们拒绝在描述经济体系和金融市场时引入更多非理性。

实际上,"野性"一词来自伯努瓦·曼德勃罗。当然,曼德勃罗是在介绍分形时说的。他还引入了一种分布,不存在二阶矩,不存在方差,或者说有无限方差和无限均值的概念。在他看来,这才是真正的随机。他将良性随机称为经济学家所喜欢的随机,比如高斯分布之类的……你可以用平均值表征它。当然经济学家的这种做法,与皮凯蒂(Piketty)的著作《21世纪资本论》有关,经济学中任何事物都可以用分布来表述,用一个"平均化的个体"代表所有个体,虽然这实际上说不通,但这就成了一种经典的分析方式。

但是回到曼德勃罗,上面说的是良性随机,而无序随机则是一种难以驾驭的分布,因为很难界定平均值和方差。这就是我在使用"野性"这个词时所指的意思。

> 自然是用数学语言写的。
> ——伽利略·伽利雷

为什么经济学现在基本无法捕捉大的波动呢?难道这不奇怪吗?其原因就在于,大家所构建的模型本质上是基于稳定性的。人们好像认定这样一种事实:理性世界就是稳定的世界,因此模型应该稳定。正因如此,经济学模型提出了均衡点的概念,这一点是具有内在稳定性的。就是说,如果你进行少量干扰,一切会自然地重回均衡状态。在这种模型中,根本就不可能发生危机。

有趣之处在于,当你去掉一些理性假设并引入市场缺陷时,你就很容易发现经济学的理性均衡(假设它存在)实际上是不稳定的,经济会因为小的外部冲击而变得不稳定。这样一来,系统就会崩溃一段时间,这就是我们所说的危机。

通过数学分析,我们不仅可以描述经济世界中的危机,而且可以在一定程度上预见危机,至少也能为其腾出时间。对于我来说,这很有趣,这也是我们过去几年一直关注的研究主题。

迈克尔:

听起来,对待这个研究主题,你好像在玩一样。你可以每天都享受其中的乐趣。

让－菲利普:

对,就是这样。你说得很对,我很高兴你这么说。

迈克尔:

我多年来一直喜欢说的,包括今天和你交流,以及和你的同事交流,我都喜欢说的是,如果一个人承认不确定性,那他至少是诚实的。当人们对即将发生的事情非常确定时,我反而会感到不安。

让－菲利普:

在我看来,这是物理学家和经济学家之间的最大差异,针对这一点可以讲很多。从某种意义上说,成为物理学家,对于我来说是幸运的;因为我们不必与政治家交谈,也不必就"世界应该如何运转"做出阐述,因为没有人依赖我们做出政治决定。但在我看来,经济学家就面临着巨大压力,因为他们备受关注。他们必须讲出故事和决策,这意味着他们很难退后一步:"好吧,我

> 数学是一门能阐述清楚的科学。
>
> ——雅各布·雅各比 (Carl Gustav Jacob Jacobi)

真的要去了解这是如何发生的,也许我要花10年、20年,但最终,我们将获得一个更好的关于世界的理论。"

好吧,就算我这么想,但是当财政部长问我:"应该提高税收还是应该怎么做?"这时,我该对他说什么呢?的确,这让经济学家困难重重,因为他们不能长期思考。正如你刚才所说的,作为受过专业训练的物理学家,我们钟爱的就是能真正理解事物。

如果我们没能做到,也没关系。这没有错。我们知道,物理学经历了如此多的革命,人们相信许多事情是绝对真实的,但最终被证明是错误的。如同你之前所说的,这是另一面,是某种极致的对抗……对抗确定性和某种形式的傲慢。

迈克尔:

从某种程度上讲,失败是在你的预期之内,但如果是经济学家,他们不可能承认失败。

让-菲利普:

是的,由于社会科学的原因,他们的理论结构也完全不同。

迈克尔:

谢谢你,谢谢你抽出宝贵的时间。

让-菲利普:

希望将来还能和你交流。我们也很喜欢你的书《海龟交易者》。实际上,你也看得到,在我们的论文中也引用了你书中的内容,很高兴能与你交流。

> 数学没有种族或地理界限的限制。在数学的天地,就只有一个王国。
>
> ——戴维·希尔伯特
> (David Hilbert)

| 第 15 章 |

伊万·柯克

伊万·柯克是位于英国剑桥的对冲基金坎塔布资本（Cantab Capital Partners）的首席执行官兼联合创始人。伊万·柯克曾任高盛欧洲量化策略小组负责人。该小组负责高盛所有商品、货币、利率、信用和股票的量化技术。[1]

迈克尔：

一个有数学、物理学博士学位的人去了高盛……你去高盛的时候，应该不是做交易员吧？

伊万：

不是，完全不是。在1992年接受高盛第一次面试时，我其实并不知道高盛是做什么的。我以为它是做银行的，除此之外我什么都不知道。当时，我没有做过交易，甚至不了解量化金融。

迈克尔：

当时他们是在招聘某种类型的思想家，或是有某种特定想法的人吗？

伊万：

是的，他们当时在找具有某种数学背景的人，当然计算机编程也很重要。我对几乎所有面试我的人都说，对数学家、统计学家而言，不懂计算机编程毫无用武之地……就像一个不会写字的小说家一样。通过运用计算机编程，你才能表达观点或想法。所以说，我是一个相当不错的程序员。我有量化方面的背景，高盛也对我很慷慨。

> 美联储认为目前并没有衰退的迹象。
> ——本·伯南克（Ben Bernanke），2008年1月10日

迈克尔：

我看到你的一位联合创始人说，如今编程相当于读写能力，是必须要具备的。

伊万：

的确相当于读写能力。它贯穿了我的整个职业生涯，也贯穿了我在坎塔布关于交易程序的工作。在过去的两三个星期，我刚刚对我们的基础架构进行了部分重构。正如那句谚语所说的，我命苦，没得休息。

迈克尔：

别人会看到，你有完美的物理学和数学背景，但是，你同时也是会穿着苏格兰短裙、打着黑色领带出现在晚宴上的家伙。

伊万：

是的，确实如此。（笑声）

迈克尔：

你算不上那种肯冒险的人。显然，你是脚踏实地的，在风险方面有所考虑，但是你具体会考虑什么呢？你觉得让你脱颖而出的思考，是什么呢？

伊万：

事实上，对于像我这样来自苏格兰的人，我们传统的黑色领带礼服是苏格兰裙，靠的是点点滴滴的积累。这和穿小丑服的人不一样。

迈克尔：

哈哈，我可没这么说你！

> 实际的决策取决于你采取了什么新行动。如果没有任何行动，你就还没有真正决策。
>
> ——托尼·罗宾斯
> （Tony Robbins）

伊万：

没有，我也就是开个玩笑。我确实认为，高盛过去擅长并且现在大概仍然擅长的一件事，就是它在很大程度上能包容稀奇古怪的个人特质。当然，在早期，高盛的大约150位合伙人与公司建立了合伙人关系。这使高盛变得非常精英化，非常能让人联想到像"你今天为公司做了什么"这样的问题。穿苏格兰短裙，这还不是我所见过最奇怪的事情。在这里的奇怪事，确实比其他银行要多得多，尤其在20世纪90年代，高盛人最感兴趣的就是你是否擅长你的工作。当然了，在特定场合，比如在客户会议上，穿着小丑服，很可能会立刻被解雇。

迈克尔：

我可不可以把你的意思理解为："我会按照那些标准去做，但我也会跳出框框去思考。我不会过一天算一天。"

伊万：

我觉得差不多可以这么说。我觉得是这样，就是我们当中肯定有一些人，而不只是某个人，会这样做。让我解释一下……举个例子，高盛是一家非常专业、成功的美国公司，作为银行，要想在其中跳出框框去思考，也是有限制的，而且确实也要有限制。银行为其客户承担大量风险，在许多情况下，银行承担了受托责任。是的，有时你可以特立独行，但归根结底，这是一家大型的美国公司。

迈克尔：

当我观察伦敦的 CTA 发展，研究伦敦做量化的成功经验时，发现涌现出了很多趋势跟踪者，为什么会发生这种转变？伦敦何以成为变化的焦点？而在之前，有很多长期做 CTA 的趋势跟踪先驱都来自美国。

伊万：

这是个好问题。我不能立即给你答案，但我可以推断一二。很早期的趋势跟踪，就是海龟交易。而到 20 世纪 80 年代中期，或者 90 年代初期，伦敦就开始有人做趋势跟踪了，或者，可以把伦敦称为欧洲的舞台。大概是在 90 年代中期，AHL 开始崛起。AHL 显然是我们的先驱，然后是元盛、蓝向（Blue Trend）、宽立和我们自己，还有很多其他的欧洲大公司。

我们取得成功或者说成长的原因，是我们运用了更科学的投资和统计方法。我现在回过头去看那些旧书里写的均值和突破之类的东西，感觉那简直是在中世纪。我们从更具统计性、更科学的角度思考。而且，要让它真正管用，这样还不够。

我们要感谢大卫·哈丁和 AHL 团队的其他成员，是他们意识到了这些缺陷，然后才得以解决的。这里有一个问题："为什么美国的 CTA 不能沿用我们的方法呢？"我很确信，这是一种更科学的投资方法，一种严格的统计方法，而且我很确信，这比过去"碰巧用对了规则"要好。我也不清楚，为什么他们不直接把这套方法移植过去。

> 在当今社会中，如果你担心别人对你的决定有看法，那么你将陷入困境之中——一个大困境。你甚至会酗酒。你只需要什么都不怕，相信自己，相信自己选对了，然后往前冲。[2]
>
> ——乔恩·格鲁登（Jon Gruden）

我记得，我们从 2006 年、2007 年开始做，我确实记得……特别是在美国时，有人会问……你为什么要按风险加权你的头寸？你为什么不按恒定的数量配置呢？比如，其中的一个品种配置 1 份或 10 份，另外一个品种配置 10 份，其他的品种也各配置 10 份。如果你持有的是小麦合约，大概 2 万美元一笔；或者镍的合约，大概 25 万美元一笔。这么想简直太疯狂了。他们的做法就是不理性的。

但传统就是这么做的，我们这个行业相当保守。一小部分投资者想要新事物……相信也许有一些很棒的技术可以预测标准普尔明天的走势。但也有人希望一切保持原样，把任何可能造成不同结果的做法都踢出去。

迈克尔：

> 你不特别。你不是美丽独特的雪花。你和其他事物一样，只是会腐烂的有机物。
> ——查克·帕拉纽克
> （Chuck Palahniuk）

假设你正在与客户交谈，他可能是你的新客户，也可能是有经验的客户，但对你的策略还不了解。总之，聊到最后，你肯定得说这样的话："看，从统计上讲，亏损是不可避免的。"但是，仍然有相当多的人，不管是对投资不敏感的人也好，敏感的也罢，他们都不把损失当成游戏的一部分。

伊万：

是的，人们迫切地想要投资那些永不亏本的东西，当然，这就是伯纳德·麦道夫（Bernard Madoff）能搞出庞氏骗局的原因。凯恩斯有一句妙语，他说："在充满欺诈和欺骗的领域中，需求创造了自己的供给。"每个人都迫切希望投资不会亏损的东西。我也想投资不会亏损的东西。我也想提出一种永不亏本的策略。我们当然都想这样。

但是，几乎所有投资面临的现实是：如果你投资做得真的很不错，也很幸运，你能有长期的历史业绩，而且也许二三十年来，你从未改变过策略（当然真正做到的没几个人），那么，也许你能达到的夏普比率，最好的情况大概在0.8、0.9或者1.0。我知道，还有其他一些流动性更好的策略（例如统计套利策略），能够获得很长一段时间的超额表现，当然，遇见金融危机就另说了。但总的来说，好的、出色的投资策略，能在很长一段时间内有1.0的夏普比率。投资者应该想要这种策略。夏普比率为1，也就是说波动率达到20%，平均收益率能有20%，这简直是很好的策略了。但是如果波动率达到20%，从统计上看，每两年就会出现15%的回撤。每四年就会出现20%的回撤。

事实就是如此。就算交易系统能有这么高的回报，它也会面临回撤，遭受损失。我有这样一份电子表格，在讨论这个话题时有时会向客户展示……我们并非在交易中用电子表格，但它确实是一个不错的展示工具……它模拟了5年20%波动率和20%年收益率的净值走势，你也可以称之为蒙特卡罗模拟。

你每次在这个电子表格上按一下F9，它就能绘制出一幅不一样的图形，表示该随机过程的另一种结果。随便按几次F9键，你就会碰上这样的情况：历史记录连续五年亏损，亏损达到40%。记住，这是平均来说，能保证在足够长的时间内，每年赚取20%收益的系统。

> 我的方法不是做出有效的预测，而是纠正错误的预测。
>
> ——乔治·索罗斯

对损失的预期，是每个人都应把它内化到投资流程里的，投资者也要这么做。我们的大多数投资者是机构，有养老基金、保险公司、主权财富基金、捐赠基金之类的。公正地讲，这些机构的人确实很老练，他们对损失很了解。但有时，当你与高净值人士或规模较小的家族理财机构的人交流时，他们保护资本的愿望会更加强烈。但是你必须清楚的事实是：某些令人不快的事，是可能在将来发生的。

你要做的另一件事，是在赚钱时向投资者解释说"这可能并不会持续"。

迈克尔：

你是否注意到，人们希望能找到基于感性决策的宏观交易员或对冲基金，听到他们承诺说："相信我，我有经验。我可以说出未来的方向。我可以在所有不同的市场上，建立多个期货合约的仓位。只要你相信我的判断力即可。"这种需求有所减弱吗？

伊万：

显然，如果有人和我坐在同一桌，他们可能还会这么做。尤其是当人们说"你减少了风险头寸，还是增加了？你要不要减少或是增加债券头寸"的时候，我很清楚，我不知道未来会发生什么。我不是通灵师，在这方面我没有任何技能。我的技能在其他方面。

也许没有人拥有这样的技能，也许这是不可能的。我可以从正反两个方面都谈谈。人们对感性决策交易有需求，是因为对事件需要做出反应。编写模型非常困

> 投机泡沫不会像短篇故事、小说或剧本那样结束。它没有最后的结局，不会让所有内容朝着最终那个令人印象深刻的结论发展。在现实世界中，我们永远不知道故事何时结束。
>
> ——罗伯特·席勒

难,也几乎不可能把所有情形都编写到模型里,因为你可以对市场的每一个行为做出反应,也可以对即将到来的信息做出反应。

2001年9月11日可能是对信息做出反应的一个很好的例子——世界在9:02发生了变化,而系统模型对此一无所知,但显然感性决策的交易员做得不错。在这种情况下,感性决策的交易员很有可能会跑赢大盘,而且我能理解,为什么人们对此有需求。

但是,要成为一名出色的宏观交易员是极其困难的。我们都知道在此方面享有盛誉的人,可能只有屈指可数的几个人。

当然,宏观交易的有趣之处在于,每个人都想成为宏观交易者。听人们谈选股,主观判断到底是买入还是卖出,这挺有意思的。他们经常会谈论宏观层面的东西。他们会说,我认为市场在上涨、在下跌,我正这么认为,因此我要购买这些股票。而且,宏观决策经常被混在股票分析中,虽然可能根本不应该这样做。

我确实觉得,基于感性决策的交易是世界上最艰巨的工作之一,成功者可能只是幸运儿。我也不知道。我对此没有很确定的观点,但我知道这绝对是一项艰巨的工作。

迈克尔:

如果做感性决策的宏观交易者听说你所做的,从策略选择、资产配置、投资组合构建、头寸规模确定,再到执行和风险控制,这些都是基于系统的交易,一定会让某些人意识到"这是全新的领域",然后会有那个"啊哈"的瞬间,发现"这种截然不同的方法"。

伊万:

我认为,我们也不例外。当然,尽管我对同辈的交易者很了解,但我其实不知道他们在做什么,以及会如何推销自己。但是,如果有任何大型的欧洲CTA说他们是如何干预的(酌情做出决定的),我会感到惊讶。因为很少有人说:"我们有一个模型,但偶尔会干预。"在我看来,这不是系统交易。

在系统交易中,按我之前对这个词的用法,它和怀孕一样——你只能要么是,要么不是。你不能只是有点系统化。我经常对那些向我推荐半系统化的人说:"那么,为什么不直接按两套方法来运作呢?一套运行模型,另一套按你的主观判断来选择,然后看哪种赚钱。"

这是人们把非常复杂的决策隐藏起来的一种方式。记住,我们所有人想做的就是确定"明天更有可能上涨,还是更有可能下跌"。这就是决策。现在,我们以及许多像我们一样的人,手头有许多复杂的(有时是简单的)模型,对这些模型进行了多年的统计检验,然后使用非常复杂的加权算法和成本控制方法对其进行加权,以及一系列这样的计算。有数百万行代码正在运行。而我们要做的就是通过它们,预测明天是否会发生涨跌。

人们经常会干预模型,他们想的是"波动性明天会不再"或"相关性会上升",或者是"我认为明天这个模型不能正常运行"之类的。这是一个非常复杂的陈述。你必须接受的是,比如趋势跟踪模型现在做得不是很好,明天就不太可能奏效……在我看来,你想要和在120种不同资产上运行的模型一样复杂,做到同样的事,这似乎不太可能。

迈克尔:

为什么不谈谈你幕后的一些工作呢?从某种意义上讲,你喜欢证明某个策略是错误的,而不是正确的。

伊万:

是的,我认为我不是第一个这样说的人。实际上,从古希腊开始,科学的方法就是人类一直行之有效的方法。科学是要证明有些东西是错误的,而不是要证明它是对的。你要尝试去做的,就是打破你的策略。你永远无法真正证明某项策略有效或无效。尽管有金融界的权威人士,以及报纸、电视甚至播客上的人,他们对自己的话充满信心:"未来将会发生这个,这是最好的方法。我们的系统比别人的系统更好，我们的股票组合比别人的更好。我知道这，我知道那。"金融市场里充斥着这些信息，但实际上，金融主要是由随机主导的。随机就是一切，正因为随机才是一切，你自然需要不确定性。你需要在某些事情上不靠信念和教条，因为你想要能够证明有些东西是错误的。

当我们提出一个新策略、新想法或新交易系统时，我们试图做的，至少是去模拟它、运行它，我们尝试找出问题所在。然后，如果你进行了数月的测试、重新检验和重新思考，并考虑到各种情况、不同的环境等，如果经过数月这样的努力，那么它可能在之后有用。

> 宗教的文化是信仰。科学的文化是怀疑。
>
> ——理查德·费曼

这些都是非常弱的、不确定的陈述。但是，在很大程度上，我们所做的工作的本质就是围绕不确定性和怀疑。当然我也确信一些事情。显然，我对技术的重要性深信不疑。我深信风险加权和投资组合设计一致性很重要。所有这些事情我都非常确信，但是我对任何特定技术没有信心。你要做的就是自己认为最好的事情，并且相信自己将持之以恒。

迈克尔：

似乎这几年在基金管理领域中，许多人都渴望确定性，因此当听到你说"我不知道，我在尽力而为，但我确实不知道，而且我真的不认为其他人知道"这番话时，我的确觉得耳目一新。

伊万：

作为金融界的科学家，我们正尝试做的，有点像模

> 人们不喜欢真相，但我喜欢。我喜欢真相，因为它令很多人感到不安。如果你向他们展示他们不过是胡说八道，可能只会有一次有个人会承认："哦！等一下——是我错了。"我为这一次承认而活。我敢保证，它相当难得。
>
> ——莱米，摩托党乐队

糊地预测明天的天气。从某种意义上说，就是气象学一类的。其中充满不确定性，当然，技术会有所帮助，但是模型并不完美；即使世界上最大的计算机也无法预测未来五天的天气，但是气象学家们正在努力改善关于大气涡流方面的技术和理论。而且，他们可能预测某些地方的天气也不会太差，比如英国，因为反正总是下雨嘛。

过去，确实有很多投资是人们看着天空，然后说："看那朵云，它的形状像狗一样。"当然，他们也可能抓住了世界的某种真实。但另一种思考方式，称得上是正确的方式，是无论你赚钱还是亏钱，无论模型怎么样或发生什么事，无论是坎塔布内部人员还是我们的投资者或记者，都应该问"为什么会这样？"

这是一个大问题，"为什么会这样？"我们想做的是，从偶然发生的原因切入，去解决问题。我们要证明这不是偶然的。很多时候这很难。人们有一个不好的月份或一个好月份，人们会说："发生了什么？"我们能证明这与偶然性不同吗？这个问题的答案经常是"否"。这只是一种不同的心态。

显然，你必须以许多种不同的方式来解决问题，但是从"这可能只是随机噪声的结果，让我们看看能否证明它不是"这一思路来解决问题是明智的——如果你没有更好的办法的话。这是一种非常强大的方法。

迈克尔：

我在《纽约时报》上看过一篇关于你的文章，文章很不错，但我浏览评论时发现其中有些评论是非常负面的。评论的观点是，你无法为经济创造价值。我心想，因为我对你和同行所做的很了解，我知道这些评价是混淆是非的。你的许多投资者，即使是机构投资者，其资产中也有很多普通百姓的资产。小客户的退休金也会进入大机构账户。

也许人们没有看到这一点。的确，你可能不接受小散户的账户，那不是你想做的，但我认为他们的批评才会真正损失创造价值的机会。你对此有何感想？

伊万：

这是一个很难回答的问题。问题是："我们在做对社会有益的事情吗？这对经济有好处吗？""你选择了某条路，这条路对经济有益，或者对社会有益吗？"世界只需要一个汽车制造商就够了，不需要数百个汽车制造商，同样也不需要数百个模型。每个汽车制造商，从某种意义上说，称不上是对经济是有益的。

没有人真正需要在昂贵的餐厅享用昂贵的饭菜，因此昂贵的饭菜和餐厅并没有真正对经济有益。没有人需要播客，我们可以没有播客。你要是这样想，那么你就很危险了。

我相信，我们在不断为投资者提供有价值的东西。我们正在尽力而为。我们一直在努力做出一点点的改进，从而提高回报。我们不能每个月都赚钱，不能每年都赚钱。我们有时会赚，有时会亏。但是，我们正竭尽所能，为投资者创造正回报。

正如你所说的，我们的投资者有各种各样的人。有养老基金、散户，有英国的客户，他们都把投资委托给了我们。尽管这与寻找治疗癌症的方案并不完全相同，

> 我喜欢做的一件事是环游世界，去看看考古遗址。因为考古学，我们有机会研究过去的文明，了解它们的成功与失败之处。我们能用科学让时光倒流："哇哦，他们到底在思考什么呢？"
>
> ——内森·梅尔沃德
> （Nathan Myhrvold）

也肯定与发射彗星探测装置不一样,但这同样是件很棒的事情。这就是我们做的事。我们可能在一定程度上可以提高投资者资产组合的收益,比如利用更高或更低的风险,或更低的相关性等。

我认为更大的问题在于,有些人在做一些对社会无益的事情,例如,他们将相对简单的策略包装成非常复杂的东西。实际上,他们只是跟踪指数来做多或者做空,例如仅仅是跟踪标准普尔指数,但是收取2%的管理费和20%的分成。那样就很不好。至少我相信我们所做的事情是严谨的。这会是一件好事。

当然,要记住另一件事,趋势交易、系统交易赚的钱不是凭空而来的。如果我们为投资者赚了钱,那么就会有人赔了钱。

迈克尔:

如果有人赔了,那么就有人赚了。

伊万:

对,总有人赚钱。我们相信并希望,随着时间的推移,我们赚的多于赔的。我们获得正收益,但这确实意味着有人赔了钱。这是一个很难回答的问题。

迈克尔:

这就是每个人都可以玩的游戏,每个人都可以制定策略、在桌面上下注,这个终极游戏是每个人都可以尝试的。在我看来,这就像"如果你不喜欢它,何苦一试呢。"

真正的自由主义者会说,我们还有很多更好的事情要做,而不是在这里为问题寻找结论。如果人们仔细观察,就会发现其中积极的那一面。但我们都知道,有些人永远看不到积极的一面。你无法说服所有人。

伊万:

可能确实是这样。我在任何公开论坛上,都倦于谈论政治,因为这不是我该做的。但是我确实相信,我们可以相对做得好些。抛开其他不说,我在剑桥为 50 人提供就业机会,这就是我们经营的小企业所做的。要知道,企业是一个雇主,它为人们提供金钱,并把事情做得很好。

我深信,做好小企业是件好事。让我非常高兴的一件事是,在 2006 年,我有一间小办公室,那里有两台计算机和一台服务器,每次一碰都会触电的那种,我们就以此为基础开展业务。这是一家小企业,它像任何其他小企业一样,都可能会遇到困难甚至破产。而我们的所有努力,让我们成功生存了 8~9 年,对此我感到非常高兴。要说我有什么值得骄傲的事,这件事就让我感到骄傲。

迈克尔:

这段故事相当励志。你说你会问客户他们喜欢什么,你能展开说一说吗?不一定是完全关于这方面的。你也可以扩展到其他的,比如某些客户没有应具备的技术和市场方面的专业知识,那么就会有客户想要寻求指导。你能否谈谈和客户在这方面的沟通呢?

伊万:

这讲起来可能有点脱离具体情境。简单来说,重要的是了解客户的"效用函数"是什么样的,当然这是一个学术的说法。换句话说,就是他们要什么?他们对投资有什么期望?这种思考可以让你知道,如何向他们解释。正如你所说的,虽然我们的客户在很多不同的领域中都学识渊博、经验丰富,而且对所有类型的投资和所

> 金融危机是现代资本主义的不幸,但也是必然的结果。
>
> ——罗闻全

> 现代生活的许多领域都依靠科学研究,并受到系统明确制定的规则的指导。在驾驶飞机或开发新药物时,我们依靠物理学、数学、统计学和计算机科学。同样,运用科学知识,将其投入到对投资的研究之中,这是很自然的一步。
>
> ——伊万·柯克

有类型的资产配置都有所涉猎，但是在我们从事的这方面（系统的宏观或微观交易），他们的知识肯定不如我们。

重点是，你必须了解客户的驱动力是什么。他们想在投资组合中寻找什么？他们期望什么？这不是我们坐在一起，问"你想要什么？我们提供给你。你只须说出来，我们就会为你提供"。不是这样的，而是要了解影响他们决策过程的驱动因素是什么，他们的股东都有谁。我们有两只基金产品。一只是最初的量化基金，这只基金波动性较高，20%的波动率，高回撤，2/20的费用，是很容易出现震荡的一只产品。

我们还有另一只波动性较低的产品。波动率为10%。它的容量更大，用了更多的基础趋势策略和基础价值策略，可供投资者自行组合。那么，了解你的投资者，意味着你要洞察他们的内在需求：他们需要什么？也许他们想要损失更低但有某些特定用途的产品，但他们真正想要的是损失更低、波动率更小同时收益也更低的系统。

我们都知道投资波动率为20%的产品风险太大，那么你要做的就是用一半的钱投资波动率为20%的产品，将另一半的钱留在口袋里，你投资的波动率就成了10%。但是出于某种原因，我会感觉，这样做与真正10%波动率的产品并不相同。纯数学家会说这种想法太蠢。但尽管如此，作为人类，我很明显有这种感受。

因此，重要的是了解投资者，了解他的股东是谁，并在了解的基础上，适当地与投资者进行沟通。我们的投资者并不关心，也不想了解某些非线性贝叶斯回归在投资组合算法中的深层统计细节。这听起来很棒，但他们不管这些，这也不是他们应该关心的。

他们应该关心的是诸如文化、技术、人员、探索过程之类的，而这些都是我们可以解释并想要详细解释的。如果你能了解投资者的需求，你也许能更好地解释这些东西。

我一直感觉，我不是那种"如果告诉你我的模型，我就不能把你留做活口"的人，但行业内在这方面确实做得很糟糕。这在行业内很常见，就是"一定要保密，不能告诉你"。这是错误的，我们这个行业，是为人们管钱，这是他们的钱，他们有权知道，我们有义务告诉他们我们在做什么。

迈克尔：

这可能是你们能在竞争激烈的市场中，在相当短的时间内就能从0到1甚至做得更杰出的一个原因。

伊万：

是的，我们的确做到了。我们刚才谈了随机性。的确，肯定有一些运气的成分。整体来看，我们经营得很好；虽然去年表现不佳，但今年表现不错。有些是随机的，但是……除了公开透明的那些东西，比如对投资者的服务以及必须具备的所有东西之外，另一部分贯穿我们工作的内容，就是长期不断改进的累积。一个本来很小的改进，可能看起来微乎其微，不值一提，带来不了什么改变。比方说，我们想出了一种方法，可以将每日费用节省半个基点。半个基点不多，是一个很小的数目，但是在一年的时间里，加起来就差不多有1.5%。这就很不错了。我们就会做这样的事。微小的边际改进，很可能正是好基金和坏基金的分水岭。

你要记住的是，并非所有人都认为你很棒。我在这方面很务实。对系统交易有很多有价值的批评，对金融业也有很多有价值的批评。你必须接受这些批评，了解为什么会这样。据我所知，媒体上已经报道了很多金融界发生的坏事。

人们有权批评。我不会对此感到恼火，因为有些批评还不错。我们对事实当然没有任何"垄断权"。

迈克尔：

如果有人在这个领域里持续观察，回溯数十年来的发展，他一定会对长期做系统交易的专家产生敬意。在这个系统性的领域里，存在一些一直持续的东西。就像你所说的，虽然事情会变化，也许在某个时间点会突然崩溃，但

> 我们会时不时地自欺欺人，以使我们的思想和信念与已经做过、决定过的保持一致。
>
> ——罗伯特·B.西奥迪尼
> （Robert B. Cialdini）

是如果用几十年或更长时间来观察，就会发现它其实做得很好。

伊万：

我认为，在系统交易领域里，我们会继续尝试不加粉饰的广告，一直如此。我认识欧洲从事这方面工作的每个人。我知道，他们都专注于尽自己所能去做，这相当好。只有很少的江湖骗子会把过时的垃圾重新包装一下，以便用来筹集资金。我们真的很努力，虽然有时会失败，但整体而言，这个行业成功了。

迈克尔：

事情就是这样，不是吗？它也不必然是始终如一的，它可能从开始到蓬勃发展，再到突然之间，比如2014年9月，一切都变了，人们会问"这是从哪里来的？"而这，就是趋势跟踪啊！

伊万：

对，它就是这样。对于人们来说，这是一件有趣的事情。当人们说"趋势跟踪这3年来都没用了"，我会解释说，如果你采用简单的趋势跟踪模型并在100个资产上运作，那么，说趋势跟踪有用的时候，可能是在60个资产上有效，而在剩下的40个上无效；当说它没用的时候，它在45个资产上仍然有效，只是在剩下的55个上无效罢了。

历史上，从未真正有过哪段时期趋势跟踪毫无作用，只是可能作用还不够大。并且……我经常都很小心地说:"我们不仅可以被称为趋势跟踪者,我们还做很多具体事情,比如交易债券、日元、能源。"这些都有趋势。我们现在处在一个黄金周期,趋势对许多不同的事情都有效。

但趋势也不会一直持续。随着时间的推移,它会起伏不定,但是在足够长的时间内,趋势跟踪以及更普通的系统性宏观交易,都取得了令人诧异的不错的结果。从科学的角度来看,我们可以合理地推断出,它在将来依然有效。

迈克尔:

如果有人看系统量化交易的记录,发现有的人在作假,那这个行业就麻烦了。

伊万:

你可以参考我先前谈到的关于伯纳德·麦道夫的回答。

> 所有人都一样地思考,那么就没有人会想太多。
>
> ——沃尔特·李普曼(Walter Lippmann)

| 第 16 章 |

亚历克斯·格雷瑟曼

亚历克斯是 ISAM 系统性趋势投资委员会的委员。自 1989 年以来，他一直与拉里·海特合作。最初他担任了明特投资管理公司（Mint Investment Management Co.）的研究总监，负责研究和开发交易策略，以及整体投资组合的风险管理。亚历克斯还与他人合著了一本名为《期货管理的趋势交易：寻找危机中的阿尔法》的书。[1]

亚历克斯：

你现在还在"天知道是哪个国家"生活吗？

迈克尔：

哇，我喜欢"天知道是哪个国家"这个说法！是的，我们先不谈这个。观众可能听不懂……到底什么是"天知道是哪个国家"，我们最后再回头说这个！

我们先谈些关键的问题吧。我上一次与你和拉里·海特交流时，记得那时候有一位 26 岁的《金融时报》记者高举大旗，上面写道"趋势跟踪已死"。很快，有趣的事情就发生了。当时在零利率环境下，即便在波动性相对较低的环境里，你和你的伙伴，依然通过趋势跟踪赚到了一大笔钱。

我希望我这么说，不要让大家听起来觉得像商业广告。从某种意义上讲，人们在看到这种"趋势跟踪已死"的讣告时，其实并不知道趋势跟踪的真实业绩，因此，我这么说，也算是让大家更好地了解情况。当然，这种误解至今也没有真正被消除，不是吗？

> 我不关心你出生在哪个城镇、城市和国家。如果你还是个孩子，你可能会对周遭的环境感到好奇。你会在岩石上攀爬，会从树上摘下叶子，会从花上摘下花瓣，会看到世界的内在，而这些事情只会让周围的成年人觉得不适。
>
> ——奈尔·德葛拉司·泰森
> （Neil deGrasse Tyson）

亚历克斯：

我在这行做了很长时间，已经看过四五篇这样的"讣告"了；这么多年，算起来，甚至有更多这样的"讣告"。但我们还在。这方面的研究已经有800年之久，并非一朝一夕。这不是某种旁门左道的套利策略，不是从什么难以理解的地方取得了什么。这是一种在市场上自然而然形成的策略。我想，如果要永久毁灭趋势跟踪策略，唯一的方法就是让所有市场永远处于横盘状态，或者说，让任何市场都不会明显偏离某种均衡状态。但是，这种情况绝不会持续太久。

我研究10年期债券的收益率，发现所有预测者都曾说过："哦，收益率不可能到那个点位。"但现在就到了这个点位，而这就是趋势跟踪能够创造长期价值的地方。

迈克尔：

让我们说说原油吧。有各种各样的观点，包括基本面的观点，分析为什么油价必须上涨，或为什么这个价格是合理水平，接着，"唰"的一声，石油价格又大幅下跌。

亚历克斯：

是的，没有人知道趋势的方向，但是出于人的天性，人们总想着"好事不会离自己太远"。这些人会用他们的大部分资金投资股票，希望股价上涨100%。这就是我们的趋势跟踪策略随着时间的推移，会带来收益的原因。

迈克尔：

重要的是，要意识到自己并不知道明天会发生什

> 最错误的事，就是我们认为最了解而因此从不审视或质疑的事。
> ——斯蒂芬·杰·古尔德
> （Stephen Jay Gould）

么。不要去分析股价会继续下跌或上涨；除了做多股票以外，还有其他的思考方式，有其他的路可以走。

我们有点离题了，现在言归正传。你与我见过的最丰富多彩的人一起工作。我想请你谈谈你与拉里·海特的第一次会面，当时你多大，以及你们如何一起开创了这个伟大的事业。

亚历克斯：

是的，当我回头看时，那次会面就像一个岔路口。你可能听说过一个笑话：如果你遇见了岔路口，那就走岔路吧。1989年，我到拉里那里去面试。那时我已经不在学校了，对趋势追踪一无所知，当然我对期货的细节也不了解。我只是想找一份工作。我一年赚28 000美元，而拉里给我开的价格是32 000美元。我仍然保留着当时的那封录用通知书。

迈克尔：

等一下。你刚才说不在学校了，那时是22岁还是26岁？研究生还是本科毕业？

亚历克斯：

二十一二岁。

迈克尔：

不错，那时很年轻嘛。

亚历克斯：

是的。那时我真的不知道拉里·海特是谁。我那时在新泽西州的米尔本，他是面试官之一。有趣的是，《金融怪杰》那本书刚出版或即将出版，我记不清书架上摆的是已经出版的书还是草稿了，反正在我等着面试的时候，有人给我读了其中有关拉里的章节。我依然记得，当时的思绪就飘到了……杰克·施瓦格提的问题，例如"你的优势是什么"之类的问题。

作为一个不在学校的科学家，我通常会期望得到一些相当科学的答案，因为我听说明特资本的人做了一些量化的东西，所以我以为他们做的应该就是类似1989年搞火箭科学之类的。但是后来我读到他们关于"我是如何知道我们不知道的"这类哲学思考时，我就想，"你在开玩笑吗？我来这里干什么？"

> 没有人不好奇。不问问题的人一生都一无所知。
> ——奈尔·德葛拉司·泰森

迈克尔：

这是拉里的台词。

亚历克斯：

是的，拉里说，他的优势在于知道自己所不知道的事情。

迈克尔：

在进行面试之前，你读的是这个吗？

亚历克斯：

是的，我读的就是这个。面试大概就是："好吧，随便问吧，反正我也不来。"但通常情况下，你回去后要写一封信或电子邮件，说："这是一次很棒的面试。我真的很渴望这份工作。"我都搞不清楚，我是否真的要告诉他我渴望这份工作，因为实际上我也很困惑。

我在哥伦比亚大学教课，拉里最近在我的课堂上做了一次演讲。他给一群研究生讲，也把他们搞糊涂了。（笑声）想搞清楚要花很长时间……

迈克尔：

他爱做简单陈述，但是这些简单陈述的深度不容小觑。

亚历克斯：

是的，后来我也理解到了其中的深意，里面隐含着对风险的尊重，不拘泥于某种策略，这样才能在市场上生存几十年。但是最初，就像最近在我的课堂上，有八九十名硕士研究生、博士研究生，他们把拉里当成"金融怪杰"。然后他们开始问一些他们觉得"怪杰应该知道"的事情，例如下周黄金走向或市场走向，因为在他们看来，他可是天才。拉里当然说不知道。他只需要知道自己不知道什么，以及是否做某项交易，如果他做错了，那么他就必须尽快纠正错误。（拉里的观点）如此强大，但又如此简单。

回到我的故事。实际上，他付了我几千美元，最终我接受了这份工作。我也不知道对不对，也没有办法评价，当时也不知道如何判断明特投资，或者说拉里的做法……我就这么接受了。

迈克尔：

在你被录用、待在拉里身边后，你花了多长时间发现自己对这份职业充满激情的？过了多久开始有这种感觉的？

亚历克斯：

大概花了几年时间。我知道这个系统能赚钱，但是花了几年时间才弄明白……它到底是怎么回事。一开始，我像大多数专家一样，一心寻求圣杯，但你也知道，无论多聪明，这都不现实……我的学生也明白这一点。我开玩笑说，在他们上完课后，他们的智商会降低而不是提高。显然，他们的智商很高，但

> 没有证据并不意味着证据不存在。
>
> ——卡尔·萨根

> 不要为了一碟泡菜，赌上你的主食。
>
> ——拉里·海特

如果你的智商让你认为自己掌握了投资的一切，那最终就会失败。

建立正确的心态需要一段时间。顺便说一句，这方面很难发掘优秀的人才，这需要将几乎永远不会在一起的品质结合在一起，既要非常聪明，又要非常谦虚。要想在交易中生存，你需要保持适当的平衡。如果你太聪明而不够谦虚，那么在情绪上你就会变得易受影响。

世界上有很多谦虚的人，但可能还不够聪明，至少他们完不成策略的数学运算。要想搞明白策略，需要花费一段时间，而且我已经干了25年了，已经学会了不要太相信那些宣称"趋势跟踪已死"的人。而且，当年增长率达到30%的时候，你也不想如履薄冰。

事情反复无常，但随着时间的推移，有些东西的作用会显现出来。关于趋势跟踪，我想讲一点，这一点常使人困惑。人们过多地关注标准普尔指数，显然，这是因为它存在于每个人的投资组合中，但他们认为："趋势跟踪的价值，只是体现在做空标准普尔的时候。"有很多人问我："你建议我怎么交易标准普尔？"如果我说持有多头，因为趋势显示应该持有多头，他们就会说："哦，但这算不上多元化投资。要是这样，为什么还需要趋势追踪？"

如果我说我持有空头，那么他们会说："好吧，但也许现在建仓太晚了。"他们会想得太多。趋势跟踪的价值，并不只是判断标准普尔的方向。可能判断正确，也可能判断错误。事实是，趋势跟踪系统在任何一个市场中，都没有那么出色。其价值正在于，我们可以克服这一点……我们能找到150个市场，总之，我们能在很多市场中做投资，这实际上是一种分散的、不相关的投资。这才是趋势跟踪。这就是800年来趋势跟踪一直有效的原因。

如果你回过头去，想想我当年第一次在股票市场中的经历……哦，那已经是1987年的事了。那一年，明特投资赚了60%。这是在我还没加入明特之前的收益，所以算是历史业绩。但是，他们并不是因为一定抓住了黑色星期一，才赚到了这么高的收益……无论市场发生了什么，他们都能赚钱。在其他市场中，比如玉米的交易也一样，以及2001年和2002年的情况也类似，2008年也是一样。趋势跟踪的价值不是在一个市场中体现出来的，它是150个不同市场中人类行为的自然产物。

迈克尔：

就像你说的，我也看了许多关于趋势的经典论文。在过去的几年中，有很多关于动量的论文，它们只专注于权益投资。这些学术研究有些令人不解——在这些工作中，研究者一直试图仅把动量套用在权益投资上，而忽略了你所说的多元化。

亚历克斯：

是的，所以这有点书生气，几乎所有学术论文在讨论股票时，谈到的所谓横截面动量……指的都是某种相对强度，即一种股票相对于另一种股票的强度，而时间序列的动量才是趋势跟踪的概念。

无论是上升还是下降，我们都只跟随特定市场的趋势，而不参与其他的市场。这与相关性和风险程度相关，而与信号无关。我们不可能在所有市场上都有头寸，而只是在特定市场上。所有这些关于股票的论文都在讨论横截面动量，你可以将一只股票的动量与另一只股票进行比较，诸如此类，然后讨论有效市场存在还是不存在。这其实是把事情复杂化了。当我们拥有800年的数据和简单的逻辑——不是简单的策略，而是简单的概念——这时你高价买入更高价卖出，低价做空更低价平仓，就是有效的。实际上，一些学术论文所谓的时序动量，就是这么回事。

顺便说一句，在股票市场中，任何东西都可能与股票相关，就算你试图使其与股票无关。在趋势中，价值会增加，无论是债券、商品、排放量、铁矿石，或者货币。人们可能会问："可能会有什么干预措施？政府这么做或那么做又如何？"他们想知道这对债券收益率有什么影响。而这最终的确可能会带来很大影响。

迈克尔：

你这本书的副书名为"危机中的阿尔法"。如果看看危机中的历史数据，任何人都能发现，趋势跟踪的表现非常好。我们无法保证将来也会如此，但它过去的表现的确很好。

但是最近几个月，有趣之处在于，我们并没有处于危机时期，而是在波动性相对较低、零利率的环境下，趋势跟踪仍然取得了不错的业绩。如果有人只是把趋势跟踪当成捕捉危机阿尔法（也称"黑天鹅事件"）的方法，这是错误的吗？

亚历克斯：

是的，事实上，在我们这个领域中，会有些人想为业绩不佳找借口，他们称其为"尾部优势"，声称"我们的优势是没有尾部风险"。这完全是错误的。趋势跟踪有两大重要功能，这两大功能几乎在其他任何投资中都找不到。首先，它和市场完全不相关。你可以从现在开始，观察10年、20年或800年的历史，趋势跟踪的收益序列会表现出与所有其他资产类别不相关或者稍微负相关。

> 答案通常比问题更美妙。
> ——理查德·道金斯
> （Richard Dawkins）

如果我们把它看成一个结论，当你拥有800年的数据时，你可以去检验，会发现它与这一结论非常接近。趋势跟踪和市场，就是完全不相关的。如果你想看负相关性，那么在危机时期，它恰好具有负相关性。因为它倾向于从通货膨胀冲击、股市低迷或别处发生的其他事情中获利。通常情况下，波动率会在这些时期回升，而趋势跟踪能从中赚钱，但趋势跟踪不仅限于此。就算别除所有的危机时期，别除所有这种时期的收益，趋势跟踪下的投资仍然是一笔很棒的投资。

其次，我认为我们在进行流动性投资。我们在有流动性的市场上交易。而人们继续执行401（K）计划，持有5000个没有差异的投资标的：小盘股、中盘股、大盘股……我最近听说一个术语……叫"中小盘股"，介于小盘股和中盘股之间的股票，以及国际股票等。这有多少个类别？但实际上呢，它们之间有80%～90%的相关性，至少有70%的相关性。

当然，你可以从中做一点分散化，这很正常。但是，可以想象，如果在401（K）计划或其他任何投资清单中，多了一些东西，无论叫X、Y还是Z，反正是关于趋势跟踪的，当然，它不会打上趋势跟踪的标签，因为人们会想，"哦，我读过一些关于趋势跟踪不太好的报道"。现在，就把它当成另一笔投资，另一只共同基金或其他什么的，人们可以将资金投入其中。于是你看了一下，心想，"哇，这笔投资和我之前的不同"，如果情况有变化时，它会起作用。

你觉得自己离圣杯有多近？就可能性而言，趋势跟踪能做到什么程度呢？它是真正分散化的，它能抓住很

> 能嘲笑自己的错误，这是一件好事。
>
> ——奥兹·奥斯本
> （Ozzy Osbourne）

好的机会,虽然不能保证,但是它很有可能会在其他策略无效时发挥作用。因此,回到优化上来,投资组合的任何优化都应告诉你如何配置。实际上,我们正在写一篇论文,主题是"在投资组合中没有趋势跟踪的代价有多大"。因为没有趋势跟踪,你放弃了多少可能的收益?不是在任何特定年份,而是在整个投资生涯中。你会发现其代价相当高昂,因为实际上你错过了各种可以分散化投资的资产类别。

迈克尔:

让我们来讨论一下"基准收益"这个概念吧,这是那些专注于股票的机构投资者特别爱用的——一直持有多头的收益率。你的公司肯定也会碰见这个概念。这是一个不断进化的过程,如果去看 CalPERS 之类的机构,相对于 ISAM 这样的机构而言,它们在这方面所占的比例相对小。我不知道他们是否也像 ISAM 一样投资,我是指广泛意义上的趋势跟踪。

我想,你可否讲一个例子,谈谈人们在这方面的观念是否有所转变?

亚历克斯:

我们一直是这样做的。我们有大型的养老基金投资者,里面有许多人的养老金。有趣的是,在世界其他地区,比如澳大利亚、加拿大、中东……以及你所在的日本,这一类地区在历史上一直都很喜欢分散化。大家都喜欢分散化,比如像日本市场,因为它肯定不是一直上涨的,对吧?

> 不靠证据可以确证之事,那也可以不靠证据反驳。
> ——克里斯托弗·希钦斯
> (Christopher Hitchens)

它们有很多货币方面的变化……这些地区对多元化接受度很高。趋势跟踪未来也会在这些地区兴起，但是，首先必须让人们改变"100%持有股票"的观念。

在某种程度上，美国则是深深沉浸在"一切都会一直上涨"的想法之中。显然，有些机构的资产配置就是基于这种想法。顺便说一句，CalPERS不一定采用的是期货管理的概念，它只是衡量对冲基金的规模。实际上，它在期货管理上有适当的资金配比。但是，对于某些机构而言，具体怎么做，取决于它们是否喜欢分散化，也取决于你所说的"基准"中是否存在某种形式的分散化。

机构的基准是什么？而且，如果它们的基准不允许做分散化，那么不管我们怎么沟通，它们都不会为此冒险。因为在一天结束时，在趋势跟踪上分配1%的仓位不会产生任何影响，必须至少是5%或10%的仓位。有一些投资机构，它们投资我们或是我们的同行，投资的比例大概就是这么多，而且，它们的投资委员会在设定基准时就已经接受了趋势跟踪。他们只是大体接受分散化的概念。

对于某些人来说，这样做是很自然的，他们会想："我不敢相信，我们之前居然没有这么考虑过。"但对于另外一些人来说，则是："反正股票永远上涨，我何须如此费劲呢？"

迈克尔：

我觉得，可能需要发生一场和当年日本股市崩盘一样的事件，某些人才会说："我们必须改变。"只要股票一直看似上涨——虽然在过去15年中实际缩水了约50%——他们就不可能迷途知返。

亚历克斯：

对，在美国尤其如此。"股市一直上涨，股市一直上涨"，就像真会一直涨一样。我不知道会不会发生日本式的低迷，或者某种对系统的冲击。但是，我想说，你可以避免这样的冲击。为什么不在你的投资组合中进行分散化投资

> 如果你对亏损动了真感情，你就不能做交易。
>
> ——布鲁斯·科夫纳

呢？在行情不佳的情况下，你的表现会很好。你不必被别人的判断所左右，别人可能会想，"只有在股票下跌100%时，这才会赚钱"。

在判断趋势跟踪时，人们会对环境因素考虑过多，想要做到精确判断。比如，他们觉得只有在波动率很高的时候，这种方法才起作用。但是，你在一分钟前说过，最近的波动性不是特别高，而我们也做得很好。没有哪条法律规定说，原油价格不能从100跌到85的水平。

这并不意味着，你要承担大幅的波动。比如说，最近有一种胃病的病毒影响瘦猪肉价格，使得价格上涨，这不仅是在剧烈波动的情况下才如此，这是一个基本面事件。再比如说，这么多年来，利率整体的下降幅度并不是特别大。有人会说："哦，这一策略只在高波动率的环境下有效，因此，我要在高波动率的环境下才使用。"但是，事情并非如此简单。（笑声）当你在高波动率的环境下，可能由于你进行了过多干预，反而使策略失效，注意，正是由于干预，才导致了固定收益类产品出现大趋势。

迈克尔：

他们想按照你的趋势策略交易？……不，他们其实是想买来买去。

亚历克斯：

是的，他们就是这么想的。几年前，人们也想过在股票市场上择时。还记得吗？人们会尝试找准股票市场的买入、卖出时机。但事情不是那么简单，也不应该那么简单。你要做的，就是进行一些分散化投资，这样做才能让你的投资真正不错。我告诉大家，你能做的最坏的事情，就是为趋势跟踪选择时机。

如果发现他们在某段时间内表现良好，那么"我应该给他们更多的钱"，而表现不佳时则是"我应该把钱拿回来"。这差不多就是最糟糕的投资方式了。

迈克尔：

你是教授，在哥伦比亚大学带了很多博士研究生。让我们假设，现在你是公司老总，或者一名高管，假设他们现在以新员工的身份来到你的办公室。当然，如今这个时代，他们对ISAM略知一二，也对你有所了解，在交流前也对拉里有所了解。你现在必须向这些新人介绍有关趋势跟踪的科学。你会怎么讲呢？

亚历克斯：

我们有很多对市场的理解，诸如适应性市场假说和行为金融理论之类的，但是我想要对大家讲，市场是某种风险转移机制。你不能假设自己仅凭聪明才智，就能从市场中赚钱。如果你将其视为扑克游戏，它就是零和游戏。你可能是最好的玩家，但是你的利润会下降，这不是因为你的技能不行了，而是因为桌上有人离开了。

这是一场聪明人才能胜出的零和游戏吗？还是说市场上的很多事情是自然而然发生的，有点像提供保险一样？拉里在上一次讨论趋势跟踪时，把它和保险联系起来。我认为，市场上的事情都是自然而然发生的。我们不妨从趋势跟踪之外的事情开始讨论吧。

> 如果你听到某位"杰出"的经济学家使用"均衡"或"正态分布"一词，请不要与他争论，不用理他，把老鼠放到他的衬衫里试试。
>
> ——纳西姆·塔勒布
> （Nassim Taleb）

让我们说说价值投资。我敢说，从科学上，可以证明价值投资是有效的，因为许多投资者不想在股价下跌时持有这些股票，而如果你持有它，实际上就会获得类似经济学所说的"租金"的风险溢价。市场中还有这样的例子，也就是你实际上做了些什么，为市场提供了价值。这就是策略能持久有效的原因。因为大家不可能800年来都靠着一些花招赚钱。只有其他人都没发现这些花招，你才能赚到钱，但不可能800年来都没有人发现。一旦有人发现，这个策略就失效了。

对于一些高频交易者来说，这种情况经常发生。科学是我们的基础，趋势跟踪实际做的，就是为套期保值者提供流动性，并在市场中建立平衡，我们也必然为此得到报酬。这就是为什么它800年来都有效。例如，假设石油价格上涨，当然现在它是下跌的，但是假设它上涨，那么航空公司几乎肯定要出售石油来锁定未来的价格。它们不从事反趋势的交易，它们只需要出售即可锁定将来的价格。

而我们在这个点位购买，当然这需要一些技术，但从概念上讲，这是自然而然的。市场需要像我们这样的参与者，否则，有大量的套期保值者无法交易，而市场也将不复存在。

迈克尔：

可以说，你是投机者。

亚历克斯：

是的，我们是投机者。实际上，我在书里讨论过，市场上有套期保值者、投机者，有风险转移，而你需要这些。当你考虑这些事时，要知道不可能有免费的午餐。如果我在每个趋势中的交易都赚钱，那么套期保值者将停止对冲。有时他们的对冲是好的，有时不进行对冲反而收益更好。有时，我购买石油收益更好，有时如果不这么做反而更好。当然，我们采取的做法就是在所有趋势中都做趋势跟踪。

这会有些痛苦。但是最后，如果你回顾一下过去800年的数据，你会发现，经风险调整后的收益相当不错，尽管会有些痛苦。因此，你可能会遇到糟糕的几年，甚至亏损。想想看，如果收益太好，那么每个套期保值的人还不如从我们公司招聘量化人员，用移动平均系统来做套期保值。

市场存在的原则是均衡，这就是它在800多年里能起作用的原因。趋势跟踪在这一领域中几乎是独一无二的。许多收敛型策略的能力非常有限，可以做的事情也非常有限，因为如果另外五个人发现它，这种策略就可能失效。

趋势是市场上自然发生的现象，接下来的问题只是几种具体抓住它的方法。但它一直在那里。它几乎无法消失。有时趋势会暂时消失，但从本质上讲，趋势不会消失，除非市场不存在。

> 成功并非永久，失败亦不会致命。
> ——迈克·迪特卡
> （Mike Ditka）

迈克尔：

你是出生在苏联吗？还是出生在别的哪个国家？

亚历克斯：

嗯，其实我不知道。我换过几次护照。我的美国护照上本来写的是苏联，因为我是在苏联还存在的时候来的美国。因此，严格来说，我是在苏联出生的，但是他们给我打电话说："我们要更改你的护照，因为这个新国家以乌克兰命名，现在我们必须为你换护照，证明你出生在乌克兰。"

但是，如果现在又发生了什么事，他们可能明天又给我打电话，说："我们必须为你换护照，证明你出生在，嗯，比如俄罗斯什么的。"

迈克尔：

我想要就此提个问题，希望你不要觉得轻率。你是几岁来到美国的？

亚历克斯：

12岁。

迈克尔：

你作为移民是否有你本身的优势？是否更具备内在的动力，能使你到达美国后可能比其他人更有优势？

亚历克斯：

我可能没有太多时间来谈论移民，但也正是因为移民，我才能在这个以前不了解的领域中接受采访。在那时，移民就是为了生存和赚钱，并非有什么宏大的"我要成为金融大佬"之类的想法。我是从洗盘子开始做起的，这是我的第一份工作，用赚的钱付学费。当时，我的父母没钱为我付任何费用。这是不断推动我的内在动力。

在去拉里那儿面试之前，我有一份工作，但我想做更好的工作。除了不断努力，不断自我驱动之外，我不知道还有什么其他优势。不要以为会有人把"机会"塞到你手里。也许你已经听过拉里的故事，他的缺点是说话不怎么行。一开始我有一个小缺点，我不会说英语，这就是为什么当时我只能洗盘子。没有人告诉我该怎么办。如果堆了一堆盘子，那我就得赶紧去洗了。

迈克尔：

认识拉里是一件非常幸运的事，因为事实上，从我第一次见到拉里，我就能感觉他为我付出了很多时间和精力。我们见过很多次。有这样一种人，就是如果他看到你在努力，他会在你跌倒时说："没事，我会给你时间。如果你真的想学东西,我会给你时间。"我觉得,拉里就是这样的人。能遇见拉里真的非常幸运。认识拉里这样的人,也改变了我的生活。

亚历克斯:

我不是以某类专家的身份进入明特投资的。我最初是作为技术人员进来编程的。这是一个低级职位。我本来可以安安静静地做很多年的技术专家,但有些东西在驱动着我去了解更多的事物……我和拉里待在一起,了解了他所说的"知道我所不知道的"是什么意思。我一直在向他请教,我就是这么不断进步的。

我抓住了机会。但是,这并不是俄罗斯人的特质,这是移民才会有的驱动力。机会不会主动来找我,我必须抓住它。

迈克尔:

我的曾祖父来自立陶宛,是在20世纪初移民过来的,当时他们在斯克兰顿的煤矿里,而他的孩子们成了医生和工程师。所以说,当他们有驱动力时,这些都变化得很快。

亚历克斯:

洗盘子显然赚不到什么钱,我也就不得不在这段经历上止损。我以工程师的身份在学校外工作了一年。我曾为RCA高清电视工作过,因为我有电气工程学位。这本身并没有让我损失什么。因此严格来说,这不是一笔亏损的买卖,但这段经历也帮不了我什么。我也就不

> 努力学习是最有趣、最无拘无束、最具独创性的生活方式。
> ——理查德·费曼
> (Richard Feynman)

得不止损了。我只是遵循我生活的趋势。趋势跟踪是一种不错的生活哲学，不仅仅可以被用在市场上。

不管怎么说，这就是我的生活。市场遵循趋势，因为这就是人们的行为方式。

迈克尔：

如果人们去查趋势跟踪基金经理的业绩（不是指特定的基金经理，就是随便查一些基金经理的业绩，这是可以直接查得到的），可以看到，趋势跟踪者每次出现一个业绩不错的月份，往往会伴随着好几个月的上下波动。你可能会发现，有些交易者的收益是另一些交易者的两倍，比如，CTA与其他趋势跟踪者之间就存在这种差异。你可以谈谈这种差异吗？

亚历克斯：

是的，如果把它和股票类比，就会发现其实理解起来非常简单。当然，它本身可能很复杂。这就是为什么，很多机构投资者，尽管它们很老练，但很难真正搞懂这一点。因为它们觉得它们能对此领域做出判断，但它们的判断是愚蠢的，最终选择了错误的基金经理、错误的趋势交易者；因为它们对导致业绩差异的原因一无所知，所以，当某位基金经理业绩优于另一位时，他们往往非常情绪化地做出判断。去年谁赚了更多的钱，今年就会做得更好吗？他们不知道怎么判断。

你可以认为影响业绩的因素有很多，但其实并没有那么复杂。比如，我们以20世纪90年代后期的股票为例，那时候互联网类的股票每天都上涨100%，而实体

> 如果你设定了止损目标而没有设定止盈，然后进行随机交易，你将会获利；如果你设置了止盈目标而没有设定止损，然后进行随机交易，你将会亏损。因此，关于止损和让盈利奔跑的老观点有一定的道理。
>
> ——大卫·哈丁

经济类的股票则保持不变或下跌。

在价值股和成长股之间，这就存在你所说的差异。大多数投资者都明白这一点。这就是为什么在他们的投资组合里两者都会被持有。有时候，你会在大盘股和小盘股之间进行分散投资。你可以这样列出不同的分类，就称它们为"子分类"吧。同样，你也能找到不同的趋势跟踪者，比如趋势跟踪者一号、二号、三号，虽然他们都是趋势跟踪者，但各有侧重。如果是股票基金经理，你也可以找到基金经理一号、二号、三号、四号，一号可能侧重成长股，二号可能侧重价值股，三号可能侧重小盘股，四号则可能侧重大盘股。

这之间会有一定的相关性，因为都处在股票市场中，但是，也会有一定程度的差异性。就像在1999年，差异性可能是100%。遇到这样的情况，投资者就会说："啊，好吧，我去晨星看看……嗯，我需要一些价值股，再配一点成长股，差不多就可以实现分散投资。"你会做一些分析，当然具体的东西不一样，不一定就是价值股或者成长股，比如我在书中就讲了一些其他的因子，例如交易速度。

你可以慢慢地做趋势跟踪……你可能是有意想要慢慢做，也可能是因为管理大量资金，交易速度必须慢一些。当然，你也可以选择更快一点的交易方式。你可以获得不同的结果，并且可以将其差异归因于交易速度。你也可以在市场选择上有所差异。你可以选择仅在大型市场上进行交易，可能是你本身就想这么做，也可能是因为你资金量大，这样好实现分散化，但比如说我们……就是在很多较小的市场上进行交易。

> 赚钱的最好方法就是：不要亏钱。
>
> ——迈克尔·米尔肯
> （Michael Milken）

有时，这些会导致业绩上的差异。但是，如果你希望拥有两个或三个不同的投资组合，或者是分散化的趋势跟踪的投资组合，这并不难。你只需要选择几个因子，看哪一种涨得更快或者更慢。你可以想想价值股和成长股的例子。你稍微分析一下，就可以理解不同基金经理之间的差异。

这并不是随机的，但人们常常觉得不可思议："等一下，你有8个基金经理在做同一件事，而他们的业绩差异竟然这么大。"我不知道，为什么会这样呢？难道是因为有人用了更快的计算机吗？人们常常会懊悔，只因他们选了其中一个，结果选错了。"为什么会这样呢"？

其次，并不是这样。从概念上讲，他们的确做的是相同的事情，但是他们有特定的投资组合的倾向，而这会导致差异。其实，只要稍做分析，就能理解这件事。

迈克尔：

政府对话、媒体信息、美联储加息，这些都可能引发市场动荡。利率可能上升。但是，我们并不是一定要知道，到底是不是会出现更高利率的市场环境吧？我们不一定需要知道这会如何影响趋势跟踪吧？

亚历克斯：

我们已经研究了800年的数据集，你的问题是"在利率上升的环境中会发生什么"，让我们换一种问法：你认为股票在这种环境下会表现得很好吗？我不想做预测，但它们的确可能不会。债券在这种环境下会表现得好吗？这几乎可以肯定不会，因为利率上升，债券价格必须下降。我认为趋势跟踪是在这种情况下为数不多的能表现不错的策略。

趋势跟踪者不事先确定方向。如果收益率上升，那么价格下降，我们就做空债券。现在已经很多年没有发生市场大幅上涨的情况了。但是如果你查数据——我们手里有1395年以来的利率数据（威尼斯在1395年发行了一种"威尼斯债券"），我们有几个世纪的数据——会发现有大量利率上涨的情况，因此我会简单地判断，如果再发生这种情况，我们将通过做空债券获利。

现在，你可能会问一个技术性的问题："假设你是债券空头，现在空头升水，你会血本无归吗？"我想说，这真的不会给我们造成伤害。如果空头升水，几乎肯定会有某处存在通货膨胀的压力，因此我们可能会从商品中获利。我们会持有一些现金等价物，这也是一种技术，大多数趋势跟踪者都将国债作为保证金，因此我们可以从保证金上赚更多的钱。我们将利用商品的滚动收益率来赚更多的钱，所谓"滚动"是说我们必须要滚动交易期货合约。

当你把这些都考虑进来之后，效果应该是相当不错的。至少我们有一个很好的赚钱机会。至少在利率上升的环境中，这比固定收益投资组合赚钱的机会更大。你再去看看一些宏观基金，就不提它们的名字了，它们在利率不断上升的时候，赌了多久的下跌？为此，它们一直在亏钱。

当然，在某些时候，利率就是会上升。在某些时候，这可能是很显然的结论，也许会是在很久之后，但总而言之，在某些情况下，它们就是会上升。但是，请看一下日本，你再想想：哪条法律规定了美国的10年期利率不能再下跌呢？我没听说过这样的规定。我们正从眼前的趋势中赚钱。趋势改变时会有些痛苦，但接下来我们会通过其他方式赚钱。

以上就是择时的危险。因为你可能像鹿一样呆坐在那儿，什么也不做，无视当前的情况，不从中赚钱，而在另一侧押注。你想押注的情形什么时候会出现呢？没人知道如何算出它出现的时间，所以就让趋势跟踪系统选时，同时使我们趋势跟踪者获得收益吧；同样，在利率下跌时，我们也能这么赚钱。这难道有什么问题吗？

> 我要在生活中保持怀疑、不确定性和无知。在我看来，保持无知要比得到可能错误的答案更有趣。如果我们这样做，那么随着我们前进，我们仍然保持不确定性，这将给其他答案留下机会。我们不会对今天的事实、知识和绝对真理充满狂热，而是始终保持犹疑。为了取得进展，我们必须朝着未知的世界走去。
>
> ——理查德·费曼

> 我非常喜欢那种不断更新、不断迭代、不断思考、思考、再思考的人。
>
> ——凯文·普兰克
> （Kevin Plank）

| 第 17 章 |

坎贝尔·哈维

坎贝尔·哈维是一位加拿大的经济学家,以其在不断变化的风险和风险溢价上的资产配置,以及新兴市场金融方面的研究而闻名。他目前是杜克大学福库商学院的教授,从事国际商业研究。

迈克尔:

可以先讲讲你参加美式足球的经历吗?这也能让大家慢慢跟上你的思路。

坎贝尔:

我有很多体育方面的例子可以讲,足球只是其中之一。这么说吧,一支球队可以连续多次获得胜利,四分卫可以连续多次传球。问题是:这是由于技巧还是运气,或者是两者的结合?在某种情况下,四分卫的表现可能不太好,没有那么多传球,但这并不一定意味着他技术不佳,他可能只是运气不好。

对于投资经理来说也是这样。你可以连续很多年打败市场,但不清楚到底靠的是技巧还是运气。我们如何区分技巧和运气?这是一个令人困惑的金融问题。

迈克尔:

当你说到连续多年打败市场时,我想到了一个人。我很喜欢他的一些工作,我和他有过几次见面的机会,他也对我有些青睐。他叫比尔·米勒,在美盛集团做出了相当出色的业绩。我记得,他曾经连续14年击败了标准普尔指数。但是,在这之后,在2008年金融危机

> 我们知道我们几乎一无所知。但是,"几乎一无所知"并不是完全不知道,我们只是把它当作信条。
>
> ——大卫·哈丁

时他出现了大幅回撤。当你强调技巧与运气的关系时,我就想到了他,毫无疑问,这很难说清楚。

坎贝尔:

嗯,业绩是两者的结合,基本上都是这样的。如果你将表现最佳的对冲基金或共同基金归类,然后在下一期继续持有,你会发现一个很有趣的现象。你只买赢家的基金,那些上一期的超级赢家,把这作为你的投资策略,然后,你会发现你的资产收益不佳。那些顶级赢家也许真的是很幸运的。

这并不意味着他们没有实力,他们也有技巧,技巧再加上运气,这就是我通常的解释。就像你拿一大堆骰子,假设你有36个骰子,把它们掷到桌子上,现在你挑出所有点数是"6"的骰子,假设有7个,然后,你将其他骰子都从桌子上拿开,再重新掷上一次点数是"6"的骰子,你可能会掷出"1""2""3"之类的点数。

掷出的平均值大约在"3"左右的人,对应的就是那些表现还不错的人。掷出"6"的人,对应的就是表现最好的那部分人。当你再次掷出那7个骰子时,很显然,就不会再是7个"6"。这在很大程度上与均值回归和运气有关。

迈克尔:

我想到了两位投资大师。一位是文艺复兴基金(Renaissance Technologies)的詹姆斯·西蒙斯(James Simons),他虽然没有另一位那么有名,但是相当成功。有一个数学公式,就是以他的名字命名的。他会公开承

> 趋势跟踪系统在投资行业发展壮大的原因是,它已经获得了成功。没人会意识不到这一点。
>
> ——大卫·哈丁

认说："嘿，我是一个非常幸运的人。"但这并不是说他就没有技巧。而另一位，则是我能想到的最著名的美国投资者，也是最富有的美国投资者，他说的是："嘿，我中了'卵巢彩票'！"这位就是大名鼎鼎的沃伦·巴菲特。

幸存者偏差的概念是一个有趣的话题。因为，如果我们考虑按照巴菲特的特定交易策略进行交易，不做什么改动，按道理来说并不难，但世界上并没有很多个巴菲特。

坎贝尔：

确实如此。詹姆斯·西蒙斯和沃伦·巴菲特，他们算得上是……

迈克尔：

他们是站在巅峰的大师。

坎贝尔：

对，他们是站在巅峰的。他们说"我很幸运"，这种话真的很难让人相信。我了解詹姆斯·西蒙斯，对沃伦·巴菲特没有多少了解。他们做的事情截然不同。据我对西蒙斯的了解，他用到了很多技巧，但是，正如之前说过的，这可能算是技巧和运气的综合。

迈克尔：

在我看来，必须要有策略，以使自己在意外情况出现时还能获得收益。如果一个人的策略可以做到这样……那就算得上是有技巧了。

坎贝尔：

完全正确。但同样，策略可能并不总是有效的……

迈克尔：

> 均值回归几乎一直有效，但一旦失效，你就差不多要破产了。
>
> ——杰瑞·帕克

这涉及过程和结果。你可能有一个很棒的过程，但这并不一定意味着每次结果都很好。

坎贝尔：

你刚才提到了幸存者偏差。但幸存者偏差还有一种相反的情况，就是一些非常有技巧的投资经理因为运气不好而被淘汰了。这是一种反向的幸存者偏差。

这一点真的很重要。不仅投资经理会遇到这种情况。这个话题，让我多讨论一分钟。我这里有一份研究报告，是对CEO进行的心理测评。我的这份报告结果表明，与非CEO相比，CEO对风险的承受能力要强得多，差不多是非CEO的10倍。这是相当超常的值。

你可以想到这样一种情形：一些极具风险承受能力的人，他们最开始进公司时只是初级员工，他们承担了很大的风险，最终，其中有些人很幸运，而另一些不走运的人，选择了离开公司。接下来，这些运气好的人会升到最高的职位，成为CEO。至于那些厌恶风险的人，他们永远都不会承担额外的风险，也不会经历好运，而会遇到中层的天花板。

这就解释了，为什么偏偏CEO能容忍很高的风险。运气和能力的相互作用，在很大程度上解释了CEO的心理特征。

迈克尔：

我想到了两位投资银行总裁，对于了解他们的绝大部分人来说，他们是至高无上的存在——直到2008年秋天发生金融危机。这两位就是贝尔斯登的艾伦·格林伯格（Alan Greenberg）和雷曼兄弟的理查德·富尔德（Richard Fuld）。他们很符合你的描述。但是，在整个职业生涯的另一面，他们冒着更大的风险，某一天早晨醒来，可能骰子就变得不一样了。

坎贝尔：

确实，风险是双刃剑，既有好的一面，也有坏的一面，而金融危机显然是坏的那一面。可以说，这真的很难，因为事情总在变化。他们可能是倒霉，也可能是缺乏能力。

迈克尔：

我经常听见有人说："幸存者偏差，即幸存下来的都是幸运者，那没幸存下来的呢？"他们这么说，好像觉得每个失败的人都有和幸存者一样熟练的技巧或策略。我觉得没有什么可以证明失败者有这样的本事。我们只是觉得他们可能一样，但不一定一样，不一定用了相同的步骤或策略。这也是幸存者偏差的另一个方面。

坎贝尔：

是的，我完全同意。失败者可能用的是一种截然不同的策略，但他们最终就是选了失败的那一种。你也可以这么看，每个投资者的策略都略有不同。在他们当中，一些人可能抓住了真正的风险溢价，另一些人虽然认为他们抓住了真正的风险溢价，但事实并非如此。有些人可能会在市场上捕捉转瞬即逝的错误定价的机会。理论上可以这样，但这也可能会反过来，一旦你开始买

> 我买股票唯一合理的原因就是价格上涨。如果价格上涨，我就不需要再考虑其他原因。如果没有上涨，那么也没有什么原因是值得考虑的。
>
> ——尼古拉斯·达瓦斯（Nicolas Darvas）

入，突然之间就会被高估，而不是被低估。

这对应无数种不同的策略，其中有些会幸存，因为它本来就应该幸存，就像捕捉到了长期的风险溢价一样。当然，其中也有一些是仅凭运气的幸存者。

迈克尔：

这可以看成是"随机的"吗？

坎贝尔：

可以这么说。从业绩出发，我们不能很好地分析清楚"到底是凭能力还是凭运气？"比如那些明星基金经理，我们会觉得他们一定有很强大的技能，而没有考虑另一面：其中有多少运气的成分？

正如我已经讲过的，其实，两者兼有。那么，你怎么知道两者的比例如何，怎么选择好的基金经理呢？你查看他们的业绩记录，业绩很棒，你也很满意，你就请他们做投资，然后他们的表现在一两年内变差了，于是你就把他们解雇了。但很可能你解雇他们之后，第二年他们的业绩又变得很棒了。

举这个例子，我想说明什么呢？就像在掷骰子的例子中提到的，意思其实很简单。他可能有倒霉的几年。的确，在过往业绩中，大概也会有倒霉的几年，只是你往往忽略了这一点。你在错误的时间把他解雇了，最终付出了代价。投资者对运气和技能这两个方面的衡量做得并不理想。

迈克尔：

许多人不知道怎么做的原因之一是，他们按标准正

> 给傻瓜讲道理，他会把你当成傻瓜。
> ——欧里庇得斯
> （Euripides）

态分布来思考，因为正态分布在研究体重、身高等方面是很有用的。他们相信，一切都是正态的……

但是，现实世界中的交易和投资，是存在偏度的。

坎贝尔：

这是我的研究当中非常重要的一部分内容。哈里·马科维茨在1952年发表了一篇有关如何优化投资组合的论文，这是富有开创性的一篇论文。这篇论文为他赢得了1990年的诺贝尔奖。其核心观点是，我们想要的是目标收益率最高但波动率最低的投资组合。

本质上，这篇论文讨论的是预期收益和风险的最优取舍。但是，我想强调的是"风险"，因为在这篇开创性的论文的末尾，有一个脚注一直没人注意，它讲的是："该理论只有在资产收益服从正态分布、投资者对偏度没有偏好的情况下才成立。"

让我解释一下这是什么意思。如果资产收益服从所谓的正态分布，就不会出现异常的尾部特征。这意味着不存在极端的下行空间和上行空间。上行和下行是完全对称的。而且，我们通常使用波动率来衡量，这就是很多人在做的。

例如，你的某只股票可能会急剧上涨，也许它上涨了300%或400%，并且波动性很高，而另一只股票却可能大幅下跌，也许下跌95%，并且其波动率完全相同。波动率不会告诉你任何有关方向的信息，它只是从绝对意义上衡量所发生的意外情况。波动率是对称的。上行和下行，波动率都一样。

另外，偏度告诉我们的则是在上行和下行之间的平

> 10月。这是炒股特别危险的月份之一。其他月份分别是7月、1月、9月、4月、11月、5月、3月、6月、12月、8月和2月。
>
> ——马克·吐温

衡。你可能有两个期望收益率相同、波动率相同的投资组合，但它们具有不同的偏度。一个出现极端上行的可能性高，另一个出现极端下行的可能性高。对于任何一个投资者而言，应该选择哪一个，显而易见。你应该选那个上行远比下行出现频率更高的组合。

我已经呼吁了很长时间，试图改变我们对风险的看法，改变我们实际进行资产管理或资产组合管理的方式。要在上行和下行之间接受这种不对称性，并认识到资产收益很少服从所谓的正态分布。实际上，这是投资组合管理活动的一部分，而且也是同等重要的，也应使其成为风险管理的一部分。

我厌倦了听见"偏离20倍标准差"之类的事件，例如瑞士法郎发生了什么事，或者在金融危机、俄罗斯危机期间发生了什么，等等。"偏离20倍标准差"的事件？不是20倍标准差。只有你坚信这些资产收益是服从正态分布的，才是20倍标准差。但它们不是，所以不要这么说，这没有任何逻辑。

迈克尔：

我在节目里也采访过哈里·马科维茨。谈到这个行业如何继续他的工作时，他也感到惊讶。其实，他所创造的并不是过去人们一直所使用的理论，但是，人们接受了他的假设，继续使用它，这实质上就是现代金融基于他的工作所建立的理论。他的假设是一个有道理的假设，不是吗？

坎贝尔：

是。1952年的那篇论文真的了不起。我刚才说到的，只是在他的脚注里所体现出的远见。我认为，他提出的是一个简单框架，只在特定的假设下成立。

他认识到这个框架的前提假设是什么，但你说得对，整个行业在发展时，并没有考虑这个假设什么时候成立，什么时候不成立。我在杜克大学讲金融课的时候（这门课是学生的主要课程之一），我们就教了这些模型。但是，所有这些模型都是错误的，这就是为什么称之为模型——它把现实简化了。

技巧的关键，就是知道何时可以用简化的框架，何时不可以用。在某些情况下可以用，但在另一些情况下则不可以。马科维茨确实是现代金融之父，因为他不仅看到了简化框架的用处，而且基本上预见到了，如何将其与"偏度"融合，让这一框架上一个台阶。因此，这篇论文的确是一项了不起的工作。

迈克尔：

你评估交易策略的论文特别吸引我……我觉得，我看懂了你所说的，比如 AHL——英仕曼集团在伦敦的期货交易管理业务。

坎贝尔：

这是一家期货管理公司，管理着约 150 亿美元。在 AHL，他们一直研究策略，对运气与实力的思考非常深刻。这里有一页介绍，是一项策略从 2004 年至 2014 年的累计收益。这是一张收益图表，收益曲线基本上呈直线上升的趋势。这是相当不错的策略，2004 年一年的负收益很小。在金融危机期间，这一策略表现较差。总体来说，它的年化收益率约为 15%，波动率约为 15%，因此，所谓的夏普比率为 1——收益相当持久。如果研究这一策略，人们会点点头，说："哇，这是我们想要投入一些资金的策略。"但下一页介绍相当令人惊讶。

下一页的图表中，展示了其他 199 种纯随机策略。然后你会发现，这张直线上升的收益曲线图，只是 200 张图表中的一张。这是模拟生成的 200 个随机策略，期望回报为 0，因此每个单项策略都毫无技巧可言，只是纯粹生成的数字，其波动率为 15%。

最上面的那个，就是最先展示的那个，那是生成的

> 进入商业领域，实际上我觉得我可以让一切都自动化，让一台机器完成所有工作。
>
> ——布莱尔·赫尔
> （Blair Hull）

最好的策略。最下面的那个最可怕，收益率是 –15%，其他的则是介于两者之间。其想法是，通过纯粹的随机生成，也就是让随机数生成器来做，你可以看到一些看起来不错的策略。但如果要研究其内部原理，你就需要小心了。让研究人员筛选数百种策略，再挑选出最高级的策略，显然，这并不是你要的，因为当你将钱投入到看似最好的策略上进行交易时，效果会很差。

迈克尔：

这是 AHL 做的工作，对吧？

坎贝尔：

对，他们在运气与技能方面，有着相当前沿的思考。这是关于如何避免回测过拟合的。为什么有这个展示呢？因为它是一个很好的例子，证明我们很容易被随机的策略所迷惑。

迈克尔：

你对纳西姆·塔勒布的研究有何看法？

坎贝尔：

他的研究与我在偏度方面的工作非常吻合。他谈到了所谓的"黑天鹅事件"，这些都是偏离 20 倍标准差的负面事件。但所谓 20 倍，除非服从正态分布，否则这么说没有任何意义。因为按照正态分布，类似事件发生的频率差不多在整个宇宙中只会有一次，这么说没有任何意义。

按照这种说法，这是不会在历史数据中出现的事，

> 长时间做很多事情，比长时间连续做一件事情要容易。
>
> ——昆体良
> （Marcus Fabius Quintilian）

但是它的确发生了。你可以将其视为极端的负偏度事件。这是有道理的，因为从我对世界的看法来说，世界不是服从对称分布的，也不是服从正态分布的，在我看来，这一点很重要。

迈克尔：

很显然，许多期货管理策略本质上都是趋势跟踪策略，它们基于不知道接下来会发生什么而预测。它们的风险溢价大都来自套期保值。当然，人们会争论利润的来源到底是什么……

这种特定策略背后有一种思维，是一种长期都存在的思维。而你指出的是，如果只是坐在电脑前，甚至还没有真正思考过你的策略是什么，只是寄希望于一些随机出现的系统，然后相信它，那你就别做美梦了。

即使最初所有的投资者都被15%的收益率和15%的波动率打动，毕竟这听起来不错，并且你也筹集到了10亿美元，但是，如果策略背后没有合理的经济学思想，我们都知道未来可能会发生什么。

坎贝尔：

没错，正是如此。我知道这种方式，这正是英仕曼集团AHL的运作方式，正因如此，他们在此方面做得如此出色也就不足为奇了。一般来说，研究人员有了一个想法，但还没有看数据，他们会先提出一个框架，然后在研讨会上讨论它——我称之为学术研讨会。

他们会获得反馈，接下来由高层来决定这种想法是否足够有意义，接下来他们再去看实际的数据。假设确

> 我不怕练过10 000种拳法的人，但我怕一种拳法练过10 000遍的人。
>
> ——李小龙

实有道理，那么公司将为研究人员提供从历史数据中随机抽取的样本数据。公司会把历史数据一点点给到研究人员。研究人员测试他们的想法，即进行所谓的样本内测试，然后，他们再举行一次研讨会。

在研讨会上，他们会展示测试结果，然后决定是否提供其余数据进行所谓的样本外测试。该测试可能在这一阶段被否决，或者进入样本外测试。假设研究人员对它使用了样本外数据，并且表现还不错，那么下一个阶段则可以用它进行投资，但只能用内部资金投资。

实际上，这需要经历多个阶段，才能让客户满意，因为你不希望为客户交易时全凭运气，你不想让客户失望。所有的激励措施都朝着正确的方向推进，以便为你的客户尽最大的努力。

迈克尔：

我在新加坡做过一次演讲，当时我在讲将趋势跟踪作为期货管理交易策略。在演讲结束时，一位年轻的女士举了举手，她看起来好像曾在杜克大学上过课，确实很聪明。她的表情好像在告诉我，"我有麻烦了，她肯定要攻击我，我死定了"。

她举起手，我让她讲讲她的问题是什么。她说："你能告诉我这些策略的夏普比率吗？"我想把这个问题解释得更清楚，于是说："先等一下，不要一上来就把夏普比率当成全部，至少让我们先讲清楚夏普比率的优缺点吧。"但是，你应该能看出来她问的这个问题所体现出的教条主义。

坎贝尔：

是的，这的确很幼稚。但是，在业内，买方也好，卖方也好，人们在评价眼前的一项投资时，的确会着眼于夏普比率，用超出某个基准的预期超额收益除以波动率来计算。他们只是在考虑波动风险，我会在之后谈到，这会造成什么样的麻烦。如果你去观察不同风格的投资策略的夏普比率，包括对冲基金的夏普比率，就会发现夏普比率有很大的差异。你会发现可转换套利之类的夏普比率非常大，而期货管理等趋势跟踪则有更适中的夏普比率。一旦你对风险的看法拓展开来，就会发现其实原因很清楚。

期货管理会有正偏度，而且几乎是结构性的，因为行情上涨时，你正在买入。这相当于一份看涨期权多头。当行情不景气时，你正在卖出。这就相当于一份看跌期权多头。实际上，你可以将期货管理的业绩看成"V"形（类似跨式期权），它会出现正偏态。在市场崩溃时，它们确实表现出色，并且在市场急剧上涨时也表现出色。

从某种意义上讲，这也是对投资者的奖励。市场喜欢那样，因为它提供了对冲的机会。而其他策略，有夏普比率非常高的策略，却会产生严重的负偏度。对于它们来说，需要获得平均意义上的超额收益，因为客户确实不喜欢大幅回撤。

如果两种策略具有不同的偏度特征，那就无法基于夏普比率进行比较。夏普比率没有考虑到这一点。的确，这与我们之前在简化的市场版本中所讨论的非常相似，在那个框架下，你可以用期望收益除以波动率。但波动性不足以衡量风险，它只是故事的一部分，而不是全部。如果你犯了只关注波动率的错误，那么你的投资组合的表现会令你大跌眼镜。

迈克尔：

回想起那位年轻女士的提问，我不知道她是"不想听"还是"听不懂"，或是"已经决心这么做了"。总之，她的提问所体现出的教条主义令我非常惊讶。

> 大脑就像一块肌肉。使用它，我们会感觉很不错。认知充满愉悦。
>
> ——卡尔·萨根

坎贝尔：

嗯，这很复杂，因为这种讨论甚至不在金融教科书的范围之内。这的确有点令人惊讶。所以，谁都可以去顶尖院校混个文凭嘛。

迈克尔：

的确如此。那些现在对你有所怀疑的人，我希望他们能找出你错在哪里。

坎贝尔：

> 尽管完全缺乏证据，但人们还是相信妄想。
> ——理查德·道金斯

是的，这也是我不使用教科书来教学的原因之一。我根据自己的笔记和研究来教学。但这么说，也针对了很多人，包括我的同事。我这么做，只是认为我们不能很好地向学生解释风险。在我的课堂上，大约有3节课，我们会静下来，思考"风险"到底是什么。

迈克尔：

你在这里提出了一个很棒的观点，就是抛开所有的术语，让人们在概念上围绕"偏度"，甚至可以说是抛开"偏度"这个术语，静下来看看这一切……只要解释恰当，可以让一位高中一年级学生在没有接受过数学训练的情况下，也能理解是怎么回事。

坎贝尔：

是的，我同意。关于马科维茨的那篇文章，我再多说一点。他的框架假设你完全理解所有信息，完全理解波动率，完全了解资产之间的相关性以及收益目标，没有任何不确定性，但在实践中资产管理确实存在不确定性，因此，风险的另一面是，你认为相关系数是0.5，但这是不确定的，也许是0.2，也许是0.7，但肯定不是0.5。

波动率也是同样的道理。你认为是15%，但这是不确定的，也许是12%，也许是17%。这是风险的另一面。大多数人认为"只有波动率是风险"。但换一个角度思考："如果你不知道波动率是多少呢？"更进一步，如果你连波动率的分布都不知道，那又怎么办？当然，这也不至于，我们多少还是知道一点的，但假设这样你又该怎么做呢？

偏度也是。我们不知道下行的尾部风险到底是多少。我们也许可以估算出来，但不确定。所有这些都是风险，因此，可以说人们很少考虑风险和不确定性之间的差异。他们通常将它们放在一起来讲，这表明他们确实还没有想到这个问题。

迈克尔：

为什么许多人在错误的基础上做决定？想搞懂这一点很不容易。但事实是，如此多的决策者，他们掌管着别人的钱财，他们从某种程度上认为自己能做到完美的预测，而基于已有事实做预测算不上什么好办法。

如此多的身居高位的人，他们都认为投资管理世界应该是完美的，这真是太疯狂了。这个想法相当疯狂。

坎贝尔：

不幸的是，投资者在实践中会强化这一点，因为他

> 我希望我永远不要以为，伟大和权势所带来的笑容，足以使人远离诚实直率的道路和自身的信念。
>
> ——大卫·李嘉图

们会根据过去一个季度或过去一年的数据来判断投资经理的表现，这导致经理的行为方式有所不同。就像我之前所说的，我更希望看一下过往的业绩，如果你满意，那很好。接下来，我的建议是，投资经理应就可能发生的事情向客户进行阐述。

有一种非常简单的方法。假设我有20年的业绩记录，我可以通过随机抽样再汇总的方式，得到另外一份20年的替代数据。你可以反复这样做。它给你提供了一种查看一份业绩记录的方法，之后，如果实际发生了什么事，比如连续两年业绩不合格，你可以回顾一下历史："这并不罕见。如果从真实的记录看，会有25%的时间出现这种情况。"如果你相信真实的记录，并用上面的方法对其进行分析，会有助于你避免因解雇有实力的经理而犯错。他们只是运气不好而已。

> 整个社会离真理越远，它就越讨厌那些说真理的人。
>
> ——佚名

迈克尔：

我觉得，如果每个月都能赚1%，而且从没停过，那肯定是麦道夫的庞氏骗局或者长期资本管理公司。你不可能每个月都赚钱。也许有人用高频来做，而且具备其他人所没有的某些优势，但其实这根本行不通。

坎贝尔：

是的，这里有一个很好的例子。假设你基于标准普尔500指数建立投资组合，但在标准普尔500指数之外，还卖出了平价看涨和看跌期权。如果波动性不大，你就能获取风险溢价。如果你是按月来算你的收益，那你就已经打败了市场。你有1%、2%、1%、2%这样的收益。它一直继续。把这视为击败市场，或者获取了阿尔法收益，或者任何类似的说法，我想都是愚蠢的。这就是所谓的冒险，因为如果市场严重下跌，那么你必须为这些看跌期权偿付。它放大了标准普尔500的不利影响，最重要的是，它也阻止了上升的趋势，因为如果市场大幅上涨，你必须支付看涨期权的费用。

其实，这种做法就是建一个投资组合，比如标准普尔500，让组合向负偏度的方向倾斜，从而获得收益。人们能获得一些超额收益，但在某些时候，这将带来严重的不利影响。重要的是，要考虑到这一点。

迈克尔：

虽然有点老套，但我还是想说：免费的午餐并没有看上去那么免费。

> 很多人太轻而易举就放弃了。你需要保持开拓进取的精神，你需要接受未能成功所带来的挫败。成功就是一场漫长的街头巷战。
>
> ——米尔顿·伯尔（Milton Berle）

| 第 18 章 |

拉斯·哈吉·佩德森

拉斯是丹麦金融经济学家，以其在流动性风险和资产定价方面的研究而闻名。他目前是纽约大学斯特恩商学院的教授，负责金融和另类投资课程。他还是AQR资本管理公司的负责人。[1]

迈克尔：

《有效的非有效市场》，这是你的新书的名字……可以说这是一个全新的天地。我们都知道，诺贝尔奖既给了法玛，也给了席勒，我想，你起这个名字时的灵感应该是来自他们吧。如果不是的话，那就和我聊聊你的灵感来自哪里吧。

拉斯：

是的，的确是这样。关于市场是否有效，学术界一直存在争论。法玛的观点是，市场完全有效，价格反映了证券的基本价值，而价格是有效的。席勒则代表了相反的观点，他认为，市场价格是非理性的，它们由投资者的非理性驱动，投资者将价格推离了基本价值。

我很敬重法玛和席勒。我对他们都很了解，但是我想换一种说法。我想要定义的是一种介于两者之间的说法：市场价格既不是完全有效的，也不是完全无效的。价格的无效足以令聪明的资产管理者和活跃的投资者有机会击败市场，从而获得对分析资产价格和进行交易所产生的相关费用的所有补偿。

同时，市场价格也是有效的，它的有效足以令进行主动投资的边际投资者趋于中性，即边际投资者的交易

> "政治正确"这种精神感染，是有史以来对人类最危险的智力攻击。它对于那些自以为有才智的人相当有吸引力，使如今的学术权威人士产生了怯懦感。任何一个学生，只要他的嗓门大，他都可以声称某某可能因为某个迄今为止无害的东西（物体或活动）受到伤害，并有把握保证教授缄口不言，按照学生的要求行事。政治正确在很大程度上，是可怜的失败者的复仇。
>
> ——保罗·约翰逊
> （Paul Johnson）[2]

> "泡沫"一词，形容的应该是未来产出不能合理解释的价格。
> ——克里夫·阿斯内斯

成本、资产管理费及寻找优秀投资经理的成本，和所能获得的收益相等。在这种均衡状态下，市场是有效，而介于两者之间的部分，则是有效的无效。

迈克尔：

乔治·索罗斯和大卫·哈丁这些交易者，他们都认为"有效市场假说是……乱说一通"，你在书中是如何评价基金经理和交易者的呢？

拉斯：

嗯，这是一个好问题。的确，你说得没错，那些基金经理肯定不会相信市场是完全有效的。他们站在自身工作的角度，就是要打败市场。他们之所以能够成功，不是因为幸运，而是因为市场无效。的确，大卫·哈丁就强烈反对有效市场假说。

同时，他们认为，可能有方法可以获得优势，但是必须要非常有效地利用市场的无效。这也是对书名的另一种解释，我认为，实际上他们会非常赞同我的观点。他们认为，不是街上随便哪个人都能轻易击败市场。你必须真正有效地利用这一点。

迈克尔：

你显然很了解基金经理和他们的风格，请问，你和他们之间有什么样的渊源呢？

拉斯：

我当然知道他们，他们都很有名。其中一些人，我也很了解。我认识克里夫·阿斯内斯，他是我在AQR资产管理公司的同事，也是迄今为止我了解最深的人之一。我对迈伦·斯科尔斯也非常了解，我们是在学术会议上认识的。我还认识约翰·保尔森（John Paulson）。他给纽约大学捐赠了一笔钱，设立了保尔森奖，而我也很荣幸能获得此奖。

有一些人我还没有见过面。如果有机会能见到他们，了解他们是如何投资的，询问他们做事的方式、他们的激励以及成功的关键因素，那肯定是非常有趣而且令人兴奋的事。

迈克尔：

抛开风格或技术不谈，他们的思维方式有什么共同点吗？

拉斯：

显然，他们都很聪明，非常有进取心和野心，他们遵从原则，思维清晰。如果从投资风格和方法来看的话，他们是非常不同的，但也有一些共同点。虽然说他们使用了截然不同的术语，但很多人的交易策略，仍然是与价值投资和动量有关的。

克里夫·阿斯内斯与其他学者一起，写过这方面的学术论文，发现了股票的动量交易。他讲过很多有关价值动量的东西。但是像乔治·索罗斯这样的人，他会用截然不同的语言交谈。他也会谈论交易周期中的泡沫和破灭。但是，当他说自己跟随泡沫的时候，从某种意义上说，他是一个动量交易者；当他自己在泡沫破灭之后

> 无法预测意外事件，就意味着无法预测历史的进程。
> ——纳西姆·塔勒布[3]

开仓的时候,他实际上又成了价值投资者。

再比如老虎基金的李·安斯利(Lee Ainslie),他在全球股票交易中就做得很好。显然,价值投资和对这些公司的思考是他的关键驱动力。价值投资也是詹姆斯·查诺斯(James Chanos)这类做空交易者的关键驱动力,他关注哪家公司被高估了,哪家公司可能有欺诈嫌疑,或者在会计方面太过创新等,他围绕做空展开研究。在做空时,他基本上是价值投资者。

迈克尔:

你提到了术语和行话。索罗斯的经典术语是"反身性"。这是一个带有某种哲学倾向的术语。他写过几本书。但是如果不关注他的术语,而用最学术的眼光来看,他其实讲的就是各种类型的动量。AQR 在各方面都做得很好。你提到了克里夫·阿斯内斯和他发现的动量特征。而时间序列动量,通常可以称为趋势跟踪,你可以把它和其他的动量做一些比较吗?

拉斯:

所谓的股票动量(也称为横截面动量),是指人们在选股时,看哪些股票的表现优于其他股票。接下来,人们倾向于买入过去表现出色的股票,卖出过去表现不佳的股票。人们希望的是,在过去 6 到 12 个月内表现出色的股票,在下个月会继续保持领先。

相比较的话,时间序列动量通常指的是指数,无论是股票指数还是货币或商品指数,看它是在上升还是在下降,比如去年的趋势可能一直在上升。时间序列动量是一个一个地分析市场,而横截面动量则是看相对的表现。

我们可以用一个例子来说明两者之间的差异。假设整个股市都在下跌,那么在横截面动量的投资中,你可能会持有下跌幅度较小的股票。假设实际上所有的股票都在跌,那么,其中一些下跌幅度较小的,也能算是表现出色的。横截面动量投资者会买入这些股票,而做空那些下跌幅度更大的股票。

而时间序列动量的投资者或期货管理者会做空所有的股票。他们会认为,

"既然都在跌，我就都做空。"

迈克尔：

你提到了交易者和基金经理所共有的一些想法。他们还有一个共同点，就是都存在"赌徒风险"，即彻底破产的风险。

拉斯：

是的。他们当然都非常了解风险管理，但实际上有些基金经理也和我说过他们亏损的交易。获胜的交易当然令他们感到非常高兴，但他们也能从失败的交易中学到很多。从失败的交易中汲取教训，这一点非常重要，不过，也不能为了买教训而破产。

迈克尔：

你能不能分享一些交易者或基金经理的例子，或者他们讲过的某笔亏损交易的例子呢？

拉斯：

嗯，当然可以。安斯利在他的一篇出色的投资论文中，就讲过他的一笔亏损的交易。他的分析是正确的，但事实证明，那家公司的管理层没有能力兑现美好的承诺。他开始真正了解到管理的重要性，从那时起，他就一直密切关注所投公司的管理层如何。

查诺斯也谈过他的一次空头交易。由于各种原因，他一直处在不利的位置。幸运的是，他设定了仓位限制。要知道，行情对空头头寸不利时，其头寸也会变

> 一个组织越秘密或越不公正，消息泄漏就越容易在领导层引起恐惧和偏执。这必然导致他们会最小化有效的内部沟通机制（增加"保密税"），随之而来的，则是全体认知能力的下降，从而导致在环境改变时，适应能力下降。
>
> ——朱利安·阿桑奇[4]

大，放大了头寸风险。当你做空时，股价上涨会带来损失。如果股价持续上涨，而你持有的是固定数量的股票，那么你实际上就做空了更多的美元或者说头寸对应的价值更高，潜在的风险也就增加了。因此，他设定了仓位限制，当市场对他不利时，他会减少头寸，这有助于控制交易中的损失。

迈克尔：

大多数人，如果熟悉朱利安·罗伯逊和老虎基金的故事，就能建立起一套基本的思维框架和交易方式。你曾问过安斯利他的交易方法，我对他的量化方法，尤其是投资组合构建方面的量化方法相当感兴趣。

拉斯：

嗯，没错。他聘请了许多投资专家，他们会与上市公司管理层会面，与上市公司的竞争对手会面，真正了解每家公司的经营状况。但同时，他告诉我，他们实际上有一个量化系统来评估头寸大小、风险敞口，让他们构建的投资组合尽可能有效。

迈克尔：

> 疯了吧！该死！你们迟早会下地狱的！
> ——乔治·泰勒，《人猿星球》

如果我们看基金经理、交易员的过往业绩，研究他们的表现，我们会问："是否存在最佳策略？"不同的方式可以做不同的策略，但是在你看来，在这些基金经理和交易员中，是否有什么可复制的交易方式呢？世界上只有一个乔治·索罗斯，也只有一个保尔森。在各种交易者中，你有没有发现什么可复制的交易方式呢？

拉斯：

我认为这些策略的共同点是，它们并不是来自某位天才的魔法，而是我们可以理解的策略，我们可以搞懂它们的核心，搞懂它们背后有效的逻辑。但是，我们还需要出色的技能和努力，才能很好地执行。

包括股票策略、宏观策略、套利策略，对于每种策略，我都试图理解它们有效背后的基本经济学原理，以及如何建立可复制的过程，实现潜在的超额收益。当然，这一定非常困难，因为，如果它很简单，套利早就被别人赚去了。

迈克尔：

在工作中，你会寻找某种特定的交易方式，还是寻找某些特定的基金经理和交易者？

拉斯：

我首先思考的是"经典的方式有哪些"，如果我找到8种方式，我就希望为每一种交易方式，都找到仍然活跃的最杰出的投资者。于是，我写下8个名字，我会接着思考，我该如何让他们和我交流。我会从最了解的人开始，当这些人答应我之后，我就与认识乔治·索罗斯的人联系。索罗斯答应了之后，我再去向下一个人求教，比如保尔森、阿斯内斯这样的人，这样接触起来就会变得越来越容易。

迈克尔：

阿斯内斯谈到过现实世界与学术的区别，你也在你

> 在不考虑交易费用的情况下，主动管理就是一场零和博弈，赢家的胜利都是以输家的损失为代价的。
>
> ——尤金·法玛

的著作中提到过这一点。我喜欢他的回答，因为如果我们看一份历史业绩，你可以认为："有3年业绩平平，或者回撤显著，但只要接下来能脱颖而出，那就万事大吉了。"

但阿斯内斯一针见血地指出，现实世界并不只是看看过往业绩那么简单。

拉斯：

没错。他谈到，在艰难时期，你会遇到"时间膨胀"。他称之为时间膨胀，意思是，在那个时期，时间似乎过得非常慢，出现损失的时候你会相当痛苦，甚至就算之后出现了更大的回报也弥补不了。这是一个非常艰难的时期。

这是策略之所以起作用的一部分原因，因为时间膨胀确实很难应对，面临的压力确实很大，需要有原则才能让你继续做正确的事情。当你蒙受亏损时，你会被恐慌诱导，做不属于计划之内的事，因为你觉得如果不那么做的话……你会很难控制。

迈克尔：

许多交易员和基金经理都必须与客户打交道，确保客户接受该策略，了解可能会出现的回撤期。我顺便想讲一些和沃伦·巴菲特有关的事。

许多人都不知道，巴菲特也曾多次出现50%左右的亏损。我不知道确切的数字，但是如果你要精确复制他这么多年以来的收益表现，那么你也必须愿意承担、应对巨大的回撤。你谈过巴菲特和他的alpha收益。你把一些观察结合起来，引发人们思考："如果巴菲特是一名价值投资者，那么，他为什么比其他价值投资者更出色？"你一点一点地论述了他能够有如此出色的业绩的原因。

拉斯：

是的，的确是这样。我们有巴菲特的业绩数据，还跟踪了伯克希尔-哈撒韦公司所持股票的表现。我们都知道，巴菲特经营着伯克希尔-哈撒韦公司，因此，一种衡量其表现的方法就是跟踪股价。同时，你也可以看到他公开交易的持股，因为伯克希尔－哈撒韦必须向美国证券交易委员会（SEC）备案其持有的公开交易的股票，因此我们可以同时建立一个投资组合并模拟该投资组合。

我们关注的第一件事就是，沃伦·巴菲特的业绩到底好到什么程度？要成为世界上最富有的人之一，你需要多厉害？事实证明，他的夏普比率刚刚超过 0.7，介于 0.7 和 0.8 之间。当我们得到这一数字时，很多人感到很惊讶，他们都觉得，巴菲特的夏普比率肯定大于 1，甚至是大于 2，因为有许多对冲基金都吹牛能达到这个范围。事实证明，他的收益率非常高，但他也面临着相当大的风险。但其实他的夏普比率也很高，大约是市场夏普比率的 2 倍。

他承担的巨大风险，从长期来看，能够给他提供相当于市场平均收益 2 倍的回报。这的确是非常惊人的业绩。我们的研究并非要淡化他的令人难以置信的成就，但是其他研究员在研究时，只是简单地说他是价值投资者。巴菲特说自己是价值投资者，你也可以把他的回报归因到价值投资上面去，称为价值因子。

价值因子可以解释他的一些表现，但只占一小部分；剩下的巨大的 alpha 值，是无法解释的，占很大一部分。那我们所做的就是："我们能不能把这些回报归因于所谓的优质投资者。"他不仅购买了廉价股票，而且还购买了优质股票。他在演讲和著作中谈到了这一点，他非常喜欢以合理的价格购买高质量的公司。

我们用了标准因子（包括价值因子），以及所谓的质量因子（quality minus junk），还有捕捉更安全的股票的因子（称为对 beta 的押注），并对这些因子进行回归，

> 不要低估"无所事事"的价值。
>
> ——小熊维尼

> 要想让人相信虚假的事实，一个可靠的方法就是重复，因为人们并不能很好地区分熟悉与真相。威权机构和商人深谙其道。
>
> ——丹尼尔·卡尼曼
> 《思考，快与慢》

> 很大一部分交通事故属于"驾驶员看到了但没有看进去"。在这种情况下,驾驶员与行人在正常的视野范围内相撞,汽车就在行人面前,甚至还会出现汽车撞火车的情况。没错,汽车撞火车,而不是火车撞汽车。在这种情况下,四面八方的信息汇聚过来,进入驾驶员的视线。但是在此过程中,这些信息会丢失,驾驶员并未真正与现实建立链接。他们在看,但他们没有看进去。
>
> ——罗纳德·伦辛克
> (Ronald A. Rensink)

结果,我们发现,这可以解释他很大一部分业绩表现,并且,我们可以据此提供与他的业绩表现非常相似的策略……也就是说,这些因子几乎解释了他所有的 alpha。

我们将其解释为:他在做的,就是他在说的事。是的,他是价值投资者、优质投资者,喜欢以合理的价格购买稳定的、有利可图的高质量公司的股票,而且这类股票总体上表现良好。有趣的是,他收购的优质公司,不仅在过去是表现良好、有不错投资的公司,而且一直以来都是优质公司。这种公司的股票总体上表现良好,他能够在早期做出判断,从早期的投资中获益。而且,他能够通过他的保险公司,以一种很聪明的方式使用杠杆,最终通过这些投资选择和杠杆策略,创造了非常出色的业绩表现。

迈克尔:

在某种程度上,他肯定用了新手不了解的一些杠杆手段,但显然,他是以一种非常聪明的方式做到这一点的,他并非不使用杠杆。

拉斯:

是的,的确是这样。他经常对杠杆发表负面的评论,觉得杠杆是相当危险的。但是,如果你去看他的投资组合及其表现,你可以从两个角度发现他使用了杠杆。第一个角度,你可以简单地去看他的资产负债表,就可以看到杠杆在其中的作用。他有很多负债,比如他发行了债券,这就是一种杠杆,并且他有很多与保险有关的负债。我们估计,他的杠杆率约为 1.6。这意味着他以 1 美元的本金投资了 1.60 美元的公司。

另外，还有一个角度可以发现他使用了杠杆。你还记得我提过，我们可以模拟他公开交易的股票组合的表现吗？我们可以查看该策略的波动性、风险性，我们可以看到伯克希尔－哈撒韦股票的风险或波动性。有时，伯克希尔－哈撒韦股票的波动性大于其公开交易股票的波动性。这和我们的结论是一致的，也就是说，伯克希尔－哈撒韦在投资组合中使用了杠杆。如果你在投资组合中用到杠杆，就会增加风险敞口，并且风险水平和杠杆大小是一致的。

迈克尔：

杠杆只是工具，而他明智地使用了这一工具。

拉斯：

正是如此。

迈克尔：

我想引用一段克里夫·阿斯内斯的话："真正优秀的量化投资者，完全能称得上金融经济学家，他们将自己的信念编写成一个可重复的程序。他们与众不同的地方，在于他们采用分散化、坚持程序规则以及设计投资组合特征的能力。"对于很多自称更受基本面或价值驱动的交易者，还有人尚未回测过他们的想法吗？

拉斯：

的确，有很多感性决策或主观交易者会研究一些特殊的情况，可能很难进行回测。如果你是事件驱动的交

我们应该如何根据新加入的信息，修正我们的信念？当旧的假设变得难以为继之后，我们还要坚持吗？还是当第一次怀疑出现时，我们就该放弃了？贝叶斯推断能够让我们的信念根据新加入的信息逐渐修正，与真实同步。这一理论可以表述得很简单：我们从关于世界的某个临时假设出发，为它分配一个初始概率，我们称为先验概率或者简称为先验。在收集或发生了一些可能相关的证据之后，我们使用贝叶斯定理，根据新的证据，重新计算假设的可能性。修正后的概率称为后验概率，或简称为后验。[5]

易者，并且有新的事件类型，也许就没办法进行测试；但是，也许你仍然可以让自己相信，你正在以低于其基本价值的价格购买标的。你所依据的一般原则是：长期以来，低价买入是有效的。你可能无法以更科学的方式对这种策略进行回测，或者如果你交易的是什么新型资产，你也无法回测。其问题在于，大多数投资者都在进行主观交易。

迈克尔：

像哈丁或者阿斯内斯这样的人，他们按照回测和量化的想法在做，你觉得他们会慢慢让未来的投资者也产生这样一种意识，觉得"主观交易对于我们来说远远不够吗？"现在算是做到了吗？还是说仍然处于早期？

拉斯：

我本人是量化投资者。我的信念就是用科学的方法来评估投资策略。但是，同时我也要保持开放的态度，我不想说某种方法一定就比另一种方法更好。的确，你说得对，在过去的20年中，更科学的投资方式取得了长足的发展。但同时，主观交易策略也有用。我个人非常尊重一些主观交易者。

比如说，查诺斯发现了一件有趣的事情，就是你可能无法立即让计算机执行你的操作，或者其他主观交易者的策略很难用计算机编程实现，因为他们更依赖一些非结构化的信息和案例。我个人对他们也很尊敬。因此，我不确定我们的做法是否会吸引所有人。我认为，从根本上讲，投资会涉及很多方面，因为人们有不同的方法、不同的观点，这也是会有买卖双方的原因。

迈克尔：

让我们再谈谈对冲基金在经济中的作用吧。通常对冲基金的消息都是和负面新闻一起出现的，尤其是在市场混乱的时候。此时，像"投机"之类的词汇经常以贬义的形式被抛出来。但是，对冲基金在经济中也发挥着作用，和基金相关的也不仅仅是投资者自己。有人可能会说："为什么我要关注各种对冲基金？我又没有投资这些基金。"你可以谈谈所有的对冲基金所扮演的角色吗？

拉斯：

从很多角度来讲，对冲基金都可以在经济中发挥非常积极的作用。首先，自由市场经济基本上就是根据价格来分配资源。如果有人发明了某种药物，能治愈特定的疾病，此时，他可能没有足够的钱来生产，但他可以……比如去宣传，说"尽管这是其他人不理解的想法，但前景广阔"……然后他可以通过资本市场筹集大量资金，建立工厂实现他的想法。

而另一位发明家，由于没有非常有用的想法，于是他就很难筹集资金。因此，机器和实际资本（工厂）就被分配给了更有前途的想法。现在，整个体系都依赖于相对有效的市场价格。如果公司的想法更有前途，它的股票价格也就会更高；只有它的市值更高，它才能筹集更多资金，购置更多设备。

这对于市场经济和对冲基金来说，都非常重要。那些主动投资者倾向于低价买入和高价卖出，因此他们会将价格推向正确的方向，提高市场效率。我再强调一次，这一点非常重要。这样做有助于提供流动性，使投资者更容易买卖，让人们的退休金增值。许多大型养老基金都投资于这类基金，寄希望于对冲基金和这些主动投资者能够获得不错的收益。

当然，对冲基金会收取大笔费用，为自己保留很多收益。投资者关心费用有多少，这也很正常，他们自然要关注通过这些投资策略能够获得多少收益。

> 随着岁月的流逝，我经历了看似不可思议的趋势现象，我对这种不受人喜欢且不受人欢迎的投资方法的偏爱越来越深。对于统计学家来说，这就是贝叶斯哲学。你从某个假设开始，然后根据经验进行修改。一开始我对趋势跟踪缺乏信心，因为传统的观点认为这行不通。当我看到它年复一年有效时，我的信念也随之增强了。
>
> ——大卫·哈丁[6]

> 交叉验证意味着不仅要评估模型对已有数据的拟合程度，还要评估对没有放入模型的数据的泛化能力。
>
> ——布莱恩·克里斯蒂安[7]

迈克尔：

你曾问过大卫·哈丁一个问题："从你的研究来看，为各种资产使用相同的模型更好，还是为每种资产使用特定的模型更好？"可以谈谈他的回答吗？以及你对他的回答的看法。

拉斯：

我同意他的回答，即适用于多种证券的稳健模型是非常重要的。调整策略通常看起来很诱人，看起来对每种资产来说都有一个最优值。这样一来，你可能需要一个黄金期货策略、一个小麦期货策略、一个其他的大宗商品期货策略等。如果你想做类似的事情，那么在回测和模拟时，你可能会获得非常好的业绩，因为你可以进行调整。但是，你可能拟合了大量的噪声、大量的随机性，最后可能凑出了一个模型；但在未来真正重要的时刻，你是在用这个模型真枪实弹地交易，在那种情况下，你的模型到底是不是有效才是最关键的事。

为了避免这种类型的数据挖掘，或者说过拟合，通常来讲，我们最好有一个更简单的策略。如何确定自己的策略在未来会继续有效？你可以这样，如果相同的策略不仅适用于去年的黄金市场，而且适用于过去10年、50年甚至100年的黄金市场，并且适用于所有商品，甚至还适用于多种外汇……以及股票市场、固定收益市场……那么，你可以相信，这种策略不是随机的，不是基于只在过去发生过而在未来不会重演的事件的那种

> 当你什么也不知道时，即使再完善的计划也都是最简单的。但当我们的期望不确定、数据也充满噪声时，最好的选择是先粗略地描绘，整体、大致地思考。
>
> ——布莱恩·克里斯蒂安[8]

策略。因此，你可以相信，这种趋势跟踪策略，或者说期货管理策略在未来也有效。

迈克尔：

AQR 的研究"趋势跟踪：100 年以来的证据"，你也参与了吗？

拉斯：

是的。

迈克尔：

在整个研究的过程中，有没有什么地方、什么见解是你也感到惊讶的？

拉斯：

这是一个激动人心的项目，因为我们做了很多研究，我们想探讨最佳的趋势跟踪策略是什么。研究的结果表明，在过去 20 到 30 年中，一些相对简单的趋势跟踪策略实际上表现得非常出色。而且它们一直有效——不是说每年、每月、每天都有效——但是平均而言，它们在我们研究过的每种市场上都有效，这是相当不寻常的。

你可能会觉得，它们只是在投资组合的层面上有效，但不一定对投资组合中的所有标的都有效。但是我们发现，即使在单个标的层面上，它们的业绩也非常稳定。我们当时想："哇，这看起来确实很稳健，但是我们怎么才能更确信这一点呢？我们如何才能进行一些样本外研究呢？"

当然，一般的样本外研究，就是再等等，看接下来市场会发生什么。但是我们没有这份耐心，所以我们就想："不如继续收集更早的数据。我们去看那些更早的历史数据，不只是看过去 20、30 年的，而是要看整个世纪的数据。"当然，我们有点担心，这些看起来很棒的策略，如果放在 60 年前或者 70 年前，可能并不会有效。但令我们惊讶的是，它们的效果非常好，在历史中也好，在最近的样本中也好,都有相当不错的表现。

迈克尔:

你谈到过高频交易中的军备竞赛。进行趋势交易的基金经理之间会展开军备竞赛,他们会比拼看可以往前追溯多少个世纪的数据!(笑声)他们实际上给了你们这篇论文灵感。之后还有其他几个人也做了类似的研究。

拉斯:

是的,是这样。

迈克尔:

在之前你和乔治·索罗斯的对话中谈到过一点……他说,我们不应该拿很大一部分资金来冒险,但是,如果你经营状况良好,并且正赚取大量利润,你就可以冒比原来更大的风险。这是一种很典型的时间序列动量的思维,一种很量化的思维。你是否与索罗斯谈过他是如何执行他的策略的?

拉斯:

是的,他的执行方式不同,他用的不是那么量化的方式,但他也很担心下行风险或上行风险。他希望找到的策略或下注的机会,能够具有很大的上升空间,而下跌空间却有限,就像他在1992年做空英镑时那样,他会投入大量资金。

他谈到他为什么会有勇气在英镑上建这么大的仓位。他想的是,如果英镑暴跌,他就能赚很多钱。考虑

> 我专注于为球员做些什么,这样我们明天就有机会赢得SEC赛区冠军。这就是我真正要关注的。我曾经说过:"脚在哪儿,我就在哪儿。"我现在就在这儿。这很重要,这是我必须关注的。
>
> ——尼克·萨班
> (Nick Saban),
> 亚拉巴马州足球教练

到在一群人中进行交易，几乎没有对他不利的风险。他告诉我，这种想法启发了约翰·保尔森在次级抵押贷款中如何确定交易规模。我问过约翰·保尔森，我问他是否真的从索罗斯那里得到了启发，在那次采访中，他证实了这一点。

迈克尔：

我们都很钦佩他们，因为绝大部分交易者都没有能力下这么大的赌注。这么大的赌注，肯定有主观酌情处理的成分。需要极大的勇气和激情，才能下像索罗斯那样的世纪赌注，不是吗？

拉斯：

的确是这样。并且他们在赚了很多钱之后，还能继续下注。他们不会扬扬得意，然后就弃牌而去，他们会继续下注，直到发挥出全部潜能。

> 尽管我们为日常小跑比赛感到忧愁，但我们就是靠这样的比赛而非打斗生存的，这是我们与鸡、猴子、老鼠以及其他动物的关键区别。
>
> ——布莱恩·克里斯蒂安[9]

第三部分
TREND FOLLOWING

趋势跟踪研究

为了方便起见，学术界把波动率定义为风险。他们需要一个客观的、可以根据历史计算的并能用在未来的数字。波动率恰如其分，而其他大多数风险则没有这种性质。但问题在于，我认为波动率并不是大多数投资者所关心的风险。我认为人们之所以拒绝投资，不是因为有波动，而是因为他们担心出现损失，或者收益率低得无法接受。对我来说，"我需要更多的上涨可能性，因为我担心我可能会亏钱"，而不是"我需要更多的上涨潜力，因为我担心价格可能会波动"。我绝对不是担心波动，我敢说，"风险"最关键的是亏钱的可能性。

——霍华德·马克斯[1]

> 如果你与那些非凡的人交谈，你会发现他们是在另一个层次上看问题。他们可能不熟悉"认知适应"的概念，但是他们的确会按这个概念来思考，他们很少会觉得自己能达到其所在领域的巅峰，他们只是幸运地抽中了"基因彩票"。他们知道如何发展自己拥有的卓越技能，因为这是他们亲身经历过的。
>
> ——安德斯·埃里克森[2]

我不知道应该怎么讲趋势跟踪策略的研究。发现趋势，有很多偶然因素。鲍勃·西赖特（Bob Seawright）曾在我的节目里接受过采访，他的博客上有一段文章很棒，我相当欣赏：

> 美国的病毒学家戴维·巴尔的摩（David Baltimore），因其在病毒的遗传机制方面的贡献，于1975年获得了诺贝尔医学奖。他有一次和我说，他收到过很多稿件，尤其是他当上了加州理工大学校长之后，稿件上都写着解决了某项重大科学问题，或者推翻了现有科学范式、创建了解释一切的宏伟理论，等等。大多数杰出科学家都会收到这样的稿子，而写稿子的人大都是单打独斗，或是学术界以外的人。不幸的是，在这些稿件中，没有一个真正做出了他们所声称的成绩。巴尔的摩博士指出，优秀的科学成果是由同行、群体共同努力完成的，只有那些科学狂想家才会单打独斗。[3]

我并不是科学狂想家，因此，在《趋势跟踪》的第三部分中，我将详细介绍整个行业的同行、群体的工作。这里收录的每篇研究论文，都能够更好地澄清我在正文和访谈中的观点，提供更多的价值。

| 第 19 章 |

趋势跟踪：数个世纪以来的实证

亚历克斯·格雷瑟曼（Alex Greyserman）

凯瑟琳·卡明斯基（Kathryn Kaminsky）

减少损失，让盈利奔跑。

——大卫·李嘉图

趋势跟踪是一种经典的投资方式。这一章将向你介绍数个世纪以来的趋势跟踪。在展开详细的分析之前，我们有必要先从定性的角度，从历史，去研究趋势。尽管相关的数据错综复杂，但我们并不想进行严格的学术练习。与任何的长期历史研究一样，在我们的分析中也存在假设、数据可靠性以及其他偏差的问题。尽管存在这些顾虑，但不可否认，历史塑造了我们的观点。历史可以说是高度主观的，但它具有前后的关联性。

本章使用了大约800年的财务数据，检验了趋势的简单特征。尽管我们只能用数个世纪以来简单的特征和粗略的数据集进行分析，但以"减少损失，让盈利奔跑"为特征的趋势跟踪的业绩足以引起我们的关注。本章的目标并不是计算 t 统计量，也不是基于历史数据给出断言。我们的目标是要搞清楚，传奇的大卫·李嘉图、著名的海龟交易者，以及历史上许多成功的趋势跟踪者，到底是他们的业绩被过分夸大了，还是他们确实做到了什么呢？

近年来，趋势跟踪因其在市场极端困境期间的出色表现而引起关注。在次贷危机和雷曼兄弟倒闭后的市场暴跌中，趋势跟踪获得了15%～80%的回报。许多人都想知道，这种业绩表现是纯属偶然，还是其策略在市场的其他危机中也能表现出色。在过去的危机中，例如在大萧条、17世纪甚至13世纪经历的危机中，趋势跟踪者的表现如何呢？

鉴于本章涉及趋势跟踪的历史讨论，似乎我们最应该从一次历史事件开始，那就是17世纪初期的荷兰郁金香泡沫——这次事件颇具争议性，同时也相当壮观。郁金香的历史价格指数如图19-1所示。趋势跟踪策略的常见类型是趋势突破策略。当价格突破区间上限或者下限时，突破策略会发出买多或者卖空信号。使用简单的趋势突破信号，趋势跟踪者可能会在1636年11月25日之前买入，并在1637年2月9日左右退出（交易者可以出售郁金香球茎，如果可能的话，还可以在最后做空）。趋势跟踪者只是简单地"跟踪趋势"，并在趋势快要消失时减少损失。以郁金香为例，随着价格开始下跌，趋势跟踪者可能已经在泡沫破灭前卖出了。这种方法可以带来不菲的回报，而不是最后把郁金香球茎砸在自己手中，血本无归。虽然从这个例子中，我们很难探究其细节，但可以看出，从长远来讲，趋势跟踪这样的动态策略的业绩是稳健的，或者说是有基础可言的。我们要注意的是，在大多数金融市场中，退出机制似乎比买入机制更为重要。减少损失和获取利润，这两者共同提升了业绩表现。这一概念会在本书之后的部分中经常提到。

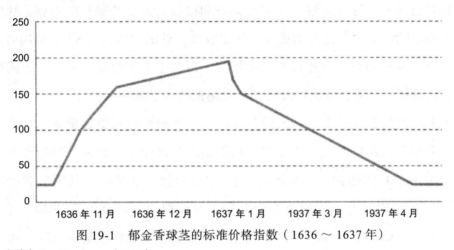

图19-1　郁金香球茎的标准价格指数（1636～1637年）

资料来源：Thompson（2007）。

趋势跟踪策略能适应不同的金融市场。因为基本面信息、技术面信息和行为因素，价格出现趋势时，交易者们能发现机会。从整体来看，趋势跟踪者可以从市场差异中盈利，他们能把握市场价格趋势并减少损失。可能造成市场趋势的驱动因素包括：风险转移（从套期保值者转移到投机者的经济租金）、信息扩散以及行为偏见（欣喜、恐慌等）。尽管有各种各样的解释，但出现市场差异的根本原因对趋势跟踪者的影响并不大。当机会出现时，他们就紧紧抓住。纵观历史，这样的机会确实存在。在过去800年的历史中，趋势的强劲表现足以证明这一点。

趋势跟踪的故事：历史研究

自传奇政治经济学家大卫·李嘉图的时代算起，至今已过去近两个世纪，但趋势跟踪的核心原则并没有改变，而且现在还引起了广泛的关注。我们使用大约800年的特定数据集，检验在各种经济环境中趋势跟踪的收益表现，我们发现其收益与传统资产相关性低、具有正偏度，并且在危机期间表现强劲。

对于趋势跟踪的表现，业界和学术界都有广泛的讨论（参见 Moskowitz, Ooi, Pedersen, 2012）。尽管如此，大多数研究使用的数据通常仅限于几十年来的记录，或者过去一个世纪的期货数据。在本章中，我们将基于近 800 年来的数据集进行研究，这是对过去研究的拓展和检验。为了考察长期趋势，我们使用了 1200 年到 2013 年之间的股票、固定收益、外汇和商品等 84 个市场的月收益率。我们在对趋势跟踪进行长期分析时，用到了几种假设和近似。为简单起见，我们将假设、近似方法以及涉及的市场都列在了附录中。

各个时代的市场行为有很大的差异。为了正确构建历史数据集，我们需要特别注意剧烈的经济变化。这意味着数据集应尽可能接近地表示可投资资产的回报。举一个具体的例子，从 17 世纪初到 20 世纪 30 年代，英国、美国以及其他国家都先后致力于实施金本位制度。在此期间，黄金价格基本上是固定的，因此，在此特定时间段内，我们必须将黄金从可投资市场中剔除。再举一个例子。在整个 19 世纪，资产增值都只占股本收益很小的一部分，平均而言，19 世纪的美国投资者仅获得了 0.7% 的年化资本收益，但每年能额外获得 5.8% 的股息（见图 19-2）。实际上，一直到 20 世纪 50 年代，股票的股息收益一直高于公司债券的收益。因此，必须使用总回报指数来表示这段时间内的股票收益。

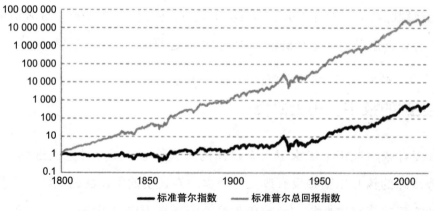

图 19-2　标准普尔指数和标准普尔总回报指数的历史走势（1800～2013 年）

我们可以使用早至1223年的收益数据，来建立一个具有代表性的趋势跟踪系统，其时间跨度约为800年。这一趋势跟踪系统代表了8个世纪以来在任何可用市场中"趋势跟踪"的表现。尽管某些商品市场（例如大米）的历史可以追溯到1000年左右，但我们的分析还是从1223年开始，因为更早的市场实在屈指可数。在任何时间点，为了计算趋势是否存在，投资组合中涉及的市场应至少有12个月的历史。我们假定投资组合可以做多和做空，并且使用月度数据进行分析。我们基于一些简单的流动性约束进行交易，在可交易市场中构建投资组合。图19-3展示了从1300年开始，随着时间的推移，投资组合涉及的市场数量的变化。随着期货市场的增加，趋势跟踪者能够在更多市场中进行便捷的交易。

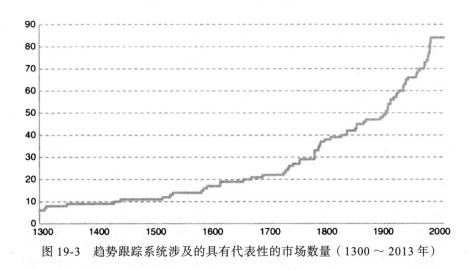

图19-3 趋势跟踪系统涉及的具有代表性的市场数量（1300～2013年）

数个世纪以来的收益特征

随着时间的推移，趋势跟踪策略会在不同资产的长期和短期趋势中进行动态配置。图19-4展示了过去700多年来，趋势跟踪策略的对数收益。在1300年到2013年的整个历史时期中，趋势跟踪系统产生了13%的年化收益，对应的年化波动率为11%，夏普比率为1.16。

许多金融专家认为，从长远来看，降低风险的方法就是买入持有。而趋势跟踪策略会根据趋势对头寸进行动态调整，这一点与买入持有策略是背道而驰的。

两者之间的差异，正是主动管理能带来附加收益的原因。趋势跟踪策略和买入持有策略都会每月对头寸进行再平衡，使得风险权重均等。但与买入持有策略不同的是，趋势跟踪策略允许卖空。买入持有策略对应的投资组合代表了多头长期的分散化投资，可能涉及股票、债券和大宗商品等。表19-1显示了买入持有策略和趋势跟踪策略分别对应的投资组合的业绩数据。从夏普比率来看，过去800年中趋势跟踪的总体表现要好得多。这意味着在允许做空的情况下，主动管理以及灵活管理头寸可能会提高收益。与买入持有策略相比，趋势交易的业绩表现优异得多，因此，我们自然而然地想要研究造成这种现象的可能因素。在以下小节中，我们将更详细地研究利率、通货膨胀、金融泡沫与危机以及市场分化所起的作用。

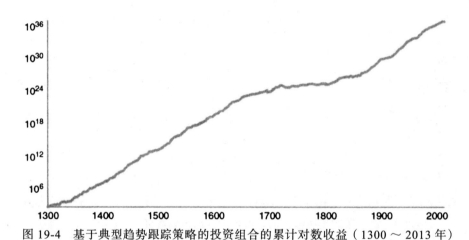

图19-4　基于典型趋势跟踪策略的投资组合的累计对数收益（1300～2013年）

表19-1　买入持有策略与趋势跟踪策略分别对应的投资组合的业绩数据（1223～2013年）

	买入持有组合	趋势跟踪组合
平均收益率（年）	4.8%	13.0%
标准差（年）	10.3%	11.2%
夏普比率	0.47	1.16

利率的影响

利率影响着市场参与者的借贷能力，影响着货币的时间价值。因此，利率是影响动态策略的一个重要因素。当利率变化时，它会以多种方式影响动态策略。目前的利率水平处于历史低位，但在整个历史上，利率并非一直如此，而是存在很大差异。图 19-5 描绘了过去 700 多年来的政府债券收益率。在本节中，我们将基于 700 多年的时间跨度讨论利率制度。

图 19-5　GFD 长期政府债券收益率指数（1300～2013 年）

资料来源：Global Financial Data

从 1300 年左右至今，长期债券收益率平均约为 5.8%。尽管利率水平显然起到了根本性的作用，但利率水平与趋势跟踪收益率之间的相关性仅为 0.14。我们研究的是不同的利率水平是否会对趋势跟踪的业绩产生影响，因此，我们可以将利率水平分为两种：高和低。我们定义高利率的年份为利率高于中位数的时候，低利率的年份则是利率低于中位数的时候。平均来说，趋势跟踪在高利率水平下，比低利率水平下表现得更好。表 19-2 展示了这一点。

表 19-2　不同利率水平下的趋势跟踪业绩（1300～2013 年）

	高利率水平	低利率水平	利率上升时期	利率下降时期
平均收益率（年）	15.5%	10.6%	11.9%	14.4%
标准差（年）	9.9%	12.2%	11.2%	11.1%
夏普比率	1.56	0.86	1.06	1.30

在实践中，影响市场的不仅有利率水平，还包括利率的相对变动。我们通过计算年末的收益率差异与利率变化之间的相关系数，评估利率变化的影响。如果一段时间内的利率变化为正（负），我们就将该年定义为利率上升（下降）

的年份。利率的变化与趋势跟踪的年末收益率的相关系数接近于0,这表明在利率上升和下降期间,趋势跟踪的收益似乎不存在明显差异。

通货膨胀的影响

在研究了利率环境的影响之后,我们再来看另外一个有趣的因素——通货膨胀。由于买入持有策略和趋势跟踪策略均会在不同的资产(如商品、货币等,买入持有策略可能仅包括商品)之间分配权重,随着时间的推移,通货膨胀可能会发挥重要作用。我们抛开长期的历史研究不谈,就拿当代经济来说,新出现的高通胀所带来的威胁影响着经济的方方面面。自2008年金融危机以来,全球范围内都在采取刺激性的货币政策,我们可以合理地推测,这最终可能导致全球通货膨胀率上升。

为了研究不同通胀环境所带来的影响,我们使用从1720年开始的美国和英国的物价消费指数和生产者物价指数,基于此构建年化综合通货膨胀率指数(见图19-6)。

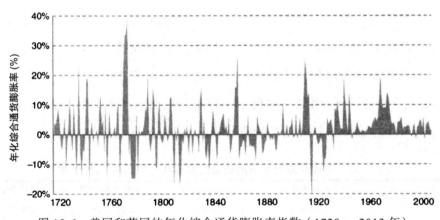

图19-6 美国和英国的年化综合通货膨胀率指数(1720～2013年)

资料来源:Global Financial Data

从1720年到2013年,年化综合通货膨胀率超过25%的时期占5%,超过13%的时期占10%以上。通货膨胀可分为低(小于5%)、中(介于5%和10%之间)、高(大于10%)三类。我们可以比较不同通货膨胀水平下的业绩差异。尽管低、中、高这三种通货膨胀率的差异很大，但趋势跟踪策略在所有情况下的表现大致相同。表19-3总结了不同通货膨胀水平下趋势策略的表现。我们看到，趋势跟踪在所有情况下都表现强劲，这表明趋势策略似乎能够适应不同的通货膨胀水平。

表 19-3　不同通货膨胀水平下趋势跟踪的表现（1720～2013年）

	通货膨胀率 <5%	5% ≤ 通货膨胀率 ≤ 10%	通货膨胀率 >10%
平均收益率（年）	10.4%	10.1%	14.9%
标准差（年）	12.0%	9.90%	14.6%
夏普比率	0.87	1.02	1.02

金融泡沫与危机的影响

为了说明金融泡沫与危机的影响，在本章简介中我们简要提到了17世纪的荷兰郁金香泡沫。数个世纪以来，金融危机（或市场泡沫）一直在困扰着市场。1929年的华尔街大崩盘（著名的"黑色星期一"，1929年10月28日）是另一个很好的例子，它在全球的影响范围和严重程度都相当惊人。图19-7绘制了黑色星期一前后2年的道琼斯工业指数。"黑色星期一"当天，道琼斯工业指数下跌了13%。

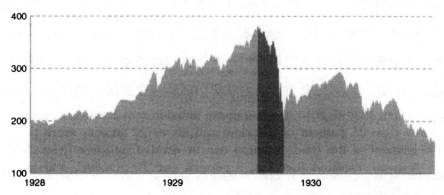

图 19-7　1929年华尔街大崩盘（黑色星期一）前后的道琼斯工业指数

资料来源：Global Financial Data

图19-8展示了与图19-7同期的标准趋势跟踪策略对应的累积收益。在1929年10月，即道琼斯市值缩水近一半的月份，趋势跟踪策略的收益反而略有上升。更加令人惊讶的是，在崩盘前后两年的时间内，趋势跟踪策略获得了大约90%的回报，其中大部分回报是在华尔街大崩盘之后的大萧条期间获得的。

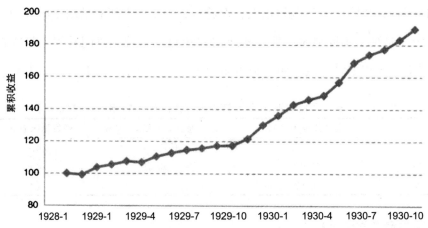

图 19-8 1929 年华尔街大崩盘（黑色星期一）前后趋势跟踪策略的累积收益
（1928 年 10 月～1930 年 10 月）

趋势跟踪在危机时期有不错的表现，这并非仅限于 1929 年华尔街大崩盘和荷兰郁金香狂热时期。实际上，在整个历史上的大多数艰难时期，趋势策略似乎都表现得很好。我们研究了在债券市场和股票市场的负收益时期趋势跟踪的表现，其月平均收益如图 19-9 所示。当股票的月平均收益为负时，趋势跟踪在此期间的平均收益为正。如图 19-9 上半部分所示，在股票投资组合的收益率为 –4% 到 –6% 的 98 个月中，趋势跟踪的月平均收益为 0.2%。图 19-9 下半部分则展示了趋势跟踪在债券市场上的表现。当债券收益为负时，趋势跟踪的平均收益部分为正，但不完全为正。而在股票和债券收益最差的月份，趋势跟踪的表现似乎也不错。

除了捕获趋势之外，在下跌期间，趋势跟踪的业绩还部分来自其做空能力。如果限制股票做空，那么趋势跟踪策略在股票市场上的收益将会变得不同。基于此，我们研究了过去 300 年中，在限制做空的情况下，股票下跌时的策略表现。图 19-10 展示了在股票下跌期间，限制做空和不限制做空的收益。这表明从长期看，限制做空会降低市场下跌时的趋势策略业绩。比如，在股指下跌超过 10% 的月份里，趋势跟踪系统的历史平均收益为 1.2%，而只准做多的策略平均收益则为负。虽然稍负的收益有些不尽人意，但从多头投资组合的角度来看，和市场整体巨大的跌幅相比，这一点负收益微不足道。

第19章 | 趋势跟踪：数个世纪以来的实证   467

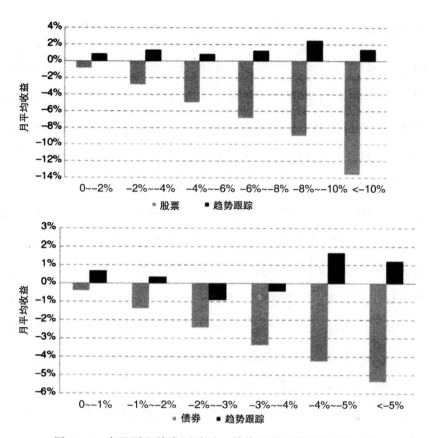

图 19-9　当股票和债券下跌时，趋势跟踪系统的月平均收益

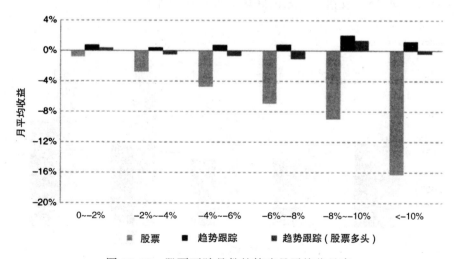

图 19-10　股票下跌月份的策略月平均收益率

市场分化的影响

市场会随着时间的推移而变化。市场变化最剧烈（或者分化加剧）的时期，是最适合趋势跟踪策略的时期。以月频来看，我们将月收益率分成5个区间（5等分）来解释这一特征。1～5分别代表股票收益最差的时段到股票收益最好的时段。图19-11和图19-12绘制了在5个区间中趋势跟踪的业绩表现。如图19-11所示，我们的数据集包含过去100年的时间跨度，由两个时期构成：1913～1962年、1963～2013年。图19-12又进一步将这两个时期分为4个25年的时间段：1913～1937年、1938～1962年、1963～1987年和1988～2013年。业内人士通常称图中所画的曲线为"CTA微笑"。其含义是，在市场分化最大的时刻，趋势跟踪往往表现良好。例如，在4个25年的时间段中，第一时间段（发生了大萧条和1929年华尔街崩盘）出现了CTA微笑，趋势跟踪的最佳表现出现在股市最佳和最糟的时刻。大萧条发生之后的一段时间，是最适合趋势跟踪策略的时期。第三时间段也出现了CTA微笑。在最近的25年中，出现了次贷危机、科技股泡沫等危机，这是股市最糟糕的时期，同时也是机会最多的时期。趋势跟踪业绩所展现出的凸性（两种极端情况下的业绩最好）表明了市场分化或错位（无论好坏）所起到的作用。

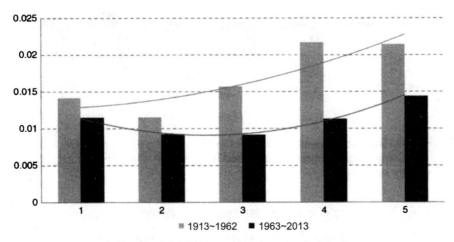

图19-11　CTA微笑：1913～1962年和1963～2013年趋势跟踪策略的收益

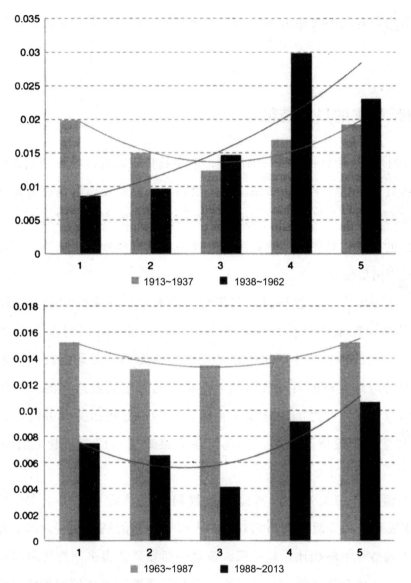

图 19-12　CTA 微笑：1913～1937 年、1938～1962 年、1963～1987 年和 1988～2013 年趋势跟踪策略的收益

CTA 微笑表明趋势跟踪与股票市场之间存在凸性关系，因此，许多投资者称趋势跟踪者是在"做多波动"，也就不足为奇了。尽管趋势跟踪者在极端情况下业绩良好，但并非所有波动都受趋势跟踪者青睐。如果波动率增加，使得整个市场出现趋势，那么趋势跟踪者当然就做多波动。如果波动率增加却没有产生趋势，趋势跟踪者可能并不会做多波动，甚至会做空波动。简而言

之，趋势跟踪者做多的是市场分化。市场分化和波动率是相关的，但绝不是一回事。

数个世纪以来的风险特征

"减少损失，让盈利奔跑"的原则，能使趋势跟踪者以较小的损失满足理想的风险偏好。用统计学的话来说，趋势跟踪的收益呈现出正偏度的特征。在过去 800 年的时间里，月收益率的偏度为 0.30。正偏度表示左尾风险或者说出现较大下跌的概率相对较小。趋势跟踪的这一特征有些独特，因为大多数资产和策略都呈现出负偏度。

除了正偏度以外，趋势跟踪与传统资产类别收益率的相关性也较低。为了量化趋势跟踪策略与传统资产类别之间的关系，我们对多个全球股票指数和债券市场的月收益进行平均，基于此构建简单的股票指数和简单的债券指数。趋势跟踪策略的月度收益与股票指数的月度收益之间的整体相关性是 0.05，而与债券指数之间的整体相关性是 0.09。这些相关性可以表征趋势跟踪策略与债市和股市的关系，因此，趋势跟踪相对债市、股市的 beta 非常小，也就不足为奇了。

除了偏度和相关性外，回撤是多数趋势跟踪者都关心的另一个问题。图 19-13 展示了趋势跟踪策略相对于买入持有策略的最大跌幅、前 5 大跌幅均值。和买入持有策略相比，趋势跟踪策略的回撤要低得多。趋势跟踪策略的最大跌幅比买入持有策略低 25% 左右。趋势跟踪策略前 5 大回撤均值比买入持有低 1/3 左右。

如图 19-14 所示，趋势跟踪策略的回撤时间也大大短于买入持有策略的回撤时间。在过去 700 年中，趋势跟踪策略相比于买入持有策略，最长回撤时间和前 5 大回撤时间均值分别少 90% 和 80%。趋势跟踪在回撤方面表现更好，这一点与收益率的正偏度、负相关性有关。

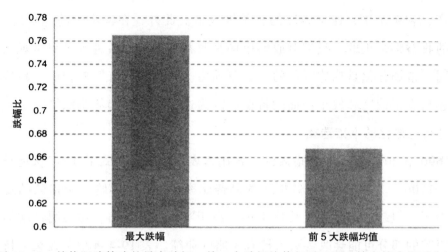

图 19-13 趋势跟踪策略的最大跌幅、前 5 大跌幅均值相对于买入持有策略的百分比

趋势跟踪策略的最大跌幅是买入持有策略的 75%。

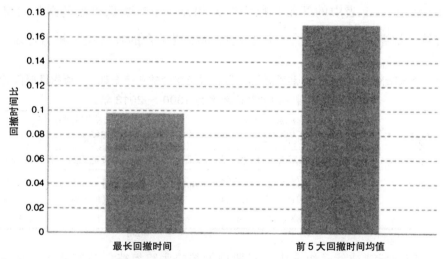

图 19-14 趋势跟踪策略的最长回撤时间和前 5 大回撤时间均值相对于买入持有策略的百分比

趋势跟踪策略最长回撤时间不到买入持有策略最长回撤时间的 10%。

数个世纪以来的组合收益

我们在前面讨论了数个世纪以来趋势跟踪的收益和风险特征。在长达 800 年的时间里，趋势跟踪的资产组合表现强劲，其夏普比率达 1.16。该策略与传统资产、利率水平、通货膨胀的相关性较低。此外，在样本中的危机时期内，策略的收益都是正的。我们对股票市场月收益率 5 等分后进行了粗略观察，结果表明，市场分化是趋势跟踪的一大驱动力。与买入持有策略相比，趋势跟踪策略还具有正偏度和较小回撤的特征。因为这些特征，趋势跟踪策略是对传统投资进行分散化的不错选择。

1690～2013 年，股票指数的夏普比率表现不错，达到了 0.7。从更长的时间看，1300～2013 年，债券指数的夏普比率也为正。尽管两个指数的夏普比率都为正，但趋势跟踪的夏普比率仍远高于买入持有策略。这表明，增加一些趋势跟踪的部分可能会改善买入持有策略的业绩。表 19-4 展示了在买入持有策略（包括股票指数或债券指数）和趋势跟踪策略之间均摊风险权重而建立的混合投资组合的收益。表中的开始日期为股票和债券市场数据可用的最早日期。相对于传统的股票债券投资组合，风险均摊的投资组合的收益提升相当可观。

表 19-4　股票指数、债券指数、趋势跟踪、混合投资组合的业绩表现（股票指数时间跨度为 1695～2013 年，债券指数的时间跨度为 1300～2013 年）

	股票和趋势如下： 1695～2013			债券和趋势如下： 1300～2013		
	股票	趋势跟踪	股票 + 趋势跟踪	债券	趋势跟踪	债券 + 趋势跟踪
平均收益率（年）	7.85%	10.74%	9.68%	6.57%	12.97%	7.74%
标准差（年）	11.28%	12.91%	8.81%	7.31%	11.21%	5.44%
夏普比率	0.7	0.83	1.1	0.9	1.16	1.42

在传统的股票或债券组合中，只要增加趋势跟踪策略，我们就能提高两个指数的夏普比率。为了从传统投资组合的角度进行研究，我们将趋势跟踪策略添加到 60/40 股票债券组合中。比如，我们可以构建一个组合投资，包含 80% 的传统 60/40 股票债券组合，以及 20% 的趋势跟踪策略。在这种情况下，组合的权重相当于股票 48%、债券 32%、趋势跟踪 20%。图 19-15 展示了股票、债券、趋势跟踪、60/40 股票债券组合以及 60/40 股票债券组合结合趋势跟踪的夏普比率，以此衡量每种投资组合的收益表现。从 1695 年至 2013 年，在趋势跟踪策略上分配 20% 的权重能够将 60/40 股票债券组合的夏普比率从 1.0 提高到 1.2。

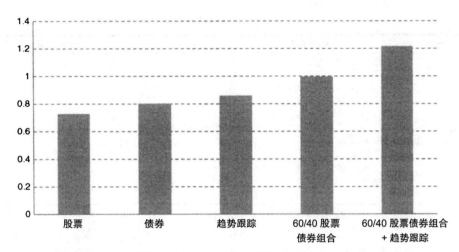

图 19-15　三类资产及其组合对应的夏普比率（1695～2013 年）

总结

在过去 30 年间，趋势跟踪作为一种可选的投资策略，投资者对它的运用有所增多。我们使用了大约 800 年的市场数据，观察趋势跟踪策略的长期业绩表现。在过去的数个世纪中，从历史经验来看，趋势跟踪实现了显著的正收益、较高的夏普比率，并且，它与传统资产、通货膨胀和利率水平的相关性较低。趋势跟踪策略在危机期间能始终保持正收益，并且其业绩似乎与市场分化有关。从投资组合的角度来看，趋势跟踪与传统投资组合（例如 60/40 股票债券组合）相结合，能够显著提高风险调整后的收益。

附录：市场信息、相关假设与近似方法

分类	细分市场	分类	细分市场
商品市场	铝 布伦特原油 牛油 奶酪 煤 纽约可可 伦敦可可 咖啡 铜 玉米 棉花	商品市场	啤酒花 铁矿 瘦猪肉 活牛 麦芽 人造铁 天然气 镍 燕麦 橙汁 铂

(续)

分类	细分市场	分类	细分市场
商品市场	原油 饲养牛 法国金币（里弗尔） 法国银币（里弗尔） 瓦斯油 金 燃料油 小麦 硬红冬小麦 木 羊毛	商品市场	大米 黑麦 银 黄豆 豆浆 豆油 糖#11 白糖 烟草 锌
债券市场	加拿大银行承兑汇票 加拿大10年期债券 欧洲债券 欧洲美元 法国10年期债券 英国政府债券（金边债券） 日本国债 长期政府债券 荷兰10年期债券 短期英镑 英国联合债券 美国10年期国债 美国2年期国库券 美国30年期国库券 美国5年期国库券 威尼斯公债	货币市场	欧元/美元（德国马克/美元） 英镑/美元 汉堡马克币（法国巴黎版） 汉堡马克币（维也纳王冠版） 日元/美元 葡萄牙埃斯库多/美元 瑞典克朗/英镑 澳元/美元 加元/美元
		股票市场	澳大利亚标准普尔I200指数 CAS 40 德国DAX指数 E-mini标准普尔500指数 FTSE 100指数 恒生指数 意大利全市场指数 新加坡MSCI指数 中国台湾MSCI指数 东京股票交易指数
货币市场	加拿大元/英镑 瑞士法郎/美元 荷兰盾/英镑		

相关假设与近似方法

在对趋势跟踪进行长期研究时，为了简化分析，我们用到了几种假设和近似方法。这些假设和近似方法如下。

1. 期货价格优先：当期货市场收益率可用时，优先使用期货市场的收益率。

2. 股票和债券：无法获得期货数据时，我们在股票和债券市场上使用的是指数收益率，总收益率是基于适当的短期利率构建的。

3. 货币：针对货币市场，即期价格收益率根据两种相关货币的利差进行调整。如果无法获得利率水平，则直接使用货币的即期收益率，不做调整。

4. 商品：对于没有期货数据的商品，我们使用现货市场价格计算收益率。

5. 超额现金收益率：在分析中，我们不考虑抵押品和现金所获得的利息。

| 第20章 |

两个世纪以来的趋势跟踪策略[一]

伊夫·伦佩里（Yves Lempérière）

西里尔·迪布朗（Cyril Deremble）

菲利普·西格（Philip Seager）

马克·波特（Marc Potters）

让－菲利普·布绍（Jean-Philippe Bouchaud）

资本管理公司

[一] 本研究是资本管理公司（CFM）多年来的成果。在这里必须要感谢许多同事提供的见解，特别是 P. Aliferis、N. Bercot、A. Berd、D. Challet、L. Dao、B. Durin、P. Horvai、L. Laloux、A. Landier、A. Matacz、D. Thesmar、T. Tu、M. Wyart。

在很长的时间跨度内，我们基于4种资产类别（商品、货币、股票指数和债券）的趋势跟踪策略都存在显著的超额收益。我们使用了1960年以来的期货时间序列和现货时间序列进行研究，利用现货价格，我们可以将商品指数回溯到1800年。在考虑了这些市场的整体上升趋势之后，自1960年以来的超额收益的t统计量大约等于5，而自1800年以来的超额收益的t统计量大约等于10。在不同时间跨度和资产类别上，其效果都非常稳定。由此可见，趋势的存在已经是金融市场中最具统计意义的异常之一。在进一步分析趋势跟踪信号时，我们发现大的信号值明显具有饱和效应，这表明基本面交易者不会抵制"弱趋势"，会在信号变得足够强时介入。最后，我们研究了近期趋势跟踪的表现。我们没有观察到长期趋势有统计上的减少，但较短趋势已明显萎缩。

概述

市场真的有效吗？所有公共信息都已经包含在当前价格中了吗？如果真是这样，那么价格变化则是完全不可预测的，因为我们无法基于公共信息获得系统性的超额收益。经济学界为这一理论兴奋了数十年[1]，但随后，行为经济学家提出了深刻的质疑，他们提出了一系列的价格异常（Schwert, 2003）。在这些异常中，最著名的（可能也是最难解释的）要数席勒等人提出的所谓"过度波动之谜"（Leroy & Porter, 1981; Shiller, 1981）。奇怪的是，2013年诺贝尔奖委员会仍然宣布市场确实有效（正如获奖者尤金·法玛所声称的），但该理论实际上是"没有多大意义的"。（罗伯特·席勒就是这么评价的，而席勒和法玛都获得了诺贝尔奖！[2]更多有关此辩论的论文，请参阅de Bondt & Thaler（1985）、Black（1986）、Summers（1986）。）在长期存在的价格异常中，趋势起到了特殊的作用。

首先，市场有效靠的是将价格拉回"基本价值"的力量，而趋势与市场有效这一机制正好相反。其次，一种非常简单的趋势跟踪策略被证明是有效的，这种策略就是在价格上涨时买入，在价格下跌时卖出。它可能很简单（Covel,

2009），但它是商品交易的核心（CTAs; Bartas & Kosowski, 2012），该行业目前涉及的管理资金规模不低于3250亿美元（截至2013年第四季度），约占对冲基金行业总资金规模的16%，占期货市场日常成交额的好几个百分点（Mundt, 2014）。[3]这样的比例已经不算少了，因此宣称市场有效的人不能再对此视而不见，把趋势跟踪当成微不足道的。[4]此外，该策略还被广泛应用在各种资产中（指数、债券、商品、货币等），并在长期内获得正收益，这表明这种价格异动在很大程度上是普遍存在于各个时代和各种资产类别之中的。[5]从这一点来看，持有"外推预期"的投资者，他们在行为上似乎具有极端的、持久性的偏差，许多学术界的论文也论证了这一点。（参见 Bouchaud and Cont, 1998; DeLong et al., 1990; Greenwood and Shleifer, 2014; Hirshleifer and Yu, 2012; Hommes et al., 2008; Hong and Stein, 1999; Kent et al., 1998; Kirman, 1991, 1993; Smith et al., 1988 等。）

　　针对这种趋势上的异常现象，学术界已经有许多研究，并且已经明确了在过去几十年间，这一现象具有统计显著性（Clare et al., 2012; Szakmary et al., 2010）。最近的研究（Hurst et al., 2012）将时间跨度扩展到100年，发现该现象仍然存在。本文的目的是将时间跨度进一步扩展到200年，使用我们所有能使用的数据进行检验。我们发现，在两个世纪以来，这一现象非常稳定。据此，我们也进一步发现该现象在近期是减弱的（最近5年CTA业绩相对较差就证明了这一点）。我们的研究表明，最近这段时间与历史波动在统计上完全兼容。尽管我们不能排除最近一段时间是"趋势消失"的前兆，但从理论上讲，这种情况不太可能发生。我们提供了几种机制来解释趋势能在整个历史中存在并持续存在的原因。

　　请注意，趋势不仅存在于指数、债券、货币等市场中，而且在股票市场的横截面中也存在。所谓的动量特征（即买入过去的赢家、卖出过去的输家就能获得正收益），在数十年间、在不同地理区域中均具有统计显著性（参见 Barroso and Santa-Clara, 2013; Kent and Moskowitz, 2013; Narasimhan and Titman, 1993; 最近的研究也可参见 Narasimhan and Titman, 2011; Geczy and

Samonov, 2016）。尽管这方面也很有探讨的价值，并且它证明了趋势的普遍存在性（Asness et al., 2013），但在本文的研究中，我们不会涉及这一方面。

本文的整体框架如下：首先，我们定义用于本研究的趋势跟踪指标，并在可用的期货数据集上验证其统计显著性（我们从期货出发，是因为期货是趋势跟踪者在金融领域中的首选标的，而且，它们价格透明，由市场交易明确定义，而非特定计算的结果）；接下来，我们针对每种资产类别，尽可能地延长其回测时间周期；然后，我们会给出基于两个世纪数据测试的结果，说明趋势在长期是异常稳定的（我们在线性信号之外还进行了更深入的研究，我们发现，对于较大的信号值，趋势的可预测性已达到饱和，而这是市场长期稳定所必需的）；最后，根据这一长期模拟，我们会讨论趋势近期表现的显著性。

期货趋势跟踪：1960 年以来

衡量趋势

我们选择类似于给定风险的交易策略（不考虑交易成本）来定义趋势指标。更准确地说，我们首先将过去价格（不包括 $p(t)$ 本身）的指数移动平均值定义为指数衰减周期为 n 个月的时间 t 处的价格水平 $\langle p \rangle_{n,t}$。我们的回测区间很长，通常只能基于月度数据，因此我们使用的是每月收盘价。t 月开始时的信号 $s_n(t)$ 为

$$s_n(t) = \frac{p(t-1) - \langle p \rangle_{n,t-1}}{\sigma_n(t-1)} \qquad (20\text{-}1)$$

式中，波动率 σ_n 等于月度价格变化的绝对值的指数移动平均值，指数衰减周期为 n 个月。该策略买卖标的合约 α 的数量为 $\pm\sigma_n^{-1}$（买卖取决于 s_n 的正负号）[6]，我们用趋势的平均强度来衡量该策略损益（P&L）的统计显著性：

$$Q_n^\alpha(t) = \sum_{t'<t} \mathrm{sgn}[s_n(t')] \frac{p(t'+1) - p(t')}{\sigma_n(t'-1)} \qquad (20\text{-}2)$$

接下来，我们重点讨论 $n=5$ 的情形。这样，检验显然依赖于 n 的取值，当

然我们也可以有其他不同的检验方式。但是，各种情况下的结论都是稳健的，受统计检验方法、实行策略的影响不大（参见 Bartas and Kosowski, 2012; Clare et al., 2012; Szakmary et al., 2010）。

接下来，我们将 P&L 的夏普比率定义为平均收益率除以波动率，按照年化计算。P&L 不包括资本利息，而且考虑到期货是自融资标的，因此，我们计算夏普比率时无须减去无风险利率。P&L 的 t 统计量（即平均收益率明显不等于 0）为夏普比率的 $\sqrt{N}$ 倍，N 为以年为单位的策略执行的时间跨度。我们还将时间序列的漂移 μ 定义为标的日均收益，在不考虑融资成本的情况下，μ 代表了策略长期的盈亏。

资产池

我们希望证明趋势跟踪具有普遍效应，并不局限于任何一种资产，因此，我们会在尽可能大的资产池中测试信号。在实践中，这一点也很重要，因为分散化在 CTA 的执行中起着重要的作用。但是，我们的目标是对很长的历史时期进行趋势回测，因此我们需要主动将资产池限定在能获取较长数据集的范围内。这自然会使得我们很难将新兴市场纳入我们的考虑范围。因此，对于指数、债券和货币，我们仅考虑以下 7 个国家：澳大利亚、加拿大、德国、日本、瑞士、英国和美国。如果选择更大的资产池，我们能够进一步验证我们的结论。

我们还需要选择一个商品池。为了保持标的平衡，我们选择了以下 7 个有代表性的商品合约：原油、天然气、玉米、小麦、糖、活牛、铜。

总而言之，我们的资产池由 7 个商品合约、7 个 10 年期债券、7 个股票指数和 6 个货币合约组成。我们使用的所有数据均来自全球金融数据（GFD）。[7]

回测结果

我们的期货交易从 1960 年开始，主要涉及商品期货。从图 20-1 中我们可以看出，整体的业绩从时间维度来说是均匀分布的，总体 t 统计量为 5.9，是相当显著的（见表20-1）。夏普比率和 t 统计量仅弱依赖于 n 的取值（见表20-2）。

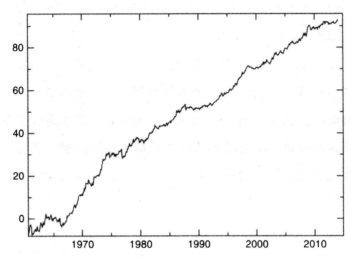

图20-1 对应于式（20-2）中的P&L，该模型涉及在多种期货池中的趋势跟踪策略（n=5）

t 统计量 =5.9（对应的夏普比率 =0.8），趋势修正后的 t 统计量 =5.0。

表20-1 自1960年以来时间跨度为 n（月）时的夏普比率、趋势的 t 统计量和趋势修正后的 t 统计量

时间跨度（月）	夏普比率（趋势）	t 统计量（趋势）	t 统计量（趋势修正后）
2	0.8	5.9	5.5
3	0.83	6.1	5.5
5	0.78	5.7	5.0
7	0.8	5.9	5.0
10	0.76	5.6	5.1
15	0.65	4.8	4.5
20	0.57	4.2	3.3

表20-2 n=5时，不同资产类别的夏普比率、趋势的 t 统计量、趋势修正后的 t 统计量、漂移量 μ 的夏普比率、漂移量 μ 的 t 统计量，以及对应数据的起始时间

资产类别	夏普比率（趋势）	t 统计量（趋势）	t 统计量（趋势修正后）	夏普比率（漂移量 μ）	t 统计量（漂移量 μ）	起始时间
货币	0.57	3.6	3.4	0.05	0.32	1973年5月
商品	0.8	5.9	5.0	0.33	2.45	1960年1月
债券	0.49	2.8	1.6	0.58	3.3	1982年5月
指数	0.41	2.3	2.1	0.4	2.3	1982年1月

但是，我们可能会认为，其显著性是因为在这些时间序列中，大多数都存

在着漂移量 μ（即股票价格会随着时间推移而上升）。因此，我们希望在计算 beta 时只关心趋势跟踪 P&L 去除漂移后的残差，从而消除这种"长期"偏差。但实际上，我们发现这样做导致的调整很小，因为趋势跟踪的 P&L 与多头策略仅有 15% 的相关性。按这种做法，趋势跟踪收益 t 统计量只会稍微降低至 5.0。

为了评估上述结果的显著性，我们按照不同资产类别、不同时期将其细分。如表 20-2 和表 20-3 所示，趋势跟踪策略的 t 统计量在所有资产类别、所有时间区间内均不低于 2.1，而修正后仍高于 1.6。如图 20-1 所示，其收益在所有资产类别和时期内均表现良好，这有力地证明了在金融市场中，趋势确实是普遍存在的。但有一个问题是，我们的期货历史只能回溯至大约 50 年前，而在这 50 年的前 10 年中仅有商品期货数据。为了测试上述结果的稳定性和普遍性，我们希望扩展时间序列以回溯到更早的时期，以便在不同的经济周期和不同的宏观环境中判断其表现。这是我们下一部分的研究目标，我们针对期货的研究有力地证实了该结果。

表 20-3　$n=5$ 时，策略的夏普比率、趋势的 t 统计量、修正趋势后的 t 统计量、漂移量 μ 的夏普比率、漂移量 μ 的 t 统计量（每 10 年计算一次）

时期	夏普比率（趋势）	t 统计量（趋势）	t 统计量（趋势修正后）	夏普比率（漂移量 μ）	t 统计量（漂移量 μ）
1960～1970 年	0.66	2.1	1.8	0.17	0.5
1970～1980 年	1.15	3.64	2.5	0.78	2.5
1980～1990 年	1.05	3.3	2.85	−0.03	−0.1
1990～2000 年	1.12	3.5	3.03	0.79	2.5
>2000 年	0.75	2.8	1.9	0.68	2.15

扩展时间序列：案例分析

现在，我们尝试为期货时间序列找到代理变量，我们希望它与最近的实际期货价格具有合理的相关性，并且可以让我们回溯的时间区间更长。自然地，我们会想到货币、股票指数、商品现货价格以及政府债券利率。我们将针对每一类资产分别进行检验。但在这之前，我们需要交代的是在使用历史数据时的一些重要限制。首先，我们认为趋势只会在允许自由交易的金融产品中出现，因为在这种情况下,价格才不会因国家的干预而扭曲。此外,我们需要一定的流动性,这样形成的价格才有意义。当我们回溯过去时,这两个条件(自由流通和流动性资产)实际上会限制我们的市场选择。

货币

对于期货时间序列,我们可以追溯到1973年。在此之前的一段时期(1944~1971年),货币体系根据布雷顿森林协定所规定的规则运作。根据协定,汇率与美元挂钩(保证金率为1%),而美元是唯一可以固定汇率和黄金兑换率的货币。因此,从时间序列来看,这其中没有任何趋势可言,价格都被限制在了参考值附近的一个很小的范围之内。

在更早之前,货币主导体系是金本位制。在这种制度下,货币的国际价值根据其与黄金的固定关系而定。黄金又被用于国际结算账户。在金本位制下,我们也不能指望会有趋势出现,因为货币的价值基本上取决于它与黄金的兑换率。20世纪30年代,许多国家退出了这一体系,货币出现大幅度贬值,试图挽救大萧条所造成的后果("以邻为壑"政策)。这也导致了对货币的大规模过度管理,同样几乎不可能找到任何真正的趋势。

总而言之,对于1973年之前外汇期货的时间序列,我们似乎不可能找到一种具有自由流通属性的数据来代替。

政府利率

政府债务(及政府债务违约)已经存在了多个世纪(Reinhart & Rogoff, 2009),但是为了观察利率趋势,我们还需要一个具有流动性的二级市场,人们可以在市场中进行债券交易。针对这个市场而言,流动性非常重要。的确,在历史数据可用的时期内,政府债务大部分都被用作战争筹款等特殊情况的融资方式。在其他历史时期,随着本金清偿或经济增长的冲销,债务水平会逐渐降低(债务相对于GDP的水平)。

比如,我们可以从图20-2中看到,从独立战争以来,美国国债在杰克逊总统任期内的1835～1836年几乎逐渐降至0。在美国内战期间，也就是1861～1865年，美国国债又出现了一次高峰，然后逐渐被增长冲销。一直等到第一次世界大战之前，我们才再次看到债务出现大幅度增加，这种情况一直持续到今天。除了澳大利亚的债务增长恒定，以及日本在日俄战争期间（1905年左右）出现转折点以外，其他4个国家的情况都与美国类似。从那时起，我们研究的7个国家都从未清偿其全部债务，并且大部分通过债券滚动，将上一次债务转移到下一次债券发行之中。

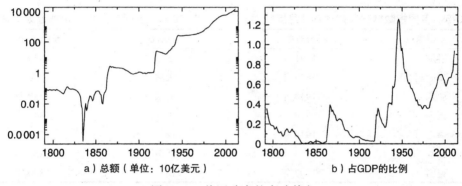

a）总额（单位：10亿美元）　　　b）占GDP的比例

图20-2　美国政府的全球债务

还有一个更微妙的观点，可以解释稳定的债券市场的出现：在20世纪初，货币政策（即印钞权）与执法权分离，归中央银行，按律独立于政治权力（见表20-4）。此举提升了人们对这些国家国债的信心，并使得随后的债务水平提高。

表20-4　中央银行垄断票据发行的起始时间

国家	起始时间
美国	1913年
澳大利亚	1911年
加拿大	1935年
德国	1914年
瑞士	1907年
日本	1904年
英国	1844年

在苏格兰和爱尔兰，英格兰银行并未形成垄断，但对享有票据发行特权的商业银行有监管权。

我们可以从中得出结论：1918年以前的债券市场不足以被称为具有"自由流通和流动性"属性的市场。因此，我们使用从1918年开始的利率时间序列。还应注意，我们将第二次世界大战及战后的日本和德国排除在外，因为那时它们在经济上实行了严格管控，从而导致了价格扭曲。

股票指数和商品

对于这两个领域，情况更为简单。在整个 19 世纪，股票和大宗商品市场一直活跃，因此，比较容易获得好的价格数据。从表 20-5 和表 20-6 中可以看出，在某些时序数据中，我们可以分析两个多世纪以来的趋势跟踪。除了我们未考虑的某些事件（例如第二次世界大战），或者是股市休市、原油价格固定的时期（20 世纪下半叶）以外，其他时期的时序数据质量相当好，价格一直处在变动之中（无跳跃值），不存在大的异常。

表 20-5　各国指数数据起始时间（月度数据）

国家	起始时间
美国	1791 年
澳大利亚	1875 年
加拿大	1914 年
德国	1870 年
瑞士	1914 年
日本	1914 年
英国	1693 年

表 20-6　各国商品现货价格起始时间

商品	起始时间
原油	1859 年
天然气	1986 年
玉米	1858 年
小麦	1841 年
糖	1784 年
活畜	1858 年
铜	1800 年

验证代理变量

我们现在想要验证从上述所选的时序数据（10 年期政府债券、股票指数和商品现货数据）中得出的收益结果，与从期货数据中得出的收益结果非常相似。如果是这样，我们就验证了它们作为代理变量的有效性，在接下来的部分中，我们就可以将模拟回测的时间区间扩展到 1960 年以前。在图 20-3 中，我们比较了两个数据集覆盖范围重叠的部分，用这部分数据进行期货价格和现货价格的趋势比较。从 1982 年开始，所有这些资产类别都有期货数据，期货与现货的相关性为 91%，我们认为这是可接受的高相关性。在表 20-7 中，我们展示了自 1960 年以来每个资产类别现货、期货的相关性，可以看到，股票指数和债券领域的相关性很高，而大宗商品的相关性较低，相关性为 65%。我们知道现货价格和期货价格之间的差额就是所谓的"持有成本"，但现货数据中没有这一数据，这一成本对商品价格影响很大，并且不固定。但是我们发现，现货和期货之间的相关性足以使结果有意义。在任何情况下，增加持有成本只会改善期货趋势的表现，有关现货数据趋势的任何结论在期货数据上都会被进一步强化。

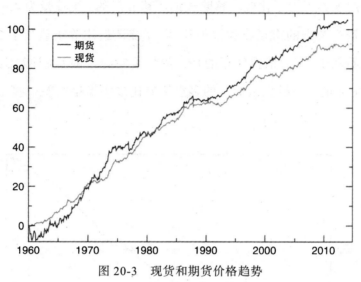

图 20-3　现货和期货价格趋势

自 20 世纪 60 年代后期（此后期货合约交易数量变得很大）以来，现货和期货总体趋势非常一致，现货平均斜率比期货略小。

表 20-7　趋势跟踪策略在现货和期货上的相关性

资产类别	现货与期货的相关系数
商品	0.65
债券	0.91
指数	0.92

尽管"持有成本"对商品有着重要影响，但其现货和期货的趋势仍然高度相关。

因此我们认为，使用现货数据来构建更长期的历史数据是合理的。我们认为，这样得出的收益将接近（无论如何都不会低于）真实期货市场的收益，因为期货市场的平均融资成本很低（见图 20-3）。

两个世纪以来的趋势

完全基于模拟的结果

由式（20-2）定义的趋势跟踪策略在整个时间段（两个世纪）中的表现如

图 20-4 所示。从直观上讲，我们观察到其业绩表现是显著为正的。我们发现其 t 统计量大于 10，而多头策略的（即"超额"收益率）的 t 统计量为 9.8，这也证实了我们的观察。为了比较，移除长期漂移 μ 后的 t 统计量为 4.6。如表 20-8 所示，每个资产类别的市场收益都很显著，t 统计量均等于或高于 2.9，去掉长期漂移后也不低于 2.7。值得注意的是，趋势策略的无偏 t 统计量实际上高于多头策略的 t 统计量，不过大宗商品的多空策略比多头策略要差一些（多空和多头分别为 3.1、4.5）。

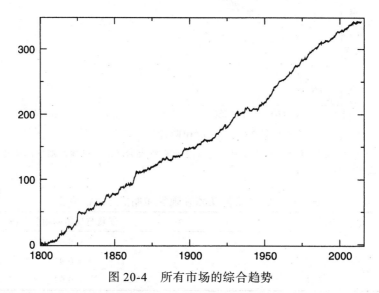

图 20-4 所有市场的综合趋势

t 统计量 =10.5，去除漂移后的 t 统计量 =9.8，夏普比率 = 0.72。

表 20-8 不同资产类别的夏普比率、趋势的 t 统计量、修正趋势后的 t 统计量、漂移量 μ 的夏普比率、漂移量 μ 的 t 统计量、每类市场的起始时间

资产类别	夏普比率（趋势）	t 统计量（趋势）	t 统计量（趋势修正后）	夏普比率（漂移量 μ）	t 统计量（漂移量 μ）	起始时间
货币	0.47	2.9	2.9	0.1	0.63	1973 年
商品	0.28	4.1	3.1	0.3	4.5	1800 年
债券	0.4	3.9	2.7	-0.1	-1	1918 年
指数	0.7	10.2	6.3	0.4	5.7	1800 年

两个世纪以来，趋势跟踪策略的收益非常稳定，这一点从图 20-4 可以明显看出。我们在表 20-9 中给出了不同时期收益的 t 统计量。实际上，样本中按 10

年切分的收益表现都是正的（见图20-7）。后半部分时期内策略的收益提高，这可能是由于越来越多产品的出现（实际上，进入20世纪以来，政府债券收益率和货币利率都变得更好）。

表20-9 不同时期的趋势和漂移量 μ 的夏普比率与 t 统计量

时期	夏普比率（趋势）	t 统计量（趋势）	夏普比率（漂移量 μ）	t 统计量（漂移量 μ）
1800～1850年	0.6	4.2	0.06	0.4
1850～1900年	0.57	3.7	0.43	3.0
1900～1950年	0.81	5.7	0.34	2.4
1950年后	0.99	7.9	0.41	2.9

对信号的进一步研究

深入研究式（20-1）定义的趋势跟踪信号 $s_n(t)$ 的预测性，我们会发现很多有趣的事实。抛开式（20-2）的 P&L 计算方式，我们可以将 $\Delta(t)=p(t+1)-p(t)$ 的散点图视为 $s_n(t)$ 的函数。用肉眼看，我们很难从噪声中找出数据的结构。但是，通过这些点的回归线会产生统计学上显著的斜率，即 $\Delta(t)=a+bs_n(t)+\xi(t)$，其中 $a=0.018 \pm 0.003$，$b=0.038 \pm 0.002$，ξ 是噪声项。$a>0$ 等价于多头策略平均而言是有利可图的，而 $b>0$ 则表明存在趋势。但是，我们不应该认定 Δ 和 s_n 之间存在的是线性关系，我们并没有这两者关系的先验知识。如果我们尝试三次回归，就可以发现 s_n^2 的系数很小，而 s_n^3 的系数明显为负，这表明信号越强，Δ 的变化越趋于平缓，正如图20-5中所展现的那样。但是，给定更大的 s_n 值，负三次方会预测更强的均值反转，这一点是令人怀疑的。因此，我们改用双曲正切函数对非线性特征进行建模（见图20-5）：

$$\Delta(t)=a+bs^{*}\tanh\left(\frac{s_n(t)}{s^{*}}\right)+\xi(t) \tag{20-3}$$

当 $|s_n|\ll s^{*}$ 时，函数关系近似线性；但当 $|s_n|>s^{*}$ 时，我们发现该非线性拟合比三次拟合和线性拟合的近似度都更高，对应的拟合值 $s^{*} \approx 0.89$，$b \approx 0.075$（在极限状态 $s^{*} \to \infty$，该拟合等价于线性拟合）。有趣的是，当 n 从2.5个月增加到10个月时，a、b 和 s^{*} 的值几乎保持不变。

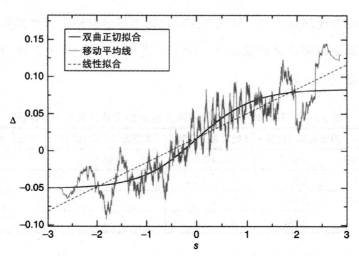

图 20-5　以 $\Delta(t)=p(t+1)-p(t)$ 作为 $s_n(t)$ 的函数的散点图及其拟合曲线，其中 $n=5$ 个月，仅针对期货数据

我们没有在图中展示所有的 240 000 个点，而是展示了沿 X 轴的 5 000 个连续点的移动平均值。图中还展示了线性和双曲正切拟合的结果。注意，正截距 $a \approx 0.02$，这表示总体上多头策略是正收益。双曲正切函数最好地拟合了数据，这表明较大信号值明显具有饱和效应。

对近期业绩的进一步观察

在过去几年中，趋势策略的收益变得更平缓（见图 20-6），这一点引起了 CTA 基金经理和投资者的广泛关注。抛开其他原因不谈，策略过于拥挤常常被认为是业绩较差的原因。我们现在希望能在长期模拟的背景下重新思考这些结论。

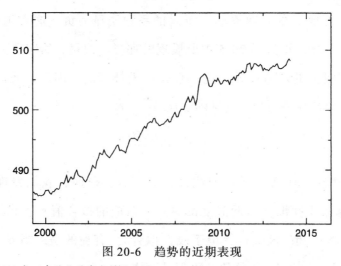

图 20-6　趋势的近期表现

该策略自 2011 年以来的收益率变得很平缓。

首先，历史夏普比率低于 0.8 的策略出现较长时间的回撤，这并不足为奇。实际上，对于夏普比率为 S 的策略，典型的回撤持续时间大约为 $1/S^2$ 年。这意味着，对于夏普比率为 0.7 的策略来说，典型的回撤持续时间为 2 年，而 4 年的回撤也不算异常（有关这一研究的更多信息，请参见 Bouchaud and Potters, 2003；Seager et al., 2014）。

其次，为了衡量最近的业绩到底是否显著异常，我们在图 20-7 中绘制了从时间 t–10 年到时间 t 之间的平均 P&L。我们发现，尽管目前收益略低于历史平均水平，但这绝非异常情况。实际上，我们能在 20 世纪 40 年代观察到比这更差的业绩表现。图 20-7 还表明，两个世纪以来，趋势交易的 10 年期收益率从未出现过负值，这再次有力地证明趋势跟踪是牢不可破的。

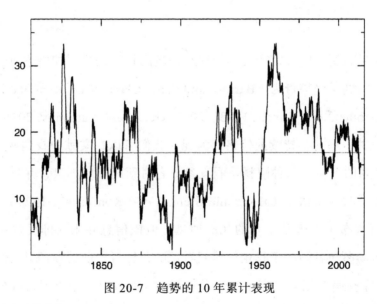

图 20-7　趋势的 10 年累计表现

水平线代表历史均值。

但是，以上结论仅适用于数月以上的长期趋势。而短得多的趋势（例如 3 天的趋势）自从 20 世纪 90 年代以来就已出现显著的衰减（见图 20-8）。这与元盛小组最近的一项研究完全吻合（Duke et al., 2013）。我们接下来将对上述观察结果做出初步的解释。

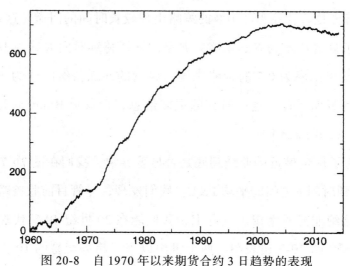

图 20-8　自 1970 年以来期货合约 3 日趋势的表现

自 2003 年以来，似乎 3 日趋势已经完全消失（甚至可能出现了逆转）。

解释

以上结果表明，所有资产类别均存在稳定的长期趋势。如概述所述，在单只股票中也观察到了趋势行为（Barroso and Santa-Clara, 2013; Kent and Moskowitz, 2013; Narasimhan and Titman, 1993、2011; Geczy and Samonov, 2016）。有什么可以解释这种普遍的、持续的价格行为呢？我们可以在文献中找到两种（可能是互补的）普遍的解释。一种解释是假设参与者对新闻反应不足，并且只能逐步地将可用信息反映在价格中（Hong and Stein, 1999; Kent et al., 1998）。一个例子是中央银行宣布了未来几个月的几次加息，但该信息并未立即反映在债券价格中，因为市场参与者倾向于只相信他们看见的，针对之前的预期只会缓慢地做出改变（"保守性偏差"）。一般而言，政策变化（如政府、中央银行或公司的政策变化）是缓慢、渐进式的。如果预期正确，政策变化就立即反映到了价格中。而假设预期与现实不吻合，价格会逐步朝着政策变化，这种惯性导致了趋势。

另一种解释是，市场参与者的预期直接受到过去趋势的影响：正收益使他们对未来价格持乐观态度，反之亦然。这样的"外推预期"得到了模拟市场"预测习得"实验的支持（Hommes et al., 2008; Smith et al., 1988），这表明线性外推是一种强有力的锚定策略。在信息难以破译的复杂世界中，趋势跟踪

（包括"羊群效应"）就成了一种"快速而简便"的启发式方法（Gigerenzer and Goldstein, 1996），从而使得大多数人趋之若鹜（Bouchaud, 2013）。调查数据也证实了这一点（Greenwood and Shleifer, 2014; Menkhoff, 2011; Shiller, 2000）。[8] 事实上，基于参与者的模型研究表明，趋势跟踪和资产定价基本定理之间的不平衡，对于解释某些经典事实，诸如厚尾分布和波动性聚集至关重要（可以参见 Barberis et al., 2013; Giardina and Bouchaud, 2003; Hommes, 2006; Lux and Marchesi, 2000）。[9] 显然，对趋势的感知可能会导致正反馈交易，而这一点会增强趋势而非减弱趋势（Bouchaud and Cont, 1998; DeLong et al., 1990; Wyart and Bouchaud, 2007）。

最后，我们注意到，趋势在 CTA 管理的资产规模出现井喷式增长前就已存在。数据表明，CTA 既没有使主要金融市场中长期趋势的强度大幅增加，也没有使其大幅减少。虽然近期趋势跟踪的收益下降，在统计上并不显著（可能归因于趋势策略的过度拥挤），但目前我们尚不清楚这种情况在"外推预期"的情况下是如何发生的，因为这种情况按理说是自我强化的（可参见 Wyart 和 Bouchaud 在 2007 年建立的显式模型）。另外，如果"反应不足"是金融市场中趋势的主要驱动，那么趋势就确实可能会消失，因为市场参与者能够更好地预测长期政策变化（或者说决策者变得更容易被预测）。尽管如此，行为金融对趋势的经验性证据更倾向于支持外推预期的解释，而不是反应不足。如果能够建立一个更细致的行为模型，解释趋势信号为何在较大值时会饱和（见图 20-5），这将会是很有意义的研究。一种可能的解释是，当价格趋势变得更加明显时，基本面交易者也开始介入，这会使得趋势跟踪者造成的影响减弱，但趋势跟踪者仍然身处强势趋势之中（类似研究参见 Bouchaud and Cont, 1998; Lux and Marchesi, 2000; Greenwood and Shleifer, 2014）。

结论

在本研究中，我们通过研究趋势跟踪策略在很长时间范围内的所有资产类别的业绩表现，证实了超额收益的存在。我们首先按照惯例研究了期货，然后研究了可以追溯到很久以前的数据。我们仔细地验证了我们的方法是正确的，特别是通过比较最近时期的数据，我们确认了所使用的现货数据与期货具有强相关性和相似的波动性。我们发现唯一无法扩展历史数据的领域是外汇交易，因为汇率自由浮动还是一个相当新的事物。我们发现，趋势在我们所研究的所有金融市场中，一直是非常持久的特征。若只考虑多头策略的收益，自1800年以来的超额收益总体 t 统计量也可达到10左右。此外，与趋势相关的超额收益不与任何类别的风险溢价相关（Lempérière et al., 2014; Narasimhan and Titman, 2011）。在不同时间和不同资产类别上，其性质都非常稳定。因此，趋势是金融市场上最具统计显著性的异常之一。在进一步分析趋势跟踪的信号时，我们发现较大信号值明显具有饱和效应，这表明基本面交易者并不会试图抵制"弱趋势"，而是可能在信号变得足够强时介入。

我们研究了趋势最近表现平庸的统计显著性，发现这其实与长期历史回测是吻合的。因此，我们的分析并未支持"长期趋势跟踪策略已经很拥挤"的解释，而是与我们对"CTA仅占市场总量的百分之几"的判断是吻合的。当然，关于趋势的行为金融学解释，尤其是"外推预期""反应不足""保守偏见"等方面的解释，对我们在趋势跟踪策略长期可行性的看法上有所裨益。实际上，策略拥挤对趋势跟踪策略失效的影响并不明显，因为基金管理者会试图在竞争中领先，而更多的趋势跟踪者应该会使趋势加速。然而，如图20-8所示，更短的趋势在最近几年中实际上已逐渐消失，而且，并未出现趋势有所加强的中间时期。提出一个合理的机制来解释这些短期趋势为何会消失，这对于理解金融市场趋势的未来将很有价值。

| 第 21 章 |

趋势跟踪：质量而非数量

安东尼·托德（Anthony Todd）
马丁·卢埃克（Martin Lueck）

宽立资本

概述

投资者通常会利用分散投资的力量，通过组合不同的策略（有相似的风险和回报特征），使所产生的分散化组合能提高整体的风险调整后收益。在本文中，我们将讨论这一方法是否适用于趋势跟踪模型。趋势跟踪模型所使用的方法多种多样，我们将考虑一些常用的方法，研究将其中的几种组合在一起是否能提高业绩表现，或者我们能否发现更好的方法来构建趋势交易系统。

我们的研究表明，如果趋势跟踪模型的频度类似、相关性高，那么使用它们所构建的投资组合所能产生的分散化收益是很有限的。我们的研究还指出，更好的趋势跟踪方法是应用一套整体的方法，从许多种不同的技术中捕捉各自最有效的特征，并将其集成到单个高质量的模型中。宽立资本所使用的趋势跟踪模型正是这样的，我们通过结合多种不同方法的优势，多年以来在研究创新中不断进化。

各类趋势跟踪模型简介

在本文中，我们考虑一组趋势跟踪模型，共有 13 个。所有模型均在 146 个市场上进行投资，并设置了相应的参数，以使它们都能捕捉到持续两三个月的中期趋势，并产生类似的年化收益率和波动率。从我们的研究目的出发，在本文中，我们不考虑交易成本的影响，因为我们关注的只是各种趋势跟踪方法之间的差异，而且交易成本对类似的交易模型所产生的影响也基本相同。

这 13 个模型的来源各异，但都属于公开的策略。它们包括 20 世纪 80 年代流行的"海龟交易"模型、近年来学术论文中经常引用的模型，以及许多其他著名的趋势捕捉技术，包括时间窗口、移动平均线、技术指标以及其他统计方法。

图 21-1 比较了这 13 个模型在 1999 年 1 月至 2016 年 6 月的业绩数据，图 21-2 比较了模型的信息比率，衡量在给定风险水平下的收益率。不同模型的性能大体一致，13 个趋势跟踪模型在模拟测试中获得的平均信息比率为 0.95，最

大值为 1.10。

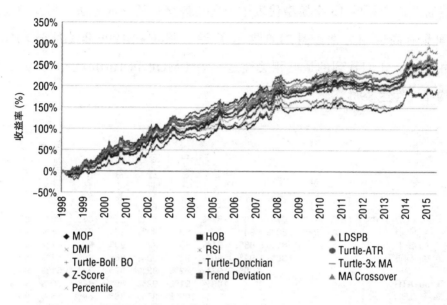

图 21-1　趋势跟踪模型的模拟业绩（1999 年 1 月～2016 年 6 月）

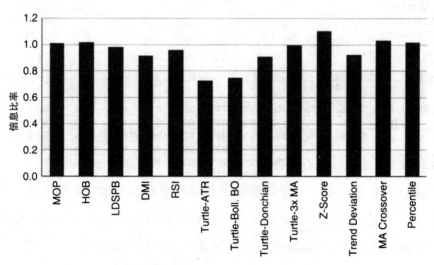

图 21-2　趋势跟踪模型风险调整后收益的信息比率（1999 年 1 月）

趋势跟踪模型的分散化

当具有相似风险和收益的不同策略被组合在一起时，我们期望能够通过分散化带来较低的波动性，从而获得更好的风险调整后收益。在本节中，我们将研究多个趋势跟踪模型的组合模型是否能够提高业绩表现。

尽管我们介绍的 13 个模型代表了中期趋势交易的一般方法，但我们发现模型之间具有高度相关性。图 21-3 展示了 13 个模型在 1999 年 1 月至 2016 年 6 月的相关性。我们看到的最低相关性是 67%（MOP 和 Turtle-ATR 模型），模型的平均相关性达 89%。

	MOP	HOB	LDSPB	DMI	RSI	Turtle–ATR	Turtle–Boll.BO	Turtle–Donchian	Turtle–3x MA	Z–Score	Trend Deviation	MA Crossover	Percentile
MOP	100%	86%	90%	67%	75%	67%	71%	67%	81%	86%	80%	83%	85%
HOB		100%	95%	88%	94%	90%	89%	90%	94%	95%	93%	97%	95%
LDSPB			100%	81%	88%	81%	83%	82%	90%	92%	87%	94%	91%
DMI				100%	94%	90%	92%	90%	86%	88%	87%	89%	88%
RSI					100%	92%	92%	93%	92%	92%	91%	94%	94%
Turtle–ATR						100%	91%	92%	89%	88%	89%	91%	89%
Turtle–Boll.BO							100%	88%	88%	89%	88%	90%	88%
Turtle–Donchian								100%	85%	91%	83%	92%	90%
Turtle–3x MA									100%	90%	96%	94%	93%
Z–Score										100%	89%	97%	96%
Trend Deviation											100%	93%	92%
MA Crossover												100%	95%
Percentile													100%

图 21-3　在模拟测试中趋势跟踪模型之间的相关性（1999 年 1 月～2016 年 6 月）

我们的第一步关注的是，组合模型是否更好。图 21-4 展示了组合模型的业绩，该策略是所有 13 个模型的简单平均值，它是通过将模型每天的收益混合在一起得到的（其波动性略有下降）。

从图 21-4 中可以看出，平均策略的收益与某些模型的收益差不多。其信息比率为 1.00，仅略高于各个模型信息比率的平均值 0.95。由于各个模型之间的相关性很高，因此将它们组合在一起所带来的多样化收益很小。

为了进一步研究，我们使用 13 个模型构建组合时考虑了所有等权构建的情况，并计算了在组合模型数量变化时，风险调整后收益的均值。我们从单一模型（可以从 13 个模型中任取 1 个）开始，依次增加到 2 个、3 个、4 个的等权组合，直到 13 个模型的最终组合。如图 21-5 所示，值得注意的是，分散化对风险调整后收益的影响微不足道，因此，尽管组合模型使用了分散化，但并没有什么好处。

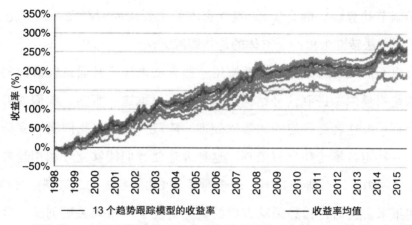

图 21-4　所选的 13 个趋势跟踪模型的收益率及其均值（1999 年 1 月～2016 年 6 月）

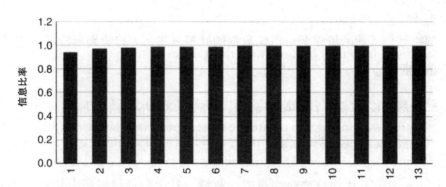

图 21-5　不同数量趋势跟踪模型的组合对应的平均信息比率（1999 年 1 月～2016 年 6 月）

趋势跟踪：宽立资本的方法

上一节的结果表明，由于不同趋势跟踪模型的相关性很高，在其中做分散化投资是不切实际的。相反，宽立资本则采用整体观点，既然目标是最大化趋势跟踪的业绩，那么最好的办法就是构建最佳的单一趋势跟踪模型，并集成多种不同模型的特性。

宽立资本的趋势跟踪模型是经过了多年严格的、科学的、基于假设的研究，最终开发出来的，我们把多种不同模型的特性整合到一个经过深入研究的框架中（本文所提到的宽立趋势跟踪模型在宽立资本的分散化投资中占到了 80% 的比例，剩余的 20% 仓位用于其他互补的系统模型。这些模型经过我们的精心设计，用于调节趋势跟踪的仓位）。宽立资本的主要研究创新之一，就是在2005年从多模型方法转变为单一、整体的趋势跟踪方法。

举个例子，某些趋势突破模型使用一些方法来计算其通道突破的阈值，但它们用的是粗糙的二进制信号结构进行计算。根据这一观察，我们能够更彻底地利用数据——这就是我们的"数据处理"阶段，并且，我们能够完善趋势跟踪模型，对特定市场走势进行处理。这种方法使我们能够充分利用趋势突破模型的分散化能力，同时避免其不太理想的部分（比如粗糙的二进制信号结构）。

这些年来，我们在趋势跟踪方面的研究实现了一系列关键创新，具体可以总结成以下三个阶段。

- 数据处理：此阶段涉及对市场数据的处理方式，为趋势判断阶段创建最合适的数据集。
- 趋势判断：此阶段过滤处理的数据，衡量趋势的强度和方向。
- 仓位对应：有了适当的趋势判断后，将其对应到适当的持仓上。

图21-6展示了宽立趋势跟踪模型的业绩，其中包括投资组合构建、头寸调

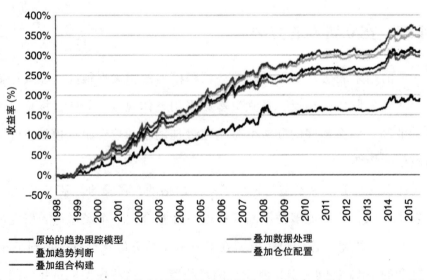

图21-6 宽立趋势跟踪模型所带来的业绩提升（1999年1月～2016年6月）

整合风险管理流程，但它基于的是一种简单的趋势跟踪模型。简单的趋势跟踪模型类似于之前的 13 个模型。从图中我们可以看出，宽立资本的改进能够让这一简单模型的收益得到增强。每一种增强都能持续增加趋势跟踪模型的价值。测试中模型的信息比率也从基本模型的 0.76 稳定上升到宽立趋势跟踪模型的 1.41。

宽立趋势模型与其他模型的比较

我们使用的方法是观察趋势跟踪的不同特征，从中学习，并据此将创新的部分整合到我们的模型中。这是宽立资本进行系统投资的关键部分。我们认为，这种方法优于将多个不同趋势跟踪模型结合在一起的做法。

在图 21-7 中，我们将 13 个模型与宽立资本的趋势跟踪模型进行了比较，后者是我们在近 20 年的研究中开发出来的。我们看到，在测试期内，宽立模型的整体趋势要优于所选的 13 个模型。其信息比率达到 1.41，同样优于其他模型。

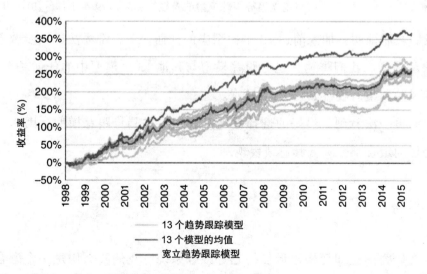

图 21-7　宽立趋势跟踪模型与其他模型的业绩对比（1999 年 1 月～2016 年 6 月）

上述业绩对比证明，如果我们想通过趋势跟踪获得最佳收益，那么最好的构建方法可能是选择最佳的单一趋势跟踪模型,然后以此为基础集成各种模型的特性,而不是依赖于不同模型的分散化。

此外,如果将回测时间按 5 年细分,那么,如图 21-8 所示,我们可以看到宽立资本所用的特性集成在每个时间窗口的表现都优于其他模型。相比之下,其他 13 个趋势跟踪模型,在不同的时间窗口期内,其收益几乎没有持续性。

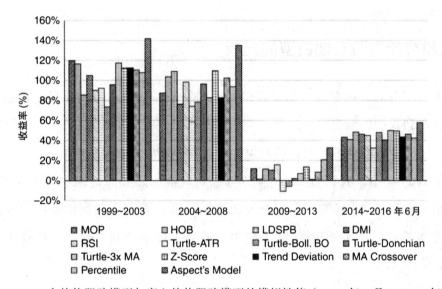

图 21-8　13 个趋势跟踪模型与宽立趋势跟踪模型的模拟性能(1999 年 1 月～2016 年 6 月)

我们最后证明:加入前述 13 个模型中的任何一个,都无法进一步改善宽立趋势跟踪模型。我们将宽立趋势跟踪模型与其他 13 个模型中的任何一个组合,得到的风险调整后收益如图 21-9 所示。

我们再一次看到,最好的选择就是只使用宽立趋势跟踪模型,因为与其他模型的任何组合都会降低其业绩表现。

结论

本文研究的是如何构建最佳的趋势跟踪系统,我们要么构建一个融合各个模型最佳特征的高质量模型,要么采用多模型组合方法进行趋势跟踪,依靠模型之间的分散化来改善整体风险收益状况。

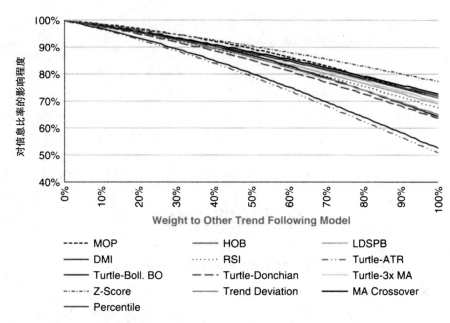

图 21-9　加入其他趋势跟踪模型时，宽立趋势跟踪模型信息比率的变化
（1999 年 1 月～ 2016 年 6 月）

我们考虑了各种不同的系统模型（它们都捕捉中期趋势），并且研究了这些模型的不同组合，以探究是否组合模型能够提供最佳收益。但由于策略之间具有高度相关性，我们发现，实际上，这样做几乎没有实现分散化。

总之，根据构成趋势跟踪投资组合的模型数量，并不能衡量其优势。最好的方法是采用单一的、经过充分研究的趋势跟踪模型，它能在一致的框架中集成许多不同趋势跟踪模型的关键特性。在这方面，宽立资本进行了持续研究，按照这一方法不断增强模型的业绩表现。

免责声明

我们所选的 13 个趋势跟踪模型以及宽立资本分散化投资的结果均基于一定的模拟或假设，得到的业绩结果具有一定的局限性。其结果与实际业绩记录不一致，并不代表实际交易结果。同时，过去的业绩也不代表未来的收益。

| 第 22 章 |

交易策略评估 ⊖

坎贝尔·哈维（Campbell R. Harvey）

Yan Liu

⊖ Campbell R. Harvey, Duke University, Durham, NC USA 27708; National Bureau of Economic Research, Cambridge, MA USA 02138; and Man Group, PLC, London, UK EC4R 3AD. Yan Liu, Duke University, Durham, NC USA 27708 and Texas A&M University, College Station, TX USA 77843. Version: August 25, 2014. First posted to SSRN: July 31, 2014. AHL 研讨会参与者及 Marco Buchmann 的评论对本文亦有贡献。

图 22-1[1]展示的是一种备选交易策略的预期收益曲线。尽管在第一年时，该策略出现了小幅亏损，但一直到 2014 年，该策略整体上都是持续盈利的。可以说策略的历史回撤很小。关键是，该策略在金融危机期间也表现良好。总体而言，它很有吸引力，许多投资经理追求的正是这样的策略。

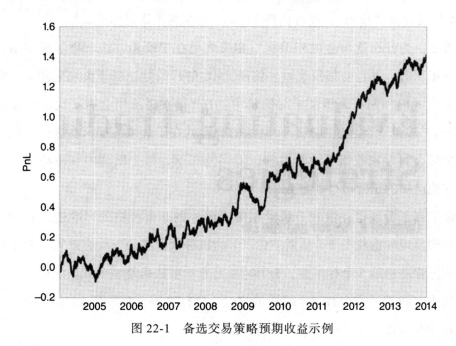

图 22-1　备选交易策略预期收益示例

我们的研究（参见 Harvey & Liu, 2014; Harvey, Liu & Zhu, 2014）提供了一些用于评估类似于图 22-1 所示策略的工具。事实证明，仅用平均收益、收益持续性和回撤比例，还不足以全面地评价一种策略。

其他科学领域的检验

在介绍我们的方法之前，我们需要先往后退一步，看看是否可以从其他科学领域借鉴什么。尽管机器学习对于投资管理领域来说相对还比较新，但是在其他科学领域中，类似的需要大量检验和评估的场景由来已久。我们可能需要从金融之外的领域，捕捉一些和金融有关的洞见。

我们的第一个例子是希格斯玻色子，这一话题在 2012 年被广泛报道。该粒子于 1964 年首次以理论形式被提出，同年，威廉·夏普发表关于资产定价模型（CAPM）的论文。[2] 对 CAPM 的首次检验是在 8 年后[3]，而夏普则于 1990 年获得诺贝尔奖。对彼得·希格斯而言，这是一条漫长的道路。完成大型强子对撞机（LHC）检验耗时数年，耗资约 50 亿美元。[4] 终于，希格斯玻色子于 2012 年 7 月 4 日被宣布"找到"，而希格斯于 2013 年获得了诺贝尔奖。[5]

那么，为什么这与金融相关呢？相关之处在于检验方法。科学家知道，这种粒子很稀有，并且会很快衰减。使用 LHC 的目的是让粒子束发生碰撞。从理论上讲，我们预期在大型强子对撞机中，100 亿次碰撞中会有 1 次出现希格斯玻色子。[6] 玻色子会迅速衰减，而测量的关键就在于衰减特征。在进行了亿兆次碰撞之后，科学家收集了大量数据。但问题在于，每个所谓的衰减特征也可能是由其他已知的正常事件所导致的。

为了真正验证这一发现，科学家决定用一种非常严格的标准进行检验。他们观察到出现候选粒子（希格斯玻色子）的事件数量必须与没有新粒子的事件数量的相异程度达到 5 个标准差。5 个标准差通常被认为是一个严格的标准。在金融领域中，我们通常会接受 t 统计量超过 2 个标准差（而不是 5）的发现——有一家对冲基金就是以 Two Sigma 命名的。

并非只有量子物理需要克服如此大的困难。让我们想想生物遗传学方面的研究。在遗传关联研究中，研究人员试图将某种疾病与人类基因联系起来，要想做到这一点，他们就要检验疾病与基因之间的因果关系。鉴于有超过 20 000 种可表达的人类基因，必然就会涉及多重检测的问题。更具挑战性的是，疾病通常不是由单个基因引起的，而是由多个基因之间的相互作用引起的。算上所有可能性，测试的总数很容易超过 100 万。考虑到如此大量的测试，必须采用更严格的标准。在常规阈值的情况下，有一大堆看上去是显著影响的研究，最后发现都是不可复现的。[7]

举个例子，最近在《自然》杂志上的一项研究称，他们找到了帕金森病的两个遗传关联。[8] 他们测试了大约 100 万个基因序列与疾病的潜在关联。根据所进行的大量检验，如果按照常规标准，数以万计的基因序列可能都会影响该疾病。但我们需要更严格的标准，减少出现错误的可能性。实际上，从检验中识别出的基因位点的 t 统计量超过 5.3。

还有很多这样的例子，比如说寻找系外行星等。这些例子都有一个共同点，那就是待检验假设很多，因此我们需要较高的阈值。对于希格斯玻色子来说，可能要进行数万亿次检验。生物遗传学研究也是如此，存在数百万种可能的组合。通过多重检验，我们才有机会确认那个绝妙的发现。

重新评估候选策略

让我们回到图 22-1 中的候选交易策略。该策略的夏普比率为 0.92。有一个简单的公式可以将夏普比率转换为 t 统计量[9]：

$$t \text{ 统计量} = \text{夏普比率} \times \sqrt{\text{年数}} \tag{22-1}$$

在这种情况下，对应的 t 统计量为 2.91。这意味着在收益率为零的原假设下，观察到这样的收益率的统计显著性约为 3 个标准差。3 个标准差的事件（假设服从正态分布）发生的概率仅为 1% 左右。这意味着我们的交易策略只是巧合的概率小于 1%。

但是，我们在统计分析上犯了一个根本性的错误。我们的巧合百分比成立的条件是基于一个独立检验。这也就是说，我们只检验了一种策略。但在我们这里，不太可能是这种情况。LHC 肯定也不是这种情况，他们会检验数万亿次。进行多重检验，我们就需要调整统计显著性的阈值。这就是 LHC 研究人员使用 5 个标准差规则的原因，也正是生物医学研究人员寻找 4 个标准差事件的原因。

多重检验在金融领域中也很重要，但几乎没有人在检验方面做过什么改进。图 22-2 展示了 200 种随机生成的交易策略的收益[10]。

图 22-2 中的所有交易策略的收益都是随机生成的。我们假设年波动率为 15%（与标准普尔 500 指数相同），平均收益率为 0。图 22-1 中用粗线展示的"候选交易策略收益"正是图 22-2 中的最佳策略收益（用粗线表示）。

需要明确的一点是，图 22-2 中的所有策略收益都基于随机数而非实际收益。尽管图22-1中的候选交易策略似乎很有吸引力，但这只是侥幸。一般我们用到的统计分析工具会认为这一策略是"有效的"。我们将在本文提供一种检验方法，认定夏普比率为0.92的这一候选交易策略是无效的。

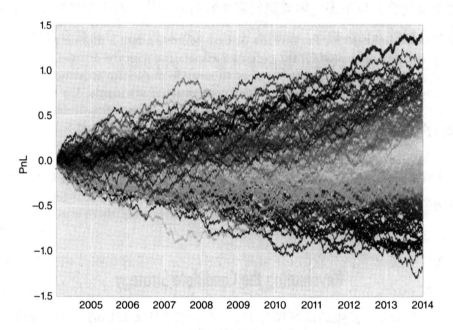

图22-2 200种随机生成的交易策略收益

对多重检验进行更正至关重要。我们来思考一个与上述示例有些相似的简单例子。假设我们对预测Y感兴趣。我们提出了一个候选变量X。我们进行了回归分析，得出t统计量为2.0。假设以前没有其他人尝试过预测Y，那么我们可以把它作为单一检验，并且称X在5%的水平上显著。现在，让我们重新思考这个问题。假设我们仍然要预测Y。但是，现在我们有20个不同的X变量，X_1，X_2，…，X_{20}。假设在这些变量中，有一个变量的t统计量达到了2.0，那么它是一个真正的预测指标吗？可能不是。随机地尝试许多变量时，可能总会碰对几个。

再举一个多重检验的经典示例。假设你收到经纪人推荐股票的邮件。邮件让你记录所推荐股票的收益。邮件中只推荐一只股票，要么推荐多头，要么推荐空头。你会连续10周，每周都收到一封电子邮件。而邮件的预测每周都是正确的。过去的记录相当不错，因为发生这种情况的可能性很小（$0.5^{10}=$

0.000 976）。按常规统计学理论判断，这一概率已经很小了（经纪人没有水平，只是靠碰运气蒙对的概率只有 0.000 976）。你可能会请这位经纪人来帮你交易。

而实际上的策略是什么呢？经纪人随机挑选股票，最初，他发送了 100 000 封电子邮件，其中 50% 说多头，50% 说空头；如果股票价格上涨，则下周的邮件列表将减少为 50 000（仅发送给上周给出了多头建议的人）。列表每周递减 50%，到第 10 周结束时，将还剩 97 个人连续获得了 10 次正确预测的"惊人"记录。

如果这 97 个人意识到经纪人是这么做的，他们就会发现 10 次正确也不过如此。的确，$100\,000 \times 0.5^{10}$ 就等于 97。这不是靠技能，完全是随机的。

这一思考还有许多应用。比如，我们在评估基金经理时就可以用上。假设有 10 000 多名基金经理，你希望挑出某些年复一年表现出色的基金经理。[11]但实际上，如果基金经理随机选择策略，你至少也能在其中挑出 300 名连续 5 年表现出色的。

我们的研究为处理这些多重检验问题提供了一些指导。

多重检验：两种观点

解决统计中的多重检验问题有两种主要方法，被称为"总体错误率"（the family-wise error rate，FWER）和"伪发现率"（the false discovery rate，FDR）。两者之间的区别非常直观。

在考虑总体错误率时，出现单次伪发现是不可接受的。这种检验采用的是非常严格的规则，这在某些情况下是完全适用的。使用 FWER，1 次伪发现在 100 次检验中是不可接受的，在 1 000 000 次检验中同样不可接受。相比之下，伪发现率则是从比例上判断是否"不可接受"。例如，假设在 100 次检验中出现 1 次伪发现是不可接受的，那么在 1000 次检验中出现 10 次同样是不可接受的。FDR 不如 FWER 那么严格。

那么，哪种方法更合适呢？这取决于要用来做什么。例如，"火星一号"计划在 2024 年进行火星载人实验，并增加着陆的次数。[12]在执行任务期间，出现任何关键部件的故障都是不可接受的。一次伪发现就意味着一次严重的失败（我们觉得它的零部件是好的，但可能是坏的，就像我们认为投资经理不错，但可能并非如此）。

最著名的 FWER 方法被叫作 Bonferroni 检验。这也是实现起来最简单的一种检验。我们从单次检验取 2σ 开始。2σ 对应的 t 统计量约为 2.0。其含义是，单次伪发现的概率仅为 5%（请记住，单次伪发现是不可接受的）。同样，我们可以说，我们有 95% 的信心说没有出现伪发现。

现在假设将检验次数增加到 10。Bonferroni 检验会针对检验数量进行调整。考虑到检验可能会随机出现显著性结果，因此随着检验数量增加，Bonferroni 需要提高置信度。因此，我们要取的显著性水平不是 5%，而是应该用 5% 除以检验次数，即 5%/10 = 0.5%。也就是说，你需要通过 10 次检验，在 99.5% 的置信度下，不会出现任何伪发现。就 t 统计量而言，Bonferroni 要求 10 次检验的 t 统计量至少为 2.8。对于 1000 次检验，t 统计量必须超过 4.1。

但是，Bonferroni 检验存在三个问题。第一个问题是在 FWER 和 FDR 中都存在的问题。我们要做的是评估交易策略，而不是登上火星。做错了交易可能会让你事业受挫、金钱受损，但这不太可能是生死攸关的问题。当然，也可能有人不是这么认为的。

第二个问题与检验之间的相关性有关。使用 10 个高度相关的变量，和使用 10 个完全不相关的变量是有很大差异的。考虑极端情况，如果 10 次检验的相关性为 1，那就相当于 1 次独立检验。

第三个问题是 Bonferroni 检验忽略了重要信息。自从 Holm（1979）的研究以来，我们注意到各个检验统计量中包含着信息，我们可以用这些信息来提高检验的准确性。[13] Bonferroni 检验忽略了这些信息，用最开始的显著性水平除以检验次数来得到粗略的统计值。

让我们先来解决第三个问题。Holm（1979）提供了一种处理检验统计量信息的方法。假设我们现在有 10 次检验。我们知道，Bonferroni 方法对每次检验设定的阈值会是 0.005，即 0.5%。

Holm 方法则首先按照 p 值从最低（有效程度最高）到最高（有效程度最低）对检验进行排序。我们记序列中的第一次检验为 $k = 1$，最后一次为 $k = 10$。从第一次检验开始，Holm 函数会进行如下计算：

$$pk = \frac{\alpha}{M + 1 - k} \tag{22-2}$$

其中 α 是本例中的显著性水平（0.05），M 是检验总数。

假设本例中最显著的检验对应的 p 值为 0.001。从 Holm 函数的计算中，我们得出 $0.05/(10 + 1 - 1) = 0.005$。Holm 函数计算得出的值就是 p 值的阈值（观察到的 p 值必须小于该阈值）。第一次检验对应的 p 值为 0.001，那么就通过了检验。请注意，第一次检验的阈值与 Bonferroni 相同。但是，Bonferroni 的所有检验用的都是同一个阈值，而在 Holm 下，其他检验的阈值则有所不同，例如，第二次检验为 $0.05/(10 + 1 - 2) = 0.0055$。

从第一次检验开始，我们依次比较 p 值和对应的阈值。当我们首次遇到 p 值无法通过检验时，我们将拒绝该检验及之后 p 值更高的检验。

Holm 检验能从检验统计量的分布中获取信息。Holm 检验不如 Bonferroni 严格，因为在第一次检验后，其检验通过的条件有所放松。但是，Holm 检验仍然属于 FWER 的范畴。接下来，我们将探索另一种方法。

如前所述，伪发现率的方法允许按预期的比例出现错误（参见 Benjamini and Hochberg, 1995; Benjamini and Yekutieli, 2001）。因此，它不如 Bonferroni 和 Holm 检验那么严格。这种方法实现起来也很容易。类似地，我们需要先对检验进行排序。BHY 公式为：

$$Pk = \frac{(k * \alpha)}{M * c(M)} \tag{22-3}$$

其中，$c(M)$ 是一个随 M 单调递增的简单函数，当 $M = 10$ 时，$c(M) = 2.93$。[14] 与 Holm 检验相反，我们会从最后一次检验（有效程度最低）开始，并根据 BHY 公式进行计算。

对于最后一次检验，$k = M = 10$，BHY 计算得到的阈值为 $0.05/c(10) = 0.05/$

2.93 = 0.0171。对于倒数第二次检验，$k = M - 1 = 9$，BHY 的阈值为 $9 \times 0.05/10 \times 2.93 = 0.0154$。请注意，这些阈值比 Bonferroni 方法给出的阈值 0.0050 更大（因此条件也更宽松）。

从最后一次检验开始，我们依次将 p 值与其阈值进行比较。当首次出现其 p 值降至阈值以下时，我们就认为该检验及之后 p 值更低的检验有效。

与 Holm 检验类似，BHY 也依赖于检验统计量分布的信息。但是，Holm 检验是从最显著的检验开始，而 BHY 则相反，从最不显著的检验开始。[15] 通常来说，在 BHY 下我们能接受更多的发现，其原因是 BHY 允许按照预期比例出现伪发现，这比 FWER 对伪发现的要求要低。我们认为，BHY 方法最适合用于评估交易策略。

伪发现和未发现

到目前为止，我们已经讨论了可能是错误的"伪发现"，这些交易策略看上去有利可图，但实际上毫无意义。多重检验需要调整显著性的阈值，因为某些显著的检验会是运气的结果。但这样做的缺点是，我们可能会忽略某些真正重要的策略，因为它们没有达到更严格的阈值。

这是 I 类错误和 II 类错误之间典型的权衡。I 类错误指的是"伪发现"（用无利可图的交易策略做投资），II 类错误则是错失了有利可图的交易策略。在这两类错误之间，我们不可避免地要权衡。此外，在多重检验的情况下，我们并没有一目了然的途径去优化这两类错误。

对此，我们的观点如下：错误地将单一检验标准用于多重检验会导致大量"伪发现"（大量的 I 类错误）。当我们提高阈值时，我们以最小的代价大大减少了 II 类错误（"未发现"）。图 22-3 说明了这一点。

图 22-3a 表示依照单一检验方法会出现的错误。图中展示了两种分布，第一种是无效策略的分布。它的平均收益率为 0。第二种是有效策略（能够真正获利的策略）的分布，其平均收益大于 0。请注意，按照图 22-3a 的阈值，存在大量的 I 类错误（"伪发现"）。

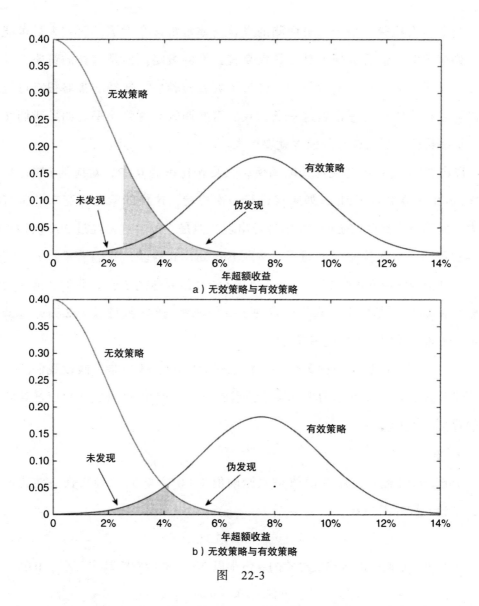

图 22-3

图 22-3b 展示了提高阈值的情况。注意，伪发现的数量大大减少。但是，有用的发现并未遗漏很多。

调整夏普比率

Harvey 和 Liu（2014）提供了一种在多重检验中调整夏普比率的方法。由于进行了多次检验，基于历史回测的夏普比率常常被夸大了。研究人员可能尝试了许多策略，最后选择了具有最大夏普比率的策略。但是这样的策略，其夏普比率并不代表真正的期望收益。经过了大量检验后，选择的策略很有可能只是碰巧获得高收益。考虑到这一点，我们需要调低其夏普比率。如果我们又进行了更多检验，那么调整的幅度就要更大。

以图 22-1 中的候选交易策略为例，其夏普比率为 0.92，对应的 t 统计量为 2.91，p 值为 0.4%，因此，如果仅进行一次检验，这样的策略看起来非常有吸引力，因为只有 0.4% 的可能性是碰巧出现。但是，如果这是经过 200 次检验所获得的策略，情况就完全不同了。按照 Bonferroni 检验，我们需要将 p 值阈值调整为 $0.05/200 = 0.00025$。因此，至少 t 统计量要达到 3.66，我们才能认为该策略在 95% 的置信度下是真正的发现。我们观测到的 t 统计量为 2.91，远低于 3.66，因此，我们不考虑这一策略。

我们也可以通过另一种等价的方法来做 Bonferroni 检验。假设我们想要认定策略有效，其 p 值就必须小于某个预设的阈值，例如 5%（或所设定的策略无效的置信度为 95%）：

$$p \text{ 值} < \text{阈值}$$

Bonferroni 检验使用的阈值是原始阈值（0.05）除以检验次数，在我们这里，检验次数等于 200：

$$p \text{ 值} < 0.00025$$

等价地，我们可以将单次检验的 p 值乘以 200，然后判断其是否小于 0.05，即

$$p \text{ 值} \times 200 < 0.05$$

在我们的案例中，原始 p 值为 0.004，乘以 200，得到调整后的 p 值为 0.80，相应的 t 统计量为 0.25。这一 p 值明显大于阈值 0.05。我们可以追问，夏普比率为多少，对应策略的 t 统计量为 0.25？答案是 0.08。因此，给定进行了 200 次检验，并且按照 Bonferroni 检验，我们成功地将原始夏普比率为 0.92 的候选策略认定为"不显著的"，因为针对多个检验调整后的夏普比率仅为 0.08。相应的夏普比率大幅缩减，比例达 91%（=（0.92 - 0.08）/ 0.92）。

我们再来讨论另外两种方法，由于候选交易策略的 t 统计量在 200 个策略中是最小的，因此使用 Holm 检验与 Bonferroni 检验的调整是一样的。另外，BHY 也显著拒绝了这一候选交易策略。

在多次检验中的每一种候选交易策略都被拒绝，这对我们来说是好事，因为这 200 个策略都是随机生成的。正如之前所讨论的，检验是否适当还取决于检验统计量之间的相关性。在 200 个策略的例子中不存在这个问题，因为我们没有在随机变量上强加任何相关性。Harvey 和 Liu（2014）明确考虑了检验之间的相关性，并给出了计算多重检验调整后夏普比率的多种方法。

以标普智汇（标准普尔 Capital IQ）为例

为了理解在真实的数据集上我们的方法是如何起作用的，我们以标普智汇（标准普尔 Capital IQ）数据库为例进行说明。这一数据库包含有关美国股票市场的 484 个策略时间序列的详细信息。根据策略面临的风险类型，我们将这些策略分为 8 类。我们着重挑选出了其中盈利最大的 3 类策略："价格动量""分析师预期"和"资本效率"。我们没有考虑策略的交易成本，因此，其夏普比率是被高估的。

在这 3 个类别中，最佳策略的夏普比率分别为 0.83、0.37 和 0.67。相应的 t 统计量分别为 3.93、1.14 和 3.17，它们的 p 值（在单一独立检验下）分别为 0.000 08、0.2543 和 0.0015。[16] 我们使用 BHY 方法（这也是我们推荐的方法）根据 484 个策略调整 p 值（假设已尝试策略的总数为 484，不存在遗漏的检验）。BHY 调整后的 p 值分别为 0.0134、0.9995 和 0.1093，对应的 t 统计量分别为 2.47、0.00 和 1.60。调整后的夏普比率分别为 0.52、0.00 和 0.34。因此，采用 BHY 方法，3 个最佳策略的夏普比率分别降低了 37%（=（0.83 − 0.52）/ 0.83）、100%（=（0.42 − 0）/ 0.42）和 49%（=（0.67 − 0.34）/ 0.67）。[17]

样本内和样本外

到目前为止，我们都通过样本内（IS）检验来评估交易策略，也就是说，我们使用历史信息中的所有收益值进行判断。我们还可以将历史信息分为样本内区间和样本外（OOS）区间，我们可以使用 OOS 的检验结果评估基于 IS 设定的策略。

这样做会造成很多问题。首先，OOS 时期通常不是真正意义上的在样本之外，因为研究人员知道该时期发生了什么。其次，在对数据进行切分时，我们可能会遇到这样的情况：因为样本内的观察值变得更少，我们可能无法找到真实的策略是什么。也就是说，某些盈利的交易策略并未进入 OOS 阶段。而且，因为 OOS 区间内的观察值也很少，一些真正有效的策略可能无法通过样本外检验，被错误地丢弃。

针对 Capital IQ 数据中的三种策略，如果我们将最近 5 年作为样本外区间，那么计算得出的样本外夏普比率分别为 0.64、–0.30 和 0.18。可以看出，第三种策略的夏普比率很小，虽然在整个样本中比较显著（p 值 = 0.11），但在样本外区间中不显著（p 值 = 0.53）。其原因在于，样本外区间只有 60 个月的观测值，一个真正有效的策略也会有很大概率不能通过样本外检验。

洛佩斯·普拉多等人的最新研究针对样本外检验提出了"回测过拟合概率"（PBO）的概念，以衡量回测过拟合的程度（参见 Bailey et al., 2013a,b；López de Prado, 2013）。具体来说，PBO 衡量的是在样本内表现优异的策略在样本外表现不佳的可能性有多大，它从概率的角度简洁地描述了回测过拟合的程度，在各类情况下都能有所应用。

为了理解样本内和样本外的差异，我们再次以图 22-2 中 200 个策略的收益为例。一种进行样本外检验的方法是将样本分为两部分：我们根据样本的前半部分（即前 5 年）的表现评估 200 个策略的表现，然后再根据样本的后半部分（样本外）进一步评估。其想法是，对于样本内看似不错但实际并不正确的策略，它们可能会在样本外期间表现不佳。另一种方法是，我们可以把全部的 10 年信息作为样本内数据，并据此评估策略。使用洛佩斯·普拉多等人的方法，我们可以计算出 PBO 为 0.45。[18] 因此，在样本内表现最佳的策略在样本外的表现低于平均水平的可能性很高（有 0.45 的概率）。这与我们的结果一致，根据整个样本，如果我们考虑多次检验，那么最佳策略的收益是不显著的。但是，PBO 评估的是一类策略，我们的方法则是针对每种策略调整夏普比率。

从本质上讲，PBO 和多重检验各有千秋。成功融合这些方法可能会更有力地帮助基金经理正确评估其交易策略。

交易策略和金融产品

多重检验的问题使辨别真正盈利的交易策略变得十分困难，当然，这一问题也同样存在于其他科学领域中。约阿尼迪斯（Ioannidis，2005）发表了一篇颇有影响力的医学论文，题为《为什么大多数已发表的研究发现都是错的》。哈维等人（2014）研究了 315 种不同的财务因子，得出了这样的结论：在考虑多重检验之后，大多数财务因子都是有问题的。

在医学上，第一个给出新发现的研究者通常被认为会受到"赢家诅咒"的影响。但如果考虑到多重检验，我们会发现，后续论文发表其实受到的影响很小或是没有受到影响（"影响"指的是论文被撤回）。在金融领域中，施韦特（Schwert，2003）以及麦克莱恩和庞蒂夫等人（McLean & Pontiff，2014）也有类似的发现，他们的结论是，大的金融异常所产生的影响，在样本外会大大减弱，甚至可以说没有什么影响。

那么，我们能从中意识到什么呢？首先，我们没有任何理由认为自然科学与金融在这方面有绝对的差异。在金融方面，无论是发表在学术期刊上的研究，还是被投资经理当成主动交易策略应用的研究，大多数都可能是错误的。其次，我们应该意识到，在公司向客户出售的金融产品（有超出平均水平的潜在回报）中，有大半都是无效的。

当然，这并不是在指责投资经理故意出售无效的产品。我们想说的是，评估这些交易策略所使用的统计工具并不合适。这种批评也适用于金融界的许多学术实证研究,包括本文的一位作者(Harvey)曾发表的许多论文。

显然,投资经理希望推销在未来最有可能跑赢市场的产品。也就是说,他们也有强烈动机来进行正确的检验。没有人想让客户失望,也没有人想失去他们的奖金或工作。而在交易策略评估中,使用多重检验的统计工具可以减少"伪发现"的数量。

结论与局限性

我们的研究有两大局限性。第一,对于许多策略来说,夏普比率并不是合适的衡量标准,因为策略收益的分布并不是正态的。比如说,有两个交易策略具有相同的夏普比率,但其中一个可能优于另一个,因为它的下行风险可能更小。

第二,我们的研究侧重于单个策略。在实践中,投资经理需要检验所提出的策略如何与当前的策略结合,例如,如果策略与当前策略相关性很低,就算夏普比率较低,他也可能会选。计算时夏普比率用到的分母是策略本身的波动率,而并不是策略对投资组合波动率的贡献。策略组合方面的问题,比如在现有策略组合中添加新策略,是哈维等人(2014)的研究主题。

总结起来,我们的研究传达的信息其实很简单。金融研究者,无论是业内人士还是学者,必须要意识到的一点是:他们会碰巧发现看似不错的交易策略。我们不能再使用传统的统计分析工具,不考虑之前的尝试,只是基于单一策略的方法进行分析。多重检验的框架有助于减少公司接受错误策略的可能。2倍标准差不再是评估交易策略的适当基准。

| 第 23 章 |

揭开面纱:趋势交易的"黑箱"[一]

Nigol Koulajian

Paul Czkwianianc

Quest Partners LLC

[一] 本文由 Quest Partners LLC 的负责人撰写,不构成任何交易建议,仅用于交流和信息参考。

这一系列研究的目标是揭秘 CTA 趋势策略的"黑箱"，从单独的产品和金融组合两个方面分析其特征。

概要

本研究的目的是帮助 CTA 投资者熟悉趋势策略的黑箱。我们在这里着重关注收益在某些优化方面的敏感性。

具体来说，我们做了如下工作：

1. 我们让 CTA 趋势交易的黑匣子变得透明化，包括参数选择、市场选择和风险管理策略。

2. 我们分析了此类交易策略的收益来源，并将其收益与巴克莱 BTOP 50 期货管理指数（BTOP50）和标准普尔 500 进行对比。

3. 我们将每类市场和每个交易方向（多头与空头）的表现进行了细分。

4. 我们研究了所用参数的稳定性。

5. 我们探索了此类策略用于对冲股票市场风险的能力。

我们的发现如下：

1. 简单的、高流动性和完全透明的 CTA 策略（例如移动平均线和趋势突破策略）可以解释 BTOP50 的大部分收益。这些策略在参数选择上是不敏感的。

2. 这些简单策略的风险调整后收益优于 BTOP50 和标准普尔 500。

3. 这些策略具有正偏度。它们往往会受益于波动率的增加和标准普尔 500 的下跌。

4. 在过去的 20 年中，这些策略的大部分回报都来自长期交易、固定收益类和低频交易。围绕这些方面进行优化时，应格外小心。

5. 在过去 20 年最糟糕的 4 次亏损中，标准普尔 500 损失了约 130%。在这 4 个时期，我们提出的两种策略各自产生了超过 140% 的收益。

策略部分

策略机制

最常用于趋势判断的两个技术指标是：通道突破和移动平均线交叉。这两个指标从 20 世纪 70 年代初甚至更早就开始使用了。这两个指标与 CTA 指数以及传统 CTA 关联度很高。因此，它们可以很好地反映 CTA 在投资组合中所采用的策略。我们可以使用它们来研究 CTA 的性能如何。这两种策略都是纯粹的反转策略。这两种策略既会在市场上做多，也可能做空。这两种策略都使用日频数据进行计算。我们接下来会展示，这两种策略在各个参数上都是稳定的。需特别指出的是，我们将使用 50 日通道突破（CB50）和 10×100 简单移动平均线交叉（MA10×100）策略。以下是模型的交易规则：

50 日通道突破（CB50）：

  C = 当日收盘价

  HC（50）= 最近 50 日（包括当日）的最高收盘价

  LC（50）= 最近 50 日（包括当日）的最低收盘价

  买入信号：如果 C = HC50，则在次日开盘做多

  卖出信号：如果 C = LC50，则在次日开盘做空

10×100 简单移动平均线交叉（MA10×100）：

  MA10 = 最近 10 日（包括当日）收盘价的平均值

  MA100 = 最近 100 日（包括当日）收盘价的平均值

  买入信号：如果 MA10 > MA100，则在次日开盘做多

  卖出信号：如果 MA10 < MA100，则在次日开盘做空

市场选择

我们将两种趋势跟踪策略分别应用于 24 个外汇和期货市场，进行分散化投资。这些市场包括 4 个不同的市场类型：外汇、固定收益、股票指数和商品。

在这些市场类型中，风险平均分配。

在每个类型的市场中，分别有 6 大市场：

外汇	固定收益	股票指数	商品
欧元/美元	美国国债（30年）	标准普尔 500 指数	轻质原油
英镑/美元	美国国债（10年）	NASDAQ 100 指数	燃油
欧元/英镑	德国国债（10年）	欧洲 Stoxx 50 指数	天然气
欧元/日元	日本政府债券	德国 Dax 指数	金
美元/日元	欧洲美元（3个月）	日经 225 指数	银
英镑/日元	Euribor（3个月）	恒生指数	玉米

数据说明

我们使用的是日频数据。针对期货合约的价格，我们使用了标准的反向调整机制，根据合约空盘量滚动触发。我们使用的外汇数据是彭博的历史数据。为简单起见，我们忽略货币之间的利差，因为它们对结果的影响可忽略不计。

交易规模

在所有市场的交易中，我们都分配了相同的风险权重。头寸规模与账户资金规模成正比，与市场波动率成反比。我们使用的波动率是每日价格变化的标准差（而不是每日价格变化百分比的标准差）。我们使用交易前 100 天的数据计算波动率，在所有的 24 个市场上都这样计算。头寸大小是在交易开始时确定的，在交易结束之前，头寸大小都保持不变。

$$TS = 0.001 \times AS / (VOL \times PV) \qquad (23\text{-}1)$$

TS = 交易规模

AS = 月初的账户金额

VOL = 波动率，过去 100 天的每日价格变化的标准差

PV = 1 张合约的价格每变动 1 个基点对应的美元价值

这种交易规模的估算方法简单并且稳健。与其他一些确定交易规模的方法相比（例如，每笔交易的合约数量一定，或者交易金额一定）不同，它与名义价格无关，并且可以在多个市场类型中，以相同的方式应用。

市场类型权重

我们选择的市场流动性很高。它们涵盖了各个市场类型中大部分的流动性，是如今 CTA 的典型敞口。重要的是，从 20 世纪 80 年代末到 90 年代初，CTA 将相当数量的资产从大宗商品和外汇转移到了金融与股票指数。但我们在模拟中分配的权重并不随时间的推移而改变。

时间跨度

我们研究的时间跨度为 20 年，即 1990 年 1 月到 2010 年 6 月。在我们的测试中，某些市场在 1990 年尚不存在。因此，在这种情况下，我们只能使用市场存在之后的数据。在我们选择的市场中，截至 1990 年 12 月，有 22 个活跃；到 1998 年 12 月，所有市场都已活跃。尤其是，我们在 1999 年 1 月 1 日开始使用欧元的数据。在 1999 年 1 月 1 日之前的相关外汇交易中，我们用德国马克代替欧元。

交易费和滑点

在整个研究中，我们使用了较为保守的交易费用和滑点计算方式。我们假设期货合约的佣金为每笔 24 美元。期货合约的滑点，平均每笔 87 美元。对于 CB50 和 MA10×100 策略，这意味着每年交易费加上滑点的成本分别为 2% 和 2.58%。我们注意到，在引入电子交易平台之前的 20 世纪 80 年代和 90 年代，市场的流动性不如 2000 年之后。在本研究中，我们使用的执行成本假设显著高于 Quest Partners 过去 10 年的真实交易成本，但从整个研究周期来看，这一选取是恰当的。

利息

假设交易账户上有多余资金，模拟的业绩结果包括利息。计算交易账户中所持有现金的利息收益时，我们使用的是期限为 1 个月的伦敦银行同业拆借利率（美元）。

管理费用

我们在账户中按照 1% 的管理费和 20% 的超额激励收取费用。

业绩展示和图表

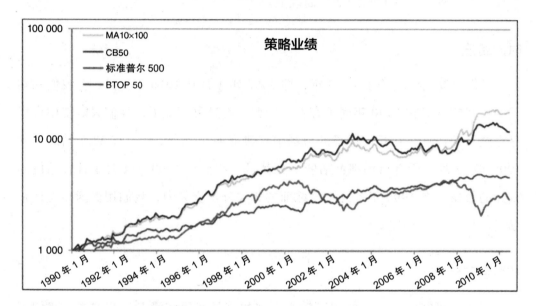

从上面的对数刻度图，我们可以看到两种趋势交易策略及标准普尔 500 和 BTOP50 分别对应的累计净值曲线。

	MA10×100	MA10×100（扣除费用）	CB50	CB50（扣除费用）	标准普尔 500	BTOP50
年化收益率	15.1%	11.2%	12.8%	9.5%	5.4%	7.7%
最大回撤	−28.2%	−24.3%	−33.7%	−29.9%	−52.6%	−13.3%
标准差（年）	15.8%	12.6%	15.3%	12.2%	15.0%	9.5%
年化收益率 / 最大回撤	0.53	0.46	0.38	0.32	0.10	0.58
夏普比率	0.68	0.55	0.56	0.43	0.07	0.37
偏度	0.25	0.25	0.29	0.29	−0.65	0.43
相关系数——标准普尔 500	−14.3%	−14.3%	−12.4%	−12.7%	NA	−11.9%
Alpha——标准普尔 500	11.0%	7.1%	8.7%	5.3%	NA	3.6%
相关系数——BTOP50	70.2%	70.2%	68.2%	68.2%	−11.9%	NA
Alpha——BTOP50	6.7%	3.7%	4.8%	2.2%	1.8%	NA
Beta——BTOP50	1.16	0.93	1.09	0.88	−0.19	NA
各市场年均交易次数	4.0	4.0	3.0	3.0	NA	NA
每次交易平均持仓天数	60	60	81	81	NA	NA

这两种简单的趋势跟踪策略的收益还是颇具吸引力的。这两种模型在扣除交易费用和管理费用后，其表现均优于标准普尔500和BTOP50。在20年的时间跨度内，MA10×100和CB50的年化收益率分别为15.1%和12.8%。

从最大回撤的角度来看，这两种策略的最大回撤比标准普尔500小很多，但比BTOP50要大。BTOP50之所以表现如此优异，可以用以下事实来解释：其很大一部分收益其实来自基金账面现金的利息，而非实际交易。我们估计，在BTOP50 7.7%的收益率中，现金赚取的利息约为4.26%。

这两种策略在回测期间内的夏普比率也优于标准普尔500和BTOP50。我们从收益中扣除了管理费用和超额激励后，这一点仍然成立。

这两种策略收益率的偏度在0.25至0.29之间，略低于BTOP50的偏度，但远高于标准普尔500的负偏度。这意味着这两种策略可以很好地应对意外事件或波动性。从构建投资组合的角度来看，这是很宝贵的特征。我们会在另一份研究报告中讨论偏度及其在风险衡量和投资组合中的重要性。请注意，标准普尔500的负偏度意味着，对股市而言，意外事件的影响往往是负面的。

这两种策略与标准普尔500的相关性为负，说明它们可以很好地和标准普尔500做分散化投资。这两个策略相对于标准普尔500的alpha值为5%至11%。我们会在总结部分中，简要讨论这两种策略对冲标准普尔500的能力，并将单独给出分析说明。

这两种策略与BTOP50的相关性很高，约为70%。这两种策略与BTOP50的Beta值大约为1。因此，这些策略很好地反映了CTA和CTA指数。模型相对于CTA指数的alpha值分别为2.2%和6.7%。之所以会出现如此高的alpha，其中的一部分原因在于，回测的前10年中CTA中普遍存在高收费和高佣金率的现象。

如果将投资组合分散到更多的市场，不限于这24个市场，我们可以提高策略的收益。另一种能够提高收益的简单方法是，我们可以使用一系列参数，而不是某个固定值，来进行投资组合的分散化交易。

不同类型的市场表现

现在,让我们聚焦于特定类型市场上的策略表现:

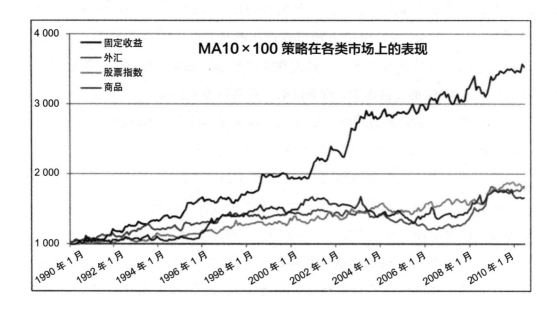

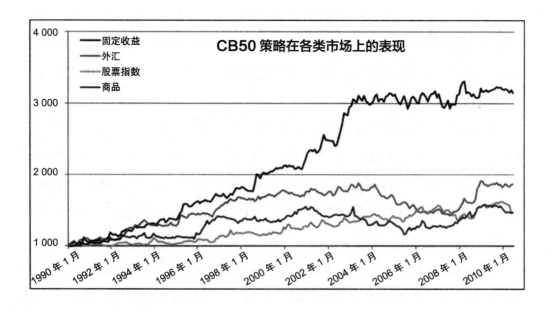

	MA10×100 外汇	CB50 外汇	MA10×100 固定收益	CB50 固定收益	MA10×100 股票指数	CB50 股票指数	MA10×100 商品	CB50 商品
年化收益率	3.0%	3.1%	6.3%	5.7%	2.9%	1.9%	2.5%	1.9%
最大回撤	−19.2%	−24.0%	−8.8%	−7.9%	−9.9%	−13.2%	−22.7%	−24.8%
标准差(年)	6.5%	6.2%	6.6%	6.6%	6.0%	6.1%	7.4%	7.0%
年化收益率/最大回撤	0.15	0.13	0.72	0.73	0.29	0.15	0.11	0.08
夏普比率(RFR均值=4.26%)	0.29	0.33	0.80	0.71	0.31	0.14	0.20	0.12
偏度	0.65	0.73	0.41	0.51	0.18	0.14	0.15	0.18
相关系数——标准普尔500	−11.2%	−8.1%	−11.2%	−6.5%	−2.0%	−1.9%	−9.1%	−12.0%
Alpha——标准普尔500	2.0%	2.1%	5.3%	4.7%	1.9%	0.9%	1.5%	0.9%
相关系数——BTOP50	53.3%	50.1%	53.2%	51.4%	33.9%	32.2%	27.9%	27.3%
Alpha——BTOP 50	0.6%	0.9%	4.0%	3.4%	1.1%	0.1%	0.7%	0.1%
Beta——BTOP50	0.36	0.33	0.37	0.36	0.21	0.21	0.22	0.20
各市场年均交易次数	4.7	3.2	3.7	3.0	4.0	3.0	4.2	3.2
每次交易平均持仓天数	55	79	65	81	61	78	59	77

我们限定各类市场的权重均为25%。如果能在分配持仓上做得更好，年度复合收益将提高3.19%。

显然，在过去20年中，表现最好的市场是固定收益，其次是外汇、股票和商品。策略45%以上的回报都来自固定收益的交易。因此，在比较固定收益组合的CTA时，这是我们要考虑的重要因素，因为可能会将他们的业绩归因于一些高级的交易方法。由于流动性偏好，大型CTA倾向于给固定收益分配更多的资金。在过去20年中，固定收益一直处于理想的环境之中。30年期美国国债收益率已从1990年1月的8%下降至2010年7月的4%。因此，像过去20年一样，收益率继续降低的利好出现的可能性其实很小。处在上升趋势的固定收益市场（收益率下降），相比于下降趋势中的固定收益市场会更有利，这是因为在前者的市场环境中能够获得正的利差（在通常斜率为正的收益率曲线中）。

多头和空头的交易表现

从交易的角度来看，这两种策略在多头和空头之间是完全对称的，但令人惊讶的是，多头交易比空头交易产生了多得多的收益。

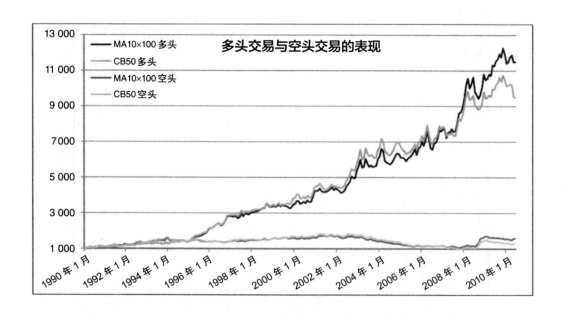

	MA10×100	MA10×100 多头	MA10×100 空头	CB50	CB50 多头	CB50 空头
年化收益率	15.1%	12.7%	2.3%	12.8%	11.6%	1.2%
最大回撤	−28.2%	−13.7%	−39.9%	−33.7%	−13.6%	−46.1%
标准差（年）	15.8%	12.2%	8.9%	15.3%	12.0%	8.7%
年化收益/最大回撤	0.53	0.92	0.06	0.38	0.85	0.03
夏普比率（RFR 均值 = 4.26%）	0.68	0.87	0.02	0.56	0.79	−0.11
偏度	0.25	0.00	1.66	0.29	0.09	4.56
相关系数——标准普尔 500	−14.3%	12.7%	−42.9%	−12.4%	14.1%	−41.3%
Alpha——标准普尔 500	11.0%	10.4%	0.4%	8.7%	9.4%	−0.7%
相关系数——BTOP50	70.2%	65.7%	34.7%	68.2%	64.0%	31.5%
Alpha——BTOP50	6.7%	7.6%	−1.0%	4.8%	6.7%	−1.9%
Beta——BTOP50	1.16	0.84	0.32	1.09	0.81	0.29
各市场年均交易次数	4.0	2.0	2.0	3.0	1.5	1.5
每次交易平均持仓天数	60	67	54	81	74	88

我们设定多头和空头的权重均为 50%，如果能在分配持仓上做得更好，年度复合收益将提高 2.13%。

对于这两种策略，从收益和风险调整后收益来看，多头均优于空头。这两种策略的多头交易都创造了超过 85% 的利润，而这两种策略持有空头的时间大约占 45%。

策略的多头收益与标准普尔 500 的相关性比空头高得多，因此，从金融资产组合叠加的角度看，其价值不如空头。

策略的多头也比空头有更低的偏度（MA10×100 的多空偏度分别为 0 和 1.66，而 CB50 的多空偏度则分别为 0.09 和 1.56）。因此，多头在变化无常的环境中更不稳定。策略的多头没有凸性，而空头则具有正凸性。对于 CTA 策略而言，正凸性绝对是应该优先关注的，因为它们可以在动荡和下跌的股票市场环境中起到对冲和分散的作用。偏度在预测投资的对冲能力上，是一个非常重要的因素。

对于采用 CTA 策略的投资者而言，理解自己所承担的优化的风险至关重要，这样他们才能意识到，如果只是从多头优化收益或是风险调整后的收益，到底是不是一件好事。我们将在之后的研究中更详细地讨论这一点。我们还将提供收益分析的方法，以此判断 CTA 是否利用了这一特征来提高收益。

参数的稳定性

接下来，我们会改变 MA10×100 和 CB50 的参数，对特定参数进行敏感性分析。

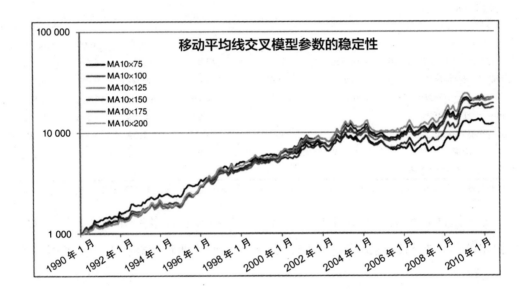

	MA10×75	MA10×100	MA10×125	MA10×150	MA10×175	MA10×200
年化收益率	13.0%	15.1%	16.3%	16.2%	15.6%	16.2%
最大回撤	−35.4%	−28.2%	−27.8%	−30.1%	−26.8%	−23.4%
标准差（年）	15.1%	15.8%	16.1%	15.9%	15.7%	16.1%
年化收益率/最大回撤	0.37	0.53	0.59	0.54	0.58	0.69
夏普比率（RFR 均值 = 4.26%）	0.58	0.68	0.75	0.75	0.72	0.74
偏度	0.27	0.25	0.25	0.10	0.19	0.07
相关系数——标准普尔500	−14.8%	−14.3%	−14.6%	−13.3%	−13.4%	−12.9%
Alpha——标准普尔500	8.9%	11.0%	12.2%	12.1%	11.5%	12.1%
相关系数——BTOP50	68.8%	70.2%	68.8%	68.3%	65.2%	63.2%
Alpha——BTOP50	4.9%	6.7%	8.0%	8.0%	7.6%	8.2%
Beta——BTOP50	1.09	1.16	1.17	1.14	1.08	1.07
各市场年均交易次数	4.7	4.0	3.5	3.1	2.8	2.5
每次交易平均持仓天数	51	60	68	78	86	95

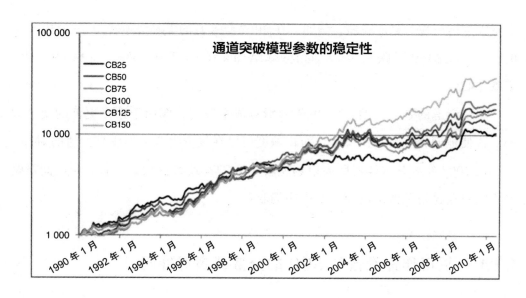

	CB25	CB50	CB75	CB100	CB125	CB150
年化收益率	12.1%	12.8%	14.7%	15.2%	15.9%	19.2%
最大回撤	−17.4%	−33.7%	−31.3%	−25.1%	−24.1%	−22.6%
标准差（年）	13.8%	15.3%	15.9%	15.8%	16.1%	16.8%
年化收益率/最大回撤	0.70	0.38	0.47	0.60	0.66	0.85
夏普比率（RFR 均值 = 4.26%）	0.57	0.56	0.65	0.69	0.72	0.89
偏度	0.71	0.29	0.46	0.11	0.02	0.05
相关系数——标准普尔 500	−14.7%	−12.4%	−15.7%	−13.5%	−9.6%	−4.0%
Alpha——标准普尔 500	8.0%	8.7%	10.6%	11.1%	11.8%	15.0%
相关系数——BTOP50	63.2%	68.2%	66.9%	62.2%	58.1%	53.0%
Alpha——BTOP50	4.7%	4.8%	6.5%	7.3%	8.2%	11.7%
Beta——BTOP50	0.91	1.09	1.12	1.04	0.99	0.94
各市场年均交易次数	6.0	3.0	1.9	1.4	1.1	0.8
每次交易平均持仓天数	40	81	126	171	222	292

移动平均线交叉和通道突破在各个参数上都是稳定的。对这两种策略而言，选择更长的时间截面，都会出现更好的收益率和风险调整后收益率。例如，150天的通道突破模型每年的复合增长率超过 19%，而 50 天的通道突破模型的复合增长率低于 13%。CB150 的夏普比率是 0.89，而 CB50 的夏普比率是 0.56。

更长区间的策略收益更好，但是偏度更小。因此，长区间策略比短区间策略在重大逆转出现时更加脆弱。例如，在 2007 年 8 月的大趋势逆转中，CB50 上涨 0.5%，而 CB150 下跌 5.79%。同样，MA10×100 上涨 0.95%，而 MA10×200 下跌 3.45%。

需要考虑的是，大型 CTA 由于其滑点成本较高，倾向于选择更低的交易频率。这使他们无法获得正偏度，而正偏度可以在投资组合中形成有价值的对冲。

在 2007 年 8 月这样的巨大市场逆转中，CTA 通常会大放异彩。长区间策略并不能对这种情况做出反应，获得超额收益。

CTA 可以用作标准普尔 500 的分散或者对冲吗

我们知道，CTA 与标准普尔 500（SP 500）的相关性很小，因此很难用作股市或与股市相关投资的对冲。通常，CTA 只能用于分散股票市场的风险，因此，CTA 在典型金融投资组合中，只分配了很小的权重。

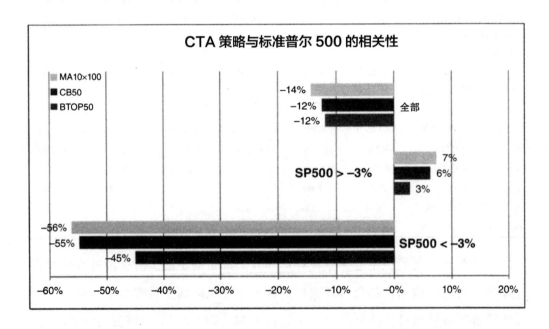

如果我们对它们的相关性做进一步分析，就会注意到，在标准普尔 500 下跌了 3% 或更多的月份中，CB50、MA10×100、BTOP50 的收益与标准普尔

500的相关性实际上是显著的（-45%至-56%）。换言之，CTA趋向于对冲股票市场下跌，而不会在标准普尔500上升的时候回吐收益，这使得CTA可以成为股票市场相关投资的避险工具。这两个策略和BTOP50每年为标准普尔500提供4%至7%的Alpha值，并且单独运行也能获得可观的回报。从这一点来看，CTA策略更具优势。实际上，CTA策略具有长期的正收益和强大的对冲特性。这两种能力叠加的效果非常强大，可以用于大多数的投资组合。

接下来，我们考虑的是在标准普尔500最大的4次回撤中CTA策略的绝对收益。在标准普尔500总跌幅超过130%的4次回撤期间，两个CTA策略分别取得了142%和166%的总收益。在过去20年中，很少有对冲基金的策略能在标准普尔500大幅缩水时仍然保持正回报。我们会在之后的研究中进一步分析，

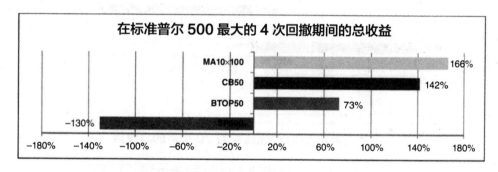

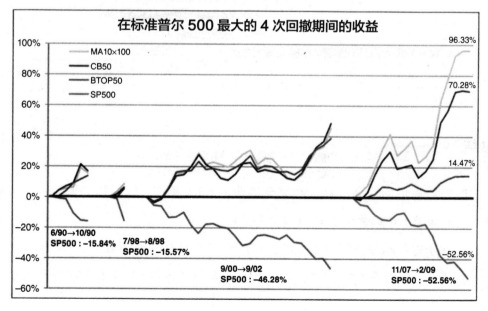

这些回报来自 CTA 策略的正偏度。实际上，CTA 策略不仅可以从趋势中获得收益，而且还可以在标准普尔 500 下跌时，从不可避免的波动性增加中获得收益。更令人惊讶的是，这并非来自期权敞口，而是由直接的、高流动性和透明的期货交易产生的。

为了说明起见，我们画出了在标准普尔 500 表现最差的 10 个季度和最差的 20 个月份期间，这两种 CTA 策略和 BTOP50 的收益表现。这两张图都说明，在标准普尔 500 强劲下行时 CTA 对冲效果的好坏。

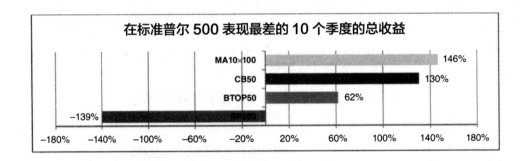

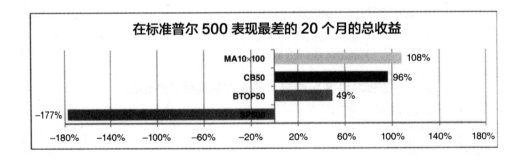

总结

1. 使用简单的、高流动性和完全透明的 CTA 策略（例如移动平均线交叉和通道突破策略）可以复制 CTA 和 CTA 指数。

2. 基于这些趋势策略所建立的投资组合具有良好的业绩表现。

3. 当一个月内跌幅超过 3% 时，策略收益与标准普尔 500 的相关性约为 −50%。

这些模型没有出现相应的回撤，因此可以用于在股票市场剧烈下行时进行对冲。

4. 在过去的 20 年中，改变模型的 3 个要素能使原始模型的性能大大改善。这 3 个要素分别是：①增加固定收益投资的权重（固定收益对 CTA 投资组合业绩的贡献度在 50% 以上）；②仅进行多头交易（多头收益占 CTA 业绩的 85% 以上）；③交易时采用更长的时间区间。但所有这 3 个要素对在股票市场低迷时的对冲能力都会产生负面影响。但是，它们可以在典型的低波动时期（例如过去 20 年中经历过的时期）提高风险调整后的收益率。我们将在以后的文章中具体讨论这 3 个要素是如何影响 CTA 指数的。投资者应在评估 CTA 表现时，特别注意这 3 个要素。

| 第24章 |

风险管理

艾德·斯科塔

风险

风险是损失的可能性。也就是说，如果我们有一些股票，并且股票的价格可能下跌，那么我们就有风险。股票不是风险，损失也不是风险。损失的可能性才是风险。只要你持有股票，你就有风险。要想不承担风险，唯一的方法就是退出。如果你想靠交易获利，风险就不可避免，而你最该做的，就是管理风险。

风险管理

管理，即指导和控制。风险管理是确定和控制损失的可能性。具体而言，风险管理就是通过买卖来增加和减少风险。

投掷硬币的例子

假设我们有一枚硬币，抛出正面和反面的概率相等。现在让我们以抛硬币为例，来介绍风险管理的概念。

事件的概率即事件发生的可能性，也就是实际发生次数与所有次数之比。因此，如果硬币正面朝上的情况，在每 100 次投掷中出现 50 次，那么正面朝上的概率为 50%。注意，概率必须介于 0（0.0 = 0% = 不可能）和 1（1.0 = 100% = 确定）之间。

假设游戏的规则是：①我们以 1000 美元开始；②我们总是赌正面朝上；③我们可以用任何现有的金额下注；④如果反面朝上，我们就输掉赌注；⑤如果正面朝上，我们就没输，并且我们会赢得两倍的赌注；⑥硬币是公平的，因此正面朝上的概率为 50%。这个游戏其实和某些交易方法是类似的。

在这个游戏中，我们的"运气"就等于正面朝上的概率，即 50%；我们有 50% 的时间是幸运的。我们的收益比是 2∶1，因为我们每下注 1 美元，能赢得 2 美元。我们的风险是我们下注的金额，因此我们是有风险的。在这个游戏中，我们的运气和收益比保持不变，只有赌注可能会改变。

在更复杂的游戏中，例如实际的股票交易，运气和收益比可能会随着市场条件的变化而变化。交易者花费大量的时间和精力试图改变自己的运气与收益比，但通常无济于事，因为这不是他们所能改变的。风险是风险管理者唯一可以有效更改的部分，从而能够控制损失。

我们还可以用概率和收益矩阵对更复杂的游戏进行建模，以判断会出现什么样的可能的结果。如图24-1所示，这样的矩阵可以模拟六面骰子的游戏，类似的方法甚至也可以被用在交易中。

运气	收益
10%	输2
20%	输1
30%	平
20%	赢1
10%	赢2
10%	赢3

图24-1　概率收益矩阵

其中展示了6种可能的结果。现在我们重新回到掷硬币的例子，因为这一例子已经有足够的维度来说明许多风险管理的概念。稍后我们再考虑更复杂的例子。

最佳下注

在掷硬币的例子中，我们的运气恒定为50%，收益比为2∶1，我们每次都会下注。找到风险管理策略，也就是找到一种管理下注的方法。这类似于股票交易中风险管理的问题。优秀的管理者会意识到，他在运气和收益比上无能为力，所以问题的根本还是要确定下多少注。让我们从1000美元开始这个游戏吧。

直觉和系统

一种确定下注金额的方法是使用"直觉"。我们可能会有直觉，然后下注

100美元。

尽管基于直觉的下注很受欢迎，而且可能在实际中也占了很大比例，但它存在一些问题。这样做，需要操盘手不断关注行情变化，从而形成直觉，并将其转化为下注金额，而且这种下注方式可能会非常依赖于情绪和情感。

为了改进基于直觉的下注方式，我们提出了一种可能的下注"系统"。该系统涉及一套逻辑方法，它能定义怎么下注。系统方法相对于直觉方法的优势在于：①我们不需要操盘手；②下注变得有规律，可预测且一致；③而且更重要的是，我们可以在计算机上优化下注系统。

尽管很多人都认可系统的优势，但很少有风险管理者能对自己的风险管理系统给出清晰的定义，把它放到计算机上进行回测。

但是，我们掷硬币的游戏非常简单，因此，我们可以提供一些下注系统。此外，我们可以测试这些系统并优化参数，以找到好的风险管理策略。

固定金额和固定比例下注

我们的下注系统必须确定下注金额。一种确定下注金额的方法是将其设为固定金额，无论我们输赢多少，每次都下一样的注，比如10美元。这是一个固定金额的下注系统。在这种情况下，就像大多数固定金额的下注系统一样，我们的1000美元可能增加或减少，使得按比例来说，10美元的固定下注过大或过小。

为了解决下注金额占资产比例过大或过小的问题，我们可以将下注金额按资产的固定比例计算。如果按照1%的固定比例下注，那么对初始的1000美元来说，我们的赌注也就是10美元。但是，按这种方法，随着我们资产净值的变化，我们的下注金额会与我们的资产净值成固定的比例。

有趣的是，在固定比例下注中，由于下注金额与我们的净值成比例，因此从理论上讲不可能完全破产，彻底破产风险为0。然而，在实际应用中，很多时候达到心理意义上的"撤资点"也算破产，我们会在后文中对此进行分析。

模拟

为了测试我们的下注系统，我们可以通过模拟得到一份数据记录。假设我们掷硬币 10 次，出现 5 次正面和 5 次反面。如图 24-2 所示，我们可以将模拟结果记录在表格中。

（单位：美元）

	固定金额下注（10 美元）	固定比例下注（10%）
初始金额	1000	1000.00
正面	1020	1020.00
反面	1010	1009.80
正面	1030	1030.00
反面	1020	1019.70
正面	1040	1040.09
反面	1030	1029.69
正面	1050	1050.28
反面	1040	1039.78
正面	1060	1060.58
反面	1050	1049.97

图 24-2　固定金额和固定比例下注模拟

请注意，这两个系统在第一次掷硬币时都会产生 20.00 美元的收益（收益比 2∶1）。在第二次掷的时候，固定金额下注系统损失 10.00 美元，而固定比例下注系统损失 1020.00 美元的 1%，即 10.20 美元，剩下 1009.80 美元。请注意，这两个系统的结果大致相同。但是，随着时间的流逝，固定比例下注系统呈指数增长，而固定金额下注系统则呈线性增长。还要注意的是，固定金额下注系统的结果取决于正面和反面出现的数量，与正面和反面出现的顺序无关。读者可以在表格中模拟，从而验证该结果。

金字塔加仓与鞅加仓

在掷硬币这一随机事件中，既可能出现正面，也可能出现反面，但不可能出现规律性的交替。因为它本身就是随机的，我们没有办法利用其性质。但对于其他并不完全随机的事件，例如股价的长期趋势，金字塔加仓和其他趋势交易技术可能是有效的。

金字塔加仓，可能会让交易盈利更多。虽然这样做能让交易者有效地买入最佳仓位，但如果已经是最佳仓位了，金字塔加仓则会导致过度交易的问题。通常来讲，这种执行上的细微改进与坚持原来的系统相比，并不重要。在某种程度上，这种改进可以为进一步利用交易信号提供契机，你也可以在其中引入直觉交易，或者降低对系统的依赖。

鞅加仓是一种浮亏加仓的方法。万一赌输了，该方法会将仓位加倍，再输再加，依此类推。这种方法就像在蒸汽压路机前捡硬币一样危险。最终，一连串的亏损会使账户彻底清零。

优化：使用模拟

一旦我们选择了一个下注系统，例如固定比例下注系统，我们便可以通过找到产生最佳期望收益的参数来优化系统。在抛硬币的游戏中，我们唯一的参数就是设置的固定比例。同样，我们也可以通过模拟得到结果（见图 24-3 和图 24-4）。

（单位：美元）

下注比例(%)	初始金额	正面	反面	正面	反面	正面	反面	正面	反面	正面	反面
0	1000.00	1000.00	1000.00	1000.00	1000.00	1000.00	1000.00	1000.00	1000.00	1000.00	1000.00
5	1000.00	1100.00	1045.00	1149.50	1092.03	1201.23	1141.17	1255.28	1192.52	1311.77	1246.18
10	1000.00	1200.00	1080.00	1296.00	1166.40	1399.68	1259.71	1511.65	1360.49	1632.59	1469.33
15	1000.00	1300.00	1105.00	1436.50	1221.03	1587.33	1349.23	1754.00	1490.90	1938.17	1647.45
20	1000.00	1400.00	1120.00	1568.00	1254.40	1756.16	1404.93	1966.90	1573.52	2202.93	1762.34
25	1000.00	1500.00	1125.00	1687.50	1265.63	1898.44	1423.83	2135.74	1601.81	2402.71	1802.03
30	1000.00	1600.00	1120.00	1792.00	1254.40	2007.04	1404.93	2247.88	1573.52	2517.63	1762.34
35	1000.00	1700.00	1105.00	1878.50	1221.03	2075.74	1349.23	2293.70	1490.90	2534.53	1647.45
40	1000.00	1800.00	1080.00	1944.00	1166.40	2099.52	1259.71	2267.48	1360.49	2448.88	1469.33
45	1000.00	1900.00	1045.00	1985.50	1092.03	2074.85	1141.17	2168.22	1192.52	2265.79	1246.18
50	1000.00	2000.00	1000.00	2000.00	1000.00	2000.00	1000.00	2000.00	1000.00	2000.00	1000.00
55	1000.00	2100.00	945.00	1984.50	893.03	1875.35	843.91	1772.21	797.49	1674.74	753.63
60	1000.00	2200.00	880.00	1936.00	774.40	1703.68	681.47	1499.24	599.70	1319.33	527.73
65	1000.00	2300.00	805.00	1851.50	648.03	1490.46	521.66	1199.82	419.94	965.85	338.05
70	1000.00	2400.00	720.00	1728.00	518.40	1244.16	373.25	895.80	268.74	644.97	193.49
75	1000.00	2500.00	625.00	1562.50	390.63	976.56	244.14	610.35	152.59	381.47	95.37

图 24-3　固定比例下注系统的净值模拟

下注比例为 0% 时，资产不会有任何变化。按 5% 的比例下注，我们的下注金额为 1000 美元的 5%，即 50 美元，并且我们在第一次掷出正面朝上时，得到双倍收益，因此我们的期望值为 1100 美元。接着，我们的第二次下注是 1100 美元的 5%，即 55 美元，因为输了，所以只剩 1045 美元。请注意，如果按 25% 的比例下注，我们会做到最好。还要注意的是，仅在一次"正面–反面"的投掷之后，最佳的获胜参数（25%）就变得显而易见了。因此，我们实际上可以把问题简化为从一次投掷周期中寻找最佳参数。

注意：抛硬币的例子旨在阐明某些风险要素及其相互关系。需要特别指出的是，我们只考虑了收益比为 2∶1 且正反面出现的概率相等的情况。我们没有考虑正面和反面出现的概率不等，或是出现连胜和连败的情况。我们没有探讨在这种情况下应该设定怎样的风险参数。

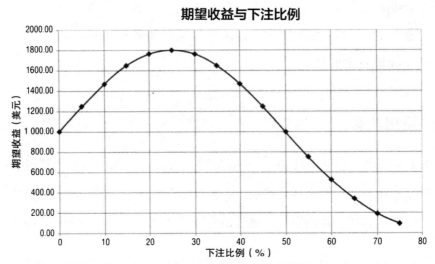

图 24-4　在 2∶1 收益比的游戏中，给定系统的下注比例，10 次投掷的期望收益与下注比例的关系（由图 24-3 的第一列和最后一列计算得出）

请注意，系统的期望收益从 1000 美元（随着下注比例增加）增加到最大值约 1800 美元（按 25% 的下注比例）。此后，随着下注比例的增加，期望收益下降。这条曲线表达了风险管理的两个基本原则：①胆小交易者原则，即如果你不愿意下注，那么你就不会赚很多；②大胆交易者原则，即如果你下注太多，你就破产了。在拥有多个头寸和下注次数的投资组合中，我们将总风险称为投资组合热度。本图表仅说明了 2∶1 收益比的游戏的期望收益和下注比例的关系。其他收益比下的关系请参见图 24-8。

优化：使用微积分

掷硬币的游戏相对简单，因此，我们也可以用微积分来求解最佳的下注比例。我们知道，只需要考虑一次"正面－反面"的投掷对，我们就能够看出最佳的系统是什么，因此，问题可以简化为在一次投掷对中求解。

一次"正面－反面"后的资产：

$$S = (1 + b \times P) \times (1 - b) \times S_0$$

式中，S 是一次投掷对后的赌注；b 是下注比例；P 是获胜的收益比（2∶1）；S_0 是之前的赌注；$(1 + b \times P)$ 是获胜的影响；$(1 - b)$ 是失败的影响。

因此，一次投掷对的有效收益率 R 为：

$$R = S / S_0$$

$$R = (1 + bP) \times (1 - b)$$
$$R = 1 - b + bP - b^2P$$
$$R = 1 + b(P - 1) - b^2P$$

注意，对于较小的 b，R 会随 $b(P-1)$ 增大而增大；对于较大的 b，R 会随 b^2P 增大而减小。这就是是胆小交易者原则和胆大交易者原则的数学表示。

我们可以绘制出 R 与 b 的关系图，得到的图形会与上面通过模拟得到的图形相似，我们很容易就能够发现其最大值。我们还能发现，在最大值处斜率等于 0，因此我们也可以通过求解斜率为 0 时的解来得到最大值。

斜率 $= dR/db = (P-1) - 2bP = 0$，因此：
$$b = (P-1)/2P，对于 P = 2:1$$
$$b = (2-1)/(2 \times 2) = 0.25$$

与之前一样，我们得出的最佳下注比率为 25%。

优化：使用凯利公式

在 1956 年的开创性论文《一种信息比率的新诠释》（*A New Interpretation of Information Rate*）中，凯利（L. Kelly）研究了电话的数据传输方法。在这篇论文中，他提出了凯利公式（见图 24-5），这一公式可以用于在交易时优化下注比例。

凯利公式
$K = W - (1-W)/R$
K = 下一次下注比例 W = 历史胜率 R = 收益比 例如，一枚正反面出现的概率为 50/50 的硬币，如掷出正面，收益比为 2:1。那么，最优下注比例为： $\quad K = 0.5 - (1-0.5)/2 = 0.5 - 0.25 = 0.25$ 凯利公式的计算结果表明，最优的下注比例为 25%。

图 24-5　凯利公式

W 和 R 的值是长期均值，因此，随着时间的推移，K 的值可能会发生变化。

运气、收益比和最佳下注比例之间的图形关系

图 24-6 是以收益比为 X 轴，以运气为 Y 轴的最佳下注比例模型：

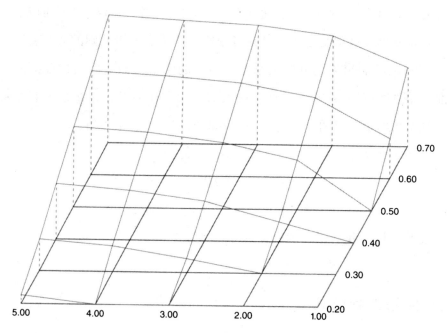

图 24-6 最佳下注比例随着运气增加而线性增加，随着收益比增加而渐进增加

最佳下注比例随着运气和收益比增加而增加。该图显示了各种运气（Y）和收益比（X）下的最佳下注比例。最佳下注比例随着收益的增加而增加。对于很高的收益比，最佳下注比例就等于运气值。例如，对于收益比 5∶1 的 50/50 硬币，最佳下注比例约等于本金的 50%。

非平衡分布和高收益

到目前为止，我们的风险管理都基于一个假设，那就是从长期来看，一枚 50/50 的硬币正反面出现的概率是均等的，但是偶尔也会出现连胜现象。如果硬币的收益比高于 2∶1，那么在允许连胜的情况下，100% 下注的策略会使期望收益达到最大。

图 24-7 是以收益比为 X 轴，以运气为 Y 轴的最大期望收益模型。

例如，对收益比为 3∶1 的情况，每次单位下注的期望收益都是 1.0。因此，如果 100% 下注，10 次抛掷的期望收益为 $1000 \times (1+1)^{10}$，即 1 024 000 美

元。假设正面和反面出现的概率相等,这个结果远远超过了按35%下注对应的期望收益4200美元。

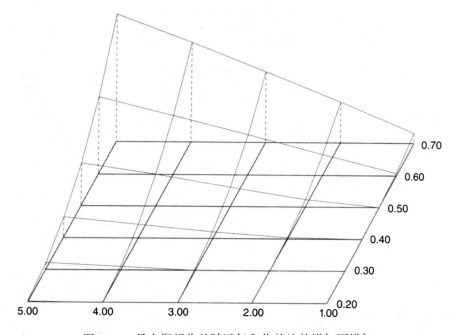

图24-7 最大期望收益随运气和收益比的增加而增加

此图显示了在不同运气和收益比的情况下按最佳比例下注的期望收益。收益比越高(X轴从1:1至5:1),运气值越高(Y轴从0.20至0.70),则收益期望值越高。最高期望收益在有70%的概率获胜且收益比为5:1时获得。最低的期望收益则对应的是有50%的概率获胜且收益比为1:1。

几乎必死的策略

从根本上讲,100%下注这种孤注一掷的策略,差不多是必死的。对于一枚50/50的硬币,按照这一策略投掷N次后仍然存活的概率等于$(0.5)^N$。也就是说,在投掷10次后,存活概率为$(0.5)^{10}$,大约千分之一。大多数交易者都不希望破产,因此他们不愿意采用这种策略。尽管如此,这种策略的预期收益还是很诱人的,因此,当"策略死亡"在资产损失之外不会带来其他特殊惩罚的时候,这种系统也是可以使用的。

图24-8是以收益为X轴,以运气为Y轴的预期收益模型(正反面出现的概率均为50%)。

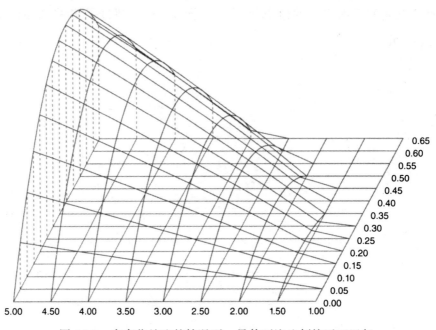

图 24-8 在高收益比的情况下，最佳下注比例接近于运气

对于不同收益比和运气的最佳下注比例。该图展示了正反面出现的概率为 50/50 的硬币在各种下注比例和收益比下的收益期望值。对于每个收益比，期望值都对应一个最佳下注比例。具体而言，1.5∶1 的收益比对应的最佳下注比例约为 15%，2∶1 的收益比对应的最佳下注比例约为 25%，5∶1 的收益比对应的最佳下注比例约为 45%。（图 24-4 是图 24-8 在 2∶1 的收益比水平下的横截面。）

例如，一位指挥士兵的将军，可能会最优化他的整体策略，派遣士兵满山搜寻，全速向前推进，而不考虑士兵的人身安全。虽然这种战术很可能牺牲许多士兵，但根据概率，只要其中一两名士兵能够实现目标，就实现了任务总体收益的最大化。

同样，投资组合经理可以将其资产划分为多个子账户，然后，他可能会在每个子账户上冒 100% 的风险；虽然这样做可能会有很多子账户损失较多，但也会有几个子账户能获得足够多的盈利，从而实现总体期望收益最大化。这就是分散化原则，适用于单个子账户收益比很高的情况。

分散化

分散化投资是一种在不同资产之间分配权重的策略，这种策略可以在一种资产下跌时控制总体损失。该策略需要各种资产平均来说有可盈利预期或运气好。分散化投资也为单一标的交易提供了某些心理优势，因为一种标的的短期变化可能会抵消另一种标的的变化，从而导致短期投资组合的波动总体上更趋平稳。

撤资点

从分散化组合的角度来看，各个组成部分的表现都被包含在整体业绩中。基金的业绩是风险管理者和客户共同关注的焦点。这样一来，基金业绩便会受到投资者对股票的感受、态度和管理方法的主观影响。

在基金管理中，最重要而且也最容易被忽略的就是撤资点（UNCLE POINT），即导致投资者或基金管理者对基金失去信心的回撤比例。如果投资者或基金管理者士气低落，退出该基金，那么这只基金就会"死亡"。回撤到撤资点附近通常会令人沮丧，不幸的是，很少有文献关注到这一点。

尤其是在基金首次募集时，除了相关监管文件中必要、含糊的描述，基金很少提及撤资点。这很不好，因为投资者和基金管理者之间对撤资点的理解不一致会导致他们放弃基金，尤其是在对方最需要信任和承诺之时。

在承受压力的情况下，投资者和基金管理者不会靠模糊的法律协议来判断，而是会根据最原始的直觉。这在高收益、高波动的交易中尤为重要，因为其中可能会出现频繁回撤。

在对撤资点没有达成共识的情况下，风险管理者出于安全考虑，通常会默认撤资点不会太远，因此他们会寻求降低波动性的方法。但是，安全、低波动的系统很少能提供超高回报。尽管如此，因默认低波动的收益预期导致的压力仍然要求管理者不断关注和衡量波动率大小，极力避免波动过大的情况。

衡量投资组合的波动性：夏普比率、风险价值、湖泊比率和压力测试

从组合分散化投资的角度来看，各个组成部分的业绩所构成的总体，形成

了整体业绩。投资经理需要根据一些衡量指标来判断整体业绩，例如夏普比率、风险价值、湖泊比率和压力测试。

威廉·夏普（William Sharpe）于1966年发明了"收益/波动率"指标。后来，人们将其称为"夏普比率"。夏普比率 S 会根据波动率调整收益，从而提供了一种比较不同收益和波动率的方法。

$$S = 均值(d) / 标准差(d)$$

式中，$d = Rf - Rb$，其中，Rf 是基金的收益，Rb 是基准收益。

夏普比率也出现了各种各样的变体。其中，一种变体是不考虑基准收益，或者说将基准收益设置为零，还有一种变体是在计算时用收益的平方替代标准差。在使用夏普比率时，我们要注意，它无法区分上行和下行波动率。对于高杠杆/高收益的系统而言，通常有很高的上行波动率，因此用夏普比率衡量似乎并不令人满意。

VaR（风险价值）是确定投资组合风险的另一种流行的方法。通常，它会测量在给定的时间段内，在95%的置信度下最大的回撤比例有多大。VaR的缺点在于：①通过历史数据计算只能得出未来波动率的粗略近似值；②仍有5%的情况下跌幅度会超出预期。由于最严重的回撤（在这种情况下，投资者和管理者会失去信心）通常属于"异常值"事件，因此VaR并没有真正解决，甚至没有预测到需要补救的问题。

在我看来，湖泊比率（见图24-9）是一种评估高波动率的经验法则。如果我们将业绩表现当成一个随时间变化的图形，可以把它看成一系列的波峰和波谷，想象雨水落入山间，最终积满了所有山谷。这会在峰与峰之间形成一系列湖泊。如果投资组合目前不是处在历史最高位，我们还需要在最右边建一个大坝"蓄水"。水的总体积代表降水量对降水持续时间的积分。

如果我们将水的总体积除以山体的总体积，得出的就是湖泊比率。用收益率除以湖泊比率可得出另一种衡量根据波动率调整的收益的指标。储蓄或者其他不存在回撤的资产不会产生"蓄水"，因此波动调整后的回报可能是无限大的。

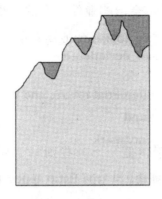

图 24-9　湖泊比率 = 深色区域 / 浅色区域

据此你可以得到对波动直观的认识。对于夏普比率，可参考 http://www.stanford.edu/~wfsharpe/art/sr/sr.htm。

压力测试

压力测试是通过历史数据分析交易和风险管理系统的模型，关注其历史业绩，尤其关注亏损。这种方法的难点在于，很少有风险管理者能将他们的模型系统化，因此很少有人可以将实际的交易转化为计算机代码。但如果能这样做的话，我们可以获得以下优势：①建立决定最佳下注的策略框架；②对系统的逻辑性、稳定性、有效性更有信心；③能够将其展示给投资者以便讨论，让基金经理和投资者对风险/回报达成一致预期。

时间长度的选择：将数据样本的时间跨度缩短 1/3 以上，如果结果没有明显变化，那么这样的时间长度就是足够的。

投资组合选择

在市场中，不同股票的表现差异很大。有些股票会上涨 100 倍，而另一些则可能跌至峰值的 1%。道琼斯工业平均指数、标准普尔指数、纳斯达克指数和罗素指数等也都会出现很大的差异，这进一步说明了投资组合选择的重要性。表现最佳的股票投资组合很容易胜过表现最差的股票投资组合。因此，采用何种方法选择资产组合，对整体业绩至关重要。回测无疑是比较合适的方法。

投资组合中的标的数量也会影响业绩。标的太少会导致更大的波动和偶尔极高的收益，而标的过多则会导致较小的波动和更稳定但也更低的收益。

头寸分配

一些头寸分配策略基于价值，另一些则基于风险。假设账户上有100万美元，投资者打算交易20种资产，并且愿意承担相当于账户资产总额10%的风险。

基于价值的头寸分配会将账户分为20个相等的子账户，每个子账户50 000美元，每个子账户对应一只股票。由于股票的价格不同，各子账户的股票数量也不同。

基于价值的头寸分配

股票	股价（美元）	持股数量	市值（美元）
A	50	1000	50 000
B	100	500	50 000
C	200	250	50 000

50 000美元除以50美元/股，得出A股票为1000股。

基于风险的头寸分配则会考虑每只股票的风险，即买入价减去止损价。它将总风险（在我们的例子中是10%，即100 000美元）均摊到20个子账户，每个子账户分配5000美元的风险准备金。再将5000美元风险准备金除以每股风险，得出股票数量。

基于风险的头寸分配

股票	股价（美元）	每股风险（美元）	持股数量	总风险（美元）	市值（美元）
A	50	5	1000	5000	50 000
B	100	10	500	5000	50 000
C	200	5	1000	5000	200 000

5000美元除以5美元/股的风险，得出A股票为1000股。

注意，由于每股的风险可能与其价格不成正比（见股票B和C），因此这两种方法可能得到的股票数量并不相同。如果止损价和买入价很接近，或者风险准备金比例很高，基于风险得到的股票头寸甚至可能超过账户的购买能力。

心理因素

在实践中，最重要的心理因素是对系统的坚持。因此，重要的是：①全面了解系统规则；②了解系统的运行方式；③让系统涉及的各方达成一致。

正如我们前面注意到的，收益和损失不可能以稳定的规律交替出现，通常会出现连胜或连输的情况。如果投资者和基金经理都意识到这是正常现象，那么他们就更有可能在亏损时坚持不变，在连胜时适当谨慎。

此外，通过研讨会、团队支持可以让整个组织达成必要的共识。

风险管理——总结

通常，良好的风险管理结合了以下要素：

1. 梳理交易和风险管理的逻辑，直到它们可以用计算机代码表述为止。
2. 在回测过程中，需要考虑选股策略和分散化投资。
3. 进行回测和压力测试，判断交易参数的敏感性和最佳取值。
4. 各方就波动率和期望回报达成明确的协议。
5. 维护好投资人与管理人之间的关系。
6. 最重要的是，按照系统执行。
7. 记住第 6 条。

| 第 25 章 |

GRAB 策略低价买入期货研究[一]

马克·斯利曼（Mark Sleeman）

[一] 免责声明：本文是马克·斯利曼撰写的 GRAB 研究白皮书，详细介绍了在研究期间所遵照的步骤及得到的结论。本文仅供参考，不构成任何买入、卖出投资产品或交易策略的建议。

介绍

我是马克·斯利曼，现居新西兰奥克兰市，是 MS 资本管理公司的唯一负责人。

接下来，我将详细介绍我与埃德·斯科塔共同开展的一项研究。该研究始于 2009 年，是"交易部落"网站的一项研究。本文是 2016 年 9 月更新后的版本。它与原始版本的发现相似，但在说明结论时，用了很多最新的市场行为作为示例。

我们设计了一个量化交易系统并进行测试，该系统在回撤时买入，在反弹时卖出——与常见的趋势交易系统相反。虽然很多交易者对低价买入、高价卖出都自我感觉良好，但我想通过严格的测试来判断这样做是否真能盈利。

如何按照 GRAB 以低价买入期货

我喜欢"买便宜货"。但是，我的趋势系统像其他所有的趋势系统一样，并不会在低价买入。它会一直等到新的上升趋势出现后才买入。买入信号总是在底部形成很久之后才出现。这令人很沮丧，因此我想知道是否能设计一个低价买入、高价卖出的系统。

趋势跟踪并非易事

2016 年 1 月上旬，油价暴跌，投资者担心中国经济放缓，E-mini 标准普尔 500 期货跌得厉害。1 月 20 日，指数处于 2015 年 8 月和 9 月间的支撑位。我心想：这挺便宜的。我想买入，但无聊的趋势系统说："你要当心！"指数"横"了几周，然后突然掉头向上。指数每天都在不断地上涨，我越来越想抓住机会，我不能在场外望而却步，只有持仓才值得高兴。随着指数迅速上涨，我的愤怒和沮丧也随之加剧。但是，我听从系统的指令，什么也没做。指数继续上涨。

到了 4 月初，指数已经不低了，到了阻力位，看上去很贵的样子（见图 25-1）。我不再想买了，我想做空。但是，我的系统做了什么呢？它让我买入。我很不情愿地买入了。

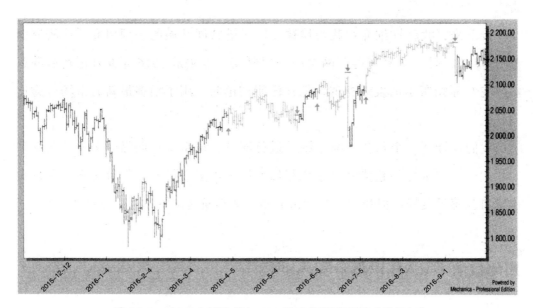

图 25-1　E-Mini 标准普尔 500 的趋势跟踪系统（后复权）

最初，市场涨了几天，但随后便开始下跌，然后就一直跌，就好像知道我终于买入了一样。我眼看着损失越来越大。与几天前相比，我想买入的愿望已经不算什么了。我开始咒骂自己和系统：为什么要在高位买入呢？终于，指数又再次变得便宜了。但我的系统选择买入吗？不，它要卖出。这笔交易已经触及止损点，该卖出了。

当然，指数随后立即再次反弹至新高，而我的系统又在高位买入。6 月 24 日，英国脱欧公投出现了令人震惊的结果，指数随之下跌，这是天赐的买入机会。但我的系统做了什么呢？它卖出了。这样的情况又发生了一次，9 月 9 日，系统再次在大跌中退出。我似乎总在高买低卖。这难道不是一个零和游戏吗？既然这样，那必然有人赚了我赔掉的钱，会是谁呢？是谁从市场中把我的钱拿走了？经过思考，我认为一定是某些"专家"。因此我要弄清楚，这些专家是如何交易的，然后我就可以像他们一样交易了！

弄清楚专家是怎么做的

专家是怎么做的？想想其他领域的那些聪明人是怎么做的吧。我记得有句老话是：想要卖得好，必须买得好。就是这样！这一定是专业人士的交易方式。对于他们来说，高位买入的做法太愚蠢，不适用。在我看来，他们会耐心等指数跌到低位，然后迅速买入。他们要做的就是等着在之后反弹时卖出。他们可以一次又一次地这样做。他们到底卖给谁了，又是从谁的手中买入的？当然是像我这样的"傻瓜趋势交易者"吧。

专家的量化模型

我决定利用计算机设计一个交易系统来证明我的思考，用系统来模拟我对专业人士的交易方式的看法。按照我的设计，系统会在价格低时买入，在价格高时卖出。我称之为GRAB（低价捕捉）系统。我知道市场确实有趋势，我也不想与之抗争。因此，我会把趋势跟踪的原则考虑在内，即当主趋势向上时，系统只进行多头交易，在短期走弱时买入，强势上涨时卖出；当主趋势向下时，系统只进行空头交易，在短期反弹时卖出，并在走弱时平仓。

在我看来，我现在知道了成功交易的关键，因此我开始构建系统，甚至开始想象按这种方法交易之后挣了一大笔钱要怎么花……我开心不已。该系统像趋势跟踪者一样，定期以低价买入，然后高价卖出。那些常使我感到痛苦的、不可避免的震荡不再是问题，相反，它们是利润来源。

GRAB系统已经被设计完成。要想运行它，只需要再设置两个参数，即确定支撑位和阻力位的回溯天数（请参阅"GRAB交易系统详细信息"）。我着手优化这些参数。通过实验，我找到了一些值，这些值能让系统按照我的意愿选择高点和低点。

图 25-2 看起来很棒。现在，GRAB 系统已经做好了回测准备。我很想看看这个系统表现如何。我选择了 40 个期货市场的 30 年历史价格数据做分散化投资。我开始在计算机上进行测试，迫切地等待结果出来……

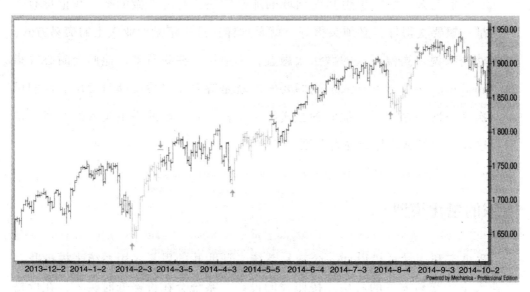

图 25-2　E-Mini 标准普尔 500 走势和 GRAB 买卖点（后复权）

可怕的发现

运行系统时，我除了发现它像我期望的那样低买高卖之外，我还注意到了一些让我后背发凉的事实。尽管采用了"专家版"交易策略，该系统却无法赚钱，而是不断亏损。

我感到相当震惊！这个系统绝非我想象中的赚钱机器，它看起来像是通往贫民窟的道路。为了确认最初的发现，我进行了更多的测试。

结果很清楚：GRAB 系统彻底失败了。我想不明白，看起来不错的东西怎么会赔钱呢？

解谜：为什么 GRAB 系统会失败

显然，GRAB 系统并不像我希望的那样总是赚钱。当我进一步研究时，我发现系统给出的交易信号高度依赖参数值和价格之间的契合度（见图 25-3）。

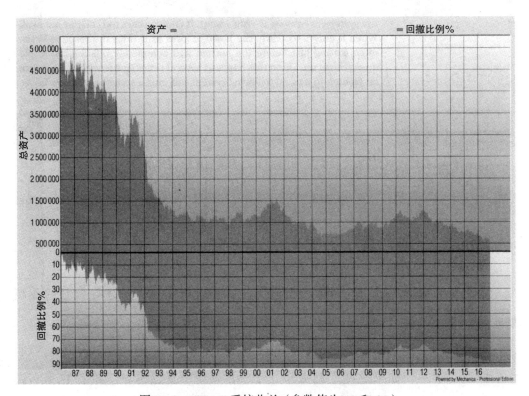

图 25-3　GRAB 系统收益（参数值为 40 和 80）

它通常与市场不同步

如果参数与价格稍微有些出入，系统就无法按我期待的方式运行。它要么买入太早，要么根本不买入。当过早买入时，会因接下来的下跌而平仓，常常在触底之前就退出了，完全错过了随后的上升阶段。这种情况通常会连续发生数次，其方式类似于趋势系统遭受一系列锯齿损失的状况（见图 25-4）。

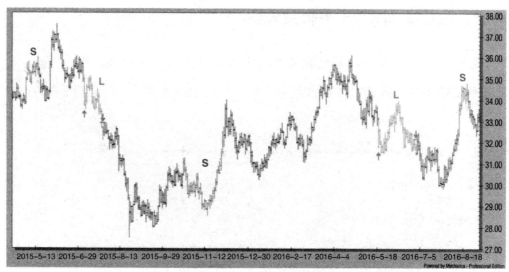

图 25-4　GRAB 交易系统在大豆油期货上的表现（参数值为 40 和 80，后复权）
L 为多头，S 为空头。

更糟糕的是，它错过了大行情

然而，更糟糕的是，这个系统根本无法真正进行交易，这才导致它的业绩如此差。

GRAB 系统依靠和趋势相反的波动来确定买入信号。但是，很强的趋势通常反向波动很小。如果这些变动太小，GRAB 系统就无法介入。即使它确实设法介入一两次，也会很快退出。因此，GRAB 系统需要一系列的大幅回撤，才有机会抓住很大一部分收益。最强有力的趋势往往不会出现足够大的回撤，这使得系统无法入场，看着价格飞涨，它却什么也不做。注意，在 2014 年债券价格大幅上涨期间，GRAB 系统完全错过了欧元德国债券的上涨（见图 25-5）。在这种情况下，它错过了巨大的利润。还有很多类似的情况，而正是由于这些，系统的业绩才变得如此不堪。

GRAB 系统仅在极少数其参数与市场行为同步的情况下，才能运行良好。在其余时间里，它要么是不合时宜地发出信号，要么就是错过了大行情——因观望而错过了巨额利润。

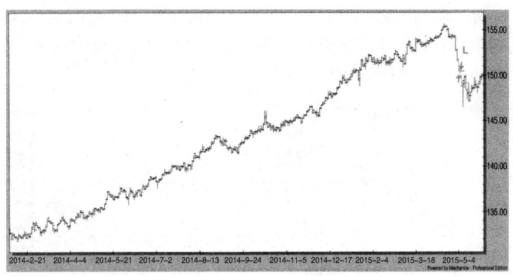

图 25-5　GRAB 交易系统在欧元德国债券上的表现（参数值为 40 和 80，后复权）
L 为多头，S 为空头。

也许获利意味着"不舒服"

这些结果打破了我的幻想，我不再憧憬能在期货市场上逢低买入。当看到价格高企时，能低买高卖，对我来说，甚至对许多人来说，听起来很好。但是，我在计算机上的测试，显然失败了。相比之下，我经常会对趋势跟踪系统（高点买入、低点卖出）的策略感到不舒服。但是，最大的区别在于，这一策略通常是盈利的。这样看来，在期货交易中，获利并不容易，因为这要求交易者绝对相信有时很难遵循的系统。

GRAB 交易系统详细信息

该系统的目标是在市场弱势时买入，在强势时卖出，同时始终按照与主趋势相同的方向进行交易。

GRAB 系统使用两个箱体进行回溯（见图 25-6）。支撑和阻力被定义为过去 N 天的最低价和最高价，并且分别计算近箱价和远箱价，其中近箱天数小于远箱天数。当价格在远箱阻力位上方时，主趋势被定义为上涨。在价格跌至远箱支撑位以下时，主趋势就转为下跌。当主趋势上升时，系统仅做多头交易；当主趋势下降时，系统仅做空头交易。

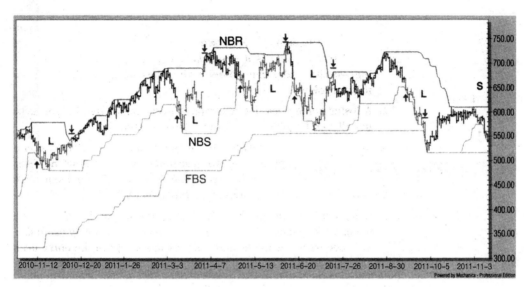

图 25-6　玉米期货（近箱线：20 天；远箱线：100 天）（后复权）
L 为多头，S 为空头，NBR 为近箱阻力位，NBS 为近箱支撑位，FBS 为远箱支撑位。

跌破支撑位买入，突破阻力位卖出

到目前为止，该系统都很像支撑/阻力趋势跟踪系统。其区别在于，在上升趋势中，GRAB 在弱势时买入，在强势时卖出；在下降趋势中则相反。当主趋势为上升趋势时，系统在跌破近端支撑位时买入，在突破阻力位时限价卖出。价格跌破远期支撑位后，主趋势变为下降趋势，该位置为退出点（止损点）。接着，该系统会在突破近箱阻力位时做空。

GRAB 系统的代码，详见本文末的"GRAB 交易系统代码"部分。

GRAB 系统本质上不同于标准的趋势跟踪系统，后者是在趋势走强时买入，趋势走弱时卖出。最初，我认为 GRAB 系统能在趋势中获得一些小利，但随着趋势反转，出现了非常大的损失。这可能会比趋势跟踪系统更能增加赢的概率，但同时也使平均盈亏幅度比减小。我还认为，GRAB 的很多交易是通过限价单执行的，而不是像趋势系统一样用止损单，因此滑点成本应该很小。

回测中的意外情况

在回测中，我发现了一些没有预想到的情况（以下描述仅针对上升趋势）：

1. 有时，近箱和远箱的支撑位是相同的。当两个时间参数值靠得很近时，这种情况更会经常发生。在这种情况下，系统会以相同的价格同时买入和卖出。在回测中，我发现系统根本就不会进行交易。这是实际交易的合理近似，因为这相当于交易者取消了两笔订单，而不必再把它们发送给券商。

2. 亏损交易并非都和主趋势反转同时出现，因为并非所有趋势反转交易都开仓（参见上面的第 1 点）。

3. 并非主趋势中的所有交易都盈利。有时，在交易期间，平仓线（近箱阻力线）会低于开仓价格。当近箱参数和远箱参数距离较远时，这种情况更可能发生。

4. 在重大趋势变化（价格突破远期支撑）后平仓（尽管这种情况不太可能发生），实际上是有盈利的。当远期支撑线在交易期间变得高于开仓价位时，就会发生这种情况。当近箱和远箱参数接近时，这种情况更可能发生。

参数值之间的差异决定了 GRAB 系统的特性

两个参数之间的距离决定了 GRAB 系统的特性（见图 25-7）。当参数相距较远时，只要出现一个小的相对主趋势的反向波动就会跌破近箱支撑位，并触发买入信号。同样，只要出现一个小的盈利的反向波动就能突破近箱阻力位，并触发平仓信号。反过来说，系统在多次买入卖出之后，才会出现跌破远端支撑、主趋势从上升变为下降的情况。这会导致频繁交易，带来许多小盈利和一些大亏损。这可能符合交易者想要"正确判断"的心理。

图 25-7 咖啡期货，参数相距较远的情形（近箱线：20 天；远箱线：200 天）（后复权）
L 为多头，S 为空头，NBR 为近箱阻力位，NBS 为近箱支撑位，FBS 为远箱支撑位。

当近箱和远箱参数接近时，GRAB 系统需要价格在主趋势的基础上出现较大反向波动才能开仓，因此交易频率较低（见图 25-8）。一旦处于开仓状态，系统就需要大幅度获利，才能达到阻力位，触发退出信号。相反，它只需要很小

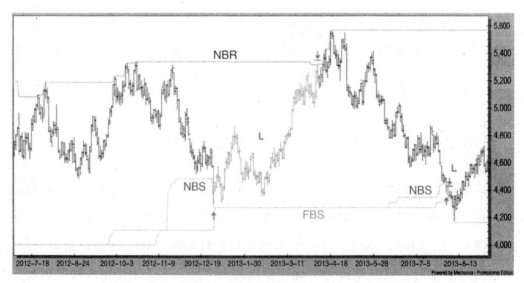

图 25-8 天然气，参数相距较远的情形（近箱线：110 天；远箱线：140 天）（后复权）
L 为多头，S 为空头，NBR 为近箱阻力位，NBS 为近箱支撑位，FBS 为远箱支撑位。

的损失就可以跌破远端支撑位并触发退出信号。此设置使得系统错过了许多趋势，因此很少交易，赢的次数也不多。但是，获胜的交易的确是在底部附近开仓，在随后的顶部附近平仓的。这可能符合交易者想要"聪明判断"的心理。

GRAB 交易系统代码

下面是使用伪代码写成的 GRAB 系统。以撇号开头的行表明该行为代码注释。

Indicator Setup

```
'GRAB System.
'Two-box system. Far box defines major trend; system
trades only in same direction as major trend,
'meanwhile fading the signals of near box.
'Last trade in each trend exits at break of far box - at
the same time as the trend reverses.
'All trades, except the last in the trend, use a limit
order, as they are fading the near box.
'The last trade exits on a stop, as the trend changes.
'Assign entry and exit break out parameters using
integers "X" and "Y".
'Set X = Far box lookback
X = 80
'Set Y = Near box lookback
Y = 40
'Create the far and near box support/resist levels.
FAR_BOX_RESISTANCE = MAX[H,X,0]
FAR_BOX_SUPPORT = MIN[L,X,0]
NEAR_BOX_RESISTANCE = MAX[H,Y,0]
NEAR_BOX_SUPPORT = MIN[L,Y,0]
'Initialize long term trend value to 0 so that it does
not set until indicators up to speed.
'See if high TODAY breaks yesterday's look back high, or
if low breaks yesterday's look back low.
IF FAR_BOX_RESISTANCE = 0 THEN
   TREND = 0
ELSE IF HIGH >= FAR_BOX_RESISTANCE[1] THEN
   TREND = 1
ELSE IF LOW <= FAR_BOX_SUPPORT[1] THEN
   TREND = -1
ELSE
   TREND = TREND[1]
```

Position Entry

```
'If the trend is up buy on a break of near box support.
IF TREND[1] = 1 THEN BUYLIMIT = NEAR_BOX_SUPPORT[1]
'If the trend is down sell on a break of near box
resistance.
IF TREND[1] = -1 THEN SELLIMIT = NEAR_BOX_RESISTANCE[1]
```

Position Exit

```
IF LONG = 0 THEN JUMPTO[1]
'If long either, sell (at a limit) on a break up from
the near box or, sell (on a stop) on a break down 'from
the far box - a change in trend from up to down.
SELLIMIT = NEAR_BOX_RESISTANCE[1]
SELLSTOP = FAR_BOX_SUPPORT[1]
JUMPTO[2]
[1]
' Vice-versa if short.
BUYLIMIT = NEAR_BOX_SUPPORT[1]
BUYSTOP = FAR_BOX_RESISTANCE[1]
[2]
```

Position Sizing

```
'Use Fixed Fractional Position sizing. Positions size
inversely to the risk they present at entry.
'Set the risk budget.
RISK_BUDGET = .01
STARTDATE = 19860101
ENDATE = 20161010
STARTUPCASH = 1000000
NEWCONTRACTS = TOTALEQUITY * RISK_BUDGET / NEWRISK
```

| 第 26 章 |

为什么宏观策略投资仍然有意义[一]

杰森·杰拉赫（Jason Gerlach）

瑞克·斯劳特（Rick Slaughter）

克里斯·斯坦顿（Chris Stanton）

朝阳资本管理公司（Sunrise Capital Partners）

[一] 更多关于《为什么宏观策略投资仍然有意义》的内容，可参阅凯特的论文《期货管理和对冲基金：天作之合》。奥多（M. Odo）、绍本（M. Schauben）和罗林格（T. Rollinger）对本文亦有贡献。

概要

2002年11月，卡斯商学院教授哈里·凯特（Harry M. Kat）博士开始撰写一篇题为《期货管理和对冲基金：天作之合》的论文。随后，《投资管理杂志》在2004年一季度发表了该论文。我们认为，在宏观战略投资或期货管理领域中，凯特博士的这篇论文是开创性的。他在论文中指出，虽然对冲基金与传统的股票和债券投资组合增加了收益、降低了波动性，但同时也产生了副作用——增加了尾部风险（偏度降低，峰度增加）。他接下来分析了如果将期货管理加入传统投资组合，以及将对冲基金和期货管理结合会产生什么效果，并在最后分析了将对冲基金、期货管理和传统投资组合结合在一起的效果。他发现，期货管理比对冲基金能更好地进行分散投资，期货管理比对冲基金能更大程度、更快地降低投资组合的波动性，而期货管理在这一过程中，并没有出现尾部风险增加的负面影响。他得出的结论是，通过期货管理、对冲基金与传统投资的结合，我们可以获得最理想的投资效果。[1]

凯特最初研究的时间区间是1994年6月至2001年5月。在本文中，我们将重新审视并更新凯特的原始研究。我们主要研究的时间范围是"样本外"区间，即从2001年1月至2015年12月。在附录中，我们还提供了对另外两个时期的研究发现。基于我们所选择的数据的时间范围，在附录A中，我们提供了从1990年至2015年整个区间的结果。这一区间包括凯特的研究开始之前将近4年半的时间，凯特研究的原始区间，以及此后的样本外区间。在附录B中，我们展示了对凯特选取的原始区间（1994年6月至2001年5月）的研究结果。值得注意的是，在我们论文中的研究，尤其是在附录B中，所涉及的内容并非完全复制凯特的原始研究。

期货管理

期货管理可以看成集高流动性、透明性、战略性于一体的宏观对冲基金策略，其关注领域涉及期货、远期合约、期权及外汇市场。期货管理交易系统可以在全球多达 400 个不同市场中进行多空交易，涉及实物商品、固定收益证券、股票指数和货币等。这些市场的参与者包括套期保值者、交易者和投资者，其中的许多人需要经常调整头寸，从而增加了相当可观的交易量，以及充裕的流动性。这些条件使得大多数期货管理策略都能容纳大量资金，并能在很多不同的市场、区域及时间范围内，进行分散化投资。[2]

跨市场分散化、主动管理、多空持仓，这 3 点是使期货管理策略与被动投资、做多指数的投资、传统投资区别开来的关键特征。尽管大多数期货管理策略也会交易股指、固定收益证券以及外汇期货，但其收益通常与这些资产的收益无关。之所以如此，是因为大多数管理者并不只是针对单一的资产类别设置 beta 敞口，而是尝试通过主动的战术管理、调整头寸来增加 alpha，这种策略与只有多头持仓的指数被动投资相比，提供了完全不同的潜在收益。[3]

对于期货交易的早期历史，我们可以一直追溯到 17 世纪后期的日本。[4]第一批期货公募基金于 1948 年开始交易，但直到 20 世纪 70 年代，该行业才开始受到关注。根据巴克莱（2012）的说法，"10 年前或更早以前，我们通常认为期货基金及其管理人和对冲基金不同，但现在来看，它通常被视为广义的对冲基金，只是有着一系列不同的策略。事实上，期货管理是另类投资的重要组成部分"。其资产约占全部对冲基金资产的 12%，在 2015 年三季度末，相当于 3334 亿美元。[5]

期货管理可以被看作专注于全球期货和外汇市场的全球宏观策略的一部分，它能利用一种高度战术性、系统化的方法，进行交易，管理风险。交易标的往往是在交易所挂牌的期货产品。[6]期货管理也在交易量极大、流动性强、现金结算的市场上进行交易。期货通过每日结算形成定价和估值，可以最大程度地降低信贷风险，这使对冲基金投资者能减轻或消除另类资产投资带来的风险。流动性和更好的定价，使风险更易于度量和建模，从而促进了风险管理。在全球金融危机爆发之前的研究中，巴杜里（Bhaduri，2008）等人发现，流动性的价值常常被低估了，交易标的流动性差的对冲基金，其表现不及那些流动性好的对冲基金。[6]

由于期货管理策略具有定量研究的特性，很容易被某些研究人员错误地归类为"黑匣子"交易系统。拉姆西（Ramsey）和金斯（Kins, 2004）的研究指出："讽刺的是，与其他另类投资策略相比，大多数CTA会给客户提供透明度相当高的策略信息。"[7]他们还指出，CTA通常愿意在尽职调查过程中详细描述其交易模型和风险管理，"除了透露实际使用的算法"。CTA通常也愿意向投资者披露持仓信息。投资者可以从管理账户实时获知头寸信息，并避免与基金投资相关的某些委托代理风险。拉姆西等人的结论是："如果注意到CTA披露的策略，并且注意到他们提供了全面的、透明的头寸信息，你很难称其为黑匣子，因为投资者可以自行测试他们使用的方法。"

独立管理的账户在期货管理中很常见。它对投资者足够透明，在极端情况下，还会提供清算、平仓等干预的能力，大大增强了对风险的管理。此外，通过独立管理账户进行交易的CTA，机构投资者能够降低运营风险和欺诈的可能。与其他对冲基金策略不同的是，CTA允许投资者按照特定的风险水平确定仓位。期货和外汇对保证金的要求很低，这使现金可以高效使用，投资者可以与交易者一起，利用或借用托管账户，从而达到特定水平的年度波动率或其他风险指标。一些CTA提供具有不同风险级别的基金。传统杠杆需要投资者支付利息，才可以获取额外的风险敞口，CTA与此不同，在期货账户中的保证金还能为投资者赚取利息。

期货交易的另一个优势是不存在卖空限制，双方只需确立合约即可。没有最小变动限制，也不需要融券，更不需要支付股息或产生与卖空股票相关的其他费用。因此，期货在做空策略方面，比股票更容易。

期货管理和CTA的定义

"期货管理"是一个极为宽泛的术语，我们需要给出更明确的定义。期货管理交易者通常被称为"商品交易顾问"或称之为"CTA"，需要具备商品期货交易委员会和国家期货协会认定的从业资格。鉴于 CTA 也可以交易金融和外汇期货，因此商品交易顾问这个说法有些误导；总之，CTA 不仅限于商品期货交易。

机构在哪里可以做期货管理或 CTA 投资

根据巴克莱 2012 年 2 月《对冲基金行业报告》中的调查结果，在机构投资者眼中，CTA 的三大好处为：
1. 与传统收益相关性较低
2. 策略能够降低风险或者实现分散化投资
3. 策略的绝对收益及其 alpha 特征有吸引力

此外，接受调查的投资者中，有 50% 在现有的投资组合中持有 0% ～ 10% 的 CTA 策略，50% 的投资者计划在未来 6 个月内增加对 CTA 的配置。

偏度和峰度

在使用现代投资组合理论（MPT）的框架构建投资组合时，投资者几乎只关注概率分布的一阶矩和二阶矩，即均值和方差。只要资产类别之间的相关性保持稳定，MPT 构建投资组合的方法似乎就是有效的。[8] 但是，在危机发生时，不同资产类别常常出现同向震荡，原来的分散化投资可能出现严重的"尾部事件"。如果仅关注均值和方差，投资者就无法抓住历史上重要的、可测量的、稳健的交易信号。

概率分布的三阶矩和四阶矩，即偏度和峰度，可以描绘现实世界中投资策略真实的收益特征。偏度和峰度对我们的研究相当重要。

- 偏度衡量的是对称性，它衡量分布曲线两端"尾部"长度的相对大小。
- 峰度是对分布峰值的衡量，即结果是"高而瘦"还是"矮而厚"，换句话说，就是波动率风险是位于分布的尾部还是集中在中间。

为了更进一步地理解这两者对于研究的重要性，我们重新审视了凯特的原始论文。凯特指出，如果我们把风险定义为标准差，把历史收益作为期望收益，那么对冲基金的确为投资者提供了两全其美的方法，它的期望收益接近股票，而风险类似于债券。但是，凯特（2003）的研究表明，将对冲基金加入传统的投资组合，可能会显著改善投资组合的均值和方差的特征，但问题是，在危机时期，对冲基金可能产生更严重的负偏度分布。[9]凯特（2004年）的研究进一步指出："将对冲基金引入股票和债券投资组合时，会产生额外的负偏度，这将成为主要的风险来源，因为一大笔负收益会破坏多年来的持续复利。"

Koulajian 与 Czkwianianc（2011）的研究似乎证实了凯特的观点，他们评估了各种对冲基金策略，探究其中出现的与波动率不成比例的损失风险：

"负偏度的策略仅在市场稳定的条件下才具有吸引力。在市场震荡期间（我们采用过去17年中3次最大的标准普尔500指数下跌计算），负偏度策略：

- 面临 −41% 的巨额亏损（正偏度策略的收益为 +39%）；
- 与标准普尔 500 指数的相关性增加；
- 各策略之间的相关性增加。"[10]

偏度和峰度可能含有关于投资组合风险特征、收益特征的重要信息，在阅读本研究报告时应牢记这一点。（有关偏度和峰度更详尽的综述，请参见附录 C。）

数据

我们采用和凯特类似的分析，所使用的数据集中于 4 个资产类别：股票、债券、对冲基金和期货。

股票：以标准普尔 500 表示。自 1957 年该指数首次发布以来，标准普尔 500 一直被认为是美国大盘股票市场最具代表性的指标。其基准价值超过 7.8 万亿美元，复制该指数的策略约 2.2 万亿美元。该指数包含了美国领先行业的 500 家公司，占股票总市值的 80%。标准普尔 500 总收益指数既反映了股票价格的变化，也包括了相关成分股股息收入的再投资。

债券：以巴克莱美国综合债券指数（以前称为雷曼综合债券指数）表示。它创建于 1986 年，其历史可以追溯到 1976 年。该指数是美国债券投资者采用的主要指数，并且是许多美国指数基金的基准指数。该指数由 4 个主要子指数组成：美国政府指数、美国信用指数、美国次级抵押证券指数（1986）、美国资产证券化指数（始于 1992 年）。该指数基于标准普尔、穆迪和惠誉的债券评级对被投债券质量进行跟踪，它不包括高收益债券、市政债券、通胀挂钩国债、外币债券。截至 2015 年底，该指数涉及约 8200 只债券。

对冲基金：以 HFRI 基金加权综合指数表示，它包括 2300 多只对冲基金。HFRI 是等权指数，既包括国内基金，也包括离岸基金，但不包括 FOF 基金。所有基金均以美元结算，并按月扣除所有费用。基金规模必须至少达 5000 万美元，至少有超过 12 个月的活跃交易记录。

期货管理：以巴克莱系统交易指数表示。该指数是量化交易的等权组合，要求至少有 95% 的系统交易。截至 2015 年底，该指数共包含 454 个交易系统。

基本统计特征

表 26-1 列出了这 4 个资产类别业绩的基本统计数据。与凯特的结果相似，我们的结果表明，期货管理的平均收益率低于对冲基金，只是相比起来没有凯特的结果那么显著。期货管理的标准差也更高。但是，它们显示出了正偏度而非负偏度，同时峰度也更低。这一点很关键：较低的峰度表明较少的标准差来自尾部（较低的尾部风险），并且正偏度表示更有可能在意外事件中获利而非亏损。从相关性矩阵中我们可以看到，对冲基金与股票高度相关（0.80），期货管理与股票负相关（−0.17），期货管理与对冲基金之间的相关性也很低（0.07）。

表 26-1 股票、债券、对冲基金、期货管理的月频收益数据
（2011 年 6 月～2015 年 12 月）

	股票	债券	对冲基金	期货管理
均值（%）	0.50	0.42	0.45	0.33
标准差（%）	4.32	1.01	1.72	2.25
偏度	−0.63	−0.33	−0.84	0.22
峰度	1.17	1.37	2.06	0.43
相关系数				
股票	1.00			
债券	−0.11	1.00		
对冲基金	0.80	−0.03	1.00	
期货管理	−0.17	0.24	0.07	1.00

股票和债券投资组合加入对冲基金或期货管理头寸

为了研究在对冲基金和期货管理之间分配仓位的影响，我们首先建立了一个"传统"投资组合作为基准，即 50% 股票和 50% 债券（50/50）。接着，我们开始以 5% 的比例递增加入对冲基金或期货管理头寸。和凯特在原始论文中的操作一样，当加入对冲基金或期货管理头寸时，原始的 50/50 投资组合将按比例减少股票和债券持有量。这样就产生了我们需要的投资组合，如 40% 的股票、40% 的债券和 20% 的对冲基金；或者是 35% 的股票、35% 的债券和 30% 的期货管理（注：我们使用的所有投资组合在每个月都重新平衡仓位）。与凯特的研究相似，我们关注的是，当我们把对冲基金和期货管理加入基准投资组合时，这两者有什么差异。凯特发现，在他研究的区间内，将对冲基金加入 50/50 的股票债券投资组合中，可以降低标准差——这是好的那一面。不好的一面是，对冲基金的加入也带来了负面影响，除了投资组合的偏度变得更负向之外，收益分布的峰度也增加了，也就是"肥尾分布"。但是，凯特发现，当增加期货管理的头寸时，标准差的下降速度比增加对冲基金的头寸下降得快，峰度也降低了，而且，最关键的是偏度也朝正向移动（见表 26-2）。凯特（2004）对此总结道："（在假定的条件下，）尽管对冲基金提供的收益要比预期高一些，但从整体风险的角度来看，期货管理似乎比对冲基金更好。"

表 26-2　在 50/50 股票债券组合中加入对冲基金 / 期货管理的月频收益数据
（2001 年 1 月～ 2015 年 12 月）

加入对冲基金					加入期货管理				
对冲基金占比（%）	均值（%）	标准差（%）	偏度	峰度	期货管理占比（%）	均值（%）	标准差（%）	偏度	峰度
0	0.46	2.17	−0.78	2.27	0	0.46	2.17	−0.78	2.27
5	0.46	2.13	−0.80	2.28	5	0.45	2.05	−0.74	2.05
10	0.46	2.09	−0.81	2.3	10	0.45	1.94	−0.69	1.79
15	0.46	2.05	−0.82	2.31	15	0.44	1.83	−0.63	1.49
20	0.46	2.02	−0.84	2.32	20	0.43	1.74	−0.55	1.16
25	0.46	1.98	−0.85	2.33	25	0.43	1.66	−0.45	0.82
30	0.46	1.95	−0.86	2.34	30	0.42	1.59	−0.35	0.49
35	0.46	1.92	−0.87	2.35	35	0.41	1.53	−0.24	0.19
40	0.46	1.89	−0.88	2.35	40	0.41	1.49	−0.13	−0.03
45	0.46	1.87	−0.89	2.35	45	0.40	1.47	−0.04	−0.18
50	0.46	1.84	−0.90	2.35	50	0.39	1.47	0.04	−0.23

我们的研究结果表明，凯特的研究结论从他最开始进行研究的时候就成立，到现在也同样成立。当我们增加对冲基金的仓位占比时，投资组合收益上升而标准差下降。但是，由于投资组合的偏度下降，峰度上升，增加对冲基金的占比会出现之前所讨论的"负面影响"。另外，当我们将期货管理加入到传统投资组合中时，我们观察到了令人印象更深刻的分散化特征。实际上，和凯特的研究相比，期货管理似乎进一步改善了业绩状况。按照 45% 的仓位配比，增加期货管理头寸可以增加平均收益，同时能够将传统投资组合的 −0.78 的偏度值增加到 −0.04。标准差的下降幅度比加入对冲基金更快，并且峰度也有所改善，在 45% 的仓位水平下，峰度从 2.27 下降至 −0.18。

对冲基金和期货管理组合

在表 26-3 中，我们总结了对冲基金和期货管理组合的结果。期货管理的平均月收益率低于对冲基金。因此，我们可以预期，如果将期货管理和对冲基金组合，这将降低其期望收益。期货管理的标准差也高于对冲基金，因此可以预期，增加期货管理头寸会给波动性带来上行压力。但是，将它们组合在一起时,并未发生这种情况。由于期货管理具有正偏度和更低的峰度,将期货管理和对冲基金组合在一起似乎可以显著改善总体风险状况。按照40%期货管理的仓位配比,组合标准差从1.72%降至1.42%,但预期收益仅下降5个基点。同样在这一持仓水平下,偏度从 –0.84 提高到 0.10,而峰度从 2.06 明显下降到 –0.18。对冲基金本身就能产生相当不错的收益率特征,而将期货管理叠加的策略则说明,这两者可以"结盟",从而进一步改善整体投资组合的收益特征。

表 26-3　对冲基金和期货管理组合的月频收益数据(2001年1月~2015年12月)

期货管理占比(%)	均值(%)	标准差(%)	偏度	峰度
0	0.45	1.72	−0.84	2.06
5	0.45	1.64	−0.73	1.73
10	0.44	1.58	−0.61	1.37
15	0.43	1.52	−0.48	1.00
20	0.43	1.48	−0.34	0.65
25	0.42	1.44	−0.21	0.33
30	0.42	1.42	−0.09	0.09
35	0.41	1.41	0.02	−0.08
40	0.40	1.42	0.10	−0.18
45	0.40	1.44	0.16	−0.20
50	0.39	1.47	0.19	−0.17

股票、债券、对冲基金和期货管理组合

我们最后一步的分析,是研究将所有4个资产类别,融合成一个投资组合的效果。和凯特一样,我们分两步完成。首先,我们将对冲基金和期货管理合并为所谓的"另类投资组合"。其次,我们将这种另类投资组合与50/50股票债券构成的"传统投资组合"融合在一起。通过进一步分析,我们可以尝试回答两个问题。第一个问题是,"传统和另类投资的最佳配比是什么?"(参见图 26-1 中标有"另类投资占比"的坐标轴。)第二个问题是,"对冲基金和期货管理在另类投资组合中的最佳配比是什么?"(参见图 26-2 中标有"期货管理占比"的坐标轴。)

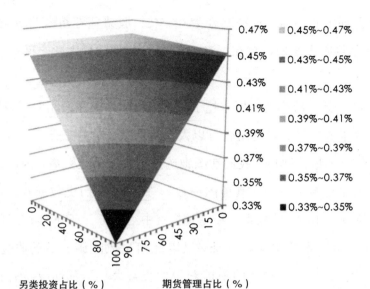

图 26-1　在另类投资组合中不同期货管理/对冲基金配比下所构建的投资组合预期收益
（2001 年 1 月～2015 年 12 月）

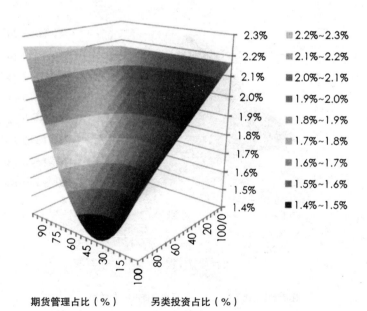

图 26-2　在另类投资组合中不同期货管理/对冲基金配比下所构建的投资组合标准差
（2001 年 1 月～2015 年 12 月）

图 26-1 显示，当投资组合没有给期货管理分配权重时，可以获得最高的平均收益。增加期货管理的权重，会使得平均收益率略有下降，因为它的收益率

较低（期货管理为 0.33%，对冲基金为 0.45%，股票债券组合为 0.46%）。这是正常的，因为期货管理公司会在标准差最小化和收益最大化之间权衡，最终做出投资决策。

从图 26-2 开始，故事变得更有趣了。与凯特的结论非常相似，我们发现，在传统投资组合中添加另类投资组合可以大大降低整体的标准差（注：为了选择每个图形传达信息的最佳视角，我们在图中选择了特定的轴标签。因此，从图 26-2 开始，图中的轴标签不一定与其他图一致）。此外，从历史数据看，最佳的情况是给另类投资分配 100% 的权重，在另类投资中给期货管理分配 35% 的权重。

图 26-3 展示了收益率除以标准差（以此衡量风险调整后的收益）的结果。我们可以认为，投资者单位风险所能获得的收益大小与预期收益有相同的重要性。最大的风险调整后收益是在另类投资中占比 100%，期货管理占另类投资 35% 时获得的。

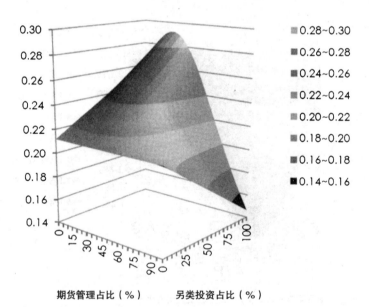

图 26-3　整体投资组合的风险调整后的收益（2001 年 1 月～2015 年 12 月）

图 26-4 展示了整个投资组合的偏度。我们发现，在另类投资上增加头寸，会给偏度施加向上的影响，而这正是我们想要的结果。另外，随着期货管理的占比增加，对偏度的正向影响也会增加。当分配给另类投资的权重为 80% 时，

整体投资组合的偏度就是正值。偏度最大值是在另类投资中占比100%，期货管理在另类投资中占比大于50%时获得的。

最后，我们在图26-5展示了与峰度有关的结果。和凯特的发现类似，我们

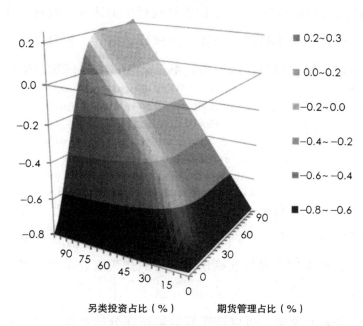

图26-4　整体投资组合的偏度（2001年6月～2015年12月）

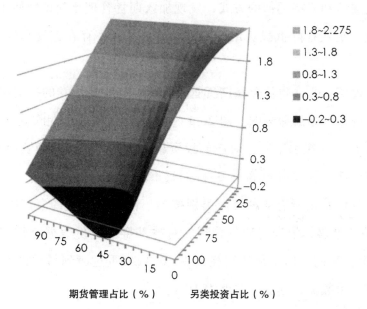

图26-5　整体投资组合的峰度（2001年6月～2015年12月）

发现期货管理很好地降低了投资组合的峰度。如果将95%～100%的权重分配给另类投资，同时将40%～55%的另类投资权重分配给期货管理，那么组合实际上可以产生 –0.19 的负峰度值。

我们也使用了其他一些CTA指数重复进行了上述分析过程，这样做是为了确保这一结论并非只基于我们所选择的某只特定指数。我们发现，在所有情况下的结论都与以上结论类似，这表明，不管选择什么样的期货指数，这一结果都是可靠的。

结论

在这项研究中，我们使用了凯特博士在论文《期货管理和对冲基金：天作之合》中介绍的框架，分析了期货管理在股票、债券和对冲基金构建起的投资组合中可能发挥的作用。我们这篇论文的目的是，探究在这么多年之后凯特的发现是否还成立。

期货管理非常有价值，可以被很好地运用在分散化投资中。在整个分析过程中，我们按照和凯特类似的方式，发现加入期货管理比起单独使用对冲基金，能更大程度、更快地降低投资组合的标准差，并且不存在偏度和峰度方面的负面影响。

将另类投资（由对冲基金和期货管理构成）与股票债券的投资组合结合时，我们观察到的结果是最深刻的。图26-1～图26-5表明，预期收益、标准差、偏度和峰度处在最理想水平时，对应的投资组合大约是另类投资占90%～100%的权重，其中期货管理占40%～55%的权重。

最后，我们给出所有4种资产类别按照不同权重构成的资产组合的业绩数据，分别是：股票、债券、期货管理、对冲基金。这份数据是富有启发性的。在表26-4中，我们给出了从传统投资占100%权重过渡到另类投资占100%权重的组合收益率数据，其变化幅度为10%。

表 26-4 从传统投资占 100% 权重过渡到另类投资占 100% 权重的组合收益率数据，以 10% 的幅度递增（2001 年 1 月～ 2015 年 12 月）

股票（%）	债券（%）	对冲基金占比（%）	期货管理占比（%）	均值（%）	标准差（%）	偏度	峰度	收益/风险①
50	50	0	0	0.46	2.66	−0.47	1.29	0.17
45	45	5	5	0.45	2.59	−0.46	1.28	0.17
40	40	10	10	0.45	2.53	−0.44	1.28	0.18
35	35	15	15	0.44	2.46	−0.42	1.28	0.18
30	30	20	20	0.43	2.39	−0.41	1.27	0.18
25	25	25	25	0.42	2.32	−0.39	1.27	0.18
20	20	30	30	0.42	2.26	−0.37	1.26	0.19
15	15	35	35	0.41	2.19	−0.36	1.26	0.19
10	10	40	40	0.40	2.12	−0.34	1.25	0.19
5	5	45	45	0.40	2.05	−0.32	1.25	0.19
0	0	50	50	0.39	1.99	−0.31	1.25	0.20

①我们使用年化收益率和标准差计算得到收益/风险比率。

在表 26-4 和图 26-6（该图为基于表 26-4 数据构造的投资组合有效边界）中，我们可以发现，将另类投资的仓位分配给期货管理的好处是很有吸引力的。随着期货管理仓位的增加，相关的衡量收益的指标都会变好：

1. 风险调整后的收益率增加
2. 标准差减小
3. 偏度增加
4. 峰度减小

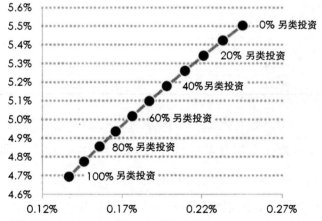

图 26-6 从传统投资占 100% 权重过渡到另类投资占 100% 权重的投资组合有效边界，以 10% 的幅度递增（2001 年 6 月～ 2015 年 12 月）

凯特对他10年前的研究所做的总结，也是我们这次研究的最佳注释："期货管理投资可以改善投资组合整体的风险状况，其程度远超仅使用对冲基金所能达到的水平。在期货管理上分配仓位不仅可以抵消对冲基金的负面效应，还可以进一步降低风险。假设期货管理能够获得尽管没有那么高但可以接受的预期收益，那么采用这种办法降低风险，其成本是很低的。"

附录 26A

在本附录中，我们以数据表和图的形式展示我们的研究结果。我们的研究主要基于1990年1月～2015年12月的数据。对于这些数据，特别是对冲基金以及CTA指数，我们可以追溯到1990年，也就是凯特的研究开始前大约4年半的时间。除了分析凯特开展研究以来的样本外数据，我们还对1990～2015年整个区间进行了分析，我们认为这是有帮助且有意义的（见表26A-1）。

表 26A-1　股票、债券、对冲基金和期货管理的月频收益数据（1990年1月～2015年12月）

	股票	债券	对冲基金	期货管理
均值（%）	0.83	0.52	0.83	0.54
标准差（%）	4.2	1.05	1.94	2.86
偏度	-0.58	-0.22	-0.62	0.75
峰度	1.19	0.74	2.54	2.11
相关系数				
股票	1.00			
债券	0.11	1.00		
对冲基金	0.74	0.09	1.00	
期货管理	-0.11	0.21	0.02	1.00

在表26A-2中，由于单个异常值出现，当我们把期货管理增加到50/50的股票债券投资组合中时，会使收益的峰度增加。1991年12月，期货管理当月收益为14.49%，这大大增加了该期间的偏度和峰度。我们认为，这是偏度和峰度相关联的一个例子，不应该割裂开进行分析。在这种情况下的峰度明显较高，是由于1991年12月有一个正的异常值（即上涨），其偏度也明显较高。

表 26A-2　50/50 股票债券组合中加入对冲基金或期货管理的月频收益数据
（1990 年 1 月～2015 年 12 月）

对冲基金占比（%）	均值（%）	标准差（%）	偏度	峰度	期货管理占比（%）	均值（%）	标准差（%）	偏度	峰度
0	0.67	2.32	−0.54	1.46	0	0.67	2.32	−0.54	1.46
5	0.68	2.18	−0.57	1.50	5	0.67	2.11	−0.46	1.33
10	0.69	2.15	−0.60	1.55	10	0.66	2.01	−0.37	1.24
15	0.70	2.11	−0.64	1.60	15	0.65	1.92	−0.25	1.22
20	0.70	2.08	−0.67	1.65	20	0.65	1.84	−0.10	1.30
25	0.71	2.04	−0.71	1.70	25	0.64	1.78	0.06	1.50
30	0.72	2.02	−0.74	1.75	30	0.63	1.74	0.23	1.83
35	0.73	1.99	−0.76	1.81	35	0.63	1.72	0.40	2.25
40	0.74	1.97	−0.79	1.87	40	0.62	1.71	0.56	2.71
45	0.74	1.95	−0.81	1.93	45	0.61	1.73	0.70	3.12
50	0.75	1.93	−0.82	1.99	50	0.61	1.77	0.79	3.42

为了评估这一异常值的影响，我们重新计算了该时期的统计数据，有意省略了 1991 年 12 月的数据点。我们发现，当期货管理占比在 50% 的水平时，投资组合的偏度从 0.78 略微下降到 0.5，峰度从 1.54 下降到 1.16。换句话说，在不考虑 1991 年 12 月的数据点的情况下，统计数据与本文其他两个研究时期的数据更趋于一致（见表 26A-3、图 26A-1～图 26A-4）。

表 26A-3　另类投资组合（对冲基金和期货管理）的月频收益数据
（1990 年 1 月～2015 年 12 月）

期货管理占比（%）	均值（%）	标准差（%）	偏度	峰度
0	0.83	1.94	−0.62	2.54
5	0.81	1.85	−0.51	2.14
10	0.80	1.78	−0.38	1.72
15	0.78	1.71	−0.22	1.32
20	0.77	1.67	−0.05	0.99
25	0.76	1.63	0.14	0.79
30	0.74	1.62	0.32	0.73
35	0.73	1.63	0.48	0.82
40	0.71	1.65	0.61	1.02
45	0.70	1.69	0.71	1.28
50	0.68	1.74	0.78	1.54

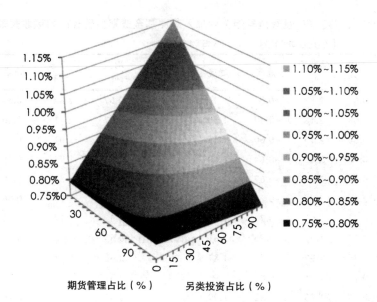

图 26A-1　整体投资组合（股票、债券、对冲基金和期货管理）的平均收益
（1990 年 1 月～2015 年 12 月）

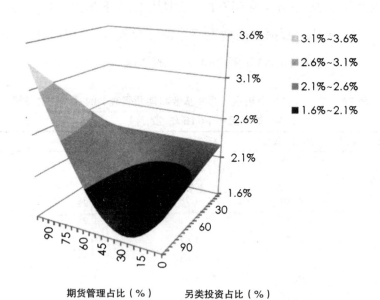

图 26A-2　整体投资组合（股票、债券、对冲基金和期货管理）的标准差
（1990 年 1 月～2015 年 12 月）

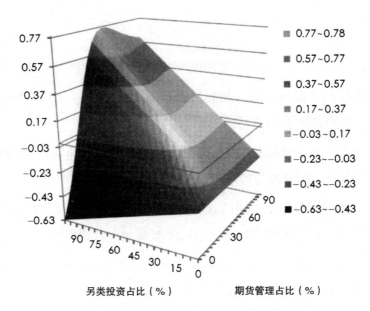

图 26A-3　整体投资组合（股票、债券、对冲基金和期货管理）的偏度
（1990 年 1 月～2015 年 12 月）

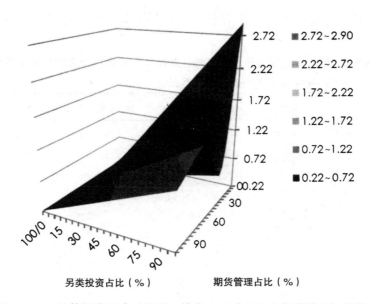

图 26A-4　整体投资组合（股票、债券、对冲基金和期货管理）的峰度
（1990 年 1 月～2015 年 12 月）

附录 26B

在本附录中,我们以数据表和图的形式展示我们的研究结果。我们选取的时间区间与凯特的论文的时间区间相同(1994年6月~2001年5月)。但要注意的是,我们使用的数据和凯特的不同:

1. 对于债券,凯特使用的是10年期政府债券指数,而我们使用的是巴克莱美国综合债券指数(以前称为雷曼综合债券指数)。

2. 对于对冲基金,凯特使用 Tremont TASS 的数据并按他自己的方法建立对冲基金投资组合,而我们使用的是 HFRI 基金加权综合指数。

3. 对于股票,虽然我们和凯特都使用标准普尔500指数来表示,但凯特将月度收益设置了1%的上限,而我们使用的是真实值。

4. 对于期货管理,凯特使用的是 Stark 300 指数,而我们使用的是巴克莱系统交易指数。

虽然存在上述差异,但我们惊奇地发现,我们的结论仍然与10年前凯特的结论非常相似(见表 26B-1 ~ 表 26B-3、图 26B-1 ~ 图 26B-4)。

表 26B-1　凯特研究期内股票、债券、对冲基金和期货管理的月频收益数据(1994年6月~2001年5月)

	股票	债券	对冲基金	期货管理
均值(%)	1.46	0.63	1.16	0.65
标准差(%)	4.39	1.03	2.36	2.89
偏度	−0.81	0.12	−0.67	0.34
峰度	1.05	0.38	2.95	0.31
相关系数				
股票	1.00			
债券	0.22	1.00		
对冲基金	0.70	0.01	1.00	
期货管理	−0.05	0.32	−0.02	1.00

表 26B-2　凯特研究期内 50/50 股票债券组合中加入对冲基金或管理期货的月频收益数据（1994 年 6 月～2001 年 5 月）

对冲基金占比（%）	均值（%）	标准差（%）	偏度	峰度	期货管理占比（%）	均值（%）	标准差（%）	偏度	峰度
0	1.04	2.36	−0.59	0.04	0	1.04	2.36	−0.59	0.04
5	1.05	2.32	−0.64	0.17	5	1.02	2.25	−0.53	−0.14
10	1.06	2.30	−0.70	0.32	10	1.01	2.20	−0.46	−0.29
15	1.06	2.25	−0.75	0.48	15	0.99	2.06	−0.38	−0.40
20	1.07	2.23	−0.81	0.52	20	0.97	1.99	−0.30	−0.45
25	1.07	2.20	−0.85	0.85	25	0.95	1.93	−0.22	−0.43
30	1.08	2.18	−0.90	1.05	30	0.93	1.88	−0.13	−0.34
35	1.09	2.17	−0.94	1.26	35	0.91	1.86	−0.06	−0.21
40	1.09	2.15	−0.97	1.47	40	0.89	1.85	−0.02	−0.05
45	1.10	2.15	−0.99	1.68	45	0.87	1.86	−0.07	−0.10
50	1.10	2.14	−1.01	1.88	50	0.85	1.89	−0.12	−0.21

表 26B-3　凯特研究期内另类投资组合（对冲基金和期货管理）的月频收益数据（1994 年 6 月～2001 年 5 月）

期货管理占比（%）	均值（%）	标准差（%）	偏度	峰度
0	1.16	2.36	−0.67	2.95
5	1.14	2.24	−0.56	2.41
10	1.11	2.13	−0.44	1.82
15	1.09	2.04	−0.31	1.20
20	1.06	1.96	−0.18	0.60
25	1.04	1.89	−0.05	0.07
30	1.01	1.85	0.07	−0.34
35	0.99	1.82	0.18	−0.60
40	0.96	1.81	0.25	−0.70
45	0.93	1.82	0.29	−0.67
50	0.91	1.84	0.31	−0.55

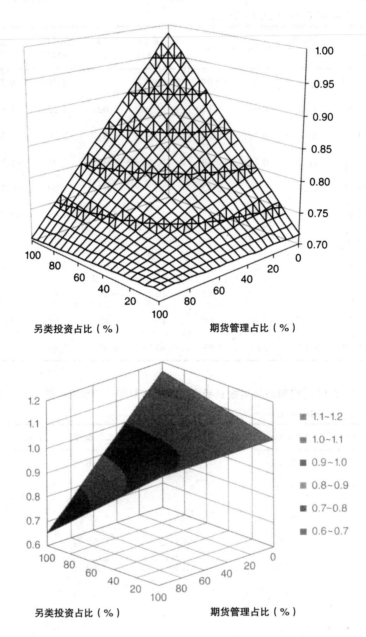

图 26B-1 整体投资组合（股票、债券、对冲基金和期货管理）的平均收益（上图为凯特原始的研究，下图为我们的研究，1994 年 6 月～2001 年 5 月）

我们研究得到的图形形态看上去和凯特的不同，这主要是因为他给股票收益设定了上限，而我们没有。

第26章 | 为什么宏观策略投资仍然有意义 585

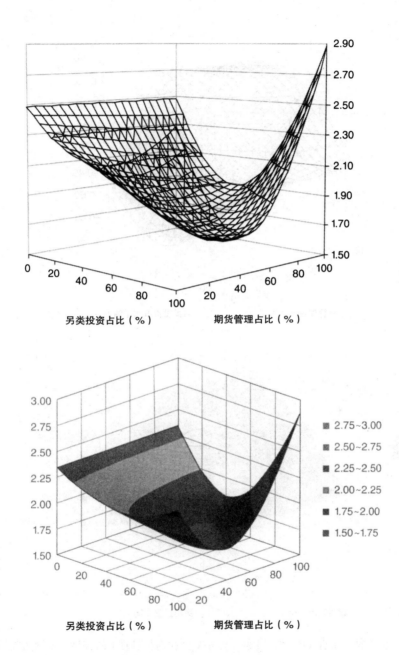

图 26B-2　整体投资组合（股票、债券、对冲基金和期货管理）的标准差（上图为凯特的研究，下图为我们的研究，1994 年 6 月～ 2001 年 5 月）

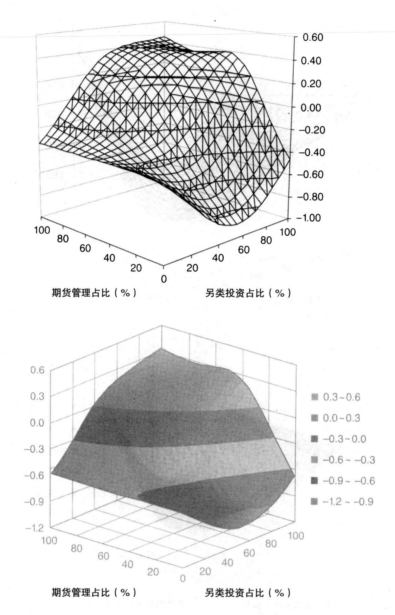

图 26B-3 整体投资组合（股票、债券、对冲基金和期货管理）的偏度（上图为凯特的研究，下图为我们的研究，1994 年 6 月～2001 年 5 月）

第26章 | 为什么宏观策略投资仍然有意义 587

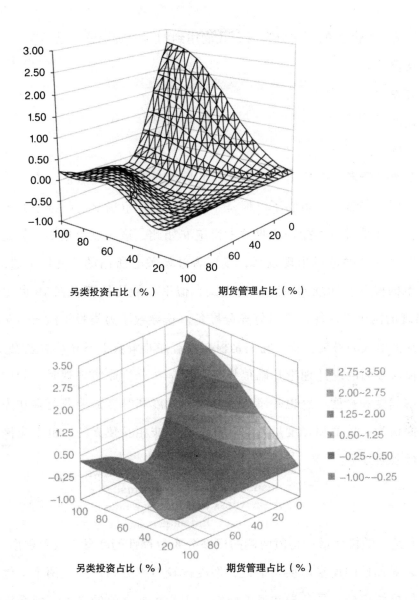

图 26B-4 整体投资组合（股票、债券、对冲基金和期货管理）的峰度（上图为凯特的研究，下图为我们的研究，1994年6月～2001年5月）

附录 26C　偏度和峰度[⊖]

在描述一个数据的概率分布时，我们用到的前四阶矩分别是：

1. 均值
2. 方差
3. 偏度
4. 峰度

大多数投资者只关注前两阶矩，他们假设投资收益是服从正态分布的，那么只关注回报与波动率就够了。但是，我们知道，市场上的收益率并不服从正态分布，尤其是对另类投资的收益来说绝非如此，这一点很重要。但是，互联网泡沫和全球金融危机出现以后，投资者开始关心所谓的"百年不遇的危机"实际发生的概率。标准的风险衡量方式，似乎没能让投资者在 20 世纪第一个 10 年出现的两个极端熊市中做好充分准备。这导致了另类投资激增，包括对冲基金和其他形式的另类投资，它们是根据收益并非服从正态分布建立的。

尽管这方面的统计理论基础很扎实，但是在分析业绩表现时，人们仍会忽略或误解偏度和峰度。这也并不奇怪，因为偏度和峰度需要花更多功夫才能理解。我们认为，偏度和峰度是相互联系的，并非相互独立的，也不应该被单独用来进行数据分析。

偏度

偏度是对随机变量在均值两侧的概率分布对称性的度量，或者更准确地说，是对缺乏对称性的度量。换句话说，偏度比较概率分布曲线的两个"尾巴"的长度。如果概率分布受负异常值的影响大于受正异常值的影响，则概率分布是不对称的；反之亦然。因此，偏度告诉我们极端事件会如何影响概率分布。

▶ 正偏度意味着随机变量更有可能落在右侧的尾部（"更容易出现上行的超额

[⊖] 特别感谢奥多、CFA、CAIA 和 CHP 对附录 26C 所提供的支持。

收益")。

- 负偏度意味着随机变量更有可能落在左侧的尾部("更容易出现下行的波动风险")。

峰度

峰度是对概率分布峰值的衡量,即衡量的是概率分布属于"高而瘦"还是"矮而厚"。它表示异常事件(那些远离均值的极端事件)对概率分布的影响程度。

关于峰度的比较有不同的基准值。就标准正态分布而言,皮尔逊(Pearson)计算得出的峰度值为 3.0。因此,通常的做法是使用经过调整的数值,被称为"超额"峰度,该值从皮尔逊计算值中减去 3.0,也就是在调整后的情况下,正态分布的计算值为 0.0(Microsoft Excel 的峰度函数"KURT()",它的返回值是超额峰度)。

- 正超额峰度:称为高峰态,中间值较瘦,峰值高,尾部肥,极端值出现的概率大。
- 负超额峰度:称为低峰态,中间值更肥,峰值更低。
- 零超额峰度:称为常态峰,即正态分布的钟形曲线。

峰度有时也称为"波动率的波动率",它表示标准差在分布中处于什么位置,而不是标准差的大小。

| 第27章 |

套息和趋势：各类情形下的实证 ⊖

维尼尔·班萨利（Vineer Bhansali）
乔什·戴维斯（Josh Davis）
马特·多斯滕（Matt Dorsten）
格雷厄姆·雷尼森（Graham Rennison）

⊖ 投资者凭直觉就能知道，在投资领域中有两大基本原则：①不要逆势而为；②不要为了持有某项资产花太多成本。但是，这些简单的原则是否真的能够带来丰厚的回报？在本文中，我们的研究涵盖了4个资产类别、20个主要市场的实证研究结果，样本的时间跨度从1960年到2014年。这些结果绝大多数都证实：趋势和套息对投资是有利的，可以带来显著的绝对收益和风险调整后收益。此外，在所有样本中，包括从1960年至1982年的利率上升时期，这一结论都是非常可靠的。尤其是，我们发现：尽管套息几乎在任何条件下都能预测收益，但是当套息和趋势方向一致时，其预测效果会更好。我们相信，这两种简单的风格因子将为构建卓越的投资组合提供重要的洞见。

将利率（yield）作为各类资产收益率的基准，这一做法由来已久。科克伦（Cochrane）就指出利率能预测未来收益率，这在整个市场上是"普遍现象"（Cochrane，2011），Leibowitz（2014）则系统地将其应用于各类债券投资组合中。业内人士会采用"套息"来指代"利率收益"，特别是在期货等衍生品市场上。套息的确比利率收益更通用，而且套息还考虑了资金投资的成本。对于固定收益投资，当收益曲线倒挂时，套息与利率收益之间的区别可能很重要。

我们可以将任何投资的总收益分解为两部分：基础价格因素变化所带来的收益和时间所带来的收益。套息则代表的是第二部分收益，即从时间中获得的收益。Koijen（2007）将"套息"定义为"假定市场条件（包括价格）保持不变的情况下资产的预期收益"。因此，套息可以被认为是某种特定资产的天然、稳健的风险溢价。从这一角度来看，平均而言，正向套息能够获得更高的回报，但在实践中，由于静态价格不成立，对应的潜在风险也更大。

历史上对套息概念的研究，主要集中在货币市场。布雷顿森林体系崩溃之后，在20世纪80年代和90年代，人们开始普遍尝试货币套息交易策略。学术界对此也密切关注，对货币套息的有效性和持续性提出了许多合理的解释，用这些因素来预测未来收益。在无套利的市场假设下，要想使货币套息能够对收益率有预测性，就必须考虑对无法分散的市场风险的补偿。学术界认为，货币风险溢价是收益与随机折现因子同时变化的直接结果。Lustig（2007）观察到，套息交易的收益与消费增长同时变动，这可能导致货币套息在经验上是有效的。Bhansali（2007）和Menkhoff（2012）从本币期权对冲的角度看待货币套息，将套息的风险溢价看成对波动风险的补偿，在这两者之间建立了直观的联系。

凯恩斯在他的开创性著作《货币论》（1930）中提出，商品回购或期货合约价格低于现货合约价格是正常的，这与想通过锁定未来价格进行风险对冲的商品生产者有关，溢价在这里可以看成投机者赚取的保费。Gorton（2012）对这些风险溢价的影响因素（包括当前和未来的库存水平）进行了全面分析，并指出，价格度量，例如期货基点（一种套息度量），包含了可用于预测未来收益的相关信息。

在固定收益市场中，美国国债的名义风险溢价通常由收益率曲线的倾斜程度直接衡量，而收益率曲线与期限溢价相关。Fama和Bliss（1987）的研究表明，债券的预期收益会随时间的变化而变化，期限溢价的变化与商业周期密切相关。Cochrane和Piazzesi（2005）以及Campbell、Sunderam和Viciera（2013）将债券风险溢价与收益率曲线的凹性直接关联起来，而凹性则是中间利率水平债券收益率相对于短期和长期平均值的大小。Giesecke、Longstaff、Schaefer和Strebulaev（2011）使用了150年的数据集进行分析。他们的研究表明，平均而言，公司债券至少有一半的利差（即公司债券利率和相同期限的国债利率之差）是风险溢价。此外，他们的研究还表明，实际违约率与股票的收益和波动性密切相关。

尽管股票中的套息计算与此有所不同，但在股指期货中，股息隐含收益率减去本国无风险利率得到的值，就是套息的决定因素。Fama和French（1988）的研究表明，股息收益率有助于预测股票收益，而且时间跨度越长，预测能力越好。套息这一概念在股票市场上不那么流行，因此，我们在后面所提到的方法，可以看成是一种将股票和其他资产进行类比的尝试，还有进一步改进的空间。

套息在风险补偿方面有着自然且直观的解释，但趋势跟踪不然，趋势跟踪（或者说动量）长期以来一直是金融市场的难题，有可能在数十年内出现超额回报（甚至在几个世纪以来都有效，参见最近的一些研究，如Geczy（2013）、Lemperiere（2014）、Moskowitz（2012））。尽管从行为金融学的角度有大量关于趋势跟踪收益的解释，但我们很难找到与经典金融理论相符的解释，因此，趋势跟踪在经典金融理论下，在很大程度上被认为是一种持续的异常现象。

尽管缺乏令人信服的模型来解释趋势跟踪，但有很多证据表明，在投资组合构建方面，套利和趋势能相互起到分散化的作用，尤其是在极端市场条件下。因此，将它们组合起来，直观上讲，是很有吸引力的。我们可以将套息视为投资者所捕捉到的风险溢价，因此，当价格波动不大时，套息有很不错的收益，而趋势跟踪则等价于一种长尾期权策略（Fung，2002），能从诸如金融危机之类的尾部事件中获得收益。因此，将这两种策略结合起来，直观上讲，能在各种市场环境下都有更好的组合收益。

我们认为，这项研究是对 Asness、Moskowitz 和 Pedersen（2013）研究的进一步补充。他们的研究关注的是价值和动量信号在不同市场、不同资产类别上的收益预测能力。他们从"账面价值"的角度定义价值，或者说度量的是资产的长期价值而非当前市场价值。因此，他们的工作隐含地依赖某种评估模型。我们认为，在大多数资产类别中，依靠和模型无关的套息以及时间序列特征（仅依赖简单算术）可以构建出同样不错的投资组合。此外，由于使用普通期货合约更易于进行套息和趋势投资，因此我们的研究可能会吸引到更多的投资者。

套息和趋势：定义、数据和实证研究

为了从实证的角度研究套息和趋势与期货收益的相关性，我们的数据集涵盖4个主要资产类别：股票、债券、货币、商品。在每种资产类别上，我们选择了5个市场，这些市场代表了现在和历史上主要的、最具流动性的市场。对于股票指数，我们使用标准普尔 500、Euro Stoxx 50、Nikkei 225、FTSE 100及标准普尔 ASX200。[1] 对于债券市场，我们使用美国、德国、日本、英国和澳大利亚 10 年期国债。在货币方面，我们使用欧元（在 1999 年之前使用德国马克）、日元、英镑、澳元和瑞士法郎。最后，在大宗商品方面，我们使用玉米、WTI 原油、黄金、铜和天然气。

为了让研究能够实际执行，并且，因为我们仅对高于无风险利率的超额收益感兴趣，我们会优先使用期货数据（如果有的话），尽管通常互换交易可能更有效。为了避免最近的长期利率下降带来影响，我们希望尽可能地囊括 20 世纪 70 年代和 80 年代初利率上升时期的数据。为此，我们必须使用证券市场上的其他代理变量将数据集向前拓展，这样才能获得早期的期货数据。表 27-1 提供了数据源和统计信息概要。在每个市场上，我们使用实际的期货数据（大部分时间数据都是可用的），并且，对于相应的期货市场出现之前的数据，我们使用了代理变量作为期货收益（仅对标准普尔 500、债券和货币）。期货代理变量的收益是根据相应的现货市场的数据计算得出的，如表 27-1 所示：

表 27-1 数据源和统计信息概览

市场	起始时间	数据源	超额收益均值（年）	波动率（年）	套息利差均值
商品					
玉米	1960 年 6 月	Bloomberg	−2.2%	22.0%	−4.7%
原油	1987 年 4 月	Bloomberg	9.7%	34.8%	4.1%
黄金	1976 年 1 月	Bloomberg	2.2%	19.6%	−5.1%
铜	1989 年 12 月	Bloomberg	8.7%	26.5%	3.6%
天然气	1991 年 3 月	Bloomberg	−7.1%	49.7%	−6.9%
股票					
Nikkei	1993 年 5 月	Bloomberg	2.4%	24.4%	0.5%
标准普尔 500	1960 年 1 月	Bloomberg, Haver	5.5%	16.9%	−2.0%
EuroStoxx	1999 年 6 月	Bloomberg	3.1%	25.0%	1.0%
标准普尔 ASX	2001 年 4 月	Bloomberg	5.6%	16.4%	−0.7%
FTSE 100	1993 年 5 月	Bloomberg	5.9%	18.6%	−1.0%
货币					
澳元	1977 年 12 月	Bloomberg, R.B.A.	2.5%	11.2%	2.7%
英镑	1972 年 12 月	Bloomberg, IMF, DMS①	1.6%	9.7%	2.1%
欧元	1972 年 12 月	Bloomberg, IMF, DMS①	1.2%	10.3%	−0.9%
日元	1972 年 12 月	Bloomberg, IMF, DMS①	0.1%	10.6%	−2.6%
瑞士法郎	1972 年 12 月	Bloomberg, IMF, DMS①	1.3%	11.8%	−2.6%
债券期货					
英国 10 年期国债	1983 年 11 月	Bloomberg	2.8%	7.4%	1.1%
日本 10 年期国债	1975 年 8 月	Bloomberg, B.O.J.	2.9%	4.6%	1.3%
德国 10 年期国债	1992 年 7 月	Bloomberg	4.6%	5.5%	1.6%
美国 10 年期国债	1972 年 8 月	Bloomberg, GSW②	2.9%	7.1%	1.4%
澳大利亚 10 年期国债	2002 年 6 月	Bloomberg	2.4%	7.6%	0.5%

① Dimson、Marsh 和 Staunton 数据库。
② Gurkaynak、Sack 和 Wright 数据库。

标准普尔 500：将总收益（包括股息再投资收益）减去 3 个月期国债收益作为收益值。

债券期货：使用收益率曲线数据，我们计算以短期利率融资的 10 年期债券收益，并考虑下滑回报。

货币：我们使用即期汇率收益加上国内外存款利率之间的差额作为收益值。

与上述定义一致，我们将每个市场的套息利差定义为"在现货市场价格保持不变的情况下所能获得的年化超额收益"。该数值逐日对每个市场进行计算。[2] 特定市场的套息定义如下。

商品：滚动收益率根据交割时间大于一年的第一只期货与最近交割的期货进行衡量，以消除季节性影响。

货币：第一和第二只期货之间的滚动收益率（因为没有季节性因素）；如果不能获得期货数据，则使用短期存款利差。

股票：过去 12 个月的总股息除以当前的现货指数，减去本国短期利率（由于没有超过 1 年到期的期货，因此我们无法使用滚动收益率，无法调整季节性分红）。

债券期货：直接从收益率曲线（不是从期货价格）计算而来，再加上下滑回报，减去短期利率。

我们用最简单的方式来定义趋势，具体如下：如果今天的期货价格高于一年移动平均值（滚动调整），则定义趋势为正；如果价格低于该值，则定义趋势为负。当然，更复杂的趋势判定方法可以提高趋势跟踪策略的表现，但我们这样做的好处是，我们捕捉到的 beta 值是在不使用任何数据挖掘的条件下获得的。

对于每个市场，我们可以将其交易日分为以下 4 类：①正套息和正趋势；②正套息和负趋势；③负套息和正趋势；④负套息和负趋势。最后，我们可以计算每个市场在每类中的平均超额收益和年化收益。如上所述，这种计算方法不仅直观，而且和投资者长期以来使用的模型外的衡量方法类似。

套息和趋势：利率期货

我们第一步先考虑美国 10 年期国债期货。它们于 1982 年 6 月开始交易，但是我们使用基于收益率数据的期货代理变量的收益可以回溯至 1972 年。图 27-1 展示了从 1972 年 8 月的数值 1 开始，期货滚动头寸的超额收益值。该图的右轴表示估计的套息值。利差平均值为 1.4%，但其波动很大，在 20 世纪 70 年代、80 年代末、90 年代后期及 2006 年都为负数。这些时期大致对应于收益率曲线倒挂的时期。

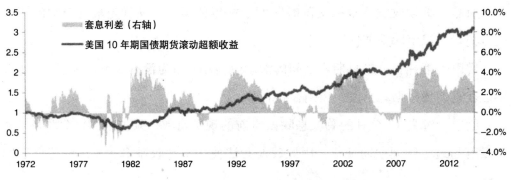

图 27-1　美国 10 年期国债期货滚动超额收益和套息利差

资料来源：Bloomberg，PIMCO

在图 27-2 中，历史上美国 10 年期国债期货合约收益，按套息和趋势分解为上面所列的 4 个类别。我们发现，在这一时间区间内，最常出现的是正套息和正趋势的时期（占样本的 53%），这与 1982 年至今的牛市相吻合。但是，其中也有 24% 为正套息和负趋势的时期（即利率上升和债券抛售）。在负套息利差的时期中（占样本的 23%），正趋势和负趋势出现的情况大致相当。

表 27-2 展示了每类情况以及整体的平均超额收益（年化）。在整体样本中，平均超额收益为每年 2.9%，但在趋势和套息均为正的时期，平均年化超额收益差不多是整体均值的两倍，达年化 5.2%。相反，当趋势和套利均为负时，平均收益为 –4.2%。在混合类别中（趋势和套息有正有负），其收益率介于两者之间，分别为 1.6% 和 3.2%。我们还提供了按波动率调整的收益率，这样就可以比较不同类别资产的风险调整后收益。按波动率调整后结论是类似的，并且类别间

的区分也更加显著,因为正套息和正趋势的时期不仅收益率最高,并且平均波动率也更低。

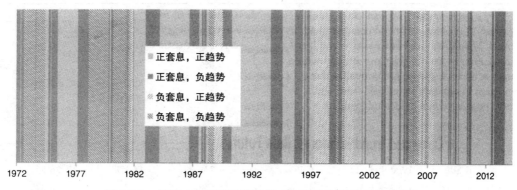

图 27-2　美国 10 年期国债期货(按套息和趋势正负分解)

资料来源:Bloomberg,PIMCO

表 27-2　美国 10 年期国债期货按类别划分的平均超额收益率和经风险调整的收益(1972～2014 年)

市场	起始时间	样本收益率均值	年化收益率				年化收益率/波动率			
			正套息		负套息		正套息		负套息	
			正趋势	负趋势	正趋势	负趋势	正趋势	负趋势	正趋势	负趋势
美国 10 年期国债	1972 年 8 月	2.9%	5.2%	1.6%	3.0%	-4.2%	0.8	0.2	0.5	-0.5

套息和趋势:不同资产类别

本文接下来的部分将研究推广到其他资产类别上,以此分析在其他类别上是否存在相同的模式,即最佳收益在趋势和套息同时为正时出现,而最差收益则在它们同时为负时出现。我们还将详细介绍不同利率水平下的结果,我们发现,即使在利率上升的情况下,正趋势和正套息时的投资也仍然是最好的。

表 27-3 展示了在商品、股票、货币和债券中,按套息利差和趋势分解的 4 个资产类别所占的比例。表 27-4 详细列出了趋势和套息在以上 4 个类别中的表现。

表 27-3 在各类市场中，按套息利差和趋势分解的 4 个资产类别所占的比例

市场	起始时间	占比			
		正套息		负套息	
		正趋势	负趋势	正趋势	负趋势
商品					
玉米	1960 年 6 月	17.5%	8.6%	19.5%	54.4%
原油	1987 年 4 月	47.7%	11.4%	11.1%	29.7%
黄金	1976 年 1 月	0.0%	0.0%	48.4%	51.6%
铜	1989 年 12 月	37.6%	11.7%	17.3%	33.4%
天然气	1991 年 3 月	26.0%	10.2%	7.5%	56.4%
均值		**25.8%**	**8.4%**	**20.8%**	**45.1%**
股票					
Nikkei	1993 年 5 月	41.4%	35.2%	10.8%	12.5%
标准普尔 500	1960 年 1 月	17.9%	7.2%	48.1%	26.8%
EuroStoxx	1999 年 6 月	44.9%	18.8%	18.0%	18.3%
标准普尔 ASX	2001 年 4 月	21.5%	12.6%	44.2%	21.7%
FTSE 100	1993 年 5 月	21.9%	7.7%	44.6%	25.9%
均值		**29.5%**	**16.3%**	**33.1%**	**21.0%**
货币					
澳元	1977 年 12 月	51.9%	31.7%	6.0%	10.5%
英镑	1972 年 12 月	54.0%	35.8%	3.2%	7.1%
欧元	1972 年 12 月	19.8%	10.7%	33.3%	36.1%
日元	1972 年 12 月	8.1%	3.4%	43.3%	45.2%
瑞士法郎	1972 年 12 月	6.1%	4.1%	44.9%	44.9%
均值		**28.0%**	**17.1%**	**26.1%**	**28.8%**
债券期货					
英国 10 年期国债	1983 年 11 月	38.1%	15.5%	25.8%	20.6%
日本 10 年期国债	1975 年 8 月	68.0%	16.1%	6.7%	9.1%
德国 10 年期国债	1992 年 7 月	65.5%	22.4%	9.5%	2.6%
美国 10 年期国债	1972 年 8 月	52.9%	23.6%	10.0%	13.5%
澳大利亚 10 年期国债	2002 年 6 月	34.9%	27.4%	17.5%	20.2%
均值		**51.9%**	**21.0%**	**13.9%**	**13.2%**

表 27-4 在各类市场中的收益概览（1960～2014 年）

市场	起始时间	样本收益率均值	年化收益率				年化收益率 / 波动率			
			正套息		负套息		正套息		负套息	
			正趋势	负趋势	正趋势	负趋势	正趋势	负趋势	正趋势	负趋势
玉米	1960 年 6 月	-2.2%	21.2%	-8.9%	-5.7%	-7.4%	0.8	-0.4	-0.2	-0.4
原油	1987 年 4 月	9.7%	27.6%	29.6%	-15.4%	-17.1%	0.8	0.9	-0.5	-0.4

(续)

市场	起始时间	样本收益率均值	年化收益率				年化收益率/波动率			
			正套息		负套息		正套息		负套息	
			正趋势	负趋势	正趋势	负趋势	正趋势	负趋势	正趋势	负趋势
黄金	1976年1月	2.2%	—	—	7.1%	-2.4%	—	—	0.3	-0.1
铜	1989年12月	8.7%	20.6%	8.1%	1.9%	-0.9%	0.8	0.3	0.1	0.0
天然气	1991年3月	-7.1%	10.5%	-46.8%	32.4%	-13.3%	0.2	-1.1	0.9	-0.3
均值		2.3%	20.0%	-4.5%	4.1%	-8.2%	0.6	-0.1	0.1	-0.3
股票										
Nikkei	1993年5月	2.4%	9.1%	1.9%	-15.6%	-2.5%	0.5	0.1	-1.0	-0.1
标准普尔500	1960年1月	5.5%	13.4%	21.4%	6.0%	-4.9%	1.1	0.8	0.5	-0.2
EuroStoxx	1999年6月	3.1%	6.7%	27.4%	7.3%	-35.2%	0.4	0.8	0.4	-1.1
标准普尔ASX	2001年4月	5.6%	14.9%	10.4%	5.7%	-6.7%	1.2	0.4	0.5	-0.3
FTSE 100	1993年5月	5.9%	8.4%	29.2%	5.8%	-3.2%	0.6	1.0	0.4	-0.1
均值		4.5%	10.5%	18.1%	1.9%	-10.5%	0.8	0.6	0.1	-0.4
货币										
澳元	1977年12月	2.5%	5.2%	2.1%	-6.5%	-4.6%	0.5	0.2	-0.9	-0.4
英镑	1972年12月	1.6%	4.7%	-2.1%	-1.5%	-2.0%	0.5	-0.2	-0.2	-0.2
欧元	1972年12月	1.2%	5.8%	3.2%	6.2%	-6.6%	0.6	0.3	0.6	-0.6
日元	1972年12月	0.1%	5.1%	11.7%	4.7%	-6.1%	0.6	2.3	0.4	-0.6
瑞士法郎	1972年12月	1.3%	0.8%	7.4%	4.9%	-2.9%	0.1	0.6	0.4	-0.3
均值		1.3%	4.3%	4.5%	1.6%	-4.4%	0.4	0.6	0.1	-0.4
债券期货										
英国10年期国债	1983年11月	2.8%	2.8%	4.9%	2.2%	2.0%	0.4	0.6	0.3	0.3
日本10年期国债	1975年8月	2.9%	3.7%	5.3%	-2.1%	-3.4%	0.9	0.9	-0.4	-0.6
德国10年期国债	1992年7月	4.6%	4.7%	2.6%	6.6%	11.8%	0.9	0.5	1.2	2.1

（续）

市场	起始时间	样本收益率均值	年化收益率				年化收益率/波动率			
			正套息		负套息		正套息		负套息	
			正趋势	负趋势	正趋势	负趋势	正趋势	负趋势	正趋势	负趋势
美国10年期国债	1972年8月	2.9%	5.2%	1.6%	3.0%	-4.2%	0.8	0.2	0.5	-0.5
澳大利亚10年期国债	2002年6月	2.4%	7.3%	1.6%	-6.8%	3.1%	0.9	0.2	-0.8	0.5
均值		3.1%	4.7%	3.2%	0.6%	1.8%	0.8	0.5	0.2	0.4

结果很直观，也很令人诧异。除了一种情况（欧元债券期货）之外，在其他所有情况中，正套息和正趋势时期的收益都明显优于负套息和负趋势时期的情形。欧元债券期货的采样期较短（1992年7月～2014年12月），其负套息和负趋势时期对应的样本期不到6个月，远少于其他市场。尽管的确在某些情况下，策略在正趋势和正套息时期并非表现最佳，但我们预计这种情况很少出现。

此外，仅从"趋势跟踪"的角度来看，我们发现正趋势带来的收益，在正套息时比负套息时要大得多。按类别来看，大宗商品按趋势和套息得出的分解结果的区分度很高，与美国10年期债券期货的观察结果相同。当然，研究当中还有一些值得我们强调的特性。比如，玉米期货的数据可以追溯到1960年6月，这些数据都被用于我们的研究；天然气在正套息和负趋势时期出现极大的负收益（但是，该时期对应的观察次数较少）；黄金一直处在远期升水状态，因此没有出现正套息的观察值；最重要的是，在所有5个商品市场上，风险调整后的收益都具有相同的模式。

在股票市场上，相同的模式也很明显。我们的数据使用的是标准普尔500，可以追溯到1960年1月。在一些市场中，正套息和负趋势的收益会比正套息和正趋势的收益更高，但负套息和负趋势对应的收益率始终是负值。这表明违背市场趋势构建组合将会付出相应的代价，并非好策略。有趣的是，在股票市场上，负趋势时期（比如股票市场崩盘时期）的波动性较高，因此，正套息和正趋势对应的平均风险调整后收益最高，而负套息和负趋势对应的收益率最低。

在货币市场上，我们的分析涵盖了从20世纪70年代初一直到现在的数据。我们的结论简单明了，即在货币市场中也存在相同的模式。当然日元在正套息和负趋势时期会出现异常收益，这是一个异常值，但这只是一组观察值，而且这一现象和央行异常活跃、干预主义盛行有关。

最后，在债券期货中，我们的研究展现出更多的混合结果。除了欧元债券期货以外，所有正套息和正趋势的收益均优于负套息和负趋势的收益。由于近30年来利率是下降的，而大部分样本都处在这一时期内，因此，正套息对应的平均收益自然较高。数据区间最长的3个市场分别是美国、日本和英国。前2个市场的模式相当吻合。英国债券期货展现出的模式相对较弱，这可能是对长期债券的技术性需求所致。

套息和趋势：不同利率水平

在我们的分析中，另一个自然而然的重要问题是，这些结果在多大程度上是仅由利率下降驱动的。在另一篇论文中，我们已经讨论了趋势跟踪策略在利率上升时期的普遍表现（Rennison et. al., 2014）。诚然，早期样本数据在可用性方面存在很多限制，因此在统计分析方面很有挑战性，但是，我们还是有足够的数据（大约占整体市场的一半）。我们将分析限于1960年到1982年12月，这段时期对应的利率是大幅上升的。我们按照与表27-4相同的格式，在表27-5中展示了这些结果。

表27-5 在各类市场中的收益概览（1960～1982年）

市场	起始时间	样本收益率均值	年化收益率				年化收益率/波动率			
			正套息		负套息		正套息		负套息	
			正趋势	负趋势	正趋势	负趋势	正趋势	负趋势	正趋势	负趋势
商品										
玉米	1960年6月	-0.9%	42.6%	-0.9%	-7.6%	-11.4%	1.6	0.0	-0.4	-0.8
黄金	1976年1月	6.0%			30.8%	-20.6%			1.0	-0.8

（续）

市场	起始时间	样本收益率均值	年化收益率				年化收益率/波动率			
			正套息		负套息		正套息		负套息	
			正趋势	负趋势	正趋势	负趋势	正趋势	负趋势	正趋势	负趋势
均值		2.6%	42.6%	−0.9%	11.6%	−16.0%	1.6	0.0	0.3	−0.8
股票										
标准普尔500	1960年1月	1.8%	16.0%	12.9%	5.2%	−11.6%	1.9	0.7	0.5	−0.8
均值		1.8%	16.0%	12.9%	5.2%	−11.6%	1.9	0.7	0.5	−0.8
货币										
澳元	1977年12月	−0.3%	1.2%	−5.2%	−0.5%	1.9%	0.3	−1.3	−0.1	0.6
英镑	1972年12月	−0.5%	7.9%	−6.9%	−15.5%	−39.1%	1.1	−0.7	−1.8	−3.3
欧元	1972年12月	1.4%	13.9%	3.0%	5.4%	−6.4%	3.3	0.6	0.5	−0.6
日元	1972年12月	0.4%	1.9%	4.8%	9.8%	−10.6%	0.5	1.4	0.9	−1.0
瑞士法郎	1972年12月	2.0%			5.8%	−1.8%			0.4	−0.2
均值		0.6%	6.2%	−1.1%	1.0%	−11.2%	1.3	0.0	0.0	−0.9
债券期货										
日本10年期国债	1975年8月	0.1%	6.0%	−1.9%	−2.9%	−2.2%	2.7	−0.6	−0.9	−0.5
美国10年期国债	1972年8月	−1.9%	4.7%	−3.8%	−5.6%	−6.6%	0.7	−0.6	−0.8	−0.7
均值		−2.4%	5.4%	−2.9%	−4.2%	−4.4%	1.7	−0.6	−0.8	−0.6

我们发现同样的模式大体上是成立的，尽管由于样本量较小和周期的不稳定性，也会出现一些剧烈波动的情况。除澳元以外（在此测试中，澳元仅包含5年数据），在其余所有的市场中，正套息和正趋势都优于负套息和负趋势的情形，这与之前的观察相同。这一分析提供了充分的证据，我们可以认为，在其他利率水平下，基准策略在正套息和正趋势中也有较高的收益水平。

结论

在本文中，我们首先证实了套息和趋势所带来的收益是稳健的，在不同时期和不同资产类别下都是如此。尤其是，对于不同时期、不同资产类别、不同利率水平，正套息和正趋势所对应的收益都比负套息和负趋势更好。此外，我们发现，虽然套息本身就能带来正的期望回报，但正趋势的叠加能够超过仅有套息利差为正的情形，这在不同时期、不同资产类别中都是有效的。而相应的构建投资组合的方式，就是同时捕捉最佳的套息利差和趋势。

在这一框架下，投资是很直观的，将正套息和正趋势相结合，我们就能获得较高的风险调整后收益。我们的结论也可以拓展，作为推论，如果无法找到正套息利差的仓位，那么可以寻找使负套息利差最小化的正趋势头寸，从而获得高期望收益。这在高级投资组合构建上具有重要意义。总而言之，我们的研究指出长期投资组合的最佳构建策略是："和趋势保持一致，并且不要为身处趋势付出太多成本。"

| 第 28 章 |

大谎言

乔什·霍斯（Josh Hawes）
保罗·金（Paul King）

Hawking Alpha LLC

据说，阿尔伯特·爱因斯坦用三项规则来指导工作：第一，从混乱中寻找简洁；第二，从不和谐中寻找和谐；第三，从困难中寻找机遇。这一段时间以来，我对金融业的现状越来越沮丧，在这篇文章中，我希望从混乱中找到一些清晰的东西。尽管华尔街已经深谙金融销售的"简洁"之道，但如果从盈利的角度来看，却并非如此。

许多投资者都在抱怨基金业绩以及美国国税局征收的巨额资本利得税。无论是小客户还是超高净值客户，他们都希望基金的资金流向更加透明，以便他们能知道具体投资了哪些股票。大多数投资者都感觉自己失去了对投资决策各方面的控制权。我非常相信，我们有更好的财富投资方式来保护投资者的资产和财务状况。

在我看来，无论是共同基金还是对冲基金，整个投资界都已变得臃肿、昏沉。2008年之后，大多数投资者在投资共同基金和对冲基金的过程中都慢慢失去了财富。基金在追求"击败市场"的同时收取了过高的费用，付出了高昂的成本。在20世纪90年代的牛市期间，我们可以看到许多两位数的收益率，投资者与共同基金之间似乎形成了互利共赢的结合。而在21世纪，我们看到的收益却常常为负，投资者看到的是风险警示。

共同基金表现不佳，存在隐性费用，所得税较高，投资者缺乏控制权，而对冲基金也不例外。明智的投资者已经开始意识到，他们在许多"结构化"产品上浪费了时间和金钱。

不要误会我的意思，共同基金起初并非一项糟糕的投资。实际上，在20世纪40年代，美国证券交易委员会制定了《投资公司法》，提出了将多只股票或债券由单独基金账户持有的构想，这才有了共同基金，许多美国人才有了用共同基金积累退休金的机会。从发明至今，共同基金已为美国人创造了几十年的财富。共同基金在设立时，其目的是为普通中产阶级的美国人创造机会，让他们像上层阶级一样进行投资，上层阶级则可以使用对冲基金来做对冲。共同基金成了投资者的好朋友，它能提供专业管理和各种选择，并且在很长一段时间内不会给投资者带来太多压力。它的确是市场上一股强大的力量。

这样的基金产品为投资者提供了比多数单一证券更分散化、更安全的投资组合，持有成本也不高。后来发生了转变，老一代投资者是对品牌进行投资，比如买入通用汽车这样家喻户晓的公司的股票并终身持有，而之后则转向按照学术界定义的"一篮子"资产组合进行投资。

这种转变可以归因于20世纪90年代晨星公司推出的"风格投资"。这是对诸如资本资产定价模型之类的学术研究的简化，他们想要按照这种模式收取费用。人们可以按"风格"去看基金是如何进行"管理"的。它实际上就像金融界的廉价百货店，因为它提供的只是易于理解的图形，但实际上这些东西并不是客户所需要的产品。然而，正如尤金·法玛和肯尼斯·弗伦奇所言，在"风格"上押注常常被伪装成一种能力，用来错误地解释许多基金经理的收益表现。[1]

由于政府推行退休金计划，共同基金很快变得更受欢迎。这些计划包括401（K）、SEP以及IRA。事实上，如今40%以上的共同基金的资产都来自这些退休金计划，大量资金以这种方式被注入共同基金。对中产阶级家庭而言，这成了一笔能"付得起"的投资，但正如一本非常有名的书的书名所言："客户的游艇在哪里？"[2]

时代在改变。共同基金摘下了面具，其真实面目正暴露出来。如果你读完了这篇文章，你就会知道我说的是什么。最初几年，基金完全是在为客户赚钱，但现在看来，他们并非在为客户赚钱，而只是专注于打败"基准收益"，尽可能多地搜刮资产。现在的共同基金正在抛弃20世纪40年代的精神，对冲基金也是如此，最初，琼斯（A. W. Jones）是用对冲基金来对冲头寸的下行风险。时至今日，基金还在不断最大化其所能获得的市场份额，即使必须要违反一些法律也在所不惜。

让我们再看一些统计数据。1980年，市场上共有500只共同基金可供选择，投资规模达1000亿美元。根据投资公司协会的数据，截至2014年6月，市场上共有8300只共同基金，投资规模为26.8万亿美元。1990年，对冲基金仅管理400亿美元的资产，而现在共有8000多只对冲基金，管理资产规模超过2.4万亿美元。[3]这并非危言耸听，基金的规模还在不断扩大。但投资模式的革新相当缓慢。

20世纪70～80年代，美国人将其可支配财富的20%投入到共同基金；到了90年代，其投入比例达到了25%；到了1996年，这一比例上升到了60%，而在20世纪末，这一比例则攀升至惊人的82%！可以说，今天你所看到的"行业领袖"，都是1980～2000年繁荣时期先入场的玩家。

但是，可选基金数量的增加导致人们不可避免地提高了对结果的预期。然而，根据如今的心理学研究，更多选择对我们来说等于更少。正如希娜·艾恩格（Sheena Iyengar）所言，满意度来自对控制的感知。[4]虽然说正确选择的能力是我们最强大的能力之一，但选择欲本身并不代表选择。因此，大多数人在一开始就已被自己击败，因为他们早已被淹没于选择的海洋之中，没有任何方法或手段有助于做出正确判断。

在2003年之前，对于共同基金而言，最糟糕的事情就是它们大多数都亏损了，同时，受长期资本管理公司的影响，对冲基金普遍加了很高的杠杆。但从2003年开始，可以说整个行业的情况都变得更糟了，大量共同基金正进行欺诈性的亏损！2003年，纽约州总检察长艾略特·斯皮策进行干预，以制止共同基金针对大型金融公司股份的不当交易，但收效甚微。斯皮策称，像美国银行、斯壮资本管理公司和第一银行等蓝筹公司，它们与小型对冲基金金丝雀资本合伙公司（Canary Capital Partners）都参与了一项每年榨取数十亿美元的计划。斯皮策揭露了60多年来的行业倒退。2008年，伯纳德·麦道夫（Bernie Madoff）的公司出现了史上规模最大的庞氏骗局。短短几年后，对冲基金巨头史蒂芬·科恩（Steven Cohen）旗下的SAC Capital陷入内幕交易丑闻。这一系列事情让投资者不得不怀疑，他们自以为"正确"的选择到底是不是正确的。

这个行业受托的美国公众资金近8.1万亿美元。曾经，投资者把共同基金当成投资工具，借助它来实现美国梦，拥有郊区房屋、为孩子提供良好的教育以及享有舒适的退休生活。[5]而对冲基金则被富人当成保护自己的工具，避免资本损失甚至湮灭的风险。想想看，家族信托的首要原则是什么？是保住本金。

如今，美国9300万共同基金投资者基本上被8000多只共同基金竞相发布的信息淹没了。我们可以看看共同基金的两个领军机构，先锋集团（Vanguard）和富达集团（Fidelity）。他们各有各的核心竞争力。先锋靠的是低成本，它认为想要击败市场是愚蠢的，因此关注成本是关键。而富达则专注于发行"明星"产品。在发行各自的基金产品时，其品牌成了独特的卖点。

大多数时候，投资者并不知道怎样使用共同基金来增加财富。在2000～2002年，每年股票基金的平均亏损为12%。2002年以后，情况也并没有好多少。实际上，如果我们看一下整体市场的表现（大多数共同基金甚至对冲基金以此为基准），就会发现结果是相当令人震惊的：相对于购买力而言，它们稳定增长资产的能力明显不足。

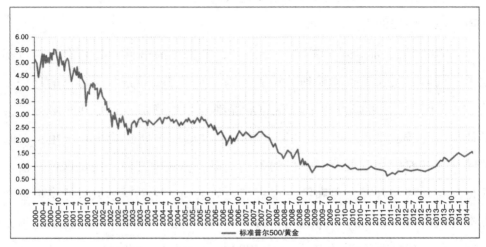

标准普尔500按黄金（盎司①）计价（2000～2014年）

① 1盎司＝31克。

从图中我们可以看到，其年复合增长率实际上为负！按照经济学家所说的"财富效应"，你应该发现这里有什么不对劲。以购买力来衡量的话，其收益率之低着实令人震惊。这不是明星产品，也没有算上成本，这是基金整体的业绩，而非一些小公司的水平。正如沃伦·巴菲特所说："如果你玩了半个小时扑克，还不知道谁是'菜鸟'，那么你就是'菜鸟'。"我对富达或先锋的业务没有恶意，因为它们的目标是为公司赚钱。投资的责任在投资者。人们花更多的时间来考虑买什么冰箱而不是考虑做什么投资，这是令人很沮丧的一件事。无论你是共同基金还是对冲基金的投资者,我都向你推荐安德鲁·韦斯曼(Andrew Weisman)发表的一篇论文,名为《缺乏信息的投资和对冲基金业绩偏差》。[6]这篇文章阐释了为什么在描述业绩时使用夏普比率是一种谬误,尤其是对于对冲基金。正如罗纳德·里根(Ronald Reagan)曾经说过的,"相信但也要验证",在我看来,你至少要用正确的工具去验证。

而且,以上说的仅仅是收益率,还没有算上隐性成本。让我们接下来探讨这个行业真正的问题:与风险相关的成本。吃掉收益的是支出。普通投资者困惑的是不知道要支付什么,而高净值投资者则自愿承担不公平的支出。主动管理的基金,其销售佣金由经纪人承担,通常约为6%。基金平均会从你的账户中扣除至少0.5%的服务费用。基金还会有现金拖累,即为了应对赎回需要预留准备金,这还会增加0.6%的费用。买入对冲基金的富人也不例外。另外,不要忘记还有FOF类基金。1/3的对冲基金会使用这些外部的投资基金,它们还会加上自己的附加成本。我经常问投资者的一个问题就是:难道你关心的不是要为回报支付多少钱,而是要为损失支付多少钱?

关键是,投资者每年支付数十亿美元的成本和费用,他们得到了什么回报呢?他们投资的基金几乎都表现平平,但是在计算税后所得时承担了所有风险,许多人也为此遭受了损失。稳定的债券基金、房地产、单只股票乃至国库券的表现,可能与普通的股票型基金一样好。可悲的是,在过去几年中,大多数对冲基金也是业绩平平。当你越深入研究时,就越会发现这些基金只是在"按图索骥",它们只是按某个指数值交易,它们不想在某种"意外"发生时偏离指数太远,不想让其业绩落后于基准指数。琼斯对此是怎么评价的?他说"失败者才平摊亏损"。

基金经理全年的股票交易会产生交易成本。实际上,几乎共同基金投资组合中股票的平均换手率每年都达到80%以上。[7]据保守估计,这笔费用约占0.7%(不包括资本利得税),这也会吃掉你的利润。最重要的是,你还要支付1.5%的管理费和开支,其中包括业外人士强烈批评的12b-1(销售和服务费)。你最好相信业内人士会为此做出他们应有的贡献。在对冲基金中,由于各类资产混合，交易费用难以划分清楚，这使得投资者很难按照资产净值的比例衡量其成本。

不妨举个例子，假设你的基金在市场上有不错的回报，我们假设总资产（你是长期买入持有的投资者）的年复合增长率为12%，考虑到佣金、成本、现金拖累和费用后，其增长率将降低到8.7%。换句话说，你付给基金经理的成本接近3.3%。因此，该类基金的表现至少比市场低3.3%。考虑到所得税的影响，我们保守估计约为0.7%，那么税后的收益率将不超过8%。也就是说，在12%的收益率里，你能拿到的只占2/3，而且实际上可能远没有这么高。况且，我们假设的收益还不错，要是经理能管理好风险，也就是说，实际风险小于市场风险，你才能拿到这笔钱。但我们可以从历史数据中看到，最关键的一点是：共同基金相对于其所承担的风险付出了太大的代价，而对冲基金并没有履行其职责——真正实现对冲。

一个典型的投资者在基金上的平均支出为投资额的3.5%。而令我震惊的是，大多数人对对冲基金2/20的收费结构颇为不满，但是，假设其平均收益率为12%的话，总成本也就4.4%。和"收费友好"的共同基金相比，其成本也就高了不到1%。当然，很多人会问："那么，这1%的价值在哪里呢？"我们可以看一下市场的MAR比率与基金的MAR比率。市场的MAR比率约为0.1，而对于对冲基金而言，可接受的MAR比率为0.5。这意味着我们仅增加1%的成本即可获得400倍的价值！至少在对冲基金里，除非管理人为投资者赚了钱，否则管理人不会得到20%的报酬。而共同基金收费问题的根源在于，它们有很多种费用，并且管理人收取的许多费用对你而言都是隐性的。

我们可以将共同基金的收费看作一座冰山。冰山的大部分是看不见的，都藏在水下。共同基金越来越善于获得标准费用以外的隐性收入，与此同时，其标准费用还在不断增加。实际上，在2000年之后，共同基金的收益在减少，而收费一直在提高。普通的共同基金投资者甚至都不知道他支付的费用有哪些，哪些已披露，哪些未披露。实际上，投资者通过12b-1费用为共同基金支付广告和营销费用，而对冲基金至少是用自己的现金流来支付营销费用的。正如我们说过的，不幸的是大多数投资者都不会阅读共同基金说明书，许多基本费用信息都可以在说明书中找到。9300万共同基金投资者每年都会为共同基金公司支付约700亿美元的运营成本，而大多数投资者都没有意识到自己的这笔支出。[8]

基金投资会让你付出多少呢？你会为基金经营每年支付总资产大约3%～4%的总成本（前端和后端成本）。就算是免佣基金，你也需要付3%～3.5%的费用。如果你在投资的整个周期中认真核查这些成本，你会发现这些钱源源不断地流入了基金公司的保险箱。

与定期支付油费或电费不同的是，你几乎不会从基金公司收到账单。当经纪人执行交易时，你的费用就从投资组合收益中直接被扣除了。如果你的女儿用未经授权的信用卡买东西，你可能会大喊大叫，但是当你为基金中的25 000美元支付5%的费用时，你根本无从知晓。20世纪90年代共同基金收益激增，基金公司会因为有大量现金涌入而降低费用吗？不要指望它们会这么做，它们只会为股东着想。这一现状倒是导致了低成本基金以及ETF基金的兴起，行业内的专家通过研究阐明"被动投资"的优势所在，"跟着大盘买"听起来也不错。但什么时候被动策略有效呢？你用汗水和辛勤工作换来了如今的生活。而被动投资说，你用一点点努力就可以做到。其问题就在于，"被动投资"并非什么创新方案，它只是一种为收费而生的方案，它抓住了投资者对"错失机会"的恐惧，从而掌控了投资者的口袋。一位明智的基金经理曾告诉我，投资摆在那里，但并不代表你需要它。

随着基金公司的固定成本（如人员、会计、研究等）减少（这应该感谢技术进步），实际上，费用也可以随之减少，就像经纪人降低成本也会减少交易成本一样。但请记住，在1984年至2000年，随着资产管理规模扩大，基金公司的收入也大幅增长。[9] 约翰·博格说："在基金管理中，为投资者赚钱可能不如为自己赚钱的激励大。共同基金存在两股相互角逐的力量：基金投资者和基金公司的股东。"[10] 而对冲基金的整体结构决定了它所要寻找的是战略合作伙伴，因为大多数对冲基金都是合伙形式。当对冲基金接受投资者的金钱时，无论是100美元也好，还是10亿美元也罢，这种合伙关系都是以委托为基础的，其利益是被关照和保护的。在基金管理中,不应存在相互矛盾的目标,而应使管理的目标一致。当每个人的利益都捆绑在一起时,管理者才可能为利益奋斗。这样,信任这一最关键的因素才能得以建立。因此,在进行基金投资时,一种方法是要确保经理人投资了自己管理的基金,或者至少确保现有的绩效结构能让经理人与投资者在利益上保持一致,而不是做违反投资者利益的事。

美国证券交易委员会前主席阿瑟·莱维特(Arthur Levitt)说:"如今的投资者被谎言和曲解包裹,他们的利益正在被剥削和忽视。在过去10年间,数百万家庭急于投资,而华尔街只对短期业绩痴迷不已,这使得公司管理层、金融分析师、经纪人和共同基金经理之间形成博弈,金融幻梦取代了真相,销售话术取代了真诚的建议。"德雷曼(Dreman)和贝瑞(Berry)的一项研究表明,华尔街分析师的判断与公司真实利润之间存在着巨大差距。[11] 他们发现令人更震惊的是,这种差距还在扩大。随着技术不断进步,事情也变得越来越复杂。不幸的是,在我们生活的时代,经理人只顾吹嘘自己的资产管理规模,而非风险调整后的收益。

你知道大约15年前没有一个电视频道会报道详细的市场新闻吗?而如今,根据罗伯特·B. 乔根森(Robert B. Jorgensen)[12] 的说法,我们有如下各种途径可以获得信息:

▶ 数百个财经新闻广播电台

▶ 专业金融报纸和杂志

▶ 专门负责财经新闻的三个有线电视频道

▶ 大多数报纸都有财经版面

▶ 数以千计的新闻报道涉及金融主题

▶ 与金融、投资有关的数十万个网站

▶ 金融销售人员打来的电话

▶ 广告、精美的小册子和寄送的邮件中包含大量的金融产品的确，有成千上万的网站，为各类投资者展示最新的热门投资机会，从几千、几百万到几亿美元的投资机会都应有尽有。所有这些东西无非希望你相信有一盏阿拉丁神灯，能让你拥有无尽的财富（大多数人都在寻找这样的机会），而且，这不会太复杂，也不需要你懂投资。但是，心理学研究表明，我们使用"专家"一词的次数越多，设定的期望就越高，而在缺乏衡量标准的情况下，带来失望的可能性就越大。

因此，你有必要了解基金行业的真相，而不是把它当成现行的"规则"，不然你将会承受各种各样的后果：

- 税收后果——如果基金经理以获利的价格出售股票，即使基金亏损了，你也要支付资本利得。

- 快速变化的后果——你可能投资了采用某种特定策略的基金，不过你要小心，因为基金经理可以更改策略。

- 缺乏分散化的后果——除非你在不同类型的基金上进行分散化投资，不然就算你买了不同的基金，它们持有的也是相同的股票。

- 名实不符的后果——股票基金的名称并不总是反映其投资意图。

- 不断更换基金经理的后果——基金经理总是在变化的。如果你的基金经理离职，而此时没有组建起接管基金的领导团队，你的账户就可能遭受损失。

- 资金量变大的后果——基金持有的资产越多，业绩下降的可能性就越大。

- 费用后果——你将支付无尽的费用和佣金。

最关键的是，大多数基金管理公司给投资者呈现的业绩表现是不足的。与此同时，在偷偷收费方面，它们堪称大师。简而言之，大多数基金在营销上很成功，但这并非投资上的成功。既然这样做就足以吸引眼球了，那为什么还要关注收益呢？这反倒成了它们超越对手的优势！

正如亚瑟·莱维特所说的："投资者在购买共同基金时，根本无法获知要支付的费用，大多数投资者甚至不知道自己要花多少钱。基金行业经常根据过去的业绩表现来误导投资者购买基金。至于其管理费用、年度支出、销售开销和交易成本的影响，这些统统被藏了起来。基金行业对管理层的监督是缺失的。这种效应日积月累，最终以延迟交易、市场择时、内幕交易及其他形式表现出来，而这伤害的正是投资者的信任。我不得不断定，基金的销售和管理是靠炒作撑起来的繁荣，是靠一锤子买卖、向客户隐瞒重要信息而发展起来的。"

这样的结果是如何产生的？它产生于基金业的疯狂。投资者满意度的提高并非一定需要相当出色的业绩，其实只要达成预期，费用和成本也是可接受的。这就是为什么我一直在谈"信任"，因为有了信任才有信心，信心应该成为华尔街关注的目标；通过设定正确的期望，让市场再次充满信心，这才是应该做的。

如果你将来之不易的资金投入共同基金和对冲基金，这对你意味着什么呢？对你来说，你把资金和财富托付给了这些基金管理人，但当轮到他们把管理风险作为首要任务时，你却总是在吃亏。这一点足以令人诧异，因为我们总被灌输"股市是积累家庭财富和退休金的最佳场所"之类的思想。如果你的基金经理专注于最大化风险调整后的收益，那股市的确是不错的。但如果你的基金经理并不以此为目标，那么你就像其他数百万沮丧的投资者一样，你投入共同基金或对冲基金的资产就打水漂了。我希望你至少意识到这一点，开始思考收益以外的问题，并清醒地知道，你不可能跟其他人做一样的事情却还能获得"超额收益"。

那么，事情是怎么变得如此糟糕的呢？2013年，共同基金的资产总额超过了13万亿美元。[13] 如此大规模的增长，自然导致基金公司关注点的转移。共同基金显然并没有高度重视个人投资者，对冲基金也不例外。约翰·博格直言不讳地批评共同基金，他是先锋的创始人。他说，他对共同基金行业最大的不满在于，它现在把费用收入当成重中之重，而不再关心投资收益。在博格看来，行业倒退可以追溯至1956年联邦法院的一项裁决，该裁决允许基金公司变成公众企业。按照博格的说法，这从根本上改变了"这一比赛"。"这一裁决打开了基金经理为公司股东赚钱的大门，"博格说，"一旦我们将投资转变为营销服务，那就是把资金管理置于脑后,而把营销放在最前面。"

投资者也逐渐认清了这一事实,这才有了 2008 年的大规模资金出逃,并且在随后几年里,市场上基金销量也不高。但这并不意味着共同基金及基金公司会灭绝。事实上,正好相反。在撰写本文时,基金公司正在蓬勃发展。这些公司正在开发新的替代方案和投资策略,例如低成本的 ETF 基金和复制性结构产品,以此抓住老客户、招揽新客户。最终,共同基金还是抢到了新时代的入场券,为那些新兴富裕阶层提供了新的投资形式。布莱恩·波特诺伊(Brian Portnoy)说得好:"'趋同'正在发生。[14] 曾经截然不同的两个领域——传统投资和另类投资,正在发生迅速的碰撞。传统的资产管理公司面临核心业务利润率下降的问题,因此它们正在建立新的风险投资模式,将风险打包出售,以获得更高的利润。与此同时,对冲基金相比之下通常规模很小,但它们能在大量普通投资者尚未触及的市场上进行交易,因此能够以结构化产品的方式为投资者提供更好的买入方案。另类投资的产品正在成为主流,而且变化正在迅速发生!"

由于不公平的收费、不必要的税负、投资者缺乏控制等多方面原因,尚未变革的共同基金正在消亡。另外,我们也不要觉得对冲基金会有所不同,对冲基金的收费也从原来的平均 2% 降至平均 1.5%。到目前为止,很多投资者还没有清楚地意识到这些。许多投资者现在已经对共同基金的弊端有所了解,因为公众已经看到了在过去 5 年中发生了什么。他们发现,自己为了避免不必要的风险付出了数百万美元的巨额费用,而这些甚至都还不能保证在不考虑风险的情况下,他们的收益率能超越市场。

我们需要政府在这方面加倍努力,虽然政府并不会这么做,但就算政府能更加严格地审查共同基金的运营政策,这也是好事,毕竟改变只能缓慢进行。越来越多的州和联邦的审查会引发更多改革,最终可能在国会上发声,例如共同基金行业之前就通过游说,成功通过了《共同基金诚信与费用透明法案》。

同时,共同基金达不到市场基准收益已是常态,95% 的对冲基金亦是如此。

放在前几年，如果基金公司将产品当成广告来投放，就算花了巨额营销费用，给明星经理加了薪，他们也可能被谅解。但现在呢？达不到基准收益已经是常态，而不是例外了。它成了事实。尽管共同基金在20世纪八九十年代获得了广泛认可，但其每年的平均回报仍比市场回报少2%，而且其回报存在不断下降的趋势。[15] 根据夏普、特雷诺、詹森的研究，从40年代到60年代的共同基金有90%的表现不如直接买入股票并持有，甚至不如随机生成的投资组合。[16] 而且，这一现象并不仅限于共同基金。一项研究表明，只有21.2%的基金经理的基金在扣除费用后能够获得alpha收益，而其中只有5.6%的基金其alpha收益超过了投资标的的alpha收益！也就是说，我们只有在看过基金经理所有盈亏总和后，才能判断他的投资者是否真的赚了钱。

博格是这样评价的："我们过去做共同基金，是从事长期投资业务，而现在呢，我们从事的是短期投机业务。"基金不仅每年的表现不及标准普尔500，而且这种趋势还日益明显。现在随便一个负责资产管理的人都标榜自己是明星经理。但实际上，市场大多数时候都优于对冲基金的整体表现，就算在对冲基金领域中，也只有几十个像乔治·索罗斯、约翰·保尔森、大卫·哈丁、杰瑞·帕克、布鲁斯·科夫纳、大卫·泰珀、路易斯·培根这样的人能为客户赚钱。更令人吃惊的是，少数基金经理创造了整个行业的大部分回报。而且，只有7%的基金能够在每一年都保持自己的业绩水平。这意味着，想要选出最好的基金跑赢大盘基本没戏，因为没有证据能证明这样做是可行的。但是，你可以找到有特定追求的基金经理。正如布莱恩·波特诺伊所言，这关乎信任、风险、技巧和适应性。[17]

投资者以及潜在投资者会受到广告宣传的影响。这些花费数十亿美元的广告，宣传共同基金经理在资金管理方面的优秀能力。按照新的《众筹条例》来看，你不要指望这种现象会在未来有所好转，因为对冲基金也会逐渐加入这场营销游戏中来。对共同基金的研究表明，基金经理击败市场的概率很小，共同基金平均超越市场的概率仅为2/5。如果你对这一结果尚存怀疑，不妨跟我一起看看如下事实：[18]

- 截至 2001 年底，共有 1226 只主动管理型股票基金拥有超过 5 年的业绩记录。它们的平均年化收益率比标准普尔低 1.9%（基金为 8.8%，标准普尔为 10.7%）。

- 截至 2001 年底，共有 623 只活跃的管理型股票基金拥有超过 10 年的业绩记录。它们的平均年化收益率比标准普尔 500 低 1.7%（基金为 11.2%，标准普尔 500 为 12.9%）。

- 以上数字包括了那些收取销售费用的基金。费用类似于经纪佣金，它们会从你的回报中被直接扣除。当你购买或出售基金份额时，基金就会收取这部分费用。即使是免佣基金，其 5 年平均年化收益率仍比标准普尔 500 低 1.4%，10 年平均年化收益率也落后 1.4%。

- 以上数字不包括已经停止运营的基金，这些基金普遍业绩不佳，因此还会大大拉低平均值。在计算时，我们实际已将这些共同基金排除在外了，也就是受到了"幸存者偏差"的影响。考虑到这一点，如果我们对收益偏差进行校正，将会得出主动管理型基金每年平均收益率落后市场大约 3%。这种幸存者偏差不仅是共同基金所固有的，根据迪切夫在 2009 年的研究，这一现象在对冲基金中也同样存在。[19] 一只基金在过去 20 个月清算，其业绩也随之湮灭，因此不良业绩就不会被记录下来。据估算，幸存者偏差对真实回报的影响约为 3%～5%。

成本会拖累你的收益。基金经理本应该是优秀的，当然，其中某些人肯定是优秀的，但是在获得收益之前，我们无法判断哪些基金经理是优秀的。不幸的是，在不考虑成本的情况下，大多数基金经理的水平也才和市场的整体水平相当。正如著名的基金经理保罗·都铎·琼斯所说："失败者才摊平亏损。"拖累业绩的是管理费用、交易成本、销售费用和其他杂费。因此，直接成本和间接成本会在你赚钱之前毁掉大部分收益。

共同基金必须披露过去的业绩表现，但这并不代表未来的结果。不幸的是，大多数投资者和金融媒体将过去的表现作为他们的主要选择依据。我曾经和一个大机构的人坐在同一间屋子里，听见他在电话里说："对我而言，唯一能预示未来的是过去的结果。"他说的话令我震惊，因为这些人本应拥有某些系统的知识，但可悲的是，大多数人都只能在不知道什么是"优秀"的情况下把过去当成衡量"优秀"的手段。

事实上，大多数共同基金都无法在相当长的一段时间内跑赢大盘。从历史来看，只有8只共同基金能够连续10年超过标准普尔500。[20]

我们接下来一起看看与共同基金有关的税负。共同基金没有税收优势，只有劣势。如果你在所持有的共同基金中缴税，那么你就自然和共同基金有一种对抗关系。当股票要出售时，你需要纳税。不仅如此，当股票基金亏损时，你可能也要纳税。在纳税年度中，共同基金公司必须向其股东分配资本利得和股息。除非你持有的是免税的共同基金（如市政债券基金、退休金账户等），否则你就要为资本利得纳税。

当需要缴税时，共同基金并不会告知你。公司股东需要自己缴纳资本利得税，但共同基金不是。按照2013年的标准，你的资本利得需按标准税率征税，持有时间不足一年的股票，其资本利得税率为28%～36%。[21] 如果持有时间超过一年，则一律为15%。

统计数据显示，在2000年，美国家庭为共同基金共缴纳了3450亿美元的资本利得税。[22] 但这些收益是在整个20世纪90年代累积起来的。当科技股的泡沫不再时，基金经理开始抛售它们。尽管股票已经失去了原始价值，但是它们仍然积累了资本利得。也就是说，即使你的股票基金亏损，你仍然要为过去的资本利得承担税负，因为从这只基金的历史来看，它是赚了钱的，因此其资本利得应该被考虑进来。我甚至还没提到股息。按照美国国税局的规定，即使你将股息再投资于该基金，你仍需缴纳股息税。[23]

如果基金公司负起责任来，它们其实有多种方法可以减轻税负。相关评论指出，如果基金公司愿意，它们可以降低其资本利得纳税额。一种方法是改善会计方法。如果基金公司计划大量减持，就应该首先出售其买入成本最高的股票，这能为投资者减轻税负。按照先锋公司的说法，这种被称为HIFO（高入先出）的会计准则，由于其成本较低，每年可以为投资者避免 1% 的资产损失。这种方法还被认为可以防止资本利得的爆炸式增长，但是由于共同基金平均一年只出售一次股票（每次交易时，其佣金平均为每股 5 美分），因此这方面的影响似乎不大。

共同基金的结构可以防止"税收征管"，即管理人可以选择适当的交易时机最优化资本损益或推迟资本利得。无论你何时购买基金，甚至还没付钱，你都可能需要为之前的债务负责。举个例子，假设你在 12 月 12 日以每份 10 美元的价格买入 10 000 美元某只基金。

年底前，根据共同基金公司的计算，你有每份 2 美元的年度资本利得。你猜会发生什么？因为你有 1000 份，你很快就会收到 2000 美元的分红，而所有这些都应缴税。即使你只买入了几周，你也必须缴纳与全年持有基金相同的税款。你最初的 10 000 美元投资可能丝毫未变，但现在你有了 2000 美元的税单。这就是为什么你永远不要在 12 月共同基金公司计算当年业绩时买入基金（当然，我认为你最好是永远不买）。当然，对税收的关注一直是一个争论点，这也使得人们无法从风险调整的角度进行思考。

要始终根据税后收益而不是税前收益来判断基金的好坏。当然就算你这样做了，你还会遇到诸如风险、总风险敞口（不仅要看净额）之类的东西，这会把你的分析搞得很复杂。这些数据也不会出现在基金的广告或彩色小册子中，你只能从基金的募集说明书中，在很小的字里找到这些数字。由于美国证券交易委员会在 2003 年 2 月的裁决中要求共同基金公司在其募集说明书中必须包含税前和税后净值信息，因此基金公司无法再隐瞒。[24] 唯一的问题是，大多数投资者都不会阅读募集说明书。比如说，某一年有许多人购买了一只受欢迎的基金，其资本利得已经分给了投资者。而当熊市出现时，许多投资者急于卖出这只基金，基金经理也别无选择，只能卖出尽可能多的股票来筹集足够的资本以满足基金赎回。但剩下的基金持有者就将承担大量的资本利得税。因此，有一些投资者只买了几千美元的基金，但后来却被美国国税局催收五位数的税款。

共同基金经理是否有可能预见到纳税人的困境，于是改变他们的销售策略呢？他们绝不会这么做的。共同基金经理并不会因为税收优惠获得什么，他们只关注税前收益。我也并不奢求他们能做什么。这意味着，最关键的是要建立和投资人利益一致的激励机制。波特诺伊将基金经理的投资能力按照五个关键维度划分：仓位集中程度、杠杆使用、方向性、流动性以及复杂性。[25]"完美"的基金经理应该是能做到分散化投资、市场中性、无过高杠杆、流动性强以及简单的策略执行的人。

共同基金行业在赚钱时，都对上述方面闭口不谈。只要你对基金公司一无所知，你就不会发现它们那些见不得光的事。大多数投资者在过去都只能获取非常有限的信息——这对应的是美国证券交易委员会规定的最低披露限度。你通常一年有两次机会，能了解到账户中的资金情况。投资者当然希望能获得全天候的财务信息。尽管互联网大大加快了对投资的追踪速度，但大型基金公司相当迟缓，并没有为投资者及时更新持仓状态。也就是说，当你从网上查看持仓资产时，看到的数据已经过期，并且可能是完全错误或完全缺失的，因为基金经理正在迅速改变投资组合。这就是我们要用专门的风险管理软件，通过严格的风险控制来监测投资组合中的所有头寸的原因。所有这些最终都将被整理到一份风险报告中，通过报告，我们能确保收益并非来自虚假的分散投资，虽然可能看上去我们已经对冲掉了多空组合的风险。

这也就是为什么投资者与基金经理之间的沟通至关重要。我们的客户能够了解自己的投资组合，能看到自己的风险，从逐笔交易一直到整个投资组合的正 alpha，他们都能看见。这也让我们能够回答客户的问题："你在做什么？你做的这些对我有益吗？"顺便说一句，在这一层面上，收益率已经没有多大关系了，我们这么做是因为这本就是基金经理的工作（至少应该如此），并且我们已经证明追踪业绩是行不通的，因此无论是基金经理也好，还是投资者也好，我们都必须回答这样的问题：在承担风险的情况下，我个人的目标是什么？

我们决不能低估有钱客户对共同基金的诉求。许多年长、较富裕的美国人持有共同基金，60多年来他们都感到满意。但这种感觉正在消失。如今的投资者更加适应变化。那些新兴的富裕阶层正在考虑是否应该继续把钱投给共同基金，这种与大众市场关联的投资更像商品服务。共同基金经理不会区分投资者是什么样的人。他们的工作只是单纯让账户资金流入，数字增加，而不管是谁投资该基金。但现在与以往根本的区别在于，共同基金不再像过去那样对待投资者了。

除非你与世隔绝，否则就像大多数人一样，你必然需要与人保持定期的联系。你会和家人、朋友联系。在大多数时候，你都会与人交往，并表达你的善意。这样一来，人与人之间的互动就不可避免。但人与人的接触也有令人不舒服的一面，当你身处拥挤的电梯中，被卡在难以挪动的位置时，这种接触就会令你感到不舒服、充满压力、感到不安甚至惶恐。这样的事情同样也发生在共同基金身上。共同基金这部电梯相当拥挤，但你还不得不随时与其联系。

当你与共同基金中的其他投资者打交道时，你会感受到与身处过度拥挤的电梯类似的压力和胁迫感。人性天然会使共同基金的资金流入流出带来诸多困难。当市场下跌时，投资者都会感到恐慌，而当市场上涨时，他们又都会变得贪婪。他们并未遵循投资的智慧（低买高卖），而是按照相反的方式操作，最终这对每个人都将造成灾难性的影响。

每个投资者都会感受到基金规模快速扩大所带来的影响。从管理的角度来看，基金规模扩大，现金增多，基金会变得尾大不掉。由于资金增长过快，基金可能上一年业绩不错，到下一年就不佳了。一项针对只做多头的基金经理的研究表明，养老基金会买入和赎回共同基金，但如果它一直坚持最初的选择反而会更好。[26] 这一例子正是赌徒谬误的典型案例。养老基金不断寻找并不存在的"模式"和"原因"。我强烈建议所有人读一读《看不见的大猩猩》和《随机漫步的傻瓜》。[27] 这两本书讨论了我们大脑运作和"看待"事物的盲区，以及天才和傻子都会犯的许多错误。

更值得探究的是，照这样来讲，我们为什么要尝试这种似乎不可能有用的基金运作模式呢？

"共同基金的真正优势，同样也是其真正的劣势，就是很容易申购、赎回，"来自 Brown and Tedstrom, Inc. 的 Peter F. Tedstrom 是这样解释的，"这样一来，一旦市场下跌，投资者就可以立刻赎回自己的份额，最终，投资者因为频繁交易只能获得业绩不佳的收益。"这是最重要的一点，就是基金本身的换手率也非常高。2008年，这也明显影响了对冲基金。当时资金全都从对冲基金撤出，而如此大规模的客户赎回最终也会对收益产生影响。即使是保罗·都铎·琼斯，他也需要限制客户赎回，以免对业绩产生不利影响。[28]可以想象，那时的疯狂已蔓延到金融界的方方面面。这表明，即使是世界精英，即使是这些对冲基金的投资者，他们也是动量投资者，也试图追逐业绩。

我不断向人们解释的一点是：对冲基金和共同基金并非代表了两种资产类别，这一点必须牢记。股票和投资是人们持有多余现金的替代品，这一点基本没有问题。但关键的问题是，投资流动资产是持有现金的替代品。人们总是希望在觉得事情变得有些许不妙时，尽快将来之不易的美元落袋为安。正如我一直想说的，人类的思考是线性的，但人类会做出情绪化的反应，而且千万不要以为情绪和金钱没有关系。基金的快速申购、赎回通常被当成是一种优势，但实际上这是一种劣势，因为它对我们的决策产生影响，而在投资时这一点是必须考虑在内的。正如一位交易员曾对我说的："买入总是容易，而退出却没那么容易。"

接下来我们需要讨论一些更棘手的问题，这是对于任何基金、任何投资风格、任何基金经理你都应该考虑的：

到底什么是市场风险、流动性风险、操作风险，是否存在风格转变？这些内容需要我们仔细思考，它们和我们之前讨论的核心一样重要。我个人是波特诺伊的粉丝，在他的《投资者的悖论》[29]一书中，他提到了5P：投资组合（portfolio）、人员（people）、流程（process）、业绩（performance）、价格（price）。正如他所说，这个行业的基金经理完全就是在讲故事（当然，从某种意义上讲，这个行业就喜欢故事）。我们真正需要关注的，是发现基金经理可重复的、一致的投资过程。这比先锋和富达基金提供的那些费用、业绩证明、风格描述和仓位配置信息要有效得多。

我们需要采取行动，专注于一些棘手的问题，去搞清楚为什么基金给客户提供的业绩如此差劲：我应该要求什么样的透明度？什么样的费用结构可以使客户与基金经理的目标保持一致？

这将代表投行和经纪人时代的终结吗？我不这么认为。要知道，共同基金是美国的标志之一。自第一只共同基金成立以来，共同基金就一直是美国投资界的基石，如今约有9300万美国客户。即使存在上述问题，这一习惯也很难消除。我猜，只有一半的读者会真正采取行动。

事实上，数以百万计的普通美国人会继续把来之不易的财富投入到共同基金中，寻求丰厚的回报；至于富人，他们则会继续将资产投入到对冲基金中。他们可能并不知道应该怎么做。你的父母可能问过你："如果其他人都跳桥了，你也要这样做吗？"大多数人都懒得做功课，但并不意味着你就要跟他们一样。现在，我们有更好的选择，可以更好地积累未来的财富。只有目标和能力保持一致，我们才能最终取得丰硕的成果。随着401（K）中可以使用对冲方案，人们会开始提出正确的问题。但不管怎么说，每个人必须就基金经理的正直、稳定性和投资过程做出自己的判断。

在寻求最佳的风险调整后收益时，你要记住一句老话："夏普比率不能当饭吃。"你需要寻找那些具有较强适应能力的人，而不是那种只会做数据挖掘的人。你的基金经理应该是愿意把风险敞口告诉你的人，而你应该和他的利益保持一致。没有风险就不会有回报，因此你真正希望的应该是一套处理风险的有效流程。

你能为共同基金行业做出贡献，也能打破束缚许多投资者的锁链。你必须始终记住，增长不是必然的。在过去的200年中，我们的经历很可能是一次独特的人类历程。如今看来，历史已经过去，其收益率不复存在，独特的社会和经济驱动因素也不会再次出现。不要在忽视下跌风险的情况下关注回报，这是我不会押的危险赌注。

聪明人只专注于回答"到底会有什么问题"的问题，以及事件一旦发生会出现什么后果的问题。

结束语

　　如果一个问题是可以解决的，那么理解它和知道如何处理它，就是一回事。从另一个角度来讲，如果你不了解你的问题，那你处理它就好比想用双手把黑暗推开一样。把光明找来，黑暗便会立即消失。

——阿伦·沃茨[1]

　　书永远不是被读完的。它们只会被弃置在一旁。

——奥斯卡·王尔德

你不可能靠别人来发财，或者靠别人为舒适的退休生活做好准备。你能靠的只有自己，这就是真相。而你为未来做准备时，最安全、最能盈利的方法就是跟随趋势，而不是跟随一些人天花乱坠的观点或者你自己的一时冲动。在趋势之外的一切都是白噪声。

举个例子，比如说下一次美联储会议（肯定总会有下一次会议的嘛，你也知道这种会议是怎么回事），我们可以预想，某某（你可以自行代入现在或之前的美联储经济学家）谈到有关数据、各种经济指标、各种难以理解的说辞和一大堆专家的电视访谈，好像经济之神已经到来一样。让我直说了吧，政治家或经济学家不会解决你的任何问题。但是，你可以解决自己的问题，或者让自己有更好的胜率。你可以按照我说的方法去做，把那些无意义的说辞抛在脑后，比如美联储会议这些东西。

> 从理论上讲，理论和实践是一回事。但从实践上讲，它们不是。
>
> ——尤吉·贝拉

这看起来不容易。但你要知道，你越早摒弃被动投资的方法，越早看透政府给的承诺，你就可以越早不那么操心，越早赚到真金白银。你可以想象一下几十年后的被动利息收入能换来什么。什么也换不来。不管你怎么想，你的社会保障福利（或者养老金，如果有的话）会贬值很多，或者你会在80多岁时还要工作，或者两者皆有。不会到80岁还在工作吧？嗯，可能纽约州的真正计划就是把你的80岁称为你的黄金时期呢。

但是，如果主动交易，要是我错了怎么办？如果我过于悲观怎么办？当然有可能。对于市场未来发生的事件，任何人都可能犯错，尤其是想到与网景通讯（Netscape）1995年IPO时的财务问题相类似的事件。

> 如果你想具备影响力，那就用10年功夫做同样的事。
>
> ——大卫·海尼梅尔·汉森

这就给我们出了个难题，如果我们不知道接下来会发生什么，该怎么为接下来的事情做准备呢？

这就是趋势追踪如此关键的原因。

我写到这里时，突然想到一件让我"会心一笑"的事情。2016年演讲结束时，我对听众脱口而出："为趋势祈祷吧！"这对观众来说应该是很意外的。

我的一位同事对我的举动感到不爽。他讨厌我这么做，我自己也觉得确实有点愚蠢，因为这好像是在用一种宗教仪式来获利似的。我需要说清楚：趋势跟踪并非如此。

我并不是要把祈祷作为策略，而只是想以这样的口号作为结束语。我非常清楚没人可以控制市场，我潜意识中相信只能跟着趋势走。从趋势跟踪的角度来看，其交易哲学可以总结如下：

> 我认识的大多数常春藤毕业生都习惯"正确"，在没有正确答案的情况下，他们对不确定性感到很不舒服。他们的自负使他们经常害怕犯错，以致无法下好赌注。他们对风险感到很不舒服，因为他们不知道如何评估或衡量风险。他们被灌输的是要吸收知识，而不是用知识来做什么。
>
> ——拉里·海特

- 没有人能预测未来；
- 如果你能将"可能""或许""应该是"之类的东西从生活中拎出来，研究它到底是什么，那么你会比大多数人有更大的优势；
- 重要的东西是可以被测量的，你要做的是完善你的测量方式；
- 你可以知道事情会发生，而无须知道什么时候发生；
- 价格只会向上、向下或横盘；
- 损失就是你应关注的全部；
- 关注当下。[2]

这是比我的"为趋势祈祷吧"更完整的解释。但是我知道，有些人在这里看到这 7 条时会不高兴。他们认为这些说法太老套了：

"太简单了。"

"还不够复杂。"

"肯定有更多规则！"

"这就是胡说八道！"

看吧，虽然这本《趋势追踪》给出了诸多证据，但还是有很多人一心只想听秘密消息，或者根本不相信我的话。在从事这项工作的 13 年里，混淆是非、批评、怀疑和把我当成恶人的，比比皆是。本书中破天荒提出的观点会使许多人陷入认知失调，因为趋势跟踪会让他们感到自己不那么聪明、不那么明智，他们无法继续保持自己聪明的博士形象。

还有其他一些人，即使他们将信将疑地想尝试，他们也不肯彻底越过那条界限。但是，犹豫不决是行不通的，这就是为什么在趋势跟踪领域中丹尼尔·卡尼曼所提出的行为主义和数学具有同等重要的地位。要么彻底相信，否则你绝不会成功。

但是，就算你采取了正确的方法，你最好还要有等待的耐心。总部位于加利福尼亚州拉霍亚的投资公司 Altegris 的投资规模已超过 10 亿美元，其中有大卫·哈丁、伊万·柯克和威廉·埃克哈特等交易员。我与 Altegris 的创始人乔恩·桑特聊天时，他提出了一个问题：

> 我们对市场环境做出的应对必须有严格的规则。如果对趋势的判断有分歧，我们需要坚持原有头寸。同样，如果需要的话，我们必须毫不含糊地平仓或改变头寸。在这一点上，风险管理是很适用的。威尔·罗杰斯是这样总结的："即使你在正确的轨道上，要是你一直坐在那里，你也可能被撞倒。"
>
> ——马克·S.热普齐斯基

伟大的交易者拥有出色的技术，但可能没有机会赚钱吗？坏交易者没有技术，但可能有大量的赚钱机会吗？这两个问题的答案都是肯定的。对于大多数交易者而言，运气在短期内发挥作用。总会有"某某"在某年获得丰厚的回报，但随着时间的推移，持续的优势就会显现。

如果没有技术的交易者，他们最终找不到机会，接下来会发生什么呢？他们要么认清这一点，要么就去拉斯维加斯赌一把。相信我，拉斯维加斯可能会非常有趣，所以如果趋势不适合你，你可以去那里找点慰藉。

趋势交易的幕后魔法

人们不会仅仅依赖价格做出判断，被动指数基金管理的资产规模如此之大也证实了这一点。对于那些靠水晶球做预测的投资者以及为经纪人打广告的不良媒体来说，趋势跟踪不足以激发他们的兴趣。

> 我们只是绘制路线图，然后将船驶向风吹的方向。当经济的天气变化时，我们也会随之改变航向，但我们不去预测风向发生改变的时间或地点。
> ——威廉·邓尼根，1954

但从另一方面来讲，如果你想在下一次"黑色星期一"出现时避免交易账户出现剧烈损失、避开大跌，不再依靠权威机构给出的承诺，那么唯一现实的事就是用价格来做判断，这也是行为合乎逻辑的开始。这样做，事情就会变得容易。

你可能会想："没办法，趋势跟踪太复杂了！"

并不是这样。

不妨来听听大卫·哈丁是怎么说的，他阐明了在策略早期不需要复杂性计算："我对按照趋势系统交易所涉及的想法有非常深刻的理解，因此对我来说这么做非常容易。但事实上，我们最开始用电子表格就搞定了。我们没有使用任何先进的计算机或者计算机语言。"[3]

如果仅仅这么说，肯定还会有人认为有什么不为人知的秘诀。因此，哈丁继续说道：

> 实际上，我们根本没有雇任何程序员。一位未受过任何专业训练的朋友就用电子表格编写了所有系统和内容，我们仅靠3个人就能在Excel电子表格中运行系统。这份电子表格在接下来的9～10年还可以继续运行（笑声）。这真的就是我们的秘诀。这也许已经用了10多年了，反正肯定有9～10年。但是，我到现在还是能够非常简便地运行它，并不需要什么编程。我们当时要做的，就是建立一个回测记录。[4]

哈丁还像一位理论物理学家一样，探讨趋势跟踪在哲学上的更深层含义："（趋势跟踪）比许多对冲基金的策略要深刻得多，因为它关注的是所有资产类别价格变动产生的可探究的影响。人们关心异常现象，而趋势绝不是小的异常现象。这关乎整个世界的运作方式，关乎世界运作方式的理论，它不同于金融界对世界运作方式的认知。"[5]

丹尼尔·丹尼特是一位认知科学家，他的领域和趋势跟踪毫不相关，但他和哈丁的见解是一致的：

> 我们几乎可以肯定的是，在计算机程序中，没有任何物理上无法解释的东西，没有迄今为止无法想象的力场，没有神秘的量子力学，没有任何特殊的结构。毫无疑问，任何计算机中都不会出现复杂组织。我们确切地

> 所有趋势都是历史的，而不是当下的。你无法确定当下的趋势，甚至无法定义"当下的趋势"是什么意思。我们只能确定历史上的趋势。衡量当下的趋势的唯一方法，是取当前时刻的两个点，并计算两点间的差异。在当下这一刻，运动、速度和趋势并不存在。它们不会出现在一张照片上。趋势在当下并不存在，"趋势"一词本就不具有"当下"的意味。
>
> ——艾德·斯科塔

> 你们如果回到家中，可以和别人讲起这件事，可以为此感谢上帝。从现在算起，30年后，当你坐在炉火边，儿孙满膝，你的孙子问你："你在第二次世界大战中做了什么？"你不用再回答："哦，我就在路易斯安那铲粪呢。"各位，你们知道我的感受是什么。我很荣幸能一直带领你们这群杰出的人参加战斗。我很荣幸。
>
> ——乔治·巴顿将军，
> 1944年5月31日

知道计算机是如何完成基本任务的，也知道如何将它们构建成更复杂的任务处理程序，并且，我们有解释这些处理程序的能力。因此，尽管当今计算机的精湛程度令我们感到惊奇，但计算机本身作为一台机器，和开罐器一样普通。它能千变万化，但真的没有什么魔法。

的确，真的没有什么魔法。

我对趋势跟踪并没有什么不切实际的幻想，但总是会有批评家和叫嚣的人。作为一种替代性的赚钱策略，趋势跟踪总是会引起争议。宗教与无神论者、海菲茨和麦考伊斯、民主党与共和党，总是有人在反对。

然而，拨开历史的迷雾，就会发现数十年甚至数百年内都存在趋势，这一点令我感到慰藉。这是真实的，但华尔街的机构无法接受，或者是它们想要掩盖真相，因为这将动摇它们的佣金业务——无论输赢都会赚钱的佣金业务。

你会看到，无论有多少人赞成或反对趋势跟踪（包括其理念和原则），趋势跟踪所创造的超额收益，尤其是在像2008年10月和2016年英国脱欧公投这样的时期所创造的超额收益，向人们展示了聪明人是如何获利的，而你可以选择接受或拒绝他们的策略。

本书是《趋势追踪》的第5版，但绝不会是最后一版。未来总会有一些巨大的、出人意料的事情发生，出现灾难性的、无法预料的崩溃，在这种情况下，趋势跟踪者会获得相当多的财富，甚至政府会以法律干预。而我会在我能做的情况下，将趋势的表现再次写入这本书中，让更多的人看见真正的光。

> 退后一步再看图表，趋势会变得更加明显。
>
> ——艾德·斯科塔

后 记

没有什么好的决定是躺在转椅上做出来的。

——乔治·巴顿将军

> 得克萨斯州的教师退休基金在2013年赚了9%，但支付了超过6亿美元的管理费用。辞掉这样的基金管理人吧！
>
> ——迈克尔·卡沃尔

40多年前，当我在商品期货市场上做交易时，这个行业甚至还没有名字。如今，人们可以用多种方式运作基金、进行投资。在"趋势跟踪"这个名词出现之前，我就已经实践过其交易规则，而如今它们被明确地称为"趋势跟踪"。我看过很多策略，但据我所知，在过去几十年的全球期货市场上，能够活下来、活得很好的交易者，大多数都是趋势跟踪者。在我的趋势跟踪生涯中，我还没有遇到谁能够比迈克尔·卡沃尔做得更引人注目，他在这本《趋势跟踪》中所做的研究相当清晰、凝练。

迈克尔·卡沃尔写这本书时，我才第一次见到他。起初，我有点犹豫，到底要不要给他分享一些我的交易中非常简单的秘密。因此，我开始对卡沃尔进行深入的了解。我开始就他的投资以及他如何管理风险，对他进行了采访。我很快意识到，他不仅理解趋势跟踪，而且像我一样拥抱趋势。我们深入研究了趋势的根源以及我的投资策略，探讨它们为何有效，而非只看结果。在阅读《趋势跟踪》时，我注意到，他很好地把知识以及许多同人的观点转化成了文字。

20世纪70年代，我所认识的大多数人都是在单一市场中进行交易。那些做小麦交易的人不和那些做白糖交易的人讨论。而且投资股票的人也不愿意与其他类型的交易者讨论，因为商品是供"投机者"而不是"投资者"交易的。此外，债券交易者认为股票交易者什么都不懂。每个领域的人都有自己的优越感，他们从根本上相信，只有像他们这样的行业专家才能了解市场的微妙动态。我想，这就是为什么没人会像我这样关注趋势跟踪——我以相同的方式看待每个市场，每个市场对我来说都不过是代表着一笔交易。如今，我相信在这些不同的领域中，每个人用的都是同样的语言。这门语言就是"风险"。

在我的职业生涯早期，我似乎只知道有一个人能做到年复一年地在市场中获胜。此人名叫杰克·博伊德（Jack Boyd）。杰克也是我那时认识的唯一在很多市场中进行交易的人。如果你按杰克的办法来做交易，你永远不知道自己下一步怎么做。但是，如果你这样去做，按他所有交易的收益来算，那么你每年的收益就可以达到 20%。因此，这让我对全期货市场交易的想法跃跃欲试。尽管似乎每一个市场都有风险，但是当你将它们放在一起时，风险往往会相互平衡，因此你会得到一个不错的结果，获得波动较小的收益。

当我去了华尔街后，我总能发现在各种混乱的情况下，市场是如何被人们及其情感驱动的。这就是所有市场的共同点——人性从未改变。因此，我开始探究市场变动的相似之处。当我将杰克的交易汇总起来看时，我发现他只有几笔大交易赚了很多钱。每次他赚很多的时候，我都像一个"专家"一样对杰克说市场不可能再涨了，但最后就是涨了。然后，当我去看杰克的损失时，我发现他的损失往往都比较小。尽管我花了很多年的时间才把它们都整理出来（要知道，当时还没有这方面的书），但这些看似很微不足道的观察结果成为我建立两个重要的、相互交织的投资哲学的基础：趋势跟踪和风险管理。杰克不是趋势跟踪者，但他确实遵循了趋势跟踪的第一原则：减少损失，让盈利奔跑。

> 当一个人的薪水不需要他搞懂某事就可以获得时，他就很难搞懂它。
>
> ——厄普顿·辛克莱

> 纯真也是一种精神失常。
>
> ——格雷厄姆·格林

我所知道的大多数亏钱的人，他们其实赢的时候比输的时候还多。他们只是在某些地方赔了很多钱。我认为人们对"正确"看得太重。从某种程度上讲，对那些上最好的学校、成绩总能拿 A 的人来说，这是一个弊端——他们已经习惯总是正确了。但交易是关乎人性和情绪的。每个人都很高兴能经常赢，这让他们感觉良好。但是，当交易不利于他们时，他们会一直挺下去，因为他们不想承认自己错了。有很多时候，这些交易又涨回来了，于是他们能够获得微薄的利润。对我来说，这和从蒸汽压路机前捡镍币一样危险。

值得庆幸的是，市场并不关心你是谁，也不关心你在哪里上学。市场也不关心你是高还是矮。我上学的时候，成绩并不好，在运动方面也并不擅长。以我的背景，以我看待事物的视角，我从来不觉得自己不会犯错。因此，在任何事情上，我一直以自己会出错为前提。而我们现在把这种做法称为风险管理，但实际上，对我来说，这只是在回答一个问题："与我而言，最糟糕的事情会是什么？"我从不做任何可能杀死我的事情。我知道我大概率是不对的，所以我必须以这样一种方式来做交易，那就是：当我对的时候，我可以赚很多；而当我错的时候，我可以输很少。如果还有什么的话，那就是我还必须让这一切足够简单，简单到我能完全理解的程度。

经过多年艰苦的探索、学习，我建立了自己的趋势跟踪系统。它是合乎逻辑的，能用一些实例很好地判断。尽管如此，我还想在实盘交易之前，向自己证明它是真能赚钱的。我必须测试，在过去以这种方式交易会发生什么。那时候尚处于计算机发展的早期，我们甚至不得不"借用"大学的计算机来测试、验证我们的理论。这是一项艰巨的任务，但它给了我想要的东西。而现在，你可以阅读《趋势跟踪》。当然，强调实操的人可能会认为，这本解说基本原理的书只能算是实践的一小部分。

但实际上，卡沃尔与其他任何趋势跟踪者一样，并不仅仅关注结论。他能让你对最重要的部分有深刻的了解，那就是关注实现的路径。与许多投资书籍不同的是，这本书不仅强调结果，它还沿着杰出交易者的旅程进行探索。

卡沃尔的《趋势跟踪》一书是我的员工的必读书。在我家里，这本书似乎终于解决了我一直未能清楚回答的我的女儿们问的问题："爸爸，你做的一切是以谋生为目的吗？"这本书精准地阐述了这么多交易者是如何从事这一行的，以及他们有多少值得汲取的教训。对于我们所有人来说，这是很幸运的一件事，就算你不是学校的精英也可以读懂它。

我们现在的世界，不再把小麦交易者、白糖交易者和股票交易者区分开来。趋势跟踪成了每个市场的重要力量，而且也应成为分散化投资的一部分。在我看来，趋势跟踪的理念超越了交易和资金管理。趋势跟踪是一种可以被应用在生活中的许多方面的思维方式，因为我们所有人都倾向于做对我们有用的事，不做看起来无用的事。

从我的角度来看，你有两种选择——你可以做我所做的事情，花30年以上的时间将信息碎片整理在一起，

> 劳里，我们都是木偶，只不过我能看到木偶的提线罢了。
>
> ——阿兰·摩尔（Alan Moore）
> 《守望者》

> 仅从撞车的角度来看，把货车撞翻不是这件事的主要部分。这就是整件事的全部。
>
> ——Ribbonfarm.com

自己慢慢寻找赚钱的策略；或者，你可以花几天时间阅读迈克尔·卡沃尔的这本书，跳过30年的学习曲线。

拉里·海特

拉里·海特于1983年创立了明特投资。到1990年，从管理的资产规模来看，明特投资已成为全球最大的CTA基金。《金融怪杰》这本经典之作就专门介绍了海特的交易理念和风险管理理念。

注：我联系到了史蒂夫·伯恩斯（Steve Burns），从他那里获得了更多的来自拉里·海特的反馈。史蒂夫是新一代交易者中的发声者，他令我想起了之前遗漏的海特说过的一些箴言：

- "坦率地说，我看的不是市场，我看的是风险、回报和金钱。"
- "事实是，你虽然不能量化回报，但你可以量化风险。"
- "如果你与市场抗争，你最后一定会输。"
- "如果你进行分散化投资、控制风险并顺应趋势，你的策略就必然有效。"

致 谢

> 我问他们:"你们当中有多少人卸过马桶水箱的盖子,了解过它的工作原理?"他们没有人这样做过。他们怎么能去了MIT,却连马桶水箱都没研究过呢?
>
> ——杰·弗瑞斯特

我要感谢从 2004 年以来本书的 100 000 多位读者。你们才是支撑我 13 年后出版第 5 版的力量。

对于第 5 版，非常感谢巴里·里特霍兹为本书撰写新前言。并且，感谢拉里·海特和查尔斯·福克纳为较早的版本撰写前言。

很高兴认识为《趋势跟踪》做出直接或间接贡献的各位交易者、同事、导师、作家和朋友（人名略）。

我要感谢自 2012 年 1 月以来出现在我的播客中的每个人。你可以在"趋势跟踪播客"中找到他们的名字。我还要感谢为本书第 19～28 章研究部分做出贡献的公司和个人。

我还要感谢以下出版物和作家：索尔·瓦克斯曼、《巴克莱期货管理报告》《期货》《账户管理报告》、格雷厄姆资本管理以及《股票和商品技术杂志》。

我还要感谢以下作者，他们的作品是知识和智慧的宝库：

Morton Baratz、Peter Bernstein、Clayton Christensen、Jim Collins、Jay Forrester、Tom Friedman、Gerd Gigerenzer、Daniel Goleman、Stephen Jay Gould、Alan Greenberg、Larry Harris、Robert Koppel、Edwin Lefèvre、Michael Lewis、Jesse Livermore、Roger Lowenstein、Ludwig von Mises、Lois Peltz、Ayn Rand、Jack Schwager、Denise Shekerjian、Robert Shiller、Van Tharp、Edward Thorp、Peter Todd、Brenda Ueland、Dickson Watts.

感谢 Wiley 公司再版本书。Laura Gachko、Tula Weis、Michael Henton、Susan Cerra、Stacey Fischkelta、Kathryn Hancox 和 Judy Howarth 都为本书付出了许多努力，贡

> 你读到的基本面信息基本没有什么用，因为市场的价格已经对此做出反应了，我称之为"正常反应"。但是，如果你在别人相信之前，比别人更早抓住机会，那么你可能会得到有价值的意外收获。
> ——艾德·斯科塔

> 我最关心的不是你是否失败了，而是你对失败是否感到满意。
> ——亚伯拉罕·林肯

献了自己的专业知识。

　　这本书的原始版本在 Celia Straus 和 Jim Boyd 的编辑指导下才能有最终所呈现的效果。我还要特别感谢牛津大学出版社的 Paul Donnelly，感谢他看到了我在 2003 年所写的初稿的潜力，并向我介绍了第一位编辑。此外，我还要感谢 Michelle Murphy，是他告诉我要注重细节！

　　最后，我还想对 Amy Neidlinger 说一声谢谢。

迈克尔·卡沃尔

2017 年 4 月

> 　　金钱并不能为你带来幸福，但是缺乏金钱无疑会为你带来痛苦。
>
> ——丹尼尔·卡尼曼

作者简介

  恐惧萦绕着每一个人——即使是成功者和含着金汤匙出生的人,即使是双手插在口袋里无忧无虑吹着口哨的人,也不例外。想冒险,你就需要至少暂时或在某些时候克服恐惧。你能做到这一点,尤其是当你从外界找到坚固的支柱时。

——丹尼斯·西克简[1]

作者简介

迈克尔·卡沃尔寻找着。他探求着。他扯下窗帘，揭示了你未曾看到的系统交易的另一面。

作为交易的必读书目，迈克尔在其中教给初学者如何像经验丰富的专业人士一样，通过简单易懂的规则赚取利润。他以推广反直觉的、有争议的交易策略及趋势跟踪而闻名。

迈克尔是一位广受赞誉的企业家，同时也是5本著作的作者，其中包括国际畅销书《趋势跟踪》，以及他的访谈作品《海龟交易者》。他对神秘的交易员着迷，这些交易员已经悄悄地创造了70年的丰厚回报，他们和"买入持有"的正统投资观念背道而驰，而他则从中发现了关于正确思考、建立和执行趋势跟踪系统的方法。

迈克尔的观点赢得了很高的国际赞誉，并获得过许多机构的邀请：华夏基金管理有限公司、GIC有限公司（新加坡主权财富基金）、巴西证券交易所、基金管理协会、中银基金管理有限公司、技术分析协会及多家对冲基金和共同基金。他还采访了5位诺贝尔经济学奖得主，包括丹尼尔·卡尼曼和哈里·马科维茨，他曾在《华尔街日报》、彭博社、《海峡时报》和福克斯商业频道等主要媒体上露面。

迈克尔会发推文、发博客，并每周更新播客。他的客户包括来自70多个国家的对冲基金、主权财富基金、机构投资者和个人交易者。他大部分时间都在美国和亚洲。要获得更多信息，可以访问：www.trendfollowing.com。

注：Covel 的发音是什么？Co-vell。"Co"与"toe"押韵，"vell"与"bell"押韵。每个音节都是重音。它是从Covalesky缩写而来，而Covalesky最初又是从Kavaliauskas缩写而来。迈克尔的直接联系方式是：www.trendfollowing.com/contact。

有许多人发现，好的借口比成就更有吸引力。成就并不能永久地解决任何问题。我们仍然必须每天重新证明自己的价值，我们要证明今天的我和昨天一样出色。但是，当我们对"不成就任何事"有了合理的借口时，可以说，这一切就彻底解决了。

——埃里克·霍弗
（Eric Hoffer）

去冒险吧！如果赢了，你会快乐；如果输了，你会变得睿智。

——佚名

推荐阅读

序号	中文书号	中文书名	定价
1	69645	敢于梦想：Tiger21创始人写给创业者的40堂必修课	79
2	69262	通向成功的交易心理学	79
3	68534	价值投资的五大关键	80
4	68207	比尔·米勒投资之道	80
5	67245	趋势跟踪（原书第5版）	159
6	67124	巴菲特的嘉年华：伯克希尔股东大会的故事	79
7	66880	巴菲特之道（原书第3版）（典藏版）	79
8	66784	短线交易秘诀（典藏版）	80
9	66522	21条颠扑不破的交易真理	59
10	66445	巴菲特的投资组合（典藏版）	59
11	66382	短线狙击手：高胜率短线交易秘诀	79
12	66200	格雷厄姆成长股投资策略	69
13	66178	行为投资原则	69
14	66022	炒掉你的股票分析师：证券分析从入门到实战（原书第2版）	79
15	65509	格雷厄姆精选集：演说、文章及纽约金融学院讲义实录	69
16	65413	与天为敌：一部人类风险探索史（典藏版）	89
17	65175	驾驭交易（原书第3版）	129
18	65140	大钱细思：优秀投资者如何思考和决断	89
19	64140	投资策略实战分析（原书第4版·典藏版）	159
20	64043	巴菲特的第一桶金	79
21	63530	股市奇才：华尔街50年市场智慧	69
22	63388	交易心理分析2.0：从交易训练到流程设计	99
23	63200	金融交易圣经II：交易心智修炼	49
24	63137	经典技术分析（原书第3版）（下）	89
25	63136	经典技术分析（原书第3版）（上）	89
26	62844	大熊市启示录：百年金融史中的超级恐慌与机会（原书第4版）	80
27	62684	市场永远是对的：顺势投资的十大准则	69
28	62120	行为金融与投资心理学（原书第6版）	59
29	61637	蜡烛图方法：从入门到精通（原书第2版）	60
30	61156	期货狙击手：交易赢家的21周操盘手记	80
31	61155	投资交易心理分析（典藏版）	69
32	61152	有效资产管理（典藏版）	59
33	61148	客户的游艇在哪里：华尔街奇谈（典藏版）	39
34	61075	跨市场交易策略（典藏版）	69
35	61044	对冲基金怪杰（典藏版）	80
36	61008	专业投机原理（典藏版）	99
37	60980	价值投资的秘密：小投资者战胜基金经理的长线方法	49
38	60649	投资思想史（典藏版）	99
39	60644	金融交易圣经：发现你的赚钱天才	69
40	60546	证券混沌操作法：股票、期货及外汇交易的低风险获利指南（典藏版）	59
41	60457	外汇交易的10堂必修课（典藏版）	49
42	60415	击败庄家：21点的有利策略	59
43	60383	超级强势股：如何投资小盘价值成长股（典藏版）	59
44	60332	金融怪杰：华尔街的顶级交易员（典藏版）	80
45	60298	彼得·林奇教你理财（典藏版）	59
46	60234	日本蜡烛图技术新解（典藏版）	60
47	60233	股市长线法宝（典藏版）	80
48	60232	股票投资的24堂必修课（典藏版）	45
49	60213	蜡烛图精解:股票和期货交易的永恒技术（典藏版）	88
50	60070	在股市大崩溃前抛出的人：巴鲁克自传（典藏版）	69
51	60024	约翰·聂夫的成功投资（典藏版）	69
52	59948	投资者的未来（典藏版）	80
53	59832	沃伦·巴菲特如是说	59
54	59766	笑傲股市（原书第4版.典藏版）	99

推荐阅读

序号	中文书号	中文书名	定价
55	59686	金钱传奇：科斯托拉尼的投资哲学	59
56	59592	证券投资课	59
57	59210	巴菲特致股东的信：投资者和公司高管教程（原书第4版）	99
58	59073	彼得·林奇的成功投资（典藏版）	80
59	59022	战胜华尔街(典藏版)	80
60	58971	市场真相：看不见的手与脱缰的马	69
61	58822	积极型资产配置指南：经济周期分析与六阶段投资时钟	69
62	58428	麦克米伦谈期权（原书第2版）	120
63	58427	漫步华尔街（原书第11版）	56
64	58249	股市趋势技术分析（原书第10版）	168
65	57882	赌神数学家：战胜拉斯维加斯和金融市场的财富公式	59
66	57801	华尔街之舞：图解金融市场的周期与趋势	69
67	57535	哈利·布朗的永久投资组合：无惧市场波动的不败投资法	69
68	57133	憨夺型投资者	39
69	57116	高胜算操盘：成功交易员完全教程	69
70	56972	以交易为生（原书第2版）	36
71	56618	证券投资心理学	49
72	55876	技术分析与股市盈利预测：技术分析科学之父沙巴克经典教程	80
73	55569	机械式交易系统：原理、构建与实战	80
74	54670	交易择时技术分析：RSI、波浪理论、斐波纳契预测及复合指标的综合运用（原书第2版）	59
75	54668	交易圣经	89
76	54560	证券投机的艺术	59
77	54332	择时与选股	45
78	52601	技术分析（原书第5版）	100
79	52433	缺口技术分析：让缺口变为股票的盈利	59
80	49893	现代证券分析	80
81	49646	查理·芒格的智慧：投资的格栅理论（原书第2版）	49
82	49259	实证技术分析	75
83	48856	期权投资策略（原书第5版）	169
84	48513	简易期权（原书第3版）	59
85	47906	赢得输家的游戏：精英投资者如何击败市场（原书第6版）	45
86	44995	走进我的交易室	55
87	44711	黄金屋：宏观对冲基金顶尖交易者的掘金之道(增订版)	59
88	44062	马丁·惠特曼的价值投资方法：回归基本面	49
89	44059	期权入门与精通：投机获利与风险管理（原书第2版）	49
90	43956	以交易为生II：卖出的艺术	55
91	42750	投资在第二个失去的十年	49
92	41474	逆向投资策略	59
93	33175	艾略特名著集（珍藏版）	32
94	32872	向格雷厄姆学思考，向巴菲特学投资	38
95	32473	向最伟大的股票作手学习	36
96	31377	解读华尔街（原书第5版）	48
97	31016	艾略特波浪理论:市场行为的关键（珍藏版）	38
98	30978	恐慌与机会：如何把握股市动荡中的风险和机遇	36
99	30633	超级金钱（珍藏版）	36
100	30630	华尔街50年（珍藏版）	38
101	30629	股市心理博弈（珍藏版）	58
102	30628	通向财务自由之路（珍藏版）	69
103	30604	投资新革命（珍藏版）	36
104	30250	江恩华尔街45年（修订版）	36
105	30248	如何从商品期货贸易中获利（修订版）	58
106	30244	股市晴雨表（珍藏版）	38
107	30243	投机与骗局（修订版）	36